高等政法院校法学主干课程教材

行政法与行政诉讼法学

XING ZHENG FA YU XING ZHENG SU SONG FA XUE

（第六版）

司法部法学教材编辑部 审定

主　编　　方世荣

副主编　　薛刚凌　　石佑启

撰稿人　　（以撰写章节先后为序）

薛刚凌　　方世荣　　石佑启　　王春业

梁洪霞　　胡晓玲　　杨勇萍　　丁丽红

李修琼　　邹　荣　　王学辉

中国政法大学出版社

2019 · 北京

图书在版编目（ＣＩＰ）数据

行政法与行政诉讼法学/方世荣主编. —6版. —北京:中国政法大学出版社, 2019.8
ISBN 978-7-5620-9175-2

Ⅰ. ①行… Ⅱ. ①方… Ⅲ. ①行政法学－中国－高等学校－教材②行政诉讼法－法学－中国－高等学校－教材 Ⅳ. ①D922.101②D925.301

中国版本图书馆CIP数据核字(2019)第174240号

出 版 者	中国政法大学出版社
地　　址	北京市海淀区西土城路 25 号
邮寄地址	北京 100088 信箱 8034 分箱　邮编 100088
网　　址	http://www.cuplpress.com（网络实名：中国政法大学出版社）
电　　话	010-58908435(第一编辑部) 58908334(邮购部)
承　　印	保定市中画美凯印刷有限公司
开　　本	720mm×960mm 1/16
印　　张	34.25
字　　数	690 千字
版　　次	2019 年 8 月第 6 版
印　　次	2019 年 9 月第 1 次印刷
印　　数	1～5000 册
定　　价	76.00 元

作者简介

方世荣　男，法学博士，中南财经政法大学特聘教授、现代行政法研究中心主任、法治发展与司法改革研究中心研究员、博士生导师；学术兼职主要有：中国法学会理事、中国行政法学研究会副会长、湖北省法学会副会长、湖北省行政法学研究会会长；2000年、2002年分别以高级访问学者身份赴美国加州大学洛杉矶分校、德国歌德大学访问；主要研究领域为行政法学、行政诉讼法学；主持国家社会科学基金重大项目、重点项目、教育部人文社会科学重点研究基地重大项目等十多项；出版《论具体行政行为》《行政法律关系研究》《论行政相对人》《权力制约机制及其法制化研究》《行政法与行政诉讼法学》《行政诉讼法学》《行政诉讼法案例教程》《见义勇为及其行政法规制》《"参与式行政"的政府与公众关系》等专著、教材近四十部，在《法学研究》《中国法学》等学术刊物发表论文约二百篇，学术成果多次被《新华文摘》《中国社会科学文摘》等杂志转载并获国家或省部级奖励。

薛刚凌　女，法学博士，华南师范大学政府改革与法治建设研究院院长、法学院教授、博士生导师；学术兼职主要有：中国行政法学研究会副会长、北京市法学会军事法学研究会会长、北京市人大常委会法制建议专家组成员；曾挂职最高人民法院行政庭副庭长，曾任监察部特邀监察员，2007年荣获"第五届全国十大杰出青年法学家"称号；先后参与《行政许可法》《公务员法》《全面推进依法行政实施纲要》等法律和文件的起草论证工作；个人专著有《行政诉权研究》《行政法治道路探寻》，合著《行政组织法研究》，主编《行政诉讼法学》《外国及港澳台行政诉讼制度》《行政体制改革研究》《军事法学》等，在《中国法学》《政法论坛》等学术刊物上发表论文数十篇。

石佑启 男，法学博士，广东外语外贸大学教授、党委副书记，中南财经政法大学博士生导师；学术兼职主要有：中国法学会理事、中国行为法学会行政执法研究会副会长、中国行为法学会软法研究会副会长、中国法学会行政法学研究会常务理事、广东省法学会副会长、广东省法学会地方立法研究会会长、北京大学软法研究中心兼职研究员等；2005～2006年以访问学者身份在英国威尔士大学访问；主要研究领域为行政法与行政诉讼法、地方立法与区域法治问题；主持国家社会科学基金重大项目、重点项目，以及教育部哲学社会科学重大课题攻关项目等十多项；出版《论公共行政与行政法学范式转换》《私有财产权的公法保护研究》《论行政体制改革与行政法治》《论部门行政职权相对集中》《国家赔偿法新论》《行政法与行政诉讼法》等著作、教材二十余部，在《中国社会科学》《中国法学》等学术刊物上发表论文一百三十余篇，学术成果多次被《新华文摘》《中国社会科学文摘》《高等学校文科学术文摘》等转载并获省部级奖励十余项。

王学辉 男，法学硕士，西南政法大学教授、博士生导师；学术兼职主要有：中国行政法学研究会常务理事、中国体育法学研究会常务理事、重庆市行政法学研究会副会长、中国地方法制研究中心主任、重庆市行政程序法研究中心执行主任等；独著或主编《迈向和谐行政法》《行政程序法精要》《行政诉讼制度比较研究》《行政法与行政诉讼法学》等书。

邹 荣 男，法学博士，现任华东政法大学发展规划处处长、社会治理研究院常务副院长、法律学院副教授、硕士生导师；学术兼职主要有：

中国法学会行政法学研究会常务理事、国家行政学院特邀研究员；历任华东政法大学继续教育学院副院长、研究生教育院副院长；主编《行政法学》《行政法与行政诉讼法学》《中国行政法律》等书，参编、参著各类行政法、行政诉讼法等教材与专著多部，在国内外刊物上发表论文等约十万余字。

王春业　男，法学博士，法学博士后，河海大学法学院教授、博士生导师；学术兼职主要有：安徽省行政法学研究会副会长、安徽省法学教育研究会副会长、安徽省"六五"普法讲师团成员等；2013年被安徽省法学会推荐参加第七届"全国十大杰出青年法学家"评选；出版专著5部，主编教材2部，参编教材3部，在《中国行政管理》《中共中央党校学报》《中国高教研究》《现代法学》《当代法学》等期刊上发表论文一百三十多篇；主持教育部规划项目、最高人民检察院项目、江苏省社科规划重点项目等省部级以上项目十多项，获省部级等各类奖项6项。

杨勇萍　女，法学硕士，中南财经政法大学副教授、硕士生导师、法学院宪法学与行政法系主任；学术兼职主要有：湖北省行政法学研究会常务理事、副秘书长，湖北省高级人民法院专家委员会委员，武汉市中级人民法院特聘专家；研究方向为行政法与行政诉讼法、公务员法学；出版的学术著作和主编、参编的国家级规划教材、司法部统编教材等主要有《行政法与行政诉讼法学》《行政复议法新论》《公务员法新论》《中国公务员法通论》等，在《法学评论》《法商研究》《行政法学研究》等重要学术刊物上发表学术论文数十篇，主持、参与多项省部级课题和国家级课题，并获得省部级奖项。

丁丽红　女，法学博士，中南财经政法大学副教授、硕士生导师、法学院行政法教研室主任；学术兼职主要有：湖北省行政法学研究会常务理事；出版著作有《税务行政诉讼》《行政诉讼法学》等，在《法商研究》《行政法学研究》等学术刊物上发表论文二十余篇，主持、参与多项省部级课题和国家级课题，并获得省部级奖项。

梁洪霞 女，法学博士，西南政法大学行政法学院副教授、硕士生导师、人权教育与研究中心兼职研究员；主要研究领域为给付行政、弱势群体权利保护、民生宪法等；个人著作有：《城市流浪乞讨人员行政救助制度研究》《公民基本义务：原理、规范及其应用——一个宪法学的视角》，在《法律科学》《政治与法律》等期刊上发表论文二十余篇。

胡晓玲 女，法学博士，西北政法大学行政法学院副教授，主要研究领域为行政法学基础理论及诉讼制度；参与国家社会科学基金及中国法学会等多项课题研究，在《东北师大学报》《社会科学家》《行政论坛》《武汉理工大学学报》《理论月刊》等 CSSCI 刊物上发表学术论文二十余篇，参与编写教材及专著五部。

李修琼 女，法学博士，中南财经政法大学法学院讲师，主要研究领域为比较行政法；多次以访问学者身份赴意大利比萨大学、罗马第三大学访问，主持或参与多项国家社会科学基金课题；出版专著、译著有《意大利宪法审判制度研究》《行政法原理》等，在《政治与法律》《公法评论》等刊物上公开发表论文十余篇。

出版说明

　　本套教材是根据国家教育部关于普通高校法学专业开设专业主干课程的通知要求，由国家司法部法学教材编辑部组织全国政法院校和实践部门一流的法学教授和专家合力编写而成的。

　　初版教材在编写过程中认真总结了改革开放以来法学教材编写中的正反经验，充分吸取了国家教育部高等学校法学学科教学指导委员会专家对法学教材论证的意见，立足中国高等法学教育的现状，建立了适合中国国情的全新的教材体例。在内容选择上，注意吸收国内外法学教育、科研的最新成果，面向21世纪的法学教育，注重知识性、理论性、实践性的统一，对中国法学教育的发展起到了非常重要的推动作用，并已成为高等政法院校师生首选的主力教材，受到广大读者的欢迎和法学界、法律界的高度评价。

　　教材是一定时期学术发展和教学、科研成果的系统反映。所以，随着科研的不断进步、教学实践的不断发展，必然导致教材的不断修订。国际上许多经典教材都是隔几年修订一次，一版、五版、二十版，使其与时俱进、不断成熟、日臻完善、成为经典广为流传。这已成为教材编写的一种规律。

　　进入21世纪，随着我国法制建设的不断完善，法学研究及法学教育等方面都有了很大发展。为了适应这一形势，为了迎接新时代的挑战，尤其是我国加入WTO带来的各种新的法律问题，我们结合近年来法制建设的新发展，吸收国内外法学研究和法学教育的新成果、新经验，对这套主干课教材进行了全面修订。我们相信，重修之主干课教材定能对广大师生提供更有效的帮助。

司法部法学教材编辑部

第六版说明

为贯彻党的十九大精神和适应高等法学教育的发展，我们第五次修订了这本高等政法院校法学主干课程《行政法与行政诉讼法学》教材。此次修订反映了党的十九大关于深化依法治国实践，建设法治政府、推进依法行政等重大法治建设部署，增加了新出台的《中华人民共和国监察法》《深化党和国家机构改革方案》，修订后的《行政法规制定程序条例》《规章制定程序条例》《最高人民法院关于适用〈中华人民共和国行政诉讼法〉的解释》《最高人民法院、最高人民检察院关于检察公益诉讼案件适用法律若干问题的解释》等内容，在理论观点和方法上借鉴、吸收了国内外最新的教学和科研成果。在编写中我们力求做到理论联系实际，简明准确地阐述行政法与行政诉讼法的基本概念与基本原理，达到科学性、系统性和实践性的统一，为广大读者学习、研究行政法与行政诉讼法提供有益的帮助。

需要说明的是，本书对于我国法律、法规引用较多，出于简洁表述的考虑，类似《中华人民共和国地方各级人民代表大会和地方各级人民政府组织法》《最高人民法院关于适用〈中华人民共和国行政诉讼法〉的解释》《中共中央关于全面推进依法治国若干重大问题的决定》的法律法规、司法解释、通知文件等，会在首次出现时写明全称，其余类似《中华人民共和国行政许可法》《中华人民共和国国务院组织法》等常用的、不致混淆的法律文件，将略去"中华人民共和国"字样。

本书可供法学专业学生、行政法教研人员及实务工作者等使用。对书中的疏漏与不足，恳请读者批评指正，以便我们今后进一步修改、完善。

本书由方世荣教授任主编，薛刚凌教授、石佑启教授任副主编，并由主编和副主编负责全书的统稿、定稿。

本书撰写的具体分工如下（以撰写章节先后为序）：

薛刚凌：第一、三、四、二十、二十二章；

方世荣：第二、五、六、二十一（部分）、二十七（部分）章；

石佑启：第七、八、十六、十九（部分）、二十八章；

王春业：第九、十七、二十七（部分）章；

梁洪霞：第十章；

胡晓玲：第十一、十二章；

杨勇萍：第十三章；

丁丽红：第十四、二十一（部分）章；

李修琼：第十五章；

邹　荣：第十八、二十三、二十五、二十六章；

王学辉：第十九（部分）、二十四、二十九章。

在编写过程中，我们参考了很多学者有关行政法与行政诉讼法的著述，在此表示衷心感谢！中国政法大学出版社对本书的出版给予了大力支持，特致以诚挚的谢意！

作　者

2018 年 12 月于晓南湖畔

第五版说明

　　为适应党的十八届四中全会所提出的"全面推进依法治国、建设中国特色社会主义法治体系、建设社会主义法治国家","全面推进依法行政、建设法治政府"的要求以及高等法学教育形势发展的需要,我们第四次修订了这本高等政法院校法学主干课程《行政法与行政诉讼法学》教材。此次修订,在内容上反映了十八届四中全会《关于全面推进依法治国若干重大问题的决定》的精神,增加了我国近年来出台的《行政强制法》《政府信息公开条例》以及刚修订的《行政诉讼法》《立法法》等有关法律、法规的内容,在理论观点和方法上借鉴、吸收了国内外最新的教学和科研成果。我们在编写中力求做到理论联系实际,简明准确地阐述行政法与行政诉讼法的基本概念与基本原理,达到科学性、系统性和实践性的统一,为广大读者学习、研究行政法与行政诉讼法提供有益的帮助。本书可供法学专业学生、行政法教研人员及实务工作者等使用。对书中的疏漏与不足,恳请读者批评指正,以便我们今后进一步修改、完善。

　　本书由方世荣教授任主编,薛刚凌教授、石佑启教授任副主编,并由主编和副主编负责全书的统稿、定稿。

　　本书撰写的具体分工如下(以撰写章节先后为序):

薛刚凌:第一、三、四、二十、二十二章;

方世荣:第二、五、六、二十一章;

石佑启:第七、八、十六、十九、二十七章;

王春业:第九、十七章;

梁洪霞:第十章;

胡晓玲:第十一、十二章;

杨勇萍:第十三章;

丁丽红:第十四、二十一章;

李修琼:第十五章;

邹　荣:第十八、二十三、二十五、二十六章;

　　王学辉：第十九、二十四、二十八章。

　　在编写过程中，我们参考了很多学者有关行政法与行政诉讼法的著述，在此表示衷心感谢！中国政法大学出版社对本书的出版给予了大力支持，特致以诚挚的谢意！

作　者

2015 年 3 月于晓南湖畔

目　录

上　编

■**第一章　行政法概述** ／1
第一节　行政法的界定 ／1
第二节　行政法的渊源 ／6
第三节　行政法的地位与作用 ／8
第四节　行政法的历史发展 ／13
第五节　行政法学 ／21

■**第二章　行政法律关系** ／24
第一节　行政法律关系概述 ／24
第二节　行政法律关系的构成要素 ／32
第三节　行政法律关系的产生、变更与消灭 ／37

■**第三章　行政法的基本原则** ／43
第一节　行政法基本原则概述 ／43
第二节　保障公民权利与自由原则 ／45
第三节　依法行政原则 ／47
第四节　正当程序原则 ／51
第五节　行政效益原则 ／53

■**第四章　行政组织与行政主体** ／56
第一节　行政组织 ／56
第二节　行政主体 ／64
第三节　行政公务人员 ／70

■**第五章　行政相对人** ／76
第一节　行政相对人概述 ／76

第二节　行政相对人的权利义务　　　　　　　　　　/ 83
第三节　行政相对人行为　　　　　　　　　　　　　/ 88

■第六章　行政行为　　　　　　　　　　　　　　　　/ 96
第一节　行政行为概述　　　　　　　　　　　　　　/ 96
第二节　行政行为的分类　　　　　　　　　　　　　/ 100
第三节　行政行为的效力　　　　　　　　　　　　　/ 104
第四节　行政行为的无效、撤销、变更和终止　　　　/ 107

■第七章　行政程序　　　　　　　　　　　　　　　　/ 111
第一节　行政程序概述　　　　　　　　　　　　　　/ 111
第二节　行政程序的基本原则和主要制度　　　　　　/ 114
第三节　行政程序法　　　　　　　　　　　　　　　/ 118

■第八章　行政违法与行政责任　　　　　　　　　　　/ 126
第一节　行政违法　　　　　　　　　　　　　　　　/ 126
第二节　行政责任　　　　　　　　　　　　　　　　/ 131

■第九章　行政立法　　　　　　　　　　　　　　　　/ 137
第一节　行政立法概述　　　　　　　　　　　　　　/ 137
第二节　行政法规　　　　　　　　　　　　　　　　/ 145
第三节　行政规章　　　　　　　　　　　　　　　　/ 149
第四节　其他行政规范性文件　　　　　　　　　　　/ 155

■第十章　行政给付与行政奖励　　　　　　　　　　　/ 162
第一节　行政给付　　　　　　　　　　　　　　　　/ 162
第二节　行政奖励　　　　　　　　　　　　　　　　/ 168

■第十一章　行政征收、行政征用与行政补偿　　　　　/ 173
第一节　行政征收与行政征用的界定　　　　　　　　/ 173
第二节　行政征收的基础和程序　　　　　　　　　　/ 176
第三节　行政补偿　　　　　　　　　　　　　　　　/ 180

■第十二章　行政确认与行政裁决　　　　　　　　　　/ 187
第一节　行政确认　　　　　　　　　　　　　　　　/ 187
第二节　行政裁决　　　　　　　　　　　　　　　　/ 192

■第十三章　行政许可　/ 198
第一节　行政许可概述　/ 198
第二节　行政许可的基本制度　/ 204

■第十四章　行政处罚　/ 210
第一节　行政处罚概述　/ 210
第二节　行政处罚的基本制度　/ 215

■第十五章　行政强制　/ 233
第一节　行政强制概述　/ 233
第二节　行政强制措施　/ 235
第三节　行政强制执行　/ 244

■第十六章　行政合同、行政指导与行政事实行为　/ 252
第一节　行政合同　/ 252
第二节　行政指导　/ 258
第三节　行政事实行为　/ 262

■第十七章　行政仲裁、行政调解与行政信访　/ 267
第一节　行政仲裁　/ 267
第二节　行政调解　/ 278
第三节　行政信访　/ 283

■第十八章　监督行政　/ 294
第一节　监督行政概述　/ 294
第二节　权力机关监督　/ 298
第三节　国家监察委员会的监督　/ 300
第四节　行政复议　/ 306
第五节　司法监督　/ 315

下　编

■第十九章　行政诉讼法概述　/ 317
第一节　行政诉讼　/ 317
第二节　行政诉讼法　/ 326
第三节　行政诉讼中的诉与诉权　/ 331

■第二十章　行政诉讼基本原则　　　　　　　　　　　　　　/ 337
　　第一节　行政诉讼基本原则概述　　　　　　　　　　　/ 337
　　第二节　行政诉讼的各项基本原则　　　　　　　　　　/ 339

■第二十一章　行政诉讼受案范围与管辖　　　　　　　　　/ 347
　　第一节　行政诉讼受案范围　　　　　　　　　　　　　/ 347
　　第二节　行政诉讼管辖　　　　　　　　　　　　　　　/ 367

■第二十二章　行政诉讼参加人　　　　　　　　　　　　　/ 377
　　第一节　行政诉讼参加人概述　　　　　　　　　　　　/ 377
　　第二节　行政诉讼的原告　　　　　　　　　　　　　　/ 380
　　第三节　行政诉讼的被告　　　　　　　　　　　　　　/ 383
　　第四节　共同诉讼人　　　　　　　　　　　　　　　　/ 387
　　第五节　行政诉讼第三人　　　　　　　　　　　　　　/ 389
　　第六节　行政诉讼代理人　　　　　　　　　　　　　　/ 391

■第二十三章　行政诉讼的证据　　　　　　　　　　　　　/ 394
　　第一节　行政诉讼证据概述　　　　　　　　　　　　　/ 394
　　第二节　行政诉讼中的举证责任　　　　　　　　　　　/ 400
　　第三节　行政诉讼中证据的提交、调取与保全　　　　　/ 406
　　第四节　行政诉讼中的质证与认证　　　　　　　　　　/ 412

■第二十四章　行政诉讼程序　　　　　　　　　　　　　　/ 424
　　第一节　起诉与受理　　　　　　　　　　　　　　　　/ 424
　　第二节　第一审程序　　　　　　　　　　　　　　　　/ 432
　　第三节　简易程序　　　　　　　　　　　　　　　　　/ 442
　　第四节　第二审程序　　　　　　　　　　　　　　　　/ 443
　　第五节　审判监督程序　　　　　　　　　　　　　　　/ 446
　　第六节　对妨害行政诉讼的强制措施　　　　　　　　　/ 449

■第二十五章　行政诉讼中的法律适用与裁判　　　　　　　/ 452
　　第一节　行政诉讼的法律适用　　　　　　　　　　　　/ 452
　　第二节　判决　　　　　　　　　　　　　　　　　　　/ 459
　　第三节　裁定与决定　　　　　　　　　　　　　　　　/ 477

■第二十六章　行政诉讼的执行　　　　　　　　　　　　　　/ 479
　　第一节　行政诉讼执行概述　　　　　　　　　　　　　/ 479
　　第二节　执行的条件、主体、对象　　　　　　　　　　/ 481
　　第三节　执行措施　　　　　　　　　　　　　　　　　/ 484
　　第四节　执行程序　　　　　　　　　　　　　　　　　/ 485
　　第五节　非诉行政行为的执行　　　　　　　　　　　　/ 489

■第二十七章　行政公益诉讼　　　　　　　　　　　　　　/ 492
　　第一节　行政公益诉讼概述　　　　　　　　　　　　　/ 492
　　第二节　行政公益诉讼的起诉范围　　　　　　　　　　/ 493
　　第三节　行政公益诉讼的程序和判决　　　　　　　　　/ 496

■第二十八章　涉外行政诉讼　　　　　　　　　　　　　　/ 499
　　第一节　涉外行政诉讼概述　　　　　　　　　　　　　/ 499
　　第二节　涉外行政诉讼的原则　　　　　　　　　　　　/ 503
　　第三节　涉外行政诉讼的期间与送达　　　　　　　　　/ 506

■第二十九章　行政赔偿与诉讼　　　　　　　　　　　　　/ 508
　　第一节　行政赔偿　　　　　　　　　　　　　　　　　/ 508
　　第二节　行政赔偿诉讼　　　　　　　　　　　　　　　/ 517

■主要参考书目　　　　　　　　　　　　　　　　　　　　/ 523

上　编

第一章　行政法概述

■学习目的和要求

　　通过本章学习，掌握行政法的基本含义、特征、调整对象、渊源、行政法的地位和作用；整体把握行政法产生的基础和两大法系及我国行政法的历史发展脉络；了解行政法学的研究对象及研究概况。

第一节　行政法的界定

一、公共行政

行政法是有关公共行政的法，研习行政法应从探讨公共行政开始。传统观点一般从国家职能的角度对公共行政加以概括，主要有：[1]

（一）排除说

该观点认为行政是指国家立法、司法以外的一类职能。由于行政的范围宽泛，形式多样，难以准确界定，因而许多学者采用排除说。除去国家职能中创制法律规则的立法职能和裁决争议的司法职能，其他都为行政职能。排除说建立在三权分立的基础上，对把握行政的内涵有一定的价值，但随着授权立法和行政裁判的发展，这一观点已显现出较大的局限性。

（二）目的说

该观点认为行政是指在法律规制之下，为实现国家目的而为的积极、连续、整体、统一的管理活动。目的说力求从正面反映行政的本质特征，具有积极的意义，但不能对行政和国家的其他职能予以准确的界分。

（三）内容说

该观点认为行政是指国家行政机关对国家公共事务的决策、组织、管理和调控。内容说主张从内容和形式上概括行政的全貌，但同样失之准确，不能反映行政与立法、司法的区别。

---

[1]　应松年主编：《行政法学新论》，中国方正出版社1998年版，第1~5页。

上述观点把公共行政界定为国家行政，这已落后于实践。在现代社会，随着民主政治、经济、社会和技术的快速发展，公共行政不再为国家所垄断。公共行政的主体、方式均呈现多样化趋势，其早已从一元的国家行政走向国家行政与社会行政并存的二元体系。因此，我们认为，公共行政是指国家行政机关和其他公共机构管理公共事务的活动。这一概念可从以下几个方面把握：

1. 公共行政是对公共事务的管理。在现代社会，由于城市化进程加快，社会分工越来越细，竞争日益激烈，公民等一方（包括自然人、法人和其他组织，下同）在全面发展的同时也需要得到各方面的生存照顾。因而他们对社会、对政府的依赖加重，公共事务也随之迅速增多。公共行政的重心已从传统的维持秩序发展到今天的教育、卫生、环境保护和社会保障等。

2. 公共行政的主体，即行政主体，是国家行政机关和其他公共机构。国家行政机关是为管理公共事务而建立的各级各类行政机关；其他公共机构是国家以外的各类承担公共职能的组织，如村民委员会、居民委员会、行业组织、职业协会等。需要注意的是，随着公共行政改革的推进，委托行政大量出现，公共行政事务可委托各种社会组织或个人承担，但国家行政机关和其他公共机构承担的公共职责并没有因此改变。

3. 公共行政的手段方式多样。既可采用柔性的管理手段，如行政规划、行政合同、行政指导等，也可采用刚性的管理手段，如行政许可、行政处罚、行政强制等。公共行政改革的趋势是越来越多地用柔性管理手段取代刚性手段，但必要的刚性手段仍然不可缺少。

对公共行政按照不同的标准，可以划分为不同的类型：

1. 国家行政与社会行政。以实施公共行政的主体为标准，可将公共行政分为国家行政和社会行政。国家行政是指国家设立行政机关，直接管理公共事务的活动，又称为直接行政。国家行政又可进一步划分为单一制国家的中央行政和地方行政，联邦制国家的联邦行政、州行政和地方行政。社会行政是指社会公共机构管理公共事务的活动，又称为间接行政。[1] 通常，国家行政承担的是重要的、基础性的公共事务，而社会行政主要负责行业的、区域的、特殊类型的公共事务，如律师的管理、社区的管理、学校的管理等。

2. 规制行政与给付行政。以公共行政的目的为标准，可将公共行政分为规制行政和给付行政。规制行政是指以规范、限制公民等一方的自由来实现某种公共秩序的行政活动，如交通规制、经济规制等。给付行政是指通过给公民等一方直接提供帮助或服务以实现某种公共目标的行政活动，如义务教育、社会保障等。以往的公共行政以规制行政为主，第二次世界大战后，随着城市化的高度发展，给付行政日益重要。这两类公共行政目的、性质不同，对公民等一方相对人的影响不同，因而

---

[1] 在德国，常把公共行政分为直接行政和间接行政。

要采用不同的规则予以规范。

3. 授益行政与负担行政。以公共行政对公民等一方产生的不同影响为标准，可将公共行政划分为授益行政和负担行政。授益行政是指给予公民等一方某种权利和利益的行为，如行政许可、减免税收。负担行政是指给公民等一方设定义务、增加负担的行为，如行政罚款、行政收费等。由于授益行政与负担行政对相对人产生的影响截然不同，因而决定了制度设计尤其是程序制度设计上的差异。

4. 消极行政与积极行政。以实施公共行政的主动与否为标准，可将公共行政划分为消极行政和积极行政。消极行政主张无为而治，将公共行政限定在极小的范围内，只有在危及个人安全自由和公共秩序时才被动采取相关措施。积极行政指主动采取各种手段管理公共事务以推进经济社会的发展。严格地说，消极行政与积极行政的划分具有历史意义，因为公共行政经历了从 20 世纪二三十年代前的消极行政到今天的积极行政的转变。

二、行政法的概念

从涉及的事项讲，行政法是有关公共行政的法，但这样定义行政法还过于简单，没有概括出行政法的本质特征。在学术界，由于历史文化、法律制度和观念的差异，行政法的概念至今没有形成共识。有学者从行政法的目的角度定义行政法，有的则从行政法的调整对象角度界定行政法，还有的从行政法的内容角度概括行政法。[1]我们认为，行政法的概念应能对行政法现象进行全面、高度的概括，能反映行政法的基本性质和内容。据此，行政法是指调整在公共行政过程中所形成的各种社会关系，以配置、规范行政权和确认、保障公民等一方权益为核心而规定各方主体之间权利义务的法律规范之总称。

对这一概念可从以下方面予以分析：

1. 行政法是有关公共行政的法。无论是对公共行政的组织、公共行政的展开还是对公共行政的监督、救济都离不开法律的规范和保障。就调整对象来讲，主要有三部分：①在组织公共行政中发生的各种社会关系，如在组织公共行政中国家机关、社会组织及个人各自的权利义务，公共行政组织体系中人、财、物的制度以及组织形态等；②公共行政运行开展过程中发生的各种社会关系，如行政立法、行政决策过程中各类主体的权利义务，行政许可、行政处罚实施过程中的条件和程序等；③公共行政监督和救济过程中发生的各种社会关系，如公民等一方有权对行政机关提出行政复议、行政诉讼和请求国家赔偿，在监督和救济制度运行中各类主体之间具体的权利义务等。

2. 行政法是有关公共行政的法律规范之总称。在现实生活中，并没有一部法律被冠以行政法的称谓，也没有一部包罗万象的行政法典。行政法由分散于宪法、法律、行政法规、地方性法规、自治条例和单行条例以及规章中的众多的行政法律规

〔1〕　应松年主编：《当代中国行政法》，中国方正出版社 2005 年版，第 8～9 页。

范构成，是有关行政法律规范的集合体。

3. 行政法的核心内容主要有两方面：①配置、规范行政主体的行政权。行政权的配置涉及行政权的范围，公共行政职能的界定和分配，包括纵向的各级政府之间的分工，也包括横向的政府部门之间的职能分工，还包括公共行政职能在政府与社会之间的分工。对行政权的规范主要是指对其在实体、程序上加以规范、实施监督以及对其造成的侵害予以必要的救济。②确认、保障公民等行政相对人一方在公共行政中的权益。这里的权益既包括实体上的权利和利益，也包括程序上的权利和利益。行政法制度的建立都是围绕着公共行政中行政主体的行政权和行政相对人权益而展开的。以此为核心，行政法要合理恰当地规定公共行政中行政主体的行政职权和相应的职责、公民等行政相对人一方的权利和应有的义务、监督机关的职权和职责等各方主体之间的权利义务关系。

4. 行政法的目的是要将公共行政纳入法治的轨道，实现公共行政的民主、公正、理性和高效的价值追求。

三、行政法的特点

行政法的特点是与其他部门法比较而言的。无论在形式上还是在内容上，行政法都有自己的特色。

（一）形式上的特点

1. 行政法没有统一完整的实体法典。与其他一些部门法有所不同，行政法由分散于宪法、法律、法规、规章中的行政法律规范组成，缺乏一部综合性的实体法典。这一形式特征是由公共行政的广泛性、复杂性和多变性导致的。从目前的情况看，制定综合性的行政实体法典比较困难，世界上鲜见成功的先例，但并不排除随着行政法的发展，行政法制度日益成熟，行政法的基本原理为人们所充分认识，从而制定出像民法典一样的行政法典。另外，行政实体法典的缺乏不影响制定统一的行政程序法。美国、德国、日本等国都已制定行政程序法，我国的行政程序法典也在制定过程中。

2. 行政法由效力层次不同的法律规范构成。其他部门法如民法、刑法和诉讼法等多由法律进行规定，法律之下的规范性文件原则上不能涉及，而行政法则由法律、法规、规章等多层次的规范性文件构成。这一特点是由公共行政的多层级性、宽泛性、专业性和技术性所决定的。如公共行政的专业性、技术性很强，因而法律通常只能就管理中所涉及的法律问题作出原则规定，具体的专业和技术要求需要行政法规或地方性法规作出具体规定。当然，由于目前的行政立法缺口较大，在法律制定不到位的情况下，大量制定行政法规、地方性法规、规章的情况也就不可避免。

（二）内容上的特点

1. 行政法调整领域宽泛、内容丰富。如前所述，现代公共行政既包括国家行政，也包括社会行政；既涉及规制行政，也涉及给付行政等。其内容覆盖国防、外交、经济、教育、文化、卫生、社会等各个领域，因而决定了行政法的调整领域十分宽泛，其内容也十分丰富。

2. 行政法融实体规范与程序规范于一体。从整体上说，行政法包含了大量的实体规范，也包含了大量的程序规范，如行政运行程序、行政诉讼程序等。从单一的行政法律文件来看，也常融实体规范与程序规范于一体。如《行政处罚法》《行政许可法》《行政强制法》既规定了行政处罚、行政许可、行政强制的设定权、实施主体和实施条件等实体规范，又规定了行政处罚、行政许可、行政强制的实施程序。行政法的这一特点是由公共行政的内在属性决定的。公共行政涉及公权力的创设与运行，也涉及相对人对公共行政的参与。这些既需要实体上的规范，也依赖程序的支撑和保障。

3. 行政法富有变动性。由于公共行政所面临的情况错综复杂，变动频繁，因而决定了行政法必须根据变化了的情况及时作出调整。我国目前正处在社会转型期，许多制度尚未定型，许多关系尚未理顺，因此行政法的变动性特点将更加突出。需要指出的是，行政法富有变动性是就实体规则而言，相对来说，行政法的程序规则较为稳定。此外，行政法虽然富有变动性，但不意味着行政法规范可以朝令夕改，行政法的变动要确实根据现实需要按法定程序进行。

四、行政法的分类

对行政法进行分类，是为了更好地把握各类行政法规范的特点和规律。根据不同标准，可对行政法进行不同的划分：

（一）行政组织法、行政活动法与行政救济法

这是以行政法的调整领域为标准所作的划分。行政组织法主要规定行政权的设定、范围，行政管理体制，行政组织的形态、结构与规模，公共行政中的人、财、物等制度。行政活动法主要涉及行政权的运作，包括行政活动的方式、行使各类行政权力的条件和程序。行政救济法主要规定对行政权的监督以及对违法行政活动后果的补救，具体包括行政复议制度、行政诉讼制度和国家赔偿制度等。上述三部分行政法规范一起构成行政法体系的基本框架。

（二）行政实体法与行政程序法

这是以行政法所涉及的内容为标准所作的划分。行政实体法涉及公民等一方在公共行政中的实体权利义务、行政机关及其他公共机构承担的公共职能、权力以及行使权力的条件等。行政程序法则规定行政机关及其他公共机构行使权力的程序，以及公民等一方参与公共行政的程序等。虽然到目前为止，制定综合性的行政实体法典尚没有成功的先例，但制定行政程序法典已为各国所认可，因而区分行政实体法与行政程序法具有重要意义。

（三）一般行政法与部门行政法

这是以行政法规范的对象为标准所作的划分。一般行政法对所有的公共行政领域都有规范作用，如行政组织法、行政程序法等；部门行政法则只对特定领域的公共行政活动进行规范，如经济行政法、教育行政法、卫生行政法、公安行政法等。

一般行政法具有普遍适用性，而部门行政法则适用于特定领域，而且受制于一般行政法。

<h2 style="text-align:center">第二节　行政法的渊源</h2>

行政法的渊源是指行政法的表现形式。不同的国家，行政法的渊源不同。如在法国，行政法由制定法、最高法院的判例和行政法原理三部分组成。在日本，行政法的渊源包括成文法和不成文法。我国属于成文法国家，因而行政法的渊源只能是国家机关制定的成文规范。由于行政法调整的社会关系十分广泛，因而行政法规范众多，并分散于宪法、法律、法规和规章等各种法律文件之中。概括地说，行政法的渊源包括基本渊源和其他渊源两部分。其中，基本渊源的适用范围最广。

一、行政法的基本渊源

在我国，行政法的基本渊源包括宪法、法律、行政法规、地方性法规、自治条例和单行条例以及规章等。

1. 宪法。宪法是国家的根本法，是所有部门法的渊源。但行政法与宪法的关系最为密切，宪法中包含着大量行政法规范。宪法中的行政法规范主要有以下几个方面：①有关行政活动基本原则的规范。如《宪法》第 3 条第 1 款规定："中华人民共和国的国家机构实行民主集中制的原则。"宪法还规定了法制统一原则、人民群众参与管理原则、法律面前人人平等原则等。②有关行政区划和行政机关的设置及职权的规范。如《宪法》第 30 条对行政区划的规定，第 89 条对国务院职权的规定，第 107、108 条对县级以上地方各级人民政府职权的规定等。③有关国家管理的行政事务的规范。国家的行政管理涉及国防、外事、经济、教育、科学、文化、卫生以及计划生育等各个方面。如《宪法》第 19 条第 1、2 款规定："国家发展社会主义的教育事业，提高全国人民的科学文化水平。国家举办各种学校，普及初等义务教育，发展中等教育、职业教育和高等教育，并且发展学前教育。"④有关公民基本权利和自由的规范。公民的基本权利和自由被规定在《宪法》第二章中，如公民具有人身自由权、受教育权、言论自由权等。公民的基本权利与自由与行政法联系密切。一方面，宪法赋予公民的基本权利和自由大多要由行政法加以落实和具体化；另一方面，行政权的设定和实施，都不得损害公民的基本权利和自由。

2. 法律。法律是指全国人民代表大会及其常务委员会制定的规范性文件。其中，全国人民代表大会制定的法律为基本法律，全国人民代表大会常务委员会制定的法律为一般法律。我国自 1978 年以来制定的法律中绝大多数涉及行政权的设定及行政组织、行政权的运作以及对行政的监督和救济，也涉及公民的行政权益。这些规范都是行政法的重要组成部分。

法律作为行政法的渊源有两种表现形式：①法律整体上都属于行政法性质，如《国务院组织法》《行政诉讼法》《行政处罚法》等。②法律中的部分规范具有行政法性质，如《森林法》《婚姻法》等。

3. 行政法规。行政法规是指国务院根据宪法、法律和权力机关的特别授权，按照法定程序制定和发布的规范性文件。行政法规不同于日常所称的"行政管理法规"。行政法规是国务院制定的有普遍约束力的法律文件的专称，而行政管理法规则泛指所有的行政法性质的法律文件。行政法规的名称有条例、规定和办法三种。行政法规必须按照法定程序制定，并在《国务院公报》上刊载。我国自 1978 年以来制定了大量的行政法规，其中绝大部分涉及行政管理，是行政法的重要渊源之一。

行政法规的效力低于宪法、法律，高于地方性法规、规章和其他规范性文件。行政法规不得与宪法、法律相抵触，否则无效。

4. 地方性法规。地方性法规是指省、自治区、直辖市的人民代表大会及其常务委员会在不同宪法、法律、行政法规相抵触的情况下制定的规范性文件。根据《中华人民共和国地方各级人民代表大会和地方各级人民政府组织法》（以下简称《地方组织法》）的规定，省、自治区人民政府所在地的市以及经国务院批准的较大的市的人民代表大会及其常务委员会有权制定地方性法规，报省、自治区人大常委会批准后实施。此外，经全国人民代表大会特别授权的经济特区市的人民代表大会及其常务委员会也有权制定地方性法规。

地方性法规调整的社会关系十分宽泛，其中与公民的行政权益相关，或者与行政权的设定、运作和对行政的监督有关的规范，都为行政法的渊源。地方性法规的法律效力低于宪法、法律、行政法规，高于地方政府规章。地方性法规只在本辖区内有效。

5. 自治条例和单行条例。自治条例和单行条例是指民族自治地方[1]的人民代表大会依照法定权限，结合当地民族的政治、经济和文化特点所制定的规范性文件。自治区的自治条例和单行条例，报全国人民代表大会常务委员会批准后生效。自治州、自治县的自治条例和单行条例，报省或者自治区的人民代表大会常务委员会批准后生效，并报全国人民代表大会常务委员会备案。

自治条例和单行条例中涉及行政管理方面的内容都属于行政法的范畴。自治条例和单行条例只在本行政区域内有效。

6. 规章。规章分为部委规章和地方政府规章。部委规章指国务院各部、各委员会根据法律，行政法规及国务院的决定、命令，在本部门的权限内制定的规范性文件。按照宪法和组织法的规定，只有国务院各部、各委员会才有权制定规章。但由于现实的需要，国务院的直属机构以及其他工作部门也有权发布规范性文件。这些行政机关在法律授权或国务院授权后享有规章制定权，实践中也称为"部门规章"。自 1978 年以来，国家部委制定了许多规章，调整的行政关系十分广泛。部委规章的法律效力低于宪法、法律和行政法规，在全国范围内有效。

---

[1] 我国的民族自治地方分为三级，即自治区、自治州和自治县。

地方政府规章是指省、自治区、直辖市人民政府，省、自治区人民政府所在地的市政府，经国务院批准的较大的市政府以及国家权力机关特别授权的市政府，根据法律、行政法规、地方性法规所制定的规范性文件。地方政府规章的效力低于宪法、法律、行政法规以及本地区的地方性法规，并在本行政辖区内有效。

与法律、法规相比，规章的数量庞大、制定主体众多，因而规章作为行政法的渊源，必须首先强调其自身的合法性，违法的一律无效。

二、行政法的其他渊源

行政法的其他渊源包括国际条约与协定、法律解释以及国家行政机关与执政党联合发布的规范性文件。

1. 国际条约与协定。我国参加和批准的国际条约或与其他国家签订的协定中涉及公民的行政权益或国内行政管理的，是我国行政法的渊源，但声明保留的条款除外。至于国际条约与协定是直接作为法律渊源适用还是必须先转化为国内法才能适用，对此尚无明确规定。在该程序问题没有解决以前，承认国际条约与协定的直接效力。

2. 法律解释。法律解释是指在法律适用过程中，有权机关对法律的有关概念、界限以及如何运用所作的解释。根据1981年6月10日第五届全国人民代表大会常务委员会第十九次会议通过的《全国人民代表大会常务委员会关于加强法律解释工作的决议》的规定，法律解释包括立法解释、司法解释、行政解释和地方解释。凡对行政法规范的法律解释都属于行政法的组成部分。法律解释的效力与所解释的法律文件相同。

3. 国家行政机关与执政党等联合发布的规范性文件。严格地说，国家行政机关不宜与执政党或其他社会组织联合发布文件，但由于受传统行为方式的影响，这种联合发文的状况仍在一定范围存在。为确保这些规范性文件的执行，一般肯定它们的法律效力。国家行政机关和执政党等联合发布的规范性文件中涉及行政活动的规定都可以是行政法的渊源。

第三节　行政法的地位与作用

一、行政法的地位

行政法的地位可从其在依法治国中的地位以及在法律体系中的地位两方面予以分析。

（一）行政法在依法治国中的地位

1999年3月，第九届全国人民代表大会第二次会议正式把依法治国的基本方略载入宪法，2014年10月中共中央十八届四中全会专门作出了《中共中央关于全面推进依法治国若干重大问题的决定》（以下简称十八届四中全会《决定》）。依法治国，以法治取代人治，建立社会主义法治国家，是我国步入现代化的必由之路。依法治国，就是要将国家的治理建立在民主、理性的法律规则之上，国家的政治建设、经济建设、文化建设、社会建设和生态文明建设等要依法进行，全社会都要依法办事，法律保障公民享有广泛的自由和权利并得到全面发展。我国全面推进依法治国的总目标是建设中国特色社会主义法治体系，建设社会主义法治国家。即在中国共产党领导下，坚持中国特色社会主义制度，贯彻中国特色社会主义法治理论，形成完备的法律规范体系、高效的法治实施体系、严密的法治监督体系、有力的法治保障体系，形成完善的党内法规体系，坚持依法治国、依法执政、依法行政共同推进，坚持法治国家、法治政府、法治社会一体建设，实现科学立法、严格执法、公正司法、全民守法，促进国家治理体系和治理能力现代化。

在依法治国这一方略的推进过程中，行政法具有不可替代的重要地位。

1. 行政法是推进和实现依法治国的重要手段。依法治国的重要目标之一是实现行政法治，即建立法治政府，推进依法行政。而行政法是行政法治得以实现的基础。依法治国要求将公共行政纳入法治的轨道，即行政机关必须依法行使和履行行政职权、职责，切实保障公民一方的合法权益，建立稳定的公共行政秩序。而这些都需要行政法来构建各种行政法律制度。离开行政法，行政法治是无法实现的，依法治国也将落空或残缺不全。从数量上看，现代社会法律规范的绝大部分属于行政法的范畴，可见行政法是推进法治建设和发展的重要手段。

2. 行政法的建设是依法治国的重心所在。在当今社会，公共行政的范围宽泛，行政法治任务艰巨，尤其是随着公共行政改革的推进，行政法律制度日趋复杂。由行政组织法、行政活动法、行政救济法构成的行政法体系庞大，涉及大量具体行政法律制度的建设，还需要长期不断的努力。此外，由于历史和文化等原因，我国的国家机关工作人员和公民的法治意识、法治水平在整体上还不高，行政法的制定尚有许多不完善之处，行政法的遵守和执行也不是很理想，因此行政法的建设任重道远。在依法治国的推进过程中，行政法的建设是重点所在，也是难点所在。

3. 行政法的发展将推动依法治国的进程。依法治国呼唤行政法，同时行政法的发展也推动着依法治国的进程：①随着各项行政法律制度的建立，在客观上要求理顺国家的立法体制，并建立健全独立、公正的司法体制。换言之，成熟的行政法律制度要有立法和司法的保障。②行政法的发展有助于民众广泛参与行政，有助于个人权利意识和法律素养的培养，有助于个人人格的独立与完善，而个人的权利意识及健全人格正是法治国家赖以存在的基础。可见，无论在法律制度层面还是在法律文化层面，行政法的发展都会推进依法治国。

（二）行政法在法律体系中的地位

在现代国家的法律体系中，行政法具有重要地位：①行政法与宪法的关系十分密切。行政法素有"小宪法"和"活的宪法"之称，宪法中的基本精神和大量条文需要行政法的落实。②行政法是重要的公法部门之一。尤其是随着公共行政事务的增多，社会成员对公共行政需求的加重，行政法的地位将更加突出。③在所有的法律规范中，行政法规范所占的比例最大，行政法对社会生活的影响也日益宽泛。

二、行政法的作用

行政法的作用是指行政法所产生的实际功效。关于行政法的作用,学术界有不同认识,比较典型的观点有四种:

第一,认为行政法的主要作用在于保障行政权,即赋予行政机关行政权和有效的管理手段,确保行政相对人履行行政法上的义务。有学者把这种观点概括为"管理论"。"管理论"追求的法治状态是依法行政,具有人治色彩,视法治为管理工具。[1]该观点来自苏联,在我国20世纪80年代一度盛行,到今天,其支持者已为数不多。

第二,认为行政法的主要作用在于控权,即规范和控制行政权,并通过控权来保障公民等一方的合法权益。这种观点被称为"控权论"。该观点源于英美国家,在我国兴起于20世纪80年代末期,至今仍具有很大影响。从数十年来我国行政法的发展历程来看,其主要遵循的是控权模式,强调行政法的控权作用。

第三,认为行政法具有平衡作用。行政法既能保障行政管理的有效实施,又能保护公民等一方的合法权益。这种观点被称为"平衡论"。持平衡论者认为行政法是保证行政权与公民权处于平衡状态的平衡法,行政法的主要作用就是平衡,即实现行政机关与相对方的权利义务上的平衡状态。[2]学界对平衡论有支持者、有反对者,也有主张修正者。

第四,认为行政法的主要作用是为个人提供服务。服务行政或积极行政的兴起,从实践上看是由技术进步、城市化进程加快、个人对政府或社会依赖性增强所导致的。城市化进程使政府对个人的生存照顾的职能变得格外突出,农村自给自足的生活在城市已无法为继,供水、供电、供气、城市交通、卫生等都需要政府承担起相应的职责,服务成为政府不可推卸的义务。从理论上说是人们对国家与个人的关系以及政府职能定位的重新认识,尤其是国家干预主义和福利国家理论对国家治理思路的影响。此种观点受德国的影响较深。

除上述第一种观点视相对人为客体、行政法为工具,需要被彻底批判外,其他三种观点都有其合理性,但也不够全面。我们认为行政法的作用是多方面的,具体表现在以下方面:

(一)支持和保障公共行政的有效开展

从功能主义的角度看,合理的法律制度是人类社会进步的工具。在一定程度上,行政法制度是支撑现代公共行政的一套法律技术或法律工具,正是通过制度设计,对个人利益、社会利益和国家利益进行合理安排,才能充分实现国家的功能,发挥社会的作用和调动个人的积极性和创造性;才能有效引进企业管理技术和现代融资手段,以确保公共行政目标的达成,并实现民主、公正、理性、高效等价值追求。

---

[1] 罗豪才主编:《现代行政法的平衡理论》,北京大学出版社1997年版,第3~4页。
[2] 罗豪才等:"现代行政法学的理论基础",载《中国法学》1993年第1期。

行政法对公共行政的支持和保障主要体现在行政组织法律制度的建设和公共行政手段的提供上。公共行政的有效开展需要合理界定政府职能，建立高效的行政管理体制；需要建立健全公务员制度、公共财政制度和公物公产制度；需要充分的手段以确保政府职能的履行。因此，建立一套完备的行政组织规则和设定合理的公共行政的手段和程序是必要措施。

必须指出的是，行政法对公共行政的支持和保障并不是传统"管理论"的翻版。行政法作为公共行政的制度平台，可以使复杂的公共行政免于陷入泥潭，并使得广大民众的参与成为可能，从而建立相对稳定的可预期的公法秩序。在这里，虽然也强调行政法的"工具"作用，但不是作为管制行政相对人的"工具"，而是实现公共行政目的的"工具"。

（二）规范和控制行政权

规范和控制行政权，确保行政权的运行不偏离既定目标，是行政法的重要功能之一。规范和控制行政权是要为行政权的运行设定边界，并确保行政权在法定范围内行使，不超越法律。行政权的行使主体、条件、内容和程序都要符合法律的规定。规范和控制行政权也包括对行政自由裁量权的规范与控制。行政自由裁量权是指行政权力的行使者在法定范围内，按照法律的基本精神或原则根据具体情况所做的处理。行政自由裁量权的存在是一种客观现实，因为立法再精细也无法预设以后可能发生的各种情况，因而必须为权力的运行留下必要的灵活处理空间。对行政权的规范和控制既需要采用实体手段，如明确行政权的边界，合理配置行政权等；也需要采用程序手段，如建立信息公开制度、行政程序制度来制约行政权；还需要通过事后的救济手段，如通过行政复议制度、行政诉讼制度来约束行政权。

我国行政法治实践中十分重视行政法的控权作用，许多行政法制度都是围绕着规范和控制行政权来建立的。如已经建立的行政立法制度、行政处罚制度、行政许可制度、行政强制制度、行政诉讼制度、行政复议制度等主要都是为了有效地控制行政权力，目前正在着手建立的行政程序制度、行政决策制度等也同样如此。

（三）保障公民的自由和权利

保障公民的自由和权利是行政法的根本宗旨所在。行政法对公民自由和权利的保障体现在三个方面：①通过行政法规范不断确认和扩展公民个人的自由和权利。在现代社会，公民个人的自由和权利有了更丰富的内涵。除了传统的人身权、财产权和政治权以外，还包括经济自由权、受教育权、环境权、发展权、知情权、听证权等。行政法正是通过建立相应的行政法律制度来确认和扩展公民的自由和权利，如建立行政公开制度以确保公民对公共行政的了解，建立听证制度以确保个人对公共行政的直接参与。②通过服务行政制度的建立为公民提供各种服务，以促进人的全面发展，从而在深层次上实现人的自由和平等，如建立义务教育和终身教育制度、社会保障制度，建立城市生活中的供水、供电、供气、供热等服务制度等。③通过事后的行政救济制度，如行政复议制度、行政诉讼制度和行政赔偿制度等恢复公民个人被违法行政所侵害的利益，以保障其自由和权利。

以往人们常常强调行政法应保护公民的合法权益，应该说合法权益与这里所说的行政权益是两个不同的概念。合法权益仅指公民已获得的实际权利，已为法律所确认；行政权益则是指公民在现代行政中应当享有的权益。后者是应然状态，是努力的方向，而前者则是法律已确认的权利。至于实在的权益则又是另一概念。行政法的目标就是要将应然的行政权利转化为实在的权益。当然，行政权益的概念是不断发展的，随着社会的进步，行政权益的内涵会更加丰富。[1]

（四）促进经济和社会的发展

行政法的重要作用之一就是促进经济和社会的发展，具体表现在以下方面：

1. 促进市场经济的建立与完善。市场经济在本质上是一种权利经济，要求经济自治，要求建立平等、自由、开放的竞争秩序。市场经济固然离不开民法的调整，同样也需要行政法的保障。行政法的作用在于：①通过确认公民等一方的各种经济权利、建立公正的竞争规则、维护良好的经济秩序来促进市场经济的发展。②通过严格设定行政权和规范行政权的行使来排除行政对市场的违法干预，保障市场按其自身规律正常运转。

2. 促进社会自治的发展。①要通过行政法律制度建设来引导、培育和支持社会自治，构建社会自治秩序，如建立以分权为核心的行政主体制度等。②对社会自治进行有效的规范和控制。凡是有权力的地方都有滥用权力的可能，对社会自治也要进行监督和控制。因此，行政法的监督和救济制度需要扩展到社会自治领域。

3. 促进和谐社会的构建。和谐社会应该是民主法治、公平正义、诚信友爱、充满活力、安定有序、人与自然和谐相处的社会。和谐社会的大部分目标需要通过行政法律制度实现。

（五）建构与完善必要的社会制度

我国正经历深刻的社会变革，而社会变革的背后是利益重组。行政法就是要通过合理的实体制度建构将各种利益调整到最适当的位置。在经济领域，行政法要界定政府直接从事经济活动的空间、政府管理经济的权力及运行规则。在社会领域，行政法要合理界定政府与社会各自的空间，明确国家行政和社会管理的职能。行政法要通过制度设计来培育、保障和促进社会自治的发展。至于政府对社会的管理及其提供的公共服务，涉及教育、文化、科技、卫生、社会保障、环境保护和基础设施建设等各个方面，政府、社会和个人究竟有哪些权力（权利）和自由，政府必须提供哪些服务，如何来提供服务，都需要行政法制度的保障。在公共行政领域，行政法要解决的问题更多。除了上述政府与市场、与社会的关系外，政府内部各部门之间的关系、公共行政运行所依赖的组织结构、人、财、物等手段等也十分重要。

与私法调整个人之间在民事、经济中往来的利益不同，行政法要解决的是公共

---

[1] 参见薛刚凌："论行政法的目的、手段与体系"，载《政法论坛》1997 年第 3 期。

行政中个人、市场、社会和国家之间的利益安排和调整。行政法往往对私权要进行第二次调整，对私权进行保护和限制，这在政府对经济的干预中尤为突出，如环境保护制度、市场准入制度、税收制度等都会影响私权。既然影响到私权，就必然要建构一定的新制度或完善原有制度（即行政权力组织和运行框架），引导政府规范运作，避免作恶，积极为善。[1]

第四节　行政法的历史发展

一、行政法产生的基础

行政法与其他法律制度一样，都是历史的产物。历史创造了行政法原理及行政法独有的品质。相对于其他法律制度而言，行政法产生较晚，但发展迅速，在现代国家的法治进程中发挥着重要作用。

行政法产生的基础有理论与实践两个方面：

（一）理论基础

行政法产生的理论基础是自然权利、三权分立和法治原理。早在法国大革命前，启蒙思想家卢梭就提出了"自然权利"的主张。他认为人都有与生俱来的自然权利，并认为这种权利是"天赋"的，不可让与。这一思想在资产阶级大革命后为法律所肯定。法国在《人权宣言》中宣告："任何政治结合的目的都在于保存人的自然和不可动摇的权利。这些权利就是自由、财产、安全和反抗压迫。"行政法的出现正是为了保障个人的自然权利。当然，现代行政法更注重不断拓展个人的自由和权利，以促进个人的全面发展和社会的进步。

对行政法的产生具有更直接影响的是"三权分立"理论。该学说的创始人孟德斯鸠认为："一切有权力的人都容易滥用权力，这是亘古不变的经验。防止滥用权力的办法，就是以权力约束权力。"[2]并认为一切国家都存在立法权、行政权和司法权三种权力，主张将这三种权力分别由不同的机关行使，以确保自由的存在。三权分立理论强调对权力的制衡，这里自然引申出对行政权的规范和控制。

法治原理对行政法的产生和发展也有深刻影响。世界上第一个系统研究法治原理的是古希腊的亚里士多德，其在其著名的《政治学》一书中提出了法治主张，并论证了法治的优越性。法治原理的内涵随着时代的变迁而发展，一般认为包含以下五个方面的内容：①要建立一套规则，对所有的社会事务进行规范，这套规则包括规范个人之间关系的私法规则，也包括调整个人与国家或其公共机构之间关系的公法规则；②这套规则尤其是重要的规则，要建立在民主的基础上；③这套规则要符合人类社会基本的道德要求；④这套规则要由相应的机构保障实施；⑤要形成法律

---

〔1〕　参见薛刚凌："行政法发展模式之检讨与重构"，载《公民与法》2006 年第 3 期。

〔2〕　[法]孟德斯鸠：《论法的精神》（上册），张雁深译，商务印书馆 1987 年版，第 154 页。

至上的社会意识，任何人、任何组织都没有法外特权，都要服从法律。具体在公共行政方面，法治原理的基本要求是公共行政的运作尤其是权力运作必须受法律的支配。现代国家仍把法治原则作为行政法的核心原则。

（二）实践基础

行政法的存在固然有其深刻的思想根源，但直接导致行政法产生的原因则根植于现代国家的宪政体制上。现代西方国家的政权都建立在"三权分立"的基础之上，"三权分立"孕育着行政法产生的最基本的条件，即行政相对独立，没有行政的相对独立，也就没有行政法。

从我国的宪政体制来看，我国的一切权力属于人民，人民行使权力的机关是各级人民代表大会。国家行政机关由国家权力机关产生，向权力机关负责，这意味着国家行政机关的活动必须在法律规定的范围内进行，受法律的制约。

此外，近现代以来公共行政的积极扩张也是行政法产生的直接根源。公共行政的扩展是技术经济发展的结果，不可避免，但公共行政的扩张自然会带来行政权的膨胀，并对个人产生巨大影响。因此，对公共行政的合理组织和对行政权的规范及控制就变得十分重要，行政法也就应运而生。

再者，市场经济本身也为行政法的产生和发展奠定了基础。市场经济在本质上就是权利经济，它以市场主体的独立人格为起点，以市场主体的经济自主权、平等竞争权为核心，以法律的救济权为保障。市场经济要求经济自治，要求秩序、公正和效率，这都离不开行政法的保障。正是在市场经济的环境里，行政法才有了更为广阔的发展前景。

最后，司法的独立、司法制约行政的历史也为行政法的产生奠定了基础。无论是大陆法系国家的行政诉讼或英美法系国家的司法审查都为行政法的出现和发展作了很好的铺垫。行政诉讼和司法审查本身也是行政法的重要组成部分，许多行政法制度和行政法原理都是通过诉讼实践提炼和抽象出来的。

二、外国行政法历史发展简述

现代意义的行政法最早产生于西方国家，而且在大陆法系国家和英美法系国家呈现出不同的发展轨迹，并影响到亚洲国家行政法的发展。

（一）大陆法系国家行政法的历史发展

行政法作为一个独立的法律部门，是在法国大革命后确立起来的。人们常把法国国家参事院（法国最高行政法院的前身）的成立作为行政法产生的标志。在大革命前法国是一个高度中央集权的封建国家——国王代表着封建势力，司法权也为封建贵族所把持。法院阻碍代表新兴资产阶级利益的政府改革法令的实施。1789 年的法国大革命推翻了封建专制制度，资产阶级按照"三权分立"的理论重新设计了法国的政体。法国的三权分立，不仅是为了限制王权，同时也是为了限制司法权。1790年的《法院组织法》明确把司法职能和行政职能分开，并排除普通法院对行政争议案件的管辖权。1799 年拿破仑一世建立了国家参事院和省参事院。国家参事院一方面受理行政争议案件，提出解决争议的建议；另一方面为政府提供法律咨询。[1]

在法国国家参事院成立之后的二百多年时间里，法国的行政法得到了长足发展。不仅国家参事院已演变成行政法院，与普通法院并列，而且行政法已成为完整独立的法律部门。法国行政法的重要原则都是从行政判例中产生的。

法国的行政法制度影响了整个欧洲大陆。德国的行政法制度吸收了法国行政审判制度的经验，建立了独立的行政法院系统，但德国的行政法院系统不归属于行政，而是司法的一部分。其他的大陆法系国家也以法国、德国为榜样，建立起相对独立的行政审判体系和行政法制度。

大陆法系国家的行政法模式具有以下特点：①存在独立的行政法院系统，与普通法院并列。②在法律体系上，公法与私法相对分立，行政法属于公法范畴。③大陆法系虽以成文法为主，但行政法例外，行政法以判例法为其重要渊源。④行政法重视行政实体法律制度，如行政组织法、行政处罚、行政强制等。⑤强调行政法的平衡和调控作用，即行政法一方面给予政府有效的执行手段，另一方面又控制政府的行政权力，以维护个人的合法权益。

（二）英美法系国家行政法的历史发展

诺曼人征服英国后，于13世纪在英国建立了普通法制度。普通法通行于整个英国，由皇家法院适用，[2]国王通过皇家法院控制行政和下级法院。可以说，英国的普通法制度已包含了现代行政法的精神之一，即司法对行政的控制。但英国人一直对法国的行政法制度予以否定。直到19世纪后期，行政法在英国才真正受到重视。这一时期，技术、经济的高速发展给社会带来了两个显著变化：①委任立法大量出现。为应付工业经济发展所带来的社会问题，需要制定大量法律。由于时间、技术等方面的原因，议会不能满足这一需要，不得不授权行政机关制定具体的规则，以补充议会立法之不足。②行政裁判所迅速发展。行政裁判所出现于20世纪初，由于政府对经济、社会的干预加强，行政纠纷增多，法院受制于程序的严格要求，无法快速解决这些纠纷，行政裁判所应运而生。行政裁判所的主要职能是行使部分司法权，裁决行政机关与个人之间以及个人与个人之间的纠纷。为有效控制委任立法和行政裁判所的运作，司法审查制度得到完善，行政法得到快速发展。

美国的行政法产生于19世纪80年代，为应对经济发展的需要，美国开始建立独立管制机构，独立于各部，有的甚至独立于总统。这些独立管制机构集立法、行政、司法职能于一体，拥有很大的权力。虽然独立管制机构的出现是社会发展的需要，但过于集中的权力会引起人们的恐慌，对其进行监督和控制就变得十分必要。在一定程度上，行政法的出现正是为了规范和控制独立管制机构。总体而言，美国行政法的发展承袭了英国的传统，但更侧重于行政程序制度的完善，强调行政程序的控

---

〔1〕　王名扬：《法国行政法》，中国政法大学出版社1988年版，第536页。

〔2〕　[法] 勒内·达维德：《当代主要法律体系》，漆竹生译，上海译文出版社1984年版，第295~296页。

权作用。1946 年美国制定了《联邦行政程序法》，之后又制定了许多程序方面的法律，如《阳光下的政府法》等。其他英美法系国家，如澳大利亚、新西兰等都以美国的行政法制度为蓝本。

相对大陆法系国家而言，英美法系国家的行政法具有以下特点：①普通法制度是行政法制度的基础，所有的人适用同一的法律，由相同的法院管辖，不存在独立的行政法院系统，也没有独立的公法体系。②强调司法审查的作用，行政活动包括行政裁判所的活动都要接受司法审查，判例法是行政法的重要渊源。③重视行政程序制度，程序至上是英美法系的传统，而这在行政法中表现得尤为突出。

两大法系国家的行政法对亚洲一些国家行政法的产生、发展具有明显影响。亚洲国家的行政法起步较晚，大多是在第二次世界大战后迅速发展起来的。如日本在明治维新后主要学习、借鉴德国的法律制度，第二次世界大战后在美国的占领下，被迫接受美国的法律机制，因而日本的行政法制度带有混合色彩。韩国的行政法制度受日本的影响，也以学习德国为主。总体而言，都是学习西方发达法治国家经验的结果。

三、中国行政法的历史发展

中国行政法的产生可追溯到南京国民政府时期的《中华民国临时约法》，该法第一次提到了行政诉讼制度。中国曾学习德国的经验，制定了《行政诉讼法》《诉愿（即行政复议）法》，并建立了独立的行政法院，但由于当时的专制统治，加之连年战乱、民不聊生，行政法只能是一种点缀。

在 20 世纪 50 年代，中国行政法开始萌芽。当时，中国仿效苏联，制定了一系列规范国家行政机关和行政管理方面的法律、法规，但是没有建立起有效的行政活动监督、救济机制，有关行政运行的法律制度很不健全。1957 年到 1977 年这二十年间，中国频繁发生政治运动，法律的权威受到影响，行政法的发展也因此停顿。中国行政法的真正发展，是在 1978 年改革开放以后。1978 年，中国共产党十一届三中全会第一次把民主和法制提升到了重要地位，并提出了"有法可依、有法必依、执法必严、违法必究"的社会主义法制原则。这标志着中国政府对公权力的性质和运作有了全新的认识，中国行政法制建设也从此进入了一个新的时代。

1978 年以后中国行政法的发展可以分为两个阶段：①1978～1989 年，这是中国行政法的重建阶段；②1989 年至今，这是中国行政法的发展阶段。

第一阶段，以 1978 年中国共产党第十一届三中全会和 1982 年修改《宪法》为主要标志，中国开始强调社会主义民主法制建设，行政法进入恢复和重建时期。

在立法方面，清理和恢复原有行政法律制度，并颁布和施行新的行政法律规范。1979 年，中国全国人大常委会及时清理和恢复了原有部分法律，同时也根据当时的政治形势和经济建设的需要，陆续制定了大量行政法律规范，如《国务院组织法》、《地方组织法》、《治安管理处罚条例》（已失效）、《环境保护法（试行）》（已失效）等。

在行政法制度建设方面：①改革政府机构，转变政府职能。改革开放后，如何调整政府机构和政府职能以适应经济建设和社会变革的需要，成为摆在当时中国政府面前的一项重要工作。从 1982 年 3 月开始，中国开始对国务院和地方各级人民政府的机构进行全面改革，并建立起干部离退休制度。②建立行政立法制度。1982 年，《宪法》正式确认了行政立法的法律地位，规定国务院有权制定行政法规；国务院各部委有权制定规章；省、自治区、直辖市人民政府，省、自治区人民政府所在地的市人民政府以及较大市的人民政府有权制定地方政府规章。1987 年 4 月，国务院颁布了《行政法规制定程序暂行条例》（已失效），各省市也相继颁布了有关制定地方政府规章的程序规定，使整个行政立法逐步走向了规范化。③建立了行政裁决制度。1982 年和 1984 年中国相继颁布了《商标法》《专利法》，规定由专门的商标评审委员会和专利复审委员会负责处理商标、专利方面的争议事宜。这些专门行政裁判机构是设立在行政机关内部、负责处理特定争议案件的机构。它们处理案件并不依照一般的行政程序，而是依据特定的准司法程序——申请、答辩、调查、辩论等，裁决严格依照事实和法律作出，当事人不服裁决还可以向人民法院提起诉讼。④建立了相关的部门法律制度，如义务教育制度。

在对行政的监督和救济方面：①宪法规定各级权力机关有权对各级政府进行监督。②恢复监察部的设置，并设立了审计署，以加强行政内部的监督。③1982 年颁布的《民事诉讼法（试行）》（已失效）对行政诉讼作了专门规定，可以说，中国的行政诉讼制度在这个时候就初步确立起来了。

第二阶段，以 1989 年《行政诉讼法》的颁布为标志，中国行政法进入全面快速发展时期。在此阶段，中国提出了"依法行政""依法治国""建设法治政府"的目标，制定和修改了一系列行政法律规范，初步建立了一套有中国特色的行政法律体系。

1. 确立了依法行政原则和建设法治政府的目标。1989 年，中国颁布《行政诉讼法》，该法第 1 条就明确指出行政诉讼的基本目的是维护和监督行政机关依法行使职权。1993 年，国务院向八届全国人大一次会议提交的政府工作报告中第一次正式提出依法行政原则。1999 年，中国修订《宪法》，明确规定："中华人民共和国实行依法治国，建设社会主义法治国家。"同年，国务院颁布《关于全面推进依法行政的决定》，把依法行政提升到了前所未有的高度。2004 年，国务院颁布《全面推进依法行政实施纲要》，明确规定了中国各级政府依法行政的六大基本理念，也就是合法行政、合理行政、程序正当、高效便民、诚实守信、权责统一。《全面推进依法行政实施纲要》的颁布在中国社会引起了强烈反响和广泛关注，各级政府机关正在为实现这些目标而进行法制宣传和制度建设。

2. 建立了保障人权的行政和司法救济制度。1989 年，我国颁布《行政诉讼法》，全面建立了行政诉讼制度。行政诉讼法所确立的"民告官"制度、行政纠纷司法解决机制和行政诉讼基本程序制度，对我国民主法制建设产生了巨大影响；对于监督行政机关权力的行使、维护行政相对人的合法权利有着重要价值。尽管在这部法律实施的过程中仍然存在各种困难和障碍，但它对于拥有几千年封建传统、行政权至上观念发达的中国社会来说，有着划时代的历史意义。

为配合《行政诉讼法》的实施和行政侵权赔偿责任的追究，1994 年中国颁布了《国家赔偿法》，规定了行政赔偿和刑事赔偿两种国家侵权赔偿责任制度。这反映了中国人权保障领域的巨大进步，体现了"有权必有责、用权受监督、侵权要赔偿"的现代法治精神。1999 年，中国在原有《行政复议条例》的基础上，颁布了《行政复议法》，强化了政府内部的监督和救济。

随着法制建设的深入推进，行政诉讼制度与社会经济发展不协调、不适应的问题日渐突出。为了解决现实中的"立案难、审理难、执行难"等突出问题，推进法治国家、法治政府、法治社会建设的新要求，全国人大常委会法工委从 2009 年开始着手《行政诉讼法》的修改调研工作，2014 年 11 月获得通过。此次修改《行政诉讼法》，从保障当事人诉讼权利以及完善管辖、诉讼参与人、诉讼程序等方面进一步完善了行政诉讼制度，对于更好地发挥行政诉讼的功能，推进依法行政和公正司法，全面落实依法治国基本方略具有重要意义。

3. 加强了行政组织制度和公务员制度建设。20 世纪 80 年代末期以来，随着我国经济体制改革的推进、社会主义市场经济发展方向的确立，原有的以计划为主的行政管理体制和干部人事已很难适应社会变革的需要。因此，机构改革和人事制度改革一直备受重视。历次机构改革的主要目的就是要建立与市场经济发展相适应的行政管理体制，强调政府的职能就是经济调节、市场监管、社会管理和公共服务。人事制度改革的目标就是要建立现代公务员制度。1993 年国务院颁布了《国家公务员暂行条例》（已失效），2005 年国家立法机关在此基础上制定并颁布了《公务员法》。

4. 设立了与经济社会发展相适应的具体法律制度。市场经济必须充分肯定市场主体的自由，包括投资自由、经营自由、贸易自由等，而过多的管制则背离了市场经济的自由精神。为减轻管制，保障市场主体的自由，我国于 2003 年颁布了《行政许可法》，就行政许可的设定标准、设定范围、设定主体和程序，行政许可的主体和程序，行政许可的监管和责任作了全面规定。在此前后我国还颁布了《政府采购法》《道路交通安全法》《治安管理处罚法》，为政府采购、道路交通安全和社会治安管理提供了法律依据。此外，针对临时性突发事件制定了专门的行政法规：2003 年和 2005 年，国务院分别针对非典型肺炎和高致病性禽流感制定并颁布了《突发公共卫生事件应急条例》和《重大动物疫情应急条例》，为各级政府及时应对突发公共事件，保障人民生命财产安全提供了法律依据。

5. 重视行政程序制度建设。自《行政诉讼法》颁布以来，行政程序制度受到了极大关注。一方面，有关行政程序的单行立法有了快速发展。1996 年颁布的《行政处罚法》用很大的篇幅规定了程序，并首次引入了行政听证程序。以后制定的《价格法》《立法法》也规定了听证程序。《行政许可法》更是用了 1/3 以上的篇幅规定了许可设立、实施和监管程序。2011 年通过的《行政强制法》，是继《行政处罚法》和《行政许可法》以后的一部重要法律，这部法律的制定使行政强制更加规范和人性化。《行政处罚法》《行政许可法》《行政强制法》并称为"行政法典三部曲"，标志着我国针对行政权力的限制、公民权利的保障在法律层面已构成较完整的体系。另一方面，综合性的行政程序立法也已进入权力机关的立法规划。通过行政程序来控制行政权、保障个人自由已经成为人们的共识。

总之，改革开放以来，尤其是加入世界贸易组织（WTO）的推动，中国的行政法已有了显著的发展，取得了巨大成就，行政法学也已从最早的默默无闻发展到今天的显学。就行政法的发展模式看，中国行政法走的主要是一条控权的道路，力主通过行政法的制度建设规范和控制行政权，保障个人自由。行政法的发展虽然也注意到对经济社会发展的回应，但就总体来看，行政法回应社会的功能仍显不足。

四、中国行政法的现状分析

中国行政法的发展，主要是在中国推行改革开放政策之后。经济、政治、社会等方面的改革需要及时、有效的法律规范来调整和保障，这为中国行政法的发展提供了前所未有的大好机遇，也给中国行政法的发展深深地打上了改革时代的烙印。如我国加入 WTO 加速了中国对法律法规的清理，推进了《行政许可法》的制定。总体而言，中国行政法的发展基本适应了中国改革开放的需要，对中国民主与法治的推进起到了很大的推动作用。但与快速发展的经济社会的需求来看，行政法制度仍有许多滞后的地方：

1. 行政法制度尚没有全面建立。虽然这些年来制定了大量的行政法律法规，但行政法的缺口仍然很大。这主要表现在：①行政组织法律制度还不是很健全，政府的职能定位和行政管理体制与经济社会的发展不相适应；存在政府职能过宽，社会自治不发达，管理层级过多、职能交叉重叠的情况。政府间的关系还没有被全面纳入法治的轨道。行政组织法的不完善无法为公共行政的改革提供足够的制度支持。②与现代公共行政手段相关的制度尚有缺失，如行政合同制度、行政指导制度、公私合作的 BOT 制度[1]、行政公产制度、行政征收和行政补偿制度等还没有全面建立。③部门行政法律制度不发达，如教育、卫生、社会保障、就业劳动等方面的制度不成熟。虽然这些年来，教育、卫生方面有很多改革举措，但对改革的成败有很多争议，相关的制度也在变动之中。④行政程序制度仍欠完善。知情权和听证权的规定和行使还不充分，信息公开制度、行政听证制度的完善仍不到位。

2. 行政执法与司法救济的运行存在一些缺陷。在行政执法方面，存在着执法体制不顺畅、执法主体多头、执法手段不足和执法程序不完善等多方面的问题。另外，实践中权力寻租的情况也经常发生，这一切都导致了法律实施和执行的困难。在司法救济方面，由于《行政诉讼法》自身的局限，如诉讼范围过小、当事人制度不合理、行政诉讼类型化不发达、外部保障不足等，诉讼救济的功能不能得到有效发挥。同样，《行政复议法》和《国家赔偿法》法律文本自身的不完善，也影响了行政复议

---

〔1〕 BOT 制度：BOT 是 "build-operate-transfer" 的缩写，意为 "建设—经营—转让"，是私营企业参与基础设施建设，向社会提供公共服务的一种制度。

和国家赔偿功能的发挥。

3. 行政法的功能发展不平衡。现代行政法有两项基本功能：①制度建构功能，即为公共行政的推行提供制度支持；以保证公共行政的有效开展；②控制行政权的功能，通过控权以实现和保障个人的充分自由。近些年来，中国行政法的发展遵循的是对行政权力进行规范和控制的控权模式，强调行政法的控权功能，而不大重视行政法的制度建构功能。这一方面导致了行政法对经济社会的变革缺乏应有的回应，另一方面，制度平台的缺失也使行政法的控权功能难以真正实现。

4. 行政法治文化发展缓慢。行政法的发展和行政法制度的有效运行在很大程度上依赖法治文化的支持，需要平等的精神，需要理性的精神。而中国由于受传统伦理文化的影响，相对欠缺行政法治所依赖的文化精神，从而影响到行政法制度的有效运行，不利于行政法的发展。

五、行政法在中国的发展趋势

中国行政法经过数十年的发展，已经初步建立了一套行政法律体系，成为有中国特色的法律体系的重要组成部分。今后，中国行政法仍然会随着中国经济社会的进一步发展而逐渐发展和完善，大体的趋势主要会有以下几个方面：

1. 完善行政组织法，建立科学合理的行政管理体制。2004 年国务院发布的《全面推进依法行政实施纲要》，为今后各级政府依法行政提出了总体目标和具体安排；中国新的五年发展规划把积极推进政府职能转变和行政管理体制改革提升到了新的高度。这些目标的实现需要行政法发挥重要的制度构建和法律保障的功能，需要完善行政组织法。一方面，政府职能的转变、行政管理体制的改革以及行政方式的改进需要有法律的引导和支持；另一方面，作为改革的成果，行政管理的新模式、职责权限的新布局等都要求及时有效的法律规范予以保障。

2. 健全行政运行中的实体和程序立法，加速相关法律制度建设。从行政实体立法来看，我国还需要制定《行政补偿法》《行政合同法》《BOT 法》等，以推进行政实体法律制度的发展。从行政程序立法来看，中国的立法机关正着手起草统一的《行政程序法》，并希望以此作为全面规范和监督行政权力的法律，该法的制定是我国行政法治建设的一项重要任务。

3. 建立健全部门行政法，拓展行政法的调整范围和领域。中国政治经济改革的不断推进和社会的持续发展，需要对各个部门和领域里的行政法问题作出回应；高等教育、网络管制、城市管理、国有企业改革、公共设施民营化改革等一系列问题都需要行政法的规制和调整。由此可见，进一步拓宽行政法调整的范围和领域，加速部门行政法的制定和部门行政法律制度建设将成为今后中国行政法发展的重要任务。此外，现代公共行政不仅包含传统的国家行政，还包括社会行政。因此行政法的调整范围也就从传统的国家行政进入社会行政的领域。村民自治、行业组织的管理等将逐渐进入行政法的视野。

我国行政法的发展根植于改革开放，根植于国家经济、社会制度的深刻变革。

行政法的发展既是国外思想、观念、制度引进的结果，更是我国经济、社会变革的内在要求。从计划经济到市场经济的转型，社会自治的悄然出现，民主政治的推进，都意味着国家与个人关系的变化，意味着个人从客体到主体地位的转变，意味着对政府权力重新界定和规制的必要，这一切都深深影响着行政法的发展。但就目前我国行政法的发展状况而言，行政法仍处在初创阶段，大量的行政法制度需要建立完善，如行政组织法律制度、行政合同制度、行政公产制度等。依法行政的理念也需要提高，可见，行政法治仍然任重道远。

需要指出的是，上述中国行政法仅指我国大陆地区的行政法。我国香港、澳门和台湾地区的行政法制度各有特色。香港采用的是英美法系的模式，而澳门则更多承袭的是大陆法系的传统，台湾地区则主要学习的是德国的经验。由于本书的任务所限，我国港、澳、台地区的行政法制度不在本书中讨论。

第五节　行政法学

一、行政法学的研究对象

行政法学是以行政法律制度为研究对象的法律学科，是法学分支之一。行政法学与行政法不同：行政法是一个法律部门，是行政法律规范和行政法律制度的总称；而行政法学则属于法学范畴，是研究行政法的科学。就其内容来看，行政法学对行政法的研究主要包括三个方面：

（一）行政法基础理论

行政法是人类社会发展到一定阶段的产物，有自己的精神实质，其产生与发展有其内在的规律。因此，行政法学需要研究行政法的内涵与外延，研究行政法产生和发展的规律。当然，基础理论部分研究还涉及行政法的目的、价值、作用，行政法的基本原则，行政法的体系框架、发展模式，行政法与政治、经济、社会、文化的关系等。对行政法基础理论的研究无疑将有利于行政法的发展与完善。

（二）行政法律制度

这是行政法的重要研究内容之一。行政法律制度可分为两大部分：①一般法律制度，如行政组织法律制度、行政立法制度、行政许可制度、行政处罚制度和行政诉讼制度等；②专门行政法律制度，如经济行政法律制度、教育行政法律制度等。无论是对一般行政法律制度的研究还是对专门行政法律制度的研究，都将有助于从制度层面发展和完善行政法。

（三）行政法规范及适用

行政法规范数量众多，并且效力等级不同，因而研究行政法规范有相当大的难度。行政法学对行政法规范的研究包括理论和实践两个方面。在理论上要探讨隐藏在行政法规范背后的基本精神和价值取向，在实践方面要研究行政法规范的界定、适用条件和适用中的问题等。研究行政法规范及其适用与研究行政法律制度有一定程度的重合，但侧重点不同。

二、行政法学的研究概况

最早对行政法学进行研究的是法国，这与法国独立的行政审判制度有关。早在 19 世纪 70 年代，法国就出现了行政法学著作。法国的经典行政法理论都是在 19 世纪末和 20 世纪初根据最高行政法院的判例归纳、抽象出来的。法国的行政法学研究比较注重实体问题，研究的内容包括行政组织法、行政行为、行政诉讼与行政赔偿等。受法国的影响，德国的行政法学研究也十分重视行政实体制度。英国和美国的行政法学研究起步较晚，出现于 19 世纪末和 20 世纪初，在第二次世界大战后真正受到重视。和法国的行政法学研究注重实体制度建构不同，英美两国更重视程序制度的研究，包括行政程序和司法审查，强调通过程序来控制日益庞大的行政权。

中华人民共和国的行政法学研究出现于 20 世纪 80 年代初期，经历了沿袭苏联行政法学内容——吸收西方国家行政法学成果——创设自己行政法学理论的发展过程。从总体研究情况看，行政法律制度研究的进展较为深入，如针对行政诉讼制度、国家赔偿制度、行政处罚制度、行政许可制度等的研究，而对行政法基础理论研究与行政法规范研究还不够深入。这一方面是因为行政法学研究起步较晚，还缺乏深入理论研究的知识积累；另一方面是因为行政法需要研究的问题很多，而当下行政法发展的核心是制度建构，实践需要对行政法制度进行全面研究，因此在研究力量有限的情况下，学术界把自己的研究方向主要锁定在行政法律制度上也就理所当然。

我国行政法学自 20 世纪 80 年代初期兴起，至今已逾数十年。这些年来，行政法学获得了长足的发展，为我国行政法律制度的构建和完善做出了很大贡献。我国行政法学自兴起之时就强调其实践性，尤其是在 20 世纪 80 年代末期，学者围绕着行政诉讼制度的立法和实务进行了大量研究，理论界与实务界合作默契，共同推动了行政诉讼制度的发展。然而近年来，行政法的理论界与实务部门有相互疏远的趋势，理论研究的重大成果极难为实务部门采纳；同样，实务部门的创新和困难也不易为理论界关注。这种状况不仅阻碍了行政法学的发展，而且严重制约着行政法的实践，进而影响行政法治的进程。对行政法理论与实践的应然关系，我们认为应当包括：①行政法实践要成为行政法理论的研究重心；②行政法理论应服务行政法制度并促进其发展，包括指导行政法体系的建立，指导具体行政法律制度的构建，指导行政法规范的适用和推动行政法治理念的形成；③行政法理论与实践应处于良性互动状态。为建立两者的良好关系，我们认为，除了要重视理论与实践的关系，转变落后的思想观念、研究手段和在学术界进行合理分工外，更要建立有效制度，以真正促进理论与实践的交融。比如，确立行政判例制度，确立人员交流制度，确立信息交流制度，完善咨询论证制度，等等。[1]

应该说，我国的行政法学研究对我国行政法的发展和依法行政的推进起到了巨

---

[1] 参见薛刚凌："行政法理论与实践关系研究"，载《行政法学研究》2002 年第 1 期。

大的推动作用。改革开放以来一系列重要的行政法律的制定和行政法律制度的建立，都得益于行政法学的研究成果。目前，我国的行政法学研究正立足于中国国情，兼容并蓄，博采各国之长，朝着更深的层次、更广的范围发展。

三、本书的体系安排

行政法学体系的安排，受到许多因素的影响，如写作目的、行政法制度框架、对行政法基本精神的把握等，本书也不例外。本书分为上编、下编两大部分：上编主要阐述行政法的基本理论，包括行政组织与行政主体、行政相对人、行政行为、行政程序、监督行政等行政实体法和程序法制度的内容；下编主要阐述行政诉讼的理论与制度。严格地说，行政诉讼也是行政法的组成部分，但鉴于行政诉讼内容的重要性、丰富性以及教学的要求，本教材对行政诉讼问题以专编形式作了较为全面的介绍。

■ 思考题

1. 试论行政法的概念及主要特征。
2. 简述行政法的渊源。
3. 试论行政法的地位与作用。
4. 简述行政法产生的理论与实践基础。

■ 推荐书目

1. 罗豪才主编：《现代行政法制的发展趋势》，法律出版社 2004 年版。
2. 罗豪才主编：《现代行政法的平衡理论》（第 2 辑），北京大学出版社 2003 年版。
3. 石佑启：《论公共行政与行政法学范式转换》，北京大学出版社 2005 年版。
4. 王学辉等：《行政权研究》，中国检察出版社 2002 年版。
5. 张树义：《变革与重构——改革背景下的中国行政法理念》，中国政法大学出版社 2002 年版。
6. 杨海坤、关保英：《行政法服务论的逻辑结构》，中国政法大学出版社 2002 年版。
7. 李娟：《行政法控权理论研究》，北京大学出版社 2000 年版。
8. 宋功德：《行政法哲学》，法律出版社 2001 年版。
9. 孙笑侠：《法律对行政的控制——现代行政法的法理阐释》，山东人民出版社 1999 年版。
10. 沈岿：《平衡论——一种行政法的认知模式》，北京大学出版社 1999 年版。
11. 叶必丰：《行政法的人文精神》，湖北人民出版社 1999 年版。
12. 姜明安主编：《中国行政法治发展进程调查报告》，法律出版社 1998 年版。
13. 罗豪才主编：《现代行政法的平衡理论》，北京大学出版社 1997 年版。
14. 张尚鷟主编：《走出低谷的中国行政法学——中国行政法学综述与评价》，中国政法大学出版社 1991 年版。

第二章 行政法律关系

■学习目的和要求

　　通过本章学习，重点掌握行政法律关系的概念及其特征，了解行政法律关系的诸构成要素，正确理解行政法律关系的理论，并运用其分析解决实际问题。

第一节 行政法律关系概述

　　法律关系是法律规范在指引人们的社会行为、调整社会关系的过程中所形成的人们之间的权利和义务联系。[1]按照法律关系的部门法属性分类，通常可以分为宪法法律关系、行政法律关系、刑事法律关系、民事法律关系等。不同法律关系是不同的部门法对不同类型社会关系调整的结果，各种法律关系在内容、形式、设定以及运行方式上均有各自的特点。行政法律关系以其特定性成为全部法律关系中的一个特有的种类。行政法律关系是行政法学的基本范畴之一，对行政法的一般范畴和应用具有指导作用。行政法律关系的理论是对行政法各种权利义务及其运行方式、过程的高度抽象，是对行政法性质的规定性揭示，可用于对各种行政法现象的分析。

一、行政法律关系的概念与特征

（一）行政法律关系的概念

　　行政法律关系的概念是研究行政法律关系理论的起点，也是行政法律关系理论的核心问题。不同的部门法调整不同的社会关系，行政法与其他部门法的区别在于：它只调整与公共行政有密切关联的社会关系，或者说它只调整围绕公共行政活动所发生的社会关系。这类社会关系是行政主体在实现其公共行政职能的过程中形成的，并要以行政主体为关系的必然一方。行政法学界过去认为，与行政活动有关的社会关系只是行政机关即行政主体对公民一方即行政相对人的行政管理关系。之后我国有学者则提出这种社会关系主要有两大类：一类是由行政活动而形成的行政管理关系（也称行政关系）；另一类是因行政活动而发生的监督行政关系（也称对行政的监

---

[1]　张文显：《法学基本范畴研究》，中国政法大学出版社 1993 年版，第 160 页。

督关系）。[1]这一观点比以前的看法更为全面，并已为许多学者所认同。如果我们将行政法律关系作为一个部门法概念，那么相对于宪法法律关系、刑事法律关系、民事法律关系而言，行政法对上述两大类社会关系调整后所形成的各种关系都应统称为行政法律关系，意指经由行政法这个部门法规范、调整而形成的法律关系。但是，行政管理关系与监督行政关系是有很大差别的，为了不混淆它们，该观点将行政法调整后的行政管理关系称为"行政法律关系"，而将行政法调整后的监督行政关系另称为"监督行政法律关系"。[2]这样就使得"行政法律关系"成为一个狭义的概念，即它仅指行政法对行政管理这部分社会关系加以调整后形成的法律关系。在此情况下，由行政法调整后所形成的全部法律关系缺少一个整体概念，因为这里的"行政法律关系"或者"监督行政法律关系"都不是与宪法法律关系、民事法律关系、刑事法律关系等并列、同位的概念。我们认为，"行政法律关系"一词应当作为一个反映部门法特性的整体概念，即它表示经行政法调整后的那些特定社会关系的总和，以在部门法意义上整体区别于民事法律关系、刑事法律关系等。据此，将行政法对一定社会关系予以调整后形成的各种法律关系统一称为"行政法律关系"更为恰当。至于在行政法律关系之下，可再依据一定标准划分次一级的类型，如可将原狭义的行政法律关系称为"行政管理过程中的法律关系"，将原监督行政法律关系称为"监督行政过程中的法律关系"。它们都属于行政法律关系这个统一概念之内的划分。

据此，行政法律关系应指行政法对在实现公共行政职能过程中产生的各种社会关系加以调整后，所形成的行政主体之间以及行政主体与其他各方之间的权利义务关系。对这一概念需要进一步作如下说明：

1. 行政法律关系是行政法规范对一定社会关系调整后所形成的特定法律关系的总称。这些社会关系是行政主体在实现公共行政职能的范围内发生的各种社会关系，其他范围的社会关系不在此列，也不由行政法规范调整。同时，对实现公共行政职能的范围，应作广义的理解，它不仅仅指行政主体为实现行政职能而进行行政活动的范围，还应当包括保证有效实现行政职能而必要的、对行政主体配置权力和实行监督活动的范围。在这个范围内的各种社会关系经行政法规范调整后，形成具有多样性的行政法律关系。

2. 行政主体在实现公共行政职能范围内发生的各种社会关系即行政权力配置关系、行政管理关系和监督行政关系，并不等于行政法律关系。这表现为：①行政主体在实现公共行政职能范围内发生的各种社会关系在范围上要大于行政法律关系，立法者往往要从需要与可能的角度出发，通过制定行政法将上述关系中的一部分加以调整，形成行政法律关系。未被行政法调整的那一部分便不是行政法律关系。②行政权力配置关系、行政管理关系和监督行政关系都只是行政法调整的对象，而

---

[1] 罗豪才主编：《行政法学》，中国政法大学出版社1996年版，第9页。
[2] 罗豪才主编：《行政法学》，中国政法大学出版社1996年版，第17页。

行政法律关系则是行政法对这些关系予以调整后所形成的结果。③行政权力配置关系、行政管理关系与监督行政关系在未被行政法调整之前，不具有法定的权利义务内容，不受法律约束，因而往往是任意、无序的事实关系，或者是由政治、道德、宗教等其他力量来约束使之有序，而一旦被行政法调整成为行政法律关系之后，便是具有法定权利义务内容的关系，由国家强制力保障。

3. 行政法律关系的双方可以都是行政主体，也可以是以行政主体为一方而以其他各种当事人为另一方，双方形成由行政法所确定的权利义务关系。需要说明的是，这里的"权利义务"特指行政法意义上的权利义务，即它们是由行政法所规定的权利义务。这些权利义务与其他部门法规定的权利义务均有差别，关于这一问题，我们将在以后的章节里进一步讨论。

（二）行政法律关系的特征

对行政法律关系特征进行研究，有助于科学地揭示行政法律关系与其他法律关系的区别，从而更加准确地把握行政法律关系自身质的规定性。行政法律关系与其他法律关系比较，具有下列几项特征：

1. 在行政法律关系双方主体中，行政主体一方具有恒定性。这是行政法律关系主体方面的特征。无论是何种类型的行政法律关系，在其双方主体中必有一方是行政主体。这是因为，行政法律关系本是行政主体在实现行政职能时发生的一定社会关系的法律化，没有行政主体就不可能发生行政法律关系，即使有再多的其他当事人也只能是其他性质的法律关系而不能构成行政法律关系。但是，行政主体一方具有恒定性，并不意味着其在行政法律关系中是恒定的管理主体的法律身份。行政主体的恒定性只表明他们是任何行政法律关系中都不可缺少的一方，至于他们在不同行政法律关系中的法律身份却可以是多样化的，如行政立法主体、行政管理主体、行政服务主体、行政司法裁判主体、接受监督的主体、赔偿责任的主体等。

2. 行政法律关系主体双方互有权利、互负义务，但具有不对等性。这是行政法律关系在内容方面的特征，也是行政法律关系相较民事法律关系而言一个显著特征。

行政法律关系主体双方互有权利义务是指主体双方相互行使权利并履行义务，不存在一方只行使权利而另一方只履行义务的情况。但这种权利义务的对应并不是权利义务的对等。互有权利义务要求主体相互之间既要行使权利，又要履行义务，反之亦然。权利义务的对等则进一步要求主体双方相互的权利义务是等值的或基本等值的。有民法学者在比较民事法律关系的对等性与行政法律关系的不对等性时，就将权利义务的互有视同于权利义务的对等。他们指出："民事法律关系中的权利义务一般是对等的。通常情况下，一方取得权利必须以承担相应的义务为前提，不允许只享受权利而不承担义务，或只承担义务而不享受权利，否则，即违反了民事法律关系主体地位平等的要求。"并以此来区别于行政法律关系。[1]言下之意，行政法

---

[1] 彭万林主编：《民法学》，中国政法大学出版社1994年版，第42~43页。

律关系的不对等就是在行政法律关系的主体双方中，有一方只享有权利不履行义务，而另一方则只具有义务不享有权利。其实这种"不对等"在行政法律关系中是没有的。在行政法律关系中，主体各方都是既行使权利又履行义务，不存在只享有权利的一方或只履行义务的一方。如行政主体一方面对行政相对人行使行政处罚的权力，同时又要履行说明理由、允许申辩以及接受监督的义务。

行政法律关系的不对等性是指主体双方虽对应地既享有权利又履行义务，但各自权利义务的质量却不对等。从质的方面讲，双方各自权利义务的性质完全不同；从量的方面讲，双方各自权利义务的价值量也不能相等。由于权利义务的性质不同也无法等量衡量，双方不能形成等价交换。在行政法律关系中，各方主体的权利义务在性质上完全不同。如当行政主体与作为行政相对人的公民之间形成行政法律关系时，行政主体行使的是国家行政职权，履行的是行政职责，而它的行政相对人行使和履行的却是普通公民的权利和义务。两类权利和义务具有根本不同的性质，也没有相等的价值量，而且一方所固有的权利义务是另一方不能具有的，因而双方的权利义务不具有对等性。

3. 行政法律关系中的国家权力具有不可处分性。在行政法律关系中，主体中相当一部分都是国家机关，其拥有并行使的都是国家权力。如国家权力机关在这种关系中行使的是对行政机关的监督权，行政主体行使的是行政立法权、行政执法权和行政司法权，国家行政审判机关行使的是行政审判权（亦即对行政主体的监督权）。这些权力都属于国家，是国家的主人——全体人民赋予的，它不同于个人的私权利，一般不能由掌握这种权力的某个国家机关自身随意处分（自由裁量权中允许行政主体自由决定的内容除外），如不能放弃、转让等，在应当运用时必须运用，在不应当运用时则不得运用。这是权力的性质使然，也就是说国家权力完全不同于个人的私权利，不能由掌握这种权力的某个国家机关自身随意地处分。这一特征决定了这种权力对拥有它的国家机关来说，又是一种责任或义务。这就是行政法学者们所注意到的"权利义务的重合"，既是一种权利同时又是一种义务。

4. 行政法律关系中个体权利行使的有限性。相对于民事法律关系中的权利而言，行政法律关系中个体权利的行使有更明显的有限性，即公民等一方权利的行使不具有完全的自由性。公民等一方的权利虽属于其个人，但其在行政活动中的行使相对于在民事活动中的行使来讲，自由程度是不同的。公民的权利在民事活动中针对另一民事主体时，是完全自由的，不应受到任何妨碍；但在对行政主体时，由于涉及个体利益与公共利益、个体权利与公共权力的关系，因而只是相对自由的，即在一定条件下应受行政主体制约。如公民的人身权利对另一公民来讲是不能受到任何侵害的，而对行政主体而言只能要求不受非法的侵害。行政主体在一定条件下可以依法制约公民的人身自由，如在公民违法时行政主体可以拘留该公民，在特定环境中行政主体可以对该公民合法进行强制性人身检查，如机场安检和卫生检疫，而这些在民事主体之间是绝对禁止的。公民、法人等一方的权利在民事活动中的自由度明显大于在行政活动中的自由度。这是两类活动性质不同的结果，也是行政权力与公民权利性质不同的结果。

5. 行政法律关系设定的灵活性与及时性。行政法律关系内容丰富，种类繁多，难以由一部统一的法典加以全面设定。同时，与民事法律关系、刑事法律关系等具有的稳定性、长久性相比，行政法所调整的行政法律关系由于行政事务的复杂多变而具有较大的变化，这就导致了行政法律关系具有设定的灵活性与及时性特征。这一特征主要表现为：①行政法律关系在不易由立法机关以统一法典全面设定的情况下，通常要以更多的方式来灵活设定。如它既可由立法机关制定的行政法律加以设定，也可由立法机关授权行政机关通过制定行政法规、规章的行政立法方式来灵活设定。②行政法律关系设定的周期较短，一旦新的社会关系出现而又有必要由行政法加以调整时，行政立法就要尽快做出反应，及时予以确认或肯定。③在许多情况下，已设定的行政法律关系存续期不长。因为一旦社会生活有了变化而已设定的行政法律关系与之不相适应，就需要修改或废止已设定的行政法律关系。

6. 行政法律关系救济形式的多样性。在行政法律关系中，公民权利受到了行政主体的很大制约，而要对这种制约行为做出其是合法还是非法的判断，必将使行政法上对行政主体的监督问题突显出来。正是在这种意义上，国内外许多行政法学者将行政法单纯理解为"控制行政机关权力"的"控权法"、"救济公民权益"的"救济法"。因此，在解决公民一方不服行政主体行政行为的行政纠纷案件中，既可单独通过权力机关的特别监督方式解决，也可单独通过行政机关或专门的行政裁判机构以行政程序（即"准司法程序"）解决，还可单独通过司法机关以司法程序解决，或者先经行政机关或专门的行政裁判机构按行政程序解决，最后再由司法机关按司法程序解决。[1]

二、行政法律关系的分类

对行政法律关系作出不同的种类划分，有助于我们了解行政法律关系的多样性和复杂性，并从不同角度全面认识它们。行政法律关系的种类划分主要有以下几种：

（一）行政权配置过程中的法律关系、行政活动过程中的法律关系与监督行政过程中的法律关系

以行政法调整对象的基本类型为标准，可以将行政法调整的社会关系分为以下基本类型，即行政权配置关系、行政权运行关系和行政权监督关系。

行政权配置关系是行政主体相互之间的行政职权分配、分工及配合关系，它包括行政机关与权力机关之间的关系、权力机关与非行政机关组织的关系、上下级行政机关之间的关系、行政机关内部行政机构之间的关系和行政机关与公务员之间的关系。

---

[1] 参见王成栋："行政法律关系基本理论问题研究"，载《政法论坛》2001年第6期。

行政权运行关系是具有国家行政权力的行政主体在行使行政权时，与他方之间的管理、服务等关系。它是一种广义的行政管理关系，包括行政系统内部的行政机关之间、行政机关与公务人员之间除行政权配置之外的管理关系，即内部行政法律关系；行政主体与行政相对人之间的法律关系，即外部行政法律关系。

行政权监督关系，又称行政法制监督法律关系，是各监督主体对行政主体的监督关系。这里的监督行政法律关系主体包括权力机关、司法机关、行使法制监督职能的行政机关、作为监督法律关系真正主体的人民群众（个人、组织）、党派、人民团体、新闻采访单位等。权力机关、司法机关、有监督职能的行政机关实施监督被认为是有权机关的监督，是能够直接产生法律效果的监督，属于国家性质的监督。而人民群众、其他组织实施监督有时要与国家监督相结合才能成为有法律效力的监督，有时也可以依据法律、法规和规章直接行使监督权利，如提起行政复议、信访、检举、举报等。被监督主体包括行政机关及其工作人员。监督对象既包括具体行政行为，又包括抽象行政行为；既包括外部行政行为，又包括内部行政行为；既包括行政职权行使者，又包括行使行政职权的行为。这种划分是对行政法意义上的法律关系所作的最基本的种类划分。

（二）实体法律关系与程序法律关系

以行政法律关系的属性为标准，也有学者从另外的角度，认为这是以行政法律关系的"效用"为标准，或是以调整行政法律关系的"法律规范"为标准[1]，可以将其分为实体法律关系与程序法律关系。

实体法律关系是行政机关或者法律、法规授权的组织与公民、法人或者其他组织之间在行政实体上的权利义务关系，也就是决定人们之间具有本质属性的事实、状态和结果的权利义务关系。这种权利义务决定着主体的存在，是具有目的性或结果性的权利义务关系。如税务机关与纳税人之间的征税权利和纳税义务关系就是具有本质属性的实体法律关系。

程序法律关系是行政机关或者法律法规授权的组织与公民、法人或者其他组织之间在行政程序上的权利义务关系，也就是保障实体性权利义务关系得以形成和正常运行的权利义务关系，是手段性或过程性权利义务关系。如国家税务机关为了保障征税权的正常行使而享有调查权、执行权，纳税人须对之履行接受调查、提供证据的义务，纳税人为保证自己履行的是合法纳税义务而具有知情权，税务机关对之具有说明理由的义务，这些就是保障实体性权利义务关系得以正常运行的手段性程序法律关系。

行政实体法律关系与行政程序法律关系，只能做理论上的区分，实际上二者是不可分离的。由于行政法律规范是行政实体规范与行政程序规范的综合，行政行为

---

[1] 参见熊文钊：《行政法通论》，中国人事出版社 1995 年版，第 71 页；姜明安主编：《行政法与行政诉讼法》，中国卓越出版公司 1990 年版，第 48 页。

是实体行政与程序行政的统一，相应地，任何一种行政法律关系也是行政实体法律关系与行政程序法律关系的结合与统一。[1]

(三) 内部行政法律关系和外部行政法律关系

以法律关系主体的隶属关系为标准，可将其分为内部行政法律关系和外部行政法律关系。

内部行政法律关系是行政主体之间或者行政主体与所属的公务人员之间因内部行政管理活动而形成的权利义务关系。内部行政法律关系中的权利义务具有许多内部管理的特征，如上级行政机关对下级行政机关及其所属公务员之间领导与被领导关系，行政机关内部各机构之间互相配合关系，法律、法规授权组织与其公务人员之间、委托行政机关与受委托的组织或者个人之间发生的行政关系等。在内部行政法律关系中，如果当事人之间发生争议，则只能在行政组织系统内部通过向有权机关提出申诉的方式解决，而不能通过申请行政复议或者提起行政诉讼的方式来解决。这就是说，对于内部行政争议的解决，行政机关拥有排他性的绝对权力。

外部行政法律关系是行政主体与行政相对人之间因外部行政活动而形成的权利义务关系。外部行政法律关系的主体之间没有上下级隶属地位和身份，因而没有内部管理权利义务的一些特点或形式，如行政机关或者法律法规授权的组织与公民、法人或者其他组织之间发生的受法律规范调整的行政关系，也就是说命令权力与服从义务不像内部法律关系那样具有职位层级性。内部和外部两种行政法律关系在实践中常常形成交织或复合，这是行政主体之间以及行政主体与行政相对人之间因同时涉及内、外部的行政活动而形成的复杂行政法律关系。如 A 行政机关向公民颁发某一许可证后，B 行政机关认为该许可证不合法而予以没收，这一事实就形成了复杂的内外交叉行政法律关系。其中，A 行政机关与公民之间形成行政许可法律关系，B 行政机关与公民之间形成行政处罚法律关系，而 A 行政机关与 B 行政机关之间则形成职权划分和监督上的法律关系。这就是内外交叉复合行政法律关系的一种。内、外部行政法律关系有不同的特点，针对各自的权利义务有不同的要求，在发生纠纷时，则有不同的处理方法。

(四) 积极的行政法律关系和消极的行政法律关系

以行政法律关系的功能为标准，可以将其分为积极的行政法律关系和消极的行政法律关系。

积极的行政法律关系是行政主体为实现国家职能，在积极组织发展经济、建设文化事业、干预社会生活时与有关相对一方形成的权利义务关系。如行政主体在积极组织经济建设、对经济活动进行调控时与各市场主体之间的权利义务关系。

消极的行政法律关系是行政主体仅为维护行政秩序、制裁违法者时与有关相对一方形成的权利义务关系。有的学者概括它们各自的功能为：积极的行政法律关系

---

[1] 应松年主编：《行政法学新论》，中国方正出版社 2004 年版，第 43 页。

"富有建设性"，消极的行政法律关系"具有预防性"，[1]这是很有道理的。

（五）行政主体相互之间的法律关系、行政主体与其公务人员的法律关系、行政主体与行政相对人的法律关系、行政主体与监督主体的法律关系

以行政法律关系主体的对应结构为标准，可以分为行政主体相互之间的法律关系、行政主体与其公务人员的法律关系、行政主体与行政相对人的法律关系、行政主体与监督主体的法律关系等。行政主体包括国家行政机关、法律法规授权的组织。因此，行政主体之间的法律关系还可分为：①国家行政机关之间的法律关系。国家行政机关之间的法律关系主要分为：纵向隶属上、下级机关之间的法律关系，横向同级机关之间的法律关系以及斜向不同级机关之间的法律关系。②行政机关与法律、法规授权的组织之间的法律关系。行政机关与法律、法规授权的组织之间的法律关系主要为业务领导关系、公务协助关系以及互相监督关系。法律、法规授权的组织相互之间也有配合协助关系和互相监督关系。

此外，行政机关与受委托的组织之间也能形成行政法律关系。被委托的组织因受行政机关的委托，行使行政机关的权力、管理相应的行政事务时，要以委托其权力的行政机关的名义行使行政权，而且其法律后果由行政机关承担。行政机关与被委托的组织之间首先是委托关系，一方为权力的委托者，另一方为被委托者，被委托者在委托的权限范围内进行活动。在委托的关系上，双方应当是平等的。行政机关与被委托的组织的委托关系一旦形成，被委托的组织就成为行政主体中的一个特定构成部分，继而双方又形成了工作上的领导关系和管理关系。

行政主体与公务人员的法律关系是指各行政主体与隶属行政主体的公务人员个人之间的关系。此时的公务人员个人是一种很特殊的行政法律关系主体。在与行政主体的关系上，其既不等于行政主体本身，又不是一般的普通公民。行政主体与公务人员的关系主要包括行政主体对其公务人员的考试录用、调用、任免、奖惩、培训等人事管理关系，以及公务人员以行政主体名义行使行政职权、履行行政职责的工作代表关系。

行政主体与行政相对人之间的法律关系是指行政主体与相对一方的公民、法人和其他组织的关系，这是最常见的行政法律关系。这种关系内容极为丰富，包括管理关系、服务关系、合同关系、指导关系、补救关系等。

监督主体与行政主体之间的法律关系是指因对行政主体的行政活动实施监督而形成的关系。监督主体包括权力机关、审判机关、专门的行政监督机关、舆论机构以及公民、法人和其他组织。他们分别与行政主体形成监督与被监督的关系。需要注意的是，在这种监督关系中，不能把行政相对人放在可有可无、不起作用的位置上，否则就漠视了他们的法定权利和法定地位。[2]

---

〔1〕 熊文钊：《行政法通论》，中国人事出版社1995年版，第71页。
〔2〕 罗豪才、方世荣："论发展变化中的中国行政法律关系"，载《法学评论》1998年第4期。

（六）原初性法律关系、保障性法律关系和补救性法律关系

以法律关系的形成过程和作用为标准，可以将行政法律关系分为原初性法律关系、保障性法律关系和补救性法律关系。

简单地说，原初性法律关系是基础性的行政法律关系，具体指行政法规范规定行政主体和行政相对人各自应当做什么或不应当做什么，可以做什么或不可以做什么，禁止做什么或不禁止做什么的内容，其目的是建立必要的行政管理秩序或行政服务秩序。如法律规定行政主体有权指挥车辆的行驶，车辆驾驶人员有义务按行政主体的指挥行驶车辆。当原初性法律关系中的权利义务正常实现时，保障性法律关系就没必要形成；但当原初性法律关系中的权利义务不能正常实现时，就要形成保障性法律关系来保障原初性法律关系中的权利义务。它也可被称为对原初性法律关系的保障法律关系，即当原初性法律关系不能正常运行时，将以保障性法律关系来促使其正常运行。

保障性法律关系分为针对行政相对人而形成的关系和针对行政主体而形成的关系。由于行政相对人的原因使原初性法律关系不能正常运行而导致形成的保障性法律关系，是针对行政相对人而形成的关系，如当行政相对人未依法履行应有的义务时，行政主体将对其实施行政强制或行政处罚，以促使行政相对人履行原初性法律关系中的义务。这种行政处罚或行政强制法律关系就是针对行政相对人的保障性法律关系。因行政主体的原因使原初性法律关系不能正常运行而导致形成的保障性法律关系，是针对行政主体而形成的关系，如当行政主体未依法履行应尽的义务时，或者行政主体违法行使其行政权力时，行政相对人将对其控告、起诉并导致有法定监督权力的国家机关对其采取监督措施，以促使行政主体履行原初性法律关系中的义务或按原初性法律关系的要求行使权力。这种监督性法律关系就是针对行政主体的保障性法律关系。

补救性法律关系是指因行政相对人认为其合法权益遭到行政行为侵犯而向法定机关提出请求，受理机关依法对其审查并作出相应决定而形成的各种关系。补救性法律关系主要存在于行政复议、行政诉讼、行政赔偿、行政补偿、行政信访等活动中。其目的是纠正对行政相对人形成的保障性法律关系中所产生的差错，如当行政处罚这种保障性法律关系有错误时，还要通过补救性法律关系来纠正或做出弥补。补救性法律关系虽然与监督行政法律关系有一定重合之处，但其发生是基于行政权力的行使，尤其是违法行使或不当行使，而且行政相对人在此关系中主要以维护个人利益身份出现，因此，它应当成为一种独立的行政法律关系。

第二节　行政法律关系的构成要素

与其他法律关系一样，行政法律关系也是由主体、内容和客体三要素构成的。

一、行政法律关系主体

行政法律关系的主体是行政法律关系的首要构成要素。没有主体，行政法规定的权利或义务就没有承担者，行政法律关系也就无法成立。[1]行政法律关系主体亦称行政法主体，或行政法律关系当事人，它是指行政法律关系中享有权利和承担义务的组织或个人，主要有行政主体和行政相对人。行政法律关系主体是行政法律关系的首要构成要素。

这里要将行政法律关系主体与行政主体区分开来。行政主体是指依法享有国家行政权、能以自己名义行使行政权并能独立承担因此而产生的相应法律责任的组织，是行政法律关系中居于主导地位的一方当事人。而行政法律关系主体则是指参加行政法律关系的各方当事人，包括行政主体、行政公务人员、行政相对人以及对行政的监督主体。行政主体必然是行政法律关系的主体，但行政法律关系的主体不一定就是行政主体，行政法律关系主体与行政主体之间是包含与被包含的关系。

二、行政法律关系的内容

行政法律关系的内容是行政法律关系的三要素之一。它是指行政法律关系主体相互之间的权利义务。行政法律关系的主体较为广泛，行政主体与不同的另一方主体相对应形成多种行政法律关系，而不同类型的行政法律关系，其权利、义务也各有区别。

（一）行政主体相互之间以及行政主体与其公务人员之间的权利义务

1. 行政主体之间的权利义务。其主要包括：①上下级之间的权利义务关系。上级机关对下级机关具有行政职权、职责的划分、配置权；指挥权、命令权和决定权；监督检查权；纠纷裁决权等。下级机关具有接受和服从的义务；下级机关对上级机关具有请求权、建议权、申诉权和监督权等权力，而上级机关则相应地具有听取建议或申诉的义务、接受监督的义务、纠正错误决定的义务等。②同级行政主体之间的权利义务。如要求协助执法的权利、要求通报有关行政信息的权利、给予信息查询答复的义务、协助执法的义务等。③行政机关与受委托组织之间的权利义务关系。如行政机关提供必要工作保障的义务及监督受委托组织严格依照委托范围行使行政权的权利、受委托组织不得越权的义务等。

2. 行政主体与公务人员之间的权利义务。公务人员是被行政主体任用和管理的内部工作人员。在与行政主体的法律关系上，他们有代表行政主体执行公务的权利，公务人员身份受保障的权利，享有一定工作待遇、工资福利待遇的权利，参加培训、学习的权利；对行政工作提出批评、建议、申诉、控告的权利等。与上述权利相对应，行政主体对公务人员则有保障他们实现上述权利的义务。同时，公务人员对行政主体又有服从命令和指挥的义务、忠于职务的义务、保守国家秘密和工作秘密的义务等，相应地，行政主体对公务人员则有工作上的指挥命令权、监督权、人事管

---

[1] 宋永寿编著：《行政法与行政诉讼法》，电子科技大学出版社2005年版，第11页。

理权等，具体包括：①行政机关与公务员之间的权利义务；②授权行政组织与其行政工作人员之间的权利义务；③行政主体与临时行政工作人员之间的权利义务。

（二）行政主体与行政相对人之间的权利义务

行政主体与行政相对人之间的权利义务可从以下两个角度来看：

1. 行政主体对行政相对人享有的权力及行政相对人对行政主体担负的义务。在行政活动过程中，行政主体对行政相对人的权力包括实体上的权力、程序上的权力。实体上的权力主要有：制定行政相对人行为规则的权力，对行政相对人的行政命令权、行政决定权、行政裁决权、行政确认权、行政强制权、行政处罚权、行政许可权、行政指导权以及检查监督权等。程序上的权力有：对行政相对人的调查取证权、强制执行权等。行政相对人对行政主体的上述权力所具有的主要义务有：不得妨碍、阻挠各种行政权力合法、正确行使的义务，配合协助行政主体合法行使行政权力的义务，服从行政主体权力行使结果的义务等。

上述行政主体具有权力与行政相对人具有义务的关系，从基本特征看是一种不对等的、以行政主体为主导地位的权力与义务结构。但这并不意味着行政主体对行政相对人一方具有绝对的、无条件的支配性。事实上，除应急状态外，这种权力义务结构是不能够单独成立的，即在正常情况下，行政主体与行政相对人并不是绝对的命令、决定权力与服从义务的结构。民主制度的发展、完善与行政公开、公平、公正以及行政科学化的要求，使这种权力义务结构必须与另一种相反的权力义务结构配套运行，以后者来削弱、减少前者易于出现的专横性。这又涉及行政相对人对行政主体的权利和行政主体对行政相对人的义务问题。

2. 行政相对人对行政主体的权利和行政主体对行政相对人的义务。在行政活动过程中，行政相对人对行政主体的权利也包括实体上的和程序上的两类。行政相对人实体上的权利主要有：以各种形式和渠道参与行政管理的权利、合法权益受保障的权利、受益的权利、受到公平对待的权利、要求并获得行政赔偿的权利等。行政相对人程序上的权利主要有：对行政活动的了解权、对行政主体作出不利于自己的处理决定的申辩权、对行政主体提出申诉、复议、诉讼的权利等。行政主体对行政相对人上述权利所具有的主要义务是：保障行政相对人各种合法权益得以实现的义务、保护行政相对人合法权益不受他人侵害的义务、服务并增进行政相对人利益的义务、对行政相对人作出的补偿和赔偿义务以及在行政程序上对行政相对人说明理由的义务、听取申辩意见的义务等。

（三）监督主体与行政主体的权利义务

监督主体是指在监督行政法律关系中依法对行政主体享有国家监督权力或其他监督权利的各种主体，包括国家权力机关、国家司法机关、国家行政机关自身、行政相对人、其他各社会组织、团体及个人。上述所有监督主体对行政主体的监督可分为权力性监督和权利性监督。权力性监督是指运用国家权力对行政主体实施的监督，这种监督运用的是具有强制力的国家权力，因而是能直接产生法律效力、具有实质意义的监督。权利性监督是依照法律赋予的权利对行政主体实施的监督，这种监督只具有请求性、主张性。因而，一般具有程序意义而不具有实质意义，即不能就实质问题直接产生法律效力。由此，行政主体与不同监督主体之间的权利义务不完全相同。

1. 权力性监督主体与行政主体之间的权力义务。权力性监督主体包括国家权力机关、国家监察机关、国家司法机关和国家行政机关自身。权力机关对行政主体的监督权力主要包括：对行政主体行政权力的撤销权或改变权、对行政权力违法运用结果的撤销权或变更权、对行政领导人员的罢免权、对行政主体行政活动的检查权、调查权、质询权等。国家监察机关对行政主体的监督权力主要通过对行政主体中公职人员的违纪、违法或犯罪行为行使监察权来实现，包括：调查取证权、留置权、诫勉权、监察处分权、移送起诉权等。国家行政机关对自身的监督权力包括：对行政权力的撤销权或改变权，对行政权力违法运用结果的撤销权或变更权，对在行政活动中违法、违纪的公务人员的行政处分权以及辞退权，专门的行政执法监督权、审计权等。国家司法机关对行政主体的监督权力主要有：对行政主体行政行为的审查、裁判权，对作为行政行为依据的行政规章和规范性文件的判断权及其适用的否定权，对行政主体申请法院强制执行决定的审查、否定权，对行政主体的司法建议权等。行政主体对上述国家机关的各种权力性监督具有不得干扰和妨碍的义务、配合并接受监督活动的义务、服从并执行监督权行使结果的义务。

2. 权利性监督主体与行政主体的监督权利义务。权利性监督主体对行政主体的监督包括行政相对人、其他社会组织、团体和个人、新闻舆论机构等对行政主体的监督。在权利性监督中，监督主体有对行政主体行政活动提出批评、建议的权利，申诉、控告、揭发的权利，来信来访的权利，提出行政复议、行政诉讼的权利，要求行政赔偿的权利等。对于这些监督权利，行政主体有受理请求、听取情况的义务，及时给予答复的义务，复查自己行政工作的义务以及依法定程序参加复议和行政诉讼应诉的义务，但并没有必须按照这类监督主体的要求改变原行政处理决定的义务。从这个意义上讲，权利性监督的权利主要是一种程序上的权利。

三、行政法律关系的客体

行政法律关系客体是指行政法律关系主体的权利、义务所共同指向的对象或标的。权利义务如果没有指向的对象或标的，则将会因为没有具体的目标而不能落实，从而丧失其存在的意义。对于行政法律关系的客体，行政法学界有不同的观点。有的认为应当包括物、行为和智力财富，有的则认为行为不是客体，而应将行为的结果作为客体。我们在对各类具体的行政法律关系进行分析的基础上认为，行政法律关系的客体包括物、智力成果、人身、行为和行政权力。

（一）物

物是行政法律关系中常见的一种客体。它是现实存在的、能够为人们控制和支配的物质财富，包括实物和货币。大多数行政法律关系都和物有着密切联系，有的直接以物为客体，如行政机关对公共设施及道路、河川的管理；有的虽以行为为客体，但仍与物紧密相关，如海关对进、出境人员进行监管，主要通过对其所携的货物、物品等进行检查与放行来实现。因此，物在行政法律关系中占有重要地位。作为行政法律关系客体的物主要包括：①行政奖励物，如奖金；②被行政确认或裁决物，如有争议的土地、草原、森林、水面、滩涂、矿产等资源；③行政罚没物，如罚款和被没收的财物；④被保护物，如受行政主体保护的公民合法财产或公共财物、公共设施等；⑤征收征用物，如行政征收、征用的税金、规费及其他财产等；⑥救济物，如行政主体对受救济人给予的一定数量金钱或生活、生产物资；⑦公益物，如行政主体为社会及相对人提供的公园、道路、桥梁等；⑧行政活动保障物，如行政主体进行行政管理所具有的一定的物质保障。

（二）智力成果

智力成果是人们从事智力活动所取得的非物质财富。作为行政法律关系客体的智力成果主要包括著作、科学发明、技术成果等。随着科学技术的发展和行政管理领域的拓展，智力成果作为行政法律关系的客体已愈发常见。如在行政许可法律关系、行政确认法律关系中，行政主体行使许可权、确认权及保护义务所指向的对象都是智力成果。此外，信息等无形物也可成为行政法律关系的客体。

（三）人身

人身是法律关系的主体在人格关系、身份关系上所体现的，与其自身不可分离并受法律保护的利益。[1]传统观点认为，社会主义国家坚决反对并严禁把人身作为法律关系的客体。目前许多学者对此有不同意见。我们认为，在社会主义社会，人身不能成为买卖或赠与法律关系及所有权的客体，这是没有疑问的，但这并不意味着人身不可能成为所有法律关系的客体。在行政法律关系中，人身可以成为其客体。如在行政处罚法律关系中，人身就成为行政主体行使行政拘留权的客体。此外，在行政救助法律关系、行政奖励法律关系、行政确认法律关系、行政强制法律关系中，人身都可成为行政法律关系的客体。

（四）行为

行为本身能否成为法律关系的客体在法学界争议较大。有学者认为，行为本身不能作为法律关系的客体。"行为本身并不是利益，而只是精神利益的表现形式或实现物质利益、精神利益的活动和过程。因此，行为本身并不是法律关系的客体，当然也不是行政法律关系的客体。"[2]持这种观点的学者认为，只有行为的结果才是法律关系的客体。也有学者认为行为可以是行政法律关系的客体。"行为，是指行政法律关系主体的行为，包括作为和不作为……它也是行政法律关系常见的客体。"[3]我

〔1〕 杨立新：《人身权法论》，中国检察出版社1996年版，第17页。
〔2〕 李龙主编：《法理学》，武汉大学出版社1995年版，第178页。
〔3〕 王连昌主编：《行政法学》，中国政法大学出版社1994年版，第31页。

们同意后一种观点，原因是在有些法律关系中，行为结果并不重要，行为本身的存在却是必要的。如在行为罚的行政处罚法律关系中，行政相对人被行政主体要求而作出或不作出的一定行为本身即是该法律关系的客体。

行为成为行政法律关系客体的情况主要有：作为行政管理法律关系客体的行为，这主要是行政相对人的行为，如行政相对人向特定行政机关申请颁发营业执照、行政相对人到期不缴纳税款、行政相对人不按期履行拆迁义务等行为；作为行政服务法律关系客体的行为，这主要是行政主体的服务行为；作为监督法律关系客体的行为，这主要是指行政主体接受监督时应作出的行为等。但需要说明，并非所有行为都可以成为行政法律关系的客体，只有与行使行政职权有关并具有法律意义的行为或者由行政法律规范的行为，才能成为行政法律关系的客体。

（五）行政权力

行政权力是指行政主体依宪法和法律而享有的执行法律，管理行政事务，实现行政职能的权力。行政法学界传统观点认为行政法律关系的客体只包括物、智力成果、人身和行为，未论及行政权力作为客体的情况。我们认为行政法律关系的客体还应包括行政权力。客体是权利和义务所指向的对象，在行政权力配置形成的行政法律关系中，行政权力本身就成了国家权力机关等权力配置主体和获得权力的行政主体双方之间行使权利和履行义务所指向的对象。行政权力作为行政法律关系的客体，可以存在于行政权力配置法律关系之中，也可以存在于上、下级行政主体之间的内部行政法律关系中，还可以存在于授权、委托的法律关系之中。

第三节 行政法律关系的产生、变更与消灭

行政法律关系不是静止的，它本身是一个动态的过程，有其产生、变更和消灭的过程。

一、行政法律关系的产生

行政法律关系的产生是指法定事由出现后，行政法律关系的主体之间按行政法规定的权利义务规则形成的必然的权利义务联系。这种联系可分为应有联系和实有联系两种情况。应有联系是指当某种条件具备后，主体双方自然形成一定的权利义务关系，而无论主体是否意识到，或者主体是否承认它。如公民一旦有了达到应缴纳税款的收入，税收机关就与之自然形成应有的法定征、纳税关系，无论公民是否知或承认自己有应纳税的义务，或者无论税收机关是否已主张公民必须缴纳税款。实有联系是指当某种条件具备后，主体双方在自然形成一定的权利义务关系的基础上积极主动地主张这种联系，它是人们有意识、有行为并已付诸实践的联系。

行政法律关系的产生必须具备两个条件：

1. 行政法已设定了权利义务的规则，即规定权利义务的行政法规范是行政法律关系产生的根据。这也就是行政法律关系的产生必须以相应的行政法律规范为依据。

例如，婚姻登记管理关系的产生必须以《婚姻法》和《婚姻登记管理办法》为依据；兵役征集关系的产生必须以《兵役法》为依据；税收关系的产生必须以《税法》为依据；治安管理关系的产生必须以《治安管理处罚法》为依据等。

2. 适用该权利义务规定的法律事实出现。法律事实包括法律事件和法律行为。法律事件分为社会事件和自然事件，[1]都是不以人们的意志为转移的客观现象。社会事件即社会变革，自然事件是自然的变化。其中自然变化是产生行政法律关系较常见的原因。如人的出生、衰老就是人的自然变化，而人的出生能导致户口登记法律关系的产生，人的衰老能导致社会保障行政法律关系的产生。又如自然灾害等自然界的客观变化，而自然灾害的发生能导致行政救助法律关系的产生。法律行为是产生行政法律关系最主要的法律事实。这种法律行为是行政主体有意识的行为，并且只能是行政法预先规定的行为，即行政法预先已确定只有这类行为才能引起行政法律关系的产生。明确这一点的意义在于要求具有行政权力的行政主体依法行政。如法律规定，违反治安管理的行为要受到治安管理处罚，这就确定了只有违反治安管理的行为才能引起治安处罚法律关系的产生，而其他行为则不能。行政主体、行政相对人和监督主体的法律行为都能引起行政法律关系的产生。如行政主体合法造成公民损失的行政行为能导致行政补偿法律关系的产生，违法造成公民损害的行政行为能导致行政赔偿法律关系的产生；又如行政相对人的违法行为能引起行政处罚法律关系的产生。

二、行政法律关系的变更

行政法律关系的变更是指行政法律关系产生后，因一定的原因而发生局部的变化。但应当明确，行政法律关系的变更与原行政法律关系消灭后产生新的行政法律关系是不同的。有的学者认为，行政法律关系的变更包括主体的变更、内容的变更和客体的变更，[2]还有学者认为，行政法律关系的变更是指主体的变更和内容的变更，[3]持此种观点的学者较多。这两种看法需要讨论。我们认为，行政法律关系产生之后如发生改变，只能是主体与客体的一定变化，而不能是内容即权利义务发生变化。无论人们之间在权利义务方面发生什么变化，都意味着原有行政法律关系已消灭，并形成了新的行政法律关系。权利义务有质的变化，即权利义务性质的变化，如由行使权利变为履行义务，或者由此类权利义务变为彼类权利义务；也有量的变化，即权利义务的增加或者减少，这都表明原行政法律关系不再存在而产生了新的行政法律关系。权利义务质的变化自不待言，就量的变化而言，如行政主体先对一行政相对人作出处罚1000元的行政罚款，后又改变为处罚100元，这就必须对原处

---

[1] 张文显：《法学基本范畴研究》，中国政法大学出版社1993年版，第179~180页。

[2] 罗豪才主编：《行政法学》，北京大学出版社1996年版，第23页。

[3] 王连昌主编：《行政法学》，中国政法大学出版社1997年版，第34页；熊文钊：《行政法通论》，中国人事出版社1995年版，第83页。

罚 1000 元的行政法律关系先予以撤销即消灭，继而再作出处罚 100 元的行政罚款，建立新的行政处罚关系。行政法律关系中的权利义务一旦形成就不能随意更改，不能随意增加或减少。这一点与民事法律关系不同。民事法律关系双方是平等的，实行当事人自治原则，他们可以通过协商，在原有权利义务关系的基础上修改双方权利义务的内容，使权利义务一定程度上增加或减少。而行政法上的权利义务一般不能由双方约定（只有行政合同、行政委托作为例外，有一定的协商空间），因而不能在原有基础上变化。由此，行政法律关系的变化只有主体与客体的一定变化。

（一）主体的变化

主体的变化是指主体发生了不影响原权利义务的某种变化。这里的主体变化限于不影响原有权利义务的范围之内。如果他们发生的变化会带来权利义务即内容的改变，则是消灭原行政法律关系而建立新的行政法律关系。如行政主体对国有企业在经济活动方面是指挥与服从的法律关系，后行政主体的身份发生改变，不再是指挥者身份而是指导者或服务者的身份，此时主体发生了身份、性质的变化，而其身份的改变必然带来其权利和义务的变化，原指挥和命令的权力变为了指导和服务的义务。在这里，原行政主体与国有企业之间指挥与服从的行政法律关系就已经消灭了，产生的是新的服务与受益的行政法律关系。主体发生不影响原权利义务的变化主要是指以下两种情况：

1. 主体在数量上的变化。主体在数量上的变化是主体人数的增减，增减均不改变原权利义务的质和量。如原本由一个主体享有和行使原权利变为由多个主体共同享有和行使原权利，或者原本由一个主体履行原义务变为由多个主体共同履行原义务。

2. 主体在接替上的变化。主体在接替上的改变是原行政法律关系中的主体被更替，更替后的主体继续原主体的权利和义务，权利义务本身均无质量、数量的变化。

（二）客体的变化

客体的变化是指客体发生了不影响原权利义务的某种变化，通常只能是具有可替代性的变化，即以一种客体取代另一种客体。如果客体不具有可替代性，则不能发生变化。客体的变化也只限于在不影响原有权利义务的范围之内。如果他们发生的变化会带来权利义务即内容的改变，也属于消灭原行政法律关系而建立新的行政法律关系。

在行政法律关系中，人身、不作为都是不能替代的，它们作为行政法律关系的客体时不能发生变更问题。如人身、不作为行为都不能变更为物这种客体，否则就会形成以金钱换取不执行拘留处罚、不履行不作为义务（如超生）的非法状态。能发生改变的客体主要有：①与特定人的人身没有联系的财物。这种物可以由同等价值的他物代替，如在行政罚款法律关系中，客体是被罚的款项，但在受罚人没有现存的款项时，可以一定的数额和价值的实物代替，由行政主体将实物变卖后充作罚款，此时的客体已由罚款改变为实物。②与特定人的人身没有联系的作为。这种作为行为只具有体力的内容，可以由他人的作为行为代替，如出劳力的行为等。当公民有义务出劳力但因故不能出工时，他可以一定等值的钱物代替出体力。这种替代可能是主动自愿的，也可能是被动、被迫的。前者如当一公民对国家有应负植树的义务时，他可以用等值的钱物交换这种劳力，行政主体只要求有植树的结果，因此可以此钱物请他人代为出劳力。这是公民主动自愿进行的替代。后者如当公民应对自己的违章建筑加以拆除而又不出劳力拆除时，行政主体可请他人代为拆除，后强制该公民缴纳与他人出劳力等价值的款项，行政主体只要求有拆除的结果。这就是公民被动、被迫的替代。上述钱物与行为之间互相的代替，就是行政法律关系中客体的改变，这种改变并未改变原权利义务关系。

三、行政法律关系的消灭

行政法律关系的消灭是指原行政法律关系不再存在，包括主体、客体和内容（即权利义务）消灭，但其核心应是行政法主体双方原有权利义务的消灭。

（一）行政法律关系消灭的原因

行政法律关系消灭的原因通常是：①主体双方之间因已产生的行政法律关系的存在没有意义或没有必要而终止。如行政主体与行政相对人之间原已产生拘留处罚的法律关系，在执行处罚前，行政相对人因故死亡，行政拘留处罚已没有必要，此行政法上的权利义务因失去存在的意义而消灭。②原产生的行政法律关系因已完成而消灭。原产生的行政法律关系，因权利得以实现或义务已被履行完毕而消灭。如行政主体对行政相对人的行政救助法律关系，由于行政主体已履行救助义务，行政相对人已实现受益的权利，该行政法律关系因已实现而消灭。③原适用的行政法律关系模式已取消，使行政法律关系消灭。行政主体与行政相对人之间已产生征、纳税法律关系，后国家取消该税种的征收，即取消对这一税种的征、纳税法律关系模式，由此已产生的征、纳税行政法律关系也将随之不再存在，消灭了其权利义务关系。④行政相对人放弃权利，使行政法律关系消灭。在行政法律关系主体各方中，具有国家权力的行政主体、国家监督机关都不能放弃自己的权力，因为这些权力是国家赋予的，不能随意处分。因此，行政主体和国家监督机关不能放弃自己的权力而使行政法律关系消灭。但行政相对人的权利属于他们自己，他们可以自主地处分自己的权利。一旦他们放弃权利就免除了行政主体对他们原有的义务，从而消灭了双方的权利义务关系。如行政主体对某丧失部分劳动能力的公民有给予物质救助的权利，但该公民认为自己可以自食其力，放弃了这一获得行政主体物质帮助的权利，放弃这一权利将消灭他与行政主体之间的权利义务关系。

（二）行政法律关系消灭的类型

以行政法律关系主体、客体以及内容等要素的消灭为标准，可以将行政法律关系的消灭分为以下类型：

1. 行政法律关系内容即权利义务的消灭。权利义务不存在则行政法律关系也不再存在。权利义务这一要素的消灭，通常是由于已被适用的设置行政法律关系的规则被废除、权利义务已行使或履行完毕以及行政相对人放弃自己的权利等。权利义务的消灭是行政法律关系人为的消灭，即人们有意识、有目的地消灭已产生的行政法律关系。

2. 因主体消灭使权利义务归于消灭。行政法律关系主体的消灭，不一定必然导致行政法律关系的消灭。主体的消灭可以形成行政法律关系的变更和消灭两种情况：①原主体消灭后，有新的主体承接原主体的权利义务，即权利义务并没有消灭，则行政法律关系只是变更而不是消灭；②原主体消灭后，没有主体承接或不能有承接主体，则权利义务随之消灭。如行政主体与某行政相对人之间有处罚与受处罚的权利义务，在义务未履行前该行政相对人死亡，但其他任何人都不能承接该行政相对人受处罚的义务，此时双方的权利义务也要随主体的消灭而消灭。不能有承接主体的权利义务都是与原主体特定人有密不可分关系的权利义务，他人不能代替，在此情况下，权利义务只能随主体消灭而消灭。主体消灭导致权利义务消灭的，属于客观的消灭，即客观原因导致的、不以人的意志为转移的消灭。

3. 因客体的消灭使原权利义务归于消灭。行政法律关系客体的消灭也不一定必然导致行政法律关系的消灭。客体的消灭可以导致行政法律关系的变更和消灭两种结果。如果原客体消灭后，能以另一种客体代替原客体，则原权利义务仍可实现而并没有消灭，只是行政法律关系有了一定变更。如果原客体消灭后，他物不能取代原客体，则原权利义务无法实现，只能随之消灭。原行政法律关系的客体消灭后其他物不能代替的情况，如行政主体与某行政相对人之间原有没收某一特定违禁物的权利义务关系，在未没收前该物因为火灾而灭失，该物是其他物不能取代的，此时没收的权利义务已不能存在，只能随该特定物的消灭而告消灭。客体的消灭导致权利义务的消灭，也属于自然的消灭，即是客观原因导致的，它是不以人的意志为转移的消灭。

行政法关系的产生、变更和消灭往往不是一个孤立静止的过程，一项行政法关系的消灭可能导致这一项行政法关系的产生；而另一项行政法关系的产生，又导致另一项行政法关系的消灭。行政法关系不断产生、变更和消灭的发展过程，表明了实现国家行政职能的内在运动规律。

■ 思考题

1. 如何理解行政法律关系的含义？
2. 试述行政关系与行政法律关系的联系和区别。
3. 如何理解行政法律关系的单方面性？
4. 如何理解行政法律关系中行政主体与行政相对人权利和义务的不对等？
5. 试述行政法律关系与监督行政法律关系之间的关系。
6. 简述几种主要行政法律关系的主体。
7. 简述行政法律关系的构成要素。

■推荐书目

1. 袁曙宏、方世荣、黎军：《行政法律关系研究》，中国法制出版社 1999 年版。

2. 赖恒盈：《行政法律关系论之研究：行政法学方法论评析》，元照出版有限公司 2003 年版。

3. 朱维究、王成栋主编：《一般行政法原理》，高等教育出版社 2005 年版。

4. 陈新民：《中国行政法学原理》，中国政法大学出版社 2002 年版。

5. 翁岳生编：《行政法》，中国法制出版社 2000 年版。

6. 应松年主编：《中国行政法》，中国方正出版社 2004 年版。

7. 方世荣、邓佑文、谭冰霖：《"参与式行政"的政府与公众关系研究》，北京大学出版社 2013 年版。

第三章　行政法的基本原则

■学习目的和要求

　　通过本章学习，把握行政法基本原则的概念、功能、确立标准；具体掌握保障公民权利与自由原则、依法行政原则、正当程序原则以及行政效益原则等四项基本原则各自的含义、基本内容及运用。

第一节　行政法基本原则概述

一、行政法基本原则的概念

　　行政法的基本原则，是指贯穿于行政法始终、指导行政法的制定和实施的基本准则或原理，具有普遍性、特殊性和有效性三个特点。[1]行政法基本原则是行政法精神实质的体现，是行政法律规范或规则存在的基础。正确理解行政法的基本原则，对行政法的理论和实践都有重要意义。

　　行政法基本原则作为行政法的基本问题之一，在行政法的构建和行政法学研究中占有重要地位。正由于此，各国对行政法的基本原则都很重视。在英国，行政法的基本原则被概括为四项，即行政法治原则、议会主权原则、政府守法原则和越权无效原则。[2]其中，越权无效原则是支配英国司法复审制度的核心原则，具有直接的法律效力。在德国，行政法的基本原则有两项：①合法性原则，它要求做到法律至上和符合法律要件；②比例原则，即坚持行政行为的公正合理性。[3]日本学者则侧重于从行政法的基本原理角度来认识行政法基本原则，强调依法行政。[4]

　　在20世纪80年代初期，我国行政法学界曾将行政管理的基本原则视为行政法的基本原则，20世纪80年代中期开始探索独立的行政法的基本原则。目前这一探索仍在继续。

---

〔1〕　应松年主编：《行政法学新论》，中国方正出版社2004年版，第37页。
〔2〕　[英]威廉·韦德：《行政法》，徐炳等译，中国大百科全书出版社1997年版，第25～52页。
〔3〕　[印]M. P. 赛夫：《德国行政法——普通法的分析》，周伟译，五南图书出版公司1991年版。
〔4〕　[日]南博方：《日本行政法》，杨建顺、周作彩译，中国人民大学出版社1988年版，第10页。

二、行政法基本原则的功能

行政法基本原则的功能是指行政法基本原则所具有的实际作用。它具体表现在以下几个方面：

1. 引导行政法的发展。行政法的基本原则是对行政法基本原理、价值和目的的总结，是对行政法治走向的理性选择。行政法基本原则的确立无疑将推进行政法的发展。基本原则作为行政法最基本的原理，可为行政法规则体系的建立提供内在的正当性根据。另外，作为行政法的目的与规则制度之间的中介和桥梁，行政法基本原则不仅可以指导各项行政法律制度的建立和完善，还将对行政法整体的发展以及行政法结构体系等产生深刻影响。

2. 指导行政法的制定。立法者在制定行政法规范时需要确定基本价值目标，明确立法的方向。行政法律制度的建立，如何处理公民等行政相对人与行政机关的关系，行政权的设定需要考虑哪些因素等问题的解决，需要行政法基本原则的指导。行政法的基本原则虽然比较抽象，但其价值取向是明确的，有利于立法中的价值取舍，有利于立法者达成共识。

3. 指导行政法的实施。行政法的实施既发生在行政活动过程，也发生在行政救济过程。在行政活动过程中，适用行政法规范的行政机关众多，适用机关只有根据行政法基本原则才能统一认识和行为，准确把握行政法条文的含义，并将法律的规定正确地运用于具体的事件和具体的人。在行政救济过程中，行政法的实施同样要以行政法的基本原则为指导，正确理解和适用有关法律条文，纠正违法行为，确保行政法律秩序的实现。同时，要保障公民的合法权益，为受侵害的相对人提供法律救济。

此外，行政法基本原则还有助于对行政法规范的解释。随着行政法基本原则由思想原则向法律原则的转化，其还将具有规范功能和补漏功能，甚至成为克服成文法局限之工具。

三、行政法基本原则的确立标准

行政法基本原则的确立标准有以下四项：

1. 行政法基本原则应当融入现代宪政精神。在法律部门中，行政法与宪法的关系最为密切。从一定程度上说，行政法是宪法的直接延伸。一方面，宪法的许多规定需要行政法加以落实；另一方面，现代宪政精神直接影响到行政法的发展。宪政制度的基本问题，如公民与国家的关系以及国家权力的分工与制约等都与行政法息息相关。行政法是在近现代宪政基础上生长起来的，失去了宪法基础，行政法就无法存在。因而，作为行政法精髓所在的行政法基本原则，必然应充分反映现代宪政精神。

2. 行政法基本原则应当体现法律的基本价值。法律有其共同的价值追求。自由、平等、正义（公正）、秩序和效益等都是现代法律追求的基本价值，行政法也不例外。行政法虽然有其特定的规范对象和制度内容，但行政法的价值追求并没有特殊性。行政法同样要保障公民的基本自由和权益，维护平等，追求正义，确保行政秩序的稳定，并保证行政管理的高效。行政法的基本原则作为法律价值的载体，应当承载、协调各项价值要素，并将这些基本价值融入行政法律制度之中。

3. 行政法基本原则应当反映行政法的目的。行政法基本原则作为行政法的目的与具体制度之间的桥梁，将对行政法的各个环节、各项行政法律制度的建立起指导作用，而这些行政法律制度又直接影响到行政法目的的实现。因而，行政法基本原则的确立应明确反映行政法的目的。

4. 行政法基本原则必须具有普遍性、统率性。行政法基本原则要对行政活动提供全方位的指导。因而，行政法基本原则应当是行政法规范中具有普遍性、统率性的最高层次的规则。

按照上述确立标准，我们认为，行政法的基本原则可提炼如下：保障公民权利与自由原则、依法行政原则、行政效益原则以及正当程序原则。下文分别予以阐述。

第二节 保障公民权利与自由原则

一、保障公民权利与自由原则的含义

保障公民权利与自由原则，是指行政法规范及行政法律制度应以保障公民等一方即自然人、法人和其他组织合法权利和自由为出发点和归宿，确认并保证公民等一方合法权益得以实现。

保障公民权利与自由原则是现代宪政精神在行政法中的具体体现。该原则强调保障公民等一方的基本自由与权利是行政法的主要目的，有关限制性、制裁性的规定只能是次要内容，禁止以行政权力随意侵害公民等一方的合法权益。

二、保障公民权利与自由原则的内容

（一）基本内容

1. 行政法律制度的建立以保障公民一方合法权利和自由为主导。按照主权在民的政治理念，国家的一切权力属于人民，国家的根本目的就是确保公民的安全与幸福，保障公民的自由、权利和发展。公民所享有的基本权利和自由主要规定在宪法中，这些权利和自由在行政活动领域需要通过相应的行政法律制度加以落实和拓展。例如我国《宪法》第 2 条第 3 款规定："人民依照法律规定，通过各种途径和形式，管理国家事务，管理经济和文化事业，管理社会事务。"这是对公民一方行政参与权的肯定。而行政参与权则需要建立一系列行政法律制度（包括行政公开制度、听取意见制度等）来保障实现。行政法的主要内容，是将公民一方的基本权利和自由具体化为国家行政管理过程中应享有的各种行政实体权利、行政程序权利和其他权益，并切实保障其得以实现。

2. 行政法不得随意限制和剥夺公民一方的合法权利和自由。这是从另一角度来保护公民一方的自由和权利不受侵犯，主要表现为：①行政法规范的制定（特别是行政立法）不能随意对公民一方权利和自由作出限制性规定，更不得予以剥夺。②对公民一方的制约性、制裁性规定虽然在行政法中不可缺少，但属于行政法的次要方面。对在行政管理中确实需要的这类规范，在设定和使用上还应当严格加以控制。③行政机关在行政管理的执法过程中也要尊重公民一方的自由和权利，不得违法侵害之。

3. 对因行政活动而受到侵害的公民等应提供有效的法律救济。对侵害公民一方权利和自由的行政行为，行政法要确立公民的救济权，并设立有效的制度予以补救。行政法应保障公民一方在权利和自由受到违法行政行为侵害时有权得到补救，具体包括实体上的救济权和程序中的各项程序权利。我国自 20 世纪 80 年代末以来，建立的行政复议制度、行政诉讼制度以及国家赔偿制度等，都是为保障、救济公民一方的权利和自由而设置的，都是行政法的重要组成部分。

（二）平等原则

平等原则也可以称为公平原则，是保障公民权利与自由原则的子原则之一。一般而言，平等原则首先是作为宪法原则存在的。其含义包括三个方面：①任何公民都平等地享有宪法和法律规定的权利，同时平等地履行义务。②国家机关在运用法律时，对于任何人的保护或惩罚，都是平等的，不应因人而异，应当秉公执法。③任何组织或个人都不得有超越宪法和法律的特权。就实质而言，这种平等原则舍去了人们诸多的先天性差异，保障了一种形式上的平等，即机会均等。[1]

作为具体化的宪法，世界各国和各地区的行政法都将平等原则视为基本原则。美国称为法律平等保护原则，平等保护的核心是指情况相同的人必须享有同样的权利，负担同样的义务；对于情况不同的人，法律必须规定不同的权利和义务。法国称为平等原则，具体分为法律、命令上的平等，租税面前的平等，公益面前的平等，公共负担的平等。德国的平等原则是由行政自我约束原理与平等对待原则共同构成的。我国《宪法》第 33 条第 2 款规定："中华人民共和国公民在法律面前一律平等。"第 5 条第 5 款规定："任何组织或者个人都不得有超越宪法和法律的特权。"可见平等原则在我国已经成为拘束行政的宪法位阶的基本准则。

行政权的行使不论在实体或程序上，都应相同的案情相同处理，不同的案情不同处理，应避免不当的差别待遇。平等原则主要在行政立法层面、行政执法层面和行政救济层面有所适用。

（三）信赖保护原则

信赖保护原则在德国起源，在日本被普遍适用。笔者认为其可以作为保障公民权利与自由原则的一项补充原则，在行政行为被撤销或变更等特殊情况下适用。随着现代法治文明的发展，信赖保护原则在行政法基本原则中有了越来越重要的地位。

---

[1] 许崇德主编：《宪法》，中国人民大学出版社 2004 年版，第 159 页。

在英美普通法国家，信赖保护原则也被称为"禁止反言"或"不准翻供"。[1]信赖保护原则的基本含义是政府对自己作出的行为或承诺应守信用，不得随意变更，不得反复无常。其要求主要有四项：①行政行为具有确定力和公定力，即行政行为一经作出，非有法定事由并经法定程序不得随意撤销、废止或改变；②行政机关对行政相对人作出授益行政行为后，事后即使发现有违法情形，只要这种违法情形不是因相对人过错造成的，行政机关不得撤销或改变，除非不撤销或改变此种违法行政行为会严重损害国家、社会公共利益；[2]③行政行为作出后，如据以作出该行政行为的法律法规修改或废止，或者为了公共利益需要，可以撤销或变更，但事前需进行利益衡量；④行政机关依前述理由撤销或改变其已作出的行政行为时，应对相对人因此而受到的损失给予赔偿或补偿。

三、保障公民权利与自由原则的意义

在行政法中，保障公民权利与自由原则具有重要地位。其意义主要表现在两个方面：

1. 有利于公民一方在行政法上主体地位的确立。权利保障原则要求改变"官贵民贱"的传统观念，也要求在行政法律制度的设定上注重公民一方的自由和权利，改变过去以行政主体、行政权力为中心来建构各项法律制度的做法。现代行政法应当构筑一种新型的行政管理和行政服务关系，在这种关系中，公民一方的主体地位、独立人格和利益应当得到充分肯定，并受到法律的保护。行政主体及其行政权力存在的根本目的是保障公民一方的利益和发展，而不是为了管制和处罚公民等行政相对人。

2. 有利于市场经济的发展和完善。市场经济要求具有独立地位的市场主体在市场的作用下自由地实施经济行为，通过竞争实现对社会资源的最佳配置，获取最佳经济效益。市场经济的本质特征是权利经济，即市场经济以市场主体的独立人格权为起点，以市场主体的经济自主权、平等竞争权为核心，以法律救济权为保障。没有权利的确认和保障，就没有市场经济。可见，对公民一方基本权利的保障与市场经济的要求相一致。公民及其他市场主体独立地位的确立、权利义务的明确界定以及对公民一方自由和权利的保护无疑将促进市场经济的发展。

第三节　依法行政原则

一、依法行政原则的含义

依法行政原则是指行政机关行使行政权力、管理行政事务，必须依法进行；强

---

[1]　这原是一项刑事诉讼法的基本原则，后行政法引入并赋予以下含义：行政机关某种行为一经作出，特别是赋予相对人一定权益的行为，其后不得任意变更，即使这种行为违法和对行政机关造成了某种不利。当然，这种适用不是绝对的，对于严重损害社会公共利益的行为，事后可以或应该撤销或变更，但这种撤销或变更需对无过错的相对人进行赔偿或补偿。此外，行政机关因法律或政策的变化也可以撤销或变更已作出的行为，同样，应给特定相对人造成的特定损失给予补偿。

[2]　姜明安："行政法基本原则新探"，载《湖南社会科学》2005 年第 2 期。

调法律是行政机关权力活动的依据和标准。该原则近年来得到行政法学界普遍的主张和认可。依法行政原则是社会发展到一定阶段的产物，是法治原则（宪法原则）对行政活动的具体要求。它的基本内涵就是要求政府守法，要求行政活动的主要方面以及主要环节都要以法律规范为依据，而不由长官意志决定。行政机关只能在法定权限范围内活动，法定权限以外的行为无效。

依法行政原则要求确保行政活动建立在理性的法律规则之上，免受个人意志的干预。依法行政也是行政法对行政机关最基本的要求，它对行政法律规范的制定以及行政主体的具体管理活动都有指导意义。

二、依法行政原则的内容

依法行政原则在许多国家都得到承认，只是在各国有不同的理解。在英国，行政法治原则有四层含义：①政府的一切活动必须遵守法律；②法治原则不局限于合法性原则，还要求法律必须符合一定标准，具备一定内容；③法治原则表示法律的保护平等；④法治原则表示法律在政府和公民之间无所偏袒。[1]美国的依法行政构成要素表现为基本权利和正当程序。前者指一切组织和个人都必须服从法律，但这种做法旨在保护而不是摧残人类固有的基本权利。后者指法律的实施必须通过正当的法律程序进行。[2]德国行政法学者认为依法行政原则包括三项内容：①法律创制；②法律优越；③法律保留。[3]

我国近年来对依法行政原则讨论较多。有学者认为依法行政原则的内涵为职权法定、法律保留、法律优位、依据法律和职权与职责统一。[4]也有学者主张依法行政具体包含三项原则，即行政合法性原则、行政合理性原则和行政应急性原则。[5]我们认为，依法行政的内容应当涵盖行政管理的各个环节、各个方面，具体如下：

（一）行政组织法定

这里指行政组织的权限，中央和地方行政权的划分，行政机关的设置、职能以及行政编制等都要由法律设定，其他任何组织和个人都无权规定。行政组织法定在西方国家已成为行政法治的应有之意。由于行政组织的规模、结构，行政机关等行政主体的职权等都会对公民一方的自由、权利和义务产生重大影响，因而必须依法规定。在行政组织法定中，行政权限法定处于核心地位。对行政机关来说，其职权来自于法律的规定。凡法律没有授予的职权，行政机关不得自行享有和行使。行政主体必须在法定的权限范围内活动，越权的行为无效，这与公民的权利不同。公民的权利是自身具有的，是最原始的权利。只有当法律禁止时，公民才不得为之。通

---

〔1〕 王名扬：《英国行政法》，中国政法大学出版社1987年版，第11页。

〔2〕 王名扬：《美国行政法》，中国法制出版社1995年版，第114～116页。

〔3〕 陈新民：《行政法学总论》，三民书局1995年版，第54页。

〔4〕 应松年："依法行政论纲"，载《中国法学》1997年第1期。

〔5〕 罗豪才主编：《行政法学》，北京大学出版社1996年版，第31～35页。

常，法律设定行政组织的形式有两种：①通过制定行政组织法对行政组织的权限、结构、规模以及行政机关的设置、职权等进行规定，如《国务院组织法》《地方组织法》。②在单行的法律、法规中规定行政组织的有关问题，如《行政处罚法》对行政处罚权的设定以及行政处罚的实施机关作了明确规定。

（二）法律保留与法律优位

随着 19 世纪末以来行政机关立法的增加，行政法律规范已不再局限于由国家立法机关制定。在我国，行政法律规范由宪法、法律、行政法规、地方性法规以及规章等几个层次的规范组成。法律保留强调的是，在立法上，对于重要的事项，如涉及公民的基本自由和权利的事项、国家的基本制度或重要制度的设定等，都只能由法律来规定。其他规范不得越位规定，法律也不得将应由自己规定的事项授权其他机关规定。法律优位强调的是在宪法之下，法律具有最重要的地位。在法律规范的效力层级方面，除宪法外，法律的效力高于其他法律规范。在已有法律规定的情况下，其他法律规范都不得与法律相抵触，凡有抵触，以法律为准。在没有法律规定的情况下，其他法律规范可在法定权限或授权的范围内就某事项作出规定，而一旦法律就同一事项作出规定时，以法律规定为准。

（三）符合法律规定

这里是指行政机关等行政主体行使行政权、实施管理活动要以法律为依据。此处法律泛指行政法律规范，不仅包括国家权力机关制定的法律，还包括行政法规、地方性法规和规章等。当然，后者不得与法律相冲突，否则无效。符合法律规定，主要包括三层含义：

1. 形式合法，即行政主体的管理活动应当符合法律的规定。①行政主体进行管理时不得超越法定职权。无论是制定抽象的规范性文件，还是实施具体行政行为，或者是作出其他管理行为，都要严格依法进行。②行政主体的管理活动不仅要遵守实体法的规定，还要遵守程序法的规定。③行政授权和行政委托都必须具有法律依据，具备法定条件。

2. 实质合法，即行政主体的管理活动应当符合法律规定的内在精神和要求。在英美法系国家，实质合法被称为合理性原则，是从判例中归纳出来的，具体包括以下要求：①行政活动要符合法律的目的。任何法律的制定都有特定的目的，行政活动不能与法律的目的相背离。②行政主体在作出具体决定时要考虑相关因素。凡是法律要求考虑的因素必须考虑，不相干的因素不得考虑。③符合公正法则。所谓公正，是指合乎理性。例如，对某一事物的判断和决定要符合常人的推理和行为标准。而在大陆法系国家，实质合法主要是指比例原则，该原则通过逻辑推演得来。目前比例原则越来越受到重视，特别是在欧洲国家中，不仅德国等传统大陆法系国家普遍适用比例原则来进行裁判，比例原则也在逐步成为英国行政法的重要适用原则。

总体来说，比例原则要求行政主体实施行政行为应平衡和兼顾行政目标的实现和保护相对人的权益，如果行政目标的实现可能对相对人的权益造成不利影响，则这种不利影响应被限制在尽可能小的范围和限度之内，二者应有适当的比例。一般认为，比例原则包括以下三个具体原则：①适当性原则；[1]②必要性原则；[2]③狭义比例原则。[3]这三项原则分别从"目的取向""法律后果""价值取向"上规范行政权力与其行使之间的比例关系。三者相互联系，不可或缺，构成了传统比例原则完整而丰富的内涵。

3. 违法的行为无效，行政主体要对此承担法律责任。违法的行为不仅应被确认为无效，予以撤销，给公民造成实际损失的还应依法给予赔偿。

三、依法行政原则的意义

依法行政原则在我国20世纪80年代末期出现，绝非偶然。在很大程度上，依法行政原则是改革开放、政治经济发展的必然结果，尤其是市场经济体制的确立和依法治国方略的提出，在客观上要求确立依法行政原则。

依法治国是现代国家民主政治的内在要求，也是强国富民之路。依法治国是一项巨大的系统工程，依法行政则是其中的子系统之一，是依法治国的重要组成部分。首先，依法治国为依法行政创造了条件。依法行政需要所有国家机关和全社会的努力，因此，离开了依法治国的大环境，依法行政难以推行。其次，依法行政又是依法治国的核心。因为和其他国家机关相比，行政机关负有直接的管理职能和大量的执法任务，和相对人的联系最为密切。此外，行政机关还承担部分立法职能和司法职能。如果抽去依法行政的内容，依法治国就会变得空洞和残缺。

依法行政原则在行政法中的确立具有重要意义，具体表现为以下几个方面：

1. 有利于对行政活动的规范和控制。按照依法行政原则，无论是行政权的设定、行政机关的设置还是行政权的运作程序都要由法律规定，行政机关的一切管理活动都要依法进行，从而起到规范和控制行政活动的作用。一般来说，对行政活动的规范和控制有事前和事后之分。事前规范主要是通过规定行政权的界限以及行使行政权的实体和程序规则来实现的；事后控制则是通过行政诉讼、行政复议等监督和救济制度予以完成。

2. 有利于保护相对人的合法权益。虽然依法行政原则直接强调对行政活动的规

---

[1] 适当性原则又称适应性原则、适合性原则、妥当性原则，是指行政主体所采取的手段必须能够实现行政目的或至少应有助于达成其所追求的目的。它针对的是行政手段与行政目的之间的客观联系，要求实现行政目的的手段必须适合于达成行政目的。

[2] 必要性原则又称最小损害原则、不可替代原则、最温和手段原则等，要求在对众多能同样达成行政目的的手段进行选择时，行政主体应选择对相对人权利限制或侵害最小的手段。必要性原则确立的原因主要是基于保障人权的考虑。此处"必要"是指行政主体在用以达成目的的手段中，选择对相对人侵害最小、最温和的手段。

[3] 狭义比例原则又称均衡原则或法益相称性原则等，是指行政主体所采取的为达到行政目的所必要的手段给相对人造成的侵害，应与行政主体欲实现之行政目的合比例或相称，即行政主体追求之公益相比相对人被侵害之私益的程度符合比例。

范和控制，但就实质而言，这一原则的确立是为了切实保护相对人的合法权益。依法行政要求行政机关在法定权限内活动，受法律的制约。行政机关不得违法侵害相对人的合法权益，违法侵权的，要承担相应的法律责任。

3. 有利于推进行政法治。在我国，由于几千年封建专制制度以及封建纲常伦理的影响，"长官意志""以言代法"等现象仍嫌严重。因而，依法行政原则的确立，可推进行政法治的进程：①依法行政原则强调法治，与人治相对抗；②依法行政原则有利于公务员及公民权利意识的生成和平等、法治意识的培养，而后者正是行政法治的基础。

第四节　正当程序原则

一、正当程序原则的含义

正当程序原则有广义和狭义的区分，广义的正当程序原则指整个行政法的程序性基本原则，包括了行政公开原则、行政公正原则以及参与原则。狭义的正当程序指的是英国行政法中古老的"自然公正"[1]和美国行政法中的"正当法律程序"[2]的原则。

正当程序原则发轫于英国自然公正的理念，后来被美国所继承。随着美国《联邦行政程序法》的制定，行政程序法受到越来越多国家的重视。德国、西班牙、葡萄牙、瑞士、奥地利、荷兰、日本、韩国等国家相继制定行政程序法，在世界范围内掀起了一股制定行政程序法的潮流。[3]正当程序原则的基本含义是指行政机关作出影响行政相对人权益的行政行为，必须遵循正当的法律程序，采取包括告知、说明理由、听取意见等方式，通过规范行政行为从而保障相对人的合法权益。

我国历来有"重实体，轻程序"的传统，因而更有必要借鉴先进的发达法治国家的程序原则，将"程序正当"上升为行政法的基本原则，以规范行政主体的行政行为，特别是自由裁量行为。

---

〔1〕　自然公正原则有两项基本原则：一是任何人不应成为自己案件的法官。根据这一原则，行政机关实施任何行政行为，参与行为的官员如果与该行为有利害关系或被认为有成见或偏见，及应当回避，否则，该行为无效。二是任何人在受到惩罚或其他不利处分之前，应当公正地听取其意见。根据这一原则，公民在财产被征用，申请许可证照被拒绝，或受到吊销证照、罚款、开除公职等处罚或制裁等不利处分前，行政机关应当事前给予其通知、告之处分根据、理由、听取其申辩意见。否则该处分将被司法审查确认为无效。参见王名扬：《英国行政法》，中国政法大学出版社 1987 年版，第 151～160 页。

〔2〕　"正当法律程序"为《美国宪法》第 5、14 条修正案所规定。具体介绍可参见王名扬：《美国行政法》，中国政法大学出版社 1995 年版，第 382～414 页。

〔3〕　张树义：《行政法与行政诉讼法学》，高等教育出版社 2007 年版，第 40 页。

二、正当程序原则的内容

(一) 公开原则

随着各国民主的发展、法治的进步和公民权利意识、参与意识的增强,行政公开成为公众的迫切要求,自 20 世纪中叶以来得以迅速发展和推广。它的基本含义是指行政主体在行使行政权力的过程中,应当将行政权力运行的依据、过程、结果以及由此而产生的政府信息,除涉及国家秘密、个人隐私和商业秘密外,主动或依申请及时向行政相对人及社会公众公开。

行政公开原则贯彻于行政权力运行的全过程。只要行政权的行使影响了行政相对人的合法权益,就必须向行政相对人公开相关事项和信息,除非法律作出了相反的规定。由于行政权的行使存在着若干个阶段,而每个阶段具有不同的要求和内容,所以,在不同的阶段行政公开的内容也会有所不同。从行政权力运行的不同阶段和不同形式来看,行政公开原则的要求主要有以下四项:①行政权力运行的依据公开;②行政权力运行过程公开(包括行政立法及制定其他规范性文件的过程公开、行政执法过程公开、行政司法活动公开);③行政权力运行结果公开;④政府信息公开。

总之,行政公开是公民行使宪法规定的知情权的基础,也是政府机关履行法定职责和义务的重要方式,是建设法治国家的重要举措。对于发展民主政治,保障公民宪法权利,监督政府机关依法行政,建设廉洁、高效、勤政政府都具有十分重要的意义。

(二) 公正原则

行政公正是确保行政机关行使行政权的过程和结果可以为社会一般理性人认同、接受所要遵循的基本原则。公正原则要求行政机关公正地行使行政权。行政机关公正地行使行政权力,对于行政机关来说,是树立权威的源泉;对于相对人来说,则是信任行政权的基础。

行政公正包括实体公正和程序公正两方面的内容。实体公正的要求主要包括:①行政机关行使行政权力,以事实为根据,以法律为准绳,严格依法办事,不偏私;②合理考虑相关因素,不专断,所谓的"相关因素",包括法律、法规规定的条件、政策的要求、社会公正的准则、相对人的个人情况、行为可能产生的正面或负面效果等。程序公正的要求则包括:①自己不能做自己的法官,行政机关工作人员与所处理的行政事务存在利害关系可能影响程序公正进行的,应当回避;②禁止单方接触,行政机关就某一行政事项同时对两个或两个以上相对人作出行政决定或行政裁决时,不能在一方当事人不在场的情况下与另一方当事人接触和听取其陈述,接收其证据;③不在事先未通知和听取相对人陈述、申辩意见的情况下做出对相对人不利的行政行为。

公正原则主要是针对行政自由裁量权而提出的。由于行政自由裁量权本质上是一种自由的权力,权力本身的扩张性和操纵权力的人的自身不可克服导致行政自由裁量权的滥用。通过以上从实体和程序两方面的规范,特别是行政程序,将可以比较有效地规制行政自由裁量权,确保其正当行使。

（三）参与原则

参与原则是指受到行政权力运行结果影响的利害关系人有权参与行政权力的运行过程，表达自己的意见，并对行政权力运行结果的形成发挥有效作用。这要求行政机关在行使职权过程中，除法律规定的程序外，应当尽可能为行政相对人提供参与行政活动的机会，从而确保行政相对人实现行政程序权利，同时也可以使行政活动更加符合社会公共利益。目前世界上许多国家和地区的行政程序法都明确规定了参与原则。葡萄牙《行政程序法》第 8 条明确规定："公共行政当局的机关，在形成与私人有关的决定时，尤其应借本法典所规定的有关听证，确保私人以及以维护自身利益为宗旨团体的参与。"我国澳门特别行政区《行政程序法典》第 10 条也明确规定："公共行政当局之机关，在形成与私人及以维护其利益为宗旨之团体有关之决定时，应确保有私人及该等团体之参与，尤应透过本法典所规定之有关听证确保之。"我国虽然尚未制定统一的行政程序法典，但某些单行法已经有了规定，例如《行政处罚法》《价格法》《行政许可法》均作了有关听证的规定。

参与原则强调的是参与行政权的运行过程，而不是简单的"出席""到场""参加"，而参与过程实际上又是行政主体行使行政权与相对人参与行政形成的互动过程。这种互动过程使得双方相互影响，双方的意志得以沟通和交流。"这种反复沟通和交流，可以将行政意志融化为相对人意志，也可以将相对人意志吸收到行政意志中，从而使行政法关系真正具有双方性，使相对人真正成为行政法关系的主体。"[1]

参与原则的内容集中体现为行政相对人在行政程序中的权利。听证是其中的核心，即相对人享有听证权，也就是"被听取意见的权利"。这种权利意味着行政主体负有听取相对人意见的义务。行政主体对相对人作出不利决定时，必须听取其意见，不能片面认定事实，剥夺对方辩护的权利。在行政程序中，相对人的行政参与权还包括：①获得通知权。获得通知是参与的前提。②陈述权。陈述权是行政相对人就行政活动所涉及的事项向行政主体作陈述的权利，这有利于行政主体全面了解行政案件的事实真相，也有利于维护相对人的合法权益。③抗辩权。抗辩权是行政相对人针对行政主体提出的不利指控，依据其掌握的事实和法律向行政主体提出反驳，旨在从法律上消灭或者减轻行政主体对其提出的不利指控。④申请权。申请权是行政相对人请求行政主体启动行政程序的权利。行政相对人行使申请权的目的是通过行政程序维护其自身的合法权益。

第五节　行政效益原则

一、行政效益原则的含义

行政法的效益原则，又称效率原则，是指行政法律制度要以较小的经济耗费获

---

[1]　叶必丰：《行政法的人文精神》，湖北人民出版社 1999 年版，第 212 页。

取最大的社会效果。效益本是经济学的概念，后被导入法学，并成为法律追求的基本价值目标之一。在行政法中确立效益原则，是由国家资源的有限性和行政管理的复杂性、多变性所决定的。首先，国家对行政活动、行政立法活动以及行政救济活动的资源投入是有限的，如果不贯彻效益原则，很难达到行政法治的预期目标；其次，行政管理复杂多变，行政法要能及时适应这种变化，必须考虑效益的要求。行政效益原则和保障公民自由与权利原则以及依法行政原则既有相辅相成的一面，也有相互冲突的一面。当产生冲突时，首先要考虑自由、权利保障原则以及依法行政原则，然后才能兼顾效益。这是因为保障公民的自由、权利与确保依法行政比行政效益的整体价值更高。

二、行政效益原则的内容

行政效益原则的内容主要包括以下几项：

（一）行政法律制度应符合效益要求

行政法律制度的建立、健全和完善都要融入效益的要求，以最小的资源消耗，换取最大的社会效益。

1. 行政组织法律制度要体现效益精神。现代社会需要反应迅速、运转高效的政府，而这又以行政组织设置简洁、结构合理、职责分明为基础。为此，在行政组织法律制度中要融入效益的要素，要符合行政管理的规律。

2. 行政程序法要考虑效率要求。21世纪以来，加强行政程序立法、行政程序法典化已成为世界潮流。行政程序法律制度的建立既要引入民主、公正的价值观，也要符合效率要求。只强调公正、牺牲效率，难以满足时代的需要；而仅追求效率、忽视公正，也不利于对公民自由、权利的保护，与行政法的目的相左。在行政程序中，效率主要体现在程序的统一和简化，以及适用于紧急情况的特别程序的建立。

3. 具体行政法律制度要考虑成本效益。这里的具体行政法律制度既包括具有普遍意义的行政许可制度、行政处罚制度、行政强制制度以及行政合同制度等，又包含具有专门意义的教育行政制度、经济行政制度、治安行政制度等。每一项具体行政制度的建立和完善，都应进行必要的成本效益分析，要从多个方案中选择最佳方案，以保证对社会资源的有效、合理使用。

4. 行政救济法律制度也要符合效益精神。无论是行政诉讼、行政复议、国家赔偿，还是其他救济制度，都不得忽视对效率的要求。一方面，对受害的相对人应提供及时、便捷的救济，使当事人迅速从行政纠纷中摆脱出来；另一方面，要及时排除违法，确保行政法律秩序的稳定和有序。

（二）行政立法要重视成本效益

这里的行政立法是指所有制定行政法律、法规以及规章的活动。行政立法需要人力、物力的投入，因而也存在成本效益问题。为确保行政立法的高效，必须做到以下几点：①要合理划分行政立法权，即在享有行政立法权的国家机关中确定各自的立法权限，以避免行政立法的交叉和冲突，同时保证重大事项由法律规定。②明确行政立法的程序和行政立法的技术要求，以保证行政立法的质量。劣质的行政法律规范会导致执行的困难以及管理秩序的混乱，是对资源的浪费。③行政立法要考虑时效性，不能久拖不决。

（三）行政管理及服务活动要体现效益

行政机关适用法律，实施管理和服务活动时，都要分析成本效益，避免资源的浪费，高效地为民服务。当然，也不能因考虑效益的要求而牺牲自由、权利和公正等价值。

三、行政效益原则的意义

行政效益原则在行政法中具有以下重要意义：

1. 该原则是市场经济下行政法发展的需要。市场经济体制作为一种对社会资源进行高效、合理配置的一种模式，客观上要求与之匹配的法律制度能保持一定的运行效率，从而促进社会的全面发展。[1]

2. 行政管理的高效对公民来说本身就意味着一种利益，为公民提供更多的发展机会，与行政法的目的相一致，能促进行政法价值的实现。

■**思考题**

1. 试论行政法的基本原则有哪些功能。
2. 试论保障公民基本权利原则的内容和地位。
3. 试论依法行政原则的具体内容和重要意义。
4. 试论正当程序原则的含义和内容。
5. 试论行政效益原则的内涵和意义。

■**推荐书目**

1. 应松年主编：《行政法学新论》，中国方正出版社 2004 年版。
2. 周佑勇：《行政法基本原则研究》，武汉大学出版社 2005 年版。
3. 胡建淼主编：《论公法原则》，浙江大学出版社 2005 年版。
4. 金国坤：《依法行政环境研究》，武汉大学出版社 2003 年版。
5. 陈新民：《德国公法学基础理论》，山东人民出版社 2001 年版。
6. 城仲模主编：《行政法之一般法律原则（一）》，三民书局 1994 年版。
7. 城仲模主编：《行政法之一般法律原则（二）》，三民书局 1997 年版。

---

[1]　章剑生："论司法审查有限原则"，载《行政法学研究》1998 年第 2 期。

第四章　行政组织与行政主体

■学习目的和要求

掌握行政组织的基本含义及我国行政组织的设置，行政组织法的概念和内容，行政主体的概念、范围、种类、资格及确认；基本了解行政公务人员的概念、范围及国家公务员制度。

在行政法学体系中，行政组织和行政主体都是非常重要的内容。行政组织理论侧重于从整体对行政组织涉及的法律问题进行研究，以确保行政组织建立在理性基础上，对行政组织整体予以法律规范和控制。行政主体理论则侧重于解决在行政组织中哪些行政机关能够独立对外管理、具有独立的法律地位。本章将分别阐述行政组织和行政主体理论，并对行政公务人员予以说明。

第一节　行政组织

一、行政组织概述

（一）行政组织的界定

在学术界，对行政组织的内涵有不同理解，归纳起来有三种观点：①行政组织是行政机关的综合体。无论是中央行政机关还是地方行政机关，都属于行政组织的范畴。这一观点对行政组织的界定较为宽泛。②行政组织是行政主体[1]的组织，是行政主体所设置的行政机关的综合体。该观点在国外较为流行，法国、德国、日本等都取此含义。由于我国不存在与法国、日本相类似的行政主体制度，因而这一界定方法在我国缺乏现实基础。③行政组织是由国家设定，依法从事国家、社会行政事务管理的国家组织，是行政机关和行政机构的合成。按此观点，行政组织泛指行政机关以及行政机构。行政组织成为行政机关或行政机构的替代词。这种观点对行政组织的界定较窄。

从词源上看，行政（指公共行政）是国家行政机关执行法律、推行政务的活动。

---

[1]　这里的行政主体是指在法国、日本由法律创设的主体。

"组织"一词既有静态的含义，指两人以上的集合体；又有动态的含义，指有机的结合。鉴于行政与组织各自的内涵，用"行政组织"来概括行政机关有机构成的系统比较理想。在我国，由于各级人民政府具有相对独立性，因而可将行政组织界定为各级人民政府的组织。

基于上述分析，我们认为，行政组织是指担当行政事务、享有行政权的各级人民政府及其设置的行政机关的综合体。这一概念包含以下几层内容：

1. 行政组织是行政机关的综合体，是行政机关组成的有机系统。

2. 行政组织是各级人民政府的组织，由各级人民政府及其设置的行政机关组成。据此，行政组织有中央行政组织和地方行政组织之分。中央行政组织指国务院及国务院下属各部门构成的系统；地方行政组织指地方各级人民政府及其所设行政机关构成的系统。

3. 行政组织是担当行政事务、行使行政权的组织。这一属性使其与立法组织、司法组织相区别。现代国家的权力可分为立法权、行政权和司法权三部分，立法权由立法组织行使，司法权由司法组织承担，行政权则归属于行政组织。

从不同的角度分析，行政组织具有不同的构成要素。从基本构成要素上看，行政组织包括人的要素（行政人员）和物的要素（公物）两部分，这是行政组织得以建立的基础。从结构构成要素上看，行政组织由机关、层级以及机关相互关系等构成。从系统功能要素上看，行政组织包含目标、功能和权力等。

（二）行政组织与相关概念的区别

为了准确把握行政组织的内涵，需要将行政组织与相关概念加以区分。

1. 行政组织与行政机关。行政机关是指为实现行政目的而依法设置、承担行政事务并能独立进行管理的基本组织体。在行政管理中，行政机关是最基本的管理单位，能够独立行使权力、履行职责，但其管理行为的法律后果归属于国家。

行政组织与行政机关是一种包容关系，行政组织由行政机关组成。虽然两者都担当行政事务、享有行政权力，但有明显区别，具体表现在：①行政组织是一集合概念，偏重"学理性"；行政机关是一实际用语，具有"实用性"。②行政组织指一级人民政府的组织，由人民政府及其下设的各类行政机关组成；行政机关是行政组织中的基础单位，不能再行分解。③行政组织担当的行政事务具有整体性，享有的行政权也是全方位的；行政机关担当的行政事务大多限于某一方面，享有部分行政权。

2. 行政组织与行政机构。"行政机构"一词与行政组织、行政机关一样缺乏法律的统一规定，人们常从不同的角度使用之。但通说认为行政机构是指行政机关的内部机构，国务院"三定方案"中的"定机构"就是取此含义。

按照上述理解，行政组织与行政机构的区别主要表现在：行政组织是行政机关的集合体，而行政机构只是行政机关的组成部分。行政机构作为行政机关的一部分而存在，可以代表所在的行政机关对外管理，但不能独立行使职权。

3. 行政组织与公务员。公务员是在政府部门任职的工作人员。公务员是行政组织的基本构成要素之一，但公务员不是行政组织。在法律上，公务员代表行政组织进行管理，其管理行为的后果归属于国家。

二、行政组织的设置

按照自由、权利保障原则以及依法行政原则的要求，行政组织的设置应当民主、公正，并依法进行。目前，我国行政组织设置的法律依据主要有宪法、法律、行政法规、地方性法规、自治条例和单行条例等。从法律规定和实际情况来看，我国的行政组织分为中央行政组织和地方行政组织两部分。

（一）中央行政组织

中央行政组织由国务院、国务院的组成部门、国务院直属机构和国务院办事机构构成。

1. 国务院。对国务院的理解有狭义和广义两种。从狭义上理解，国务院是指由国务院总理、副总理、各部部长、各委员会主任、审计长和秘书长构成的组织体。从广义上理解，除上述狭义的组织体外，还包括国务院下设的各部、各委员会及其直属机构、办事机构等。这里所说的国务院取其狭义。按照《宪法》的规定，国务院即中央人民政府，是最高国家权力机关的执行机关，是最高国家行政机关。在行政组织系统中，国务院处于最高地位，能够领导、组织、指挥、协调全国的行政管理工作，能够在内政、外交上代表中国政府活动。

根据《宪法》第 89 条的规定，国务院享有 18 项职权，归纳起来，有以下四类：①制定行政法规权；②领导全国各项行政工作权；③领导各级国家行政机关权；④国家最高权力机关授予的其他职权。

2. 国务院组成部门。国务院的组成部门包括各部、各委员会、人民银行和审计署，共 26 个部门。[1]国务院的组成部门虽然必须按国务院的分配担当行政事务，要接受国务院的领导和监督，但它们可以在法定的职权范围内独立对外进行管理。其中国务院办公厅是一种辅助性机关，"协助国务院领导处理国务院日常工作"。

国务院组成部门实行首长负责制，归纳起来，有三种职权：①制定规章权；②本部门所辖事务管理权；③部分机构、人事管理权。[2]

3. 国务院直属特设机构。国务院直属特设机构是指国务院设立的为了管理某类

---

〔1〕 依据《第十三届全国人民代表大会第一次会议关于国务院机构改革方案的决定》，现国务院组成部门为：外交部、国防部、国家发展和改革委员会、教育部、科学技术部、工业和信息化部、国家民族事务委员会、公安部、国家安全部、民政部、司法部、财政部、人力资源和社会保障部、自然资源部、生态环境部、住房和城乡建设部、交通运输部、水利部、农业农村部、商务部、文化和旅游部、国家卫生健康委员会、退役军人事务部、应急管理部、中国人民银行、审计署。

〔2〕 部分机构人事管理权为中央机构编制委员会办公室、人力资源和社会保障部和中共中央组织部承担。另外依据 2018 年 3 月 21 日发布的《中共中央印发〈深化党和国家机构改革方案〉》，国家公务员局并入中央组织部。中央组织部对外保留国家公务员局牌子。

特殊的事项或履行特殊的职能而单独设立的一类机构。目前，国务院直属特设机构仅指国有资产监督管理委员会，其代表国家履行出资人职责。

4. 国务院直属机构。国务院直属机构是指国务院设立的主办各项专门业务的行政管理部门，包括海关总署、国家税务总局等。[1]和国务院组成部门相比，直属机构有以下特点：①直属机构的级别低，其负责人不是国务院的组成人员；②直属机构由国务院自行设置，无须国家权力机关的批准；③直属机构的主管业务单一，不具有综合性。

虽然直属机构有别于国务院组成部门，但直属机构在法定的职权范围内可以独立对外行使职权，并依据《立法法》制定规章。

5. 国务院办事机构。国务院办事机构是指国务院设立的协助总理办理专门事项的辅助性机构，包括国务院港澳事务办公室等。[2]和国务院的组成部门以及直属机构不同，办事机构的主要职能是协助总理承办具体事务，一般不享有对外管理的独立权限。

6. 国务院部委管理的国家局。部委管理的国家局是指国务院设置的主管专门业务，由部委管理但又具有相对独立性的行政机关，包括国家信访局、国家粮食和物质储备局等。[3]国家局既不同于国务院直属机构，又不同于部委内部的司局，具有

---

[1] 依据《国务院关于机构设置的通知》（国发〔2018〕6 号），国务院设海关总署、国家税务总局、国家市场监督管理总局、国家广播电视总局、国家体育总局、国家统计局、国家国际发展合作署、国家医疗保障局、国务院参事室、国家机关事务管理局等直属机构。另外国家市场监督管理总局对外保留国家认证认可监督管理委员会、国家标准化管理委员会牌子。国家新闻出版署（国家版权局）在中央宣传部加挂牌子，由中央宣传部承担相关职责。国家宗教事务局在中央统战部加挂牌子，由中央统战部承担相关职责。

[2] 依据《国务院关于机构设置的通知》（国发〔2018〕6 号），国务院办事机构包括国务院港澳事务办公室、国务院研究室，另外国务院侨务办公室在中央统战部加挂牌子，由中央统战部承担相关职责；国务院台湾事务办公室与中共中央台湾工作办公室、国家互联网信息办公室与中央网络安全和信息化委员会办公室，一个机构两块牌子，列入中共中央直属机构序列；国务院新闻办公室在中央宣传部加挂牌子。

[3] 依据《国务院关于部委管理的国家局设置的通知》（国发〔2018〕7 号），国务院部委管理的国家局有：国家信访局，由国务院办公厅管理；国家粮食和物资储备局，由国家发展和改革委员会管理；国家能源局，由国家发展和改革委员会管理；国家国防科技工业局，由工业和信息化部管理；国家烟草专卖局，由工业和信息化部管理；国家移民管理局，由公安部管理；国家林业和草原局，由自然资源部管理；国家铁路局，由交通运输部管理；中国民用航空局，由交通运输部管理；国家邮政局，由交通运输部管理；国家文物局，由文化和旅游部管理；国家中医药管理局，由国家卫生健康委员会管理；国家煤矿安全监察局，由应急管理部管理；国家外汇管理局，由中国人民银行管理；国家药品监督管理局，由国家市场监督管理总局管理；国家知识产权局，由国家市场监督管理总局管理；国家移民管理局加挂中华人民共和国出入境管理局牌子；国家林业和草原局加挂国家公园管理局牌子；国家公务员局在中央组织部加挂牌子，由中央组织部承担相关职责；国家档案局与中央档案馆、国家保密局与中央保密委员会办公室、国家密码管理局与中央密码工作领导小组办公室，一个机构两块牌子，列入中共中央直属机关的下属机构序列。

半独立的性质。

7. 国务院议事协调机构和临时机构。议事协调机构和临时机构一般并称，其中议事协调机构是指为了完成某项特殊性或临时性任务而设立的跨部门的协调机构。议事协调机构一般不设实体性办事机构，不单独确定编制，所需要的编制由承担具体工作的行政机构解决，可以交由现有机构承担职能的或者由现有机构进行协调可以解决问题的，不另设议事协调机构。为办理一定时期内某项特定工作设立的议事协调机构，应当明确其撤销的条件和期限。涉及这方面的最新的文件是《国务院关于议事协调机构设置的通知》（国发〔2008〕13号）。2018年的国务院机构改革主要针对国务院的组成部门进行调整，同时涉及直属事业单位和办事单位的调整，但并未专门对国务院议事协调和临时单位作出专门性规定。此前第十九届中央委员会第三次全体会议通过的《中共中央关于深化党和国家机构改革的决定》主要对党口的议事协调机构作了相关规定。

8. 中央行政机关在地方的分支机关。严格地说，中央在地方的分支机构也属于中央行政机关的范畴。但和中央行政机关不同，他们的管辖仅涉及一定行政区域，而不及于全国。这些地方分支机关靠中央财政负担，是国家在地方的直接代表。地方分支机关的人事、业务由中央主管部门负责，和地方政府没有直接关系。目前，我国在地方建立直接垂直分支机关的国家行政机关有海关、国税、银行、边检等。从发展的角度看，中央在地方直接设置分支机关的范围有扩大的趋势。

（二）地方行政组织

我国是单一制国家，不存在严格意义上的地方行政分权，因而地方行政机关实际上是国家行政机关在地方的代表。按照《地方组织法》的规定，地方行政机关主要包括地方各级人民政府、各级人民政府的工作部门以及派出机关和派出机构。

1. 地方各级人民政府。地方各级人民政府是指按照我国行政区域划分而分级设立的地方国家行政机关。根据《宪法》和《地方组织法》的规定，我国的行政区划分为省（自治区、直辖市）、市（副省级市、地级市）、县（县级市）和乡镇四级。相应地，地方人民政府也分为省级、市级、县级和乡级四级。在我国，地方各级人民政府具有双重性质：①各级人民政府是国务院统一领导下的国家行政机关，都要服从国务院。②地方各级人民政府又是地方利益的代表，是地方权力机关的执行机关，对地方权力机关负责。

按照《地方组织法》的规定，我国地方各级人民政府的职权主要有以下几项：①制定规章权。省、自治区、直辖市，省、自治区的人民政府所在地的市以及经国务院批准的较大的市的人民政府有权根据法律、法规制定规章。②本行政区域内行政事务的管理权。③领导下级行政机关权。和国务院一样，地方各级人民政府也实行首长负责制。各级人民政府首长负责召集和主持本级人民政府的全体会议和常务会议。

2. 地方各级人民政府的工作部门。根据《地方组织法》的规定，县级以上地方各级人民政府可以根据工作需要和精干的原则，设立若干工作部门。其中，省级人民政府工作部门的设置由本级人民政府报请国务院批准。其他各级人民政府工作部门的设置，由本级人民政府报请上一级人民政府批准。地方各级人民政府的工作部门一方面对本级人民政府负责，受本级人民政府的统一领导；另一方面，又要接受上级人民政府主管部门的领导或指导。

地方各级人民政府工作部门中的绝大多数享有对外管理的职权，在法定范围内可以独立进行管理。地方各级人民政府的职权主要是主管事务的决定权，或者说是执行法律对具体事项作出处理的权力。我国的执法机构大多集中在市、县两级。

3. 派出机关和派出机构。派出机关是一级人民政府在一定区域内设立的派出组织，履行一级政府的功能。按照《地方组织法》的规定，我国派出机关有三类：第一类是行政公署；第二类是区公所；第三类是街道办事处。事实上，在《地方组织法》之外，还存在开发区的管委会，他们主要行使的是经济类的管理权。

派出机构是由政府的工作部门根据需要在一定行政区域内设立的派出组织。在我国，派出机构的种类较多，如公安派出所、税务所和工商所等。派出机构为政府的工作部门所设置，因而其职能较为单一。

除上述行政机关外，地方各级人民政府还设有许多议事协调机构和临时机构。

三、行政组织法

行政组织法建立在行政组织法定的理论之上。因而，在介绍行政组织法的概念和内容之前，有必要先说明行政组织法定原则。

（一）行政组织法定原则

行政组织法定原则是指行政组织的设置、权限、规模，中央和地方的权力划分，行政机关的设置、职能、行政编制以及公务员管理等都要依法进行。由于行政组织的权限、规模，行政机关的设置、编制，中央和地方行政权的划分以及公务员管理等都涉及公民的负担、自由以及公民的权利义务，因而要由人民通过法律予以规制。

行政组织法定原则在西方国家已成为行政法治的应有之意，并反映在实践中。以日本为例，日本非常强调行政组织法的作用，制定了一套完整的行政组织法规体系。除宪法中有关内阁权力的规定外，还有内阁法，日本国国家行政组织法，府、省、委员会和厅设置法，地方自治法，总定员法和公务员管理法等。此外，还有行政机关的组织令、组织规程和定员规则等，这些法规对行政机关内部机构的分工作了详尽规定。日本行政组织法规体系的建立及产生的积极作用，对日本战后经济的发展做出了巨大贡献。美国、英国、瑞士等国也奉行行政组织法定原则，行政机关全部或大部分由法律设定。从国外的成功经验看，我们也有必要确立行政组织法定原则。

（二）行政组织法的概念

何谓行政组织法，学术界并没有一致的认识。日本学者认为，行政组织法是指关于国家、地方公共团体及其他公共团体等行政主体的组织及构成行政主体的一切人的要素（公务员）和物的要素（公物）的法的总称。[1]我国有学者认为行政组织法就是关于行政机关和行政工作人员的法律规范的总称，是管理管理者的法。[2]也有观点认为行政组织法是规范和调整行政组织关系的法律规范的总和。[3]

我们认为，行政组织法可界定为规范行政的组织过程和控制行政组织的法。该界定可从以下几方面理解：

1. 行政组织法是规范行政组织过程的法。行政是国家管理不可缺少的重要组成部分，如何来组织行政，是统一管理还是分散行政，将哪些事务纳入行政管理的范畴，设置哪种类型的行政机关进行管理等，都是组织行政过程中不可回避的问题。

2. 行政组织法是控制行政组织的法。这是行政组织法最核心的内容之一。如行政组织的规模不得随意增长，行政组织的结构不得随意改变，行政机关的职能不能随意增减。规范行政组织和规范行政的组织过程同样重要，只不过对行政组织的规范具有静态意义，而对行政的组织过程的规范则呈现出动态性。

3. 行政组织法是与组织行政和行政组织有关的法律规范的总称。我国对行政组织加以规定的有宪法、法律和法规等，如《国务院组织法》《地方组织法》等。行政组织法不是指单一的法律，而是有关行政组织的法律法规的集合。在行政组织法治比较发达的国家，都有一套完备的行政组织法规体系，如美国、日本等。比较而言，我国的行政组织法体系尚不完备。

我国现有的行政组织法除宪法关于行政权与行政组织的规定外，主要由三部分构成：

第一部分是《国务院组织法》[4]与《地方组织法》[5]。这两部法律是我国行政组织法的主要渊源。

第二部分是单行法律中关于行政权与行政组织的规定。如《行政处罚法》第12条第1、2款规定："国务院部、委员会制定的规章可以在法律、行政法规规定的给予行政处罚的行为、种类和幅度的范围内作出具体规定。尚未制定法律、行政法规的，前款规定的国务院部、委员会制定的规章对违反行政管理秩序的行为，可以设定警告或者一定数量罚款的行政处罚。罚款的限额由国务院规定。"

第三部分是有关行政组织的法律性与法规性文件。如《第九届全国人民代表大会第一次会议关于国务院机构改革方案的决定》（1998年），国务院通过的《国务院

[1] [日]田中二郎：《简明行政法》（新版），弘文堂1983年版，第43页。转引自杨建顺：《日本行政法通论》，中国法制出版社1998年版，第213页。
[2] 张尚鷟主编：《走出低谷的中国行政法学——中国行政法学综述与评价》，中国政法大学出版社1991年版，第115页；应松年、朱维究：《行政法总论》，工人出版社1985年版，第115~257页。
[3] 张焕光、胡建淼编著：《行政法学原理》，劳动人事出版社1989年版，第151页。
[4] 该法于1982年12月10日第五届全国人民代表大会第五次会议通过。
[5] 该法于1979年7月1日第五届全国人民代表大会第二次会议通过，并于1982年、1986年、1995年、2004年、2015年五次修改。

行政机构设置和编制管理条例》（1997 年）、《国务院关于议事协调机构和临时机构设置的通知》（1998 年）等。

至于国务院为明确分工而制定的"三定规定"[1]，性质不明。"三定规定"既不是行政法规，也不是规章，而是一种内部文件。

虽然在不同国家和地区，行政组织法的载体有很大差异，但行政组织法的内容却基本一致。在法国、日本，行政组织法主要包括对行政主体制度的肯定和对三类行政组织（指国家行政组织、地方公共团体的行政组织和其他准行政组织，如社会中介组织、公务法人等）的规范等。在美国，行政组织法包括对各类、各级行政机关的设置及权限的规定，也包括地方政府法。

（三）行政组织法的基本内容

从现行有效的法律、法规的规定来看，行政组织法的规范主要涉及行政机关的组成、设置、性质、职责权限以及公务员的管理。从应然状态看，行政组织法应包括行政机关组织法、行政机关编制法和公务员法三部分。

1. 行政机关组织法。行政机关组织法应对如下事项作出规定：

（1）行政机关组织法涉及的基本法律概念。行政机关组织法涉及的术语很多，如行政组织、行政机关、行政机构、行政主体、行政授权、行政委托等。统一界定这些术语有利于概念统一、使用方便和行政法学研究。

（2）行政权的设定及标准。从抽象的角度看，行政权的范围包含两个方面：①实质意义上的行政权，即直接管理权，也就是行政机关执行法律，对国家的行政事务进行组织、指挥和控制的权力。直接管理权包括事权，即对某类事务的管理权，以及对某类事务进行管理时的具体权限。②准立法权和准司法权。在我国，行政组织除享有实质意义的行政权外，部分行政机关还享有一定的立法权和司法权。

行政权究竟应包含哪些事权和具体权限，这是一个重大课题。仅就其设定来看，行政权应符合以下标准：①应当确保公民行政权益的实现。②应当有利于推进经济、社会的发展。③应当符合行政管理的规律。④不得逃避对该权力的监督和制约。

（3）中央和地方的关系。我国是单一制国家，除了特别行政区外，国家的立法权和司法权由国家统一行使，所以中央和地方的关系主要表现在行政权的分配以及中央对地方的监控上。虽然宪法对中央与地方的关系有原则规定，但具体的权力分配、中央对地方的领导体制以及中央对地方的监督途径和方式仍需要行政机关组织法加以明确规定。

（4）行政机关的设置。行政机关的设置包括行政组织的结构，行政机关的设置原则、设置标准，单个行政机关的地位和行政机关的设置程序等。其中，行政组织

---

[1] "三定规定"是中央机构编制委员会办公室为深化行政管理体制改革，而对国务院所属各部门的主要职责、内设机构和人员编制等所作规定的简称。所谓"三定"，主要指定部门职责、定内设机构、定人员编制。

的结构是指构成行政组织的各类行政机关的比例。行政组织的结构要求往往决定了需要设置哪些行政机关，需要赋予行政机关什么样的法律地位。行政机关的设置程序是指行政机关的设立、撤销或者合并的程序。

（5）行政主体的资格。研究行政主体的资格是要解决行政组织中究竟哪些行政机关有权对外管理。目前，对行政主体的资格界定缺乏规范，实践中又大量存在授权管理和委托管理，因而需要立法统一规定。

（6）行政机关管理中的其他问题。除上述内容外，行政机关组织法还需要对行政机关的工作制度、副职设置、行政机关之间的协助、行政首长的代理以及违反行政组织法的法律责任等问题作出规定，从而为行政机关的日常运作提供规范。

2. 行政机关编制法。编制是指一个系统或一个单位内部的机构设置、机构比例、各类工作人员的结构和工作人员的定额等。行政机关编制是指行政机关内部机构的设置及比例、工作人员的结构比例和定员等。行政机关编制法是规定行政机关内部机构的设置及比例，包括各级人民政府在内的各行政机关的定员及结构比例的法律规范的总称，既包括行政机关编制基本法，也包括其他有关行政机关编制的法律、法规和实施细则等。和行政机关组织法相比，行政机关编制法只关注行政机关的内部机构、人员整体规模和比例，与行政机关的地位、职权无关。行政机关编制法主要是规范行政机关内部机构和人员的法，其目的是控制行政组织整体的膨胀。

通常，行政机关编制法应对以下几个方面的问题作出规定：

（1）行政机关编制自身。这里包括两部分：①各行政机关的机构定额及比例；②人员定额及比例。我国应借鉴日本的经验，确立定员管理制度。

（2）行政机关编制管理。包括编制管理机关、编制管理体制以及编制管理程序等。后者又包括编制审批程序和编制监督程序。

（3）违反行政机关编制法的法律责任。

3. 公务员法。在行政组织法中，公务员法占有重要地位。本章第三节将对公务员以及国家公务员制度进行阐述。

第二节　行政主体

一、行政主体概述

（一）行政主体的概念

从行政多元的角度考虑，可将行政主体界定为在行政法上具有独立行政利益、享有权利（权力）、承担义务，并负担其行为责任的组织体或该类组织体的代理主体。和传统界定相比，新的概念并非着眼于行政外部关系，而强调行政主体制度的自身建构；不是以行政权力为核心，而是强调行政利益。从主体的内涵考虑，作为一个行政主体，应具备以下条件：

1. 在本原意义上，行政主体必须是两人以上的组织体，而不能为自然人个人。

行政主体为自然人的延伸，其存在的目的正是实现一般个人无法单独从事的事业。行政是对社会公众提供服务的活动，即行政以谋求社会成员共同利益为目的。因此，行政的担当者不可能是特定的个人，而必须是由社会成员组成的团体。[1]当然，如果是代理性质的行政主体，也可以是个人。如法律授权船长在紧急情况下，可以对乘客的财产进行处置，以避免更大的损失发生。

2. 享有自身的利益。利益是任何一个主体所不能缺少的组成部分，无论民事主体还是行政主体。缺少了利益，主体也就虚有其名。但民事主体所享有的利益与行政主体享有的利益各不相同。民事主体享有的利益主要是人身权益和财产利益；行政主体享有的利益则要广泛得多，除了人身权益和财产利益外，还涉及自我组织、自我管理和自我发展方面。

3. 存在独立的权利义务。独立的权利义务是由行政主体的利益派生而来的，是其利益的具体化和法律化。自然人作为权利义务的归属体是由人作为人所具有的价值和尊严所决定的。法人作为民事权利义务的归属体则是法律拟制的结果。但由于法人制度的存在，自然人的民事活动空间变得更为广阔。行政主体作为权利义务的归属体也是法律拟制的结果。

4. 具有独立的意志。这里指主体者必须有独立的意思表示能力，可以自由地决定自己的行为。独立的意志是主体者的内在要求，主体者独立自在，不依附他人而存在，行政主体同样如此。当然，行政主体的活动也要受法律的约束，在法律规定的范围内活动。行政主体的独立意志不能侵害其他主体的利益。

5. 能够独立承担责任。任何主体都必须对自己的行为负责，这是法治社会对主体的基本要求。在人类社会，任何主体都不是孤立的存在，需同其他主体一起形成一个和平的秩序。为维护这一秩序，主体必须承担其行为的后果，而无论是正面还是负面的后果。现代国家赔偿制度的普遍建立正是行政主体承担责任的一种具体表现。

（二）行政主体与相关概念的区别

为了更好地把握行政主体的内涵，有必要把它与相关概念加以区别。

1. 行政主体与行政法律关系主体。行政法律关系主体是指受行政法调整和支配的有关组织和个人，主要包括行政主体和行政相对人，以及对行政活动的监督主体。因此，行政主体只是行政法律关系主体的一部分，而不是全部。

2. 行政主体与行政组织。行政组织是指担当行政事务、享有行政权的各级人民政府及其设置的行政机关的综合体。而行政主体则是行政组织中具有独立对外管理权限的行政机关以及法律、法规授权组织的总称。可见，行政主体与行政组织是从不同的角度来概括行政权的承担者。行政主体强调的是哪些组织具有对外管理的权力；行政组织则是一个系统概念，突出行政机关的整体性和统一性。

3. 行政主体与行政机关。行政机关是指为实现行政目的而依法设置、承担行政

---

[1]　杨建顺：《日本行政法通论》，中国法制出版社1998年版，第233页。

事务并能独立进行管理的基本组织体。行政机关是一个法律术语，而行政主体为法学概念，是对在公共行政中依法享有行政职权、能代表国家独立进行管理的组织的抽象概括。在我国，行政主体包括行政机关和法律、法规授权组织两部分。值得注意的是，行政机关往往具有双重身份，即行政主体和机关法人。当行政机关行使行政职权时，是以行政主体的身份出现；当行政机关从事民事活动时，其身份是机关法人，或者说是以民事主体的身份出现。另外，行政机关的派出机关、派出机构以及行政机关的内部机构，在法律、法规特别授权的情况下也可成为行政主体。

（三）行政主体的地位

行政主体的法律地位可以表现在许多方面。在行政法上，行政主体的地位包括两部分：

1. 行政主体在国家行政组织中的地位。在我国，行政主体的成分非常复杂，上至国务院，下至乡政府，都是行政主体。为保证所有行政主体活动的协调和统一，有必要明确各行政主体在行政组织中的地位。由于行政主体的性质不同，因而各行政主体在行政组织中的地位有很大差异。如国务院作为最高国家行政机关，有权领导和指挥其他行政机关。再如公安派出所作为公安局的派出机构，要接受设立机关的领导，原则上不具有行政主体资格，只是在法律授权的范围内才成为行政主体，独立对外行使职权。

2. 行政主体在对外管理中的法律地位。行政主体在对外管理中的法律地位是其权利义务的综合体现。一般来说，行政主体在对外管理中处于管理者的地位，有权在形式上以自己的名义独立行使职权，承担形式上的责任，即可能成为行政诉讼的被告。从实质上说，行政主体是代表国家进行管理，其行为的后果和责任应归属于国家。在对外管理中，行政主体有权按照法律的规定对有关事务进行处罚，也有义务依法为行政相对人提供各项服务；行政相对人则有服从和协助行政主体实施管理的义务，也有权要求行政主体履行职责。当行政主体的行为侵权时，行政相对人还有权请求救济。

二、行政主体的范围和种类

（一）行政主体的范围

在实践中，行政主体的范围十分广泛。具体地说，行政主体包含以下十类：①国务院；②国务院组成部门；③国务院直属机构；④经国务院授权的办事机构，国务院办事机构原则上不具有对外管理的权力，不具有行政主体资格，但经法律、法规授权，可成为行政主体；⑤国务院部、委管理的国家局；⑥地方各级人民政府；⑦地方各级人民政府的职能部门；⑧经法律、法规授权的派出机关和派出机构；⑨经法律、法规授权的行政机关内部机构；⑩法律、法规、规章授权的其他组织。

这十类组织依法享有国家行政职权，能代表国家独立进行管理，能独立参加行政诉讼，因而都是行政主体。其中，前八类行政主体的地位、职责权限及设置等在本章第一节已作说明。这里只对第九、十类行政主体进行分析。

第九类行政主体是法律、法规授权的行政机关内部机构。原则上，行政机关内部机构只能以所在行政机关的名义对外行使职权，不能独立对外，但在法律、法规授权的情况下，也可以成为行政主体。行政机关的内部机构成为行政主体的情形有如下两种：

1. 法律、法规设立的专门性内部机构。这类机构也叫专门行政机构。例如《商标法》第2条第2款规定："国务院工商行政管理部门设立商标评审委员会，负责处理商标争议事宜。"商标评审委员会是处理商标争议的专门机构，行使对商标行政争议的复议权，具有行政主体资格。

2. 法律、法规授权的内部机构。这类机构作为行政机关的一部分，其设立没有法律、法规的特殊规定，但因法律、法规授权而成为行政主体。例如道路交通警察队本属于公安局的内部分支机构，但由于《道路交通安全法》的授权，道路交通警察队有权作为行政主体行使警告等行政处罚权。

第十类行政主体为法律、法规、规章授权的其他组织。其他组织是指行政机关以外的组织。从理论上说，行政事务应当由行政机关承担，国家行政权应当由行政机关行使，这是国家设立行政机关的目的所在。法律、法规、规章授权的其他组织进行管理应当出于更高的利益，如保证公务活动的自由等。同时，关于法律、法规、规章授权应当有严格的规则。目前，我国《行政处罚法》《行政许可法》《行政强制法》等法律对授权处罚、授权许可、授权强制等有明确规定。从这几部法律的立法精神看，对于增加行政相对人义务、限制行政相对人权利的行政行为，规章不能授权社会组织实施，即规章不能授权社会组织行使行政处罚权、行政许可权和行政强制权，但受益性的行政行为和服务行为，规章可以授权。

在行政管理中，法律、法规、规章授权的组织很多，具体有以下几类：

1. 行政性公司。行政性公司是指由行政机关设立的集经营与行政于一体的组织。这类行政性公司是经济体制改革的产物，由原政府主管部门转变或改建而成。行政性公司虽已转变为经济实体，但仍按照法律、法规的授权行使行政职权。

2. 经授权的事业单位。事业单位是行政机关以外的组织，但经法律、法规授权可取得行政主体资格。法律、法规授权的事业单位的成分较为复杂：有的除了行政管理职能外没有其他职能；有的还有研究职能。

3. 经授权的企业单位。严格地说，企业单位不宜承担行政职能，因为企业以营利为目的，难以确保授权行政的公正。但由于以往对授权行政没有严格规范，因而也存在授权企业单位管理的情况。如北京市电信局既是经济实体，又是通信工作的主管部门，经地方性法规授权而成为行政主体。

4. 经授权的社会团体、群众性组织及其他社会组织。

（二）行政主体的种类

根据不同的标准，可以对行政主体作不同的分类：

1. 职权行政主体与授权行政主体。这是根据行政职权来源的不同所作的划分。

职权行政主体是依据宪法和组织法的规定，在其成立时应具有行政职权并取得行政主体资格的组织，如中央和地方各级人民政府及其工作部门。授权行政主体是因宪法、组织法以外的法律、法规的规定而获得行政职权、取得行政主体资格的组织，如行政机关的内部机构、经授权的事业单位等。从严格意义上说，国家的一切权力属于人民，任何组织的行政职权都是人民授予的。除行政职权的来源不同外，职权行政主体和授权行政主体还有以下区别：①职权行政主体为国家正式的行政机关，属行政组织序列；授权行政主体或者为行政机关的内部机构，或者为行政机关以外的组织，如事业单位等。②职权行政主体自成立之日起就取得行政主体资格；授权行政主体常在成立之后，经法律、法规授权才成为行政主体。

2. 中央行政主体和地方行政主体。这是根据管辖范围的不同所作的划分。中央行政主体是指其行使职权的范围及于全国的组织，如国务院、国务院各部、委等。地方行政主体是指行使行政职权的范围及于本行政区域的组织，如地方各级人民政府及工作部门等。需要注意，地方行政主体不仅代表地方进行管理，在更多的时候是代表国家行使行政职权。区分中央行政主体和地方行政主体的意义有两个方面：①明确各类行政主体的管辖范围，有助于确定行政行为的有效性。②明确行政主体各自的职权范围及相互关系，有利于行政的统一和协调。

3. 地域性行政主体和公务性行政主体。这是根据行政主体的构成不同和行使行政职权的对象不同所作的划分。地区性行政主体是指以行政地域为基础，行使行政职权的范围和行政地域相联系的组织。公务性行政主体是指承担某项公务、不以地域为基础的组织。我国的地域性行政主体居多，而公务性行政主体较少。

三、行政主体的资格及确认

（一）行政主体的资格

行政主体资格是指作为行政主体应当具备的条件。行政组织是行政权的承担者，但不是行政组织中所有的行政机关都具备行政主体资格。另外，行政机关以外的组织也可能因取得行政主体资格而成为行政主体。目前，对于行政主体的资格要件，法律没有明文规定，学术界的认识也不统一。我们认为，行政主体的资格要件包括组织要件和法律要件两类：

1. 组织要件，即作为行政主体的组织自身应具备的条件。由于行政机关和法律、法规授权组织的设立依据和目的不同，因而其组织要件也不相同。行政机关的组织要件一般应包括以下内容：①行政机关的设立有法律依据，属于国务院行政组织序列。②行政机关的成立经有权机关批准。③行政机关已被正式对外公告其成立。④行政机关已有法定编制和人员。⑤行政机关已有独立的行政经费预算。⑥行政机关已具备必要的办公条件。

法律、法规、规章授权的组织作为行政主体应具备两个组织要件：①该组织应具有法人资格。②该组织一般是不以营利为目的的事业单位、社会团体或群众组织。

2. 法律要件，即作为行政主体的组织在法律上应具备的条件。有学者主张行政主体的法律要件有三项，即享有行政职权、以自己的名义实施行为和独立承担法律责任。[1]这实际上是混淆了行政主体的法律要件与法律地位。从逻辑上说，一个组织只有在取得行政主体资格后，才具有相应的法律地位，才能以自己的名义实施行政行为，并在形式上承担法律责任。因此，上述主张不能成立。

从目前的行政主体理论看，行政主体的法律要件只有一项，即必须具有法律、法规、规章的明确授权。这里既包括宪法和行政组织法对中央和地方各级人民政府的授权，也包括法律、法规对其他行政机关和行政机关以外的组织的授权。将法律、法规、规章授权作为行政主体的法律要件是依法行政的要求。没有法律、法规、规章的明确授权，任何组织和个人都无权对外行使职权，当然不能成为行政主体。

（二）行政主体资格的确认

在行政法上，对行政主体资格的确认具有直接、重要的意义：①有助于明确一个组织的法律地位。一个具有行政主体资格的组织才能对外管理。相对人对非行政主体所实施的行为没有服从的义务。②有助于确定行政行为的效力。因为行政行为的合法要件之一是实施行政行为的主体必须是行政主体。③有助于确认行政诉讼的被告。在我国，行政主体理论与行政诉讼紧密相连，行政诉讼以行政主体为被告。因而，衡量一个组织是否具有行政诉讼被告资格，首先需要弄清该组织是否具有行政主体资格。

严格地说，一个组织是否具备行政主体的法律地位，要从组织要件和法律要件两个方面加以衡量。由于我国目前的行政组织法尚不完备，行政主体需要具备哪些组织要件没有明确规定，因而实践中往往侧重于从法律要件上予以确认，即看一个组织有没有法律、法规明确规定的行政职权。如果一个组织的行政职权来源于法律、法规的直接规定，则为行政主体，否则不是行政主体。

在大多数情况下，行政主体为依法享有行政职权的行政机关，比较容易确认，但在以下几种特殊情况下，行政主体的确认较为复杂，有待明确：

1. 行政授权中的行政主体。在实践中，行政授权不够规范：有法律、法规授权，也有规章授权。按照行政主体理论，行政机关外的组织经法律、法规和规章授权后成为行政主体。

2. 委托行政中的行政主体。行政委托是指一个行政主体因工作需要等原因委托其他组织或个人以其名义进行管理活动，其行为后果归属于委托行政主体的法律制度。在行政委托关系中，委托人是行政主体，受委托的组织或个人是行政主体的代理人，但其不因委托而享有行政主体资格。

3. 行政派出关系中的行政主体。我国的派出组织有两种：派出机关和派出机构。在行政派出关系中，设立派出组织的行政机关是行政主体，派出组织本身不是行政主体，其行为后果归属于设立它的行政机关。但当法律、法规直接授权派出组织进

---

[1] 王连昌主编：《行政法学》，中国政法大学出版社 1994 年版，第 106 页。

行管理时，该派出组织获得行政主体资格。

4. 非常设性机构是否属于行政主体。非常设性机构又称临时机构，在《国务院行政机构设置和编制管理条例》中称为议事协调机构，是行政机关为完成一定的任务或为协调各部门的工作而临时设置的组织。原则上，非常设性机构是代表设立它的行政机关行使职权，不具有行政主体资格。但当法律、法规明确授权非常设性机构进行管理时，该机构成为行政主体。

第三节　行政公务人员

一、行政公务人员的概念和范围

（一）行政公务人员的概念

行政公务人员是指依法享有职权或受行政主体委托，能以行政主体的名义进行管理，其行为后果归属于行政主体的个人。这一概念可从以下几方面理解：

1. 行政公务人员是个人而不是组织。具体地说，行政公务人员包括国家行政机关公务员和其他行政公务人员。后者是指那些虽不具有国家公务员身份，但经行政主体委托或认可，也可以代表行政主体行使行政职权的个人。

2. 行政公务人员代表行政主体，以行政主体的名义进行管理。这是由行政公务人员与行政主体间的职务委托关系所决定的。行政公务人员受行政主体的委托行使职权，该权力并不归属于公务人员个人，不能以公务人员个人的名义行使。行政公务人员实施职务行为时，应当以行政主体的名义进行并出示有效证件表明其身份。当然，当行政公务人员以普通公民身份出现时，可以自己的名义进行活动。

3. 行政公务人员所实施行为的后果由其所代表的行政主体承担。基于行政主体与所属公务人员之间的职务委托关系，一方面，行政公务人员实施的职务行为视为行政主体的行为，对行政主体具有约束力；另一方面，该行为的法律后果也应由其所代表的行政主体承担。

行政公务人员在行政管理中占有重要地位，其素质的高低直接影响到行政管理的水平。

（二）行政公务人员的范围

行政公务人员包括国家行政机关公务员和其他行政公务人员两部分。

1. 国家行政机关公务员。依照《公务员法》第 2 条的规定，国家公务员"是指依法履行公职、纳入国家行政编制、由国家财政负担工资福利的工作人员"。国家公务员的范围包括在国家权力机关、行政机关、审判机关、检察机关、执政党机关、人民政协、民主党派机关中任职的除工勤人员以外的工作人员。其中，国家行政机关公务员属于国家公务员的一部分。

国家行政机关公务员是指依法在中央和地方国家行政机关中任职、行使国家行政权、执行国家公务的工作人员。国家行政机关公务员是行政公务人员中最重要也是主要的组成部分。其特征如下：

（1）国家行政机关公务员任职于国家行政机关，属于国家行政机关行政编制。这里的国家行政机关既包括中央行政机关，也包括地方行政机关。

（2）国家行政机关公务员是在国家行政机关中行使国家行政权力、执行国家公务的人员。国家行政机关中的工勤人员，如司机、打字员等被排除在国家公务员范围之外。

（3）国家行政机关公务员是经过法定的方式和程序任用的国家行政机关的工作人员。根据宪法、组织法和公务员法的规定，国家行政机关公务员的任用方式主要有选任、委任、考任和聘任四种，而且每种任用方式都有其相应的法定程序。家行政机关公务员身份的取得必须依照法定的方式，经过法定的程序。

国家行政机关公务员按照任期和任用方式的不同分为：①各级人民政府的组成人员，其产生的方式由同级国家权力机关选举或决定，有一定的任期限制，依照宪法和组织法进行管理；②各级人民政府组成人员以外的公务员，这是国家行政机关公务员中的主要部分，其产生的方式有委任、考任和聘任等，一般没有任期限制，依照《公务员法》等法律规范进行管理。[1]

2. 其他行政公务人员。其他行政公务人员，是指除国家行政机关公务员之外，其他执行国家行政公务的人员，具体包括：①行政机关非固定性借用的执行公务的人员；②在紧急情况下，经行政机关认可而协助执行公务的人员；③在法律、法规及规章授权的组织中不属于国家行政编制的执行公务的人员；④在受行政机关委托的组织中行使行政职权的人员等。

原则上，行政公务人员应当具有国家公务员的身份，但是由于行政管理活动的复杂性以及技术性的要求，国家行政机关公务员以外的人员也常受行政主体委托从事管理活动，成为行政公务的实施者。他们虽然不具有国家公务员的身份，但其执行行政公务时与国家公务员处于基本相同的法律地位。

二、行政公务人员的法律地位

在法律上，行政公务人员具有多种身份。[2]

（一）普通公民

行政公务人员也是公民。作为普通公民，行政公务人员享有宪法和法律、法规赋予的各项权利，负担各项法定义务，既可以民事主体的身份从事相关活动，出现在民事、劳动等法律关系中，也可以行政相对人的身份出现。当以行政相对人的身份出现时，与其他行政相对人具有同等的权利义务。

（二）国家行政机关公务员

当一个普通公民依照法定的方式和程序进入国家行政机关工作，成为国家行政

---

〔1〕 方世荣、石佑启主编：《行政法与行政诉讼法》，北京大学出版社 2005 年版，第 83～84 页。

〔2〕 方世荣："再析国家公务员的法律身分"，载《行政法学研究》1995 年第 1 期。

机关公务员后，便享有国家公务员法所规定的各项权利，并承担国家公务员法所规定的各项义务。国家行政机关公务员的权利和义务往往与其所担任的行政职务相联系。公务员与所属行政机关之间形成的行政职务关系是一种内部行政法律关系，作为内部行政法律关系的一方当事人，公务员接受行政机关人事、档案、财务、纪律等方面的管理。在对外执行公务时，公务员必须以行政机关的名义，而不能以其个人的名义进行。行为的后果应归属于其所在的行政机关，而不是归属于公务员个人。

（三）行政主体代表

行政公务人员作为行政主体的代表，主要出现在对外管理中。行政公务人员对外管理时不具有独立的法律地位，只能以所代表的行政主体的名义，代表行政主体行使职权。行政公务人员实施的管理行为，视为其所代表的行政主体的行为，无论对行政相对人还是对所在的行政主体都有拘束作用，行政相对人有服从的义务。同时，行政相对人有权监督行政公务人员的职务行为，对行政公务人员实施的侵害其合法权益的违法失职行为，有权申请行政复议、提起行政诉讼和请求行政赔偿。

与行政公务人员的身份相对应，行政公务人员实施的行为分为个人行为和职务行为。作为普通公民以及作为国家行政机关公务员，行政公务人员实施的行为若属于个人行为，其行为后果由行政公务人员自己承担。例如，行政公务人员实施的民事侵权行为和违反国家公务员纪律的行为，都由行政公务人员自己承担相应的责任。作为行政主体的代表，行政公务人员实施的行为若属于职务行为，则该行为的法律后果由行政主体代表国家承担。

由于行政公务人员个人行为与职务行为的法律后果由不同主体承担，因而，正确认定行政公务人员行为的性质十分重要。如何区分行政公务人员行为的不同性质，法律上没有统一的标准，实践中常综合考虑时间、地点、职权、目的、公务标志等多种因素。

三、国家公务员制度

国家公务员制度是指国家公务员的分类、录用、培训、考核、奖惩、职务升降、职务任免、辞退、辞职、退休、工资福利保险以及申诉控告等具体制度的总称。由于行政公务人员以行政机关公务员为主体，更由于行政机关公务员自身的管理以及其对外的管理都与公民的权益息息相关，因而确立国家公务员制度，建立一支优化、精干、廉洁、稳定、高效的国家公务员队伍具有重要意义。

现代公务员制度最早出现于英国。1854 年，英国开展大规模的官吏制度改革，抛弃"政党分赃制"，确立了公开竞争考试、择优录用等公务员管理的基本原则，这标志着现代公务员制度的创立。1870 年，英国发布枢密院令，以法律形式正式确立了公务员制度。继英国之后，美国、日本、法国等西方国家都陆续建立了公务员制度。

我国在国家公务员制度建立以前，长期实行"大一统"的干部人事制度。这种干部人事制度没有分类管理，没有引入公平竞争机制，也缺乏其他相应的配套管理措施。随着 20 世纪 80 年代以来我国改革开放的深入，原有的干部人事制度已难以适应社会发展的需要。1987 年党的"十三大"后，我国开始着手建立国家公务员制度。1993 年 4 月 24 日，国务院通过了《国家公务员暂行条例》（自 1993 年 10 月 1 日起实施），在国家行政机关建立和推行公务员制度。推行公务员制度对于促进干部人事管理的科学化、民主化和法制化，提高行政效能等有着重要作用。《国家公务员暂行条例》实施后的十多年，公务员管理工作取得了很大的成绩，但也暴露了一些问题，如立法的层次较低，公务员范围过窄，激励机制不健全等；且随着我国干部人事制度改革不断深入，在实践中取得了一些新成果，如公开选拔、竞争上岗制，领导干部引咎辞职制，部分职位的聘任制等，都急需通过立法予以确认。为了解决实践中出现的问题，巩固干部人事制度改革取得的成果，2005 年 4 月 27 日第十届全国人民代表大会常务委员会第十五次会议审议通过了《公务员法》，于 2006 年 1 月 1 日起施行，自该法发布之日起，《国家公务员暂行条例》废止。这是我国第一部干部人事领域的法律，是实行公务员制度的基本法律。而后，为了严肃行政机关纪律，规范行政机关公务员的行为，保证行政机关及其公务员依法履行职责，国务院于 2007 年 4 月 22 日发布了《行政机关公务员处分条例》。从颁布《国家公务员暂行条例》到制定《公务员法》再到《行政机关公务员处分条例》的施行，标志着我国公务员制度日臻完善。

我国公务员制度的内容主要包括以下几个方面：

1. 公务员的义务与权利。公务员的义务是指在法律上对公务员行为的约束。即作为公务员，必须为哪些行为或不为哪些行为。根据《公务员法》第 14 条的规定，公务员应当履行下列义务：①忠于宪法，模范遵守、自觉维护宪法和法律，自觉接受中国共产党领导；②忠于国家，维护国家的安全、荣誉和利益；③忠于人民，全心全意为人民服务，接受人民监督；④忠于职守，勤勉尽责，服从和执行上级依法作出的决定和命令，按照规定的权限和程序履行职责，努力提高工作质量和效率；⑤保守国家秘密和工作秘密；⑥带头践行社会主义核心价值观，坚守法治，遵守纪律，恪守职业道德，模范遵守社会公德、家庭美德；⑦清正廉洁，公道正派；⑧法律规定的其他义务。

公务员的权利是指法律所肯定和确认的公务员的利益。即作为公务员，可以享受一定的利益和为一定的行为。根据《公务员法》第 15 条的规定，公务员享有下列权利：①获得履行职责应当具有的工作条件；②非因法定事由、非经法定程序，不被免职、降职、辞退或者处分；③获得工资报酬，享受福利、保险待遇；④参加培训；⑤对机关工作和领导人员提出批评和建议；⑥提出申诉和控告；⑦申请辞职；⑧法律规定的其他权利。

2. 职位分类。职位分类是相对于品位分类[1]而言的，是指将行政事务予以分

---

[1] 品位分类是指以公务员的个人资格条件（如学历、资历）为标准所进行的分类。目前，职位分类和品位分类呈现合流和互补的发展趋势。

解，按其工作性质、难易程度、责任轻重以及所需资格条件等因素确定职位，并分门别类，评定等级，以此作为公务员录用、管理的依据。对公务员职位进行分类，并在此基础上设置公务员的职务与级别，是公务员管理的基础。

我国在借鉴国外分类管理经验的基础上，确立了适合我国国情的公务员职位分类制度。公务员法按照公务员职位的性质、特点和管理需要，将公务员的职位划分为综合管理类、专业技术类和行政执法类，并规定根据不同的职位类别设置其职务序列。公务员法的这一规定，使我国的职位分类制度向前迈了一大步，为公务员提供了多样化的职业发展阶梯，为提高公务员管理的科学化水平奠定了良好的基础。

3. 公务员的素质保障机制。确立公务员制度的目的之一就是要建立一支高素质的公务员队伍。公务员的素质表现为德、才、体、能多方面。在公务员管理中，与公务员素质相关的有录用、培训、交流、任免、退休和辞职、辞退等具体制度。其中，录用制度尤为重要，只有严格把好录用关，才能将优秀的人员选拔到国家公务员队伍中。按照《公务员法》的规定，录用担任主任科员以下及其他相当职务层次的非领导职务公务员，采取公开考试、严格考察、平等竞争、择优录取的办法。

4. 公务员的激励机制。公务员仅有较高的素质，并不能保障其充分施展自己的才能。为激发公务员的积极性和创造性，需要建立激励机制。公务员的激励机制主要包括考核、奖励、晋升、工资福利保险等制度。其中，对公务员的考核内容，包括德、能、勤、绩、廉五个方面，重点考核工作实绩。考核分为平时考核和定期考核，定期考核以平时考核为基础。定期考核的结果分为优秀、称职、基本称职和不称职四个等次。定期考核的结果作为调整公务员职务、级别、工资以及公务员奖励、培训、辞退的依据。对公务员的奖励是指对工作表现突出，有显著成绩和贡献，或者有其他突出事迹的公务员给予精神和物质的鼓励。奖励分为：嘉奖、记三等功、记二等功、记一等功、授予荣誉称号。对受奖励的公务员予以表彰，并给予一次性奖金或者其他待遇。

5. 公务员的监控机制。为保证国家公务员忠实地履行职责，除了要创造条件、确立激励制度外，建立强有力的监控机制十分必要。在我国，对公务员的监控有国家权力机关的监督和行政机关内部的监控两类。对公务员监控的主要方式是行政处分。按照《行政机关公务员处分条例》的规定，行政处分分为警告、记过、记大过、降级、撤职和开除六种。处分公务员，应当在规定的期限内，按照管理权限和规定的程序作出处分决定。处分决定应当以书面形式通知公务员本人。公务员对行政处分不服的，有权依法申请复核或者申诉。

■ 思考题

1. 简述行政主体的资格及确认标准。
2. 简述行政组织与行政主体的主要区别。
3. 简述行政主体的范围与种类。

4. 简述公务员的概念与特征。

5. 简述公务员的权利与义务。

■ 推荐书目

1. ［日］盐野宏：《行政组织法》，杨建顺译，北京大学出版社 2008 年版。

2. 应松年、薛刚凌：《行政组织法研究》，法律出版社 2002 年版。

3. 薛刚凌：《行政主体的理论与实践——以公共行政改革为视角》，中国方正出版社 2009 年版。

4. 姜海如：《中外公务员制度比较》，商务印书馆 2000 年版。

5. 方世荣等：《中国公务员法通论》，武汉大学出版社 2009 年版。

6. 宋世明：《中国公务员法立法之路》，国家行政学院出版社 2004 年版。

第五章 行政相对人

■学习目的和要求

　　通过本章学习，掌握行政相对人的概念，能从一般法律特征上将行政相对人与民事主体等区分开来；掌握行政相对人的范围、权利与义务及其具有行政法上法律效果的行为。

第一节 行政相对人概述

一、行政相对人的概念

　　行政相对人（以下简称相对人）是行政法学界用来研究行政法律关系主体的一个重要学术用语，在我国，也有学者称之为"行政相对方"。[1]在国外的一些行政法学著作中也有类似的用语，如德国、日本行政法理论中就有相对人的概念，[2]英美一些行政法学者称之为"私方当事人"（private party）或"私人"（individual）。在明确划分公法与私法的国家，私方当事人或私人意味着相对于在国家行政活动中具有公共权力的行政机关而言，他们是不拥有或不行使公共权力的个人及团体。其内涵基本与我国行政法学界所使用的"行政相对人"一词相同。

　　我国行政法学界在使用行政相对人这一概念时，通常指在行政法律关系中与行政主体一方互有法定权利义务关系的相对一方公民、法人和其他组织。我国也有行政法学者将其明确定义为："指在行政法律关系中与行政主体相对应的公民、法人和其他组织。"[3]行政法学界对行政相对人的理解也还存在一些差别，这里稍作甄别：

　　1. 有学者将行政相对人仅视作个人。如日本行政学者室井力表述道："行政法律关系中权利义务的主体称为行政法律关系的当事人。在这种法律关系中，实施行政的当事人就是行政主体，相对人是普通的私人即国民或居民。"[4]这是在极为狭窄的

---

〔1〕 罗豪才主编：《行政法学》，北京大学出版社1996年版，第62页。
〔2〕 ［日］室井力主编：《日本现代行政法》，吴微译，中国政法大学出版社1995年版，第41页。
〔3〕 王连昌主编：《行政法学》，中国政法大学出版社1994年版，第93页。
〔4〕 ［日］室井力主编：《日本现代行政法》，吴微译，中国政法大学出版社1995年版，第41页。

范围内理解行政相对人，客观地讲，它忽略了团体、组织这种形态的行政相对人。

2. 有的学者仅从管理者与被管理者的角度理解行政相对人，即行政法律关系是管理与被管理的法律关系，其中行政机关是管理者，另一方是被管理者，相对于管理者的行政机关来说，被管理的一方就是行政相对人。正是在这个意义上，行政相对人被他们称之为"被管理人"或"被管理的相对人"。[1]这种对行政相对人的理解有较大的不足：它将行政法律关系仅视为行政主体与另一方主体的管理与被管理的法律关系，这是不正确的。当今的行政法律关系已经是多样化的权利义务关系。从我国的情况看，经济体制改革后，我国的行政活动已摆脱了过去计划经济体制下单一的管理与被管理模式，内容极为丰富，在由行政活动所形成的行政法律关系中，管理与被管理关系只能是其中内容的一种。同时，它从管理与被管理的"相对"来理解行政主体与行政相对人的对应性，这从概念上贬低了行政相对人作为独立主体的法律地位，这是一种陈旧的观念，也是我们长期以来不能正确认识行政相对人的一个思想根源。我们认为，行政相对人绝不等同于被管理人，行政相对人与行政机关的"相对"，不是被管理与管理的"相对"，而是指两个独立法律主体在形成法律关系时的相互对应。它表明在法律关系中，缺少其中一方时，另一方就不能单独存在，双方互为权利义务的作出者和承受者。至于他们之间是否属于管理与被管理的关系，则要在行政法律关系的具体种类形态中去分析、认定，在行政法律关系的运动变化中去分析、认定，他们可以是管理与被管理的关系，也可以是服务与被服务的关系，还可以是相互合作关系，等等。

3. 有学者将行政相对人扩展为除了社会上的公民、法人和其他组织之外，还包括行政机关内部的两个行政主体，即当两个行政主体发生内部行政法律关系时，一方行政主体就是另一方行政主体的"内部行政相对人"。我们认为，行政机关内部的行政法律关系是存在的，但将内部行政法律关系中的一方称为行政主体，而另一方称为内部行政相对人并不适宜。这是因为：①行政主体意味着它是行使行政职权和履行行政职责的主体，或称实施行政活动的主体。在内部行政法律关系中，一方行政机关是实施行政活动的主体，另一方行政机关同样也是实施行政活动的主体，双方都是在分工行使行政职权和履行行政职责，其权利义务的互相运行都属于行政活动的组成部分。如上级机关发出命令是作出行政活动，下级机关执行命令也是作出行政活动。此时，不能说一方行政机关为行政主体而另一方行政机关则不是行政主体。②在内部行政法律关系中，哪方行政机关是行政主体，哪方行政机关是行政相对人也难以有一个合适的标准来认定。如果以先作出法律行为的行政机关为行政主体，以附随该行为的行政机关为行政相对人，那么下级机关以主动者地位向上级机关提出某种要求、请示时，上级机关反而成了下级行政机关的行政相对人。如果以

〔1〕　熊文钊：《行政法通论》，中国人事出版社1995年版，第163页；王连昌主编：《行政法学》，中国政法大学出版社1994年版，第28页。

级别高的行政机关为行政主体，以级别低的行政机关为行政相对人，则又不能概括行政机关内部关系的各种情况。因为行政机关之间的关系除了直接的上、下级关系外，还有大量的同级行政机关之间的横向关系，以及虽不同级但亦无直接隶属地位的行政机关之间的关系。在这些行政机关的相互关系中，是难以确定哪个机关是行政主体、哪个机关是行政相对人的。为此，在内部行政法律关系中的行政主体双方，应当都是行政主体，而不是一方为行政主体而另一方为内部行政相对人。

4. 有学者认为行政相对人是行政主体的行政行为所指向的对方当事人。这强调的是行政行为的作出主体与承受行政行为的对方之间的"相对性"。这种方法从行政行为所明指的对方来界定行政相对人，表明行政相对人就是行政行为的受领者，其优点在于它使行政相对人明确化、具体化。凡是被行政行为直接针对的人就是行政相对人，也使得对行政相对人的确认十分简单，易于在法律实践中掌握，尤其是在特定立法、执法和司法领域方便使用。但是，从行政行为的对象界定行政相对人是不具有整体涵盖性的，即它不能概括所有的行政相对人，因此它不宜作为一个法学概念。以此种方式得出学理上行政相对人的概念将是有缺陷而不全面的。这是因为，从行政行为对象的角度界定行政相对人，前提条件是要有行政行为的客观存在，或者行政行为的作出在先。如果行政主体与公民一方依法相互具有权利义务的联系，但行政主体却未作出行政行为（如不作为），或者只是公民一方主动向行政主体作出了行为（如提出建议、意见、请求等），以行政行为对象的界定方法来看，就无法判断行政相对人了。行政行为对象的界定方法只注意了某种现象的联系，而未能从本质上认识问题，因而不够科学。如果行政主体是有法定义务而不作为，实际上就已存在着其应当履行义务的某种行政相对人，不作为行为是行政主体有义务而不履行的消极行为方式。尽管行政主体对这一对象不作为，但他们之间的某种权利义务的联系已经存在。如果是公民一方主动向行政主体作出行为主张某种法定权利，此时即使行政主体一方无行政行为，但向其依法主张权利的公民一方也会具有其行政相对人的身份。行政行为对象的界定方法将会使这些对象被排除在行政相对人之外，最终结果就会否定这部分行政相对人应有的法律地位和身份，不利于这部分行政相对人合法权益的保护，也不利于行政主体正确认识和履行自己对这部分行政相对人应有的法定义务。这就是此种界定方式的方法论缺陷。

为避免对行政相对人的错误理解，从行政法律关系中互有权利义务的双方来界定行政相对人是更为全面、科学的。我们认为，所谓行政相对人，是指参与行政法律关系，对行政主体享有权利或承担义务的公民、法人或其他组织。[1]

二、行政相对人的特征

行政相对人作为与行政主体相对应的一方主体，其基本特征主要有：

1. 相对于在行政活动中具有并行使国家行政权力的行政主体而言，行政相对人

---

〔1〕 方世荣：《论行政相对人》，中国政法大学出版社 2000 年版，第 16 页。

是不具有也不能行使国家行政权力的公民、法人或其他组织一方。行政相对人在行政活动中所行使或履行的都是其作为公民、法人或其他组织自身的权利或义务，这些权利义务与行政主体的权利义务即行政职权或职责相对应。由此特征，行政相对人不同于在行政活动中对行政主体行使国家监督权力的法律监督机关。国家法律监督机关（如国家权力机关、司法机关等）虽然在监督行政活动的过程中也与行政主体有相对应的权利义务关系，但国家法律监督机关是具有并能行使国家监督权力的一方。

2. 行政相对人是与行政主体具有行政法上权利义务关系的公民、法人或其他组织，而不是一般意义的公民、法人和其他组织。这就是说，行政相对人是一个行政法上的概念，应在行政法律关系的框架中理解，这种作为行政相对人的公民、法人或其他组织，其重要特征就是他们与行政主体之间有特定的权利义务关系，这种权利义务关系的特定性可以从几个方面来理解：①这种权利义务关系是由行政法规定或确认的，而不是由宪法、民法或刑法等其他法律部门来规定的。②这种权利义务关系是与行政主体之间的具体权利义务关系。公民、法人或其他组织并不是在任何环境、任何时间都可以成为行政相对人的，只有当他们与行政主体形成某种具体行政法律关系时，才成为行政相对人。例如，在治安管理处罚法律关系中，行政主体的行政相对人并不是所有的公民，而只能是因有某种治安违法行为而受行政主体处罚的特定公民，在此情况下，其他公民就不是行政相对人。行政相对人的这种特定性，是其区别于宪法、民法意义上的公民、法人或其他组织一个重要标准。从一定意义讲，宪法也规定了国家行政机关与公民等一方的关系，但这种关系是抽象的、一般的关系，并不特指行政法律关系，此时的公民还只是宪法意义上的公民而不是行政法意义上作为行政相对人的公民。只有当行政法将这种关系具体化为行政法律关系，并且出现了引起行政法律关系产生、变更的具体法律事实时，公民才特定化为与行政主体具体对应的行政相对人。

3. 行政相对人形成与行政主体之间的权利义务关系具有多种形式，大体可以归为三类：①公民、法人或其他组织以对行政主体积极主张权利的方式，参与形成行政法律关系，从而成为行政主体的行政相对人。如公民向行政主体申请颁发许可证，请求发给抚恤金时，他们就成了行政主体的相对人。公民一方对行政主体主张权利包括程序权利和实体权利两种。②公民、法人或其他组织以对行政主体享有权利、行政主体必须积极对其履行义务的形态，形成双方的行政法律关系而成为行政主体的行政相对人。如公民家中发生了火灾，公安机关一旦发现就必须主动救助而无须公民先行申请。③公民、法人或其他组织主动积极向行政主体履行义务，或者被行政主体要求履行义务，形成双方行政法上的权利义务关系，成为行政主体的行政相对人。

三、行政相对人的基本类型

行政相对人以不同的标准可以划分为几个不同的基本类型。

1. 个体的相对人与组织的相对人。这是以行政相对人自身的存在形式为标准而划分的。个体的相对人是自然人形态的行政相对人，主要是指公民。除中国公民外，我国行政主体对之有管辖权限的外国人、无国籍人也可成为行政相对人。如在涉外婚姻登记、涉外税收、出入境管理等行政法律关系中，外国人、无国籍人都可成为行政相对人。但外国人、无国籍人作为行政相对人与中国公民作为行政相对人在权利义务上是有所区别的。总体来讲，他们的权利义务少于中国公民，但也有一定的特殊性，有些权利义务甚至是专有的。

组织的相对人是团体形态的行政相对人，包括法人和其他组织两种。法人或其他组织是以组织机构为存在形态的行政相对人。法人是具有民事权利能力和行为能力、依法能独立享有民事权利和承担民事义务的组织，包括企业法人、事业法人、机关法人以及社会团体法人。其他组织是除法人之外的其他组织，即不具有法人资格和条件的组织。法人或其他组织成为行政相对人常发生在工商、税收、交通、环保等大量的行政活动领域。

区分个体的相对人与组织的相对人的意义在于：①他们在不同的法律关系中有各自不同的行政相对人资格。如社团登记管理法律关系中，只有社团组织才是民政管理机关的行政相对人；在身份证管理法律关系中，只有公民个人才能是公安机关的行政相对人。②他们有各自不同的权利义务。如在户口登记法律关系中，只有个体才具有权利。③他们依法各有不同的行为方式。

2. 权利相对人与义务相对人。这是以行政主体与相对人在具体法律关系中的地位为标准而划分的。权利相对人是向行政主体主张权利并要求其履行相应义务的相对人，通常是行政行为的受益人，主要有：行使参与行政管理权利的人，受到行政奖励、行政救助、行政保护、行政指导、行政许可的相对人等。义务相对人是受行政主体权力约束并向其履行义务的相对人，通常是行政主体的受损人，主要指被行政征收、行政命令、行政裁决、行政处罚、行政强制的相对人等。

区分这两类不同的行政相对人，有利于确立他们各自在与行政主体相互关系中的地位，明确他们各自的权利、义务和责任，并使之依法行使权利和履行义务。

3. 特定相对人与不特定相对人。这是以行政行为的对象是否确定为标准划分的。特定的相对人是行政行为所指向的、可确定的对象，是与行政主体有特定权利义务关系的公民、法人和其他组织。这类相对人在范围上明确、具体，通常是具体行政行为的相对人。不特定的相对人是行政行为所指向的、广泛而不确定的对象，通常是抽象行政行为的相对人，如国家物价管理部门对某些物品的价格作出限定，它针对的就是不特定的相对人。

4. 行政行为明指的相对人和受行政行为结果影响的相对人。这是以受行政行为约束和影响的方式为标准划分的。行政行为明指的相对人是行政行为明确针对和指向的人，也是行政主体在作出行政行为时，主观上就明确指向且客观上也对其权益发生影响的相对人。从权利义务上看，他们因行政行为而对行政主体直接享有权利或履行义务。如因行政许可行为而获得被许可的权利，或因行政处罚行为而科以处罚的义务。受行政行为结果影响的相对人，是行政主体在作出一个行政行为时主观上并没有指向他的目的，但该行为作出后在客观结果上却影响了其利益的人。例如，行政主体针对甲公民作出土地使用的行政许可行为，而该许可行为实际上却又影响到了乙公民已具有的土地使用权。甲公民是行政许可行为的明指相对人，乙公民就是受行政许可行为结果影响的相对人。

区分这两类不同的行政相对人，对于查明行政行为的效力对象和后果，以及明确行政主体作出违法行政行为后对受侵害对象应承担的法律责任具有重要意义。

5. 外部相对人和内部相对人。行政法律关系可分为外部法律关系和内部法律关系，外部法律关系是行政主体与社会上的公民、法人和其他组织之间的权利义务关系，内部法律关系是行政机关或机构与其内部公务人员之间的权利义务关系。以此为标准，行政相对人可以分为外部相对人和内部相对人。外部相对人即外部法律关系中与行政主体相对应的，社会上的公民、法人和其他组织，内部相对人则是内部法律关系中与一方行政机关或机构相对应的公务人员。

6. 积极的行政相对人与消极的行政相对人。以对行政主体的认同关系可分为积极的行政相对人与消极的行政相对人。积极的行政相对人是以积极的态度主动配合、协助行政主体，使其顺利行使行政权力、实现行政目标的行政相对人。这种行政相对人多为能正确看待自身长远利益与近期利益关系者，或者是其权益受行政主体保护者。前者如在防范火灾隐患、纳税、保持环境卫生等方面认真守法，积极响应、服从行政机关的指导和决定的人；后者如受违法行为侵害的人等。前者能正确理解行政主体依法作出的决定有利于自身的长远利益，因而能以积极的态度主动配合、协助行政主体的行政活动；后者则由于要寻求行政主体的保护并惩处违法者而会以积极态度主动配合、协助行政主体查处违法的另一方行政相对人。消极的行政相对人以消极的态度对待行政主体，使行政权力的行使受阻碍。这种行政相对人或是不能正确理解法律规定，或是认为行政主体的决定错误而感到不满，或是重视个人利益而不遵守法律并抗拒行政主体的正确决定等。行政立法、执法都应充分注重化消极因素为积极因素，尽量使消极的行政相对人变为积极的行政相对人。

四、行政相对人的权利能力和行为能力

行政相对人的权利能力是指公民、法人和其他组织依照行政法享有权利和承担义务的资格。行政相对人的行为能力是指公民、法人和其他组织能以自己的行为依行政法行使权利和承担义务，从而使行政法律关系发生、变更或消灭的资格。行政相对人的基本形态分为公民、法人和其他组织，而他们在行政法上的权利能力与行为能力也有一定的区别。

（一）公民的权利能力和行为能力

1. 权利能力。在行政法上，公民作为自然人，其权利能力可分为一般权利能力和特殊权利能力。一般权利能力泛指参加一般行政法律关系的法律资格，它始于出

生，终于死亡。行政法平等地赋予所有公民一般权利能力，不因年龄、性别、民族、种族、信仰、文化程度及财产状况而有所不同。而特殊权利能力则指参加特定的行政法律关系所要求的法律资格，它与主体的法定身份密切相关，具有不同身份的公民其特殊权利能力也会有所不同。如被剥夺政治权利的公民就没有担任国家公务员职务的权利能力。

2. 行为能力。自然人是否具有行政法上的行为能力或行为能力是否受限制，取决于具体行政法律规范对构成上的不同规定。大体也可分为一般行为能力和特殊行为能力。一般行为能力要求年龄条件和智力条件，而且这两个条件具有普遍适用性。关于自然人的行为能力，目前我国行政法没有统一规定，但根据我国《民法总则》的规定，凡年满18周岁、精神正常的公民，就具有完全的行为能力；8周岁以上的未成年公民或不能完全辨认自己行为法律后果的公民，则具有限制行为能力；不满8周岁的未成年人或完全不能辨认自己行为法律后果的公民，不具有行为能力；16周岁以上不满18周岁的未成年人，能以自己的劳动收入为主要生活来源的视为具有完全行为能力。特殊行为能力是指公民在行政法上因具体行政法律关系的不同而有特定要求的行政能力。如《治安管理处罚法》规定，年满14周岁以上且非精神病患者的公民，才能有承担治安管理处罚义务的行为能力。

（二）法人和其他组织的权利能力和行为能力

1. 权利能力。法人和其他组织在行政法上的权利能力，是法人和其他组织享有行政法上的权利和承担行政法上的义务的资格。这种权利能力也分为一般权利能力和特殊权利能力两种。一般的权利能力在成立时就被赋予每一法人和其他组织，它始于法人和其他组织的成立，终止于法人和其他组织的消亡，不论类型。这种权利能力可适用于没有特殊要求的行政法律关系，如在登记法律关系中，任何法人和其他组织都可以是行政相对人。特殊的权力能力则由行政法赋予特定的法人和其他组织，如只有事业单位法人才具有获得国家行政经费拨款的权利能力，成为财政拨款法律关系中的行政相对人。

2. 行为能力。法人的行为能力与其权利能力是一致的，该一致性表现在：①存续时间相同。法人的行为能力与其权利能力同时产生、同时消灭。对法人来说，有权利能力就必然有行为能力。这一点区别于公民的行为能力。②范围相同。法人的行为能力与其权利能力一样，也受到一定的限制。各法人的权利能力不同，其行为能力也相应地有所不同，只有在法人权利能力的范围内所作的行为才能受到法律的承认和保护。另外，法人的行为能力还有一个特点，即法人的行为能力一般由它的机关或法人代表来实现，法人机关或法人代表的行为归属于法人，由法人承担法律后果。

其他组织即非法人组织的权利能力和行为能力的情况基本上与法人相似。

第二节　行政相对人的权利义务

一、行政相对人权利义务的概念及特征

行政相对人的权利义务是指由行政法所规定或确认的，在行政法律关系中由行政相对人享有和履行，并与行政主体的权利义务相对应的权利义务。

依照宪法、行政法、民法以及其他部门法的规定，公民、法人和其他组织有着广泛的、各种类型的权利义务，这些权利义务不一定都是他们作为行政相对人的权利义务。公民、法人和其他组织作为行政相对人时的权利义务，是行政法这一部门法内容的体现并反映着该部门法的特点，为此，行政相对人的权利义务具有以下特征：

1. 行政相对人的权利义务必须是行政法所设定或确认的权利义务。行政法以规定行政主体与行政相对人之间权利义务的方式来调整行政活动范围内的社会关系。因此，凡属于行政相对人的权利义务，都应当是由行政法所规定或确认的权利义务。由行政法所规定或确认的权利义务又可分为以下几种情况：①单纯由行政法规定的权利义务。这一类权利义务仅由行政法来加以规定，其他部门法不会也不可能作出规定。如行政相对人以各种途径和形式参与国家行政管理活动的权利、纳税的义务等。②既由其他部门法如民法规定，又由行政法规定的权利义务。这一类权利义务其他部门法已作出了规定，而行政法又予以强化规定，特别是还专门规定了行政主体与之对应的权利义务。如国有企业法人的财产权、经营自主权等本是由民事法律来规定的，但同时又被行政法规范所强化，并且行政法还专门规定了行政主体有不得乱摊派的特殊对应义务。由此，企业的这类权利就不仅仅是其作为民事主体时的民事权利了，它同时还是企业法人作为行政相对人时的行政法上的权利。③其他部门法如民法等规定了权利义务后，行政法为保护这类权利义务的实现而规定的从属性权利义务。在这里，民法等其他部门法规定的权利义务纯属公民等一方"私人"之间的权利义务，它是主要的权利义务；行政法在此基础上派生规定的权利义务，是为保障前者得以实现的权利义务，是从属性的权利义务。没有前者，后者的规定没有意义，但没有后者，前者则难以得到真正的实现。如公民、法人对自然资源的使用权属于民事法律规定的权利，后一类权利是服务于前一类权利的。前一类权利是公民、法人作为民事主体相互之间的权利，而后一类权利则是公民、法人作为行政相对人对行政主体的权利。

2. 行政相对人的权利义务是在行政活动过程中予以行使或履行的权利义务。行政法只调整一定范围内的社会关系，这个范围就是行政活动的范围。行政法规定了这一范围内行政主体与行政相对人之间的权利义务，换言之，行政相对人的权利义务也就是在这个范围内行使或履行的权利义务。公民、法人和其他组织的许多权利义务既可以在行政活动范围内运用或履行，也可以在民事活动等其他领域内运用或

履行，但只有在行政活动范围中运用或者履行的权利义务，才是作为行政相对人的权利义务。如就公民的财产而言，当该公民将其货币形式的财产用于赔偿对另一公民造成的损害时，他是在民事活动的范围内履行作为民事主体的义务，而当他将其货币形式的财产用于缴纳国家税收时，他就是在行政活动范围内履行作为行政相对人的义务。

3. 行政相对人的权利义务是与行政主体的权利义务相对应的权利义务，即仅仅是行政相对人与行政主体之间的权利义务。在这里，行政法律关系已将行政相对人的权利义务固定化了。它表明：行政相对人的权利只是对应行政主体义务的一种特定权利，它对应的不是其他法律主体的义务，也不是行政主体作为机关法人而具有的义务。行政相对人的义务则只是对应行政主体权力的特定义务，它对应的不是其他法律主体的权利，也不是行政主体作为机关法人而具有的权利。这一点对于分析行政相对人权利义务的性质十分重要。如公民的人身权，在性质上是民事主体的民事权利还是行政相对人行政法上的权利？我们认为，对此仅从公民这一角度是无法观察的，而要从这一权利的另外几个角度来了解：①要看对公民这一权利具有义务的对方是谁。如果对公民的人身权履行义务的是另一方公民（或称平等主体），则该人身权只是一种民事主体的民事权利，因为这种权利义务的交互发生在平等的民事主体之间；如果对公民人身权履行义务的另一方是行政主体，则该公民的人身权应当是一种行政相对人的行政法权利，因为这种权利义务的交互发生在行政相对人与行政主体之间。②要看他方对公民的这一人身权所履行的是何种义务，如果他方是另一公民，其履行的只能是民事法律规定的不得侵犯的义务，除此之外，他方公民并无别的义务可言；而如果他方是行政主体，则因其特殊身份而要履行两重义务：一重是不得非法侵犯公民人身权的义务，另一重则对公民人身权负有予以保护的义务。③要看该公民就他的人身权应向对方履行什么义务。如果对方是与其平等的另一公民，该公民要履行的是与其对等的义务，即同样不得侵犯对方人身权的义务；如果对方是行政主体，该公民所履行的就不是与其对等的义务了，即公民是不具有、也不可能履行保护行政主体人身权的义务，因为公民没有履行这种义务的能力。公民对行政主体履行的实际上是另一种义务，即维护、服从行政主体所拥有的国家行政权力的义务。公民人身权因国家行政权力的运用而受到保障，公民就应履行维护、服从这种国家行政权力的义务。④当公民的人身权受不同对应主体侵害时，其法律后果也是有区别的。如果分割方是与其平等的主体即另一公民，则分割方所承担的法律责任是民事赔偿；如果分割方是行政主体，则其应承担的法律责任则是国家的行政赔偿责任。由上可见，公民、法人和其他组织作为行政相对人时，其权利义务与行政主体的权利义务是有特别对应性的。

二、行政相对人的权利

行政相对人的权利是行政相对人所具有的专对行政主体主张的权利，行政主体针对行政相对人的这种权利则负有相对应的义务。

根据法律规定和不同属性，行政相对人的权利可以概括为参政权利、受益权利、自由权利、受平等对待的权利、程序权利五大类。每类权利还可作一些具体的划分，并可派生出其他权利。

1. 参政权利。行政相对人参政权利是指参加国家行政管理的权利，是行政相对人依法以各种形式和渠道参与、影响、帮助或监督行政权力依法有效行使的权利。这种权利应是宪法规定的公民部分政治权利在行政法中的具体化。行政相对人参与国家行政活动有两条基本界线：①要以行政相对人的身份或者是行政相对人代表者的身份参与。②参与的是以国家行政管理为内容的活动。

行政相对人参与国家行政管理的权利，主要包括：参与行政活动的资格权；对行政活动的了解权、表达权、批评建议权和参与决定权；监督、控告、检举权；行政公务的协助权；行政合同的协商、签订权；担任国家行政机关公职的应试权和因条件合格的被录用权等。

2. 受益权利。受益权利是行政相对人通过行政主体的积极行为而获得各种利益及利益保障的权利。这些利益可以包括财产利益、人身利益和其他各种利益。我国的国防法、老年人权益保障法、残疾人保障法、妇女权益保障法、未成年人保护法、劳动法、义务教育法等大量行政法律、法规都对受益权作了具体化的规定。行政活动受益的权利从利益享有程度和方式上，可分为保障性受益权、发展性受益权、保护性受益权。

保障性受益权是指因行政主体提供物质和其他保障而受益的权利，主要包括：基本生活水平的受保障权；特定群体福利优待的受保障权；劳动就业和劳动安全受保障权；义务教育的受保障权；参加基本性社会生活的受保障权。

发展性受益权是指因行政主体提供各种条件而发展自身利益的权利，主要包括：符合条件者有受行政许可的权利；受行政奖励的权利；从事某种生产经营活动而受政策优待的权利；得到行政指导的权利。

保护性受益权是指行政相对人的各种合法权益在受他人妨碍、侵害时，受行政主体保护的权利，一般包括：在紧急情况下受行政主体救助的权利；合法权益受他人侵害后请求行政主体予以处理的权利；合法权益受行政主体确认的权利。

3. 自由权利。这里所称的行政相对人的自由权利，是一个广泛的概念，它不是仅指人身自由、财产自由或言论自由等，而是指一切合法权益和自由。这种权利的核心是行政相对人的一切合法权益和自由排除行政主体的妨碍，不受其非法侵害。因此，它不是具体权利，而是抽象了各种权利和自由的共性的一种权利，即行政相对人的各种合法权益与自由不受行政主体违法行政行为侵害的权利。行政相对人的自由权利主要包括：①各种合法权益和自由的自主享有。这要求行政主体履行一种不作为的义务，对合法权益和自由不得以违法行政权力予以妨碍和侵害，否则要承担行政赔偿等行政法上的责任。②企业、事业单位的经营、管理自主权利。③抵制行政主体非法侵害的权利。这一权利是由自由权利所派生的权利。如我国《行政处罚法》第 49 条规定的行政相对人对违法罚款（不出具省级以上财政部门统一制发的罚款收据的）有拒缴的权利；农民有拒绝政府乱摊派的权利（根据《农业法》）；企业有拒绝乱摊派的权利（根据《全民所有制工业企业转换经营机制条例》）；等等。④合法权益受侵害后获得赔偿的权利。行政相对人的这一权利也是由自由权利所派生的权利。自由权利受到侵害造成损害后，行政相对人就有获得相应的实体赔偿的权利。

4. 受平等对待的权利。受平等对待的权利是指行政相对人个体在行政活动中应当得到行政主体的平等对待。行政相对人是以个体身份与行政主体发生关系的，而行政相对人个体之间在法律面前是平等的。行政主体作为法律的执行者，对每一个个体的行政相对人都有平等对待的义务，同时，行政相对人对行政主体则具有受到平等对待的权利。

受平等对待的权利以平等权利为基础，但不等于平等权利。平等权利是就行政相对人的相互关系而言的，而受公平对待的权利是就行政相对人与行政主体的相互关系而言的，它基于公民之间的平等权利，要求作为执法者的行政主体予以公平的对待，平等地适用法律。

受平等对待权利的最基本的内容是行政相对人在同等条件下受到行政主体的同等对待，具体包括：行政立法上的同等对待；行政执法和行政司法上的同等对待。

5. 程序权利。行政相对人参与的程序主要是行政程序和救济程序。行政程序是行政主体作出涉及行政相对人权益的行政决定的过程，为形成行政决定的"事前程序"。救济程序是对违法行政决定造成损害后予以的补救过程，为"事后程序"。

行政相对人在行政程序中的权利主要包括：了解权；提出申请的权利；得到通知的权利；评论权；申请回避的权利；举证的权利；辩论权；程序抵抗权。此外，行政相对人还有委托代理人的权利、取得档案资料副本的权利等其他程序性权利。

行政相对人在事后救济程序中的权利主要包括：被行政主体告知救济途径和方法的权利；提出申诉、复议和诉讼的权利；委托代理人的权利；申请回避的权利；陈述和辩论的权利；上诉的权利；申请执行的权利等。

行政相对人的程序权利实际上同时具有参政功能。行政程序是行政主体行使行政权力作出行政处理决定的过程，行政相对人参与表达意见，实际上为行政相对人参与行政决定的形成提供了一个途径。因此，行政相对人在行政程序中的权利，不仅仅能对他们的合法权益能起到事前保护的作用，而且是保障行政主体行政权力合法、有效运行机制中的必要环节。

行政主体对行政相对人上述权利所具有的主要义务包括：

1. 保障行政相对人各种合法权益状态及其正常行使的义务，即有不得非法妨碍、阻挠、剥夺行政相对人各种合法权益的义务。

2. 保护行政相对人合法权益不受侵害的义务。

3. 对行政相对人的指导义务。行政主体对行政相对人的指导既是行政主体的特定权力（从权力的专属享有而言），又是行政机关的一种法定职责，即义务。如为了组织发展农业经济、避免灾害，指导科学种田就是有关行政机关的应有法定职责，而行政相对人则有权利从国家获得有利于自己利益的导向性建议或信息。如果行政相对人不接受指导，只意味着他们放弃了权利，而不是拒绝履行义务，正因为此，行政指导对他们是不具有强制性的。如果行政相对人自觉接受了指导，行政主体还有义务给予行政相对人因此应得的优惠或奖励。这就是说，行政相对人还进一步具有因接受指导而受相应利益的权利。行政主体应予指导而不指导或应兑现指导中承诺的利益而不兑现，是未履行应有的职责或义务，应当承担相应的法律责任。而行政相对人不接受指导则是放弃权利和未来应得的利益。

4. 行政主体对行政相对人的补救和赔偿义务。这是以行政主体履行赔偿义务、行政相对人获得权利或恢复权利为基本特征。这种关系过去由民事法律规范调整，自我国《行政诉讼法》《行政复议法》《国家赔偿法》等法律颁布施行后，行政主体因行政行为造成损害后的补救就纳入了行政法调整的范围。其实体法依据主要是行政法，特别是在行政赔偿方面有了专门的国家赔偿法作为依据，这种行政赔偿有着不同于民事赔偿关系的特殊性。

5. 增进行政相对人利益的义务。发展、增进公民等一方的权益是国家行政职能的一部分，行政主体有义务创造条件去发展公民等一方的各种权利和自由。

行政主体对行政相对人的上述主要义务也不是需要同时负有的，而是分别针对行政相对人不同的权利和自由履行不同的义务。如对于行政相对人行使合法权益受行政主体保护的权利，行政主体既要履行不得妨碍、阻挠其正常行使的义务（如及时受理行政相对人受害的报案，对应受保护的行政相对人的要求给予应有的答复），又要履行给予保护的义务（如及时采取措施保护受害人、查处侵害违法行为等）。而对于行政相对人主张的合法权益受保障的权利，行政主体则只具有不得侵害的不作为义务。

上述行政相对人权利与行政主体义务的权利义务结构，是以行政主体与行政相对人之间提供服务与享有服务、予以保障或保护与获得保障或保护、授予利益与获得利益为基本特征的，可以说是另一种不对等的权利与义务结构。这种结构以行政相对人为主导地位。在我国的行政管理活动中，这种结构应是主要的、根本性的，因为行政主体全部行政管理活动的最终目的是为人民服务。从人民当家做主的国家性质、行政机关的公仆地位角度来讲，这种权利义务是必然的。

此外，行政主体与行政相对人之间还有一种平等互利的权利义务。这是双方权利义务趋向对等，并通过双方在一定程度的平等协商来达成某种权利义务为其基本特征。这实际是一种合作性的权利义务关系，它以发生于行政合同、行政委托中的活动为典型。行政合同、行政委托需要行政主体与行政相对人双方有共同的意思表示才能成立和有效，其中行政主体一方虽有一定的优益权，但在基本地位上不再是命令与服从的关系，而是相互平等合作的关系，双方权利义务趋于对等。此外，行政主体以一定利益取得行政相对人的某种配合也可看作是双方合作关系的一种表现形式。行政机关在行政执法中为得到一些对象的积极配合、协助，承诺以一定的利益作为回报，行政相对人履行配合的义务后，也就取得了获得该利益的权利。从一定意义讲，这与行政合同有相同之处。

三、行政相对人的义务

行政相对人的义务是行政相对人所具有的专对代表国家的行政主体所履行的义务，行政主体对行政相对人的这种义务则具有相对应的权力。

在行政法律关系中，行政相对人对行政主体的义务主要包括：

1. 维护行政主体各种行政权力正常行使的义务，即不得妨碍、阻挠各种行政权力依法正常行使的义务。

2. 配合行政主体正常行使有关权力的义务，如对行政主体行使调查取证权负有配合的义务。

3. 服从行政主体具有法律效力的决定的义务。对于行政主体行使行政权力作出的具有法律效力的各种决定，如税收决定、行政处罚决定等，行政相对人不仅要履行不得妨碍、阻挠的义务，还要履行服从、执行的义务。

4. 遵守法定程序的义务。

第三节 行政相对人行为

从行政相对人与行政主体的相互关系来讲，公民一方通常要通过行为参与行政领域内的社会生活，这些行为与行政主体的行政行为将形成相互依存、相互对应的关系。例如，行政许可行为以行政相对人申请为前提，行政处罚行为、行政命令行为等以行政相对人服从为结果，行政机关与行政相对人签订行政合同的行为更需行政相对人的行为相配合。事实上，没有行政相对人的行为，行政行为不能孤立存在。由此，行政法学不能不重视对行政相对人行为的研究。

一、行政相对人行为的含义和特点

行政相对人行为是指在行政活动中，行政相对人作出的能产生行政法效果的各种行为之总称。

行政相对人行为不同于行政主体的行政行为，也不等于公民、法人或其他组织的所有行为。行政相对人行为有如下特征：

1. 行政相对人行为是一种法律行为，这是它的法本质属性。行政相对人行为是作为法律范畴而存在的，就是说，对于个人或组织非法律属性的一般社会行为，我们可以称之为个人行为或组织行为，但不能称之为"行政相对人行为"。行政相对人行为是在法律行为意义上使用的，表明它是由法律规定的、能发生法律效果的行为。

2. 行政相对人行为是由行政法规定的行为，即由行政法规定了该类行为的模式及后果。凡是行政法未予规定的行为不属于行政相对人的行为，如公民、法人或其他组织实施的法律既不禁止、也不肯定和保护的行为。这是行政相对人行为与其他行为的一个区别。行政相对人行为不可能都在法律规范之列，更不能都在行政法规范之列，行政法所要规范的只是他们行为的一部分。行政法之所以要规范行政相对人的这一部分行为，通常是因为这一部分行为与国家、公共利益有关系。

3. 行政相对人行为是能产生行政法法律效果的行为，这是该类行为在法律后果上的特征。行政相对人不能产生任何行政法效果的行为在行政法学上没有研究意义。行政相对人的行为能产生法律效果，是指这类行为能产生、变更或消灭一定的行政法律关系。但是应当认识到，行政相对人行为在产生、变更和消灭行政法律关系上与行政主体的行政行为又有所不同。行政行为是国家行政权的运用，具有国家强制性，除行政合同、行政委托等之外，通常情况下行政行为一旦作出就能直接产生、变更或消灭各种行政法律关系。而行政相对人行为是个体的行为，不具有对行政主体的强制力，因而，行政相对人行为产生、变更和消灭行政法律关系有不同情况：①行政相对人行为对于大量程序性行政法律关系的产生，都具有直接的作用。如行政相对人对行政许可的申请行为能直接导致行政主体给予答复的程序义务；行政相对人要求听证的行为、申请复议的行为则能直接导致听证、复议法律关系的产生。②行政相对人行为对于大量由行政相对人享有权利的实体行政法律关系的产生，具有必不可少的配合作用。如行政合同、行政委托、行政奖励、行政救助等行政法律关系，如果缺乏行政相对人的接受行为而仅有行政行为，则其是无法产生的。③行政相对人行为对于一些由行政相对人履行义务的实体行政法律关系的产生，具有成为前提条件的作用。如行政相对人违反行政法的行为，便是行政处罚法律关系产生的必要前提条件。

4. 行政相对人行为是行政法律关系结构中由公民个体一方作出的行为。可从两个方面理解：①行为的主体是行政法律关系中与行政主体对应的公民一方，在这个行政法律关系中，行政相对人行为的主体既不是行政主体，也不是国家监督机关。②行政相对人行为是与行政行为相对应的一个概念，即它是与行政行为互动而具有对应性的行为。

5. 行政相对人行为具有形式多样化和目的多重性的特点。行政相对人行为在法律的标准化上，远不如行政行为。因为行政行为是严格受法律控制的行为，在立法时就注重强调其法定的形式要件，否则就不能生效。而对于行政相对人，从便民原则出发，立法时除必要者，一般不严格规定法定的形式要件。行政相对人行为在形式要求上具有一定程度的自由性。为此，行政相对人行为具有形式多样、灵活的特点。这种特点从一定意义上讲，将使对行政相对人行为的认识比对行政行为的认识更为困难。

行政相对人的行为目的通常不像行政行为的目的那么单一。行政行为的目的是为了实现预定的国家行政管理目标。行政主体作出行政行为不能有属于自己或他人的特殊目的，也不能具有非目的性，否则将构成滥用职权。而行政相对人行为的目的可能是多重的，一般而言是要满足个人自身的利益，这是其行为的最基本的目的。但行政相对人也可能以公益为目的；也可能是以达成国家行政管理目标为目的而作出行为，如协助行政公务的行为；有时还可能几重目的兼具。此外，行政相对人还可能发生行为的非目的性，即对行政相对人来讲，其作出该行为并没有自身的目的，通常被行政主体强制作出行为。例如，行政相对人在不履行行政法义务时，被行政主体强制执行，被迫履行义务，此时行政相对人行为是被迫的、非本意愿性的，其行为并没有实际结果上所具有的目的性。行政相对人行为与行政行为的这一差别，要求我们正确了解行政相对人行为的目的所在，科学地规范、引导以及强制行政相对人行为。

6. 行政相对人行为对行政主体没有直接的强制执行力。这是它和行政行为相比所具有的一个重要特点。行政行为是国家行政权的运用，具有国家强制性，许多行政行为对行政相对人具有直接的强制执行力。而行政相对人行为是个体行为，不具有对行政主体或他方的直接强制执行力，行政相对人的行为如要强制执行，则必须借助一定的国家权力，如权力机关的监督权、司法机关的司法审查权以及上级行政机关的监督权。但这并不意味着行政相对人行为没有法律约束力。行政相对人的合法行为由法律确认，即具有法律保障，具有法定的约束力。这种约束力虽不表现为直接的强制执行力，但却具有法定的形成力和阻止力。

二、行政相对人行为的种类

从行为规则的角度讲，行政法是行政主体的行为规则，也是行政相对人的行为规则，行政法的制定就是设定这些行为规则的过程，而设定行为规则就不能不正确了解该行为本身。划分行政相对人行为的不同种类，是为了从不同角度全面了解并掌握不同类型行为各自的特点，以及他们与各种相应的不同行政行为的关系，以科学地进行行政立法、科学地实施行政执法、科学地引导行政相对人守法及运用法律。

行政相对人行为可分为以下几种主要类型：

（一）合法行为与违法行为

合法行为是不违反行政法规定的行为。它又可分为消极的合法行为与积极的合法行为。

消极的合法行为包括行政相对人的守法行为和作出法未明文禁止的行为。守法是行政法对行政相对人行为的最低要求，是行政相对人服从并遵守行政法规定的行为，其侧重于要求行政相对人依法履行义务或不得滥用权利。实施法未明文禁止的行为是行政相对人的自由行为，对行政相对人的这种自由行为，行政主体负有不得干预和限制的义务。

积极的合法行为是行政相对人运用法律规定积极参与行政管理和主张并保护自己权益的行为。其特点在于它是行政相对人对法律规定的积极、主动运用，这种行为通常是行使权利的结果。从真正实现行政法治的角度讲，行政主体在法制宣传、行政执法过程中，不能只注重要求行政相对人的守法行为，而更要注重鼓励行政相对人运用法律的行为。这应当有一个指导思想上的改变。

违法行为是违反行政法规定的行为。它又可分为第一性违法行为与第二性违法行为。第一性违法行为是行政相对人违反行政法基本规定，不履行行政法原初义务的行为。行政相对人的第一性违法行为往往是引导行政处罚法律关系产生的前提条件。第二性违法行为是行政相对人在不履行行政法规定的原初义务后，行政主体依法施以第二次惩罚性义务，而行政相对人对惩罚性义务仍不履行的行为。第二性违法行为往往是行政强制执行发生的前提条件。为此，对行政相对人违法行为的这一划分，是具有实践意义的。

（二）权益性行为与义务性行为

权益性行为是行政相对人主张、享有和行使权利及自由的行为。其中，主张权利是在权利的享有和行使受侵害或阻碍时，要求予以恢复和补救的权利；享有权利和自由是对权利与自由享有的状态，如具有人身自由；行使权利是对某项权利的诸权能的具体运用，如对财产的使用。

义务性行为是行政相对人履行法定义务的行为。

权益性行为与义务性行为的划分，其意义首先在于它们在内容上的不同，同时这类行为还有着许多其他不同的法律意义。如在法律效力上，权益性行为通常对行政主体所要求的是履行义务，因而对行政主体是具有约束力的；而义务性行为所对应的是行政主体的权力，该行为通常则只对行政相对人自己有约束性。再如在行为的改变上，由于权益性行为只涉及行政相对人自身可以处分的权利，因而行政相对人对这类行为可以任意中止或撤回；而义务性行为因涉及公共利益和他人利益，行政相对人就不具有任意性。

（三）实体行为与程序行为

实体行为是行政相对人行使实体性权利和履行实体性义务的行为，前者如行政相对人接受行政奖励的行为，后者如行政相对人缴税的行为等。

程序行为是行政相对人行使程序性权利和履行程序性义务的行为，前者如行政相对人对行政许可的申请行为，后者如行政相对人接受行政主体调查取证的行为等。

（四）强制性行为与任意性行为

强制性行为是法律对行政相对人规定了明确、具体的行为模式，行政相对人只能按法律规定的模式作出的行为。这种行为有利于行政相对人正确行使权利和切实履行义务。

任意性行为是法律对行政相对人没有固定的行为模式规定，只要行政相对人有意愿的表达，无论采用何种方式都可发生效力的行为。如行政相对人对行政主体的监督，就可以采用任意形式，不能对行政相对人加以严格限制，这是方便行政相对人的需要。

强制性行为与任意性行为的划分，对立法者科学地设定行政相对人的行为模式具有重要意义。对于行政相对人的哪一类行为设定为强制性行为，哪一类行为设定为任意性行为，必须根据实际和可能的情况，尽可能照顾到行政相对人的利益。如果将本属任意性的行为强行设定为强制性的行为，则会带给行政相对人诸多的不便，难以调动行政相对人的积极性，同时也易于使行政主体以此来限制行政相对人的权利和自由。

（五）主动行为与被动行为

主动行为是行政相对人以其意愿，为达成一定的目的而主动实施的行为，如行政相对人对法定义务的主动履行行为。

被动行为是行为人非按自己的意志而被迫作出的行为，如行政相对人被行政强制执行而承担法定义务的行为。

在行政立法、执法过程中，行政主体应充分开掘行政相对人的主动行为，尽量减少行政相对人被动行为的出现，这样才能真正调动行政相对人贯彻实施行政法的积极性。

（六）行政法禁止、奖励、授权和命令的行为

行政法禁止的行为是在行政法的价值判断上予以否定的行为。因而这类行为受到行政法约束，一旦公民作出这种行为，就要承担行政法律责任，导致行政主体行政处罚、行政强制行为的处理，形成对自己不利的行政法后果。一般而言，这类行为都是行政相对人不履行行政法规定的义务的行为，如违反治安管理的行为，违反工商管理秩序的行为等。

行政法奖励的行为是行政法在价值判断上大力提倡和奖励的行为。如为国家利益做出了重大贡献的行为、为他人的生命财产安全而见义勇为、热心公益事业的行为等。一旦公民作出这种行为，就会导致行政主体行政奖励行为的发生，形成使自己受益的行政法结果。

行政法授权的行为是行政法授权行政相对人有权做或不做的行为。如人们依法律秩序正常进行的自主经营、信奉宗教、处分属于自身的财产等，都是行政相对人享有各种法定权利和自由的行为。

行政法命令的行为，是行政法要求必须作出的行为。这是行政法对行政相对人提出的最低要求，是行政相对人必须作出的行为。

三、行政相对人行为的内容

行政相对人行为的内容即该行为所内含的意思和目的。按照人们对法律行为的一般分类，行政相对人行为也可以分为实体性行为与程序性行为。实体性行为是行政相对人实现其实体权利或履行其实体义务的行为，程序性行为是行政相对人行使程序权利和履行程序义务的行为。

（一）实体行为的内容

行政相对人实体行为所含的内容，就是其自身的法定实体权利和实体义务，但根据行政相对人行为的目的，又可分为不同情况：

1. 获取权益。获取权益是指行政相对人以其行为向行政主体获得某种法定的实

体权利，如行政相对人得到行政奖励、抚恤金等。行政相对人的获益行为与行政主体的授益行为是一对互相对应的行为，两种行为在内容上也有着对应关系。

2. 行使权利。行使权利是行政相对人通过自己的行为实际享有或运用法定权利或自由。如行政相对人对行政主体行政活动提出批评、建议的行为，其内容就是行使参与国家行政管理的权利。行政相对人接受行政指导的行为，其内容则是行使自主选择的权利。行政相对人以其行为针对行政主体行使法定权利时，对行政主体来讲则是要求其履行作为或不作为义务。

3. 放弃权利。放弃权利是行政相对人以其行为表示放弃某种权利。行政相对人放弃权利的行为有两种：①以明确的意思表示放弃，如行政相对人以书面形式告之行政主体放弃某种利益；②以默示的行为方式表示放弃，如领取了出入境许可证后行政相对人在规定的期限、时效内不行使该出入境的权利。行政相对人放弃权利会引起相应的法律后果：一旦放弃权利就不再享有，或者免除了行政主体对他的相应义务，双方的权利义务关系归于消灭。

4. 履行义务。这是行政相对人通过自己的行为履行自身的法定实体义务。行政相对人履行义务的行为有很多，从行为方式讲，包括自觉主动履行、被行政主体直接强制履行、他人代履行等。各种行为的内容都为履行其法定义务。而履行义务也有不同的种类，包括财产给付的义务，如行政相对人履行纳税的义务；作出一定行为或不作出一定行为的义务，如履行服兵役的义务和履行不违反计划生育的义务。此时，行政相对人行为作出本身也就是行为所具有的内容。

（二）程序行为的内容

行政相对人程序行为是针对程序性权利和程序性义务而言的，在内容上与实体行为的内容基本相同，主要包括行使程序权利、放弃程序权利和履行程序义务，对此不再多述。除此之外，程序行为所包含的内容还会涉及请求实体权利义务、证明法律事实和法律地位。

1. 请求实体性权利义务。请求实体性权利义务不能取决于行政相对人自身，它还须行政主体作出决定。因而行政相对人的这种程序行为多是仅仅提出意愿的行为。行政相对人的程序性请求行为的内容主要包括：

（1）请求获得特定权利或资格。请求获得特定权利或资格是行政相对人在认为自己符合法定条件的情况下，以申请行为请求行政主体准许其享有一般人不能具有的某种权利和资格。如申请颁发某种许可证、申请救济金。

（2）请求恢复权利或减免义务。请求恢复权利或减免义务是行政相对人在认为自己权利受到行政主体侵害或阻碍时，以其请求行为要求行政主体恢复自己的权利。如申请复议、提出申诉、请求行政赔偿等。

（3）请求确认权利义务关系或法律事实。请求确认权利义务关系或法律事实是行政相对人之间为了固定某种法律关系、法律事实，或在权利义务关系发生扭曲、对某种法律事实发生争议时，以其请求行为要求行政主体行使职权，对法律关系或法律事实的原状予以确认和裁决。如请求公证、请求行政确认和行政裁决。

（4）请求保护合法权益。请求保护合法权益是行政相对人在自己的合法权益受到他方侵害时，申请行政主体履行保护职责并惩处侵害者一方。

2. 证明法律事实和法律地位。

（1）证明法律事实。证明法律事实指行政相对人主动或者应行政主体要求，以其证明行为，证实与某种权利义务关系有影响的法律事实是否存在。这种程序行为以证明法律事实为其内容。它通常是在行政相对人与行政主体之间或多个行政相对人之间对某种法律事实发生争议时，由行政相对人以其证明行为对法律事实的原状予以证实。

（2）证明法律地位。证明法律地位指行政相对人以其证明行为，证实某种权利义务关系是否存在以及存在范围。它通常是因行政相对人之间或与行政主体之间对某种权利义务发生争议，行政相对人以其证明行为对权利义务的情况予以证实。

四、行政相对人行为的效力

（一）行政相对人行为的效力的含义

行政相对人行为的效力是指行政相对人的行为所发生的法律效果，即它所产生的特定法律约束力。行政相对人行为的效力与行政主体行政行为的效力有所不同，它的效力内容主要体现在两个方面：

1. 对行政主体的约束力。行政相对人行为本身不具有国家强制性，对作为对应一方的行政主体没有强制执行性，但这并不表明对行政主体没有约束力。行政相对人行为对行政主体的约束力非因该行为具有国家权力的属性，而是源于在民主、法治社会中公民对政府的制约性，这种制约性为法律所确定，是法律规定的一种约束力。这种约束力表现在：①对于行政相对人单方涉及权益请求的行为，属于法定紧急情形的，行政主体必须及时处理解决，如对受灾公民的紧急救助等。②对于其他情形的请求，行政主体在实体上虽可根据相关情况来决定接受或不予接受，但在程序上却必须按法定期限予以审查和答复，如对行政相对人要求颁发执照的申请，行政主体必须按期给予审查及答复，否则行政主体就是失职，要承担相应的法律责任。对于行政相对人与行政主体双方合意行为形成的结果，如行政合同、行政委托等，双方都必须遵守，否则同样要承担法律责任。

2. 对行政主体的强制力。行政相对人的单独行为不能对行政主体发生强制力，但该行为可以启动并借助有关国家机关的监督权力而形成对行政主体的强制力。如借助司法机关的行政审判权（司法审查权）强制行政主体服从行政相对人行为所具有的内容。在这种情况下，行政相对人行为与这种国家司法权结合起来形成强制力。其中，没有行政相对人行为，国家司法权不会也不能启动（因不告不理的审理原则），而没有这种国家监督权力，仅靠行政相对人行为也不能形成强制力。

（二）行政相对人行为的生效条件

行政相对人行为发生法律效果必须具备一定的条件，符合这些条件的才能产生相应的约束力。行政相对人行为的生效条件主要如下：

1. 行为的主体条件。行为主体条件要求作出行为者必须具有规定的行为主体资格。关于行为主体资格，法律对不同的行为主体有不同的资格要求，概括地讲，主要包括：

（1）行为主体必须是以自己的名义就自身的权益事项作出行为的主体。主体如果以他人的名义为他人的利益而作出行为，该行为通常不能产生法律效力。

（2）作为公民的行为主体应达到法定年龄。行政相对人的有些行为是否产生法律效力并不要求年龄条件，如申请迁移户口等，但有许多行为的生效是要求一定年龄的，如参加国家公务员录用考试、要求服兵役、申请婚姻登记、申领居民身份证的行为等。

（3）其他法定的主体资格条件。这是指各种不同具体行为产生效力所要求的主体资格条件。如申领抚恤金必须是残废军人、烈士遗属等有特定身份的主体；申请成立社团组织的主体必须是该社团组织的筹备机构等。

2. 行为的内容条件。行为的内容条件要求行政相对人行为在内容上符合法律规定的范围。这包括行为所主张或履行的是法定的权利义务，所请求的事项是法定的、属于行政主体管理范围的事项等。

3. 行为的形式条件。行为的形式条件要求行政相对人行为符合法定形式。如申请行为必须具有书面或口头形式的申请及相应的证明材料，必须在法定期限内作出等。特别是行政相对人的有些行为按照法律规定属于要式行为，对这些要式行为，还必须具有法定的特别形式才能产生法律效力。

■思考题

1. 如何正确理解行政相对人的概念和特征？
2. 简述行政相对人的类型。
3. 如何理解行政主体与行政相对人之间的权利和义务关系？
4. 简述行政相对人的权利和义务。
5. 试述行政相对人行为的含义和特点。
6. 试比较行政行为的生效要件与行政相对人行为的生效条件。

■推荐书目

1. 方世荣：《论行政相对人》，中国政法大学出版社 2000 年版。
2. 孙琬钟、江必新主编：《行政管理相对人的权益保护》，人民法院出版社 2003 年版。
3. 杨海坤、章志远：《行政法学基本论》，中国政法大学出版社 2004 年版。

第六章 行政行为

■学习目的和要求

　　通过本章学习，了解行政行为的概念、特征和分类；掌握行政行为效力的内容、合法生效的条件及生效规则；熟悉行政行为的无效、撤销、变更和终止的原因及其后果。

第一节　行政行为概述

一、行政行为的概念与特征

　　"行政行为"是19世纪行政法理论的产物，泛指各种依据公法或私法的行政措施。德国行政法学者麦耶将其引入德国，并将其限定为公法领域的行政措施。依据1997年德国《联邦行政程序法》第35条第一段的规定，行政行为是指行政机关在公法领域上，为规制个别事件，以直接对外发生法律效力为目的，所为的各种处置、决定或其他公法措施。日本完全继受了德国的这一理论。[1] 德国、日本所使用的"行政行为"一词，其内涵与外延大致相当于我国大陆地区所说的具体行政行为。在中国大陆，关于行政行为的介绍最早见于1983年出版的中华人民共和国第一本行政法学教材《行政法概要》一书，其将行政行为定义为："国家行政机关实施行政管理活动的总称。"[2] 此后，各种版本的行政法学论著都对行政行为进行了介绍，理论界对行政行为的认识也经历了一个明显的演变过程，先后主要出现了最广义说、广义说、狭义说和最狭义说这四种学说。[3] 目前，狭义说已得到行政法学界大多数学者的认可，成为我国目前行政法学界的通说。通说认为，行政行为是指行政主体为实现国家行政管理目的、行使行政职权和履行行政职责所实施的一切具有法律意义、产生法律效果的行为。

---

〔1〕　详见［德］哈特穆特·毛雷尔：《行政法学总论》，高家伟译，法律出版社2000年版，第181～183
　　　　页；［日］盐野宏：《行政法》，杨建顺译，法律出版社1999年版，第79页。
〔2〕　王珉灿主编：《行政法概要》，法律出版社1983年版，第97页。
〔3〕　参见许崇德、皮纯协主编：《新中国行政法学研究综述（1949～1990）》，法律出版社1991年版，第
　　　　176～178页。该书对四种学说进行了详细介绍。

行政行为与其他行为相比较具有以下几个主要特征：

1. 行政行为是行政主体所实施的行为。这是行政行为在行为主体上的特征。行政行为是实施行政管理的活动，而行政主体则是国家行政管理的主体。因此，只有行政主体的行为才可能是行政行为，这与执政党、国家立法机关、国家司法机关等其他各种主体的行为是有区别的。

2. 行政行为是行政主体行使行政职权或履行行政职责的行为。这是行政行为在法律属性上的特征。因国家行政管理的需要，人民通过法律赋予行政主体特定的行政职权和职责，这是一种管理国家的权力和义务，行政行为就是行政主体行使和履行这种特定权力、义务的方式，因而行政行为都是行政主体行使行政职权和履行行政职责的行为。除了行政行为之外，行政主体在社会生活中还可能做出其他的行为，如民事法律行为或不具法律属性的行为等，但这些行为都与行政职权、职责无关，其民事法律行为是实现民事权利义务的行为，而不具法律属性的行为则不存在法定权利义务的内容。了解这一特征对于明确行政行为的法律属性是十分重要的，它使行政行为与行政主体的其他各种行为都区别开来。

3. 行政行为是能产生法律效果的行为。这是行政行为在法律后果上的特征。从上述第二个特征可以看到，行政行为是一种行使行政职权或履行行政职责的法律行为，行政主体通过这种行为将设定或者产生、变更、消灭一定的行政法律关系，使行政主体与相对一方构成相互的行政法上的权利义务，这里所说的相对一方包括外部行政相对人一方（如公民、法人或其他组织）和内部相对人一方（如行政主体的内部机构及其工作人员）。如行政主体行使职权并让相对一方履行义务，或行政主体履行职责而使相对一方实现权利等。这就是行政行为所具有的特定的行政法效果，它能够影响和制约相对人一方的权利义务。而且，由于行政行为通常是运用行政职权——即具有强制力的国家权力，这种法律效果的形成往往就具有行政主体的单方强制性，一旦行政主体运用职权作出行政行为，相对一方将被迫接受，从而使自己的权利义务受到约束。当然，也有一些行政行为并不单方强制性地产生法律效果，它需要相对一方作出相应合意的行为才能共同产生法律效果，如行政合同行为、行政委托行为等，但大量的行政行为产生法律效果都是具有行政主体单方强制性的。应当明确，行政行为产生法律效果有多种情况：有的产生实体法效果，如行政主体以行政处罚行为限制公民的人身权；有的产生程序法效果，如行政主体对申请的受理行为能实现相对人一方的请求权；有的甚至在产生行政法效果的同时牵连产生民事法律效果，如行政主体对公民之间某种民事权益纠纷所作出的行政裁决行为，除了产生行政主体与公民之间决定与服从的权利义务法律效果外，还进一步产生了公民相互之间实现民事权利义务的法律效果。总之，行政行为都是能产生法律效果的行为，行政主体不产生任何法律效果的行为在行政法学上没有研究的意义。

4. 行政行为有着多种多样的行为方式。这是行政行为在类型上所具有的多样化特征。由于国家行政管理的范围极为广泛、事务繁多、类型有别、变化性较大，这就要求以多样化的方式处理、解决行政管理事务，因而使得行政行为以多种多样的方式表现出来。在立法、司法和行政三类国家活动中，行政活动的方式、方法是最为丰富和复杂的。如行政行为包括行政立法行为、制定规范性文件的行为、行政执法行为、行政司法行为、行政协议行为等。其中行政立法行为包括制定行政法规和制定行政规章；行政执法行为包括行政奖励、行政救助、行政许可、行政确认、行政检查、行政监督、行政处分、行政处罚、行政强制执行；行政司法行为包括行政仲裁、行政裁决、行政复议；行政协议行为则有行政合同、行政委托等。掌握行政行为方式多样化的特征，对于全面了解行政行为的范围、作用以及对行政行为进行有效的监督控制都是十分重要的。

二、行政行为与有关概念的区别及联系

1. 行政行为与国家行为。国家行为也称政治行为或统治行为，是指不属于司法审查对象的、具有高度政治性的、涉及国家重大利益的、最高国家机关的行为，如外交行为、国防行为等。行政行为与国家行为之间的主要区别在于：①可诉性不同。所有的国家行为都是不可诉的，而具体行政行为是可诉的。②承担责任的方式不同。国家行为只能通过承担政治责任的方式来加以监督，而行政行为可以用直接承担行政责任的方式进行监督。

2. 行政行为与民事行为。民事行为是指能够引起平等主体之间民事法律关系产生、变更和消灭的行为。行政行为与民事行为之间的区别在于：①当事人的地位不同。在民事行为中，双方当事人的地位是平等的；在行政行为中，双方当事人的地位是不对等的，行政主体始终处于优势地位。②行为的性质不同。民事行为属于私法行为，属私法的调整范围；行政行为是公务行为，属于公法的调整范围。

3. 行政行为与行政机关的行为。行政行为是行政主体的行为，行政机关是最主要的行政主体，但行政机关的行为不一定都是行政行为。因为行政机关所拥有的法律身份在不同的场合是不同的，因而其行为也有性质的不同：当行政机关以民事主体身份出现时，其行为只是民事行为，如政府购买办公用品的行为；有些行政机关甚至会以司法主体的法律身份出现，如公安机关在进行刑事侦查活动时，其行为属于司法行为而不是行政行为。为此，行政机关的行为在范围上大于行政行为，只有当行政机关在进行行政活动时，其行为才是行政行为。

4. 行政行为与职务行为和职务相关行为。行政行为是职务行为，即行政主体直接执行职务的行为。职务相关行为指虽不是职务行为本身，但这种行为与职务有关联，如公安人员在审讯公民时实施了殴打行为，这种行为就是职务相关行为。

5. 行政行为与行政法上的行为。行政法上的行为是指受行政法调整的行为，它既包括行政主体作出的行政行为，也包括行政相对人作出的行为。这就是说，行政法上的行为要比行政行为的范围广，行政行为只是行政法上的行为中的一部分。

三、行政行为的构成要件

行政行为的构成要件是指决定一行为能构成行政行为所必需的一切主、客观必要条件的总和。行政行为的构成要件旨在把握行政行为诸本质要素，缺乏这些要素则在性质上根本不属于行政行为。行政行为的构成要件不同于行政行为的合法生效要件，行政行为的合法生效要件是一行政行为成立后，达到合法所必需的条件。行政行为的构成要件主要包括以下三个：

1. 行政行为的主体是行政主体，在行政主体委托其他组织实施行政行为的情况下则必须以行政主体的名义进行。这是行政行为的主体要件。任何行为都来自于相应的行为人这一行为主体，因此主体要件是第一个不可缺少的要件。行政行为的主体必须是行政主体，非行政主体的行为都不能是行政行为，更不可能是合法、有效的行政行为。在主体要件上，行政行为与合法、有效的行政行为是共同的。

2. 行政行为的本质是国家行政权力的运用，这是行政行为的权力属性要件。行政行为是行政主体行使行政职权或履行行政职责的行为，行政权力的运用是该行为的本质。国家因行政管理需要赋予行政主体行政权力，而行政主体运用行政权力既是其职权又是其职责。为此，凡行政主体行使职权和履行职责的行为都是行政行为，行使职权和履行职责是行政行为的具体方式。如果行政主体所作的行为与行使行政职权或履行行政职责无关，则该行为不是行政行为。行政权力的具体运用是享有行政权能的组织或个人所作的行政行为与一般的民事行为之间的根本区别。这一要件揭示了行政行为的性质。

3. 行政行为必须是客观存在的，这是行政行为的客观要件。行政行为是否客观存在也是其成立的一个必要条件，行政行为的客观要件就是行政主体客观上实施了运用行政职权或履行行政职责的行为。这类行为的方式可能是多种多样的，行为的方式如何并不对客观要件起决定性的作用，但行政行为的客观存在却是行政行为成立的关键性问题。

以上三个要件同时具备的，则行政行为成立；缺乏其中之一，则不是行政行为。

四、行政行为的内容

行政行为的内容即行政行为所包含的意思及其要达到的目的。行政行为作为一种法律行为，其法律意义上的作用就是产生、变更或消灭一定的行政法律关系，因此，行政行为的内容都与权利、义务有关。概括地讲，行政行为的内容主要包括以下几个方面：

1. 设定权利和义务。设定权利和义务是指通过行政行为规定和确立行政主体与相对一方各自应有的某种权利和义务。设定权利义务通常是抽象行政行为的内容。如行政法规、行政规章设立公民在某种情况下有得到物质帮助的权利，行政主体有予以帮助的义务，又如行政主体有处罚违法行为的权力，违法者有接受处罚的义务等。

2. 实现权利和义务。实现权利和义务是指通过行政行为具体落实行政主体与相对一方各自的法定权利义务。法律、法规规定的权利义务需要通过一定的行为来实现，许多行政行为以实现权利义务为内容，其中行政主体的各种职权、职责均落实在其行政行为之中。如行政主体的行政处罚权就是通过行政主体的行政处罚行为才得以实现的，行政主体的义务则是通过其行政救助等行为来实现的。同时，在许多情况下，行政相对人一方的法定权利义务也往往需要借助行政行为才能实现。这是因为，在行政管理中，行政相对人有些法定的权利需要一定的程序才能实际享有，有些法定的义务需要一定的行政督促才能实际履行，这就需要行政行为发挥作用，行政主体的行政行为有相当一部分就是以实现相对一方权利义务为内容的。如行政许可行为就以实现申请人法定的、应当准予获得的权利为内容；催缴和征税行为就以落实纳税人法定的应当履行的义务为内容。

3. 剥夺、限制权利和减、免义务。剥夺、限制权利是以行政行为取消、制约相对一方已经取得的某种权利。通常是相对一方有违法行为而对其予以惩处，或是相对一方未及时履行应有的义务而对其予以强制，也有的是因相对一方不再具备享有某种权利的前提条件而被取消权利。如没收财产、限制人身自由的行政处罚，查封、扣押财产的行政强制措施，停发政府救济金的行政决定等都是以此为内容的行政行为。

减、免义务是以行政行为减、免相对一方原有的义务。通常是指相对一方在承担原有法定义务之后，因外部情况发生变化，或因自身取得法定应受减、免的条件，由行政主体依法予以义务上的减、免。以减、免义务为内容的行政行为如行政许可、行政决定等。

4. 确认和恢复权利、义务。确认和恢复权利、义务是当权利、义务出现争议、纠纷时，以行政行为认定已被模糊和歪曲了的原有权利、义务并使之恢复原状。以此为内容的行政行为主要有行政确认、行政裁决、行政复议、行政赔偿等。

5. 确认法律事实。确认法律事实是以行政行为认定与某种权利义务有重要关系的法律事实。法律事实本身并不是权利义务，但它往往是得到某种权利义务的必要条件，通过行政行为确认之后，将必然地导致应有的权利义务关系。如行政主体对一公民作出属于未成年人的确认，就必然会使该公民进而享有未成年人应有的各种特定权利。行政主体以此为内容的行政行为有确认行为、鉴定行为等。

第二节　行政行为的分类

行政行为可按不同标准划分为各种不同的种类，必要的分类可以使我们了解各类行政行为的特点、作用及其具体运用方式。有的学者主张，主要的分类方法是以是否具有法律效果为标准，将行政行为分为行政法律行为和行政事实行为，然后对行政法律行为进行深入细致的分类。[1]还有的学者是根据行政行为内容的特点，将

---

[1] 参见叶必丰：《行政法与行政诉讼法》，武汉大学出版社 2008 年版，第 162 页。

其分为两类：权利性行政行为和义务性行政行为。[1]这里就几种最常见的分类加以说明。

一、抽象行政行为与具体行政行为

抽象行政行为与具体行政行为是行政法学中对行政行为的一种最基本的分类，王名扬先生则采用"普遍性的行为和具体的行为"分法，[2]尽管没使用抽象行政行为说法，但是意思是一致的。这种分类可以了解两类行为各自的作用。

抽象行政行为与具体行政行为是以行为功能的不同以及对象的不同作为标准而划分的种类。所谓抽象行政行为，是指行政主体针对广泛、不特定的对象设定具有普遍约束力的行为规范的活动。抽象行政行为包括行政主体制定行政法规、行政规章和各种规范性文件等行为，基本属于行政立法和行政决策活动。这类行为在功能上是从日常纷繁多样的社会生活中"抽象"出人们在行政管理领域中应当普遍遵守、具有概括性的行为规范，而且这类行为所形成的结果——即行政法规、行政规章、具有普遍约束力的行政规定、命令或其他规范性文件，本身对广泛的对象具有普遍的约束力，因而被称为抽象行政行为。所谓具体行政行为，是指行政主体针对特定对象具体适用法律规范所作出的、只对特定对象产生约束力的行为。具体行政行为包括的范围极广，如对某个公民、法人或其他组织所作出的行政奖励、行政许可、行政确认、行政处罚、行政强制、行政裁决、行政复议决定等，都属于行政执法活动和行政司法活动，都属于具体行政行为。具体行政行为在功能上是具体适用法律规范而不是设定具有普遍意义的规范，而且它针对的是特定对象并只对特定的对象具有约束力，因而称为被具体行政行为。

抽象行政行为与具体行政行为是行政法学中对行政行为的一种最重要的分类，两者之间的区别包括：①调整对象不同。具体行政行为针对特定的对象，而是否属于特定的对象，并不以对象数量的多少而是以具体数量是否能够得以确定来认定。抽象行政行为则一般调整不特定的对象。另外，抽象行政行为针对未来的事项规定一般行为规范，具体行政行为则针对已经发生的事实作出处理决定。②表现形式及适用效力不同。具体行政行为表现为确定的行政处理决定，只适用一次。抽象行政行为一般以规范性文件的形式表现出来，这些规范性文件在同样的条件下可以反复适用。③影响相对人权利义务的形式不同。具体行政行为直接影响相对人的权利义务。抽象行政行为一般表现为行为规范，本身一般并不直接影响相对人权利义务。只有通过具体行政行为的实施，才能实现抽象行政行为的目标和作用。④行为程序不同。具体行政行为主要是调查、裁决和执行程序。抽象行政行为的程序通常是立法程序或类似立法，主要是起草、征求意见、审议、通过以及公布程序等。

---

[1] 徐静琳主编：《行政法与行政诉讼法学》，上海大学出版社 2005 年版，第 114 页。

[2] 参见王名扬：《法国行政法》，中国政法大学出版社 1989 年版，第 135 页。

二、内部行政行为和外部行政行为

以行政行为所针对的问题是属于对社会上的管理事务还是行政主体自身内部的管理事务为标准，或者说是以行政行为的效力范围为标准，[1]可将行政行为分为外部行政行为和内部行政行为。

所谓外部行政行为，是指行政主体依管理范围对社会上的行政管理事务所实施的行政行为。有的是抽象行政行为，如《公安部对部分刀具实行管制的暂行规定》；更多的则是具体行政行为，如行政机关对公民、法人和其他组织作出的许可、奖励、征收、处罚、强制等。

所谓内部行政行为，是指行政机关对本机关内部的事务管理所实施的行政行为。内部行政行为也有抽象行政行为和具体行政行为之分。前者如行政主体对内部工作纪律、工作程序所作出的统一规定，后者如行政主体的内部某个机构对某个公务人员实施的奖励、处罚、任免决定等。

外部行政行为要对社会上的公民、法人或其他组织产生法律效果，内部行政行为只对行政主体的内部机构和人员产生法律效果。根据我国《行政诉讼法》的规定，因内部行政行为而引起的纠纷，属于行政主体自身内部管理的争议，不通过行政诉讼的方式解决。

三、依法定职权的行政行为、依授权的行政行为和依委托的行政行为

以实施行政行为的权力来源为标准，可将具体行政行为分为依法定职权的行政行为、依授权的行政行为和依委托的行政行为。

依法定职权的行政行为是指行政主体中的国家行政机关直接依据法定的固有职权实施的行政行为，如省级人民政府依据法定职权制定规章、公安机关依据法定职权对公民实施治安管理处罚等。

依授权的行政行为是指行政主体中某些属于非行政机关的组织依据法律、法规的专门授权而实施的行政行为。

依委托的具体行政行为则是某些非行政机关的组织经国家行政机关委托后，在委托范围内代行政机关实施的行政行为。

上述三类行政行为在实施时，其权力来源是各不相同的。其中依法定职权的行政行为由行政机关依自己法定固有的职权实施，因而这类行政行为在实施上自主性相对而言要大一些，而且由行政机关直接对该行政行为负责；依授权的行政行为由某些非行政机关的组织依法律、法规的专门授权行使，因而这类行政行为在实施上要受到严格的限制，即只能在授权范围内严格实施，该行政行为的后果也不由行政机关承担责任，而由实施这一行为的组织自己承担责任；依委托的行为由某些非行政机关的组织依行政机关的委托代行政机关实施，因而这类行政行为在实施上受行

---

[1] 参见胡建淼：《行政法学》，法律出版社2003年版，第198页；杨解君主编：《行政法学》，中国方正出版社2002年版，第190页。

政机关意思表示的限制，即只能在行政机关委托的范围内严格实施，对该行政行为，作为委托者的行政机关要承担责任。

四、单方行政行为与双方行政行为

以行政行为是否由行政主体单方意思就可形成并发生法律效力为标准，可以将行政行为分为单方行政行为和双方行政行为。单方行政行为依行政主体单方意志作出并发生法律效力，无须相对一方的同意，如行政处罚、行政强制措施等。双方行政行为依行政主体与相对一方的共同意志作出，需双方合意才能发生法律效力，如行政合同、行政委托等。了解这种分类对于掌握他们各自的成立和生效条件是很有意义的，单方行政行为只要有行政主体的意思表示就可以成立并生效，而双方行政行为必须在行政主体和行政相对人双方意思表示一致后才能成立并生效。

五、羁束行政行为与自由裁量行政行为

以行政行为受法律约束的程度为标准，可以将其分为羁束行政行为和自由裁量行政行为。羁束行政行为指严格受法律的具体规定约束、行政主体没有一点自己选择余地的行政行为，如税务机关严格按法律规定的税种、税率征税，不能有任何变动。自由裁量行政行为是指法律只规定原则或一定的幅度或范围，行政主体可以根据原则或在法定幅度内，根据具体需要和实际情况，自主作出的行政行为，如公安机关对公民予以治安管理处罚中的罚款，就可以根据情况，在法律规定的200元以下幅度内自由选择具体数额。羁束行政行为和自由裁量行政行为被分别运用于不同事务：羁束行政行为通常针对需严格统一控制、稳定性较强的事务；自由裁量行政行为通常针对情况比较复杂、变化多、需要灵活处理的事务。

六、要式行政行为与不要式行政行为

以行政行为产生法律效力是否必须具备法定形式为标准，可以将行政行为分为要式行政行为与不要式行政行为。要式行政行为是指行政法规范要求必须具备特定形式才能产生法律效力的行政行为，如发布行政法规必须采用国务院令的形式，税务机关对违反税收征收管理规定的罚款必须制作行政处罚决定书，行政许可必须具有特定的许可证形式等。不要式行政行为是指行政法规范没有要求产生法律效力必须具备特定形式的行政行为，如公安机关对酗酒的人采取强制约束的行为，口头通知行为、表示同意或不同意的身体姿势等，都是不要式行政行为。行政行为的这一分类，有利于正确把握不同行政行为的成立和生效条件。

七、依职权行政行为与依申请行政行为

以行政主体能否在没有行政相对人申请时主动实施行政行为为标准，可以将行政行为分为依职权行政行为和依申请行政行为。依职权行政行为又称主动行政行为或积极行政行为，它是指行政主体无须行政相对人的申请就能根据自身职权主动实施的行政行为，如税务机关依法征税的行为。依申请行政行为，又称被动行政行为或消极行政行为，它是指行政主体只有在行政相对人提出申请后才能实施的行政行为，如颁发营业执照、经营许可证等行政行为。行政行为的这一分类有利于分析不

同行政行为的实施条件和相应的程序规则。依职权行政行为不需要行政相对人的申请，行政主体就能主动实施，依申请的行政行为只有在行政相对人提出申请后才能被动实施。应当说明的是，行政相对人的申请尽管也是一种意思表示，但因为最终决定权仍掌握在行政主体手中，所以依申请行政行为并不是双方行政行为。

以上简要说明了行政行为的几种主要的、常见的分类。除此之外，行政行为还有许多其他的分类。如以行政行为所具有的权利义务性质为标准，可分为实体性行为和程序性行为；以行为的动作方式为标准，可分为作为和不作为；以行为实施的背景条件为标准，可分为平时行为和紧急行为；等等。

第三节　行政行为的效力

一、行政行为效力的含义

行政行为的效力是指行政行为所发生的法律效果。行政行为只有发生预期的法律效果才能达到其应有的目的和作用，因此，行政行为的效力是一个非常重要的问题。行政行为的效果表现为它产生的特定的法律约束力和强制力。这种约束力和强制力要求行政主体和行政相对人都必须遵守和服从，否则就要承担法律责任。行政行为的效力有两个主要的特点：

1. 效力先定。所谓效力先定，是指行政行为一经作出，就具有法律约束力。即使它是不符合法定条件的，在没有被有关国家机关经过一定程序确认为违法并撤销其效力之前，它仍然是有效的，对有关当事人具有法律约束力。这是因为行政行为是一种对国家权力的运用，而国家权力对一国范围内的对象是具有绝对约束力的。同时这也是为了稳定行政管理秩序的需要。当然这并不是说违法的、不符合法定效力条件的行政行为永远是有效的，它在事后完全可以通过一定的法律程序被撤销，但在未被撤销之前它被先行推定为有效，有关当事人应当暂时受其约束。

2. 单方意志性。行政行为是行政主体运用国家行政权力的活动，这种权力的性质决定了行政行为通常单方面就能决定相对人的权利义务。这也是行政行为的效力的一个主要特点，即行政行为的作出一般无须征得行政相对人的同意，它的成立、生效也不以相对人的同意为必要条件。换言之，行政行为是否有效、其效力的存续，可以不取决于相对人的意愿。当然，这种单方意志性也不是绝对的，在现代行政活动中也有双方合意行为，如行政合同、行政委托等，行政主体的此类行为单方意志性就比较弱。

二、行政行为效力的内容

行政行为效力的内容是指行政行为生效后，对有关各方主体所产生的法律约束力。这种约束力主要表现为以下四个方面：[1]

---

[1] 有学者认为行政行为效力的内容表现在确定力、拘束力和执行力三个方面。

1. 公定力。行政行为的公定力是指行政行为一经作出，一般都被推定为是合法有效的，任何个人和组织都应予以尊重和服从。也就是说，行政行为即使被当事人认为违法或不当并发生争议，它在尚未被有权机关撤销或变更前，任何个人和组织都不得否认它的法律效力，尤其是在紧急状态和应急管理中更是如此。行政行为的公定力是基于国家行政权力的严肃性、权威性和行政效率的要求，也是为了保障国家行政管理活动的连续性和稳定性。当然，行政行为的公定力是有限的、相对的，如果行政行为存在重大或明显违法情形，法律要规定它不具有公定力并失去效力。

2. 确定力。行政行为的确定力也称不可变更力，是指行政行为成立、生效后，其内容具有确定性，非法定主体不可随意变更和撤销。行政行为的确定力来源于国家行政权的权威性。

行政行为的确定力在于稳定行政管理秩序，使行政相对人一服从必要的国家行政管理。这当然是十分必要的，但行政行为也并不是绝对不能变更的，具有法定理由、经过法定程序，有权的国家机关可以依法变更或撤销行政行为。行政行为依法被改变的情况主要有：①由国家权力机关行使监督权予以撤销。②经行政复议机关作出复议决定予以变更和撤销。③由上级行政主体行使监督权予以变更和撤销。④经行政诉讼由人民法院判决予以撤销和变更。⑤因发现确有错误，由作出该行政行为的行政主体自己变更和撤销。

3. 拘束力。行政行为的拘束力是指行政行为成立、生效后，其内容对有关对象产生法律上的约束性，有关对象都必须遵守和服从，否则将要承担法律后果。行政行为的这种拘束力主要表现在以下两个方面：①对行政相对人的拘束力。行政行为主要是针对行政相对人的，它要对行政相对人的权利义务产生约束，而且行政相对人必须服从。②对行政主体自身的拘束力。行政行为成立生效后，行政主体也受其拘束，行政主体必须依照行政行为的内容履行自己的职责，否则要承担相应的法律责任。

4. 执行力。行政行为的执行力是指行政行为成立、生效后，行政主体依法有权采取强制手段使行政行为的内容得以实现。行政行为的内容只有得到实现才具有实际意义，因而，行政行为的执行力是行政行为效力不可缺少的一部分。但需要明确的是：①行政行为具有执行效力，并不等于行政行为都必须强制执行，如果行政相对人自动履行了行政行为所要求的义务，就不存在强制执行的问题。一般来说，必须是在行政相对人无正当理由但拒绝履行义务的情况下，行政行为才需要被强制执行。②行政行为具有执行力，并不是说都要立即执行，有些行政行为可以立即执行，有些则可以根据条件暂缓执行。行政行为的执行力使行政行为的生效实行"不停止执行原则"，即行政行为一旦作出，除特殊例外情况可以有条件地暂停执行外，一般都不予停止执行。无论行政相对人对行政行为是否存在异议，还是相对人正处于申请行政复议、提起行政诉讼期间，都是如此。这种对行政行为执行力的保障，主要是为了维护国家权力的威严，保证行政管理活动的连续性和稳定性。

三、行政行为合法生效的条件

行政行为合法并发生法律效果必须具备一定的条件，符合这些条件的才能真正、稳定地产生法律效果，如果不符合这些条件，即使依照效力先定原则形成事先的效力，但终究要被一定的法律程序予以撤销和变更，从而终止全部效力。行政行为合法生效的条件包括：

1. 主体条件。主体条件要求作出行政行为的主体必须具有行政主体的资格。具体讲，必须是合法成立的国家行政机关，或者是依法被法律、法规授权的组织，或者是得到行政机关委托职权的组织。不具备行政主体资格的组织和个人所作的行为不能是行政行为，更不可能具有行政行为的效力。

2. 法定职权、职责条件。所有行政主体依法都具有一定的权限分工，法定职权、职责条件要求行政主体作出行政行为时，运用的是自身法定的职权或履行的是自身法定的职责，符合自身法定的权限分工范围。如果超越范围，则是超越职权或滥用职权的无效行政行为。符合法定的权限分工具体包括下列要求：

（1）行政行为手段、方式上的特定性。一定的行政职权总是通过一定的行为方式表现出来，因此，行政主体拥有某种行政职权，就只能实施与之相应的某种行政行为。例如国务院拥有行政法规的制定权，它就能实施制定行政法规的抽象行政行为；公安机关拥有治安拘留的行政处罚权，它就能实施治安拘留处罚这种具体行政行为。其他行政主体都不能实施这类行政行为，否则就构成超越职权。

（2）管理事项的特定性。一定的行政职权都是针对一定的行政事项而分配的，因此行政主体只能就其管理范围内的行政事务实施行政行为。如果行政主体对不属于自己管理范围内的事项运用职权，则构成越权，该行政行为因此而无效，如公安机关对违反工商法规的公民实施治安管理处罚就属于这种情况。

（3）管辖地域的特定性。行政职权的范围和一定的行政区域是相联系的，每一个行政主体只能对一定地域范围内的行政事务享有管辖权。行政职权的运用不能超越地域的限定。行政主体只有在法定权限地域内行使职权的行政行为，才是合法、有效的，否则就构成地域范围上的超越职权，也是无效的行政行为。

3. 内容条件。内容条件要求行政行为的内容必须合法、适当、真实、明确。行政行为的内容合法是指行政行为的权利义务的处理必须完全符合法律、法规的规定，包括符合法律规定的目的、原则和条件等。例如行政机关对相对人作出的行政处罚，该处罚就必须符合法定的实施处罚的目的、原则、被罚对象必须具有受罚条件等。行政行为内容适当，是指行政行为的作出必须公正、合理、符合实际，不能畸轻畸重，带有不良动机。行政行为内容真实是指行政行为必须基于行政主体的真实意思表示。行政主体非出于真实意思表示而作出的具体行政行为不具有合法性和有效性，因为它不是出于行政行为主体的本意。行政主体的非真实意思表示通常有如下原因：因行政主体自身的重大误解而造成；因行政相对人的欺骗、胁迫行为而造成；因行政机关公务人员执法掺杂个人因素、故意歪曲行政机关的决定而造成等。行政行为的内容明确，是指行政行为所表达的内容清楚、具体，不至于产生模棱两可、使行政相对人无所适从，进而不能产生行政行为应有的作用的情形。

4. 程序和形式条件。行政行为的程序和形式条件是指行政主体作出的行政行为必须符合法定程序和具备法定的形式。所谓程序，是指行政行为所要求的必不可少的过程。行政行为的程序必须合法，包括行为作出和实施的法定过程不能缺少、不能颠倒法定的环节和顺序、符合法定期限等。此外，对一些特定具体行政行为还必须符合特定的程序要求，如依申请的行为需有申请程序等。所谓形式，是指行政主体作出行政行为应具备一定的形式。行政行为应当符合法定形式，特别是要式行政行为要符合特定的形式，如行政处罚必须具备行政处罚决定书，不具有这类特定形式的不能有效成立。

四、行政行为的生效规则

行政行为发生行政法的效力，有以下几种生效规则：

1. 即时生效。即时生效是指行政行为一经作出即具有效力，对相对人立即生效。即时生效的行为通常是行政主体当场作出并立即产生法律效力的行为。其适用范围较窄，一般适用于紧急情况，如在特定地区强行驱散人群，对醉酒的人实施人身管束。即时生效的行政行为通常没有书面形式，行为作出就是生效的开始。

2. 送达生效。送达生效是指将表达行政行为内容的法律文书送达给当事人，一经送达即发生法律效力。送达包括直接送达、留置送达、转交送达、邮寄送达、公告送达、委托送达等方式。送达生效是行政行为生效的一般规则，行政行为的生效大多属于送达生效。

3. 告知生效。告知生效是指行政主体采取有效方式将行政行为的内容告知行政相对人，行政相对人了解行政行为的具体内容后，行政行为才开始生效。告知生效一般针对不特定的多数人和住所地不明的具体的行政相对人。告知生效必须采取有效的告知方式，使行政相对人能够明了行政行为的内容。有效告知的形式有：布告、公告、通告、无线电广播和电视播放等。

4. 附条件生效。附条件生效是指行政行为的生效附有专门的日期或条件，一旦日期届满或条件具备，该行政行为就发生效力。例如作为抽象行政行为的行政法规和规章在附则中都附有一定的生效日期，一旦这个日期届满，该抽象行政行为就开始发生法律效力。

第四节 行政行为的无效、撤销、变更和终止

一、行政行为的无效

行政行为的无效是指行政行为具有重大、明显的违法情形，从而自始至终不发生法律效力的行为。

1. 行政行为无效的条件。根据法治原则和依法行政的基本要求，法律规定行政

行为具有重大、明显的违法情形时无效。一般而言，行政行为具有下列情形之一的，有权国家机关可宣布该行政行为无效，行政相对人亦可直接抵制该行政行为，不受其约束：

（1）行政行为具有特别重大的违法情形或导致犯罪。如某工商机关为了催促行政相对人交纳市场管理费而决定对他们实施关押，这种行为属于非法拘禁的犯罪行为，故此行政决定是无效行政行为。

（2）行政行为具有明显的违法情形。如行政机关自行规定对本机关作出的强制拆迁决定，行政相对人不得提起行政诉讼。此规定因明显违反公正原则和《行政诉讼法》，应属于无效的行政行为。

（3）不可能实施的行政行为。如行政机关下半年才下达要求行政相对人本年度1～6月份就必须节约用水10%的行政决定。这一行政决定因不可能实施，是无效的。

（4）行政主体受行政相对人胁迫或欺骗而作出的行政行为。例如，行政机关工作人员在行政相对人武力威胁下颁发的许可证、执照或所作出的批准行为等，均是无效行政行为。

（5）行政主体不明确或明显超越相应行政主体职权的行政行为。

2. 行政行为无效的后果。

（1）对于无效行政行为，行政相对人不受该行为拘束，可以不履行该行为所确定的任何义务，而且不履行该行为所确定的义务也不会引起任何法律责任。

（2）对于无效行政行为，行政相对人可在任何时候请求有权国家机关宣布该行政行为无效，有权国家机关也可在任何时候宣布该行政行为无效。有权宣布行政行为无效的国家机关包括原行政机关、原行政机关的上级行政机关、权力机关和人民法院。

（3）行政行为被宣布无效后，行政相对人因无效行政行为而受到的一切损害均应予以恢复，行政相对人因无效行政行为而获得的一切权益均应收回；此种收回给善意的行政相对人或第三人的合法权益造成损害的，行政主体应予以赔偿；如因行政相对人过错、违法导致行政行为无效，使国家和社会公共利益遭受损失的，行政相对人应予以赔偿。总之，行政行为被宣布无效后，被行政行为改变的状态应尽可能恢复到行政行为作出前的状态。

二、行政行为的撤销

行政行为的撤销是指因行政行为不符合有效成立的条件，由有权的机关对其予以撤销，使其向前向后均失去效力。行政行为不符合有效成立的条件即属于违法或不当的行政行为，撤销是对其完全的否定，因而不仅使其对后不具有效力，而且原则上要溯及既往，使之自始至终归于无效。

1. 行政行为撤销的条件。行政行为具有下列情形之一的，可予以撤销：

（1）合法要件缺损。合法的行政行为必须具备主体合法、内容合法、权限合法、程序合法和形式合法等要件。某个行政行为如果缺损其中的一个或多个要件，就是可撤销的行政行为。

（2）不适当。不适当是指行政行为具有不合理、不公正、不符合现行政策、不合时宜、不合乎有关善良风俗习惯等情形。不适当的行政行为在许多情形下同时是不合法的行为，从而可以以"违法"为由予以撤销。但在有些情况下，不适当的行政行为并不违法，但因其不合理并能导致国家利益或行政相对人合法权益的损害，亦可成为撤销行政行为的条件之一。

行政行为的撤销必须通过有撤销权的机关经过法定程序进行，这些机关通常包括国家权力机关、上级行政机关、复议机关和人民法院。

2. 行政行为撤销的法律结果。行政行为撤销后，将会产生以下几种法律结果：

（1）行政行为撤销通常使行为自始失去法律效力，但根据社会公共利益的需要或行政相对人是否存在过错等情况，撤销也可使行政行为自撤销之日起失去效力。

（2）如果行政行为的撤销是因行政主体的过错引起，而因社会公共利益的需要又必须使行政行为的撤销效力追溯到行为作出之日，那么，由此给行政相对人造成的一切实际损失应由行政主体予以赔偿。例如，行政主体违法批地给某企业盖房建厂，某企业本身无过错，后违法批准行为被有权机关撤销，已盖好的厂房因不符合城市建设规划而必须拆迁。为此，违法批地的行政机关应赔偿拆迁企业的损失。

（3）如果行政行为的撤销是因行政相对人的过错或行政主体与相对人的共同过错所引起的，行政行为撤销的效力通常应追溯到行政行为作出之日。行政主体通过行政行为已给予相对人的利益、好处均要收回；行政相对人因行政行为撤销而遭受到的损失均由行政主体予以适当赔偿；行政公务人员对行政行为的撤销具有过错时，应承担一定的内部行政法律责任，如给予行政处分等。

三、行政行为的变更

行政行为的变更，是指因行政行为的内容不适当而加以改变。变更通常是让行政行为仍然存在，只是在种类、幅度等内容上作出一些变化，使之更为合理、适当。在这一点上，它不同于对行政行为的完全撤销。在我国，能对行政行为予以变更的有权机关主要包括：行政主体的上级行政机关、行政复议机关和人民法院。人民法院依照我国行政诉讼法的规定只具有较为有限的变更权，仅对行政处罚显失公正的才予以变更。

四、行政行为的终止

行政行为的终止，是指行政行为的效力因某些法定因素而不再向后发生法律效力。终止并不否定该行为之前的效力，而且通常不是因为该行为有违法或不当的情况，这就是终止与撤销的主要差别。

1. 行政行为终止的原因。引起行政行为终止的原因很复杂，概括地讲主要有以下几种：

（1）行政行为的目的已经达到、任务已完成而自然终止效力。

（2）期限届满。行政行为在附有存续期限的情况下，一旦期限届满，行为的效力即行终止。

（3）行政行为针对的事项已不复存在或因情况有了较大变化而被行政主体终止。如行政行为原所针对的有关当事人死亡或物品灭失，行政行为就不再具有存在的价值因而要终止其效力。前者如行政拘留处罚因被拘留人已死亡而不再具有意义，因而终止拘留处罚的效力；后者如对本应扣押的物品因其已灭失而终止扣押的效力。

（4）行政行为附有一定的解除条件，一旦条件具备，其效力即被终止。

2. 行政行为终止的法律后果。

（1）行政行为终止后，其效力自终止之日起失效。行政主体在行政行为终止之前已给予行政相对人的利益、好处不再收回；行政相对人依原行政行为已履行的义务亦不能要求行政主体予以任何补偿。

（2）行政行为的终止如果是因法律、法规、规章、政策的废除、改变、撤销或形势变化而引起的，且此种终止给行政相对人的合法利益造成了比较大的损失，行政主体应对其损失予以适当补偿。

■ 思考题

1. 简述行政行为的含义。
2. 简述行政行为的内容。
3. 简述行政行为的分类。
4. 简述行政行为的合法要件。
5. 试述行政行为效力的内容。
6. 试比较行政行为的无效、撤销、变更和终止。

■ 推荐书目

1. 胡建淼：《行政行为基本范畴研究》，浙江大学出版 2005 年版。
2. 金伟峰：《无效行政行为研究》，法律出版社 2005 年版。
3. 刘恒、所静：《行政行为法律适用判解》，武汉大学出版社 2005 年版。
4. 陈骏业：《行政行为适法解释判解》，武汉大学出版社 2004 年版。
5. 高文英：《警察行政行为案例与理论分析》，群众出版社 2004 年版。
6. 王宝明等：《抽象行政行为的司法审查》，人民法院出版社 2004 年版。
7. 杨伟东：《行政行为司法审查强度研究——行政审判权纵向范围分析》，中国人民大学出版社 2003 年版。
8. 章志远：《行政行为效力论》，中国人事出版社 2003 年版。
9. 叶必丰：《行政行为原理》，商务印书馆 2014 年版。
10. 方世荣：《论具体行政行为》，武汉大学出版社 1996 年版。
11. 叶必丰：《应申请行政行为判解》，武汉大学出版社 2000 年版。
12. 周佑勇：《行政不作为判解》，武汉大学出版社 2000 年版。
13. 姜明安主编：《行政法与行政诉讼法》，北京大学出版社、高等教育出版社 2005 年版。

第七章　行政程序

■学习目的和要求

　　通过本章学习，掌握行政程序的概念、特征以及行政程序的基本原则和主要制度，了解行政程序法的发展概况，充分认识行政程序在行政法中的地位以及在推进依法行政、建设法治政府中的作用。

第一节　行政程序概述

一、行政程序的概念和特征

　　行政程序是行政主体实施行政行为时所应当遵循的方式、步骤、时限和顺序。方式是指行政主体实施行政行为时采用的各种具体方法和形式。步骤是指行政主体完成某一行政行为所要经历的阶段。时限是指行政主体实施行政行为的时间限定。顺序是指行政主体实施行政行为所必经的步骤间的先后次序。行为方式、步骤构成了行政行为的空间表现形式，行为的时限、顺序构成了行政行为的时间表现形式。所以，行政程序本质上是行政行为空间和时间表现形式的有机结合，反映了行政权运行的过程。行政程序与行政行为的实体内容是行政行为的两个方面，它们是形式与内容的关系，二者相互依存，不存在没有实体内容的行政程序，也不存在不经过程序就能实现的行政实体内容。

　　行政程序具有下列特征：

　　1. 行政程序的法定性。行政程序的法定性是指用于规范行政行为的程序必须通过立法使之法律化，使其具有控制行政行为合法、正当运作的强制力量。行政程序的法定性表明：①尽管任何行政行为都是由实体和程序两部分构成，但并不是所有的行政行为的程序都必须法律化，只有那些能够对行政行为产生控制功能的程序，才有必要成为法定程序；②行政程序的法定性要求行政主体在实施行政行为时必须严格遵循法定的方式、步骤、顺序和时限，这是行政法治的基本要求。如果行政主体实施行政行为时程序违法，则要承担不利的法律后果。

　　2. 行政程序的多样性。在现代社会中，由于行政事务纷繁复杂，不同的行政行为必然会有不同的行政程序，不同的行政程序又适用于不同的行政行为，因此行政程序在客观上呈现出多样性的特征。行政程序的多样性增加了行政程序法典化的难度，要将多种不同性质的行政程序规定在一部法典中，不仅需要有较深厚的行政法学理论作指导，而且也要有相当娴熟的立法技术相配合。[1]

3. 行政程序既有统一性又有分散性。尽管行政行为具有多样性的特征，但是不同性质的行政行为在程序上仍具有共性的问题，对此可以制定统一的行政程序法典予以规定加以普遍适用。而特殊的行政程序通常只适用于一些有特别要求的行政行为，由此他们难以规定在统一的行政程序法典中，通常是以单行的行政程序法作出规定，或者分散规定于各行政实体法文件中。这就形成了行政程序中基本程序统一和特殊程序分散的特征。

二、行政程序的分类

从不同的角度，可以对行政程序作不同的分类。认识行政程序的种类及其内容，有助于行政主体正确地实施行政行为，有助于行政相对人参与到行政行为的过程中来，监督行政主体依法实施行政行为，保护自己的合法权益。

1. 抽象行政行为的程序与具体行政行为的程序。这是以抽象行政行为与具体行政行为的分类为基础的。行政行为有抽象行政行为与具体行政行为之分，与此相对应，行政程序也可以分为抽象行政行为的程序与具体行政行为的程序。抽象行政行为的程序，是指行政主体实施抽象行政行为所必须遵循的方式与步骤。抽象行政行为具有普遍性与后及性的特征，它比具体行政行为的影响要广泛、深远得多，因而它在程序的设计上就比较正式、严格，更注重民主。具体行政行为的程序，是指行政主体实施具体行政行为所必须遵循的方式与步骤。具体行政行为具有执行性特征，因而在程序的设计上相对简便、灵活，更注重效率，注重保护行政相对人的合法权益。

划分抽象行政行为程序与具体行政行为程序的法律意义在于：①不同性质的行为，有不同的程序要求；②违反不同性质的程序，将导致不同的法律后果，适用不同的法律救济途径。

2. 内部行政程序与外部行政程序。这是以内部行政行为与外部行政行为的划分为基础的。内部行政程序是指行政主体实施内部行政行为时所必须遵循的程序，如国家公务员的任免程序、报告审批程序、公文处理程序、规章备案程序等。外部行政程序是指行政主体作出外部行政行为所遵循的程序，如行政许可程序、行政处罚程序、行政征收程序等。

划分内部行政程序和外部行政程序，目的是要充分认识外部行政程序的重要性。外部行政程序是行政程序的核心部分，其是否完备是衡量现代行政民主化与法制化的一个基本标志，外部行政行为如不重视程序上的法制化，极易出现失职、越权或滥用职权现象，不利于社会的稳定和民主的发展。因此，应注重将外部行政程序法

---

[1] 应松年主编：《依法行政读本》，人民出版社2001年版，第244页。

律化。当然，内部行政程序与外部行政程序并不能完全分离，它们通常联系紧密，相互交织在一起发挥作用，有时内部行政程序还可以转化为外部行政程序。所以，无论是外部行政程序还是内部行政程序，当法律有规定时，行政主体都应当遵守而不得违反，否则将承担不利的法律后果。

3. 强制性程序与任意性程序。这是以法律规定行政主体实施行政行为时，对所遵循的程序是否可以自由选择为标准所作的分类。强制性程序是指法律对行政行为的程序作出了详细、具体、明确的规定，行政主体在实施行政行为时没有自由选择的余地，必须严格遵守法律规定而适用的程序。任意性程序是指法律对行政行为程序未作出详细、具体、明确的规定，行政主体在实施行政行为时可以自由选择而采取的程序。

划分强制性程序与任意性程序的意义在于，对于强制性程序，行政主体必须遵守，不得进行随意选择或违背，否则将导致该行政行为违法；对于任意性程序，行政主体可以酌情选择适用，一般不直接产生行政行为是否合法的问题，而主要引起行政行为是否合理的问题。

4. 事先行政程序与事后行政程序。这是按照行政程序适用的时间顺序不同所作的分类。事先行政程序是指行政行为实施前或实施过程中应遵循的程序。如行政处理过程中的调查程序、行政处罚过程中的告知与听证程序、行政立法过程中的征求意见程序等。事后行政程序是指行政行为实施后，为确定该行政行为的合法性与适当性以及纠正违法、不当行政行为而适用的程序，如行政复议程序等。

划分事先行政程序与事后行政程序的目的在于，要求人们不仅要重视事后行政程序，也要重视事先行政程序。因为，随着社会的发展和行政管理事务的增多，仅仅靠事后程序来解决各种纠纷是远远不够的，需要设立更多的事先程序来建立和维护社会秩序，预防各种纠纷的产生。实践证明，事先行政程序对行政民主化和提高行政效率的意义十分重大。如果不为行政行为确定合理的事先行政程序，那么行政活动就缺乏规则，致使侵害公民合法权益、行政效率低下等各种不良现象出现。

5. 行政立法程序、行政执法程序和行政司法程序。这是根据实施行政行为时形成法律关系的特点不同所作的分类。行政立法程序是指行政机关制定行政法规和行政规章时所适用的程序。由于行政立法行为对象的不特定性和效力的后及性，使得行政立法程序比较正式、严格，具有准立法性特点。一般都要经过规划、起草、征求意见、审查、决定与签署、公布和备案等阶段，每个阶段又包括一些具体的办法和相应的制度，如听证制度、专家论证制度等，都是行政立法程序不可缺少的环节。行政执法程序是指行政机关在行使行政职权、实施具体行政行为过程中所适用的程序。行政执法行为方式和手段的多样性，使得行政执法程序的设置也具有多样性的特点，如在行政许可、行政征收、行政强制、行政处罚、行政奖励、行政给付等方面，必须设置不同的程序制度。行政司法程序是行政机关以第三方公断人的身份，依法解决行政管理范围内的纠纷所必须遵循的程序。包括行政裁决程序和行政复议程序等。由于行政司法行为是解决争议、裁决纠纷的活动，具有准司法的特点，强调公正应是行政司法程序设置的最基本要求。

第二节　行政程序的基本原则和主要制度

一、行政程序的基本原则

行政程序的基本原则是指反映现代行政的内在要求，对行政程序立法和行政执法具有指导意义，且贯穿于整个行政程序具体规范之中的基本准则。从其产生的根源来说，行政程序的基本原则一般源于行政管理和行政诉讼的实践。同时，也取决于人们对行政程序的理性认识。行政程序的基本原则规定或体现在行政程序法典中，或以法的一般原则存在，或以不成文的判例形式存在。各国由于历史背景不同以及对行政程序的理解存在差异，行政程序的基本原则也不尽相同。在我国，由于行政程序的发展滞后于行政管理的实践，对行政程序的研究起步较晚，有关行政程序基本原则的理论还不成熟。立法中虽有一些规定，但总体来说，比较分散零乱。借鉴各国的经验，结合我国的实际情况，可将程序法定原则、公开原则、参与原则、公正原则、效率原则确立为我国行政程序的基本原则。

1. 程序法定原则。程序法定原则是指行政活动的主要程序必须由法律加以规定，行政主体实施行政行为时必须严格遵循，不得违反法定程序。程序法定原则是行政法治原则在行政程序领域的具体体现。其基本内容包括：①行政主体实施行政行为时必须严格按照法律规定的方式、步骤、顺序和时限进行；②行政主体行使职权所选择适用的程序必须有利于保护相对人的合法权益，不得侵犯公民的基本权利和自由；③行政主体实施行政行为违反法定程序的，应当承担相应的法律责任。

2. 公开原则。公开原则是指行政主体的一切行政活动除涉及国家秘密、商业秘密及个人隐私并由法律规定不得公开的以外，一律向相对人和社会公开，以增强行政活动的透明度，接受相对人和社会的监督。行政公开已成为现代行政活动应遵循的一项基本原则。在现代行政法中，行政公开主要包括行政活动的依据公开、过程公开与结果公开，以及情报信息资料公开等诸方面的内容。行政公开是现代民主政治的必然要求和题中应有之义，是公众参与行政和监督行政的必要前提，是政府公正廉洁办事的重要保障。阳光是最好的防腐剂，暗箱操作是腐败的温床。确立行政公开原则，有助于实现公民的知情权，促进公民对行政的参与。因为知政是参政议政的前提，公民只有在充分、确实了解政府活动的基础上才能有的放矢，有效参与国家和社会事务的管理，使自己的主体地位得到体现，使自身的利益得到维护和增进。为了贯彻行政公开原则，必须建立一系列的程序制度，例如，执法依据的公布制度、执法人员表明身份制度、告知制度、说明理由制度、行政资讯获取制度、行政法律文书送达制度等。

3. 参与原则。相对人参与原则是指行政机关在进行行政决策、制定规范性文件和实施其他行政行为时，在程序上要保障公民的了解权与参与权得以实现。该原则的具体内容包括：①行政机关应当保障公民及时了解有关情况。②行政机关在实施行政行为时，要保证让相对人参与，为利害关系人举行听证，广泛听取各方面的意见、建议，并允许相对人提出反对意见等。③行政机关在实施行政行为时，要事先通知利害关系人，允许相对人查阅或复制公文案卷，收集有关资料，以维护自己的合法权益。事后要允许相对人向行政机关申诉，通过行政复议等获得救济。

4. 公正原则。公正原则是指行政机关在实施行政行为时应合理处理公共利益与个人利益之间的关系，并在程序上平等地对待相对人，其宗旨是公平、正义。公正原则包括以下内容：①行政机关在实施行政行为时，要尽可能地兼顾公共利益和个人利益，在两者之间保持平衡。②对所有的行政相对人要一视同仁，不偏不倚，如在行政裁决中要给利害关系人以同等的辩论机会等。③行政机关要公正地查明一切与作出行政决定有关的事实真相。④在作出影响相对人权益的决定时要排除偏见，如实行回避、审裁分离、禁止单方面接触制度等。

5. 效率原则。效率原则是指行政程序要适应现代行政的需要，以迅速、简便与经济的方式达到行政目的。这一原则包含的内容有：①任何行政程序的设定都要考虑到时间性，防止拖延，保障快速实现行政目标，行政程序中时效制度即体现这一要求。②行政程序的设定要有一定的灵活性，以适应行政管理复杂多变的需要，行政程序中的紧急处置制度体现这一要求。③行政程序应建立在科学、合理的基础上，以保证行政决策的正确以及行政活动为公众所接受，通过减少失误和保证执行顺畅来提高行政效率。④行政程序的设计要有利于排除行政管理的障碍、保证行政目标的实现，行政程序中的不停止执行制度即体现这一要求。

二、行政程序的主要制度

行政程序的主要制度是指行政主体在行政活动中必须遵循的重要程序制度，是行政程序基本原则的具体化。它主要包括下列内容：

1. 表明身份制度。这是指行政主体及其公务人员在进行调查或者作出行政决定之前，应当向行政相对人出示履行职务的证明，表明其有权从事该项活动的制度。表明身份制度不仅有利于防止假冒、诈骗活动，也有利于防止行政主体及其公务人员超越职权、滥用职权。

2. 告知制度。这是指行政主体在作出行政行为时，将有关事项告诉行政相对人的制度。告知的内容主要有：①告知决定，如告知受理或不受理、告知许可或不许可、告知处罚轻重或不予处罚等。②告知权利，如告知相对人有陈述和申辩的权利、聘请律师的权利、查阅材料的权利、申诉的权利、申请行政复议与提起行政诉讼的权利等。③告知其他事项，如告知听证会的时间和地点、告知申诉的期限和受理申诉的机关等。

告知的要求为：①告知必须在合理的时间内进行。由于设立告知制度的目的是为了让相对人能够为自己利益提供保护，所以告知只有在合理的时间内进行才有实质意义。②告知的内容必须包括与被告知者利益有关的充分信息，以使相对人能够充分地准备相关的证据支持自己的主张。

3. 调查制度。调查制度是指行政主体在作出决定或裁决前，应当查明事实、收集证据的制度，具体包括询问证人、查账、鉴定、勘验等各种方法。由于行政主体实施行政行为时比较注重效率，因而在行政调查中，行政主体的主导性比司法审判中法院的主导性强得多，所以建立调查制度并注意保护行政相对人的权利，就显得十分重要。英国行政法就把调查列为一项独立的制度，以调整在调查中行政主体与行政相对人的权利义务关系。

4. 说明理由制度。说明理由制度是指行政主体在作出影响行政相对人权利义务的决定时，除法律有特别规定的外，必须向行政相对人说明作出该决定的事实根据、法律依据以及进行自由裁量时所考虑的政策、公益等因素的制度。说明理由制度就内容而言，可以分为合法性理由和正当性理由两部分。前者用于说明行政行为合法性的根据，如事实材料、法律规范；后者则是用于说明行政机关行使自由裁量权的依据，如政策形势、公共利益、惯例、公理等。[1]英国的行政法学家威廉·韦德强调，无论如何，如果某个行政决定没有说明理由，行政机关将很难使这样的决定正当化。[2]说明理由能增强人们对行政决定合理性的信心，因为至少在形式上它表明行政决定是理性考量的结果。没有任何理由支持的行政决定从形式上看是令人难以接受的，如果没有说明理由，人们就可能认为已作出的行政决定无理由，或者缺乏客观事实和理性考量，甚至只是恣意、专断的结果，这就会导致人们对程序的合法性与正当性产生疑问、丧失信心。

5. 听证制度。这一制度是指行政主体在作出影响相对人权利义务的决定之前，听取相对人的陈述、申辩和质证的一种程序制度。它是现代行政程序法的核心制度，是相对人参与行政程序的重要形式，是行政民主与行政公正的具体体现。听证有广义和狭义之分。广义的听证泛指行政主体听取当事人意见的程序，包括正式听证和非正式听证两种。狭义的听证特指行政主体以听证会的形式听取当事人意见的程序，是一种正式的听取当事人意见的形式。正式听证和非正式听证的区别主要在于相对人参与的方式和程度不同。在非正式听证中，相对人主要通过口头或书面的方式表达其意见，以供行政主体参考，相对人没有质证和相互辩论的权利，行政主体作出决定时不受相对人意见的限制；在正式听证中，行政主体必须举行听证会，相对人有权在律师的陪同下出席听证会，有权提供证据，进行口头辩论，行政主体必须根据听证记录作出决定。在正式听证中，相对人享有下列权利：①由无偏见的官员作为听证主持人的权利。②在合理的时间以前得到通知的权利。③提供证据和进行辩论的权利。④聘请律师陪同出席听证会的权利。⑤通过质证及其他正当手段驳斥不

〔1〕 章剑生：《行政程序法基本理论》，法律出版社 2003 年版，第 190 页。
〔2〕 H. W. R. Wade, *Administrative Law*, 5th edition, Oxford：Clarendon Press, 1982, pp. 373～374.

利证据的权利。⑥要求行政主体根据行政案卷中所记载的证据作出裁决的权利。⑦取得全部案卷副本的权利。

在我国，1996 年颁布的《行政处罚法》首次规定了听证制度，目前这一制度有了很大的发展，听证的适用范围不断扩大。根据我国目前的法律规定，听证制度主要适用于：①行政处罚听证。行政处罚听证适用于行政处罚程序。1996 年 3 月 17 日第八届全国人民代表大会第四次会议通过的《行政处罚法》正式确立了行政处罚的听证制度。《行政处罚法》第 42 条第 1 款规定："行政机关作出责令停产停业、吊销许可证或者执照、较大数额罚款等行政处罚决定之前，应当告知当事人有要求举行听证的权利；当事人要求听证的，行政机关应当组织听证……"②政府定价听证。政府定价听证适用于政府确定物价程序。《价格法》第 23 条规定："制定关系群众切身利益的公用事业价格、公益性服务价格、自然垄断经营的商品价格等政府指导价、政府定价，应当建立听证会制度，由政府价格主管部门主持，征求消费者、经营者和有关方面的意见，论证其必要性、可行性。"③行政立法听证。行政立法听证适用于行政法规、行政规章的制定程序。《立法法》第 67 条第 1 款规定："……行政法规在起草过程中，应当广泛听取有关机关、组织、人民代表大会代表和社会公众的意见。听取意见可以采取座谈会、论证会、听证会等多种形式。"根据该法第 83 条的规定，这一规定也适用于行政规章的制定程序。④行政许可听证。根据《行政许可法》的规定，在起草法律草案、法规草案和省、自治区、直辖市人民政府规章草案时，拟设定行政许可的，起草单位应当采取听证会、论证会等形式听取意见，并向制定机关说明设定行政许可的必要性、对经济和社会可能产生的影响以及听取和采纳意见的情况。法律、法规、规章规定实施行政许可应当听证的事项，或者行政机关认为需要听证的其他涉及公共利益的重大行政许可事项，行政机关应主动举行听证。行政许可直接涉及申请人与他人之间的重大利益关系的，行政机关应当在作出决定前，告知申请人、利害关系人有申请听证的权利；申请人、利害关系人申请听证的，行政机关应当为其组织听证会。

6. 辩论制度。这一制度是指行政主体在裁决当事人之间的争议时，应通知双方当事人到场，在行政主体的主持下，由双方当事人就有关事实问题和法律问题进行对质的一种法律制度。其目的在于通过当事人之间进行质证，澄清有关事实和法律问题，从而保障双方当事人的合法权益。辩论制度给予了当事人充分陈述自己观点和理由的机会，有利于防止行政主体在进行裁决时偏听偏信，也有利于相对人接受和自觉履行行政决定。

7. 回避制度。这一制度指行政工作人员与所处理的行政事务有利害关系，可能影响到公正处理或裁决时，主动或应相对人申请而不得参与处理该项行政事务的制度。回避制度来源于普通法上的自然公正原则，这项原则要求"任何人都不能做自己案件的法官"。实行回避制度，有利于排除与所处理的事项有利害关系的行政人员主持行政程序，从而实现行政公正；有利于增加相对人对行政主体的信任感，保障行政管理活动的顺利进行。

8. 职能分离制度。这一制度是指将行政主体拥有的某些相互联系的职能加以分离，使之分属不同机关（机构）或不同工作人员掌管和行使的制度，主要包括两种：①审裁分离，即案件的调查人和裁决人相分离；②裁执分离，即案件的裁决者和执行者相分离。后者如我国《行政处罚法》规定的"罚缴分离"制度。这样做除了可以防止行政机关及其工作人员滥用权力外，也有利于行政决定的公正、准确，较好地体现了公正原则。

9. 情报公开制度。情报公开是指行政主体应通过各种方式和途径让相对人知晓有关行政活动的情况及有关的信息资料。它包括的内容广泛，行政法规、规章、行政政策、行政决定及行政机关据以作出相关决定的有关材料、行政统计资料、行政机关的有关工作制度、办事规则和手续等所有这些行政情报，凡是涉及相对人权利义务的，只要不属于法律规定的保密范围，都应依法向社会公开，任何公民、组织均可依法查阅和复制。情报公开是公民行使法定权利、履行法定义务的重要条件，是相对人防止行政机关在行使职权时侵犯其合法权益的保障，也是公民知政、参政的重要途径。

10. 不单方接触制度。这一制度是指行政主体在处理两个以上有利害关系的相对人的事项时，不得在一方当事人不在场的情况下单独与另一方当事人接触，不得单方面听取其陈述、接受其提交的证据的制度。设立该制度的目的在于：防止行政机关及其工作人员与一方当事人进行私下交易而导致行政腐败；防止行政机关及其工作人员受一方当事人虚假陈述的影响而形成偏见，作出对其他当事人不利的决定而损害其合法权益。

11. 时效制度。这一制度是指行政行为的全过程或其各个阶段应受到法定时间限制的程序制度。时效制度是行政程序效率原则的具体体现。为了保证行政活动的高效率，行政程序的各个环节都应当有时间上的限制，如超过法定的期限，就会产生相应的法律后果。时效制度主要是针对行政机关规定的。例如，相对人依法提出某种许可申请后，行政机关必须在法定的期限内予以答复。否则，相对人可以以行政机关不作为为由申请行政复议或提起行政诉讼。时效制度也适用于相对人，如相对人不在法定期限内申请复议或提起行政诉讼，就丧失了获得相应救济的权利。

12. 行政救济制度。这一制度是指在相对人不服行政机关作出的影响其权利义务的行政决定时，通过法律规定的申诉或申请复议寻求救济，由上级行政机关或法定行政机关对原行政决定进行审查并作出裁决的制度。

第三节　行政程序法

一、行政程序法的概念

行政程序法是关于行政程序的法律规范的总和，即规定行政行为的方式与步骤的所有法律规范。它包括以下几层意思：

1. 行政程序法所规范的主要对象是行政主体的行政行为。尽管行政程序法对行政相对人的行为也作了一些要求和规范，但这些都直接或间接地与行政行为有关，因而也可以认为是在直接或间接地规范行政行为。

2. 行政程序法是规范行政行为的方式、步骤、时限与顺序方面的法律规范，而不包括规范行政行为所有方面的法律规范。行政机关有无权限实施某种行政行为，由行政实体法规定；如何实施行政行为，则由行政程序法规定。行政法是行政实体法与行政程序法的有机统一体。行政程序法不改变当事人的实体权利义务，而只是保证当事人实体权利义务的实现。但行政程序的正当合法与否，直接影响到行政实体权利内容能否正确、顺利地实现。在实践中，行政实体法与行政程序法通常交织在一起，共存于一个法律文件之中，难以决然分开。

3. 行政程序法是关于行政程序的法律规范的总和。它不仅包括行政程序法典，还包括散见于其他法律、法规及规章中的有关行政程序的法律规范。

二、行政程序法的作用

行政程序法的作用主要表现在以下几个方面：

1. 规范与控制行政权。行政程序法对行政权的规范与控制作用主要表现在两个方面：①行政程序法使行政程序成为行政行为发生法律效力的必要条件。如果程序不合法，就会导致行政行为违法，行政主体要对此承担相应的法律责任。②行政程序法是杜绝失职和滥用职权等行政违法行为的有效手段。行政违法行为的发生大多都与制度不完备、程序不健全有关。健全和完善行政程序法，不给失职与滥用职权留有余地，从而起到确保行政权在法治的轨道上正常运行的作用。

2. 保护行政相对人的合法权益。行政程序法具有在程序上保障相对人合法权益不受非法侵犯的作用。它不仅要求行政主体的一切行政行为必须严格依照法定程序进行，为行政机关设定了一系列程序上的义务，如告知义务、听证义务、说明理由的义务、回避的义务等，同时也赋予了行政相对人应有的行政程序权利，如听证的权利、陈述与申辩的权利、申请复议的权利等。这些程序的设定，可以制约行政主体对行政权尤其是自由裁量权的行使，促使行政主体更审慎周密地行使职权，从而尽可能避免或减少违法与不当行为的发生，以保护行政相对人的合法权益。

3. 提高行政效率。效率是行政的生命。行政行为的效率取决于多种因素，其中之一即是适当选择行为方式、合理安排环节、科学组合过程，以保证行政机关活动的合理化和科学化。行政程序法所规定的程序是立法者为行政主体选择的尽可能合理的程序，除去了不必要的繁文缛节，减少了不必要的人力、物力及时间的耗费。同时，行政程序法确立的时效制度、不停止执行制度、紧急处置制度等，增强了行政的灵活性，有助于行政效率的提高。虽然行政程序法赋予公民参与行政活动的权利，为行政主体设定了相应的程序义务，看似增加了行政成本，但这可以让行政相对人将"苦与怨"发泄在行政行为实施过程中，缓解当事人之间的矛盾，减少行政主体的失误，减少行政行为在执行上的阻力和障碍，从而提高行政效率。

4. 促进行政民主。现代行政法一般都有防止行政专断、保障行政民主的相应程序规定。如行政法规、规章的制定应当广泛听取有关机关、组织和公民的意见，听取意见可以采取座谈会、论证会、听证会等多种形式；行政机关作出行政处理或处罚决定时，应当允许受决定影响的公民提供证据，进行陈述和申辩，行政机关必须听取公民的意见，较重的行政处罚要举行听证等。这些程序规定确立了公民在行政程序中的主体地位，保障了公民对行政活动的参与，奠定了行政民主化的基础，有利于防止行政专断。

三、行政程序法的发展概况

行政程序法的产生和发展是 20 世纪行政法发展的重要内容之一，引起行政程序法产生的直接动因，来自于国家行政权力的扩张、依法治国原则的贯彻以及"程序理性"观念的深化等多种因素的交融。19 世纪以后，由于生产的社会化和垄断资本的发展，国家对社会经济生活进行了广泛的干预，从而使行政权迅速扩张。行政权的扩张必然带来两个客观后果：①行政效率问题的日益严重；②侵害相对人权益的可能性增多，这就促进了行政程序法的发展。

行政程序法发展的最突出标志是行政程序法的法典化。最早以法典形式规定行政程序的国家是西班牙，它于 1889 年就制定了《行政手续法》。由于该法制定后对提高行政效率、减少政府侵害公民权益发挥了一定作用，被其他各国纷纷仿效。奥地利于 1925 年 7 月 16 日通过了《普通行政程序法》，该法共 6 编 80 条，是一部较为完备的行政程序法。捷克斯洛伐克于 1925 年、南斯拉夫于 1929 年相继制定各国的行政程序法典，形成了行政程序法典化的第一次高潮。这次高潮以规范行政权力、提高行政效率为主要目的。

20 世纪 30 年代罗斯福新政时期，行政权力的急剧集中和扩张使人们对行政程序的作用有了迫切的期待。联邦最高法院于 1936 ~ 1941 年期间对摩根案件的四次判决，强调行政程序的重要性。行政法学者盖尔霍恩教授 1941 年出版了《联邦行政程序》和《行政案例和评论》两本书，提出行政法的研究已进入第三阶段。第一阶段着重研究的问题是宪法的分权原则和行政机关的权力；第二阶段着重研究的问题是司法审查的界限；第三阶段着重研究的是行政程序。他认为法院对于违法行为的审查，不能代替良好的行政程序。司法审查费时费钱，大量的行政行为，或者由于性质特殊，或者由于当事人缺乏经济能力，不能受到法院的审查，行政法的主要问题是发展良好的行政程序，防止专横、任性的行政决定的产生，同时保障行政机关办事公平而有效率。[1]1946 年美国通过了《联邦行政程序法》，该法对行政程序的一般原则、规章制定（rule-making）以及行政裁决（adjudication）程序作了规定，体现了行

---

〔1〕　王名扬：《美国行政法》（上册），中国法制出版社 1995 年版，第 66 页。

政活动的公开、参与、公正等程序原则。在美国的影响下，各国纷纷制定或修订行政程序法典，奥地利于 1950 年、西班牙于 1958 年修订其行政程序法典，匈牙利于 1957 年、意大利于 1960 年先后制定行政程序法典，日本于 1964 年形成了行政程序法草案，瑞士于 1968 年、瑞典于 1971 年、联邦德国于 1976 年制定了行政程序法典，就连行政程序法传统一向薄弱的法国也于 1979 年制定了《行政行为说明理由和改善行政机关和公民关系法》，出现了行政程序法法典化的第二次高潮。这次高潮以保障公民在行政权力运行中的权利为中心。

20 世纪 90 年代以来，出现了行政程序法典化的第三次高潮。已经制定行政程序法的国家，纷纷对原法案进行修改，赋予其新的时代精神，[1] 没有制定行政程序法的国家及地区则积极制定行政程序法。[2] 第三次高潮可看做是第二次高潮的延续，其主题仍然是保证行政的公开、透明，保护公民在行政程序中的权利。这次高潮引人注目之处在于中心由欧洲、美洲转移至亚洲，亚洲国家中又以日本所受影响最大。随着经济的发展，公众参与行政的要求日益提高，需要一个公开、高效的政府为公民和企业服务，这正是在亚洲兴起制定行政程序法高潮的内在原因。[3]

总之，行政程序法典化已呈现为一种国际趋势。有学者指出，"21 世纪法律的发展，以程序法的发展为主要特色，其中行政程序法的发展必将成为先导"[4]。

中华人民共和国成立后，制定了一些包含行政程序的法律规范，如 20 世纪 50 年代初，在《劳动部关于劳动争议解决程序的规定》（已失效）和《政务院关于处理人民来信和接见人民工作的决定》等法律文件中，开始涉及行政程序问题，但立法很零碎，绝大部分行政行为处于没有法定程序规范状态中，对行政程序立法的理论研究也十分落后。十一届三中全会以后，随着社会主义法制建设的发展，不少法律、法规中规定了有关行政程序的法律规范，如有关行政立法程序的《行政法规制定程序暂行条例》[5]，有关规定行政执法程序的《治安管理处罚条例》[6]、《税收征收

---

〔1〕 奥地利于 1991 年，西班牙于 1992 年，德国于 1992 年、1997 年两次对各自行政程序法进行修正。

〔2〕 葡萄牙于 1991 年制定了行政程序法（1996 年修订），荷兰于 1994 年在《基本行政法典》中规定了行政程序部分，日本于 1993 年、韩国于 1996 年、我国澳门特别行政区于 1995 年分别制定行政程序法。

〔3〕 王万华：《行政程序法研究》，中国法制出版社 2000 年版，第 78 ~ 81 页。

〔4〕 应松年主编：《行政法学新论》，中国方正出版社 1999 年版，第 499 页。

〔5〕 2001 年 11 月 16 日中华人民共和国国务院令第 321 号通过了《行政法规制定程序条例》，自 2002 年 1 月 1 日起施行，1987 年 4 月 21 日国务院批准、国务院办公厅发布的《行政法规制定程序暂行条例》同时废止，且 2001 年 11 月 16 日中华人民共和国国务院令第 322 号通过了《规章制定程序条例》，自 2002 年 1 月 1 日起施行。

〔6〕 1986 年 9 月 5 日第六届全国人民代表大会常务委员会第十七次会议通过，1994 年 5 月 12 日第八届全国人民代表大会常务委员会第七次会议对《治安管理处罚条例》进行了修订。2005 年 8 月 28 日第十届全国人民代表大会常务委员会第十七次会议通过了《治安管理处罚法》，自 2006 年 3 月 1 日起施行，1986 年 9 月 5 日公布、1994 年 5 月 12 日修订公布的《治安管理处罚条例》同时废止。

管理法》[1]，有关行政机关内部工作程序的《国家行政机关公文处理办法》（已失效），有关涉及行政裁判程序的《土地管理法》[2]、《国营企业劳动争议处理暂行规定》（已失效）、《行政复议条例》[3] 等。特别是 1989 年《行政诉讼法》的颁布，对我国行政程序立法起到了巨大的推动作用，《行政诉讼法》第 70 条规定，行政机关违反法定程序构成人民法院撤销行政行为的理由。1996 年通过的《行政处罚法》对行政处罚程序作了较完备的规定，首次规定了听证程序，标志着我国行政程序立法在向现代化的方向迈进。2003 年颁布的《行政许可法》对行政许可的程序作了较为明确具体的规定，并对违反行政许可程序的法律责任作了相应的规定。尤其值得一提的是，2008 年 4 月 9 日，湖南省政府第四次常务会议审议通过了《湖南省行政程序规定》[4]，于 2008 年 4 月 17 日公布，并于 2008 年 10 月 1 日起正式实施。该规定的颁布实施，填补了中国统一的行政程序立法的空白，开创了一条"先地方后中央"的立法途径，为国家行政程序立法积累了有益的实践经验，标志着在全国开展行政程序立法的条件已经具备，时机已经成熟。

四、行政程序法的目标模式与法体模式

（一）行政程序法的目标模式

行政程序法的目标模式是指行政程序法根据所需要达到的目标而形成的总体特征。行政程序法可以发挥多方面的作用，立法者可以按照自己的目的进行选择，这种选择将使一国的行政程序法形成一定的目标模式。[5] 从世界范围来看，行政程序法的目标模式主要有两种：

1. 效率模式。此种模式的行政程序法主要以提高行政效率为目标，在此基础上进行行政程序设计，形成相应的程序体系。效率模式的主要特征有：①行政官员的自由裁量权大；②行政行为的过程、步骤紧凑，简便易行；③对行政人员的职权和

---

〔1〕 1992 年 9 月 4 日第七届全国人民代表大会常务委员会第二十七次会议通过，根据 1995 年 2 月 28 日第八届全国人民代表大会常务委员会第十二次会议《关于修改〈中华人民共和国税收征收管理法〉的决定》第一次修正，2001 年 4 月 28 日第九届全国人民代表大会常务委员会第二十一次会议修订，根据 2013 年 6 月 29 日第十二届全国人民代表大会常务委员会第三次会议《关于修改〈中华人民共和国文物保护法〉等十二部法律的决定》第二次修正。

〔2〕 1986 年 6 月 25 日第六届全国人民代表大会常务委员会第十六次会议通过，根据 1988 年 12 月 29 日第七届全国人民代表大会常务委员会第五次会议《关于修改〈中华人民共和国土地管理法〉的决定》第一次修正，1998 年 8 月 29 日第九届全国人民代表大会常务委员会第四次会议修订，根据 2004 年 8 月 28 日第十届全国人民代表大会常务委员会第十一次会议《关于修改〈中华人民共和国土地管理法〉的决定》第二次修正。

〔3〕 1999 年 4 月 29 日第九届全国人民代表大会常务委员会第九次会议通过了《行政复议法》，该法自 1999 年 10 月 1 日起施行。1999 年 12 月 24 日国务院发布，1994 年 10 月 9 日国务院修订发布的《行政复议条例》同时废止。

〔4〕《湖南省行政程序规定》分 10 章，具体包括总则、行政程序中的主体、行政决策程序、行政执法程序、特别行为程序和应急程序、行政听证、行政公开、行政监督、责任追究和附则，共计 178 条。

〔5〕 罗豪才主编：《行政法学》，中国政法大学出版社 1996 年版，第 291～292 页。

职责规定明确；④注重行政程序规范的科学性、合理性；⑤为了实现行政的高效率，在程序制度上特别注重时效制度、简易程序制度、紧急处置制度、申诉不停止执行制度等。[1]

2. 公正模式。此种模式的行政程序法主要以控制行政权的滥用、保护公民的合法权益为目标，在此基础上进行行政程序设计，形成相应的程序体系。所以这种模式又被称之为权利模式。其主要特征有：①注重对影响公民权利义务的行政行为的程序控制；②注重行政职权行使中对公民权利的程序保障；③注重相对人对行政行为的参与；④重视行政救济程序；⑤为了保障行政公正，保护相对人的合法权益，行政程序立法特别重视以下制度建设：回避制度、听证制度、辩论制度、告知制度、职能分离制度、代理制度、救济制度等。

公正模式和效率模式反映了各国对行政程序法的立法宗旨与基本功能的态度。大陆法系国家由于受传统的集体主义思想的影响，其行政程序法一般侧重于效率模式。英美法系国家由于受个人主义法律传统及普通法中自然公正原则的影响，在目标模式上侧重于公正模式。从现代各国的行政程序立法来看，纯粹选择一种模式的国家比较少见，多数国家都是以一种模式为主兼采另一种模式的优点。

我们认为，从理论上讲，公正与效率作为行政程序立法的双重目标，单独强调某一方面都是片面的，难以保证行政程序法的正常运行。理想的选择是既要保护公民权利，又要提高行政效率，做到公正与效率的有机统一。从我国行政法治的现状来看，行政程序立法的重点应放在对行政权力运行的控制和对行政主体的约束机制上，以保证行政权力的公正行使和保护相对人的合法权益，即应将以公正模式为主、兼顾效率作为我国行政程序立法的目标模式。由于我国在历史上缺乏法治的传统，广大公民的主体意识、权利意识有待提高。且在市场经济发展过程中，社会不公正的问题也较为严重。某些政府官员仍有利用权力寻租的行为，以追求行政效率为名，行行政违法之实，侵害公民的合法权益。在这种情况下，如果以效率取代公正在行政程序立法模式中的优先地位，不仅不利于我国的行政程序立法，而且对我国整个法治建设和社会进步都会产生不利影响。选择以公正为主、兼顾效率作为我国行政程序立法的目标模式，既可以保护行政相对人的合法权益，保障其监督国家行政机关及其工作人员依法行政，从而真正体现人民当家做主的宪法原则，又可以通过行政机关及其工作人员合法、公正行使职权，来减少行政机关与相对人之间的摩擦，促进行政效率的提高，同时也顺应了日益重视保护行政相对人合法权益的现代行政程序法的发展趋势。[2]

（二）行政程序法的法体模式

行政程序法的法体模式是指一国行政程序法律规范的载体所表现出来的总体特

---

[1] 杨海坤、黄学贤：《中国行政程序法典化——从比较法角度研究》，法律出版社 1999 年版，第 80 页。
[2] 杨海坤、黄学贤：《中国行政程序法典化——从比较法角度研究》，法律出版社 1999 年版，第 98 页。

征。从各国立法情况来看，行政程序法的法体模式主要有两种：①统一式；②分散式。

统一式是指一国制定一部统一的，适用于所有行政领域的，规范各部门、各类别行政行为基本程序的行政程序法典。在统一式下，并不排除同时制定某些单行行政程序法，从而规定某一特定领域或特定事项的较具体的行政程序；也不排除个别行政法律、法规中在规定行政实体问题的同时，规定有关的行政程序内容。

分散式是指一国行政程序法规范分散规定于各单行法律、法规之中，不制定统一适用于各行政领域、各部门、各类别行政行为基本程序的专门行政程序法典。在分散模式下，立法机关分别就特定领域或特定事项制定单行行政程序法律、法规，如行政法规、规章制定程序法、行政许可程序法、行政处罚程序法、行政强制程序法、行政征收程序法、行政裁决程序法等。这种模式更不排除在个别行政实体法律法规中规定有关具体的行政程序。

随着现代民主、法治的发展，目前世界上越来越多的国家都已制定或准备制定统一的行政程序法典，走统一式的行政程序立法道路。统一的行政程序法典有利于各行政领域遵循共同的、最基本的程序规则和制度，有利于各个行政领域行政程序法律规范内容的整体协调一致，有利于避免分散式模式下可能导致各程序法律规范之间的相互矛盾或重复，从而可以更好地规范行政权力的行使，防止行政权力的滥用，更好地保护行政相对人的合法权益，体现现代民主法治的要求。正因如此，行政程序法的法体模式由分散式逐步过渡到统一式成为行政程序法发展的总趋势。[1]

我们认为，制定统一的行政程序法典是我国行政程序发展的必然趋势，是行政法治的基本要求，也是我们的最终目标。但在现有条件下，我们应采取分步走的战略，先发展各类行政程序，制定单行的行政程序法，满足现实对立法的迫切需要，同时积极加强对统一行政程序立法的研究和起草工作，努力制定出一部统一的行政程序法典。

■思考题

1. 简述行政程序的概念与特征。
2. 简述行政程序的分类。
3. 简述行政程序法与行政实体法的关系。
4. 简述行政程序的主要制度。
5. 试述行政程序的基本原则。
6. 试述行政程序法的作用。
7. 试述行政程序法的目标模式。

---

〔1〕 姜明安主编：《行政法与行政诉讼法》，高等教育出版社2000年版，第199～200页。

■ 推荐书目

1. 姜明安主编：《行政程序研究》，北京大学出版社 2006 年版。

2. 应松年、杨小君：《法定行政程序实证研究——从司法审查角度的分析》，国家行政学院出版社 2005 年版。

3. 汤德宗：《行政程序法论——论正当行政程序》，元照出版有限公司 2005 年版。

4. 马怀德主编：《行政程序立法研究——〈行政程序法〉草案建议稿及理由说明书》，法律出版社 2005 年版。

5. 张树义主编：《行政程序法教程》，中国政法大学出版社 2005 年版。

6. 王万华：《中国行政程序法立法研究》，中国法制出版社 2005 年版。

7. 章剑生主编：《行政程序法学》，中国政法大学出版社 2004 年版。

8. 台湾行政法学会主编：《行政程序法之检讨、传播行政之争讼》，元照出版有限公司 2003 年版。

9. 杨寅：《中国行政程序法治化——法理学与法文化的分析》，中国政法大学出版社 2001 年版。

10. 应松年主编：《行政程序法立法研究》，中国法制出版社 2001 年版。

11. 杨海坤、黄学贤：《中国行政程序法典化——从比较法角度研究》，法律出版社 1999 年版。

12. 应松年主编：《比较行政程序法》，中国法制出版社 1999 年版。

第八章 行政违法与行政责任

■学习目的和要求

　　通过本章学习，掌握行政违法与行政责任的概念、特征及其构成；了解行政违法的种类；熟悉行政责任的追究与承担；对实践中出现的行政违法行为能够准确认定，并能够清晰地判断如何追究其法律责任。

第一节　行政违法

一、行政违法的概念

在我国行政法学理论中，对行政违法概念的理解和范围的界定尚存在分歧，主要观点有：①行政违法是指行政法律主体违反行政法律规范，侵害受法律保护的行政关系，对社会造成一定程度的危害，尚未构成犯罪的行为。行政法律关系主体包括行政主体和行政相对方。因此，行政违法包括行政主体的违法和行政相对方的违法。[1]②行政违法行为是公民、法人或者其他组织故意或过失实施的违反行政法规范，侵犯国家、社会公益或个人、组织的合法权益，危害国家安全或社会秩序，但尚不构成犯罪的行为。行政违法的主体是公民、法人或其他组织。行政机关作为行政主体时实施的违法行为不是"行政违法行为"，而是"违法行政行为"。[2]③行政违法是指行政主体所实施的，违反行政法律规范，侵害受法律保护的行政关系而尚未构成犯罪的有过错的行政行为。[3]④行政违法，乃行政合法的对称概念，是指行政机关、其他行政公务组织和行政公务人员实施的违反行政法律规范的规定和要求的行政行为。[4]

上述观点的不同之处突出表现在对行政违法主体的界定上。第一种观点认为，行政违法的主体包括行政主体和行政相对人；第二种观点认为行政违法的主体是行

---

〔1〕 罗豪才主编：《行政法学》，北京大学出版社 1996 年版，第 311 页。

〔2〕 姜明安："行政违法行为与行政处罚"，载《中国法学》1992 年第 6 期。

〔3〕 胡建淼：《行政法学》，法律出版社 1998 年版，第 478 页。

〔4〕 杨解君：《行政违法论纲》，东南大学出版社 1999 年版，第 14～15 页。

政相对人，行政主体只能作为违法行政的主体；第三种观点认为，行政违法的主体是行政主体；第四种观点认为，行政违法的主体是行政机关、其他行政公务组织和行政公务人员。每种观点都是学者从不同角度对行政违法的认识，都有其合理之处。我们认为，将行政违法认定为是与行政合法行为相对应的一个概念，强调行政主体及其公务人员的法律责任，预防和遏制行政违法行为的发生，保护行政相对人的合法权益，维护公共利益和社会秩序，促进行政主体及其公务人员依法行政是具有重要的时代意义的。基于此，可以将行政违法界定为：行政违法是指行政主体及行政公务人员违反行政法律规范尚未构成犯罪的应当承担行政责任的行政行为。它包括以下几层含义：

1. 行政违法是行政主体及行政公务人员实施的行政行为违法。行政违法的主体是行政主体及行政公务人员，具体包括行政机关、法律授权的组织和行政公务人员。行政违法是指行政行为违法，它必须以行政行为的存在为前提条件。这就将行政主体及行政公务人员的民事行为、个人行为及其他非行政行为违法排除在行政违法之外。这里的行政行为，既包括抽象行政行为，也包括具体行政行为；既包括实体性行为，也包括程序性行为；既包括外部行政行为，也包括内部行政行为；等等。

2. 行政违法是违反行政法律规范的行为。①行政违法违反的是行政法律规范，而不是对宪法规范、刑事法律规范、民事法律规范的违反，否则，就不属于行政违法而应属于违宪行为、犯罪行为、民事违法行为。当然，在行政违法实践中，并不排除行政行为既违反行政法律规范又违反其他性质法律规范的情形，这时该行政行为是行政违法行为与行政犯罪行为、违宪行为等的重合或竞合。但如果只是单纯违反其他性质法律规范的行为，则绝不可能构成行政违法行为。[1]②违反行政法律规范不仅包括对具体行政法律规范的违反，也包括对行政法律原则、价值和精神的违反。

3. 行政违法是尚未构成犯罪的行为。行政违法属于一般违法行为，其社会危害性较小，尚未达到犯罪的程度。行政违法与行政犯罪不同，行政犯罪是违反行政刑法而应受刑罚处罚的行为，一般认为其是指"违反行政法中有关刑事责任规定的法律规范而应承担刑罚责任的严重违法行为"[2]。行政违法与行政犯罪的区别，总体表现在社会危害性及其程度不同、违反的法律规范性质不同及应受惩罚的方法不同等。[3]

4. 行政违法是一种应当承担行政责任的行为。任何违法行为都应当受到相应的法律制裁，都应当承担法律责任，这是法治原则的要求。行政违法引起的法律责任是行政责任，而不是刑事责任或民事责任。行政责任是行政违法的法律后果。

---

〔1〕 杨解君：《行政违法论纲》，东南大学出版社 1999 年版，第 19 页。

〔2〕 张明楷："行政刑法辨析"，载《中国社会科学》1995 年第 3 期。

〔3〕 参见杨解君：《行政违法论纲》，东南大学出版社 1999 年版，第 23 页。

二、行政违法的构成要件

分析行政违法的构成要件，对于正确认定行政违法行为具有重要的意义。所谓行政违法的构成要件，是指由行政法律规范所规定的，构成行政违法所必须具备的主观和客观条件的总和。其具体包括以下内容：

1. 行政违法的主体是行政主体及行政公务人员。这是行政违法的主体要件。行政违法是一定主体的行为违法，主体是行为的载体，离开了主体就无所谓行为，更无所谓行为违法。我们所界定的行政违法是指行政行为违法，而实施行政行为的主体是行政主体及行政公务人员。因此，行政违法的主体必须是行政主体和行政公务人员，非行政主体及行政公务人员的行为不能构成行政违法。

2. 行政违法侵害了受行政法律规范所保护的行政关系。这是行政违法的客体要件。任何违法行为都是对法律所保护的社会关系的侵犯。行政违法，是对受行政法保护的社会关系——合法行政关系的侵害或破坏。行政行为只有客观上侵害了合法的行政关系，破坏了正常的行政管理秩序，才构成行政违法。应当指出的是，行政违法不能仅仅被看成是对某个个体或组织的侵害，还应当看到它对整个国家、社会公共利益与公共秩序的侵害和破坏。同时，要把行政违法的客体和行政违法的对象——行政违法行为所直接影响或侵害的物与人区别开来。大多数行政违法行为，往往对行政相对人的合法权益造成侵害从而构成行政侵权行为，此类行政违法行为既有侵害对象也有侵害客体；但某些行政违法并不一定存在侵害的对象，它可能不直接侵犯特定人的特定权利，却直接侵害了行政法所保护的社会关系或行政权力运行秩序。此时，只有侵害客体而无侵害对象。可见，只存在侵害客体，并不一定需要存在特定的侵害对象，也可确定为违法行为。如行政首长违法任用公务员，不仅未对该公务员的权益造成侵害，相反却使之得到了非法利益，此时，并没有侵害的对象，但违法任用公务员的行为却侵害了正常的公务员管理秩序，这种秩序是法律规范所保护的客体，即存在侵害客体，所以该行为构成行政违法。[1]

3. 行政违法主体实施了违反行政法律规范的行为。这是行政违法的客观要件。行政违法必须有一定的客观外在表现，即必须实施了违反行政法律规范的行为，如果仅有主观意图而无客观的行为不能构成行政违法。行政违法是在行使行政职权过程中产生的或者与行政职权密切相关，如果与行政职权没有任何关联，就不能构成行政违法。违反行政法律规范的行为在与具体危害结果的关系上表现出复杂性。违反行政法律规范的行为所造成的危害结果既可能是有形的损害也可能是无形的威胁；既可能是直接的损害也可能是间接的危险；既可能是单一的结果也可能是多种的结果。作为行政违法的一般要件，只需考虑其客观的、外在的违法事实状况即可，并不是必须产生一定的危害结果，危害结果只是某些行政违法必备的条件，并不是行政违法的一般要件。

---

[1] 朱维究、王成栋主编：《一般行政法原理》，高等教育出版社2005年版，第505页。

4. 行政违法主体实施行政违法行为时主观上有过错。这是行政违法的主观要件。根据法学原理，行为人在主观上有过错，是构成违法行为的要件之一。所谓主观过错，是指行为人实施行为时的主观心理状态，包括故意和过失两种形式。这一原理适用于行政违法上，却表现出一定的特殊性，对于行政主体而言，只要其在客观上有违反行政法律规范的作为或不作为就推定其主观有过错，不必再深究其主观因素。对于行政公务人员而言，由于其承担的行政责任是一种个人责任，必须将主观上的故意或过失作为要件之一。行政主体对行政公务人员违法行为认定上要考虑其主观上是否有过错，因为这涉及对该公务人员是否要给予行政处分或者是否要予以追偿的问题。

三、行政违法的分类

由于行政违法的复杂性、多样性，要正确判断和认定行政违法行为，必须借助于分类的方法。同时，对行政违法进行科学的分类，有助于预防和制止行政违法行为。根据不同的标准，可以对行政违法进行不同的分类：

1. 抽象行政行为违法和具体行政行为违法。这是以违法行为侵害的对象是否特定为标准，对行政违法所作的分类。所谓抽象行政行为违法，是指有关行政机关制定行政法规、行政规章和其他行政规范性文件的行为违法。它具体包括：超越权限创制规范性文件，程序违法，内容上与法律或者上位法相冲突、相抵触等。所谓具体行为违法，是指行政主体及其公务人员实施具体行政行为时不符合法定的要求和原则。它主要包括：超越职权、滥用职权、不履行法定职责、认定事实不清和证据不足、适用法律错误、程序违法、形式违法等。

抽象行政行为违法和具体行政行为违法在救济的途径和承担责任的方式上是有所不同的。对违法的抽象行政行为，在我国，行政相对人对其不服不能向人民法院提起行政诉讼，只能由权力机关和有权的行政机关（作出行为的行政机关和上级行政机关）予以撤销或宣布其无效。对违法的具体行政行为，属于行政复议和行政诉讼受案范围的，行政相对人对其不服，可以依法申请行政复议或提起行政诉讼，由行政复议机关或人民法院进行审查并作出裁判。

2. 行政主体的行政违法和行政公务人员的行政违法。这是根据违法行为主体形态的不同，对行政违法所作的分类。行政主体的行政违法属于组织形态的行政违法，行政公务人员的行政违法属于个人形态的行政违法。行政主体是指享有行政职权，以自己的名义实施行政行为，并独立承担自己行为所产生的法律责任的组织。行政主体行使行政职权的行为是通过其所属的公务人员的行为表现出来的。当行政公务人员按照行政主体的意志进行活动时，该行为视为行政主体的行为，而不是行政公务人员的个人行为，若构成违法，则属于行政主体违法，对外由行政主体承担法律责任。但如果行政公务人员代表行政主体实施了违法行政行为，且该公务人员主观上存在故意或者过失时，则行政主体和该行政公务人员均构成违法。由于行政主体的行政违法和行政公务人员的行政违法在判断标准、法律后果等方面有所不同，区别行政主体的行政违法和行政公务人员的行政违法具有重要意义。

3. 作为行政违法和不作为行政违法。这是根据行为的方式和状态的不同，对行政违法所作的分类。作为行政违法是指行政主体及其公务人员主动实施的违反行政法律规范的行为。不作为行政违法是指行政主体及其公务人员不履行行政法律规范所规定的作为义务的行为。作为行政违法与不作为行政违法都会侵害公共利益或者行政相对人的合法权益，都应当承担法律责任。但在立法、执法、司法实践中，人们对不作为行政违法的重视程度远远不及作为行政违法。因此，区分这两种不同的行政违法有助于人们充分认识不同形态的行政违法行为，增强人们对不作为行政违法的重视程度。

4. 内部行政违法和外部行政违法。这是根据违法行为发生范围的不同，对行政违法所作的分类。内部行政违法是指行政主体在对其内部机构、人员及内部事务的管理中所发生的行政违法行为，包括内部实体违法和内部程序违法、行政编制和机构设置违法、对行政公务人员管理行为违法等，如行政机关对其公务员违法实施行政处分，即属于内部行政违法。外部行政违法是行政主体行使行政职权，对外部事务进行管理时发生的违法行为，如税务机关违法征税，工商行政管理部门违法吊销经营许可证和营业执照等。目前我国对内部行政违法与外部行政违法规定的救济途径不同。内部行政违法主要是通过行政途径解决，外部行政违法则通过行政途径和司法途径解决。随着法治进程的推进，内部行政违法也要进入司法救济的渠道。

5. 行政实体违法和行政程序违法。这是根据违反的行政法律规范是实体法律规范还是程序法律规范，对行政违法所作的分类。行政实体违法是对行政法律规范所规定和保护的实体权利义务的违反。行政程序违法是对行政程序法律规范所确定的权利义务的违反。行政实体违法的情形，主要包括行政失职、行政越权、滥用职权、依据违法与行政行为的内容违法等。行政程序违法主要包括违反法定的步骤、顺序、时限和形式等。

行政行为既是实体行为又是程序行为，它是二者的统一体。因此，行政行为违法，既可以表现为行政实体违法或行政程序违法两种形式，又可以表现为行政实体违法与行政程序违法的重合违法情形。不仅行政实体违法属于行政违法，而且即使行政实体合法但行政程序违法的，同样属于行政违法，也要承担相应的法律责任。行政主体及其公务人员在实施行政行为时，既要重视实体问题，也要重视程序问题。[1]

6. 行政违法与行政不当。这是根据行政行为违反的是羁束裁量权的规定还是自由裁量权的规定的不同，对行政违法所作的分类。这里的行政违法，是狭义上的行政违法，或称形式意义上的行政违法，是指行政主体实施的违反法律明确规定的内容、范围、方式、手段和程序等的行政行为。这里的行政不当，是指行政主体不合理行使自由裁量权作出的行政行为，是实质意义上的行政违法，即它在形式上没有违反行政法律规范的明确规定，但实质上却违反了法的目的和精神，与法的目的、基本原则等要求不相符合。

---

[1] 杨解君：《行政违法论纲》，东南大学出版社 1999 年版，第 29 页。

行政违法与行政不当在危害性、法律责任和救济途径等方面有所不同。一般来讲，行政违法的危害性比行政不当的危害性更大。行政违法必然引起行政责任，且可引起惩罚性和补救性的行政责任，而行政不当则要视其程度和范围的不同，只有明显不当的行为才承担行政责任，且一般只限于补救性行政责任。对行政违法行为可以进行行政救济和司法救济，而行政不当行为原则上不受司法审查，根据我国《行政诉讼法》第 77 条的规定，行政处罚明显不当，或者其他行政行为涉及对款额的确定、认定确有错误的，人民法院可以判决变更。

7. 行政职务违法行为和行政违纪行为。这是根据行政公务人员的行政违法行为的不同，对行政违法所作的分类。行政职务违法行为是指行政公务人员在执行职务过程中违反其职务上的要求的行为，包括：行政公务人员以行政主体的名义在其职务范围内实施的违法行为，如公安干警违法实施治安处罚；与职务相关的不法行为（人们大多称之为违法的事实行为），如在执行职务过程中所实施的非法拘禁、暴力行为造成公民身体伤害或死亡的行为；公务人员违法失职行为；等等。

行政违纪行为是指行政公务人员违反纪律（或称政纪）的行为。世界各国对行政公务人员的职业道德要求越来越高，由一般规范性文件尤其是行政内部规范性文件上升为行政法律规范，从而使约束行政公务人员的行政纪律规范转化为行政法律规范。这些有关公务人员的职业道德的规范从表现形式上看往往称之为纪律，而对这类规范的违反实践中常称之为违纪行为。不论公务人员实施的是行政职务行为，还是行政违纪行为，只要违反的是行政法律规范，都是行政违法行为。行政公务人员违反法律所规定或要求的纪律规范而导致行政违法的情形是很多的，有关法律（如《行政监察法》《公务员法》）对此已规定得比较全面。[1]

8. 单一行政违法和共同行政违法。这是根据行为主体的数量不同，对行政违法所作的分类。现实生活中，行政违法行为不仅可以由单一的行政主体作出，即单一行政违法，也可以由两个或者两个以上的行政主体作出，即共同行政违法。这种分类有助于人们确定行政复议中的被申请人、行政诉讼中的被告以及责任的承担者。如果是单一行政违法，则在行政复议与行政诉讼中出现单一被申请人与单一被告，责任主体是独立责任主体；如果是共同行政违法，则在行政复议与行政诉讼中出现共同被申请人与共同被告，责任主体是共同责任主体。

第二节　行政责任

一、行政责任的概念与特征

（一）行政责任的概念

行政责任，又称行政法律责任，是法律责任的一部分。所谓法律责任，是指有

---

〔1〕　朱维究、王成栋主编：《一般行政法原理》，高等教育出版社 2005 年版，第 509 页。

责主体因违反法律义务由专门国家机关依法追究或主动承担的否定性法律后果。[1]
法律责任包括民事责任、行政责任和刑事责任三类。作为法律责任的下位概念，行政责任有广义和狭义两种解释。广义上的行政责任是指行政法律关系的主体违反行政法律规范而应承担的否定性法律后果，它既包括行政主体的法律责任、行政公务人员的法律责任，也包括行政相对人的法律责任。狭义上的行政责任是指行政主体及行政公务人员违反行政法律规范而应承担的否定性法律后果。它只包括行政主体的法律责任和行政公务人员的法律责任，而不包括行政相对人的法律责任。本章重在强调行政主体及行政公务人员的法律责任，就责任主体而言，行政责任应与行政违法相对应，它是行政违法行为的法律后果。基于上述对行政违法的分析，我们将行政责任界定为：行政责任是指行政主体及行政公务人员因违反行政法律规范，构成行政违法而由有权国家机关依法追究或主动承担的否定性法律后果。它包括以下几层含义：①行政责任是一种否定性法律后果，它是对责任主体违法行为的一种否定性评价；②行政责任是行政主体及行政公务人员应承担的一种否定性法律后果；③行政责任是行政主体及行政公务人员违反行政法律规范，构成行政违法而应承担的否定性法律后果；④行政责任既可以由有权国家机关依法追究，也可以由责任主体主动承担。

（二）行政责任的特征

行政责任与其他法律责任相比较，其特征在于：

1. 行政责任是行政法确立的、违反行政法律规范而应承担的法律责任。这一特征表明行政责任的部门法属性：行政责任是相对于刑事责任、民事责任而言的一种法律责任。这种法律责任的前提是有违反行政法而不是其他部门法的行为，而且该行为所要承担的后果也是行政法而不是其他部门法规定的后果，即追究行政责任的依据是行政法而不是刑法、民法等其他部门法。

2. 行政责任在性质和程度上，既不同于刑事责任那样偏重于惩罚性，也不同于民事责任那样偏重于补救性，而是兼具两种性质。而且在程度上，其惩罚性低于刑事责任，与刑事责任之间存在一种衔接关系。

3. 行政责任的主体包括行政主体和行政公务人员。两类责任主体在承担责任的对象上有所不同。行政主体的法律责任有的要向国家承担，有的要向行政相对人承担。其中，当行政主体作出的行政违法行为不涉及行政相对人但损害了国家、社会公共利益时，就要向国家承担法律责任；当行政主体作出的行政违法行为侵害了行政相对人的合法权益时，则要向行政相对人承担法律责任。

行政公务人员的法律责任是一种个人责任，这种个人责任主要是对国家（由行政机关代表）承担的。这种个人责任主要源于行政公务人员的两种违法情况：①在行政机关内部管理中，行政公务人员违反内部管理制度，破坏了行政机关的内部秩

---

[1] 胡建淼主编：《行政违法问题探究》，法律出版社 2000 年版，第 547 页。

序，因而要对国家行政机关承担法律责任；②行政公务人员在代表行政主体对外管理时，由于个人故意违法或有重大过失，对行政相对人作出了违法的行政行为并造成了对方合法权益的损害。对此，行政主体要就其违法行政行为向行政相对人承担法律责任。但这种行政违法行为在行政主体内部，又是由行政公务人员个人故意或重大过失而造成，行政公务人员损害了行政主体的声誉和利益，因而其应向行政主体承担法律责任。

4. 行政责任的追究机关不像刑事责任、民事责任的追究机关那样只限于司法机关。由于行政责任的多样化，因而追究行政责任的机关也是多样的，而不是单一的。如权力机关、司法机关、上级行政机关、行政复议机关、专门的审计机关、监察机关等都是行政责任的追究机关，它们分别依法对行政主体和行政公务人员的违法行为追究责任。追究行政责任的形式与程序也是多样化的，不同的责任形式分别对行政主体和行政公务人员依法适用；在追究责任的程序方面，有权力机关的特别监督程序、行政机关的行政程序、司法机关的司法程序等。可以说，对行政责任的追究，有一套复杂的制度体系。

二、行政责任的构成要件

行政责任的构成要件，是指形成行政责任所必须具备的各种条件。源于对行政责任概念的不同理解，使得对行政责任构成要件的认识也存有差异。根据上述对行政责任的界定，行政责任的构成要件包括以下几个方面：

1. 主体要件。行政责任的主体与其特定的法律身份及其职权、职责内容紧密相连，没有特定的法律身份及其职权、职责内容就不可能构成行政违法，也就不承担行政责任。基于此，行政责任的主体是行政主体和行政公务人员。

2. 行为要件。行政主体及行政公务人员有行政违法行为的存在，这是构成行政责任的必备前提条件。行政责任是行政违法所产生的法律后果，无行政违法行为即无法律责任。[1]因此，存在行政违法行为是构成行政责任必不可少的条件。

3. 法律规范要件。行政责任需要由行政法律规范所确认。根据现代国家法治行政的原理，不仅要求行政主体及其公务人员的职权、职责法定，而且要求对其行政责任的追究与承担也是法定的。这不仅要求行政责任的方式必须为行政法律规范所确认，而且要求行政责任的内容也必须为行政法律规范所确认。没有行政法律规范对行政责任予以规定，就不能进行责任追究。

三、行政责任的追究与承担

（一）行政责任的追究

1. 追究行政责任的主体。追究行政主体的责任由具有法定监督权力的国家机关进行，主要包括：①由权力机关以作出决定的方式追究；②由司法机关以行政诉讼和行政赔偿诉讼裁判的方式追究；③由行政复议机关以复议裁决的方式追究；④由

---

〔1〕 朱维究、王成栋主编：《一般行政法原理》，高等教育出版社 2005 年版，第 517~518 页。

上级行政机关以作出决定的方式追究；⑤由行政机关中专门的监督部门如审计、监察部门以作出决定的方式追究；⑥由行政主体自己主动承担法律责任。由于行政主体是代表国家参与行政法律关系的，因此，适用于行政相对人的一些法律责任形式，不能完全适用于行政主体。

追究行政公务人员的责任主要由对其有法定人事任免、奖惩权力的国家机关进行，主要包括：①由权力机关以作出罢免决定的方式追究；②由具有人事管理隶属关系的行政机关以行政处分、追偿决定的方式追究；③由行政机关中专门的监察部门以作出监察决定的方式追究。行政公务人员既不同于普通公民，又不同于行政主体，追究其法律责任具有内部人事管理的性质。因此，其法律责任的承担有其独特性。

2. 追究行政责任的原则。

（1）责任法定原则。责任法定原则是指行政主体及行政公务人员应当承担的行政责任，要用法定形式固定下来。哪些行为属于行政违法行为，应当承担何种行政责任，都应有法律上的明文规定，以此作为承担行政责任的依据。对行政责任的确认和追究必须依法进行，防止追究责任的随意性。

（2）责任自负原则。责任自负原则的主要含义包括：①违法行为人应该对自己的违法行为负责；②不能让没有违法行为的人承担法律责任，即反对株连或变相株连；③要保证责任人受到法律追究，无责任人受到法律保护，即不枉不纵，公平合理。责任自负原则是现代法的一般原则。对行政违法行为，不论涉及谁，都要依法追究其行政责任。在国家行政机关中，不允许存在担任职务、行使职权而不承担责任的现象，也不允许出了问题推卸责任或强加责任、包揽责任或代负责任。

（3）责任相称原则。责任相称原则要求责任的轻重和种类应当与违法行为的危害程度相一致，必须根据违法行为的程度适用适当的责任形式，选择适当的强度和方式。追究违法行为人的责任，目的在于对受损害的权益给予补救，惩戒违法行为人，促使其以后不再实施违法行为。如果确认违法责任畸轻，遭受损害的权益就得不到有效的补救，对违法行为人也起不到警戒的作用；反之，如果确认违法责任畸重，同样也不能达到追究法律责任的目的。因此，追究行政责任，必须遵循责任相称原则，做到过罚相当。

（4）补救、惩戒与教育相结合的原则。追究法律责任，往往表现为对责任者的惩罚，其最终目的或者说最重要的目的在于对受损害的权益的补救，以恢复法制社会的正常秩序。但是，仅靠惩罚或科处补救性义务，并不一定能有效地控制和防止行政上的违法行为的发生。一定程度的惩罚是必要的，而惩罚的目的是使违法行为人受到教育，促使其合法有效地履行职责或义务，也使其他行政主体及其公务人员引以为戒，达到警戒、防范的效果，最终建立良好的社会法制秩序。所以，在确认和追究行政责任时，对责任种类、方式和强度等的选择，都应体现补救、惩戒和教育相结合的原则。[1]

（二）行政责任的承担

1. 行政主体承担行政责任的方式。行政主体承担行政责任的具体方式有：

（1）通报批评。这是一种惩戒性的行政责任，通过通报批评，对作出违法行为的行政主体起到一种警戒的作用，以促使其以后不再实施违法行为。通报批评一般由权力机关、上级行政机关或者审计、监察部门等有权的机关以书面形式作出，通过报刊、文件等形式予以公布。

（2）赔礼道歉、承认错误。行政主体作出违法或不当行政行为，损害相对人的合法权益时，必须向相对人赔礼道歉，承认错误。赔礼道歉、承认错误能使受损害者在精神上得到安慰，表明行政主体对自己违法行为的否定和反省。承担这种责任一般由行政机关的领导和直接责任人员当面向相对人作出，可以采取口头形式，也可以采取书面形式。这是行政主体所承担的一种较轻微的补救性行政责任。

（3）恢复名誉、消除影响。当行政主体的行政违法行为造成行政相对人名誉上的损害、产生不良影响时，要以为对方恢复名誉、消除影响的责任形式进行精神上的补救。该责任的履行通常以能弥补相对人名誉受损害的程度和影响范围为限。

（4）返还权益。当行政主体违法剥夺行政相对人的权益时，其承担的法律责任通常是返还该权益。

（5）恢复原状。当行政主体的行政违法行为给行政相对人的财产造成改变其原有状态的损害时，行政主体要承担恢复原状的补救性法律责任。

（6）停止违法行为。这是惩戒性的法律责任。如果违法行政行为处于持续的状态中，法律责任的追究机关有权责令行政主体停止该违法行政行为。

（7）责令履行职责。这是因行政主体不履行或拖延履行职责而须承担的一种法律责任。

（8）撤销违法的行政行为。对于行政主体的违法行政行为，行政主体自己或有权的机关应予以撤销，同时要承担违法行为被撤销的法律后果。撤销违法行政行为包括撤销已经完成和正在进行的行为。

（9）纠正不当的行政行为。纠正不当的行政行为是对行政主体行使自由裁量权进行控制的法律责任形式。行政主体对滥用自由裁量权的不当行政行为要负法律责任。纠正不当的行政行为通常由行政主体自己作出改变，或者由上级行政机关、行政复议机关予以改变，有些不当的行政行为（如显失公正的行政处罚）可以由人民法院依法予以变更。

（10）宣布无效。对重大、明显的行政违法行为，行政主体有义务宣布其无效，其他法定主体也有义务宣布其无效。宣布无效在我国还不是普遍的责任形式。

（11）赔偿损失。赔偿损失是一种补救性的行政责任。行政主体的违法行为造成

---

[1]　罗豪才主编：《行政法学》，北京大学出版社 1996 年版，第 321～322 页。

行政相对人人身损害的，应依法赔偿损失；造成财产上的损害，如果不能返还财产和恢复原状的，也应依法赔偿损失。

2. 行政公务人员承担责任的方式。行政公务人员承担责任的方式主要有：

（1）罢免行政领导职务。罢免行政领导职务适用于具有行政违法行为的各级政府组成人员。它是国家权力机关对违法失职的政府组成人员的惩戒行为。我国宪法规定，全国人民代表大会有权罢免国务院总理、副总理、国务委员、各部部长、各委员会主任、审计长、秘书长。我国地方各级人民代表大会和地方各级人民政府组织法规定，地方各级人民代表大会有权罢免本级人民政府的组成人员。

（2）行政处分。行政处分是行政公务人员最主要的法律责任，它只适用于行政公务人员，是对行政公务人员职务身份的制裁，是一种内部行为和责任方式。行政处分的具体种类有：警告、记过、记大过、降级、撤职、开除。目前适用行政处分的法律依据和基本程序是《监察法》和《公务员法》中的有关规定。

（3）对违法所得的没收、追缴或者退赔。行政公务人员违反行政法义务所取得的财产属于非法所得，监察机关及其他有权机关依法对非法所得实行没收、追缴或者责令退赔，这在《监察法》第46条有明确规定。

（4）赔偿损失。这是指行政公务人员代表行政主体行使职权时侵害了行政相对人的合法权益并造成损害的，行政主体在代表国家对行政相对人赔偿损失后，依法责令有故意或重大过失的行政公务人员负担部分或全部赔偿费用。这种赔偿损失责任是行政公务人员向国家承担的，既有财产内容，又有制裁因素，属于一种内部行政责任。

（5）其他责任形式。如被责令检讨、予以通报批评、当面向受害人赔礼道歉等。

■思考题

1. 简述行政违法的概念与种类。
2. 简述行政违法的构成。
3. 简述行政责任的概念与特征。
4. 简述行政责任的构成。
5. 试述行政责任的追究与承担。

■推荐书目

1.［美］特里·L.库珀：《行政伦理学：实现行政责任的途径》，张秀琴译，中国人民大学出版社2001年版。
2. 杨解君：《行政违法论纲》，东南大学出版社1999年版。
3. 胡建淼主编：《行政违法问题探究》，法律出版社2000年版。

第九章　行政立法

■学习目的和要求

　　通过本章学习，理解和掌握行政立法的概念、特征、性质、分类及效力层级；熟悉行政法规、行政规章的概念、制定主体、立法权限、制定程序；了解其他行政规范性文件的含义、基本类型、适用效力，认识其存在的主要问题，理解对其加强监督的必要性。

第一节　行政立法概述

一、行政立法的产生和发展

　　自英国资产阶级启蒙思想家洛克提出国家权力不单是行政权以来，在相当长的时期内学者一直认为只有立法机关才有立法权力，但随着国家职能的多样化，立法机关很难及时制定出满足社会需要的法律。为了解决这一困境，便出现了行政立法，即行政机关拥有一定的立法权力。因此，行政立法制度的产生是近代国家职能发生巨变、新旧观念激烈碰撞的产物。因各国法律制度存在差异，行政立法往往有不同的称谓。如在英、美等普通法系国家，行政机关只能根据议会的授权制定行政管理法规或规章，因此，这种立法活动往往被称为授权立法或委任立法。基于行政立法对议会立法的从属性，或者说是根据行政立法的效力等级，行政立法也被称为次级立法。为了把行政立法与议会立法相区别，避开行政机关行使立法权是否合宪的问题，还有人把行政立法称作是准立法等。尽管行政立法的称谓不同，但这些称谓都反映了行政立法的主体特征，即行政立法是由行政机关制定具有一定法律效力的规范性文件的活动。

　　行政立法的历史可以追溯到 16 世纪的英国。亨利八世统治时期，1539 年议会通过《公告法》，授予国王发行公告来限制议会法律生效的权力，国王的公告具有与议会法律相同的效力。亨利八世还颁布了《官吏法》，通过该法任命政府特派员并授予其制定具有法律效力的法规、条例、法令的权力。然而，从 17 世纪初至 19 世纪末，对政府权力的猜忌是当时英国宪法的一个特征，在议会与国王的斗争中，立法权逐渐占了优势，议会的地位明显提高。在此情况下，议会方面提出一个根本原则，即国王无立法和征税的权力。在议会与国王的力量对比悬殊且行政权处于劣势的背景下，18 世纪以后的相当一段时期内委任立法逐渐减少。

在资产阶级民主政治理论发展初期的启蒙思想家看来，由行政机关行使立法权必然会异化出专制。近代分权思想的先驱洛克指出："如果同一批人同时拥有制定和执行法律的权力，这就会给人们的弱点以绝大诱惑，使他们动辄要摄取权力，借以使他们自己免于服从他们所制定的法律，并且在制定和执行法律时，使法律适合于他们自己的私人利益，因而他们就与社会的其余成员有不相同的利益，违反了社会和政府的目的。"[1]因此，洛克认为，人性的弱点无法抵抗权力的诱惑，如果大权集于一身，专制的流弊就不可避免，所以立法权和行政权必须分离。和洛克相似，近代分权学说的完成者孟德斯鸠也告诫人们："当立法权和行政权集中在同一个人或同一个机关之手，自由便不复存在了，因为人们将要害怕这个国王或议会制定暴虐的法律，并暴虐地执行这些法律。"[2]所以，孟德斯鸠也同样推导出为了保障自由、防止滥用权力就必须实行分权、以权力约束权力的结论。

分权理论一经产生便超越了时代和空间的限制，成为许多资本主义国家宪法中共同的体制表达方式。分权成了文明政府的基础和立宪主义的精神所在，立法权由民意代表机关行使。在这一共识下，行政机关执行法律无论在宪政体制上还是在人们心中都是顺理成章、天经地义的事情。此外，基于社会契约论的观点，代表机关所拥有的立法权是人民授予它的，作为一个被委任者，它不能把被授予的权力再授予别人。所以一些国家曾长期坚持禁止议会将制定法律的权力授予行政机关去行使。

立法权专属于议会的格局能够被广泛接受，除了上述的思想已深入人心外，更重要的是它能够适应资本主义发展初期的社会现实需要。当时的国家职能相对比较简单，立法事务非常有限，所以，议会有足够的时间和精力去制定各种满足社会现实需要的法律。加之，在自由经济思想[3]的影响下，人们普遍认为管得少的政府就是最好的政府，政府应尽可能少地介入个人生活，只要消极地保护个人财产、维护社会秩序、处理外交和国防事务即可。"直到 1914 年 8 月，除了邮局和警察以外，一名具有守法意识的英国人可以度过他的一生却几乎没有意识到政府的存在"，[4]就是对当时社会现状的一种描摹。

自 19 世纪末 20 世纪初以来，经济迅速发展，社会生活发生了翻天覆地的变化。尤其是随着第二次产业革命的深入，立法权专属于议会的破绽越来越大。市场的自发调节作用日益显示出难以克服的弊端，市场迫切需要国家通过立法加强对经济的

---

〔1〕 ［英］洛克：《政府论》（下篇），叶启芳、瞿菊农译，商务印书馆 1964 年版，第 92~93 页。

〔2〕 ［法］孟德斯鸠：《论法的精神》（上册），张雁深译，商务印书馆 1982 年版，第 156 页。

〔3〕 如自由经济思想代表人物、经济学鼻祖亚当·斯密认为，市场这只"无形之手"具有巨大的调节作用，不需要人为地干预。

〔4〕 英国学者泰洛语，转引自苗连营："行政立法及其控制"，载《郑州大学学报（哲学社会科学版）》1998 年第 6 期。

调控，人们不再满足于政府仅仅充当"守夜人"的角色，而是希望政府能积极有效地进行改革，防止失业、消灭贫困、促进经济发展和社会进步。消极行政时代宣告结束，行政权日渐扩张，作为政府干预重要手段的行政立法的出现和发展便成为一种不可逆转的趋势，甚至在法律和条例的关系上，如果说条例是汪洋大海，那么法律就是大海中的几个孤岛。

　　行政立法的大规模出现突破了传统的立法权理论和分权原则，这是社会发展的必然。在当今社会，若认为行政、立法二部门之间，拥有根本上完全不同的权力，非但不能清楚地描绘事实，甚至可能产生一种误导。实际上，"权力统合主义"的趋向在行政机关身上表现得极为明显，行政机关不仅在行使着行政权，还行使着立法权和司法权。但这一切也并没有改变代议机关作为最高立法机关的地位。相对于议会立法而言，行政立法只是一种从属立法，不得与议会立法相抵触，而且一些重大的如涉及人身权利方面的立法事项，是由议会保留的。议会拥有固有的、完整的立法权，而行政机关之所以拥有一定立法权仅仅是由于议会的委托，而且行政机关在行使所授之权时，要受到授权法的制约，接受授权者的审查和监督。所以，行政立法现象的出现并不意味着行政机关拥有与代议机关分庭抗礼的立法权，更不是对议会立法的一种否定，相反，是立法权理论和人民主权原则的新发展。

二、行政立法的概念与特征

（一）行政立法的概念

　　鉴于各国政治体制及法律传统的差异，不同国家对行政立法这一概念的理解有所区别。例如，法国在1958年的第五共和国宪法中所确立的行政立法的含义是：行政机关无须相对人的同意，制定普遍适用的行为规则的单方行为。其中，总统和总理所制定的规则称为命令，其他行政机关所制定的规则称为规定。[1]英国是"议会主权"国家，认为立法权只属于议会，议会以外的机关如需立法须有议会委任，议会以外的机关依据议会的授权而进行的立法便被称为"委任立法"。较之法国，英国的行政立法具有更加广泛的含义，不仅指行政机关依据议会授权实施的立法，还包括有关法院、教会、社会团体依据议会决定制定法规的活动。[2]

　　在我国，行政立法是一个学理概念而并非法律条文中的专门术语。目前理论与实践领域，关于"行政立法"主要有三种理解：①广义的理解，是指国家机关（包括国家权力机关）依法制定和发布有关行政管理方面的普遍性规范的行为，即"立行政之法"；②狭义的理解，是指有权制定行政法规和行政规章的国家行政机关依据宪法和法律制定行政法规和规章的行为，即"行政机关之立法"；③最狭义的理解，仅指国家行政机关制定和发布有关国家行政管理规范性文件的行为，即"行政机关立行政管理之法"。第一种理解将国家权力机关的部分立法活动纳入了行政立法概念

---

〔1〕　王名扬：《法国行政法》，中国政法大学出版社1988年版，第142页。
〔2〕　王名扬：《英国行政法》，中国政法大学出版社1987年版，第561页。

之中，与行政法学一些基本概念不相符，失之过宽。第三种理解未能全面涵盖行政立法的内涵，难以满足实践需要，未免失之过窄。因而对行政立法较为统一的认识是第二种意见。我们认为，行政立法是指国家行政机关依照法定的权限和程序，制定行政法规和行政规章的行为。根据《宪法》《地方组织法》《立法法》的规定，行政立法具体是指国务院制定行政法规的活动；国务院各部、委员会、中国人民银行、审计署和具有行政管理职能的直属机构，省、自治区、直辖市人民政府设区的市、自治州的人民政府制定行政规章的活动。行政机关制定规章以下的规范性文件的活动不属于行政立法范畴，但属于抽象行政行为。对此，可从以下几个方面理解：

1. 行政立法的主体是特定的国家行政机关。行政立法具有行政行为的一般特征，遵循越权无效的原则，其主体只能是享有制定行政法规和规章权力的行政机关，并非所有的行政机关都享有行政立法权。根据我国《宪法》第89条，《国务院组织法》第10条，《地方组织法》第60条和《立法法》第65、80、82条的规定，行政立法的主体包括以下行政机关：国务院，国务院各部委、行、署，国务院具有行政管理职能的直属机构，省、自治区、直辖市和设区的市[1]、自治州人民政府。

2. 国家行政机关的立法权限是法定的。并非所有的行政机关都享有立法权，而享有立法权的行政机关也并非都能对所有问题进行行政立法。这就要求行政机关必须依据宪法、法律和有权机关明确的授权而进行立法活动，不能越权立法，否则会给行政专横、行政腐败留有可乘之机，破坏国家法治。

3. 行政机关的立法活动必须遵循法定的程序。根据《立法法》《行政法规制定程序条例》《规章制定程序条例》的规定，行政立法必须经过起草、征求意见、讨论、通过和公布等立法程序。这使得行政立法与行政处罚、行政许可等可由行政机关单方面作出决定的行政行为有所不同。

（二）行政立法的特征

行政立法行为是行政主体的行政行为，这一行为是具有法的各种属性的立法行为，是一种"准立法行为"，具有以下特征：

1. 行政立法行为是国家立法权的具体体现，只不过在这里立法权经宪法和法律规定或立法机关的授权而由国家行政机关行使。行政主体制定的行政法规和行政规章，并非代表行政主体的单位利益或团体利益，而是以国家名义制定的对整个社会的行政管理都适用的行为规则。

2. 行政立法所制定的行政法规和行政规章属于法的范畴，是法源性规范文件，可以作为人民法院审理行政案件时的依据或参照，即行政法规和行政规章具有司法适用性。根据我国《行政诉讼法》第63条的规定，人民法院审理行政案件可以以行

---

[1] 根据《立法法》规定，设区的市的范围包括省、自治区的人民政府所在地的市，经济特区所在地的市、经国务院批准的较大的市以及其他设区的市；此外，广东省东莞市和中山市、甘肃省嘉峪关市、海南省三沙市等不设区的市，也比照适用立法法有关赋予设区的市地方立法权的规定。

政法规为依据，以行政规章为参照。行政主体创制的其他规范性文件是非法源性文件，不属于法的范畴，不具有司法适用性。

3. 行政主体所制定的行政法规和行政规章并不像法律一样涉及国家社会生活的各个方面，仅仅是国家在行政管理方面的立法，而且其效力低于宪法和法律，不得与宪法和法律相抵触。

4. 行政立法具备不受司法审查的特性，具有不可诉性。我国《行政诉讼法》第13条第2项规定，对行政法规、规章或者行政机关制定、发布的具有普遍约束力的决定、命令等提起的诉讼，人民法院不予受理。

（三）行政立法与权力机关立法的区别

行政立法虽然具有立法性质，但是它不同于权力机关的立法，两者的区别主要表现在以下几方面：

1. 立法主体不同。行政立法的主体是特定的国家行政机关，权力机关立法的主体是全国人大及其常委会和宪法、组织法特别授权的地方国家权力机关。

2. 立法调整的对象不同，行政立法调整的对象是国家在行政管理过程中所涉及的较为具体的行政事务，权力机关立法调整的对象一般是国家政治、经济、文化、生活中的重大事项。

3. 所立之法的效力等级不同，行政机关制定的行政法规、规章必须符合法律，若有抵触则不具法律效力。国家最高权力机关制定的法律，其法律效力高于所有行政立法，但次于宪法；地方权力机关制定的地方性法规，其效力高于相应的地方政府规章。

4. 立法程序不同，权力机关立法程序正式、严格、更注重民主，而行政立法程序一般较简便、灵活、更注重效率。

三、行政立法的性质

行政立法是特定的国家行政机关进行的立法活动，兼具了行政和立法的双重属性。但它既区别于一般的行政执行行为，又与纯粹的国家权力机关的立法行为有所不同。

1. 行政立法的行政性是由行政立法的行政管理性质所决定的。这主要表现在：①行政立法的主体是行政机关。行政立法权是行政机关基于行政管理的需要由宪法规定或通过授权而获得的，这种专项、有限的立法行为是行政管理整体行为的一个组成部分，并不能取代专门立法机关的活动。②行政立法的目的是履行执行机关的职责。行政机关作为国家权力机关的执行机关，其基本职责就是贯彻执行宪法、法律所设定的国家目的。行政立法的目的就是保证、推进由宪法和法律所确定的国家目的具体化。③行政立法是应行政管理的需要而产生的，其所调整的对象主要是行政管理事务。

行政立法行为作为抽象行政行为的一种，有别于具体行政行为：①主体范围不同。行政立法的主体是享有行政立法权的特定行政机关，并非所有的行政机关都享有行政立法的权力，但是所有的行政机关以及法律、法规授权的组织都有实施一定具体行政行为的权力。②调整对象不同。行政立法所针对的是不特定的人和事，其调整的对象具有普遍性，而具体行政行为针对的是特定的人和事，其调整的对象具有个别性。③适用程序不同。行政立法作为一种立法，其程序较为严格、正规，而具体行政行为所适用的程序则相对简便、灵活。④实施效力不同。行政立法的实施效力具有持续性，并能够反复适用，但具体行政行为的实施效力却通常是一次性的。

2. 行政立法的立法性是由行政立法所产生的法的效力所决定的。这主要表现在：①行政立法是由特定的行政机关代表国家以国家的名义制定社会规范的行为，旨在维护国家或公共利益。②行政立法所制定的行政法规或行政规章具有普遍性、规范性和强制性等法的基本特征，是由国家强制力保障实施的。③行政立法的程序强调系统性、科学性、民主性和稳定性，具有立法的形式特征，必须经过立项、起草、审查、决定、公布和解释等立法的程序。目前，要按照十八届四中全会的要求，完善行政立法制定程序，完善公众参与政府立法机制。

四、行政立法的分类

（一）职权行政立法和授权行政立法

以行政立法权取得的方式为标准，行政立法可以分为职权行政立法和授权行政立法。

职权行政立法是指行政机关依据宪法和组织法所赋予的行政立法权而进行的行政立法活动。根据宪法和组织法的规定，国务院、国务院各部委及省、自治区、直辖市的人民政府和设区的市、自治州的人民政府可以进行职权立法。行政主体通过职权立法所制定的行政法规和规章一般不能变通法律、法规的规定。

授权行政立法是指行政机关依据单行法律、法规或授权决议所授予的立法权而进行的立法活动。授权立法依其所授之依据不同，又可以分为两类：①普通授权立法，是根据单行法律、法规所进行的授权立法。②特别授权立法，是根据国家最高权力机关专门的授权决议所进行的授权立法。行政机关通过授权立法而制定的行政法规和规章可以对法律或法规的规定进行变通和补充，但必须以法律、法规的明确授权为限。

（二）执行性立法和创制性立法

以行政立法的功能为标准，行政立法可以分为执行性立法和创制性立法。

执行性立法是指行政机关为了执行或实现特定的法律、法规的规定或是上级行政机关其他行政规范性文件的规定而进行的立法。执行性立法既可以依职权也可以依授权，但所立之行政法规或规章必须依存于所要执行的法律、法规或上级其他行政规范性文件的存在，亦不得任意增加或减少所要执行的法律、法规或上级其他行政规范性文件的内容。依执行性立法所制定的行政法规或行政规章通常称为"实施条例""实施细则""实施办法"。

创制性立法是指行政机关为了填补法律或法规的空白，或变通法律和法规的个别规定以实现行政职能而进行的立法。创制性立法依立法目的的不同，可以分为：①自主性立法。这是为了填补法律或法规的空白而进行的创制性立法，意即在尚没有相应法律、法规规定的情况下，行政主体运用宪法和组织法所赋予的立法权而进行的立法活动。②补充性立法。这是为了补充法律、法规的规定而进行的创制性立法。补充性立法要以法律、法规的特别授权为依据，所制定的行政法规和规章不因授权法律、法规的失效而当然失效，只要不与新的法律、法规相抵触就仍然具有法律效力。

（三）中央行政立法和地方行政立法

以行政立法的主体不同为标准，行政立法可以分为中央行政立法和地方行政立法。

中央行政立法是指中央行政机关依法制定和发布行政法规和规章的活动。国务院和国务院各部委所进行的行政立法，以及具有行政管理职能的国务院直属机构所进行的立法，都是中央行政立法。中央行政立法旨在调整全国范围内的普遍性问题和由中央作出统一规定的重大问题，其所制定的地方性行政法规和规章在全国范围内均具有法律效力。

地方行政立法是指地方行政机关依法制定和发布规章的活动。省、自治区、直辖市人民政府和设区的市、自治州的人民政府所进行的行政立法，都是地方行政立法。地方行政立法旨在立足于本地区的实际情况，将中央行政立法的规定具体化以及对有关地方的特殊问题作出具体规定，其所制定的地方性行政法规和规章只在本行政区域内发生法律效力。

（四）法规性立法和规章性立法

以行政立法的最终结果为标准，行政立法可以分为法规性立法和规章性立法。

法规性立法是指国务院依法制定和发布行政法规的活动。法规性立法的目的是执行法律，实现国务院对全国各项行政工作的领导。通过法规性立法所制定的行政法规，一般称为"条例""规定""办法"。

规章性立法是指法定的国务院主管部门和法定地方政府依法制定和发布行政规章的活动。规章的名称一般为"规定""办法"，但不得称"条例"。法定的国务院主管部门制定的规章，称为部门规章或部委规章；法定的地方人民政府制定的规章称为地方人民政府规章，简称为地方规章。

五、行政立法的原则

行政立法的原则是指贯穿于行政立法过程的指导思想和基本准则。我国《立法法》《行政法规制定程序条例》《规章制定程序条例》阐明了行政立法必须遵循的原则。

1. 法律优先原则。所谓"法律优先"，是指法律在效力等级上高于行政机关的规范性文件。任何其他法律规范，包括行政法规、地方性法规和规章，均不得与法律相抵触，须以法律为准绳。法律优先原则要求行政立法不得超越法律，亦不得与法律相抵触，行政立法应当依据法律规定制定行政法规、规章。

2. 法律保留原则。所谓法律保留原则，是指某些法律事项依据宪法和法律的规定，只能由法律规定，行政机关不得干涉；或者某些事项只有在法律明确授权的情况下，行政机关才能在其制定的行政法律规范中作出规定。法律保留分为绝对保留和相对保留。绝对保留是指依宪法和法律规定，只能由法律规定；相对保留是指必须在法律明确授权的情况下，行政机关才有权在其所制定的行政法律规范中作出规定。

3. 法制统一原则。法制统一旨在协调行政立法主体间的行政立法活动，使行政立法效益得到最大限度的发挥，是我国行政立法主体多元化、政府职能交叉导致行政执法冲突的必然要求。为此：①行政立法必须以宪法和法律为依据，依照法定的权限和程序，从国家整体利益出发，维护社会主义法制的统一和尊严；②行政立法主体必须在自己的立法权限范围内进行立法活动，不得越权立法，即行政机关立法必须与权力机关和上级行政机关的立法保持一致，不相隶属的行政立法主体之间也应相协调一致，使得整个法律体系完整统一；③各行政立法主体应及时掌握因现实客观情况的变化而引起的立法滞后状况，及时对行政法律规范进行变通以适应社会客观现实的需要。

4. 民主立法原则。现代立法坚持民主原则，已成为人们的共识。确立这一原则，是实现人民主权所必需，是反映人民意志和客观规律所必需，也是对立法实行有效的监督和制约、防止滥用立法职权、个人独断所必需。为此，行政立法的内容应具有人民性，以维护人民的利益为宗旨，注意确认和保障公民、法人及其他组织的合法权益；行政机关制定行政法规、规章，应当深入调查研究，总结实践经验，通过座谈会、论证会、听证会等多种形式广泛听取有关机关、组织和公民的意见，保障人民通过多种途径参与行政立法活动。

5. 职权与职责相统一原则。行政立法应当体现行政机关的职权和责任相统一的原则，在赋予有关行政机关必要职权的同时，也应当规定其行使职权的条件、程序和应承担的责任。

6. 改革、精简、统一、效能原则。行政立法应当体现改革精神，科学规范行政行为，促进政府职能向经济调节、社会管理和公共服务转变。同时，行政立法应当符合精简、统一、效能的原则，相同或者相近的职能应当规定由一个行政机关承担，简化行政管理手续。

六、行政立法的法律效力层级

行政立法虽然仅包括行政法规、部门规章和地方政府规章，但是我们不能孤立地对待它的法律效力层级问题，应该将其放在统一的法律体系中研究。我国相关法律、法规对行政立法的法律效力等级和规则冲突处理办法作出了明确的规定。

(一) 行政立法的效力等级

这是一个前提和基础性问题。宪法具有最高的法律效力，一切行政法规和行政规章都不得同宪法相抵触。法律（包括授权立法）的效力高于行政法规和行政规章。行政法规的效力高于地方性法规和行政规章。地方性法规高于本级和下级地方政府规章。省、自治区的人民政府制定的规章的效力高于本行政区域内的较大的市的人民政府制定的规章。部门规章之间、部门规章与地方政府规章之间具有同等效力，在各自的权限范围内施行。立法的效力等级如下图所示：

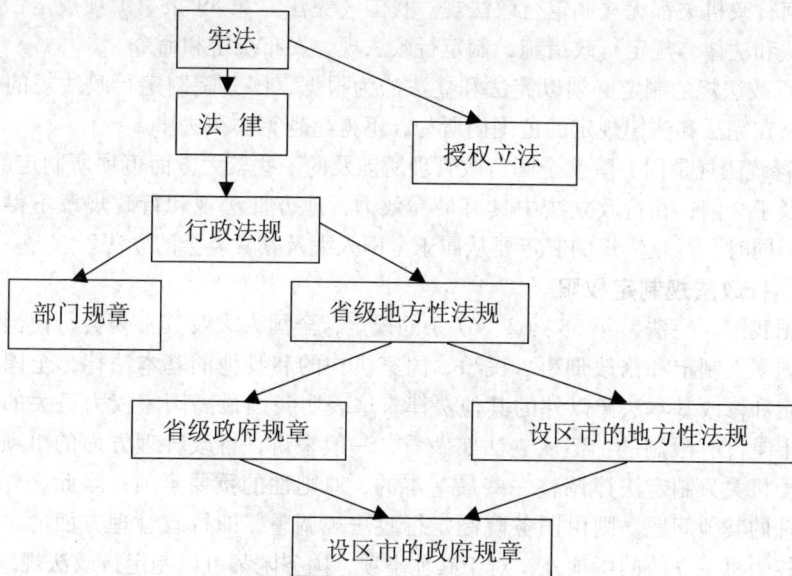

（二）行政立法的规则冲突处理办法

上述效力等级是解决行政立法冲突的一般准则，同时，《立法法》还规定了行政立法冲突的特殊解决方法：同一机关制定的行政法规、规章，特别规定与一般规定不一致的，适用特别规定；新的规定与旧的规定不一致的，适用新的规定。

此外，地方性法规、地方规章之间不一致时，由有关机关依照下列规定的权限作出裁决：①同一机关制定的行政法规、规章，新的一般规定与旧的特别规定不一致时，由制定机关裁决。②地方性法规与部门规章之间对同一事项的规定不一致，不能确定如何适用时，由国务院提出意见，国务院认为应当适用地方性法规的，应当决定在该地方适用地方性法规的规定；认为应当适用部门规章的，应当提请全国人民代表大会常务委员会裁决。③部门规章之间、部门规章与地方政府规章之间对同一事项的规定不一致时，由国务院裁决。④根据授权制定的法规与法律规定不一致，不能确定如何适用时，由全国人民代表大会常务委员会裁决。

第二节　行政法规

一、行政法规的概念与特征

行政法规是指我国最高国家行政机关国务院根据宪法和法律的规定，在其职权范围内所制定的有关行政管理的规范性文件。

行政法规具有如下特征:

1. 行政法规的制定机关只能是我国最高国家行政机关国务院,即中央人民政府,其他任何行政机关都无权制定行政法规。我国《宪法》第89条第1项规定:国务院根据宪法和法律,规定行政措施,制定行政法规,发布决定和命令。

2. 行政法规的制定必须以宪法和立法法为根据,国务院制定行政法规的行为必须是严格在宪法和法律规定的范围内所为,不得超越宪法和法律。

3. 行政法规是国务院就全国行政管理所涉及的一些较大方面事项所制定的规则,其效力及于全国,在行政立法中具有最高效力,地方性法规和行政规章不得与其相抵触。但同时,行政法规的制定要从属于全国人大及其常委会的立法。

二、行政法规制定权限

根据我国《宪法》第58、62、67条的规定,全国人大及其常委会行使国家立法权,全国人大制定和修改刑事、民事、国家机构的和其他的基本法律,全国人大常委会制定和修改基本法律以外的其他法律。这表明我国最高国家权力机关的立法范围原则上是没有限制的。但从立法实践看,一般来讲,行政管理方面的事项,最高国家权力机关只制定法律调整一些最基本的、原则性的重要事项,除此之外,有关行政管理的其他问题,则由国务院制定行政法规调整,即行政管理方面的事项,除由最高权力机关立法的事项外,对于其他事项,国务院都可以制定行政法规。

依据我国《宪法》和《立法法》的规定,国务院制定行政法规的权限范围包括以下方面:

1. 为执行法律的规定需要制定行政法规的事项。

2.《宪法》第89条规定的国务院行政管理职权的事项。《宪法》第89条规定,国务院可以规定各部委的任务和职责,统一领导各部委的工作,并且领导不属于各部和各委员会的全国性的行政工作;统一领导全国地方各级国家行政机关的工作,规定中央和各省、自治区、直辖市国家行政机关的职权的具体划分;领导和管理经济工作和城乡建设;领导和管理教育、科学、文化、卫生、体育和计划生育工作;领导和管理民政、公安、司法行政等工作;领导和管理国防建设事业;领导和管理民族事务,保障少数民族的平等权利和民族自治地方的自治权利;保护华侨的正当权利和利益,保护归侨和侨眷合法的权利和利益。这些规定表明,凡是国务院职权范围内的事项,国务院都可以制定行政法规。

3. 授权性立法事项。即本应当由全国人大及其常委会制定法律,而通过一定方式授权国务院先行制定行政法规的事项。但是国务院在执行授权后,必须履行以下义务:①应当严格按照授权目的和范围行使该项权力;②不得将该项权力转授给其他机关;③经过实践检验,制定法律的条件成熟时,国务院应当及时提请全国人大及其常委会制定法律,法律制定之后相应立法事项的授权即终止。

三、行政法规制定程序

依照《立法法》和《行政法规制定程序条例》的规定,行政法规的制定程序主要包括以下几个步骤：

（一）立项

立项是行政法规制定程序的第一环节，它所要解决的问题是国务院是否应当就特定行政管理事务制定行政法规。国务院于每年年初编制本年度的立法工作计划。根据《立法法》的规定，国务院法制机构应当根据国家总体工作部署拟订国务院年度立法计划，报国务院审批。国务院年度立法计划中的法律项目应当与全国人民代表大会常务委员会的立法规划和年度立法计划相衔接。国务院法制机构应当及时跟踪了解国务院各部门落实立法计划的情况，加强组织协调和督促指导。

国务院有关部门认为需要制定行政法规的，应当于每年年初编制国务院年度立法工作计划前，向国务院报请立项。国务院有关部门报送的行政法规立项申请，应当说明立法项目所要解决的主要问题、依据的方针政策和决策部署，以及拟确立的主要制度。国务院法制机构应当根据国家总体工作部署，对行政法规立项申请和公开征集的行政法规制定项目建议进行评估论证，突出重点，统筹兼顾，拟订国务院年度立法工作计划，报党中央、国务院批准后向社会公布。列入国务院年度立法工作计划的行政法规项目应当符合下列要求：①适应改革、发展、稳定的需要；②有关的改革实践经验基本成熟；③所要解决的问题是属于国务院职权范围并需要国务院制定行政法规的事项。国务院年度立法工作计划在执行中可以根据实际情况予以调整。

（二）起草

行政法规由国务院组织起草。国务院年度立法工作计划确定行政法规由国务院的一个部门或者几个部门具体负责起草工作，也可以确定由国务院法制机构起草或者组织起草。起草行政法规，除应当遵循《立法法》确定的立法原则，符合宪法和法律的规定外，还应当符合下列要求：①弘扬社会主义核心价值观；②体现全面深化改革精神，科学规范行政行为，促进政府职能向宏观调控、市场监管、社会管理、公共服务、环境保护等方面转变；③符合精简、统一、效能的原则；④切实保障公民、法人和其他组织的合法权益，在规定其应当履行的义务的同时，应当规定其相应的权利和保障权利实现的途径；⑤体现行政机关的职权与责任相统一的原则。起草行政法规，应当深入调查研究，总结实践经验，广泛听取有关机关、组织和公民的意见。听取意见可以采取召开座谈会、论证会、听证会等多种形式。起草行政法规，起草部门应当将行政法规草案及其说明等向社会公布，征求意见，但是经国务院决定不公布的除外。向社会公布征求意见的期限一般不少于30日。起草专业性较强的行政法规，起草部门可以吸收相关领域的专家参与起草工作，或者委托有关专家、教学科研单位、社会组织起草。起草行政法规时，起草部门应当就涉及其他部门的职责或者与其他部门关系紧密的规定，与有关部门充分协商，涉及部门职责分工、行政许可、财政支持、税收优惠政策的，应当征得机构编制、财政、税务等相关部门同意。起草部门向国务院报送的行政法规草案送审稿（以下简称行政法规送审稿），应当由起草部门主要负责人签署。几个部门共同起草的行政法规送审稿，应当由该几个部门主要负责人共同签署。起草部门将行政法规送审稿报送国务院审查时，应当一并报送行政法规送审稿的说明和有关材料。行政法规送审稿的说明应当对立法的必要性、主要思路、确立的主要制度、各方面对送审稿主要问题的不同意见，征求有关机关、组织和公民意见的情况等作出说明。有关材料主要包括所规范领域的实际情况和相关数据、实践中存在的主要问题、国内外的有关立法资料、调研报告、考察报告等。

（三）审查

报送国务院的行政法规送审稿，由国务院法制机构负责审查。国务院法制机构审查内容主要有：①是否严格贯彻落实党的路线方针政策和决策部署，是否符合宪法和法律的规定，是否遵循立法法确定的立法原则。②是否符合起草原则性的要求。③是否与有关行政法规协调、衔接。④是否正确处理有关机关、组织和公民对送审稿主要问题的意见等。国务院法制机构应当将行政法规送审稿或者行政法规送审稿涉及的主要问题发送国务院有关部门、地方人民政府、有关组织和专家等各方面征求意见。国务院有关部门、地方人民政府应当在规定期限内反馈书面意见，并加盖本单位或者本单位办公厅（室）印章。国务院法制机构可以将行政法规送审稿或者修改稿及其说明等向社会公布，征求意见。向社会公布征求意见的期限一般不少于30日。国务院法制机构应当就行政法规送审稿涉及的主要问题，深入基层进行实地调查研究，听取基层有关机关、组织和公民的意见。行政法规送审稿涉及重大利益调整的，国务院法制机构应当进行论证咨询，广泛听取有关方面的意见。行政法规送审稿涉及重大利益调整或者存在重大意见分歧，对公民、法人或者其他组织的权利义务有较大影响，人民群众普遍关注的，国务院法制机构可以举行听证会，听取有关机关、组织和公民的意见。国务院有关部门对行政法规送审稿涉及的主要制度、方针政策、管理体制、权限分工等有不同意见的，国务院法制机构应当进行协调，力求达成一致意见。对有较大争议的重要立法事项，国务院法制机构可以委托有关专家、教学科研单位、社会组织进行评估。经过充分协调不能达成一致意见的，国务院法制机构、起草部门应当将争议的主要问题、有关部门的意见以及国务院法制机构的意见及时报国务院领导协调，或者报国务院决定。

审查后的处理有以下几种情形：①缓办或退回。行政法规送审稿有下列情形之一的，国务院法制机构可以缓办或者退回起草部门：制定行政法规的基本条件不成熟或者发生重大变化的；有关部门对送审稿规定的主要制度存在较大争议，起草部门未征得机构编制、财政、税务等相关部门同意的；未按照规定公开征求意见的。②形成草案。国务院法制部门在认真研究各方面意见，与起草部门协商后，对行政法规送审稿进行修改，形成行政法规草案和对草案的说明。③提请审议。行政法规草案由国务院法制机构主要负责人提出提请国务院常务会议审议的建议；对调整范围单一、各方面意见一致或者依据法律制定的配套行政法规草案，可以采取传批方式，由国务院法制机构直接提请国务院审批。

（四）决定与公布

行政法规草案由国务院常务会议审议，或者由国务院审批。国务院常务会议审议行政法规草案时，由国务院法制机构或者起草部门作说明。国务院法制机构应当根据国务院对行政法规草案的审议意见，对行政法规草案进行修改，形成草案修改稿，报请总理签署国务院令公布施行。有关国防建设的行政法规，可以由国务院总理、中央军事委员会主席共同签署国务院、中央军事委员会令公布。签署公布行政法规的国务院令载明该行政法规的施行日期。行政法规签署公布后，及时在国务院公报和中国政府法制信息网以及在全国范围内发行的报纸上刊载。国务院法制机构应当及时汇编出版行政法规的国家正式版本。在国务院公报上刊登的行政法规文本为标准文本。行政法规应当自公布之日起 30 日后施行，但是涉及国家安全、外汇汇率、货币政策的确定以及公布后不立即施行将有碍行政法规施行的，可以自公布之日起施行。行政法规在公布后的 30 日内由国务院办公厅报全国人民代表大会常务委员会备案。

（五）解释

行政法规的解释包括两种情形：①国务院解释。对于行政法规的规定需要进一步明确具体含义的，或行政法规制定后出现新的情况，需要明确适用行政法规依据的，由国务院负责解释。国务院法制机构研究拟订行政法规解释草案，报国务院同意后，由国务院或者由国务院授权有关部门公布；国务院各部门和省、自治区、直辖市人民政府可以向国务院提出行政法规解释要求；行政法规的解释与行政法规具有同等效力。②国务院法制机构答复。对属于行政工作中具体应用行政法规的问题的，省、自治区、直辖市人民政府法制机构以及国务院有关部门法制机构请求国务院法制机构解释的，国务院法制机构可以研究答复；其中涉及重大问题的，由国务院法制机构提出意见，报国务院同意后答复。

第三节　行政规章

一、行政规章的概念

"行政规章"作为一个法律术语，无论在西方法律文献里，还是在中国本土的立法语境里，都是一个含义颇为模糊的概念。在西方立法语境里的，它等同于行政立法本身，其法律性质被限定为委任立法和执行立法，与中国的"规章"不存在含义上的对应关系。澄清这一点，有助于考察我国行政规章的特征和数量范围，或者识别行政主体在何种程度上滥用了行政职权，或者在多大程度上保护和侵害了行政相对人的权益。[1]

---

〔1〕　崔卓兰、于立深：《行政规章研究》，吉林人民出版社 2002 年版，第 1、5 页。

在我国，行政规章是指特定行政机关根据法律、行政法规和地方性法规，按照法定程序制定的具有普遍约束力的规范性文件的总称。规章包括部门规章和地方政府规章。部门规章是国务院组成部门和具有行政管理职权的直属机构根据法律和行政法规、决定、命令在本部门的权限内按照规定的程序所制定的规定、办法、规则等规范性文件的总称。地方政府规章是由省、自治区、直辖市和设区的市、自治州的人民政府所制定的普遍适用于本地区行政管理工作的规定、办法、规则等规范性文件的总称。

二、行政规章制定主体

行政规章分为部门规章和地方政府规章，其制定主体有所不同。

（一）部门规章制定主体

根据《宪法》第90条和《国务院组织法》第10条规定，国务院各部、各委员会根据法律和国务院的行政法规、规定、命令，在本部门的权限内，发布命令、指示和规章。由此可见，部门规章制定主体包括国务院各部、委员会，中国人民银行、审计署和具有行政管理职能的直属机构。具有行政管理职能的直属机构享有制定权，是在《行政处罚法》赋予行政处罚规定权的基础上《立法法》新增加的内容，也是在现行宪法和组织法有关规定的基础上所作出的新规定。

（二）地方政府规章制定主体

根据《立法法》第82条的规定，省、自治区、直辖市和设区的市、自治州的人民政府，可以根据法律、行政法规和本省、自治区、直辖市的地方性法规，制定规章。根据《全国人民代表大会关于修改〈中华人民共和国立法法〉的决定》，广东省东莞市和中山市、甘肃省嘉峪关市、海南省三沙市，比照适用本决定有关赋予设区的市地方立法权的规定。由此可见，地方政府规章制定主体包括省、自治区、直辖市人民政府；所有设区的市；自治州的人民政府；以及不设区的广东省东莞市和中山市、甘肃省嘉峪关市、海南省三沙市。除这些地方政府规章制定主体之外，其他诸如省、自治区、直辖市人民政府的所属部门以及县、市人民政府均没有规章制定权。

三、行政规章制定权限

（一）部门规章制定权限

部门规章的立法权限直接涉及国务院与国务院部门之间、国务院部门之间的权限划分。《立法法》尚未对国务院与国务院各部委立法权作出明确的划分。国务院各部门制定规章的权限问题，《立法法》也仅作了原则性的规定，还不够清晰和具体。根据该法第80条规定，部门规章制定权限可以作如下划分：

1. 执行法律和行政法规的事项。法律和行政法规是适用于全国各地区、各部门和各行业的法规，是各部门制定规章的依据。为了避免法律和行政法规过于冗长繁杂，保持法律、行政法规的相对稳定，我国的法律、行政法规一般都规定得比较原则、概括，而把一些具体的、专业性的问题，交由国务院各部门作出规定。

2. 执行国务院的决定和命令的事项。这里的决定和命令包括两种情况：①国务院在行使行政管理职权的过程中，对有关行政管理事项发布的决定和命令。这些决定和命令一般不是直接针对某个部门而发的，但有关部门为执行这些决定和命令，可以制定相应的规章。②国务院要求有关部门加强对某方面社会事务的行政管理而发出的决定和命令，或者要求相关部门就某个方面的行政管理事务加紧制定有关规章而发出的决定和命令。

3. 部门规章不得设定和增加的内容。根据《立法法》的规定，没有法律或者国务院的行政法规、决定、命令的依据，部门规章不得设定减损公民、法人和其他组织权利或者增加其义务的规范，不得增加本部门的权力或者减少本部门的法定职责。

部门规章是国务院部门和直属机构在自己的权限范围内制定的规范性文件。但在实践中，尤其在中国体制改革过程中，会遇到涉及两个或两个以上国务院部门职权范围的事项，即存在职权的交叉问题。《立法法》第81条为解决这些问题规定，当涉及两个以上国务院部门职权范围的事项，应当提请国务院制定行政法规或者由国务院有关部门联合制定规章。

（二）地方政府规章制定权限

地方政府规章制定权限涉及中央人民政府制定行政法规与地方人民政府制定规章之间的立法权限划分，地方人民政府制定规章与地方人民代表大会及其常委会制定地方性法规之间的权限划分。根据《立法法》第82条原则性的规定，地方政府规章制定权限包括以下两个方面：

1. 为执行法律、行政法规、地方性法规的规定需要制定规章的事项。这里有两种情况：一种是法律、行政法规和地方性法规明确规定由地方人民政府制定规章的事项。据此，地方人民政府可以结合本地区的实际情况，就如何执行法律、行政法规、地方性法规的规定制定有关规章。另一种是，虽然法律、行政法规和地方性法规没有规定地方人民政府可以制定规章，但为执行法律、行政法规、地方性法规，需要制定一些配套措施和具体规定，在这种情况下，如果本地区的改革和建设确有需要，地方人民政府也可以根据法律、行政法规和地方性法规的规定以及本地区的实际情况制定有关规章。

2. 属于本行政区域的具体行政管理事项。在《宪法》和《地方组织法》规定的职权范围内，属于具体行政管理的事项，省、自治区、直辖市和设区的市、自治州的人民政府可以制定规章。不属于具体行政管理的事项，而是属于应当制定地方性法规的事项，则地方政府不能制定规章，而应当向本级人大及其常委会提出制定地方性法规议案，由本级人大及其常委会依法制定地方性法规。

但根据《立法法》的规定，设区的市、自治州的人民政府在上述两项权限范围内制定地方政府规章，仅限于城乡建设与管理、环境保护、历史文化保护等方面的事项。而以往拥有规章制定权的设区的市已经制定的地方政府规章，涉及上述事项范围以外的，继续有效。此外，没有法律、行政法规、地方性法规的依据，地方政府规章不得设定减损公民、法人和其他组织权利或者增加其义务的规范。

在地方性法规与地方政府规章的衔接上，《立法法》规定，应当制定地方性法规但条件尚不成熟的，因行政管理迫切需要，可以先制定地方政府规章。规章实施满两年需要继续实施规章所规定的行政措施的，应当提请本级人民代表大会或者其常务委员会制定地方性法规。

四、行政规章制定程序

关于行政规章的制定程序，《立法法》并没有作出详细的规定，而是授权国务院，参照行政法规的制定程序来规定。而《规章制定程序条例》对行政规章的制定程序作出了明确具体的规定。综合《立法法》和《规章制定程序条例》的规定，行政规章的制定程序主要包括立项、起草、审查、决定、公布、解释等。

（一）立项

立项是决定进行行政规章制定工作的程序。立项决定权属于享有行政规章制定权的行政机关。部门规章立项决定权属于享有部门规章制定权的国务院部门。国务院部门内设机构或者其他机构认为需要制定部门规章的，应当向该部门报请立项。地方政府规章立项决定权属于享有地方政府规章制定权的省、自治区、直辖市和设区的市、自治州的人民政府。省、自治区、直辖市和设区的市、自治州的人民政府所属工作部门或者下级人民政府认为需要制定地方政府规章的，应当向该省、自治区、直辖市或者设区的市、自治州的人民政府报请立项。国务院部门，省、自治区、直辖市和设区的市、自治州的人民政府，可以向社会公开征集规章制定项目建议。报送制定规章的立项申请，应当对制定规章的必要性、所要解决的主要问题、拟确立的主要制度等作出说明。国务院部门法制机构，省、自治区、直辖市和设区的市、自治州的人民政府法制机构，应当对制定规章的立项申请和公开征集的规章制定项目建议进行评估论证，拟订本部门、本级人民政府年度规章制定工作计划，报本部门、本级人民政府批准后向社会公布。国务院部门，省、自治区、直辖市和设区的市、自治州的人民政府，应当加强对执行年度规章制定工作计划的领导。年度规章制定工作计划在执行中，可以根据实际情况予以调整，对拟增加的规章项目应当进行补充论证。

（二）起草

起草是提出规章初步方案形成送审稿的程序。部门规章由国务院部门组织起草，地方政府规章由省、自治区、直辖市和设区的市、自治州的人民政府组织起草。国务院部门可以确定规章由其一个或者几个内设机构或者其他机构具体负责起草工作，也可以确定由其法制机构起草或者组织起草。省、自治区、直辖市和设区的市、自治州的人民政府可以确定规章由其一个部门或者几个部门具体负责起草工作，也可以确定由其法制机构起草或者组织起草。起草规章可以邀请有关专家、组织参加，也可以委托有关专家、组织起草。起草规章，应当深入调查研究，总结实践经验，广泛听取有关机关、组织和公民的意见。听取意见可以采取书面征求意见、座谈会、论证会、听证会等多种形式。起草专业性较强的规章，可以吸收相关领域的专家参与起草工作，或者委托有关专家、教学科研单位、社会组织起草。起草规章，涉及社会公众普遍关注的热点难点问题和经济社会发展遇到的突出矛盾，减损公民、法人和其他组织权利或者增加其义务，对社会公众有重要影响等重大利益调整事项的，起草单位应当进行论证咨询，广泛听取有关方面的意见。起草的规章涉及重大利益调整或者存在重大意见分歧，对公民、法人或者其他组织的权利义务有较大影响，人民群众普遍关注，需要进行听证的，起草单位应当举行听证会听取意见。听证会依照下列程序组织：①听证会公开举行，起草单位应当在举行听证会的30日前公布听证会的时间、地点、内容；②参加听证会的有关机关、组织和公民有权对起草的规章提问和发表意见；③听证会应当制作笔录，如实记录发言人的主要观点和理由；④起草单位应当认真研究听证会反映的各种意见，起草的规章在报送审查时，应当说明对听证会意见的处理情况及其理由。起草部门规章，涉及国务院其他部门的职责或者与国务院其他部门关系紧密的，起草单位应当充分征求国务院其他部门的意见。起草地方政府规章，涉及本级人民政府其他部门的职责或者与其他部门关系紧密的，起草单位应当充分征求其他部门的意见。起草单位与其他部门有不同意见的，应当充分协商；经过充分协商不能取得一致意见的，起草单位应当在上报规章草案送审稿（以下简称规章送审稿）时说明情况和理由。起草单位应当将规章送审稿及其说明、对规章送审稿主要问题的不同意见和其他有关材料[1]按规定报送审查。报送审查的规章送审稿，应当由起草单位主要负责人签署；几个起草单位共同起草的规章送审稿，应当由该几个起草单位主要负责人共同签署。规章送审稿的说明应当对制定规章的必要性、规定的主要措施、有关方面的意见及其协调处理情况等情况作出说明。

（三）审查

审查是对送审稿进行修正形成行政规章草案的程序。规章送审稿由法制机构负责统一审查。法制机构主要从以下方面对送审稿进行审查：①是否符合《规章制定程序条例》第3、4、5、6条的规定；②是否符合社会主义核心价值观的要求；③是否与有关规章协调、衔接；④是否正确处理有关机关、组织和公民对规章送审稿主要问题的意见；⑤是否符合立法技术要求；等等。法制机构应当将规章送审稿或者规章送审稿涉及的主要问题发送有关机关、组织和专家征求意见；法制机构可以将规章送审稿或者修改稿及其说明等向社会公布，征求意见；法制机构应当就规章送审稿涉及的主要问题，深入基层进行实地调查研究，听取基层有关机关、组织和公民的意见；规章送审稿涉及重大利益调整的，法制机构应当进行论证咨询，广泛听取有关方面的意见。论证咨询可以采取座谈会、论证会、听证会、委托研究等多种

---

[1] 有关材料主要包括所规范领域的实际情况和相关数据、实践中存在的主要问题、汇总的意见、听证会笔录、调研报告、国内外有关立法资料等。

形式。规章送审稿涉及重大利益调整或者存在重大意见分歧，对公民、法人或者其他组织的权利义务有较大影响，人民群众普遍关注，起草单位在起草过程中未举行听证会的，法制机构经本部门或者本级人民政府批准，可以举行听证会。有关机构或者部门对规章送审稿涉及的主要措施、管理体制、权限分工等问题有不同意见的，法制机构应当协调并最终达成一致意见。对有较大争议的重要立法事项，法制机构可以委托有关专家、教学科研单位、社会组织进行评估。经过充分协调不能达成一致的意见的，法制机构应当将主要问题、有关机构或者部门的意见和法制机构的意见及时上报本部门或本级人民政府协调或决定。审查后的处理有以下几种情形：①缓办或退回。规章送审稿有下列情形之一的，法制机构可以缓办或退回起草单位：制定规章的基本条件尚不成熟或者发生重大变化的；有关机构或者部门对规章送审稿规定的主要制度存在较大的争议，起草单位未与有关机构或者部门协商的；未按照规定公开征求意见的；上报送审稿不符合其他程序性规定的。②形成规章草案。法制机构应当认真研究各方面的意见，与起草单位协商后，对规章送审稿进行修改，形成规章草案和对草案的说明。说明应当包括制定规章拟解决的主要问题、确立的主要措施以及与有关部门的协调情况等。规章草案和说明由法制机构主要负责人签署，提出提请本部门或本级人民政府有关会议审议的建议。

（四）决定和公布

决定是审议行政规章草案并作出最终决定的决策程序。公布是由特定的行政机关或人员，依法律规定的方式将经过决定程序的行政规章向社会公开公布，使公众知晓的程序。部门规章应当由部门的部务会议或者委员会会议决定，由本部门首长签署命令予以公布。部门规章签署公布后，应当及时在国务院公报或者部门公报和中国政府法制信息网以及在全国范围内发行的报纸上刊载。地方政府规章应当经过政府常务会议或者全体会议决定，由省长或者自治区主席或者市长或州长签署命令予以公布。地方政府规章签署公布后，应当及时在本地人民政府公报和中国政府法制信息网以及本行政区域范围内发行的报纸上刊载。在国务院公报或者部门公报和地方人民政府公报上刊登的规章文本为标准文本。公布规章的命令应当载明该规章的制定机关、序号、规章名称、通过日期、施行日期、部门首长或者省长、自治区主席、市长、州长署名以及公布日期。部门联合规章由联合制定的部门首长共同署名公布，使用主办机关的命令序号。规章应当自公布之日起30日后施行；但是，涉及国家安全、外汇汇率、货币政策的确定以及公布后不立即施行将有碍规章施行的，可以自公布之日起施行。

（五）解释与备案

规章解释权属于规章制定机关。规章有下列情况之一的，由制定机关解释：①规章的规定需要进一步明确具体含义的。②规章制定后出现新的情况，需要明确适用规章依据的。规章解释由规章制定机关的法制机构参照规章送审稿审查程序提出意见，报请制定机关批准后公布。规章的解释同规章具有同等效力。规章应当自公布之日起 30 日内，由法制机构依照《立法法》和《法规规章备案条例》的规定向有关机关备案。

第四节　其他行政规范性文件

一、其他行政规范性文件的概念与特征

其他行政规范性文件是指各类国家行政机关为实施法律、执行政策，在法定权限内制定的除行政法规、行政规章以外的具有普遍约束力的决定、命令及行政措施等。

可从以下几个方面来理解其他行政规范性文件的含义：

1. 制定主体只能是国家行政机关。非国家行政机关的国家机关、企事业单位、社会团体组织、政党都不具备主体资格。国家行政机关是指按照宪法和有关组织法的设定，依法行使国家行政权，对国家各项行政事务进行组织和管理的机关。只有国家行政机关才能制定其他行政规范性文件，也只有国家行政机关制定的除行政法规、行政规章以外的规范性文件，才能被称为其他行政规范性文件。其他任何单位、组织都不能制定其他行政规范性文件，它们制定的规范性文件也不能称为其他行政规范性文件。

2. 从目的上看，是为了传达贯彻党和国家的方针政策而制定的。《党政机关公文处理工作条例》第 3 条就明确规定了其目的："党政机关公文是党政机关实施领导、履行职能、处理公务的具有特定效力和规范体式的文书，是传达贯彻党和国家方针政策，公布法规和规章，指导、布置和商洽工作，请示和答复问题，报告、通报和交流情况等的重要工具。"

3. 其他行政规范性文件在一定范围内具有普遍约束力。也就是说，其他行政规范性文件一经对外发布具有外部法律效果，但其不属于立法的表现形式，既不同于行政立法，也区别于具体行政行为。

4. 从形式上看，主要包括：命令（令）、决定、指示、公告（通告）、通知、通报、报告、请示、批复、函、会议纪要，且每一种其他行政规范性文件都有规范的体式和适用。如"函"，用于机关之间商洽工作、询问和答复问题，向无隶属关系的有关主管部门请求批准等。[1]

其他行政规范性文件具有以下特征：

1. 主体的广泛性。制定其他行政规范性文件的主体是各级各类国家行政机关。根据宪法、地方组织法和有关法律的规定，国务院可以规定行政措施、发布决定和命令；各部、委可以发布命令、指示；县级以上各级人民政府及其工作部门可以规定行政措施、发布决定和命令；乡、镇人民政府可以发布决定和命令。

---

[1]　裴传永、李晓波主编：《现代公文写作与公文处理新编》，中共中央党校出版社 2002 年版，第 27 页。

2. 效力的多层性。由于其他行政规范性文件制定主体的广泛性，必然导致其数量众多，在效力上与其制定主体的地位相对应。在我国，行政机关之间具有严密的上下级关系，即从中央到地方，国家行政机关存在若干层级，以国家最高行政机关为顶点，形成金字塔形的行政组织系统。这就决定了下级行政机关制定的其他行政规范性文件不能同上级行政机关制定的其他行政规范性文件的内容相抵触，由此它们的效力从上到下呈现出多层级性的特点。

3. 从属性。相对于行政立法，其他行政规范性文件具有从属性。在内容上，从属于法律、法规、规章以及上级行政机关的其他行政规范性文件。只有依据法律、法规、规章和上级行政机关的其他行政规范性文件才能设定规范对象，尤其是对相对人的权利义务不得突破。在效力上，其他行政规范性文件还分别从属于相应行政机关制定的行政法规和行政规章。也就是说，有权制定行政法规的国务院制定的其他行政规范性文件，其效力低于行政法规；有权制定规章的行政机关制定的其他行政规范性文件，其效力低于自己制定的行政规章。

4. 规范性。其他行政规范性文件，无论是针对的主体还是行为、内容与结果都是不特定的。它以客观行为为标准而存在，在适用范围上具有普遍性，由其效力所及的单位和个人应当遵守，具有执行力。

二、其他行政规范性文件与行政立法的区别

其他行政规范性文件同行政立法一样属于抽象行政行为，从表现形式看都具有规范性、普遍适用性，但其他行政规范性文件不同于行政法规、规章，其区别主要表现在：

1. 制定的主体范围不同。行政法规、规章的制定主体是由宪法和法律规定的特定的行政机关，主体范围较其他行政规范性文件的主体范围要狭小得多。其他行政规范性文件的制定主体较为广泛，几乎包括了所有的国家行政机关，既有行政立法的主体，也有不享有行政立法权的其他行政机关。

2. 效力的大小不同。行政法规、规章的效力高于其他行政规范性文件。其他行政规范性文件应以法律、法规、规章为依据，不得与法律、法规、规章相抵触、相违背。

3. 规范的内容不同。行政法规、规章可以在法定范围内设定权利（权力）和义务（责任），如可以拥有有限的行政处罚设定权，在法定的权限范围内对相对人设定某些权利和义务，但其他行政规范性文件无权作出涉及行政相对人权利义务的规定，无权设定行政处罚。

4. 制定的程序不同。行政法规、规章的制定程序较为严格、正式，而其他行政规范性文件的制定程序较为简单。

三、其他行政规范性文件的分类

依据制定和发布主体的不同，可以将其他行政规范性文件分为两类：享有行政立法权的行政机关制定发布的行政立法性文件和不享有行政立法权的地方人民政府

制定发布的一般性规范性文件。

1. 行政立法性的规范性文件。虽然其制定主体是享有行政立法权的行政机关，但因其不符合行政立法的法定标准，所以仍不属于行政立法的范畴。行政立法性的规范性文件包括行政法规性文件和行政规章性文件。行政法规性文件是指由享有行政法规制定权的国务院所发布的、除行政法规以外的其他行政规范性文件。行政法规性文件是国务院所发布的，但它们不具有行政立法的法定标准，不属于行政立法的范畴。如国务院的行政法规是以国务院令的形式公开发布，而其他行政法规性文件则无此要求。行政规章性文件是指有规章规定权的行政机关制定的，除行政规章以外的其他行政规范性文件。行政规章在制定程序上应经部门首长或政府首长签署，在形式上是以部、委"令"或政府"令"公布，而行政规章性文件则无须这些条件。

2. 一般性的规范性文件。这是指在我国各级地方人民政府中，除了省级人民政府、设区的市、自治州的人民政府享有制定规章的权力以外，其他数量众多的市、县和乡镇人民政府为了实现行政目的，结合本地区、本部门的实际情况，对不特定的人或事，所制定发布的具有普遍约束力的行政规范性文件，这类行政规范性文件在数量上远远超过行政法规和规章，调整的社会关系也极为广泛，对保障和促进国家各项事业的发展具有重要作用。

四、其他行政规范性文件的效力

行政机关制定的其他行政规范性文件在社会管理中起着非常重要的作用，其效力主要体现在以下四个方面：

1. 其他行政规范性文件对行政相对人具有约束力和执行力。随着行政权的扩张，其他行政规范性文件功能的日益扩大，外部化趋势日益明显，因而在行政管理中越来越多的其他行政规范性文件直接或间接地具有了外部效力。其具体表现在：行政机关制定的行政规范性文件一经颁布，其管辖范围以内的组织和个人都要受到约束。行政规范性文件所规定的内容必须执行，任何违反行政规范性文件的行为，行政机关可以依法采取强制措施，强制其履行，并追究法律责任。

2. 其他行政规范性文件对行政机关具有确定力。其他行政规范性文件一经发布，行政机关非经法定的程序不得任意撤销、改变、废止行政规范性文件。因合法原因撤销、改变、废止其他行政规范性文件，给行政相对人造成损害的要给予行政相对人补偿；因非法原因撤销、改变、废止其他行政规范性文件，给行政相对人造成损害的要给予行政相对人赔偿。行政规范性文件对制定机关和下级行政机关实施的具体行政行为具有适用的效力，行政机关必须依据相应的行政规范性文件才能作出具体行政行为。而非依据行政规范性文件作出的具体行政行为都是违法的行为。

3. 其他行政规范性文件是行政复议机关审理复议案件的依据。行政复议机关审理复议案件时，不仅要以法律、法规、规章为依据，还要以上级行政机关依法制定和发布的具有普遍约束力的决定、命令为依据。复议机关在审查依照行政规范性文件作出的具体行政行为时，如果发现其本身与较高层次的法律、法规、规章、其他规范性文件相抵触，可以在职权的范围以内撤销该行政规范性文件，如无权撤销，则可以提请有权处理的机关依法处理。

4. 其他行政规范性文件在行政诉讼中可以作为法院审理案件的参考。根据《行政诉讼法》的规定，规章以下的其他行政规范性文件既不是行政诉讼法律适用的"依据"，也不是行政诉讼法律适用的"参照"，在法律适用上原则上可以不加以考虑。但是，考虑到我国行政法治的程度尚有不足，在目前和相当长的一段时期内，规章以下的其他行政规范性文件在国家行政管理活动中将继续发挥重要的作用，基于这一客观现实，人民法院在审查具体行政行为的合法性时，对规章以下其他行政规范性文件完全不加考虑是行不通的。所以，人民法院在行政诉讼中对规章以下的其他行政规范性文件必要时予以参考，只要其不与法律、法规、规章相抵触，就应认定其合法性，对依据此种其他行政规范性文件作出的具体行政行为亦应予以维护。只有这样，才能正确地处理行政权和审判权的相互关系，保障行政机关依法和有效地行使行政权。

五、其他行政规范性文件存在的主要问题

由于法律对其他行政规范性文件的制定缺乏明确的规范，在现实中其他行政规范行文件存在诸多问题。这些问题主要如下：

1. 制定主体混乱。如前所述，各级人民政府都是制定其他行政规范性文件的主体，包括县级以上地方各级人民政府和乡、民族乡、镇人民政府。而且，实际上县级以上地方人民政府的工作部门同样享有一定范围的其他行政规范性文件制定权。[1]除以上主体，各个级别、各个种类的行政机关甚至个别事业组织和社会团体，也纷纷出台行政管理内容的规范性文件，从而导致制定主体纷繁复杂，呈现较为混乱的状态，进而导致规范性文件的内容不当或违法。

2. 程序不健全。对行政立法的制定，目前我国制定了《行政法规制定程序条例》《规章制定程序条例》，但没有关于其他行政规范性文件制定程序的法律法规，只在《规章制定程序条例》第36条中规定："依法不具有规章制定权的县级以上地方人民政府制定、发布具有普遍约束力的决定、命令，参照本条例规定的程序执行。"因此，其他行政规范性文件的制定程序则是一个盲点。我国县级以下的地方人民政府数量多，所制定的其他行政规范性文件的数量则更庞大，对行政相对人的影响更直接。但是由于缺乏相应的程序保障，这些其他行政规范性文件的合法性及对相对人合法权益保障的可能与否、充分与否令人质疑。[2]

---

[1] 《劳动法》第9条第2款规定："县级以上地方人民政府劳动行政部门主管本行政区域内的劳动工作。"从该规定可以看出，县级以上地方人民政府所属的部门根据法定授权，具有特定领域和范围的行政职权，也即可以认定其具有制定其他行政规范性文件的权力。

[2] 参见周金娥："论行政法规、规章以外的其他行政规范性文件存在的问题及其完善"，载《长江论坛》2003年第6期。

3. 监督不力。①监督机制不完善，缺乏可供实际操作的程序和制度。依法律规定，各级权力机关、国务院、上级行政机关有权撤销不适当的决定、命令，但究竟通过什么样的程序、制度，采取什么样的办法来行使监督权，法律并无相关规定。关于备案问题，国务院颁布了《法规规章备案条例》，对行政立法的备案制度作了详尽规定。然而对于其他行政规范性文件只有一部分省、自治区、直辖市人民政府要求将其上报备案，它尚未在全国范围内通过法律法规的形式被作为一项专门制度予以固定。制度的疏漏导致权力机关很少积极主动履行监督职责，加上行政机关的监督也只是基于上下级行政关系系统内部监督，致使监督不免流于形式，实难奏效。②没有赋予行政相对人对其他行政规范性文件的单独复议权。《行政复议法》启动了对抽象行政行为的监督审查权不能不说是一个重大的进步和突破，但也存在自身局限性。那就是，相对人一方对其他行政规范性文件的复议请求只能与违法具体行政行为一并提出。不难看出，对其他行政规范性文件的复议审查申请以行政相对人合法权益即将或已经受到具体行政行为侵害为前提和代价，这样一种监督方式显得过于被动和消极。③司法审查机制缺失。我国《行政诉讼法》第 13 条第 2 项明确规定人民法院不受理就"行政法规、规章或者行政机关制定、发布的具有普遍约束力的决定、命令"提起的行政诉讼，把其他行政规范性文件排除在行政诉讼受案范围之外。[1]

六、对其他行政规范性文件的监督

着力解决其他行政规范性文件存在的诸多问题，关键在于加强监督。

1. 加强权力机关的监督。权力机关的监督是指由各级国家权力机关对其他行政规范性文件是否合宪、合法而实施的监督。根据宪法与相关法律的规定，全国人大常委会有权撤销国务院制定的同宪法、法律相抵触的行政法规、决定和命令，地方各级人民代表大会及其常务委员会有权撤销本级人民政府的不适当的决定和命令。但目前实际操作中仍缺乏相应的配套法律程序撤销不适当的其他行政规范性文件。《各级人民代表大会常务委员会监督法》中虽然对其他行政规范性文件监督作出规定，但配套的法律程序授权由省、自治区、直辖市的人大常委会参照《立法法》作出，[2]这一规定不但影响了我国法制的统一，而且各省、自治区、直辖市出台具体规定仍需时日。因此，有必要制定相应的法律对此作统一规定。

2. 加强行政机关内部监督。在对其他行政规范性文件的监控机制中，行政监控应更为直接和有效。同时，由于上级行政主体具备了比其他国家机关更为熟悉某一

---

〔1〕 参见彭扬、郑全新："关于行政立法以外的其他行政规范性文件监督的思考"，载《行政论坛》2004年第 1 期。

〔2〕 该法第 29 条规定："县级以上地方各级人民代表大会常务委员会审查、撤销下一级人民代表大会及其常务委员会作出的不适当的决议、决定和本级人民政府发布的不适当的决定、命令的程序，由省、自治区、直辖市的人民代表大会常务委员会参照立法法的有关规定，作出具体规定。"

专业领域行政管理的条件，对某个其他行政规范性文件更加容易鉴别，因此实施监控更加有利和有力。此外，对于违法的行政行为，通过行政系统的内部监督来纠正和解决，有利于改善行政机关与相对人之间的关系，树立和提高行政机关的形象。目前可通过完善其他行政规范性文件的备案审查制度、定期清理和编纂制度以及完善对其他行政规范性文件的复议审查制度来进一步加强。

3. 加强司法审查监督。我国目前对其他行政规范性文件的司法监控，主要是人民法院的审判监督。这种监督的具体体现，是通过对被诉具体行政行为所依据的其他行政规范性文件的判断来进行的。这种监控形式不仅力度很有限，而且缺乏能动性。无法适应针对迅速发展的其他行政规范性文件的监控需要，更谈不上对其进行切实有效的监督了。针对目前我国人民法院对其他行政规范性文件的司法监控中存在的不足，应当采取相应的对策，加强和完善这种监控形式，从而充分发挥其优势和对其他行政规范性文件的监控效能。

4. 建立其他行政规范性文件自动失效制度。[1]针对我国其他行政规范性文件中的问题，借鉴国外尤其是美国"落日条款"的相关做法，在我国建立行政规范性文件的自动失效制度。首先，对不同的其他行政规范性文件规定一个有效期限。对行政规范性文件具体适用期限，应由制定机关根据以下几种情况予以确定：对于执行事项时限性强的其他行政规范性文件，其有效期应为执行事项完成之后，这种时效应根据被执行事项本身的特点加以确定；对于包含变化频率高的数据的行政规范性文件，由于数据的确定具有当时的现实性，而且这种数据变化较快，因此，其自动失效期2年较为合适；对于应急性但存在争议的行政规范性文件，其有效期应更短，最好为1年；对于贯彻法律法规的执行性行政规范性文件，其有效期以5年为限。但无论如何，其他行政规范性文件的有效期自发布之日起原则上最长不得超过5年。有效期届满，其他行政规范性文件的效力自动终止。其他行政规范性文件有效期届满前的一定时间内，制定部门认为该文件需要继续实施的，应当重新审查，并重新发布。自动失效制度将促使制定机关对即将到期的其他行政规范性文件进行必要的、及时的审查，以决定是否修改、废除抑或继续生效，有利于实现对其他行政规范性文件的自动清理，建立长效的立法监督机制，也有利于对公民合法利益的保护。

■ 思考题

1. 简述行政立法的概念及其特征。
2. 简述行政立法与权力机关立法的区别。
3. 试述行政立法的分类。
4. 如何理解行政立法的性质？
5. 简述行政法规的含义及其制定程序。

---

〔1〕 参见王春业、郭剑峰："设立行政规范性文件的自动失效制度"，载《社会科学辑刊》2009年第6期。

6. 简述行政规章的制定主体及权限。

7. 结合实际，试述我国其他行政规范性文件的现状。

8. 试述对其他行政规范性文件的监督。

■ **推荐书目**

1. 姜明安主编：《行政法与行政诉讼法》，北京大学出版社 2007 年版。

2. 刘莘：《行政立法研究》，法律出版社 2003 年版。

3. 刘莘主编：《法治政府与行政决策、行政立法》，北京大学出版社 2006 年版。

4. 王学辉、邓华平：《行政立法成本分析与实证研究》，法律出版社 2008 年版。

5. 汤唯、毕可志等：《地方立法的民主化与科学化构想》，北京大学出版社 2006 年版。

6. 崔卓兰、于立深：《行政规章研究》，吉林人民出版社 2002 年版。

7. 应松年主编：《行政法与行政诉讼法学》，法律出版社 2009 年版。

8. 王春业：《区域行政立法模式研究——以区域经济一体化为背景》，法律出版社 2009 年版。

9. 杨解君、张治宇：《论行政立法中的沟通与协商》，中国人民大学出版社 2007 年版。

10. 王春业主编：《行政法与行政诉讼法》，中国政法大学出版社 2014 年版。

第十章　行政给付与行政奖励

第一节　行政给付

一、行政给付的概念及特征

　　行政给付概念的产生最早源于德国的给付行政（Leistungsverwaltung）理论。德国行政法学巨擘厄斯特·福斯多夫于1938年发表《作为给付主体的行政》一文，主张干涉行政与给付行政（服务行政）并举，强调国家有义务给国民以"生存照顾"，从而开启了德国行政法学重视"给付行政"之门。[1]根据日本学者的研究，给付行政是指通过公共设施、公共企业等提供的社会、经济、文化性服务，通过社会保障、公共扶助等进行的生活保障等授益性活动，积极提高、增进国民福利的公行政活动。[2]由此可见，给付行政既是一种新的行政目标、任务和价值体系，也是一种行政行为和制度机制。

　　根据给付行政的定位，广义的行政给付包括供给行政、社会保障行政、资金资助行政等。供给行政是指提供日常生活中必不可少的公共服务，具体通过公共用物、公共设施、公共企业等的设置和经营来加以实现；社会保障行政是指国家或地方公共团体为保障国民最低限度的健康文明的生活而进行的给付活动；资金资助行政（行政补贴）是指公共行政主体为了维持安定，满足国民的公共需要，对私人及民间企业直接提供资金或其他财产的行政活动。[3]这三种基本的行政给付类型也会随着

---

〔1〕　陈新民：《公法学札记》，中国政法大学出版社2001年版，第46~47页。其中关于给付行政的概念，实为日本学界对福斯多夫提出的"服务行政"的译名。
〔2〕　转引自杨建顺：《日本行政法通论》，中国法制出版社1998年版，第329页。
〔3〕　杨临宏等：《行政法学新领域问题研究》，云南大学出版社2006年版，第251页。

国家经济能力的增强，以及国家福利目标的转变或提高，在内容、范围和标准上发生一定的变化，但其宗旨仍然是提高公民的福利待遇、改善民生。

广义的行政给付范围极广，几乎覆盖了现代福利国家行政作用的大部分领域。[1]狭义的行政给付则是一种特指，是行政主体依据法定职责，为保障公民的基本生活，对已经陷入困境的公民，提供物质或精神层面上的救援与帮助的具体行政行为，又可称为行政救助。[2]这里主要从狭义上讨论行政给付。在我国，这种意义上的行政给付制度主要包括最低生活保障制度、流浪乞讨人员救助制度、灾害救助制度等。狭义的行政给付有如下特征：

1. 行政给付行为的主体是具有法定职责的行政机关和法律、法规授权的组织。行政机关作为行政给付主体较为常见，但实践中法律法规授权的组织也逐渐增多。如2003年建立的流浪乞讨人员救助管理站只是一个事业单位，其行政救助职权就来源于国务院颁布的《城市生活无着的流浪乞讨人员救助管理办法》。目前，我国行政给付主要由民政和劳动保障部门来实施。

2. 行政给付是一种以履行职责为导向的行政行为。在行政给付领域，行政机关的职责性更为突出，其职权性十分微弱。行政机关通常是在行政相对人提出给付申请后履行给付职责，为相对人提供符合法定条件的物质或其他服务。在给付过程中，给付主体一般不享有秩序行政中的处罚权、强制权等。

3. 行政给付的目的是保障公民的基本生活。行政给付的目的在于保障陷入困境的公民恢复或达到当时当地的最低生活水平。最低生活水平的标准，一般而言是维持一个人的基本生活条件。每个国家都会根据实际情况制定获得贫困救助的标准，一般该项标准就是当地的贫困线。行政给付是一种较低层次的救助，无法满足公民高水平生活质量的目标，这是我国社会福利制度未来发展要改进的问题。

4. 行政给付的内容既包括物质帮助，也包括非物质帮助。传统的行政给付，基于保障公民最低生活水平的要求，往往从解决贫困入手，直接给予物质帮助，或者与物质相关的帮助，如解决就业等。目前给付的内容已从物质帮助扩展到心理辅导、行为矫正以及司法援助等。

5. 行政给付的对象是特定的公民，是指那些收入低于贫困线的公民或因灾祸生活暂时陷入贫困的公民，具体符合法定条件的公民包括：由于先天或后天的原因而失去劳动能力的人；虽有劳动能力，但因客观环境限制以致失业、无法获得收入，或收入中断、收入减少，而且无法获得社会保险给付的人；因受到天灾、人祸等因素的突然打击，如果不接受紧急救助就无法维持生活的人。具体而言，是指灾民、贫困户、孤老病残以及无家可归的人员。[3]

〔1〕 林莉红、孔繁华："行政给付研究"，载《珞珈法学论坛》2002年第2卷，武汉大学出版社2002年版。
〔2〕 梁洪霞：《城市流浪乞讨人员行政救助制度研究》，法律出版社2014年版，第5页。
〔3〕 林莉红、孔繁华：《社会救助法研究》，法律出版社2008年版，第9页。

6. 行政给付须以法律规定为依据。行政机关作出某一给付性质的行为，必须以一定的法律规范为依据，但不限于狭义上的法律、法规、规章，甚至其他规范性文件都可以作为行政机关行使行政救助职权的依据。这种观点来源于行政法的"法律保留原则"，并随着福利行政的出现，对传统的"法律保留"进行了一定的变通。[1] 行政救助行为与传统的秩序行政中的损益性行政行为不同，属于授益性质，其行使必然带来社会某部分群体利益的增加，因此从公民享有权利的角度而言，国家向社会和个人提供的救助必定是多多益善，只要此项救助不违背基本的公平正义原则便可。因此，无须遵循严格的"法律保留原则"，代表人民主权的代议机关也没有必要在给付行政中为行政权行使设定条件和范围。

7. 行政给付一般是一种依申请的行政行为。通常情况下，行政给付往往依据当事人的申请并应按法律、法规、规章等的规定实施，而非任意给付。但是行政给付也可以是依职权的具体行政行为，例如，在地震、洪灾等自然灾害发生时，行政主管部门应主动为受灾对象提供服务，不必当事人提出申请。

二、行政给付的理论基础及其现实意义

(一) 行政给付的理论基础

1. 人权保障理念。人权即人的权利，是人作为人所应该享有的不可剥夺、不可转让的权利。最早的人权思想源于自然法学派提出的天赋人权思想，其核心内容就是人的生命、健康等权利是天赋的权利，基于理性，人人都是自由、平等的，任何人不得侵害他人的生命、健康、自由和财产。而生存权更是首要的人权，是维持人的生存所必不可少的权利，包括生命权、健康权、物质帮助权等，如果生存权得不到保障，其他权利和自由也不可能真正实现，所以生存权更应该得到保障。1919 年德国《魏玛宪法》第一次确认了生存权，并且首次明示了生存权是一种靠国家干预来实现人"像人那样生存"的权利。此后经历近百年的发展，目前，行政给付成为国家保障公民生存权的主要手段。对于国家来说，救助贫困公民、保障特殊群体的生存是其不容推卸的责任；对公民而言，获得救助是其应享有的权利，每个人在社会上都应得到最基本的社会保障。

2. 福利国家理论的兴起。在 20 世纪 30 年代资本主义经济大萧条时期，政府干

---

[1] 关于给付行政是否也要遵循"法律保留"，学界有争议依据。按照德国联邦宪法法院的确认，依据"重要事项保留说"，认为基于法治原则和民主原则，不仅干涉人民自由权利的行政领域，应有法律保留的使用，而且给付行政"原则上"也应有法律保留的适用。也就是说，在给付行政中，凡涉及人民的基本权利之实现和行使，以及涉及公共利益尤其是影响公共生活的重要的基本决定，均应由法律规定，而不许委之于行政行为。参见许宗力：《法与国家权力》，月旦出版社 1993 年版，转引自应松年主编：《当代中国行政法（上卷）》，中国方正出版社 2006 年版，第 90 页。另外，给付行政中用于救助或服务的资金来源于国家财政，也就是公民的税负，从这个角度来将，将国民收入进行第二次分配也涉及根源上公民财产权的使用问题，那么是否从这一视角来肯定"法律保留"于给付行政中的运用，也是值得探讨的。

预经济模式逐渐兴起，在这一模式下，政府主动去救助处在困难中的民众，尽管此后，经济危机逐渐缓解，但是福利国家理论却由此得以提出和兴起。与自由国家理论相比，福利国家理论主张国家干预经济生活，国家不再拘泥于简单的"守夜人"角色，而要积极作为，承担起给予个人生存照顾的政治责任，保障国民生活，促进社会福利发展。二战结束之后，福利国家理论得到了更多国家的认同和接受，成为诸多政府执政纲领和现实政策的理论基础，从而使国家权力渗透到社会的各个领域，通过加强对社会经济生活的管理和服务，扩大社会福利，实现国民收入的公平分配，大大缓解了贫富悬殊的现象。福利国家的兴起对于当今的行政给付理论的发展具有重要意义，对行政给付的内容和形式都产生了重大影响，许多国家政府开始加大对人民生存权的保护力度。

（二）完善行政给付的现实意义

行政给付的意义首先表现为赋予行政相对方一定的物质权益或者与物质权益相关的权益以及精神权益，是一种典型的授益性行政行为，对行政相对人具有直接的救助意义，但是从宏观上看，行政给付背后所蕴涵的意义却远不止此。

1. 行政给付有利于更好地实现社会公平。行政给付作为政府的一种具体行政行为，通过提供基本生活保障来维护社会成员参与社会的公平竞争，消除因意外灾祸、贫困、疾病等因素导致的社会不公平，努力为每个人提供至少相等的待遇。同时，行政给付还是社会成员间收入的一种再分配，其实施在一定程度上可以缩小贫富差距，促进社会公平。

2. 行政给付有利于促进社会稳定与和谐。稳定是和谐的前提和基础。推进和谐社会建设，就必须保持社会的平安、稳定、有序。当前中国经济在快速发展的同时，还存在大量的贫困人口，行政给付通过保障丧失生活能力、没有生活来源、失去劳动能力或遭遇灾害等社会成员的基本生活，有效地化解了有可能发生的各种社会矛盾，从而保证了全体社会成员生活的安定与和谐。因此，可以说只有行政给付的完善，才能促进社会的稳定，才能促进社会主义和谐社会的构建。

3. 行政给付的完善还有利于制约行政主体依法履行职责。在行政给付法律关系中，符合条件的行政相对人在法律上虽然能享有应当获得给付的权利，但也必须经过行政主体审查、核准、交付的积极履职行为才能实现，行政给付是行政主体的职责和义务，国家必须对行政给付加以法律约束，完善行政给付的运作机制，有利于约束行政主体依法积极履行职责。

三、行政给付的原则

行政给付的领域广泛、内容丰富、形式多样，我国至今各主要行政给付类型还没有统一的法律文件，统一的行政程序法也未制定，故行政给付的原则散见于各有关行政给付的法律、法规、规章以及政策性规定中，对其原则的总结，需结合行政给付的特性和行政法的基本原则进行提炼。

行政给付除应遵循行政合法、合理等基本原则外，还需要着重遵循以下原则：

1. 国家辅助原则。厄斯特·福斯多夫在 1959 年发表的论文《服务行政的法律问题》一文中正式提出了生存照顾方面的"辅助性理论",即生存照顾是当社会不能凭一己之力维持"稳定"时,国家才扮演的一种"国家补充功能"。此观点对经济水平尚不发达的我国具有现实意义,但是在具体适用此项原则时,不能将其作为行政主体推脱应尽责任的理由。

2. "济贫不济懒"原则。行政给付主要是保证公民的基本生活需要,因此给付的标准不高,这种给付制度能够保证社会中的每一个人维持基本的有尊严的生活。每个国家根据经济社会发展水平和财政收入的限制,划定进行行政给付的基本线。一般认为,行政救助的内容最为基本的就是解决衣、食、住问题,除此之外还包括义务教育、基本医疗和就业等。行政给付标准的设置原则应为"济贫不济懒",即行政给付不能成为"养懒汉"的机制。行政给付属于以授益为本位的行政行为,受益人付出极小的代价,甚至不付出任何代价,即能获得相关权利和利益,这极易造成受益人对行政给付的不正当期待或者恶意依赖,反过来增加政府、社会和他人不应当有的负担,与行政给付的目的背道而驰。[1]因此,行政救助制度在设计的时候,不能一味地给予,应合理确定给付对象和给付标准,还要避免救助制度成为懒汉滋生的温床。

3. 及时给付原则。行政给付的对象往往是生活处于极度困难,并且迫切需要给付的特定对象,急迫性是其首要特性。因此,行政给付制度的价值在于雪中送炭,而非锦上添花。基于此,行政给付必须坚持及时给付原则,否则,相对人如果已经度过了困难,或者因该困难导致了无法挽回的后果,行政给付就失去了意义。

4. 与经济发展水平相一致原则。行政给付制度是由国家财政来支持的,国家的经济实力是其运行的基础。行政给付的对象、范围大小与标准高低,都要受到本国社会、经济发展水平的制约和影响,给付标准太低或太高都不利于经济的发展。在经济发展水平不高的情况下,大范围、高标准地实施行政给付显然是不可能的。因此在确定行政给付的标准和范围的时候,应当从各地区的实际出发,综合考虑各地区居民最基本生活需求、地区经济发展水平、物价水平、消费水平和财政承受能力等。

5. 信赖保护原则。行政给付行为作为授益行政行为,存在让给付相对人信赖的法定利益,是行政法上的信赖保护利益最常适用的领域。给付相对人往往出于对行政主体的权威性、对法的安定性的信赖而安排自己的生产、生活等社会活动。当行政主体撤销或者废止某项行政给付之时,如果给付相对人已经信赖该行政主体的行政给付,对生产、生活做出了相应的安排,并且对此善意且无过失时,就要适用信赖保护原则,实施存续保护或财产保护。

---

[1] 柳砚涛:"行政给付制度研究",苏州大学 2005 届博士学位论文。

四、行政给付的内容和形式

行政给付的内容是指通过行政给付而保护或给予受助者的各项权益。从传统上来看主要保护的是人身权利、物质利益以及与物质相关的利益。[1] 近年来给付的内容有所扩张，针对一些特殊情况采取了与物质无关的给付内容，延伸至精神文化权利。针对陷入困境的不同群体可以采取一种或几种救助形式，从而保护受助者的多项基本权益。

1. 保护人身权利。此种给付通常发生在灾害救助中，保护由于自然灾害和社会灾害而导致的陷入困境的人的生命权、健康权以及人身自由等权益。我国 2003 年实施的对城市流浪乞讨人员的救助制度，也包含对流浪人员的人身安全保障以及对患病者的身体健康权的保障。

2. 赋予物质权益。这主要是指行政主体通过给付行为赋予受助对象金钱或者一定数量的实物，以帮助其解决困难和摆脱困境。如我国的最低生活保障制度，对贫困者发放一定的最低生活保障金，俗称"低保"；灾害救助中为受困者发放食物、生活用品等；教育救助中为受教育者免费发放教科书、作业本、校服、午餐等；对流浪乞讨人员的救助中提供免费的食物和返家车票；等等。

3. 赋予与物质相关的权益。这是指除了给付机关发放的金钱和实物以外的与物质相关的权益，通常表现为减免费用等。如医疗救助中为受助者减、免医疗费用；教育救助中对受助者减免学杂费、提供勤工助学岗位；住房救助中提供廉租房、公租房；法律援助中的减、免交诉讼费用、律师费用等；服务救助中对老年人或孤儿的生活照顾等；还有国家扶贫开发中除了资金和物资的直接投入外，所进行的技术、信息、劳务、就业等方面的投入，从而使得贫困地区公民得到诸多物质相关权益。

4. 保护精神文化权益。从某种角度来说，精神无法脱离物质而存在，但二者毕竟有所区别，物质的获得并不能替代精神的愉悦。在现代社会中，对弱势群体的救助内容中，物质给予至关重要，可是有时还要辅以精神帮助，且在某些特殊情况下，精神救助为主，物质救助为次。社会救助领域蓬勃发展起来的社工群体，其理念之一就是要通过一对一的针对性方式来解决贫困群体的特殊困难，其中交流、信任、安慰等是必不可少的。我国救助领域也逐渐出现了非物质化的救助模式，其效果和未来的发展前景是不可估量的。如灾害救助中近些年也特别重视"心理疏导"，帮助受灾群众渡过难关、勇敢面对。未来在救助方式上，可以考虑文化权利方面的保障，通过政府提供体育、文化、教育等服务，让贫困人员享受到精神文化方面的权益。

五、行政给付的程序

行政给付作为行政机关的一种法律行为，其行使的过程中伴随着权力效力的发挥，须按一定的程序实施。尽管目前我国在行政给付方面尚无统一的法律规定，但某些法律、法规、规章对行政给付作了一些较为完备的规定，如城市最低生活保障

---

[1]　方世荣主编：《行政法与行政诉讼法》，中国政法大学出版社 1999 年版，第 180 页。

制度、法律援助制度、廉租房制度等。总结这些程序性规定，可以发现行政给付的一般程序大致包括如下几个步骤：

1. 申请。一般情况下，行政给付需要相对人提出申请，并出具有关申请人及其家庭的收入和财产状况、生活困难原因及程度等证明材料，以便行政主体了解情况。这种申请可以是书面的，也可以是口头的。如《城市居民最低生活保障条例》第7条第1款中规定了申请的相关内容，"申请享受城市居民最低生活保障待遇，由户主向户籍所在地的街道办事处或者镇人民政府提出书面申请，并出具有关证明材料，填写《城市居民最低生活保障待遇审批表》"。

2. 审核批准。行政主体接到行政相对人的申请后，应该及时对其申请时所递交的材料以及实际情况进行审核，查看是否符合救助的条件，及时作出批准或不批准的决定并告知申请人。相关法律应该就审核期限、审核方式、公示、听证以及不批准的说明理由制度进行详细规定。

3. 执行及监督检查。审核批准后，行政给付机构要实施具体给付，并跟踪检查相对人的财力状况是否好转。当危及公民生存权的事项已经不存在，或者公民已经能够维持最低生活标准或其他给付标准时，行政给付机构就要停止给付。实践中主要采用两种方式进行检查：一是通过受助者自行申报财产或定期申报方式；二是采取给付机关审核或定期审核的方式。

第二节　行政奖励

一、行政奖励的概念及特征

随着我国服务型与法治型政府的逐步推进，行政主体实施行政行为的手段也日益多样化，与过去依照单纯的"命令—服从"模式来管理社会事务的手段不同，现代行政主体更多地运用温和、民主、高效的方式来达到行政管理和服务的良好效果。而行政奖励作为一种具有鼓励、促进作用的非强制性行政手段，日益受到政府机关和人民群众的青睐，被广泛地运用于社会管理的各个方面，并取得卓越成效。

行政奖励是指行政主体依照法定条件和程序，对那些为国家、社会和人民做出突出贡献和起到模范作用的行政相对人以物质或精神上奖励的具体行政行为。行政奖励通常是行政主体想要表彰、激励和倡导符合行政目的和促进社会发展的先进行为，以充分调动和激发人们的主动性、创造性与积极性。

行政奖励作为一种具体行政行为，具有如下特征：

1. 行政奖励的主体是国家行政机关或法律、法规授权的组织。也就是说，实施行政奖励的主体必须具有法律、法规规定的行政主体资格。因为物质奖励的资金一般来源于国家财政收入，相对人利益的获得要以国家财政和税收支出的方式作出，特别规定行政奖励的行政主体资格，可以更为规范地运用国家财政资金，避免财政资源的浪费和滥用。

2. 行政奖励的目的是对符合行政目的和社会发展要求的先进行为和个人进行肯定、表彰和鼓励，同时也为激励和推动其他社会成员，充分调动人们的创造性与积极性，最大限度地激发行政相对人的潜在智力、人力与物力资源，为国家和社会进步做出重大贡献。

3. 行政奖励的对象是为国家、社会和人民做出突出贡献和起到模范作用的行政相对人，具有广泛性。行政奖励的相对人不区分工作岗位、性别、年龄、籍贯和财富多寡，只要是为国家和社会做出突出贡献或模范遵纪守法的公民、法人或其他组织均可以成为行政奖励的对象，获得国家奖励。另外，根据我国法律的规定，外国人或无国籍人士在我国作出显著贡献的，也可以成为行政奖励的对象，获得国家行政机关予以的物质或精神奖励。

4. 行政奖励的内容是依法赋予行政相对人奖励性权利或利益。这种权利或利益既可以是物质的，如颁发一定的奖金和奖品，也可以是精神的，如授予某种荣誉称号、颁发奖章或奖状等。此外，不管是物质奖励还是精神奖励，都是既可以单独实施，也可以合并实施。

5. 行政奖励是不具备强制执行力的具体行政行为。行政奖励行为具有双向互动性和授益性，行政奖励虽由行政机关单方面作出，却需要行政相对人的配合接受才得以达成行政目标，相对人具有选择权，因此在行政奖励的实施过程中，行政机关无权强制执行或采取强制手段，相对人也可以选择拒绝或放弃奖励权利。

二、行政奖励的法律性质

1. 行政奖励是一种法定的具体行政行为。行政奖励是行政机关依照国家行政法律、法规，针对特定行政相对人实施的具有权利义务内容的行为，行政奖励的实施主体、相对人的条件及获奖标准均由行政法律、法规予以明确规定，且在实施过程中法定机关须依法定程序作出。

2. 行政奖励是一种授益性行政行为。行政奖励的内容是法定机关依法赋予特定的行政相对人一种或多种物质上或精神上的权利或利益。尽管有学者质疑相对人先有做出贡献的行为才导致获得奖励结果削弱了行政奖励的授益性，但也有学者认为相对人的贡献行为是奖励的客体，不宜直接视为奖励的对价，相对人为此付出的贡献和努力并不能否定行政奖励的授益性质。

3. 行政奖励可以是依申请的行为，也可以是依职权的行为。行政奖励在行政法律、法规设定后便可能产生符合奖励条件的相对人，行政机关及其他法定主体既可能因相对人主动提出的授奖申请而给予其奖励，也可能无须行政相对人自行提出申请而直接由行政主体主动依职权作出。

4. 行政奖励是一种非强制性的行政行为。行政奖励是一种非强制性或弱强制性行政行为，行政奖励虽是由行政机关或法定主体单方面作出的行为，但选择接受或拒绝奖励应当出于受奖励者自愿，行政主体不得以其权力予以施压或干预。如果行政机关或其他法定主体因受奖励者拒绝受领奖励，就运用自身权力对其施加不当的压力或进行干预，不仅会导致行政主体与行政相对人之间出现紧张关系，也会背离该奖励本来的积极目的。[1]

三、行政奖励与其他法律概念的区分

1. 行政奖励和社会奖励。社会奖励是指一般企事业单位、协会组织或其他不具备行政主体资格的社会团体针对特定对象颁发奖励的行为；而行政奖励是指具备法定主体资格的行政主体针对符合法定奖励条件的单位或个人作出一定奖励的行为。两者的主体资格不同。

2. 行政奖励和行政给付。两者在主体、依据、实施程序等方面有相似之处，也有如下一些区别：①行为对象不同。行政奖励的对象是符合对国家、社会、人民有突出贡献或模范作用等奖励条件和标准的特定相对人；行政给付的对象是符合年老、疾病、失业或丧失劳动能力等给付情况的特殊对象。②行为的目的不同。行政奖励的目的是行政主体通过对获奖人员的颁奖来表彰先进、激励后进，充分调动人们的创造性和积极性；行政给付的目的仅仅在于对需要帮助的弱势群体给予其法定的物质帮助，使其度过生活困境。③权利的内容不同。行政奖励包括了物质奖励、精神奖励和其他权益（如资格等）；行政给付一般以物质或者其他权益为主，精神方面的内容并不突出。

3. 行政奖励和行政悬赏。行政悬赏是行政机关为了特定的行政目的而向不特定对象发出要约，并对接受和履行要约的人给予物质奖励的具体行政行为，例如公安机关为抓捕逃犯而向提供线索的人提供悬赏。行政悬赏与行政奖励都是以完成一定行政任务为目的的授益性、非权力行为，但是两者存在以下区别：①实施程序不同。行政悬赏中行政机关应该有表明要约内容的程序，而行政奖励则不需要类似程序。②行为目的不同。行政悬赏的目的在于通过有效利用各种资源促使行政机关更为有效地完成特殊行政任务，而行政奖励的目的则是起到激励和模范引导的作用，最大限度地激发人们的智力、物力等资源，从而实现有效的行政管理。③性质不同。行政悬赏注重双方的合意和自愿，是一种特殊的行政合同行为，而行政奖励是行政主体单方面作出的具体行政行为。

四、行政奖励的基本原则

行政奖励的基本原则反映了其基本特点、宗旨和精神实质，并对行政奖励在实施过程中具有普遍的指导意义，是行政奖励应当遵循的基本准则，主要包含以下几项内容：

1. 公正合理原则。行政奖励的公正合理原则，是现代行政法正义和理性的集中体现，这要求行政机关或法定主体必须公正地行使法律、法规所赋予的行政奖

---

[1]　也有学者提出，如果受奖励者放弃奖励的行为会对行政机关或其他法定主体的声誉有所损害，或者对公共管理职能的实现会造成难以弥补的损害后果的，行政机关有权阻止受奖励者的放弃受领行为，参见关保英主编：《行政法与行政诉讼法》，中国政法大学出版社 2004 年版，第 339 页。

励权,严格遵照体现公正、民主、平等的评奖机制,以相对人的实际贡献和社会绩效为评奖的唯一考量,平等对待行政相对人,实行奖励的等级与贡献大小相适应,做到功赏相应,合理适度,杜绝以权谋私和乱奖、滥奖甚至错奖的现象。同时也应尊重先进行为的历史阶段特性和时效性,不断健全和发展行政奖励制度,更新奖励形式和内容,对不同时期符合奖励条件的相对人均给予符合时代要求的相应奖励。

2. 物质奖励与精神奖励相结合原则。行政奖励的内容既包括物质上的奖励也包括精神上的奖励,这两种方式都是奖励的重要形式,对行政奖励目的的实现具有不同的作用,不可偏废。因此,对符合奖励条件的行政相对人既可以单独地给予其物质权益或精神权益,也可以两者相结合,同时授予物质和精神两种利益。

3. 表彰、示范先进原则。行政奖励的设置,包括奖励对象、条件、内容和幅度等,必须满足行政法上对行政奖励行为的价值定位,即必须发挥表彰与示范先进的功能。对于那些对国家、社会做出贡献或模范遵守法律、社会公德的公民、法人或其他组织,因其行为对促进行政目标的实现和社会进步具有积极作用,国家通过立法设置与其行为相符的行政奖励,并由行政机关执行,不仅能对先进行为进行肯定和鼓励,而且也为其他社会成员起到了示范效应,以充分调动、激发人们来学习和效仿。

五、行政奖励的内容和形式

行政奖励是一种新型的积极行政方式,较为注重行政形式的多样性和灵活性,因此,不同的内容其实现形式也是多种多样的:

1. 物质方面的奖励,主要包括颁发奖品、奖金等物质上的利益。

2. 精神方面的奖励,主要有:①授予荣誉称号,如劳动模范、先进工作者、三八红旗手等;②颁发奖章或奖状;③通报表扬,即通过政府的正式文件或新闻媒体的报道公布受奖对象的名单及其先进事迹。

3. 职务或职称方面的奖励,主要有:①记功,即按照法定的等级给受奖对象记载功勋;②晋职,即给受奖对象晋升一定的职务或职称;③晋级,即给受奖对象提升一定的工资等级。

■思考题

1. 阐述行政给付和行政奖励制度出现的社会背景及其意义。

2. 阐述行政给付的理论基础。

3. 简述行政给付的概念和特征。

4. 简述行政奖励的内容和形式。

5. 简述行政给付和行政奖励的区别。

■ 推荐书目

1. 杨建顺:《日本行政法通论》,中国法制出版社 1998 年版。
2. 陈新民:《公法学札记》,中国政法大学出版社 2001 年版。
3. [日] 大须贺明:《生存权论》,林浩译,法律出版社 2001 年版。
4. 傅红伟:《行政奖励研究》,北京大学出版社 2003 年版。
5. 柳砚涛:《行政给付研究》,山东人民出版社 2006 年版。
6. 喻少如:《行政给付制度研究》,人民出版社 2011 年版。

第十一章　行政征收、行政征用与行政补偿

■学习目的和要求

　　通过本章学习，掌握行政征收、行政征用的内涵及其与相近概念的区分；正确理解行政征收中"公共利益"的界定、行政征收程序及争议的救济途径；了解行政补偿的理论及其标准、范围、方式、程序等。

第一节　行政征收与行政征用的界定

一、行政征收及行政征用的内涵

（一）行政征收的内涵

对于行政征收学界有多种表述，但其核心内涵基本一致。一般认为，行政征收是行政主体基于"公共利益"的需要，依照法定标准和程序，强制取得公民财产的所有权并给予合理补偿的一种行政行为。目前我国行政征收的对象主要是国有土地上的房屋和农村集体所有的土地。

行政征收具有以下特征：

1. 行使行政征收权的主体是特定主体。鉴于行政征收涉及被征收对象的财产所有权，所以必须严格限定行使此类权力的主体资格，即必须是有权行政机关或有明确专门授权的主体才有资格行使行政征收权，其他任何非授权组织和个人都不具有该种权力。

2. 行政征收存在的正当性基础是公共利益的需要，即"为了公共利益的需要"才可实施行政征收，这是行政征收的重要前提。

3. 行政征收是单方强制性行政行为。其不以相对人同意为行为行使的要件，当然，这并不意味着相对人不能提出异议，在对决定不服或受到损害后，相对人可以依法寻求权利救济。相对人也可以依法参与到行政征收行为的过程当中。正是基于行政征收行为的强制性和单方性，民主法治国家对征收都进行了相对严格的限定和规范。

4. 行政征收必须依法定程序和标准进行。虽然因为公共利益的需要可以进行征收，但是征收必须要严格遵循法定程序和标准，这就是实践中所谓的征收法定主义。

5. 行政征收的补偿性。财产权与生命权、自由权一起构成了公民最基本的三大权利，公共利益的维护并不意味着可以恣意侵犯私人权益，征收必须给予利益"特别牺牲"者以合理补偿，以妥善协调和平衡各种利益关系。我国《宪法》第 13 条第 3 款明确规定"国家为了公共利益的需要，可以依照法律规定对公民的私有财产实行征收或者征用并给予补偿"，该条从宪法层面确认了对私有财产权要予以保护及给予补偿的精神，为行政征收、行政征用制度的存在及运作从根本大法的角度奠定了基础，指明了方向。

（二）行政征用的内涵

行政征用一般是指依照法律规定取得非国有财产的使用权或者征募劳务或紧急物资，并给予财产补偿的一种行政行为，其可以分为常规状态下的征用和紧急时刻的征用，征用的一般是使用权，在使用完相应被征用物资后要将其返还财产所有权人，造成损失的，应给予赔偿。

现行法律中有大量有关行政征用的规定，如《人民警察法》第 13 条第 2 款规定："公安机关因侦查犯罪的需要，必要时，按照国家有关规定，可以优先使用机关、团体、企业事业组织和个人的交通工具、通信工具、场地和建筑物，用后应当及时归还，并支付适当费用；造成损失的，应当赔偿。"《防洪法》第 45 条规定："在紧急防汛期，防汛指挥机构根据防汛抗洪的需要，有权在其管辖范围内调用物资、设备、交通运输工具和人力，决定采取取土占地、砍伐林木、清除阻水障碍物和其他必要的紧急措施……依照前款规定调用的物资、设备、交通运输工具等，在汛期结束后应当及时归还；造成损坏或者无法归还的，按照国务院有关规定给予适当补偿或者作其他处理。取土占地、砍伐林木的，在汛期结束后依法向有关部门补办手续；有关地方人民政府对取土后的土地组织复垦，对砍伐的林木组织补种。"在《戒严法》第 17 条、《国防动员法》第 54、55 条中都有类似规定。

（三）行政征收与行政征用的异同

行政征收和行政征用具有诸多相似之处，包括如下几点：

1. 公益性。这是行使行政征收或者征用权的前提和基础，即只有因此缘由，征收或者征用才具有正当性，即公共目的性是个人权益受到限制的根本原因。

2. 补偿性。这是征收或征用得以进行的条件，即权益的受损必须要对其予以补偿，这是公平原则精神的体现。

3. 强制性。征收或征用的有效施行，源于国家公权力的介入及其背后强大国家机器的威慑，这使得这种行为具有高度的强制性。

4. 法定性。即征收和征用都要遵循法律规定的程序，由法定主体按照法定权限和方式进行。

两者虽然具有相似性，但仍是不同的行为类型，其最核心的区别点在于行政征收是对财产所有权的转移，而行政征用却是对财产使用权的转移。行政征收和行政征用的原理基本相同，以下主要就行政征收进行介绍，有关行政征用的具体内容可参照行政征收内容的阐述。

二、与类似概念的界分

（一）行政征购

行政征购是行政主体通过签订行政合同的方式取得行政相对人的财产所有权的行为。鉴于其采用的是合同方式，一般采用对价有偿方式进行征购活动。但行政征收与行政征购也有明显区别：①行为的性质不同。行政征收是单方行政行为，当事人的意愿并非行政征收的必然条件；行政征购则需要双方当事人协商一致，只有在合意的基础上，征购合同才成立并生效。②权利义务关系不同。行政征收行为中，行政主体与行政相对人权利义务是不对等的，行政主体拥有单方决定权；在行政征购中，行政主体与行政相对人权利义务基本对等，行政相对人有按照合同规定交付标的物的义务，而行政主体则有支付相应价款的义务。

（二）行政没收

行政没收是特定行政机关、法律法规或规章授权的组织、行政机关委托的组织等依法对违反行政秩序但尚未构成犯罪的个人或组织予以制裁的一种处罚方式。它属于行政处罚的一种具体表现形式。其行使的前提是行政相对人违反了相应的行政秩序要求，而对之做出了严格处罚，其不仅不存在行政征收中的补偿，而且还对当事人的有关非法财产和违法所得加以了法律上的剥夺。

（三）税费征收

税费征收主要包括税款征收和行政费用征收。税费征收从广义上讲也是一种行政征收，理论和实务中也有人将其纳入行政征收的内容，但对其是不予补偿的，因而有其特殊性，不同于一般的行政征收，故在此单列出来加以阐述。

1. 税款征收。税款征收是指国家税收机关，依照税法规定，强制无偿向纳税义务人收取税款，取得国家财政收入的一种具体行政行为。其具有以下特点：

（1）单方性。它是典型的单方行政行为，即税务机关按照法定标准，对符合相关规定的缴纳义务人直接启动征收程序，无须对方当事人同意。

（2）强制性。如果义务人怠于履行，税务机关会按照法律规定启动相应强制执行程序，如收取滞纳金、强制扣缴税款、强制拍卖抵缴税款等。

（3）无偿性。税收的无偿性是指国家在征税后，纳税人所纳税款的所有权即转归国家所有，国家对纳税人不需要支付任何形式的报酬，也不存在偿还税款的问题。税收是国家存在、运行的基础，任何应纳税人都有无偿承担税费缴纳的义务。

（4）法定性。对税收的设定权、实施权应严格依据国家法律的规定和标准进行。

根据征税客体的性质，税收种类可分为流转税、财产税、收益税、资源税、行为税等；根据征税主体的权限，税收可分为中央税、地方税、中央地方共享税等。

我国有关税款征收的法律制度无论是实体还是程序层面都较为完备。统一规范征税行为的法律主要是《税收征收管理法》，根据该法规定，税收征收制度主要包括：

（1）税务登记：即纳税义务人在开业、歇业前，以及经营业务发生重大变动时，向税务机关办理法定书面登记的制度。

（2）纳税鉴定：即税务机关为了明确纳税范围及纳税人的纳税义务，依照税法规定，对有关纳税事项作出书面鉴别和认定。

（3）纳税申报：纳税人在发生纳税义务后，按照税务机关规定的内容和期限向税务机关提交的书面申报，它是税务机关核定应征税额及办理税款征收的主要凭据。

（4）税款征收：即税务机关依照法定方式和程序将纳税人的应纳税额征纳入国库的行为。具体的征收方式又包括查账征收、查定征收、查验征收、定期定额征收以及代扣代缴等，具体实施由税务机关根据应纳税人的具体情况依照相关税收法律法规的规定进行。

2. 行政费用征收。行政费用征收即行政收费，是指行政主体因向相对人提供了特定的公共服务、授予了相对人特定国有资源的使用权，或为弥补特别的行政成本支出等，而依法收取一定费用的单方行政行为。

行政收费征收有以下主要类型：

（1）为公益事业筹集经费的收费。如住房公积金、社会保障基金、农民负担的统筹及提留等。

（2）因相对人使用特定公共设施而收取费用。如养路费、机场建设费等。

（3）为特定人提供公共服务而收取的成本费用。如认证费、考试费、工本费、市场管理费、暂住人口管理费、注册费等。

（4）因出让国有资源使用权而发生的收费。如土地出让费、矿产资源补偿费等。

（5）因相对人的行为损害公共利益而应给以补偿的收费。如排污费、社会抚养费等。

就行政收费而言，我国在立法和执法环节还存在一些不完善的问题，如还没有统一的收费原则及制度，这易于导致滥收费、滥摊派及滥集资的现象，目前亟需制定一部统一的行政收费法。

税费征收的基本程序，一般遵循"决定、告知、自动缴纳、强制扣缴"的步骤进行。征收税费必须出具法定的税费收据。

第二节　行政征收的基础和程序

在我国，应给予补偿的行政征收主要是国有土地上房屋的征收和农村集体所有土地的征收，2011 年 1 月出台的《国有土地上房屋征收与补偿条例》（以下简称《条例》）以单行法的形式对国有土地上房屋的征收与补偿作了专门规定。而《农村集体土地征收补偿条例》仍在审议之中。以下结合《条例》的规定来说明行政征收或征用的主要制度和内容。

一、"公共利益需要"是行政征收的基础

依据我国宪法的明确规定，公共利益需要是行政征收或征用得以进行的正当性基础，它关涉能否实施征收以及如何进行征收补偿的重大问题。这一原理在世界范围内都具有普遍性，1789 年的《法国人权宣言》第 17 条规定："所有权为神圣不可侵犯的权利，非经合理证明为公共需要并履行正当补偿，不得加以剥夺。"《日本国宪法》第 29 条第 2~3 款规定："财产权的内容应符合公共福祉，以法律规定之。私有财产在正当补偿下得收为公用。"《德国基本法》第 14 条第 3 款规定："只有为社会福利才能允许征收征用。"

公共利益如何理解在理论和实务中一直有各种讨论。如有人提出，公共利益是指与私人利益相对的、社会所有公众主体欲求需要的转化形式，它表现为以"'公共产品'、'公共服务'和'公共权利'为内容的公众主体对客体的主动关系和客体对于公众主体的某种好处和意义"。[1]还有人认为："公共利益不等于简单的大家的利益，也区别于多数人共享的、共有的或共同承担的共同利益，公共利益也不同于公众利益，因为公众利益既有纯私人性质的，也有公共性质的。公共利益是一个不确定的法律概念，以价值选择为基础，呈现历史性特征。公共利益必须具有公共性质，体现社会发展的整体性要求和强国富民的目标。"[2]一般而言，公共利益的共性特征至少体现在以下两个方面：①其受益主体具有公共性。即其主体不是特定的，而是普遍的、不确定的，具有社会主体共享利益的特性；②公益的保障有赖于政府为代表的公共选择机制，这种利益一般难以通过市场等机制实现。

《条例》是我国首次从法律上界定了公共利益，其结合我国土地征收的实际情况，对公共利益作了较为细致的规定。《条例》第 8 条首先以正面列举的方式明确了公益的五种情形：①国防和外交的需要；②由政府组织实施的能源、交通、水利等基础设施建设的需要；③由政府组织实施的科技、教育、文化、卫生、体育、环境和资源保护、防灾减灾、文物保护、社会福利、市政公用等公共事业的需要；④由政府组织实施的保障性安居工程建设的需要；⑤由政府依照城乡规划法有关规定组织实施的对危房集中、基础设施落后等地段进行旧城区改建的需要；并以第⑥项作为兜底条款的方式，即"法律、行政法规规定的其他公共利益的需要"预留了未明确列举的未尽空间。可以说，该条款在当下较为妥当地解决了"公共利益"这一不确定概念的掌握问题，对实务起到了较好的操作指引作用。

二、行政征收的程序

行政征收的程序就是行政主体在实施行政征收行为时应当遵循的方式、步骤、时限和顺序。

《条例》规定了行政征收的程序，主要包含以下几方面：

---

〔1〕 孙育玮："'公共利益'问题的法理学探讨"，载《学习与探索》2006 年第 4 期。

〔2〕 胡鸿高："论公共利益的法律界定——从要素解释的路径"，载《中国法学》2008 年第 4 期。

1. 房屋征收部门拟定编制征收补偿方案。

2. 市、县级人民政府对方案进行论证，予以公布并征求公众意见。《条例》第 10 条第 2 款规定："市、县级人民政府应当组织有关部门对征收补偿方案进行论证并予以公布，征求公众意见。征求意见期限不得少于 30 日。"《条例》第 11 条第 2 款规定："因旧城区改建需要征收房屋，多数被征收人认为征收补偿方案不符合本条例规定的，市、县级人民政府应当组织由被征收人和公众代表参加的听证会，并根据听证会情况修改方案。"即要充分尊重被征收人的表决权，使整个征收程序更加严谨和透明。

3. 社会稳定风险评估，这是条例中新增加的制度。社会风险评估的基本步骤，一般是先制定风险评估方案，通过收集相关文件资料、问卷调查、座谈走访甚至组织专家论证等形式征求意见，在此基础上进行预测和评估。然后征收部门出具包括项目征求公众意见情况、可能产生的影响社会治安和稳定的因素、风险防范及维稳的相关组织机构和责任人员、化解矛盾的方案和途径等内容的风险评估报告。

4. 征收决定公告。征收决定是征收行政的前提和基础，其一般由行政机关依据本行政区域内的已有规划而作出，征收决定在市、县级人民政府负责下，由房屋征收部门实施。公告应当载明征收补偿方案和行政复议、行政诉讼权利等事项。

5. 组织调查登记并进行公布。即房屋征收部门应当对房屋征收范围内房屋的权属、区位、用途、建筑面积等情况组织调查登记，被征收人应当予以配合。调查结果应当在房屋征收范围内向被征收人公布。

6. 房屋价值评估。房屋价值由评估机构和专家委员会及被征收人相互协商，由少数服从多数、投票、摇号和抽签等方式决定。评估机构与征收部门签订委托合同，指派评估师提供分户的初步评估结果，公示并进行现场解释和说明；公示期满向征收部门提交整体评估报告。《国有土地上房屋征收评估办法》专门就房屋价值评估作了具体的规定，评估机构的产生、选定，评估的程序和异议的处理等问题都在办法中有详细的、具备可操作性的说明。

7. 订立补偿协议。房屋征收部门与被征收人依照《条例》的规定，就补偿方式、补偿金额和支付期限、用于产权调换房屋的地点和面积、搬迁费、临时安置费或者周转用房、停产停业损失、搬迁期限、过渡方式和过渡期限等事项，订立补偿协议。房屋征收部门与被征收人在征收补偿方案确定的签约期限内达不成补偿协议的，或者被征收房屋所有权人不明确的，由房屋征收部门报请作出房屋征收决定的市、县级人民政府依照《条例》的规定，按照征收补偿方案作出补偿决定，并在房屋征收范围内予以公告。

8. 搬迁。即被征收人搬离原居住地，迁往其他按补偿内容给予安置或自己选择的地方。

由于行政征收涉及公民一方重大的财产权利，为了保证征收程序的正当性，应当特别注重保障公众的参与权，通过听证、公开征求意见、座谈会等方式构建充分的协商机制。"协商民主指的是在政治共同体中自由平等的公民，通过反思、对话、讨论等形式，形成涉及公共利益的合法决策的一种民主体制。"[1]协商机制能使公众平等地参与行政机关的征收决策和执行，进行公益与私益的博弈，从而形成各方都具有最大满意度的结果。此外，在征收程序中，还要避免"谁补偿谁定标准"的不合理做法，以增强补偿标准和决定的公信力。如果法律未规定具体的补偿标准，则应考虑引入第三方评估机制来进行补偿的评估，以保证所确定的补偿标准和结果的公正合理性。

上述主要为对国有土地上房屋征收程序的介绍，对于农村集体所有土地的征收程序，目前单行规定尚未出台，但基于两者有其共性之处，某种意义上可借鉴参照国有土地上房屋征收程序。但两者也略有不同，这主要表现在：土地的征收程序有一"农用地转用和征地审批"程序。《土地管理法》第44条第1款规定："建设占用土地，涉及农用地转为建设用地的，应当办理农用地转用审批手续。"征收审批的法律效果是改变所征收的土地所有权的性质，即从集体所有改变为国家所有。根据所涉农用地的性质、面积，"征收审批权"分别由国务院和省级政府行使。其余的程序可以类比上述国有土地上房屋征收与补偿的基本程序，包括"公告程序""登记程序""征地补偿安置方案程序"等，具体可参见《土地管理法》及《土地管理法实施条例》的相关条文规定，此处不再赘述。

行政征收发生纠纷，需要有相应的解决及救济机制。《条例》第25条第2款规定："补偿协议订立后，一方当事人不履行补偿协议约定的义务的，另一方当事人可以依法提起诉讼。"第14条规定："被征收人对市、县级人民政府作出的房屋征收决定不服的，可以依法申请行政复议，也可以依法提起行政诉讼。"第26条第3款规定："被征收人对补偿决定不服的，可以依法申请行政复议，也可以依法提起行政诉讼。"从上可见，行政复议和行政诉讼成为征收纠纷解决的主要途径。从比较法的角度来看，西方国家私人财产权保障体系中一项核心制度是司法救济制度。在德国，对补偿的争议可以向普通法院提起行政诉讼；英国关于补偿金的诉讼规定由土地裁判所管辖，可上诉于上诉法院；法国对公用征调（行政征收）的诉讼，行政法院与普通法院都有管辖权，诉讼还可以分为合法性争议的诉讼，以及损害赔偿和补偿金争议的诉讼。行政征收的司法救济主要分为两方面：一是行政征收行为的合法性问题，例如征收主体、征收目的、征收范围是否符合公共利益、是否符合规划范围等，这主要是涉及行政征收这个行政行为本身；二是因征收行为引发的行政补偿，例如补偿标准是否市场化、补偿方式是否合适等。我国《行政诉讼法》第12条第1款第5项和第11项分别规定，"对征收、征用决定及其补偿决定不服的"，"认为行政机关不依法履行、未按照约定履行或者违法变更、解除政府特许经营协议、土地房屋征收补偿协议等协议的"，都可以提起行政诉讼。

---

[1]　陈家刚：《协商民主与当代中国政治》，中国人民大学出版社2009年版，第123页。

第三节　行政补偿

补偿条款之于行政征收、征用，有所谓"唇齿"之关系。行政补偿是世界法治文明和社会进步的要求，充分体现了对公共利益与个体利益的协调平衡。

一、行政补偿的概念和特征

行政补偿是指行政主体及其工作人员因合法行使公权力行为造成相对人的合法权益受损，或者相对人的合法权益为社会公共利益而受到损害时，行政主体依法弥补相对人损失的一种法律救济制度。其具有以下特征：

1. 行政补偿针对的是合法、正当的行政行为所造成的损失。行政补偿是对合法、正当行政行为造成损失后承担的补偿责任，这是行政补偿在前提条件上的特点。它与行政赔偿责任是不同的，行政赔偿是因行政违法、不当行为致使相对人受到损害而承担的责任。另外，行政机关的民事行为和公务员的个人行为也不导致行政补偿。

2. 行政补偿的目的具有救济性。行政补偿的目的在于保护公民、法人和其他组织的合法权益，是国家通过补偿的方式，来对因合法、正当行政行为的实施而承受个体利益损失的相对人给予权益救济。

3. 行政补偿是行政主体的一项法定义务。行政补偿是基于公平、合理的原则由法律规定的责任，因而是行政机关必须履行的法定义务。

4. 行政补偿的方式具有多样性。一般而言，金钱补偿的方式是行政补偿的主要方式。此外，还可采用实物补偿、劳务补偿以及通过就业安置、安排居住、帮助生产、服务生活等多种形式实施补偿。对于行政征收，通常要实施先行补偿，而对于行政征用，如果情况紧急则补偿只能在征用后进行。

二、行政补偿的理论基础

国家对因合法行政行为造成的损失给予补偿，在理论依据上有不同学说，主要包括：

（一）社会公平负担平等说

这一理论最先由法国学者提出，其影响现已扩展到许多国家。该说认为，行政活动是为了公共利益而实施的，因而其成本或费用应由社会全体成员平等负担。合法的行政行为给公民、组织的合法权益造成的损失或公民为社会公益受到的特别损害，实际上是受害人在一般纳税负担以外的额外负担，这种负担不应当由受害人个人承担，而应当平等地分配于社会全体成员，因此一般以全体纳税人所缴纳的金钱来弥补受害人的损失。

（二）特别牺牲说

该学说源于德国。1794年《普鲁士法典》第75条确定了国家承担补偿责任的原则，即为了公共利益，在必要时，个人必须牺牲其权益，同时，社会必须从其设立的公共资金中对个人予以补偿。德国法院在以后的许多判例中支持并充实了这项原则，使公民求偿的范围从非金钱损害扩大到金钱损害补偿，从财产损害扩大到生命和健康损害的补偿。19 世纪末，德国学者奥托·梅耶提出了特别牺牲理论，核心意思是说任何财产权的行使都要受到一定的限制，如果负担超出了一般的限度，而成为一种特别负担时，这种负担对于落在其头上的公民而言，就是一种特别的牺牲，必须进行补偿。

（三）结果责任说

该说认为，不管行政机关及其工作人员的行为是否存在违法情形，也不管行为人是否有过错，只要行政活动导致了相对人损害，国家就应对受害人的损失予以补偿。

（四）社会保险论

这一理论将国家视为全社会的保险人，社会成员向国家纳税，等于向保险公司投保。由于国库收入的主要来源是税收，因此国家补偿社会成员的损失就等于社会集资填补个人的意外损害，这就是所谓的社会保险。国家对受损的公民、组织予以救济就如同保险公司向保险人支付保险金一样。

（五）人权保障论

该理论认为，保障人权是民主国家的基本目标和重要任务之一，当公民受到其他公民和组织的侵害时，国家有责任使其得到赔偿并依法对侵权人予以惩罚；而当公民受到国家的侵害时，国家当然更有责任对公民受到的损失或损害给予补偿。

（六）社会协作理论

持此观点的学者认为，人与人之间存在着社会协作关系，这种社会协作关系是国家和法律的基础。社会成员应当为社会的存在和发展牺牲部分权利和自由，而社会则应以其整体的力量保障社会成员的生存和发展，对社会成员合法权益所受的损失或损害给予救济。[1]

以上各种理论均对行政补偿的原因作出了一定的解释。由于每种理论是在不同的国家、不同的时代背景下产生的，它们各自都有其一定的缺陷与不足，应当结合起来综观才能充分科学地说明现代法治国家行政补偿制度存在的法理基础。

三、行政补偿的基本原则

（一）依法补偿原则

依法补偿原则就是行政征收、征用补偿应该严格依法进行，按照法律规定的主体、对象、条件、目的、范围、标准、方式进行补偿，尤其是要严格遵循法律规定的公开、参与、听证等程序，行政机关在征收过程中不能滥用权力和违反法定程序。

（二）利益平衡原则

行政征收、征用是基于公共利益的需要而对相对人的财产进行的征收或者征用行为，这决定了在补偿过程中，应该建立相应的平衡机制，确保各方利益能够得到

---

[1]　叶必丰:《行政法学》，武汉大学出版社 2003 年版，第 57 页。

有效的平衡，而不能只顾某一方的利益，只有这样才能符合公平正义的原则，也才能真正发挥行政征收、征用制度的作用。

（三）公平补偿原则

公平补偿要求补偿公平、合理：①尽可能做到"完全补偿"，即根据受害人的全部损害并充分考虑对当事人生存和发展利益的长远影响，来确定补偿的具体数额。②当事人有一定过错时，应当考虑给予"适当补偿"。③实行事先补偿。即未经事先合理补偿，政府不得征用或征收公民的财产。当然，事先补偿并不排除在紧急情况下先行征用、征收，事后给予补偿。④补偿与征用或征收行为有直接因果关系的损失。⑤补偿物质上的实际损失，即补偿针对财产上利益损失，不补偿精神上或情感上的损失；补偿只对已发生或将来必然发生的损失，不包括将来不可确定的损失。此外，公平补偿还应当实施补偿的动态调整。补偿的标准要根据经济与社会发展变化的情况定期进行评价，并适时地加以调整，使其能与经济、社会的发展相适应，能在公共利益的增进与个人利益的有效保护之间维系动态的平衡。

四、行政补偿的范围

行政补偿的范围是行政机关实施行政补偿所应针对的各种具体情形的范围，这一范围的确定要受一国传统法律文化、民主法治进程以及经济发展水平等因素的综合影响。根据我国行政补偿发生的原因、现有法律规定和行政补偿的实践，我国的行政补偿可分为因行政主体合法公权力行为而受损的补偿和因公益而受损的补偿两大类：

（一）因合法公权力行为而受损的补偿

这具体包括行政征收、征用补偿，行政行为调整之损害补偿，行政行为附随效果之损害补偿等类型。[1]

1. 对行政征收或行政征用的补偿。国家对私有财产常规性征收、征用，要给予相对人必要的经济补偿。

2. 因撤销或变更行政行为致信赖利益损失的补偿。如《行政许可法》第 8 条规定："公民、法人或者其他组织依法取得的行政许可受法律保护，行政机关不得擅自改变已经生效的行政许可。行政许可所依据的法律、法规、规章修改或者废止，或者准予行政许可所依据的客观情况发生重大变化的，为了公共利益的需要，行政机关可以依法变更或者撤回已经生效的行政许可。由此给公民、法人或者其他组织造成财产损失的，行政机关应当依法给予补偿。"行政机关因国家利益、公共利益或者其他法定事由需要撤回、变更行政决定的，对行政相对人因此而受到的财产损失依法予以补偿。此外，因法定事由行政机关变更或终止行政合同，造成相对人损失或行政机关因行政指导有误致使相对人受损的，也应当予以补偿。

---

[1] 王太高：《行政补偿制度研究》，北京大学出版社 2004 年版，第 32 页。

3. 对紧急或公用征调行为致损的补偿。[1]即行政机关为了公共利益，在国家处于紧急状态或紧急需要的情况下，根据利益衡量的原则，为了保护一个较大的利益而不得不损害一个较小的利益，强制取得公民、法人或其他组织的财物和劳务，并给予被征调人一定的补偿。如防洪抢险征用补偿、军事征用补偿、紧急公务征用补偿等。

4. 对其他合法公权力行为致损的补偿。如警车在追捕歹徒时撞坏了其他公民的私家车、军事演习活动造成公民个人的伤亡或财产损失等，都应给予补偿。

（二）因公益而受损的补偿

因公益而受损的补偿主要包括：

1. 协助公务受损的补偿。行政机关及其工作人员依法执行职务，公民和组织应当给予支持和协助。当公民和组织在协助公务过程中致使其人身或财产遭受损失时，行政机关应当给予行政补偿。如《人民警察法》第34条第2款规定："公民和组织因协助人民警察执行职务，造成人身伤亡或者财产损失的，应当按照国家有关规定给予抚恤或者补偿。"

2. 为社会公益而受损的补偿。相对人为了国家和社会公共利益而遭受损失或伤害时，行政机关应当给予补偿。主要包括基于保护野生动物而产生的补偿；基于国防建设而产生的补偿；基于见义勇为等为公共利益而受损的补偿。

五、行政补偿的方式

行政补偿的方式，是指行政主体承担补偿责任的各种方法和途径。补偿是对损害的补救，根据损害的性质、情节及程度的不同，补偿的方式也有所不同。在学理上，行政补偿的方式有直接补偿和间接补偿两类。

直接补偿是指以金钱或实物的方式直接弥补受害人所受损失的行政补偿方式，包括：①金钱补偿，即以金钱的形式支付受害人的损失；一般情况下，行政机关向受损失损害的相对人采用的行政补偿方式是支付补偿金。②返还财产，即行政机关将相对人的财物返还受害人；特别是对于征用征调相对人的财产、物品等实物的，能够返还财产的，应当返还财产，并支付相应的使用费。③恢复原状，即行政机关对相对人受损害的进行修复，使之恢复到致害以前的功能和状态；对于因使用相对人的财产造成损坏能够恢复原状的，应当恢复原状。直接补偿的特点是由补偿义务机关的给付行为直接完成，可以尽快解除因损害给相对人带来的困难。

间接补偿是通过授予某种特殊权利或利益，间接填补受害人所受损害的行政补偿方式。其特点在于，补偿义务机关不直接补偿受害人所受损害，而是通过其他方面的优惠照顾间接补偿受害人所受到的损失，以达到同样的补偿效果。间接补偿的方式多种多样，常见的有以下几种：①在人、财、物的调配上给予优惠。②减、免税费或提供其他政策优惠。③在晋级晋职、增加工资、安排就业、分配住房和解决

---

[1] 杨建顺、李元起主编：《行政法与行政诉讼法教学参考书》，中国人民大学出版社2003年版，第367页。

农转非的户口指标等问题上给予照顾。④同类实物的补偿，即以同等条件或者性能的实物来弥补行政相对人的财产损失，如置换土地、产权等。⑤提供医疗、休假、疗养等。间接补偿方式使行政补偿具有一定的灵活性，可与直接补偿方式配合使用，从而弥补金钱补偿等直接补偿方式的单一性。

六、行政补偿的计算标准

目前，我国现行的行政补偿计算标准主要有两种：

1. 依照法律、法规或规章制定的标准。行政补偿计算标准相对比较具体的当属我国现行土地管理以及移民安置方面的法律法规。如《土地管理法》第 47 条第 2、4、5、6 款规定，征收耕地的补偿费用包括土地补偿费、安置补助费以及地上附着物和青苗的补偿费。征收耕地的土地补偿费，为该耕地被征收前 3 年平均年产值的 6～10 倍。征收耕地的安置补助费，按照需要安置的农业人口数计算。需要安置的农业人口数，按照被征收的耕地数量除以征地前被征收单位平均每人占有耕地的数量计算。每一个需要安置的农业人口的安置补助费标准，为该耕地被征收前 3 年平均年产值的 4～6 倍。但是，每公顷被征收耕地的安置补助费，最高不得超过被征收前 3 年平均年产值的 15 倍。被征收土地上的附着物和青苗的补偿标准，由省、自治区、直辖市规定。另外，征收城市郊区的菜地，用地单位应当按照国家有关规定缴纳新菜地开发建设基金。依照土地法的规定支付土地补偿费和安置补助费，尚不能使需要安置的农民保持原有生活水平的，经省、自治区、直辖市人民政府批准，可以增加安置补助费。但是，土地补偿费和安置补助费的总和不得超过土地被征用前 3 年平均年产值的 30 倍。

2. 依照市场评估价格确定标准。如《国有土地上房屋征收评估办法》第 13 条第 1、2 款规定："注册房地产估价师应当根据评估对象和当地房地产市场状况，对市场法、收益法、成本法、假设开发法等评估方法进行适用性分析后，选用其中一种或者多种方法对被征收房屋价值进行评估。被征收房屋的类似房地产有交易的，应当选用市场法评估；被征收房屋或者其类似房地产有经济收益的，应当选用收益法评估；被征收房屋是在建工程的，应当选用假设开发法评估。"第 29 条规定："除政府对用于产权调换房屋价格有特别规定外，应当以评估方式确定用于产权调换房屋的市场价值。"

七、行政补偿的程序

行政补偿的程序是指实施行政补偿行为时的步骤、方式、次序及时限的总和。补偿程序的公正是补偿合理的重要保证。根据现行一些单行法律、法规的规定以及正当法律程序的基本原理，结合我国行政补偿的具体实践，行政补偿应遵循下列基本程序：

（一）主动补偿程序

行政补偿的目的是弥补行政相对人的损失，行政机关应当依照法定职责主动进行。主动补偿是行政补偿的基本方式，应遵守下列程序：

1. 行政机关发出补偿通知。通知是补偿义务机关通过一定的方式把补偿的相关事项告知利害关系人的行为。通知中应包括补偿的事由、法律政策依据、补偿的具体计算标准与补偿方式等，补偿通知应当直接送达给补偿对象。尤其重要的是，补偿通知应当告知补偿对象有陈述、申辩的权利和进行陈述、申辩的时限。

2. 补偿登记并听取被补偿人的陈述和申辩。受害人根据行政机关的公告，认为自己符合条件的，可以按照公告规定的期限和方式向有关的补偿义务机关提出补偿请求。补偿义务机关应听取被补偿人的意见并将其意见记录在案。法定情况必须进行听证。

3. 答复被补偿人提出的意见。补偿义务机关应就被补偿人提出的问题和意见进行答复，并向被补偿人说明补偿理由。

4. 行政机关与补偿对象协商并签订补偿协议。补偿义务机关可以就补偿范围、方式、标准与被补偿人进行协商，如协商能达成一致意见，可以签订补偿协议。

5. 送达补偿决定。补偿协议或补偿决定中应写明补偿的原因和理由、补偿方式、补偿标准以及补偿的期限，并告知被补偿人享有行政复议和行政诉讼的权利及其时效。

（二）应申请补偿程序

应申请补偿是依当事人的申请而进行的行政补偿，它是主动补偿方式的补充。有权提出补偿申请的是合法权益受到损害的公民、法人和其他组织，有权提出补偿申请的公民死亡的，其继承人或者与死者有抚养关系的其他亲属可以申请补偿；法人或者其他组织终止，承受其权利的法人或者其他组织可以申请补偿。其基本程序如下：

1. 申请。通常由受到损害或损失的相对人向补偿义务机关提出补偿请求申请。补偿申请应当以书面形式提出，申请书中应当写明要求补偿的事实、理由并提供相关的证据材料，还要写明补偿的方式和计算标准。

2. 审查和调查。补偿义务机关必须对申请人提出的补偿申请和相关的证据材料进行审查和调查，可采用书面审查和实地勘察的方式，从而验证申请人提出的证据、材料是否真实，是否符合补偿条件。

3. 听取意见。补偿义务机关通知申请人审查结果，并将拟作出的补偿决定告知申请人，听取申请人的意见。

4. 协商。申请人可与补偿义务机关就补偿方式、标准等进行协商，尽量达成双方都能接受的补偿协议。

5. 救济。若补偿协议达不成，则由行政机关依法作出裁决。裁决中应写明补偿的原因和理由、补偿方式、补偿标准以及补偿的期限，并告知申请人享有行政复议和行政诉讼的权利及其时效。相对人如果对行政机关的补偿数额有异议，或者行政机关逾期不作补偿决定的，均可以通过行政复议、行政诉讼的途径寻求解决。

6. 执行。补偿义务机关履行补偿决定或补偿协议所规定义务，即执行支付和发放补偿费，对不履行补偿决定或补偿协议的，权利人可以申请法院强制执行。

■思考题

1. 简述行政征收与行政征用的异同。
2. 评析行政补偿的理论基础说。
3. 简述对公共利益的理解和认识。
4. 结合我国实际，试述对现行行政补偿标准的看法。
5. 如何使用合理的补偿方式解决补偿中的纠纷或争议？
6. 国有土地上房屋征收及补偿应该如何进行？

■推荐书目

1. 沈开举：《征收、征用与补偿》，法律出版社 2006 年版。
2. 王太高：《行政补偿制度研究》，北京大学出版社 2004 年版。
3. 金伟峰、姜裕富：《行政征收征用补偿制度研究》，浙江大学出版社 2007 年版。
4. 陈小君等：《农村土地法律制度研究——田野调查解读》，中国政法大学出版社 2004 年版。
5. 刘俊：《土地权利沉思录》，法律出版社 2009 年版。
6. 许德风："论私法上财产的定价——以交易中的估值机制为中心"，载《中国法学》2009 年第 6 期。
7. 王士如、郭倩："城市拆迁中公众参与机制的功能与立法建议——对'新《条例》'制定困境的思考"，载《行政法学研究》2010 年第 2 期。

第十二章　行政确认与行政裁决

■学习目的和要求

　　通过本章学习，掌握行政确认与行政裁决的概念、特征及其与相关概念的界分；了解行政确认和行政裁决的法律属性、常见类型和表现形式；明确行政裁决的程序。

第一节　行政确认

一、行政确认的概念和特征

　　行政确认在我国主要是一个学理概念，现行法律很少有直接在条文中使用行政确认一词的，法律规范中多使用"认定""鉴定""确定"等词语。一般认为，行政确认是行政主体依法对某种特定既存之法律关系或法律事实等事项依据职权或者依当事人申请进行判断、甄别，并在此基础上作出证明、认可、确定的一种行政行为。其具有以下特征：

　　1. 行政确认是特定的行政机关或法律、法规授权的行政主体依职权或者依申请按照法律规定的程序所作出的一种行政行为。

　　2. 行政确认的对象及范围，一般包括相对人的权利义务或者法律地位，以及与上述事务紧密相关的特定的法律事实或法律关系。例如对自然资源权属的确认、对医疗事故责任的鉴定、对产品质量进行的认证、对学历学位的证明等。

　　3. 行政确认是羁束性行政行为。它只是对事实状态存在与否、法律地位如何等进行甄别与确定，不能作出褒贬或奖惩之类的价值判断，不能主观创设或进行自由裁量，只能是对客观事实作出中肯的客观评价或者证明。正如毛雷尔所说："确认性行政行为是'中立的'，是受益还是负担，取决于确认和关系人的申请。"[1]

　　4. 行政确认具有证明和宣示公告的作用。行政确认的结果客观上能够起到相应的证明作用，并能厘清和界定相关的权利义务，起到定纷止争和纠纷预防的作用。行政确认的结论对行政机关及行政相对人甚至法院都会产生一定的影响或拘束力，

---

[1]　[德] 哈特穆特·毛雷尔：《行政法学总论》，高家伟译，法律出版社2000年版，第208页。

如《最高人民法院关于行政诉讼证据若干问题的规定》第 68 条第 1 款第 4 项规定，已经依法证明的事实属于法庭可以直接认定的事实。

5. 行政确认不直接创设或者形成新的权利义务，不直接导致行政相对人权利义务的变更和消灭，其对相对人权利义务影响具有间接性，最终会对行政相对人造成"事实上的影响"。

二、与类似概念的界分

1. 行政确认与行政许可。行政许可是行政机关根据公民、法人或者其他组织的申请，经依法审查，准予其从事特定活动的行为。行政确认行为与行政许可有着一定的联系，尤其是行政许可往往是以行政机关对相关事项的确认为前提（附属性的行政确认），而行政许可则是确认后才发生的结果，两者常常形成一种前期和后续的关系。两者间的区别主要有：①行为的对象不同。行政许可的对象是行政许可相对人获得为某种行为的权利或资格；行政确认的对象是法律地位、法律关系或法律事实。②法律效果不同。如果当事人未经许可而径行从事相关行为，其将遭受相应的法律制裁；未被确认的行为、地位等则只是归于无效。③行为方式不同。行政确认既可以是依申请方式，也可以是依职权方式；行政许可则只能是依申请方式。④行政许可以普遍禁止为前提，是一种解禁性行为，而行政确认是以对一定事实或法律关系的证明或确定为主旨。⑤从性质上看，行政确认属于确认性行政行为，其内容具有中立性，而行政许可属于形成性行政行为，它能引起权利义务的产生和变更。⑥行政确认属于羁束性行政行为，行政许可虽然一般表现为羁束性行政行为，但是也存在自由裁量的情形。⑦从法律效果上看，行政确认是对既有的特定法律事实和法律关系的确定和证明，是事后确认，其法律效力具有前溯性；而行政许可则是准予被许可人今后可以从事某种对一般人禁止的活动，是事前控制，其法律效力具有后及力。

2. 行政确认与公证。公证是公证机构根据申请，依法对民事法律行为、有法律意义的事实和文书的真实性和合法性予以证明的活动。《公证法》第 6 条规定："公证机构是依法设立，不以营利为目的，依法独立行使公证职能、承担民事责任的证明机构。"公证制度是国家司法制度的组成部分，是国家预防纠纷、维护法制、巩固法律秩序的一种制度。从公证和行政确认的根本目的来看，都是借助一定的制度安排，通过对相关事项的证明，以减少纠纷，减少诉讼。行政确认和公证的主要区别有：①行为主体不同。行政确认是行政管理活动，主体是特定的行政主体，而公证是社会公益性服务，主体是非行政主体的公证机构。②行为的性质不同。公证活动是公证机构依据法律授权行使的一种社会证明权，这种社会证明权从本质上而言是一种基于自治而形成的社会公权力，行政确认则是一种行政权力的运用。

3. 行政确认与行政裁决。一般而言，行政确认往往是行政裁决的前提，行政机关作出行政裁决、行政处罚等行政行为时必须"确认"（此处行政确认仅仅是一种行为和一个环节，其法律效力已经为最后的行为所吸收，因此不具有独立性）相关事实。在个别情况下，尤其是财产权发生争议时，行政确认往往是通过裁决来表现。例如，土地使用权发生争议后，主管的行政机关依法裁决，通过裁决这种方式确认各方的权利义务。两者的区别主要体现在：①对象不同。行政确认的对象可以是法律地位、法律关系或者法律事实；行政裁决的对象必须是双方有争议的事实。②目的不同。行政确认的目的是行政机关确认法律地位、法律关系和法律事实；行政裁决的目的是解决双方当事人的争议。③法律效果不同。行政确认并不创设当事人的权利义务，仅仅是对法律地位、法律关系和法律事实作出宣告；行政裁决则直接涉及甚至影响当事人权利义务，而且，行政裁决具有相应的法律效力，当事人必须履行行政裁决的内容，否则会产生强制执行的法律后果。④发生方式不同。行政确认既有依申请的确认，也有依职权的主动确认；而行政裁决只有依申请才能发生。

4. 行政确认与行政登记。行政登记并未形成统一的概念。一般而言，行政登记是指行政机关对相关事实或者特定事项在进行调查或审查的基础上，予以批准或者认可，并将相关内容记载于法定的登记簿册上，颁发相应的证书以确认特定的权利义务关系。例如，《土地管理法》第 12 条规定："依法改变土地权属和用途的，应当办理土地变更登记手续。"行政登记的目的主要是对相关事项进行了解和统计、便于检查管理，或为了预防纠纷以及降低交易成本等。部分行政登记从方式和作用的角度来看实质上就是行政确认，但由于行政登记目的的多元性，比如还有一些行政登记的主要作用是备案、备查，这与行政确认的性质是有区别的。

三、行政确认的法律性质

虽然我国学者对行政确认概念在文字表述上十分接近，但是，对行政确认的定性却存在着很大分歧，这集中体现在现有下述三种不同的观点。

（一）准行政行为说

该种观点认为，行政确认是一种"准行政行为"，因为在作出行政确认行为的过程中，并没有包含行政主体的"意思表示"，而仅仅是一种"观念表示"。观念表示仅仅是行政主体就事实判断后表明观念而已，其并不为行政相对人设置任何法律上的权利义务。它虽然具备行政行为成立的其他要件，但并不具备行政主体的意思表示，最多只能认为是准行政行为。当然，也有人认为，作为行政行为要素是行政权的外化，那么，只要是"表示"即可，而不论其是"观念"表示还是"意思"表示。"观念表示"也是一种表示，也是一种行政权的外化形式。[1]

（二）行政行为说

该种观点认为，行政确认是行政主体作出的一种具体行政行为。因为对于相关事项的判断、甄别或确认不仅是一种表明观念的行为，更是行政机关对相关事实作出调查、判断后表明自己观点，作出明确意思表示的行为。换言之，此过程包含着行政主体独立的意思表示。更为关键的是，一旦行政机关作出此种意思表示，行政

---

〔1〕　柳砚涛、刘宏渭："准行政行为理论之检讨"，载《山东警察学院学报》2005 年第 4 期。

相对人的权利义务也会直接或者间接地发生相应的变化，最终对相对人的权利义务形成一种"实际上的影响"；即其是从结果要件形式角度来认定行为性质的。在司法实践中，《最高人民法院关于规范行政案件案由的通知》也将行政确认明确列入具体行政行为之中。正如翁岳生先生所说："确认处分固只在宣示某一既存的法律状态，但因为其确认具法律上拘束力，有规制法律关系的效果，故尚不失其行政处分性格，而非学者过去误以为准法律行为或单纯的观念通知。"[1]

（三）行政事实行为说

行政事实行为是行政主体在行政事务中作出的不以设定、变更或消灭行政法律关系为目的的行为，它是行政主体在履行公共行政活动中作出的、具有公法性质却欠缺行政主体主观的意思表示，其效果直接源于法律规定而产生，如侵权行为导致国家赔偿结果产生，或者产生事实上的结果，如行政机关发布天气预报。行政确认行为从某种层面上看，具有上述特征，其只是对事实上已存之法律关系的一种肯认，所以有人认为其属于行政事实行为。

四、行政确认的表现形式及基本分类

行政确认常见的形式，主要表现为认定、确定、认可、证明、登记、鉴定或鉴证等，其确定的对象主要包括法律关系和法律事实，一般是与行政相对人法律地位或利益密切相关的权利义务关系，行政主体通过行政确认行为将其对世公示，并不创设出新的权利义务，不同于改变或消灭一定法律关系的形成性行政行为，主要表现为：

1. 资格或资质的确认。如对个人执业资格的认定，对企业建筑资质的认证，对产品质量是否合格的认定，对身份关系的认定，对学历关系的证明等。

2. 产权的认定。如对自然资源所有权或使用权归属的认定，对房屋产权的认定等。

3. 鉴定。即运用专业的技术或知识对特定的法律事实或客体的性质、状态或质量等进行客观的评价，如纳税鉴定、医疗事故鉴定、企业或工程的排污鉴定、工伤事故认定等。

4. 鉴证。即通过对某种法律关系，或者进入流通的物品审查后，确认其效力的行为。如工商管理机关对经济合同效力的鉴证、选举委员会对选举效果是否有效的确定、文化行政主管部门对音像书籍等文化产品是否存在违法内容的确认等。

5. 登记。即行政主体依法将行政相对人的特定情况或特定事项等记录于专门的登记簿册，从而正式确认其效力的行为。例如户籍登记、房屋产权登记、工商登记、税务登记等。

还有一些行为如划定边界或勘定地界等，一般也被认为属于行政确认行为，此处不再赘述。

---

[1] 翁岳生编：《行政法》，中国法制出版社 2002 年版，第 668 页。

对于行政确认，一般依据不同的标准会有不同的分类结果，常见的分类有：

1. 依申请确认和依职权确认。现实中和当事人自身权益密切相关的事项，一般多依申请而发生；而涉及公共利益的，多由相应行政主体依职权确认。

2. 各专业领域的确认。如公安行政确认、司法行政确认、劳动行政确认、卫生行政确认、民政行政确认、教育行政确认等。

3. 独立的行政确认和附属性的行政确认。这种划分主要是依据确认行为和他种行为之间的关系而进行的。独立的行政确认行为，是不依赖于他种行为就可独立存在，它不是其他行为的补充，也不是他种行为成立的前提条件，而是自己发生归属于自己的法律效果，如各种证明行为。附属性的行政确认，是确认行为并不能独立存在，该确认行为的完成是他种行为成立的必要前提或是他种行为的补充，确认行为的法律效果归属于他行政行为，其多是为了满足别的行政目的需要而作为前提条件出现。

4. 依据对象不同而进行的划分。一般分为对身份的确认、对资格的确认、对权利归属的确认、对法律关系的确认等。

五、行政确认的作用

在德国行政法学中，行政确认行为与命令性行政行为和权利形成性行政行为并列为三大行政行为。[1]足见行政确认行为在行政法上的地位。在命令性行为日渐式微的民主法治时代，给付行政和确认行政在历史舞台上更显其重要性，也在当今时代发挥着更为重要的作用：

1. 行政确认有助于预防和解决各类纠纷，降低社会运行的成本，维护社会秩序的稳定。众所周知，现代社会复杂性日增，在法律事实不明或法律关系不清的情况下，最易引起和发生各种矛盾和纠纷，而行政确认可以为不同的组织和个人提供经过法定程序认定的相关事实，避免了反复认定，而且通过作出的具有法律约束力的权威性确认，可将导致矛盾发生的根源消弭于萌芽当中，大大降低了因社会矛盾和纠纷所增加的社会运行成本，提高了行政效率。

2. 有效地保障了当事人的合法权益。由于行政确认是有权行政主体依法对相关事项作出的具有宣告性质的行政行为，具有相应的法律效力，因此，行政相对人的权益可以得到更为有效的保障，也明确了各方的权利义务关系，减少了纠纷的发生，并促使当事人积极主动地履行自己的义务和尊重他人的权益。

3. 为相关机关进行有关处理活动提供了法律事实与法律关系上的前提。借助于行政确认机关的专业知识与技能，通过行政确认行为为相关机关后续处理行为提供了权威性前提，也省却了后续机关对此的认定活动，提高了后续处理行为的效率。

---

[1]　[德]哈特穆特·毛雷尔：《行政法学总论》，高家伟译，法律出版社2000年版，第207页。

第二节　行政裁决

行政裁决制度是世界各国普遍存在的制度，如英国有行政裁判所制度，美国有独立控制委员会制度，日本有当事人争讼制度等，其基本功能和价值定位都是一样的。在我国，虽然法院在解决纠纷中扮演着非常重要的角色，但"我们可以要求法官是法律专家，但我们不能要求法官成为技术专家，尤其不能要求法官精通所有行政管理领域的全部专业知识"。[1]正基于此，由行政机关行使纠纷的裁决权便成了一种现实需要。由于行政裁决具有程序简单、费用低廉、效率更高等司法裁判所无可比拟的优势，因此，行政裁决作为多元纠纷解决机制的重要一环可谓方兴未艾。

一、行政裁决的概念及特征

对行政裁决的理解有广义和狭义之分，广义的行政裁决泛指行政主体作出的各种行政决定，狭义的行政裁决则是指特定行政主体依照法律、法规的授权，就平等民事主体之间发生的、与专门行政管理有关联的民事纠纷，依准司法程序进行审查并作出裁决的一种行政行为。本书讨论的是狭义的行政裁决，其基本特征有：

1. 行政裁决的主体是特定的行政主体。裁决民事纠纷本属于司法机关的职能，但基于部分行政机关的专业知识和行政活动相对快捷的优势，部分行政主体经法律、法规授权，可以对与其行政管理专门业务相关的民事纠纷进行裁决，因而行政裁决的主体只是有法律、法规专门授予纠纷裁决权的特定行政主体，而非所有的行政主体。一方面可以充分利用这些行政主体的专业优势，便捷、高效地化解纠纷；另一方面还可缓解法院的压力，节约有限的司法资源。

2. 行政裁决的对象是"特定的民事纠纷"。它具体包括：①行政裁决的对象是民事纠纷，而非政纠纷，也非行政机关内部纠纷；②特定的民事纠纷不是所有的民事纠纷，其特定是与行政主体的专业性行政管理事务有密切联系的民事纠纷，而行政主体正具有该方面的知识专长。

3. 行政主体的行政裁决权是类似于法院司法权的"准司法权"。在行政裁决中，裁决主体以中立第三方的身份，对民事纠纷进行居中裁决，裁决程序也类似司法程序，只是相对简单、便捷，因而称之为"准司法权"。

4. 行政裁决在效力上对当事人具有拘束力和强制性。行政裁决权是国家行政权的行使，无论民事纠纷双方当事人是否接受或同意，都不影响行政裁决的进行及裁决结论应有的法律效力。

5. 行政裁决结果上的非终局性。行政裁决只是行政机关作出的裁断，通常不具有终局性，依照司法最终原则，对行政裁决的结果不服的，当事人还可以针对行政

---

〔1〕　张树义主编：《纠纷的行政解决机制研究——以行政裁决为中心》，中国政法大学出版社2006年版，第5页。

裁决提起行政诉讼来寻求司法救济。

二、与相近概念的区分

1. 行政裁决与行政仲裁。行政仲裁是指行政机关设立特定的行政仲裁机构，依法按照仲裁程序对双方当事人之间的特定民事或经济纠纷，以第三者身份对事实和权利义务作出裁决，以解决争议的一种制度。从上述概念来看，行政仲裁和行政裁决很相似，其所针对的对象都是特定民事纠纷，但两者仍有一些差别：①行政裁决的主体是特定的行政主体，而行政仲裁主体是由行政机关和其他组织共同组成的仲裁机构。我国目前存在的行政仲裁主要是劳动争议仲裁，劳动争议仲裁的机构是县、市、市辖区设立的劳动仲裁委员会，该委员会由政府劳动部门、工会以及政府指定的经济综合管理部门三方代表组成。②对行政裁决不服，可以提起行政诉讼，而对于行政仲裁不服，一般最终提起的是民事诉讼。另外，行政仲裁和普通仲裁虽然都有"仲裁"二字，但两者也有很大差别：行政仲裁主体是隶属于行政机关的仲裁机构，而普通仲裁的主体为独立的民间机构；行政仲裁有级别和地域管辖上的规定，不服行政仲裁，可向法院起诉，法院有最终裁决权，而普通仲裁可以由当事人协议选择，并且一裁终局。

2. 行政裁决与行政调解。行政调解是行政机关通过采用说服教育等方法，促使平等民事主体之间互谅互让达成协议，以此解决彼此之间民事纠纷的一种行为。行政裁决与行政调解都是以纠纷解决为根本目的，并且行政机关都是以中间人的身份出现，但两者有本质差异：①行为性质不同。行政裁决是行政机关的单方行政行为，结果反映的是行政机关的意志。而行政调解只是行政机关在双方当事人之间进行劝说、引导，达成的结果只是当事人之间的合意，不是行政机关的意志，更不具有行政机关对当事人的强制性。②法律效力不同。行政裁决具有行政强制力，行政调解则不具有行政强制力，当事人可以同意调解，也可以不同意调解。③救济途径不同。当事人对行政裁决不服的，可以针对行政裁决提起行政复议或者行政诉讼；当事人不同意行政调解的，就应针对相互之间的民事纠纷到法院提起民事诉讼。

3. 行政裁决与行政复议。行政复议是公民、法人或者其他组织认为行政机关的行政行为侵犯其合法权益，向上级行政机关或者本级人民政府提出申请，请求对行政行为进行审查并作出决定的行为。行政裁决与行政复议在以下方面存在差异：①审查对象不同。行政复议是复议机关对行政争议进行审查的行为；行政裁决则是行政机关对特定民事争议进行裁判的行为。②功能不同。行政复议主要有两方面的功能：一方面是解决行政纠纷，另一方面是监督下级行政机关；而行政裁决则是特定行政机关解决民事纠纷的一种行政行为。

三、行政裁决的基本类型

1. 侵权纠纷的裁决。侵权纠纷就是平等主体一方当事人的合法权益受到他方当事人侵犯而形成的纠纷。如果相关法律授权特定行政机关就此类侵权纠纷进行裁决，则当事人可以向相关行政机关请求裁决。如《专利法》第60条规定，未经专利权人许可，实施其专利，即侵犯其专利权，引起纠纷的，由当事人协商解决；不愿协商或者协商不成的，专利权人或者利害关系人可以向人民法院起诉，也可以请求管理专利工作的部门处理。管理专利工作的部门处理时，认定侵权行为成立的，可以责令侵权人立即停止侵权行为。

2. 补偿纠纷的裁决。根据《土地管理法》及《土地管理法实施条例》，凡是对征地补偿标准有争议的，均可申请协调和裁决。一般先由市、县级人民政府协调；协调不成的，再向批准征地的机关申请裁决。申请人应是征地相对人或者利害关系人。

3. 损害赔偿纠纷裁决。损害赔偿纠纷是一方当事人的权益受到侵害后，要求侵害者给予损害赔偿所引起的纠纷。这种纠纷通常存在于食品卫生、药品管理、环境保护、医疗卫生、产品质量、社会福利等领域。在损害赔偿纠纷中，权益受到损害者可以依法要求有关行政机关作出裁决，确认赔偿责任和赔偿金额，使其受到侵害的权益得到恢复或赔偿。

4. 权属纠纷的裁决。权属纠纷，是指双方当事人因某一财产的所有权或使用权等权利的归属产生争议，主要是土地、草原、水流、滩涂、矿产等自然资源的权属争议，对此双方当事人可依法向行政机关请求确认并作出裁决。如《土地管理法》第16条第1、2款规定："土地所有权和使用权争议，由当事人协商解决；协商不成的，由人民政府处理。单位之间的争议，由县级以上人民政府处理；个人之间、个人与单位之间的争议，由乡级人民政府或者县级以上人民政府处理。"此外，对国有资产产权纠纷的裁决也属于权属纠纷裁决的一种。《国有资产产权界定和产权纠纷处理暂行办法》第29条规定："全民所有制单位之间因对国有资产的经营权、使用权等发生争议而产生的纠纷，应在维护国有资产权益的前提下，由当事人协商解决。协商不能解决的，应向同级或共同上一级国有资产管理部门申请调解和裁定，必要时报有权管辖的人民政府裁定，国务院拥有最终裁定权。"

5. 民间纠纷的裁决。1990年司法部颁布了《民间纠纷处理办法》，规定了基层人民政府处理民间纠纷的范围和权限。民间纠纷是公民之间有关人身、财产权益和其他日常生活中发生的纠纷，在性质上一般都是民事纠纷。根据《民间纠纷处理办法》的规定，对经过调解仍达不成协议的民间纠纷，基层人民政府可以做出处理决定。基层人民政府对民间纠纷作出处理决定应当制作处理决定书，并经基层人民政府负责人审定、司法助理员署名后加盖基层人民政府印章。基层人民政府作出的处理决定，当事人必须执行。如有异议的，可以在处理决定作出后，就原纠纷向人民法院起诉。超过15天不起诉又不执行的，基层人民政府根据当事人一方的申请，可以在其职权范围内，采取必要的措施予以执行。

四、行政裁决的法律属性

对行政裁决的性质，国内外理论界有多种不同的看法，主要集中为三种学说：行政行为说、准司法行为说和司法行为说。

（一）行政行为说

这主要是基于行政裁决权的行使主体是行政主体，而且行政裁决是裁决主体单方面作出，不受当事人意志的左右，非经法定程序和途径不得撤销，具有相应的法律效力。尽管其具有司法的某些外在表现形式，但裁决主体终究是行政主体而非司法机关，其本质上仍然是行政权的行使，只是具有了特殊表现形式而已。所以其应属于行政行为。

（二）准司法行为说

该说认为，虽然行政机关行使的裁决权是一种行政权，但这种行政权在行使过程中，尤其强调"公开、公正和公平原则"，在裁决程序上，具有司法化倾向，强调对当事人权利的保障，具有明显的司法权性质。当然，由于这种权力与法院的司法权之间多少还是有些差异，因此，冠以"准司法"行为较为恰当。

（三）司法行为说

该说认为，"无论是行政立法还是行政司法，虽然都是由行政机关来行使权力，但并未改变立法权和司法权的性质，所不同的只是这些权力在不同的机关转移而已。其实，立法权、行政权由哪些机关行使并不重要，重要的是不管哪个机关行使立法权、行政权，都必须尊重该权力的特性和遵循该权力行使的原则和规律"。[1]也即衡量一个行为是否是司法行为，不是看这个行为是由谁行使，而是看它是什么属性，而司法的本质属性就体现为解决纠纷。行政裁决实质上是作为解决纠纷的一种机制，与法院解决纠纷并无二致，只是把这套程序从法院移到了行政机关内部，根据行政机关行使权力的本质属性判断，裁决就是司法行为。

有关行政裁决性质虽然有行政或司法之争，尚有待达成共识，但这并不妨碍其在现代社会中所起到的积极作用。在现代社会，司法救济作为权利保障的最后一道关口，固然有其重要的作用，但各种纠纷的复杂性、专业性和庞大数量也使得建立多元化的纠纷解决机制成为必然。因此，行政裁决制度有其存在的价值和必要性。

五、行政裁决的基本原则

1. 裁决法定原则。即裁决主体、裁决事项、裁决权的行使、裁决程序、裁决效力等都应由法律作出规定并严格执行法律规定，既要求实体合法，也要求程序合法。

2. 裁决公开、公平、公正原则。行政裁决权的"准司法性"决定了行政裁决的行使要更加强调公开、公平、公正，只有这样才能有效保障各方当事人的合法权益，才能确保行政裁决的公信力和可接受性。这要求：①裁决者必须保持中立，不偏不倚，裁决不应涉及裁决者的个人利益，任何人不能作自己案件的法官。②裁决者对于各方意见都要给予公平的注意，兼听两方的陈述，给予各方公平的辩论机会。③裁决结论的得出是基于各方的辩论和相关的事实，不考虑与案件无关的因素，并

〔1〕　沈开举："委任司法初探——从行政机关解决纠纷行为的性质谈起"，载《郑州大学学报（哲学社会科学版）》2007年第1期。

向当事人说明具体的理由何在。④裁决的过程包括结果，除了法律规定的特定情况外，应该一律公开，包括对当事人及社会的公开。

3. 裁决效率原则。在法院的司法制度之外设立一套行政裁决制度，主要基于司法程序相对复杂、时间较长、成本较高等因素。行政裁决制度的优势之一就是便捷、节省。因此，效率原则是发挥行政裁决特点和作用的重要原则。这一原则要求行政机关的行政裁决活动必须在保证公正的前提下，尽可能简便、迅速地化解纠纷，节省行政成本和减轻当事人的负担，充分实现行政效率。

六、行政裁决的程序

目前行政裁决尚无统一的法律程序，在其存在的各个领域里，裁决程序各有不同。从共性和基本要求来概括，行政裁决的基本流程主要有以下环节：①裁决申请。争议发生后，当事人在法定期限内向主管行政机关提出行政裁决的申请。申请人申请裁决应该符合相应的条件，如具有申请裁决的资格；递交书面的行政裁决申请书；有明确的被申请人；有具体的申请和理由；有相关的证据；属于裁决范围等。②受理。行政裁决机构收到申请后，依法审查申请是否符合法定条件。符合条件的，应当立案受理，并将副本送达另一方当事人，通知其在法定期限内答辩。③调查取证。行政机关受理后，应当审查当事人的申请书和答辩状，调查案件事实，收集相关证据。也可以公开举行听证，听取当事人的陈述和辩论，查明案件的真实情况。在审理过程中，由裁决人员主持听证，一般应采取两造对抗式辩论的方式，也可以采取书面辩论，到底采取何种方式，行政裁决机构具有自由裁量权。当然，行政裁决机构也可根据案件情况同时采取这两种方式，前提是保证当事人在庭审听证过程中有充分的表达权和享有充分的质证权利。④裁决。行政机关查明相关事实后，应当依据相关法律规定，作出裁决。裁决结案应当有书面的裁决书，其上应当载明争议的事实、裁决的依据和理由，并告知当事人不服行政裁决的救济途径和享有的权利。⑤送达与执行。行政裁决作出后必须以一种合理的方式送达当事人，生效后法律还应具体规定申请执行的条件与执行的具体程序。上述程序基本类似司法程序，但比司法程序简便。

就我国现行行政裁决体制而言，除了专利复审委员会、商标复审委员会等一些裁决机构外，其他的大部分裁决都是由行政执法机构实施，这就造成了裁决与执行不分、不同权力集中于同一个机构的问题，易于产生不公正的结果。对此，有学者主张前期在诸如医疗、交通、环境、食品纠纷等专业性较强的领域单独设立裁决机构，不再让行政机关的执法机构承担行政裁决职能，以后逐步形成地域、行业相补充的层级式行政裁决机构，最终建立完全独立的行政裁决机构。[1] 还有人主张通过在现有行政机关内部，根据分工原则，建立职能分离制度，即将内部的某些相关职能进行分离，使其由不同的部门或人员行使，这样可以避免权力集中却缺乏制约。

---

[1] 参见周佑勇、尹建国："我国行政裁决制度的改革和完善"，载《上海政法学院学报》2006 年第 5 期。

这种制度可称为立裁分离、裁查分离和裁执分离的内部职能分离制度：①立裁分离，即立案与裁决由不同的人员负责。立案的人是最先接触案件的人，往往可能对案件预先存有看法，如果让立案人员主持行政裁决，便可能因事先的看法而对案件形成内心的定论或偏见，影响案件的公正裁决。实行立裁分离可以减少这种情况的发生。②裁查分离，即主持裁决听证或作出裁决的人员应当与必要时参加庭外调查的人分离，不能由同一个人担任。同时，主持听证或作出裁决的人员也不能与庭外调查人员单方接触，调查人员也不对主持听证或作出裁决的人员负责，以防偏听偏信。③裁执分离，即主持听证或作裁决的人员与执行的人员分离。裁执不分不利于保证裁决质量，也可能会使某些错误裁决的案件得以顺利执行，使之一错到底。实行裁执分离制度，通过执行可以发现裁决中的一些问题，能够使裁决错误得以纠正，从而保证行政裁决的质量。

■思考题

1. 简述行政确认的概念与特征。
2. 试析行政确认的法律属性。
3. 如何理解行政确认行为的可诉性问题？
4. 简述行政裁决的概念和特征。
5. 简述行政裁决的典型类型。
6. 试析行政裁决的法律属性。
7. 如何理解行政裁决的程序？

■推荐书目

1. 张树义主编：《纠纷的行政解决机制研究——以行政裁决为中心》，中国政法大学出版社 2006 年版。
2. 周佑勇、尹建国："我国行政裁决制度的改革和完善"，载《上海政法学院学报》2006 年第 5 期。
3. 叶必丰、徐键、虞青松："行政裁决：地方政府的制度推力"，载《上海交通大学学报（哲学社会科学版）》2012 年第 2 期。
4. 韩思阳："行政裁决纠纷的诉讼选择"，载《政法论丛》2014 年第 4 期。

第十三章　行政许可

■学习目的和要求

　　通过本章学习，掌握行政许可的概念、特征和种类；了解行政许可的原则、范围；熟悉行政许可的设定事项、设定行政许可的主体和行政许可的形式；明确行政许可的程序规则以及行政许可监督检查制度；理解权力清单制度和行政审批制度改革的发展趋势。

第一节　行政许可概述

一、行政许可的概念与特征

对行政许可概念的界定，行政法学界有不同的理解。2004 年 7 月 1 日正式实施的《行政许可法》对行政许可作了明确的概念解释。《行政许可法》第 2 条规定："本法所称行政许可，是指行政机关根据公民、法人或者其他组织的申请，经依法审查，准予其从事特定活动的行为。"在此规定基础上，借鉴我国行政法学界的研究成果，我们将行政许可的概念表述为：行政许可是指行政主体根据公民、法人和其他组织的申请，经依法审查，准予其从事特定活动的一种授益性的具体行政行为。它具有以下特征：

1. 行政许可是一种依申请的行政行为，只有行政相对人提出相关申请，行政主体才能依照法律法规进行审查并做出决定。如果没有相对人的申请，行政主体不能主动实施许可行为。行政许可作为依申请的行政行为，是行政主体基于行政职权而为的单方行政行为，行政主体应当对申请作出是否准予许可的决定。

2. 行政许可是对法律一般禁止的解除，是一种解禁性的行政行为。若没有法律上一般禁令的存在，也就不需要许可。行政主体依法审查相对人的申请，认为其符合法定的条件即做出解除一般性禁止的决定。因此说行政许可是对一般人禁止而对特定人解除禁止的行为。

3. 行政许可是一种授益性的行政行为。行政许可通过对特定行政相对人解除一般禁止，从而准予其行使某种权利、获得某种资格或作出某种行为，对被许可的相对人具有授益性。

4. 行政许可是一种要式行政行为。行政许可的形式一般是许可证、执照或批准文书等形式。行政许可必须按照法定的形式，以正规的文书、格式、日期、印章等予以批准、认可和证明，必要时还应附加相应的辅助性文件。

5. 行政许可是一种外部行政行为。《行政许可法》第3条第2款规定："有关行政机关对其他机关或者对其直接管理的事业单位的人事、财务、外事等事项的审批，不适用本法。"根据该规定，行政许可是行政机关对社会上的公民、法人及其他组织实施的一种管理行为，是行政机关管理经济和社会事务的外部行为。至于行政机关对其他机关或者对其直接管理的事业单位的人事、财务、外事等事项的审批，则属于内部管理行为，不属于行政许可。

二、行政许可的原则

（一）许可法定原则

许可法定原则是指行政许可的设定和实施，必须依照法定的权限、范围、条件和程序，不得违背法律的规定。《行政许可法》第4条规定："设定和实施行政许可，应当依照法定的权限、范围、条件和程序。"该原则主要包含两个方面的要求，即依法设定行政许可和依法实施行政许可。

依法设定行政许可的含义有三：①依法定事项设定。有权机关只能就《行政许可法》第12条规定的事项设定行政许可，超越法定许可事项范围设定的行政许可无效。②依法定权限设定。对于依法可以设定行政许可的事项，有权机关在设定行政许可时，还必须遵循《立法法》、行政法规、地方性法规、规章等规定的立法权限，以及《行政许可法》规定的行政许可设定权限，超越法定权限设定的行政许可无效或将被有权机关撤销。③依法定程序设定。享有法定权限的机关就法定许可事项设定行政许可，还必须遵循法定程序。设定主体违反法定程序设定许可的，将被有权机关根据法律、法规撤销。

依法实施行政许可的含义有五：①依法定种类实施。行政机关实施行政许可，只能就依法已经设定的许可种类实施，不能增加新的项目，否则，就等于非法设定许可。②依法定权限实施。行政机关只能在法定权限范围内实施行政许可，否则，即构成行政越权。③依法定条件实施。行政机关实施行政许可，只能依法定条件进行，不能增加或减少法定条件。④依法定方式实施。所谓"法定方式"，是指相应法律、法规或规章规定的办理许可的方式。⑤依法定程序实施。《行政许可法》对行政许可的程序作了较为全面、详细的规定。除《行政许可法》规定的程序外，其他相应法律、法规和规章可能还就某些特定许可规定了专门程序。这些程序只要符合《行政许可法》的原则、精神，不违背行政许可法的明确规定，行政机关在实施相应行政许可时也必须遵循。否则，也构成程序违法。[1]

---

[1]　姜明安主编：《行政许可法条文精释与案例解析》，人民法院出版社2003年版，第15～16页。

（二）公开、公平、公正的原则

1. 有关行政许可的规定应当公布，未经公布的一律不得作为实施行政许可的依据；行政许可的实施过程与结果应当公开。法律、法规、规章规定实施行政许可应当听证的事项或者行政机关认为需要听证的其他涉及公共利益的重大行政许可事项，应当向社会公告，并举行听证。行政许可事项涉及第三人的，应当告知第三人。

2. 公平原则要求行政机关平等对待不同的行政相对人，从法律上保证相对人在申请和获得许可上享有同等的权利和义务，在实施行政许可的过程中不得歧视相对人或有所偏袒，既不能对相同的事项作出不同的处理，也不能对不同的事项作出相同的处理。

3. 公正原则要求在行政机关和行政相对人之间实现一种实质上的平等，在行政许可的设定上，正确认识行政相对人的相对弱势地位，为行政许可实施机关设定若干义务，为相对人设置若干保障条款。在作出不利于相对人行政许可决定时，应当听取相对人的申辩；在作出行政许可决定时，应当基于正当的动机并考虑相关的因素。

（三）效率与便民原则

效率原则要求行政机关在履行行政许可职能时，不仅应当按照法定程序在规定的时限内及时办理许可事项，不得无故拖延，而且必须以最小的许可管制成本，来实现既定的行政目标。具体来说，在设定行政许可时，应当权衡管制成本与预期社会效益之间的关系，正确设定许可事项、范围、条件等；在实施中，严格遵守法定时限要求，及时作出是否受理许可申请的决定，并在受理后及时作出处理。

便民原则旨在体现行政机关为人民服务的宗旨，行政许可机关应当尽量减少相对人申请和办理行政许可的各项成本。除依法要求必须由申请人到行政机关办公场所提出行政许可申请的以外，申请人均可委托代理人提出行政许可申请，还可以在具备条件的情况下通过信函、电报、电传、传真、电子数据交换和电子邮件等方式提出行政许可申请。行政许可需要行政机关内设的多个机构办理的，应当确定一个机构统一受理行政许可申请，统一送达行政许可决定。实行"一个窗口"对外服务，防止多头受理增加当事人成本。对于应当由地方人民政府两个以上部门分别实施的行政许可，本级人民政府可以确定由一个部门受理行政许可申请并转告有关部门分别提出意见后统一办理，或者组织有关部门联合办公、集中处理。目的是尽量减少"多头审批"。省级人民政府经国务院批准，可以将几个行政机关行使的行政许可权相对集中，由一个行政机关行使有关行政机关的行政许可权。

（四）权益保障原则

《行政许可法》第7条规定："公民、法人或者其他组织对行政机关实施行政许可，享有陈述权、申辩权；有权依法申请行政复议或者提起行政诉讼；其合法权益因行政机关违法实施行政许可受到损害的，有权依法要求赔偿。"这就确立了行政许可中的权益保障原则。根据该规定，行政机关实施行政许可应当做到：①在实施行政许可的各个环节，都应当保护公民、法人及其他组织的陈述权、申辩权。②对依法需要听证的事项，应当告知申请人、利害关系人享有听证的权利并依法举行听证。听证必须允许申请人、利害关系人申辩和质证。③公民、法人和其他组织对行政许可不服，有权依法申请行政复议或提起行政诉讼，行政机关应当积极参加行政复议或者行政诉讼。④公民、法人和其他组织因行政机关违法实施行政许可而损害其合法权益的，有权依法要求赔偿，行政机关应当依法予以赔偿。

（五）信赖保护原则

《行政许可法》第 8 条规定："公民、法人或者其他组织依法取得的行政许可受法律保护，行政机关不得擅自改变已经生效的行政许可。行政许可所依据的法律、法规、规章修改或者废止，或者准予行政许可所依据的客观情况发生重大变化的，为了公共利益的需要，行政机关可以依法变更或者撤回已经生效的行政许可。由此给公民、法人或者其他组织造成财产损失的，行政机关应当依法给予补偿。"这是关于行政许可信赖保护原则的规定。信赖保护原则是指行政决定一旦作出就被推定为合法有效，法律要求相对人对此予以信任和依赖。当然法律也要保护相对人基于对行政决定的信任和依赖而产生的利益。该原则主要包含三层意思：①行政机关的行政许可决定一经作出并生效，非有法定事由和非因法定程序，不得改变。对行政相对人作出授益性行政许可决定后即使发现违法或者对政府不利，只要行为不是因为相对人过错所造成，亦不得撤销、废止或改变。[1]②行政机关只有在下列两种情形下，才能改变或废止已经生效的行政许可决定：一是行政许可所依据的法律、法规、规章修改或者废止；二是准予行政许可所依据的客观情况发生重大变化，需要变更或者撤回已经生效的行政许可。③行政机关依法变更或者撤回已经生效的行政许可，由此给公民、法人或者其他组织造成财产损失的，行政机关应当依法给予补偿。

三、行政许可的种类、范围和设定

（一）行政许可的种类

根据许可性质、功能、适用条件的不同，行政许可分为以下五类：

1. 普通行政许可。普通行政许可是指行政机关应特定相对人的申请，准予符合法定条件的个人或组织从事特定活动的行为，是运用最广泛的一种行政许可。普通许可适用于直接涉及国家安全、公共安全、经济宏观调控、生态环境保护以及直接关系人身健康、生命财产安全的事项。其功能主要是防止危险、保障安全。

2. 行政特许。行政特许是指行政机关代表国家依法向相对人赋予某种特定权利或资格的行为。如海域使用许可、无线电频率许可等。行政特许主要适用于有限自然资源的开发利用、有限公共资源的配置以及直接关系公共利益的特定行业的市场准入等事项。特许的功能主要是分配稀缺资源。根据《行政许可法》第 53 条的规定，除法律、行政法规另有规定外，行政机关实施行政特许应当通过招标、拍卖等

---

〔1〕　张春生、李飞主编：《中华人民共和国行政许可法释义》，法律出版社 2003 年版，第 37 页。

公平竞争的方式作出决定。行政主体违反上述规定，不采用招标、拍卖方式，或者违反招标拍卖程序作出的行政特许，不具有合法性。

3. 行政认可。行政认可是由行政机关对申请人是否具备特定技能或特殊条件、特殊信誉的资格与资质的认定。如颁发律师资格证书、医师资格证书、注册会计师资格证书等。行政认可主要适用于为公众提供服务并直接关系公共利益的职业、行业，需要确定其具备特殊信誉、特殊条件或者特殊技能的资格、资质的事项。行政认可的主要功能是提高从业水平或者某种技能、信誉。行政认可一般都要通过考试方式并根据考试结果决定是否认可，根据《行政许可法》第 54 条的规定，赋予公民特定资格，依法应当举行国家考试的，行政机关根据考试成绩和其他法定条件作出行政许可决定。颁发资格资质证的行政认可是对人的许可，与身份相联系，不能继承、转让；行政认可没有数量限制但也不能任意滥发。为促进行政审批改革，减少行政审批事项，2014 年 8 月，国务院取消了房地产经纪人、注册税务师等 11 项职业资格许可和认定事项，到明年将基本完成取消职业资格许可事项的工作。同时，国务院决定取消各地自行设置的各类职业资格，取消行业协会、学会自行设置的水平评价类职业资格。国务院这次特别强调，没有法律、法规或国务院决定作为依据的"准入类"职业资格一律取消。

4. 行政核准。行政核准是由行政机关对某些事项是否达到特定技术标准、技术规范的判断与确定，主要适用于直接关系公共安全、人身健康、生命财产安全的重要设备设施的设计、建造、安装和使用，直接关系人身健康、生命财产安全的特定产品、物品的检验、检疫。核准的功能也是为了防止危险、保障安全。行政机关实施核准没有自由裁量权，行政机关根据检验、检测、检疫结果作出不予行政许可决定的，应当书面说明不予行政许可所依据的技术标准和技术规范。

5. 行政登记。行政登记是由行政机关确立个人、企业或者其他组织的特定主体资格与特定身份的行为。如工商企业注册登记、社团登记等。登记的主要功能是通过使申请人获得某种资格和能力，向公众提供证明或者信誉、信息。并非所有称为登记的行政行为都是行政许可。根据《行政许可法》第 56 条的规定，对申请人提交的申请材料齐全、符合法定形式的行政许可，行政机关应当当场予以登记。

（二）行政许可的范围

行政许可的范围是指可以设定行政许可的事项，即哪些事项可以设定行政许可，哪些事项不能设定行政许可。行政许可作为政府对经济和社会活动进行事先干预事前控制的一项重要手段，对维护公民的人身财产安全和公共利益，加强经济宏观调控，保护并合理分配有限自然资源和公共资源等是具有重要作用的。但行政许可不是万能的，也会产生一些负面效应，如抑制市场在资源配置中基础性作用的发挥，降低经济效率，妨碍市场开放和公平竞争，不利于增强经济和社会的生机和活力，并容易滋生腐败等。因此，行政许可不是越多越好，其范围应当受到限制，只有在必要时才设立行政许可。

根据《行政许可法》第12条的规定，可以设定行政许可的事项包括以下几个方面：①直接涉及国家安全、公共安全、经济宏观调控、生态环境保护以及直接关系人身健康、生命财产安全等特定活动，需要按照法定条件予以批准的事项；②有限自然资源开发利用、公共资源配置以及直接关系公共利益的特定行业的市场准入等，需要赋予特定权利的事项；③提供公众服务并且直接关系公共利益的职业、行业，需要确定具备特殊信誉、特殊条件或者特殊技能等资格、资质的事项；④直接关系公共安全、人身健康、生命财产安全的重要设备、设施、产品、物品，需要按照技术标准、技术规范，通过检验、监测、检疫等方式进行审定的事项；⑤企业或者其他组织的设立等，需要确定主体资格的事项；⑥法律、行政法规规定可以设定行政许可的其他事项。

根据《行政许可法》第13条的规定，上述事项，通过下列方式能够予以规范的，可以不设行政许可：①公民、法人或者其他组织能够自主决定的；②市场竞争机制能够有效调节的；③行业组织或者中介机构能够自律管理的；④行政机关采用事后监督等其他行政管理方式能够解决的。上述两条法律规定均适用了"可以"二字，表明行政许可的设定范围还处在探索之中，现行规定具有较大的弹性空间，也赋予国务院在行政审批改革中更多的法律实施空间。

（三）行政许可的设定

1. 行政许可的设定权。①法律的设定权。法律是全国人大及其常委会制定的规范性文件，是宪法之下效力层次最高的规范性文件。因此法律可以就《行政许可法》第12条所列的所有事项设定行政许可。法律设定行政许可的权力也不是无限的，也要受《行政许可法》第12条和第13条规定的限制。②行政法规的设定权。行政法规是国务院制定的规范性文件，效力层次仅次于宪法和法律。一般来讲，行政法规不能对某些涉及公民基本权利和自由的事项加以限制，但是考虑到我国正处于新旧体制的转轨时期，行政管理所面对的问题十分复杂，因此对行政法规也赋予了较大的许可设定权。对依法应当设定行政许可的事项，尚未制定法律的，可以由行政法规设定行政许可。③国务院决定的设定权。在《行政许可法》中，对国务院决定的许可设定权作了规定："必要时，国务院可以采用发布决定的方式设定行政许可。实施后，除临时性行政许可事项外，国务院应当及时提请全国人民代表大会及其常务委员会制定法律，或者自行制定行政法规。"④地方性法规和省级政府规章的设定权。根据《行政许可法》第15条的规定，尚未制定法律、行政法规的，地方性法规可以设定行政许可；尚未制定法律、行政法规和地方性法规的，因行政管理的需要，确需立即实施行政许可的，省、自治区、直辖市人民政府规章可以设定临时性的行政许可。临时性的行政许可实施满1年需要继续实施的，应当提请本级人民代表大会及其常务委员会制定地方性法规。

为维护市场的公平竞争，促进形成统一的市场，《行政许可法》对地方性法规和省级政府规章的行政许可设定权有一定限制，即地方性法规和省、自治区、直辖市人民政府规章不得设定应当由国家统一确定的公民、法人或者其他组织的资格、资质的行政许可；不得设定企业或者其他组织的设立登记及其前置性行政许可。地方性法规和省、自治区、直辖市人民政府规章设定的行政许可，不得限制其他地区的个人或者企业到本地区从事生产经营和提供服务，不得限制其他地区的商品进入本地区市场。

除法律、行政法规、地方性法规和省级地方政府规章外，国务院部门规章、省级以下地方政府规章以及依法不享有规章制定权的地方人民政府和其他机关制定的规范性文件一律不得设定行政许可。

2. 行政许可设定前的听证、论证与设定后的评价。设定行政许可是一种规范创制行为，为保证这种设定行为的合法性与正当性，要求在起草法律草案、法规草案和省、自治区、直辖市人民政府规章草案时，起草单位应当采取听证会、论证会等形式听取意见，并向制定机关说明设定该行政许可的必要性、对经济和社会可能产生的影响。行政许可在设定后，设定机关应当定期对其设定的行政许可进行评价，如果认为其已设定的行政许可，通过《行政许可法》第13条所列方式能够解决的，应当对设定该行政许可的规定予以修改或废止。行政许可的实施机关可以对已设定的行政许可的实施情况及其存在的必要性适时进行评价，并将意见报告给该行政许可的设定机关。公民、法人或者其他组织可以向行政许可的设定机关和实施机关就行政许可的设定和实施提出意见和建议。

第二节　行政许可的基本制度

一、行政许可的程序

(一) 申请与受理

1. 申请。行政相对人从事特定活动，依法需要取得行政许可的，应当向有关行政主体提出申请。申请书的格式文本中，不得包含与申请行政许可事项没有直接关系的内容。申请人可以委托代理人提出许可申请，但依法应当由申请人到行政机关办公场所提出行政许可申请的除外。申请人可以通过信函、电报、电传、传真、电子数据交换和电子邮件等方式提出行政许可申请。行政机关应当将法律、法规、规章规定的有关行政许可的事项、依据、条件、数量、程序、期限以及需要提交的全部材料的目录和申请书示范文本等在办公场所公示，以方便申请人了解情况和提出申请。申请人申请行政许可，应当如实向行政机关提交有关材料和反映真实情况，并对其申请材料实质内容的真实性负责。行政机关不得要求申请人提交与其申请的行政许可事项无关的技术资料和其他材料。

2. 受理。行政机关收到行政许可申请后，针对申请人提出的行政许可申请，应当根据不同情况分别作出处理：申请事项依法不需要取得行政许可的，应当即时告知申请人不受理；申请事项依法不属于本行政机关职权范围的，应当即时作出不予受理的决定，并告知申请人向有关行政机关申请；申请材料存在可以当场更正的错误的，应当允许申请人当场更正；申请材料不齐全或者不符合法定形式的，应当当场或者在5日内一次性告知申请人需要补正的全部内容，逾期不告知的，自收到申请材料之日起即为受理；申请事项属于本行政机关职权范围的，申请材料齐全、符合法定形式，或者申请人按照本行政机关的要求提交全部补正申请材料的，应当受理行政许可申请。行政机关受理或者不予受理行政许可申请，应当出具加盖本行政机关专用印章和注明日期的书面凭证。

行政机关应当健全和完善电子政务制度，在行政机关的网站上公布行政许可事项，方便相对人采取数据电文等方式提出行政许可申请；行政机关还应当与其他行政机关共享有关行政许可的各种信息，提高办事效率。[1]

（二）审查与决定

1. 审查。行政机关应当对申请人提交的申请材料进行全面审查，根据审查的具体情况，行政机关作出以下处理：申请人提交的申请材料齐全、符合法定形式，行政机关能够当场作出决定的，应当当场作出书面的行政许可决定。行政机关受理申请后，根据法定条件和程序，需要对申请材料的实质内容进行核实的，应当指派两名以上工作人员进行核查。依法应当先经下级行政机关审查后报上级行政机关决定的行政许可，下级行政机关应当在法定期限内将初步审查意见和全部申请材料直接报送上级行政机关。上级行政机关不得要求申请人重复提供申请材料。涉及第三人的，应该告知并听取其意见。行政机关对行政许可申请进行审查时，发现行政许可事项直接关系他人重大利益的，应当告知该利害关系人。申请人、利害关系人有权进行陈述和申辩。行政机关应当听取申请人、利害关系人的意见。

2. 决定。行政机关对行政许可申请进行审查后，除当场作出行政许可决定的外，应当在法定期限内按照规定程序作出行政许可决定。如果申请人的申请符合法定条件、标准的，行政机关应当依法作出准予行政许可的书面决定。行政机关依法作出不予行政许可的书面决定的，应当说明理由，并告知申请人享有依法申请行政复议或者提起行政诉讼的权利。

3. 期限。除了行政机关依法可以当场作出行政许可决定的以外，对于行政许可申请，应当自受理之日起20日内作出行政许可决定。20日内不能作出决定的，经本行政机关负责人批准，可以延长10日，并应当将延长期限的理由告知申请人。法律、法规另有规定的除外。对于采取统一办理、联合办理、集中办理的行政许可，办理的时间不得超过45日；45日内不能办结的，经本级人民政府负责人批准，可以延长15日，并应当将延长期限的决定和理由告知申请人。依法应当先经下级行政机关审查后报上级行政机关决定的行政许可，下级行政机关应当自其受理行政许可申请之日起20日内审查完毕。法律、法规另有规定的，依照其规定。行政机关作出行政许

〔1〕 叶必丰：《行政法与行政诉讼法》，高等教育出版社2007年版，第203页。

可决定，依法需要听证、招标、拍卖、检验、检测、检疫、鉴定和专家评审的，所需时间不计算在规定的许可期限内。行政机关应当将所需时间书面告知申请人。

4. 颁发行政许可证件。行政机关作出准予行政许可的决定，需要颁发行政许可证件的，应当向申请人颁发加盖本行政机关印章的下列行政许可证件：①许可证、执照或者其他许可证书；②资格证、资质证或者其他合格证书；③行政机关的批准文件或者证明文件；④法律、法规规定的其他行政许可证件。对于由行政机关实施检验、检测、检疫的，可以在检验、检测、检疫合格的设备、设施、产品、物品上加贴标签或者加盖检验、检测、检疫印章。由法律、行政法规设定的行政许可，适用范围没有地域限制的，申请人取得的行政许可在全国范围内有效。行政机关作出准予行政许可的决定，应当自作出决定之日起 10 日内向申请人颁发、送达行政许可证件，或者加贴标签、加盖检验、检测、检疫印章。

（三）听证

听证是行政许可相对人在行政主体审查和决定中的一项程序性权利。除依法或依行政机关的决定举行听证的以外，当行政许可直接涉及申请人与他人之间重大利益关系的，行政机关在作出行政许可决定前，应当告知申请人、利害关系人享有要求听证的权利，申请人、利害关系人可以提出听证申请。申请人、利害关系人在被告知听证权利之日起 5 日内提出听证申请的，行政机关应当在 20 日内组织听证并向社会公告。申请人、利害关系人不承担行政主体组织听证的费用。

听证依照下列程序进行：行政主体应当于举行听证的 7 日前将举行听证的时间、地点通知申请人、利害关系人，必要时予以公告；听证应当公开举行；行政主体应当指定审查该行政许可申请的工作人员以外的人员为听证主持人，申请人、利害关系人认为主持人与该行政许可事项有直接利害关系的，有权申请回避；举行听证时，审查该行政许可申请的工作人员应当提供审查意见的证据、理由，申请人、利害关系人可以提出证据，并进行申辩和质证；听证应当制作笔录，听证笔录应当交听证参加人确认无误后签字或者盖章。行政主体应当根据听证笔录作出行政许可决定。

（四）变更与延续

1. 变更。被许可人要求变更行政许可事项的，应当向作出行政许可决定的行政机关提出申请。对符合法定条件、标准的，行政机关应当依法办理变更手续。同时，行政许可具有违法情形的，行政机关可依职权依法予以变更。

2. 延续。被许可人需要延续依法取得的行政许可的有效期的，应当在该行政许可有效期届满 30 日前向作出行政许可决定的行政机关提出申请。法律、法规、规章另有规定的除外。行政机关应当根据被许可人的申请，在该行政许可有效期届满前作出是否准予延续的决定；逾期未作决定的，视为准予延续。

二、行政许可的监督检查

（一）监督检查的内容

行政许可是一项事前控制手段，它不同于行政处罚、行政强制等事后或事中采取的行政手段。现实生活中，行政机关重许可轻监管或者只许可不监管的现象比较普遍。因此加强对行政许可活动全过程的监督检查，是完善行政许可制度、保证行政许可内容得以实现的重要环节。监督检查的对象和内容包括：监督行政许可设定机关的有关行政许可设定情况，监督行政许可实施机关有关行政许可实施情况，监督被许可人从事许可活动的情况，监督其他相对人违反行政许可的情况。行政机关既是监督检查的主体，又是监督检查的对象；上级行政机关应当加强对下级行政机关实施行政许可的监督检查，及时纠正行政许可设定和实施中的各种违法行为。

为了规范被许可人从事的行政许可活动，行政机关应当建立健全监督制度，通过核查被许可人从事行政许可事项活动情况的有关材料，履行监督责任。行政机关依法对被许可人从事行政许可事项的活动进行监督检查时，应当将监督检查的情况和处理结果予以记录，由监督检查人员签字后归档。公众有权查阅行政机关监督检查记录。行政机关实施监督检查，不得妨碍被许可人正常的生产经营活动，不得索取或者收受被许可人的财物，不得谋取其他利益。

对直接关系公共安全、人身健康、生命财产安全的重要设备、设施，行政机关应当督促设计、建造、安装和使用单位建立相应的自检制度。行政机关在监督检查时，发现直接关系公共安全、人身健康、生命财产安全的重要设备、设施存在安全隐患的，应当责令停止建造、安装和使用，并责令设计、建造、安装和使用单位立即改正。

（二）监督检查的措施

1. 行政许可的撤销。作出行政许可决定的行政机关或者其上级行政机关，根据利害关系人的请求或者依据职权，对于有下列情形之一的，可以撤销行政许可：①行政机关工作人员滥用职权、玩忽职守作出准予行政许可决定的；②超越法定职权作出准予行政许可决定的；③违反法定程序作出准予行政许可决定的；④对不具备申请资格或者不符合法定条件的申请人准予行政许可的；⑤依法可以撤销行政许可的其他情形。

2. 行政许可的注销。行政许可有下列情形之一的，行政机关应当依法办理有关行政许可的注销手续：①行政许可有效期届满未延续的；②赋予公民特定资格的行政许可，该公民死亡或者丧失行为能力的；③法人或者其他组织依法终止的；④行政许可依法被撤销、撤回或者行政许可证件依法被吊销的；⑤因不可抗力导致行政许可事项无法实施的；⑥法律、法规规定的应当注销行政许可的其他情形。

在对行政许可机关和被许可人的监督上，要两者同时并举，不可偏废。特别是不能只重视对被许可人的监督，而忽视对行政许可机关自身的监督。没有监督和制约，行政机关就会违法，行政机关的违法同样会对建设法治政府造成巨大的破坏，法治的权威就会降低。因此，加强对执法者的监督对维护社会主义法治，建设法治政府十分重要。

三、权力清单制度与行政审批改革

党的十八大报告指出，要深化行政审批制度改革，继续简政放权，推动政府职能向创造良好发展环境、提供优质公共服务、维护社会公平正义转变。这一改革从以下几个方面来落实：一是按照应减必减、该放就放的原则，进一步取消和调整行政审批项目。探索建立审批项目动态清理工作机制。二是积极推进行政审批规范化建设。新设审批项目，必须于法有据，并严格按照法定程序进行合法性、必要性、合理性审查论证。三是加快推进事业单位改革和社会组织管理改革。把适合事业单位和社会组织承担的事务性工作和管理服务事项，通过委托、招标、合同外包等方式交给事业单位或社会组织承担。四是进一步健全行政审批服务体系。继续推进政务中心建设，健全省市县乡四级联动的政务服务体系，并逐步向村和社区延伸。五是加强政府监管。对取消和调整的行政审批事项，要明确监管责任，制定后续监管措施，强化工作衔接，避免出现监管真空。六是深入推进行政审批领域防治腐败工作。深化审批公开，推行"阳光审批"。加快推广行政审批电子监察系统。七是把行政审批制度改革与投资体制、财税金融体制、社会体制和行政管理体制改革结合起来。

李克强总理 2014 年提出："确需设置的行政审批事项，要建立权力清单制度，一律向社会公开。清单之外的，一律不得实施审批。"因此，权力清单制度的建立是对取消和下放行政审批项目的纵向延伸。建立权力清单制度这一改革思路是对以往行政审批制度改革经验的总结和提升。理清行政审批事项需要引入社会的监督，建立权力清单，清单之外无审批，可以摸清家底，杜绝暗箱操作。2014 年 3 月，国务院审改办在中国机构编制网公开了国务院各部门行政审批事项汇总清单，此次公开的汇总清单涵盖了 60 个有行政审批事项的国务院部门，各部门目前正在实施的行政审批事项共 1235 项。[1]

国务院要求各部门不得在公布的清单之外实施行政审批，不得对已取消和下放的审批项目以其他名目搞变相审批。现阶段所建立的权力清单制度还只是初级的，只是将行政机关的行政审批权力全部汇总公布出来了，至于这些行政审批权力的设置是否科学还需要深入研究。行政审批权力清单制度的发展趋势应该是科学化和法治化：就科学化而言，就是要使行政审批权力的设置符合经济社会发展的实际，剔除那些阻碍经济社会发展的行政审批权力。就法治化而言，可以从两个层面来看，一个层面是权力清单上的审批权的合法性问题，随着经济社会的发展和法律法规的修改与完善，相应的行政审批权力还需要适当调整；另一个层面是权力清单本身的法律效力问题，为使权力清单真正发挥效用，就需要使权力清单合法化，以提升其

---

〔1〕　新华社："国务院审改办公开各部门行政审批事项汇总清单"，http：//www.gov.cn/xinwen/2014 - 03/17/content __2639996.htm，最后访问时间：2014 年 3 月 17 日。

法律效力。[1]

■ **思考题**

1. 试析行政许可的概念与特征。
2. 简述行政许可的种类、范围和设定。
3. 简述行政许可的具体程序。
4. 论述行政许可与行政审批的关系。

■ **推荐书目**

1. 张春生、李飞主编：《中华人民共和国行政许可法释义》，法律出版社 2004 年版。
2. 应松年主编：《行政许可法教程》，法律出版社 2012 年版。

---

[1] 参见闾越："行政审批制度改革与权力清单"，载《长白学刊》2014 年第 6 期。

第十四章 行政处罚

■学习目的和要求

　　通过本章学习，掌握行政处罚的概念、特征、种类、原则、种类的设定及其适用和程序。

第一节　行政处罚概述

一、行政处罚的概念和特点

　　行政处罚指具有法定管辖职权的行政主体对违反行政法规范的公民、法人或其他组织所实施的一种行政制裁。行政处罚对运用处罚的主体来讲，是一种实施法律制裁的行政执法活动，而不是一般意义上的批评教育；对受罚对象而言，则是因自己的违法行为而应承担的一种具有惩罚性的法律责任。

　　行政处罚与刑事制裁、民事制裁等其他类型的法律制裁相比较，主要有以下特点：

　　1. 实施行政处罚的主体是具有法定职权的行政主体。行政处罚的这一主体特点使它能区别于刑事制裁和民事制裁。刑事制裁、民事制裁的实施主体是国家司法机关即人民法院，因为按照法律规定，审理裁判刑事、民事案件，追究刑事和民事违法责任属于人民法院的职权范围。同时，这一特点还表明，实施行政处罚的主体也并非是所有的行政主体，而必须是具有法定处罚权的行政主体，因为行政处罚权是根据行政管理的需要配置的，有些行政主体虽能进行一定的行政管理活动，却不具有行政处罚权。这就是说，行政处罚主体只能是具有法定处罚权的行政主体。

　　2. 行政处罚的对象是违反行政法规范的公民、法人或其他组织。这一特点明确了行政处罚对象的范围，即公民、法人或其他组织，以及他们成为行政处罚对象的原因，即有违法行为。同时，这种违法行为所违反的是行政法律规范，而不是刑事或民事法律规范，这也使它有别于刑事或民事制裁。

　　3. 行政处罚在惩罚性质上属于行政制裁，这使它有不同于其他法律制裁的程度和方式。从程度上讲，它针对的往往是轻于犯罪的一般违法行为，因此它的惩罚性是轻于刑事处罚的，如限制人身自由的最高期限只有 15 日，最轻的处罚仅为警告；在方式上，它有许多与行政管理活动有关联的方式，如吊销许可证和执照、责令停产停业等，这些都是不同于刑事和民事制裁的方式。

二、行政处罚与相关概念的区别

为了进一步了解行政处罚，我们还需比较、区分行政处罚与下列两个较为相近的行政法概念的差异。

1. 行政处罚与行政处分。行政处罚与行政处分是十分相似的行政法术语，它们不仅只有一字之差，而且还有许多其他的共同之处：它们都属于行政法性质的法律制裁，都由行政主体予以实施，都是针对违反行政法规范的行为。但是，两者仍是不同的。行政处分是行政主体对其内部工作人员违反政纪而予以的惩戒，因而它与行政处罚有许多区别：

（1）所针对的对象不同。行政处分针对的是行政主体内部的人员，也称内部行政相对人，他们与行政主体一般有人事管理的隶属关系；行政处罚则针对社会上的公民、法人或者其他组织，也称外部行政相对人，他们与行政主体之间是没有隶属关系的。另外，两种对象的违法行为所违反的行政法规范也是不同的，行政处分所针对的违法行为是违反了行政机关对内部管理的行政法规范，行政处罚所针对的违法行为是违反了对社会实施管理的行政法规范。

（2）制裁的方法与手段不同。行政处分所使用的方式与内部的人事管理相适应，如记过、记大过、降级、撤职、开除等；行政处罚多运用财产罚、能力罚、人身自由罚等多种多样的方式，如罚款、没收财产、吊销证照、拘留等。

（3）制裁的依据不同。行政处分的依据只是适用于行政机关内部的法律规范，而行政处罚的依据则是行政机关据以管理国家和社会事务的各种行政法律规范。另外，对惩处的救济途径不同。对行政处分不服的，只能向主管行政机关或专门的行政监察机关申诉解决；对行政处罚不服的，则要向复议机关申请行政复议或向人民法院提起行政诉讼。

2. 行政处罚中的罚款与执行罚。行政处罚中的罚款与执行罚在外部形态上比较相似，他们都由行政主体实施，都是罚没款项，因而较容易混淆，但两者也是不同的。执行罚是行政主体对具有行政法义务但拖延履行的当事人，以拖延期限按日加罚，以迫使义务人尽快履行义务的行政强制执行措施。由此，它与行政处罚有下列区别：

（1）两者的属性不同。行政处罚中的罚款是制裁、惩罚性的措施，执行罚是执行性、督促性的措施。前者针对违法行为，后者针对没有按期及时履行义务的行为。

（2）两者的目的不同。行政处罚中的罚款是制裁违法；执行罚只是为了督促当事人及时履行义务。

（3）运用的方法不同。行政处罚中的罚款对违法行为是一次性的；执行罚则可以按日反复多次进行，直至当事人自动履行义务为止。

（4）两者发生的时间不同。行政处罚中的罚款是对违法行为事后的惩处；执行罚则发生在当事人没有履行义务的过程之中。

我国行政处罚立法采用法典立法与单行法律、法规规定相统一。1996年3月17日全国人大通过的《行政处罚法》是我国关于行政处罚的一部系统完整的基本法律，它对行政处罚的基本原则、处罚的种类和设定、处罚主体的资格、处罚的管辖、处罚的适用、处罚的各种程序以及法律责任等基本问题作了统一的规定。该法于1996年10月1日开始施行，对各行政处罚主体的处罚行为具有普遍的规范作用。

但是，各行政机关的职能差别很大，特点各异。因此，除了遵循行政处罚法典的一般规定外，还有单行处罚法律、法规根据各个处罚主体的不同特点加以具体规定，内容涉及公安、税务、工商、金融、资源保护、环境保护、教育、卫生等各个行政管理领域，它们共同构成了我国的行政处罚的法律体系。如《治安管理处罚法》是公安机关对社会治安秩序实施行政管理最重要的、最基本的综合性法律之一，该法于2005年8月28日由十届全国人大常委会第十七次会议通过，并从2006年3月1日起实施。

三、行政处罚的基本原则

行政处罚的基本原则，是指由法律规定的实施行政处罚时必须遵守的准则。行政处罚的基本原则贯穿于行政处罚的整个内容和过程之中，指导着行政处罚法的各项具体制度和规则，体现了行政处罚法的立法宗旨和总的目的要求，规范行政处罚的设定和行政主体实施具体行政处罚的活动。[1]行政处罚的基本原则主要有以下几项：

（一）处罚法定原则

行政处罚涉及公民、法人或其他社会组织的合法权益，因此，要求处罚的依据、职权、主体及处罚程序都必须是法定的。《行政处罚法》第3条第2款规定："没有法定依据或者不遵守法定程序的，行政处罚无效。"这个原则包括四个方面的含义：①对公民、法人或者其他社会组织实施行政处罚必须有法律依据，法无明文规定不得处罚。公民、法人或其他组织的行为，只有在法律、行政法规、地方性法规或者规章明确规定应予处罚、给予何种处罚时，才能受处罚；没有规定的，不受处罚。②行政处罚由有权设定行政处罚的国家机关在法律规定的范围内设定，以法定程序制定并公布实施；无权设定的组织不得设定，国家机关超越其行政管理权限设定的行政处罚无效。根据《行政处罚法》的规定，有权设定行政处罚的国家机关包括全国人民代表大会及其常务委员会、国务院、各省、自治区、直辖市人民代表大会及其常务委员会、国务院各部和委员会、各省、自治区、直辖市人民政府和省、自治区人民政府所在地的市的人民政府以及国务院批准的较大的市的人民政府。③实施行政处罚必须是行政机关在法定的职权内所作出的行政决定，其他机关和组织没有

---

[1]　参见郑水泉、沈开举主编：《行政处罚法通论》，中国人民公安大学出版社1996年版，第31页。

法律授权不得为行政处罚。根据我国的宪政体制，行政处罚权主要由行政机关行使。但为了有效地实行行政管理，有些法律、法规授权某些非行政机关的社会组织行使部分行政管理权，对某些行为进行行政处罚，这需要有明确的法律授权，执行人必须在法律规定的范围内履行职责，不得越权和滥用权力。④行政机关实施处罚，必须严格依法进行。不仅要遵守实体法的规定，也要遵守程序法的规定，如果程序违反法律的规定，其作出的处罚决定也是不能生效的。

（二）公正、公开原则

《行政处罚法》第4条第1款规定："行政处罚遵循公正、公开的原则。"

公正是行政合法性原则和行政合理性原则在行政程序法中的综合体现。要求处罚主体实施行政处罚必须做到客观、公平、合理。该原则具体包含三个方面内容：①行政机关在作出行政处罚决定时，必须听取对方当事人的意见，让对方当事人有时间、有机会进行陈述，有权对行政机关指控的事实进行质证和提出申辩。②行政执法人员与当事人有利害关系并可能影响其作出公正处罚决定的，应当回避，以确保行政处罚决定是在客观、公正、无偏私的情况下作出的。③在行政主体拥有较大自由裁量权的情况下，要求行政主体在行使自由裁量权时要公平、正直，即要求其处罚行为要合乎法的宗旨，出于正当动机；要考虑相关的因素；对受处罚者要公正对待，不能厚此薄彼，更不能以感情代替法律，反复无常。

公开既包括有关行政处罚的规定要公布，也包括实施行政处罚程序和处罚的结果要公开，以便人民群众知情并进行监督，具体的要求有：①行政处罚的规定要公开，让全体公民都知道什么样的违法行为会受到什么样的处罚，使公民对自己行为的后果有明确的了解，不能依据未公布的规定或内部文件实施处罚。《行政处罚法》第4条第3款规定："对违法行为给予行政处罚的规定必须公布；未经公布的，不得作为行政处罚的依据。"②处罚的程序要公开，如公开获取证据的渠道，更重要的是，在行政处罚的实施过程中，要保障当事人的申辩权和了解情况的权利。《行政处罚法》第42条第1款第3项还规定："除涉及国家秘密、商业秘密或者个人隐私外，听证公开举行。"③处罚的决定要公开，并将处罚决定书依法送达当事人。行政处罚决定书应当在宣告后当场交付当事人；当事人不在场的，行政机关应当在3日内将行政处罚决定书送达当事人及利害关系人，使被处罚的当事人能及时了解处罚结果，以决定是否选择法律救济。同时通过对处罚决定书的宣告公开，也便于人民群众进行监督。

（三）教育与处罚相结合原则

《行政处罚法》第5条规定："实施行政处罚，纠正违法行为，应当坚持处罚与教育相结合，教育公民、法人或者其他组织自觉守法"。教育与处罚相结合原则，要求行政主体做到以下两点：①处罚的立足点在教育。实施行政处罚绝不是目的，也不是唯一手段，而是为了纠正违法行为，使其知道自己行为的违法性和应受惩罚性，教育当事人在真正认识行为违法性、危害性的基础上纠正违法行为，改正错误，让其今后能自觉守法，这样才能达到处罚的真正目的。因此，行政主体在实施行政处罚时，要加强对受罚人的法治教育，还要结合处罚案例对社会开展法治教育，宣传国家的法律、法规，增强和提高当事人以及全社会的法律意识和守法自觉性。为此，行政机关要纠正以罚代管（理）、以罚代教（育）、重罚轻教、一罚了之的问题。在现实中必须将实施行政处罚与部门利益分离开来。不允许有的部门或单位对罚款数额定任务、定指标，更严禁把罚款作为单位创收的一种途径。要坚决把办案与决定处罚分开，把作出罚款决定的机关与收缴罚款的机构分离，从制度上来规范和约束行政机关在实施处罚上的"部门利益"，保证行政处罚的正确实施。②防止处罚主体以教代罚。毕竟教育与处罚具有不同的功能，对违法行为只教育而不处罚则完全失去了处罚应有的惩戒功能，也不能够有效保障法律的实施。

（四）违法程度与处罚相适应原则

《行政处罚法》第4条第2款规定："设定和实施行政处罚必须以事实为依据，与违法行为的事实、性质、情节以及社会危害程度相当。"行政处罚的这一原则是行政合理性原则在行政处罚中的具体体现之一。行政机关在行使处罚权时，享有高度的自由裁量权，表现于处罚罚则的选择、罚款数额的确定、违法情节的判定等方面。这些自由裁量权必须在合理的范围内正确行使，否则，就会损害行政相对人的合法权益。为此，行政机关在实施行政处罚时，应从以下几方面予以考虑：①违法行为的类型。不同类型的违法，其处罚罚则有所不同。②违法行为的情节。情节的轻重既表明了违法者的主观过失程度，又表明了对社会秩序和法律关系危害的程度，是决定处罚幅度的主要依据。③违法行为对社会产生的危害程度。是否已经产生了危害社会的后果，给国家、社会公共利益和他人利益造成了危害。这三个方面是确定处罚标准的尺度，也是衡量行政处罚是否合理的标准。行政处罚的罚则和幅度应与违法行为的事实、性质、情节和社会危害程度相适应。

（五）保护相对人合法权利原则

《行政处罚法》第6条规定："公民、法人或者其他组织对行政机关所给予的行政处罚，享有陈述权、申辩权；对行政处罚不服的，有权依法申请行政复议或者提起行政诉讼。公民、法人或者其他组织因行政机关违法给予行政处罚受到损害的，有权依法提出赔偿要求。"遵循这一原则，一方面是我国社会主义民主的体现；另一方面也有利于促使行政机关正确实施行政管理。行政机关必须充分听取当事人的意见，对当事人提出的事实、理由和证据，应当进行复核，不得因当事人的申辩而加重处罚。当事人通过实施这项权利可以充分发表自己的意见，进一步了解行政机关作出行政处罚决定的事实、理由及依据，切实维护自己的合法权益；行政机关通过当事人陈述、申辩和听证，提高行政处罚的案件质量，防止和避免处罚错误，提高办事效率。

第二节 行政处罚的基本制度

一、行政处罚的种类及其设定

（一）行政处罚的种类

据统计，根据我国各种法律、行政法规、地方性法规、行政规章对行政处罚的规定，行政处罚的种类已达一百二十多种，从学理上讲，各种行政处罚按其性质基本上可分为四类：

1. 申诫罚。申诫罚是一种影响相对方声誉、给相对方施加一定精神上压力的处罚类型，不具体剥夺或限制行政相对方其他实体权利，属于行政处罚中最轻的处罚种类。其主要目的是教育行政相对方对其实施的违法行为引起足够的警惕，并及时纠正，不至于继续发生类似的行政违法行为。具体包括警告、通报批评、责令检讨、责令悔过等，其中以警告最为典型和常用。

2. 财产罚。财产罚是行政机关对行政违法人依法剥夺一定财产或者科以财产给付义务的处罚类型。这种处罚只是迫使行政相对方交纳一定数额的金钱或者是剥夺其所有财产，不影响行政违法人的人身自由和其他活动，又能起到制裁作用。具体包括罚款、没收财产或非法所得、销毁物品等。财产罚用途十分广泛且极易奏效，但也有一定的限制：①财产罚适用于有经济收入的公民或有固定资产的法人或组织所实施的违法行为；②财产罚是对在经营活动中以牟利为目的的违法行为所采取的制裁措施；③行为人违法行为所造成的危害后果，可以通过剥夺其财产来予以补偿；④财产罚还适用于给社会公共利益造成损害的违法行为，且违法行为越严重，处罚数额越大。

3. 能力罚（或称资格罚）。能力罚是行政机关对违反行政法律规范的行政相对方所采取的一种取消、限制某种能力或资格的处罚类型，其严厉程度仅次于限制人身自由的处罚。具体种类较多，主要有责令停产停业、暂扣许可证和执照、吊销许可证和执照、取消申请和报考资格等。

4. 人身罚。人身罚是短期内限制人身自由的一种处罚，属于行政处罚中最严厉的处罚种类。典型的人身罚就是行政拘留，主要是针对违反社会治安的行政违法行为，原则上只适用于公民个人而不适用于法人。执法中对法人的法定代表人的拘留应视为对其个人违法行为的处罚，而不是对法人的处罚。

为了规范行政处罚的种类，《行政处罚法》明确列举了警告、罚款、没收非法财物和非法所得、责令停产停业、暂扣或者吊销许可证和执照、行政拘留这几种为我国行政处罚的基本种类，使今后我国行政处罚的种类趋向统一化。以下就这几种行政处罚作简要说明：

1. 警告：行政主体对违法行为人的告诫和谴责，它应以书面形式作出，并向本人宣布和送达。警告不是简单、随便的口头批评。警告既可以适用于公民个人，也可以适用于法人或其他组织。它是针对那些违法行为极其轻微、没有造成社会危害后果的情况而设立的。通过警告而给行政相对方以悔过的机会，使其对违法行为给予足够的重视，便于及时改正。

2. 罚款：行政主体科以违法相对人承担金钱给付义务，并令其在一定期限内交纳的处罚形式。在治安管理处罚、工商管理处罚、海关处罚、土地管理处罚等不同的领域，罚款的数额不等，通常都有可供行政主体自由裁量的幅度。

3. 没收非法财物：行政主体对相对人剥夺其与违法行为有关的财物，如实施违法行为的工具、违禁物品以及其他与违法行为有关的财物等。

4. 没收非法所得：行政主体对违法人剥夺其因违法行为而获得的非法金钱收入，如违法经营所获得的非法利润。它与没收非法财物既有相同之处也有不同之处，相同之处在于：没收的对象都具有占有或使用的不合法性，如果某项财产确与违法行为无关，则不能作为没收的对象；不同之处在于：前者没收的是因违法行为而得到的利益，其中多为金钱，后者没收的既有非法谋取的物品，如生产、销售的违法品，也有用于非法活动的工具等。

5. 责令停产停业：行政主体对违法从事生产经营活动的相对人，在一定期限和范围内限制或取消其生产经营活动资格的处罚，主要适用于：从事生产经营活动的个体工商户、企业法人或者组织所实施的后果比较严重的违法行为；从事加工、生产与人的生命健康密切相关的产品或者出版对人的精神生活产生不良影响的出版物及音像制品的违法行为等。

6. 暂扣许可证和执照：行政主体对持有许可证和执照能从事该类活动的相对人，因其有违法行为而在一定期限内暂行扣押其执照和许可证，使之暂时失去从事该类活动资格的处罚。

7. 吊销许可证和执照：行政主体对持有许可证和执照能从事该类活动的相对人，永久性地取消其许可证和执照，使其不再具有从事该类活动资格的处罚，主要适用于取得某种资格的行政相对方实施了具有危害后果的违法行为，对这种违法行为单处罚款等财产罚不足以使其纠正违法行为。另外，有些法律规定许可证是取得营业执照的必要条件，因此当企业的生产许可证被吊销时，工商行政管理机关也应吊销营业执照。

8. 拘留：也称行政拘留，特指公安机关对违反治安管理的相对人在短期内限制其人身自由的处罚。行政拘留不同于刑罚中的拘役，两者的最主要的区别是实施机关和适用对象不同；行政拘留也不同于刑事诉讼中的刑事拘留及民事诉讼中的司法拘留，后两者都不是处罚措施而是强制措施。

除上述行政处罚种类之外，《行政处罚法》还确认，凡法律、行政法规规定的其他行政处罚都属于合法有效的处罚种类。如《治安管理处罚法》针对违反治安管理的外国人，增加了"附加适用限期出境或者驱逐出境"的处罚种类。

（二）行政处罚的设定

行政处罚的设定权是指国家机关依照职权和实际需要，在有关法律、法规或者规章中，创造或设立行政处罚的权力。根据我国《行政处罚法》的规定，行政处罚设定权可分为创设权和规定权。

创设权是指法定的规范性文件依法自行规定行政处罚的行为、种类和幅度而不受其他法律规范规定、限制的权力，是自主性立法权。它可以根据实际需要，制定行政处罚规范，规定新的行政处罚的行为、种类和幅度。根据创设的范围，创设权可被分为完全创设权和有限创设权。完全创设权对行政处罚的行为、种类和幅度均可创设，如全国人民代表大会及其常务委员会制定的法律，享有完全创设行政处罚的权力；有限创设权是指某一规范性文件只能创设行政处罚的行为、种类和幅度中的一部分，如行政法规、地方性法规和规章的创设权均为有限创设权。

规定权是指某类规范性文件依法在效力较高的法律规范规定的行政处罚的行为、种类和幅度内作出具体规定的权力。规定权是执行性立法权，是为贯彻实施较高一级的规范性文件的规定，受较高效力规范性文件规定的框架限制，只能在此框架中作出较细或较具体的规定。其作用主要有三个方面：①将违法行为具体化，但不得增设处罚的行为种类；②将处罚种类具体化，将处罚种类和受处罚行为进一步对应化，特别是对那些设定比较笼统的处罚种类；③将处罚幅度具体化、详细化，如对于罚款，法律只规定了种类而没有规定幅度，有规定权的机关可以依职权，根据实际需要而规定幅度的大小。

行政处罚关系到公民、法人或其他组织的重要权利和利益，对其设定，必须加以必要的限制。考虑到处罚设定权是一项重要的国家权力，我国《行政处罚法》对其享有和运用作了以下规定：

1. 法律设定的行政处罚种类。法律是由国家最高权力机关即全国人大及其常委会制定的，法律可以设定任何种类和形式的行政处罚。同时，对限制人身自由的行政处罚，则只能由法律设定，其他法规、规章都无权予以设定。由于限制人身自由的处罚，影响公民人身自由，因而《行政处罚法》对此种处罚作了严格的限定，不能滥设处罚。

2. 行政法规设定的行政处罚种类。行政法规是国家最高行政机关制定的，除了限制人身自由的行政处罚之外，它可以设定包括警告、罚款、责令停产停业、暂扣或者吊销许可证和执照、没收违法所得、没收非法财物等各种行政处罚。如果法律对违法行为已作了行政处罚规定，需要行政法规作出具体规定的，行政法规必须在法律规定的受处罚行为、处罚种类和幅度范围内作出具体规定，不能超出法律已规定的限度。

3. 地方性法规设定的行政处罚种类。地方性法规是省、自治区、直辖市的权力机关制定或批准的，它可以设定除限制人身自由、吊销企业营业执照之外的其他各种行政处罚。由于限制人身自由的行政处罚只能由法律设定，而吊销企业营业执照的违法行为已由法律、行政法规作了统一规定，全国各地应执行这些统一规定，因此，地方性法规不宜再另行设定吊销企业营业执照的行政处罚。除上述两种处罚种类之外，地方性法规还可以设定其他种类的行政处罚。如果法律、行政法规对违法行为已作了处罚规定，需要地方性法规结合本地实际情况再作具体规定的，地方性法规必须在法律、行政法规规定的受处罚行为、处罚种类和幅度范围内作出具体规定，不能超出法律、行政法规已规定的限度。

4. 规章设定的行政处罚种类。规章包括部委规章和地方规章，部委规章是国务院部委制定的，地方规章是地方省级人民政府、省政府所在地的市以及国务院批准的较大市的人民政府制定的。由于规章的种类多，数量大，法律效力的层级也相对较低，为了防范规章对行政处罚的设定过多过滥，《行政处罚法》规定，在法律、法规已作行政处罚规定的情况下，规章只应在法律、法规规定的给予行政处罚的行为、种类和幅度的范围内作出具体规定；尚未制定法律、法规的，行政规章可以对违反行政管理秩序的行为设定警告、一定数量的罚款这两类行政处罚。此外，国务院具有行政处罚权的直属机构虽无规章制定权，但为了行政管理的需要，在国务院授权的情况下，也可以设定警告、一定数量的罚款这两类行政处罚。对于规章规定的罚款数额有两种情况：

（1）部委规章规定的罚款由国务院限额。国务院对此作出的规定是：国务院各部门制定的规章对非经营活动中的违法行为设定罚款不得超过 1000 元；对经营活动中的违法行为，有违法所得的，设定罚款不得超过违法所得的 3 倍，但是最高不得超过 3 万元，没有违法所得的，设定罚款不得超过 1 万元；超过上述限额的，应当报国务院批准。具有行政处罚权的国务院直属机构制定的规范性文件，在国务院授权条件下，享有部委规章的地位。

（2）地方规章设定的罚款限额，由省一级人大常委会规定，可以不受上述规定的限制。目前各地的规定不一。如《江西省人民代表大会常务委员会关于政府规章设定罚款限额的规定》[1]第 3 条第 1、2 项规定："①对非经营活动中违反行政管理秩序的行为设定罚款处罚，属处罚公民的，不得超过 200 元；属处罚法人或者其他组织的，不得超过 1000 元。②对经营活动中违反行政管理秩序的行为，没有违法所得的，设定罚款不得超过 1 万元；有违法所得的，设定罚款不得超过违法所得的 3 倍，但最高不得超过 3 万元。"

除上述法律、行政法规、地方性法规、规章可设定行政处罚以外，其他任何规范性文件都不得设定行政处罚。

二、行政处罚的实施主体及管辖

（一）行政处罚的实施主体

行政处罚的实施主体也就是有权实施行政处罚的机关。我国行政处罚的实施机

---

[1] 该规定 1996 年 10 月 19 日由江西省第八届人民代表大会常务委员会第二十四次会议通过。

关包括以下几类：

1. 行政机关。《行政处罚法》第 15 条规定："行政处罚由具有行政处罚权的行政机关在法定职权范围内实施。"由此可见，具有行政处罚权的行政机关必须具备三个条件：①必须是行政机关。②必须是拥有行政处罚权的行政机关，因为并非所有的行政机关都拥有该职权，必须在法律、法规作特别设定的条件下，行政机关才拥有行政处罚权。③具有行政处罚权的行政机关必须在法定职权范围内实施行政处罚，否则该行政处罚不具有法律效力。这样的行政机关有两类：

（1）具有法定处罚权的国家行政机关。这是指法律、法规和规章明确赋予行政处罚权的国家行政机关，如《治安管理处罚法》将治安管理的处罚权明确赋予国家公安机关，公安机关就属于具有治安管理处罚方面法定处罚权的行政机关。

（2）经特别决定而获得行政处罚权的国家行政机关。它们主要是一些综合执法机关，是由一级政府成立的、解决和处理具有综合性质事项的机关。这种实施行政处罚的机关是指经过国务院决定或者经国务院授权的省级人民政府决定后，可以行使其他有关行政机关的行政处罚权（限制人身自由的行政处罚权只能由公安机关行使）的行政机关。这种处罚主体的行政处罚权来自国务院的特别决定，其目的是便于实施综合执法，精简机构，提高效率，减少职权纠纷。

2. 法律、法规授权的具有管理公共事务职能的组织。《行政处罚法》第 17 条规定："法律、法规授权的具有管理公共事务职能的组织可以在法定授权范围内实施行政处罚。"具有管理公共事务职能的组织，在性质上都不是国家行政机关，但因国家行政管理的需要，有些法律、法规规定专门赋予这类组织一定的行政处罚权，并以自己的名义实施行政处罚。如在过去卫生管理方面的法律、法规就赋予卫生防疫站在食品卫生管理方面的处罚权，根据这种授权，该类组织就成为实施行政处罚的机关。这类组织必须具备三个条件：①必须是具有管理公共事务职能的组织，否则，不得成为经法律、法规授权的行政处罚实施主体。②必须经法律、法规的授权。这里的"法律、法规"包括：全国人民代表大会及其常务委员会制定的法律；国务院制定的行政法规；省、自治区、直辖市人民代表大会及其常务委员会，省、自治区人民政府所在地的市及经国务院批准为较大的市人民代表大会及其常务委员会制定的地方性法规。行政规章及以下的规范性文件不得实施行政处罚的授权。③这些组织必须在法定授权范围内实施行政处罚，否则，行政处罚无效。

3. 受行政机关委托的组织。根据《行政处罚法》第 18 条的规定，行政机关依照法律、法规或者规章的规定，可以在其法定权限内委托符合法定条件的组织实施行政处罚。从该条规定中可以得知，委托实施行政处罚权，必须满足三个条件：①可委托的行政处罚权要有法律、法规和规章上的依据，而不能仅根据上级文件、内部文件或者某个领导的指示或者自行决定委托某个组织或个人实施行政处罚权。②被委托实施的行政处罚权必须是委托的行政机关所依法享有的行政处罚权，而不能将连自己都不具备的行政处罚权委托给其他组织实施。③受托的组织必须符合一定的条件，也就是《行政处罚法》第19条所规定的三项条件：一是依法成立的管理公共事务的事业组织；二是具有熟悉有关法律、法规、规章和业务的工作人员；三是具有对违法行为进行技术检查、鉴定的条件和能力。

这时，受委托的组织就是行政处罚的实施机关，但它只是以委托行政机关的名义代替该行政机关实施处罚，处罚的后果应由委托的行政机关承担。该类组织在接受行政机关委托之后，不得再委托其他任何组织或者个人实施行政处罚。

（二）行政处罚的管辖

行政处罚的管辖是指行政机关之间对违法案件实施行政处罚的权限分工。它解决的是某一行政处罚应该由哪一个、哪一级行政机关行使处罚权的问题。行政处罚的管辖包括职能管辖、地域管辖、级别管辖和指定管辖等几种情况。

1. 职能管辖。职能管辖是由依法管理不同事项的行政主体依据各自的法定职权在实施行政处罚上所作的分工。它解决的是在众多的职能部门中，应由哪个部门行使行政处罚权。职能管辖首先由各级行政组织法对各个行政主体的职能作出划分，再由各种行业性的行政法律、法规作出具体规定。后者如工商法律、法规规定，工商行政管理机关对工商违法案件实施处罚；税务法律、法规规定，税务行政机关对税收违法案件实施税务处罚；环境保护法律、法规规定环境保护行政机关对违反环境保护法的案件实施行政处罚等。《行政处罚法》明确规定，行政处罚由"有行政处罚权的行政机关管辖"，这就明确了行政处罚的职能管辖问题。

2. 地域管辖。地域管辖是根据行政主体管理的地域范围来划分其实施行政处罚的分工。它解决的是，具体由哪个地方的行政主体来行使行政处罚权。对于地域管辖有不同的划分标准，如以当事人所在地为标准、以标的物所在地为标准、以行为地为标准等。《行政处罚法》规定行政处罚的地域管辖以违法行为发生地为标准来确定。即对于违法案件，由违法行为发生地的行政机关实施行政处罚。这就是说，违法行为发生于何处，就由当地有行政处罚权的行政机关管辖。这里对违法行为地应作广义的理解，即违法行为地包括违法行为着手地、经过地、实施地和危害结果发生地。

3. 级别管辖。级别管辖是根据行政机关的级别确定其管辖范围。它要划分上下级行政机关或者组织之间实施行政处罚的权限。级别管辖主要解决不同级别的行政机关分别管辖哪些行政违法行为。《行政处罚法》只是笼统地规定：除法律另有规定外，对违法行为要由县级以上地方人民政府具有行政处罚权的行政机关实施行政处罚，但没有明确地划定行政处罚级别管辖的标准。在实践中，一般参照以下几个标准：①以案件在本辖区、本领域的影响程度确定级别管辖。影响程度越大，管辖的级别越高。②以相对人违法情节及危害后果确定级别管辖。违法情节严重、危害后果大的应由上级行政机关管辖。③以处罚对象的身份、地位确定级别管辖。违法人的身份特殊、社会地位高，处罚管辖级别也应相应提高。④以处罚的幅度确定级别管辖。一般来讲，处罚的幅度越高，处罚管辖的级别就越高。

4. 指定管辖。指定管辖是指上级行政机关以决定的方式指定下一级行政机关对某一行政处罚行使管辖权，通常有两种情况：①由于某些原因，有管辖权的行政机关无法行使管辖权；②对处罚管辖发生争议的情况，如两个以上的行政机关争夺管辖权或都不愿行使管辖权。对此，《行政处罚法》规定，应当报请他们的共同上一级行政机关指定管辖。

除以上四种管辖以外，对法律、法规另有管辖规定的，按法律、法规另行规定的情况实施管辖。如在有些情况下，单行的法律、行政法规对某个具体的行政违法行为的行政处罚管辖权已作出了特别规定，行政机关就应按照这一特殊规定执行。

三、行政处罚的适用

（一）适用的概念及对象

行政处罚的适用是指行政处罚主体对应受处罚的对象具体运用行政处罚法规范、实施行政处罚的活动。它要对行政处罚的法律原则、方法、程序等加以具体运用，因而是对行政处罚有决定意义的过程。

行政处罚的适用具有前提条件，即它必须针对法定的对象，由此行政处罚的适用对象需要明确划定。我们认为行政处罚的适用对象应当是有违反行政法规范的行为、具备责任能力、依法应受行政处罚的公民、法人或者其他组织。对这种对象的掌握，可以概括为如下几个方面：

1. 对象有违反行政法规范的行为。行政处罚从本质上讲是对违法行为的一种惩戒，因此，处罚的对象有违法行为存在，是一个最具有实质性的前提条件。所谓违法行为，在这里特指客观存在的、违反了行政法中属于禁止性规范和义务性规范的行为。对此，应当注意理解以下几点：

（1）违法行为必须是付诸实施、客观存在的，对此行政处罚主体必须有充分、确凿的证据加以证实。相对人只有违法的想法而没有付诸行为或者行政处罚主体全凭想象、推理所得出的结论都不属于客观存在的违法行为，在这种情况下不能适用行政处罚。

（2）违法行为属于违反行政法规范的性质。行政处罚只针对违反行政法规范的行为，违反刑事法律、民事法律等其他法律规范都不属于行政处罚的范围，是不能适用行政处罚的。如《治安管理处罚法》第2条规定："扰乱公共秩序，妨害公共安全，侵犯人身权利、财产权利，妨害社会管理，具有社会危害性……尚不够刑事处罚的，由公安机关依照本法给予治安管理处罚。"

（3）违法行为应是违反禁止性和义务性规范的行为。法律规范主要有三种，即授权性规范、禁止性规范和义务性规范，其中授权性规范是赋予权利，当事人可以享有也可以放弃某种权利的规范，这种情况不属于违法；禁止性规范和义务性规范是对当事人的义务性要求，当事人必须遵守，否则就是违法行为。行政处罚就是针对这两类行为而适用的。

2. 对象的违法行为依法律规定应受行政处罚。当事人有违法行为并不绝对地要受行政处罚，有两种情况：①有些违法行为情节显著轻微、尚未达到受处罚的程度并及时纠正，没有造成危害后果的则不应给予行政处罚。②有些违法行为程度已经构成犯罪的，应移送司法部门，依法追究刑事责任。

3. 对象具备责任能力。行政处罚的对象包括两类：一是公民，即自然人；二是法人和其他组织。其中法人和组织都是具有责任能力的责任主体，可以适用行政处罚。而对公民的责任能力，必须考虑两个因素：①责任年龄。公民并非都是能承担法律责任的主体，有些尚未达到责任年龄，则不适用行政处罚。《行政处罚法》第25条规定："不满14周岁的人有违法行为的，不予行政处罚，责令监护人加以管教……"《治安管理处罚法》第12条也规定："……不满14周岁的人违反治安管理的，不予处罚，但是应当责令其监护人严加管教。"可见，法律都将责任年龄规定为年满14周岁，不满14周岁的人为未成年人，在智力、心理及生理上都处于幼稚状态，控制自己的能力、辨认是非的能力和正确认识自己行为后果的能力都较差，因而不具备责任能力。②生理、心理的自控能力。有的虽达到了责任年龄，但在生理、心理上缺乏自我控制能力，则不具备责任能力，不予处罚。如《行政处罚法》第26条规定："精神病人在不能辨认或者不能控制自己行为时有违法行为的，不予行政处罚，但应当责令其监护人严加看管和治疗……"《治安管理处罚法》第13条也有同样的规定。

（二）适用效力

适用效力是指行政法律规范适用的范围，即行政处罚在什么地方、对什么人和在什么空间内发生效力，包括空间效力、对人的效力和时间效力。

1. 空间效力。这是指行政法律规范在哪些地域范围内发生效力。在我国，由于行政处罚的内容和有设定权的机关不同，其行政处罚的效力范围也不相同。全国人民代表大会及其常务委员会制定的法律，如《行政处罚法》《治安管理处罚法》，国务院颁布的有关行政处罚的行政法规、决定、命令等，其适用范围及于我国主权管辖的全部领域，包括领陆、领海和领空，还包括延伸意义的领土，即驻外使馆和在领域外本国的船舶、飞机或者其他航空器内。地方性法规，如省、自治区、直辖市以及省、自治区人民政府所在地的城市和经国务院批准的较大的市的权力机关及人民政府根据法律和国务院的行政法规、决定、命令制定的规范性文件，只在本行政区域内发生法律效力。

2. 对人的效力。这是指行政处罚适用于哪些人。我国所采用的是以属地主义为主与属人主义、保护主义相结合的原则。行政处罚对人的效力包括：适用于中国公民、法人和其他组织，也适用于在中华人民共和国领域内的外国人、无国籍人和外国组织，但享有外交特权和豁免权的人和组织除外，其行政违法行为不得适用一般行政处罚，而要通过外交途径解决。

3. 时间效力。一般说来这是指规定行政处罚的法律、法规或规章在什么时间开始生效、什么时间终止效力以及对其颁布实施前的法律行为是否有效的问题。如

《行政处罚法》于 1996 年 3 月 17 日通过，于 1996 年 10 月 1 日起施行；《治安管理处罚法》于 2005 年 8 月 28 日通过，2006 年 3 月 1 日起施行。行政处罚只适用于行政法律规范生效后发生的事件和行为，而对生效以前所发生的事件和行为不适用。

（三）适用的原则

对行政处罚的适用除遵循行政处罚的基本原则外，还应当贯彻以下具体原则：

1. 纠正违法原则。这是指处罚实施机关在对违法对象实施行政处罚的同时，应当责令当事人改正或者限期改正违法行为。《行政处罚法》第 23 条规定："行政机关实施行政处罚时，应当责令当事人改正或者限期改正违法行为。"行政处罚只是手段，其目的不是为处罚而处罚，而是在于纠正违法和防范再违法。如果实施行政处罚时只是一罚了之，对违法行为及后果不予纠正而任其存在，则并未达到行政处罚的目的，甚至会形成以处罚认可违法的不良后果。为此，处罚机关在实施行政处罚时，还必须责令当事人改正或者限期改正违法行为。

2. 一事不再罚款原则。它是一事不再罚原则中的一种情形。所谓一事不再罚原则，是指行政处罚的实施机关对一个违法对象的同一个违法行为，不得以同一事实和依据给予两次以上的处罚。在行政处罚中贯彻一事不再罚原则，是为了防范重复处罚的乱罚现象，保证过罚相应，保护受罚人应有的合法权益。"在行政处罚法的立法过程中，由于人们觉得覆盖所有行政处罚种类的'一事不再罚'原则难以确立，故暂时先确立'一事不再罚款'原则以作过渡。"[1]因此，我国《行政处罚法》只规定了一事不再罚款原则，而未规定一事不再罚原则。该法第 24 条规定："对当事人的同一个违法行为，不得给予两次以上罚款的行政处罚。"如果一个违法人的同一个违法行为同时触犯了两个以上不同性质的行政法规范，并应由两个以上不同的行政机关分别实施行政处罚的，则不能重复罚款。这就是说先实施处罚的机关已给予罚款处罚的情况下，其他行政机关就不应再次予以罚款。

3. 行政处罚不能取代其他法律责任原则。这是指不能以行政处罚取代民事制裁和刑事制裁。这一原则包括两个方面：

（1）行政处罚对于受罚人来讲，是一种违反行政法规范之后应承担的法律责任。这就意味着其前提就是有违反行政法规范的行为，如果当事人违反的是刑事、民事等其他法律规范，则其所应承担的法律责任就是刑事责任或民事责任，而不应该对其实施行政处罚，行政处罚责任是不能也不应该代替其他法律责任的。

（2）如果当事人的同一个违法行为具有多重违法性，既违反行政法规范，又违反其他法律规范，则要依法同时追究多重法律责任，不能仅实施行政处罚而使其逃避其他法律责任。例如，某公民的同一个违法行为既违反了治安管理秩序，又侵犯了他人的民事权益，则要同时实施行政处罚和追究民事责任，不能仅实施行政处罚而代替追究民事责任。

---

[1] 胡建淼：《行政法学》，法律出版社 2003 年版，第 307 页。

4. 行政处罚折抵刑罚原则。这是指违法行为构成犯罪的，人民法院在执行犯罪人的刑罚时，对于该犯罪人已经执行了的行政处罚应予折抵的原则。《行政处罚法》第 28 条规定："违法行为构成犯罪，人民法院判处拘役或者有期徒刑时，行政机关已经给予当事人行政拘留的，应当依法折抵相应刑期。违法行为构成犯罪，人民法院判处罚金时，行政机关已经给予当事人罚款的，应当折抵相应罚金。"对此，可从两个方面来理解：①行政主体给予行政处罚的和人民法院判处刑罚的，针对的是行政相对人的同一个行为，而不是两个行为。如果行政相对人的一个行为已被行政处罚，另一个行为被人民法院判处刑罚，这因是两个不同的行为而不发生行政处罚折抵刑罚问题。②行政处罚折抵刑罚，仅限于已执行的行政拘留可以折抵已判处的拘役或有期徒刑；已执行的罚款可以折抵已判处的罚金。行政拘留、罚款以外的行政处罚，如警告、没收、责令停产停业等，不能折抵拘役、有期徒刑、罚金以外的刑罚，如管制、无期徒刑、死刑、剥夺政治权利等。

（四）裁量情节

行政处罚的裁量情节是指行政处罚实施主体在对被处罚人处罚时所依据的法定情况。同一性质的违法行为，由于主观恶性、违法情节、后果等不同，造成的危害程度也就轻重不同，处罚裁量就有不同情节的掌握及量罚。[1] 行政处罚的情节包括不予处罚、从轻、减轻、从重处罚等情节。

1. 不予处罚。不予处罚，是对某些形式上虽然违法但实质上不应承担或可以不承担违法责任的人不实施行政处罚，以正确实现行政处罚的适用目的。《行政处罚法》规定有下列情况之一的不予处罚：①违法事实不能成立或违法事实不清的，不得给予行政处罚。②精神病人在不能辨认或者不能控制自己行为时实施违法行为的。③不满 14 周岁的未成年人实施违法行为的。④违法行为轻微并及时纠正，没有造成危害后果的。⑤超过追诉时效。

2. 从轻或减轻处罚。从轻处罚，是指对违法当事人在法定的处罚幅度内就轻、就低予以处罚，但不能低于法定处罚幅度的最低限度；减轻处罚，是指对违法当事人在法定处罚幅度的最低限以下给予处罚。从轻或减轻处罚针对以下几种情况：①已满 14 周岁不满 18 周岁的人有违法行为的。②主动消除或者减轻违法行为危害后果的。③受他人胁迫有违法行为的。④配合行政机关查处违法行为有立功表现的。⑤其他依法应从轻或者减轻行政处罚的。这是指除上述四种情形之外，其他法律、法规另有规定的以及今后法律、法规可能会规定的从轻或者减轻的情形。如 2005 年 8 月颁布的《治安管理处罚法》增加了减轻或不予处罚的情形，即盲人或者又聋又哑的人违反治安管理的；主动消除或者减轻违法后果，并取得被侵害人谅解的；主动投案，向公安机关如实陈述自己的违法行为的。

3. 从重处罚。从重处罚，是指对违法当事人在法定处罚方式或幅度内，适用较

---

[1]　参见郑水泉、沈开举主编：《行政处罚法通论》，中国人民公安大学出版社 1996 年版，第 88 页。

严厉的处罚方式或就高、就重予以处罚。对于从重处罚,《行政处罚法》未作统一的规定,但根据《治安管理处罚法》等其他有关行政处罚的法律的规定,行政机关是可以依法对违法对象从重实施行政处罚的。概括地讲,从重处罚主要针对以下几种情况:①违法情节恶劣,后果严重的;②在结伙实施中起主要作用的;③多次违法、屡教不改的;④胁迫、诱骗他人或者教唆未成年人违法的;⑤抗拒、妨碍执法人员查处其违法行为的;⑥对检举人、证人打击报复的;⑦隐匿、销毁、伪造有关证据,企图逃避法律责任的;⑧利用职权实施违法行为的。"利用职权",包括利用职务上的便利、利用国家工作人员的身份等。

(五)分别处罚

分别处罚是指对同一违法行为中的多个当事人或者对同一当事人不同种类的多个违法行为分别加以确定,并分别给予相应的行政处罚。分别处罚主要有以下几种情况:

1. 对两人以上共同实施同一个违法行为,处罚实施机关应根据他们各自在违法活动中的作用、情节及危害后果,分别给予处罚并分别执行。

2. 对一人同时实施了两个以上不同种类的违法行为,并应由同一处罚实施机关管辖的,处罚机关应对其多个违法行为分别处罚,然后合并执行。

3. 法人、其他组织等团体单位有违法行为的,我国有些法律规定,应对单位、单位的主管人员和直接责任人员分别处罚并分别执行。

(六)追诉时效

追诉时效是指对违法行为予以追究的有效期限。如果超过这个期限,就不再实施行政处罚。《行政处罚法》规定,违法行为在 2 年内未被发现的,不再给予行政处罚。这就是追诉时效的规定。对 2 年的计算方法是:从违法行为发生之日起计算 2 年时效;如果违法行为有连续状态或者继续状态的,则要从行为终了之日起计算 2 年时效。

《行政处罚法》规定的 2 年追诉时效为实施行政处罚一般应遵循的时效。此外,其他有些法律针对某类行政处罚的特点,专门另行规定了时效,如《治安管理处罚法》规定追究治安违法行为的时效为 6 个月,《海关法》规定追究走私行为的时效为 3 年。对于这类法律另有规定的情况,应按其另行规定执行。

四、行政处罚的程序

行政处罚的程序是指处罚主体机关实施行政处罚的步骤和方式。行政处罚程序属于行政程序中的一种,对于行政程序本书已在前面的章节中作了原理性的阐述,为了避免重复,这里仅对行政处罚程序作以简要介绍。行政处罚的程序主要包括简易程序、普通程序、听证程序和执行程序,分述如下:

(一)简易程序

简易程序是当场实施处罚的一种简便程序。这种程序手续简单、时间快、效率较高,但只能针对案情简单、事实清楚、处罚较轻的违法案件。《行政处罚法》第 33

条规定："违法事实确凿并有法定依据，对公民处以 50 元以下、对法人或者其他组织处以 1000 元以下罚款或者警告的行政处罚的，可以当场作出行政处罚决定……"《治安管理处罚法》第 100 条规定："违反治安管理行为事实清楚，证据确凿，处警告或者 200 元以下罚款的，可以当场作出治安管理处罚决定。"

适用简易程序处罚的违法案件应当同时具备以下几个条件：①在案情方面，违法事实确凿、清楚。②在处罚依据方面，有法定的依据。③在处罚程度上，只适用于警告和少量的罚款。在罚款数额上，《行政处罚法》与《治安管理处罚法》有所差异，前者对公民的是罚款是 50 元以下，对单位是 1000 元以下；后者规定为 200 元以下。

简易程序的主要过程包括：①执法人员向当事人出示执法身份证件。②填写预定格式、编有号码的行政处罚决定书。③行政处罚决定书应当场交付当事人。④执法人员必须报所属行政机关备案。⑤告知当事人可以依法申请复议或提起诉讼。

（二）普通程序

普通程序是对一般违法案件实施处罚的基本程序。这种程序手续相对严格、完整，适用广泛，适用于：①处罚较重的案件，即对个人处以警告以上或 50 元以上罚款，对组织处于警告以上和 1000 元以上的罚款；对治安案件则是 200 元以上的罚款。②情节复杂的案件，即属于需要经过调查才能弄清楚的处罚案件。③当事人对执法人员当场处罚的事实认定有分歧而无法作出行政处罚决定的案件。

普通程序的主要过程如下：

1. 立案。立案是行政处罚实施机关将所发现的、应当追究法律责任的违法活动登记并确立为应受到调查处理的案件的活动。立案是一般程序的开始，是调查取证阶段的前期步骤，是一个独立的阶段。除依法采用简易处罚程序作出处罚的案件以及在法定情形下采取紧急措施的案件以外，都必须有立案程序，只有这样，才能防止行政机关无根据地实施行政处罚，保护行政相对人的合法权益；同时通过立案程序，可以促使行政主体迅速组织力量调查取证，查处违法行为，避免案件的推诿和久拖不决。[1] 立案的案件来源有多种情况，如现场发现违法行为、群众举报、受害人控告揭发、上级机关交办等。立案需遵守有关法律、法规规定的期限，应当填写专门格式的《立案报告表》，立案后应指派承办人员负责案件的调查处理工作。

2. 调查取证。调查取证是案件承办人员对案件事实调查核实、收集证据的过程。在实施调查或检查时，执法人员不得少于两人，并应向有关对象出示证件以证实自己的执法人员身份，治安处罚传唤被处罚人时，还要使用传唤证。查证违法案件事实的证据，包括物证、书证、证人证言、当事人陈述、视听资料、鉴定结论、勘验笔录和现场笔录。承办人员调查取证必须做到客观、公正、全面。收集证据时，执法人员可以询问当事人，询问证人，提取和索取物证、书证，进行现场勘验和鉴定，

---

〔1〕 杨解君：《行政法学》，中国方正出版社 2002 年版，第 299 页。

在证据可能灭失或者以后难以取得的情况下，可依法采取一些强制措施和对证据的保全措施以及其他法定的措施，包括：检查、扣押、查封、冻结、扣留、担保、抽样取证或先行登记存封。在治安处罚的调查中，还规定了传唤和强制传唤，但传唤后应当及时询问查证，询问查证的时间不得超过 8 小时，情况复杂的，询问查证的时间不得超过 24 小时。

3. 审查调查结果。在充分进行调查取证、查清事实的基础上，承办人员要准确适用法律，提出有关事实结论和处理结论的书面意见，报行政机关负责人审查批准。行政机关负责人应当对调查结果进行审查，根据不同情况，分别作出如下决定：确有应受行政处罚的违法行为的，根据情节轻重及具体情况，作出行政处罚决定；违法行为轻微，依法可以不予行政处罚的，不予行政处罚；违法事实不能成立的，不得给予行政处罚；违法行为已构成犯罪的，移送司法机关。对情节复杂或者重大违法行为给予较重的行政处罚时，行政机关应当集体讨论决定。

4. 制作行政处罚决定书。对于决定给予行政处罚的，必须制作符合法律形式的《行政处罚决定书》。行政处罚决定书应当载明下列事项：①当事人的姓名或者名称、地址；②违反法律、法规或者规章的事实和证据；③行政处罚的种类和依据；④行政处罚的履行方式和期限；⑤不服行政处罚决定，申请行政复议或者提起行政诉讼的途径和期限；⑥作出行政处罚决定的行政机关名称和作出决定的日期。行政处罚决定书必须盖有作出行政处罚决定的行政机关的印章。

5. 送达行政处罚决定书。行政处罚决定书制作后，应当对当事人宣告并当场交付当事人。如果当事人不在场，行政机关应当在 7 日内依照《民事诉讼法》的有关规定，根据情况以直接送达、留置送达、转交送达、委托送达、邮寄送达或公告送达等方式送达当事人。《治安管理处罚法》又进一步规定，无法当场向被处罚人宣告的，应当在 2 日内送达被处罚人；决定给予行政拘留处罚的，应当及时通知被处罚人的家属；有被侵害人的，公安机关应当将决定书副本抄送被侵害人。

（三）听证程序

听证程序不是一种与简易程序和普通程序并列的，独立、完整的行政处罚程序，而只是普通程序中的一道环节，它是指对重大行政处罚决定作出之前，在违法案件调查承办人员一方和当事人一方的参加下，由行政机关专门人员主持听取当事人申辩、质证和意见，进一步核实证据和查清事实，以保证处理结果合法、公正的一种程序。

在我国，《行政处罚法》不仅第一次将听证引入到行政处罚程序中，而且是首次将听证这一十分重要的程序引入到我国法律体系之内。现在，听证程序在我国的运用已越出行政处罚的范围，不仅已扩展至其他行政执法行为，而且进入了立法领域。[1]在行政处罚中设立听证程序，是为了加强行政处罚活动的民主化、公开化，

〔1〕 皮纯协、张成福主编：《行政法学》，中国人民大学出版社 2002 年版，第 224 页。

保证行政处罚的公正性和合理性，督促行政机关依法实施行政处罚，在事前有效地防范公民、法人或者其他组织的合法权益受到非法侵害。听证程序的建立使我国的行政处罚法律制度进一步走向完善。

1. 听证程序的适用范围。由于行政处罚的适用面大，数量繁多，而且各种处罚的轻重程度不一，相差甚远，因此，听证程序尚不宜针对所有的行政处罚种类。《行政处罚法》规定，对几种较重大的行政处罚应适用听证程序。这几种行政处罚是：①责令停产停业的处罚。②吊销许可证或执照的处罚。③较大数额罚款的处罚等。属于听证适用范围的较大数额的罚款，其标准由各专门法律及省、自治区、直辖市权力机关或人民政府根据实际情况作具体规定，属于实行垂直领导的行政机关的，由国务院有关主管部门作出具体规定，这类规定一律都应予以公布。如《治安管理处罚法》规定应当举行听证的罚款数额为 2000 元以上的罚款。行政机关在作出上述处罚决定前，应当告知当事人有要求举行听证的权利，当事人要求听证的，行政机关应当组织听证。此外，人身自由罚等较重的行政处罚也应纳入听证范围。

2. 听证程序的参与人员。他们主要有：①听证主持人。法律要求听证由行政机关指定的非本案调查人员来主持，一般应指定既懂行政业务又与调查无利害关系的法制工作机构的工作人员主持听证；行政机关未设立法制工作机构的，则可以指定其内部非承办违法案件的部门的工作人员主持听证，以避免听证主持人本身就是违法案件承办人或者与违法案件承办人有利害关系的人。②听证程序的“控方”，即调查人员，由具体承办案件的部门指派其工作人员出庭充当，一般都是案件承办人员。③当事人，是被调查并可能被处罚的当事人。该当事人有权委托代理人代理参加听证。此外，证人、鉴定人员、翻译人员等都可以成为听证程序的参与人。

3. 听证的举行。听证活动的举行大体包括以下几个方面：①当事人要求听证的，应当在行政机关告知后 3 日内提出。②行政机关应在听证的 7 日前，通知当事人举行听证的时间、地点。③听证应公开举行，但涉及国家秘密、商业秘密及个人隐私的除外。④当事人可以亲自参加听证，也可委托 1~2 人代理。如认为听证主持人与案件有利害关系的，当事人还有权申请其回避。⑤听证的步骤主要分为：由听证主持人核对参加者的身份，并宣布听证会开始；调查人员提出当事人违法的事实、证据和予以行政处罚的理由；当事人进行申辩和质证；双方辩论和作最后的陈述。听证应制作听证笔录，交当事人审核无误后签字或盖章。

4. 经听证后，行政机关根据听证的情况及听证笔录，作出是否对当事人予以行政处罚的最后决定。

5. 行政机关组织听证的费用，由国家财政开支，当事人不承担。

（四）执行程序

执行程序是行政机关对受罚人执行已发生法律效力的处罚决定的程序活动。对行政处罚的执行可从几个方面理解：①行政处罚决定是行政处罚执行的依据。②行政处罚的执行必须是具有执行权的国家机关才能采取强制措施。③行政处罚的对象可以是物，也可以是行为，还可以是人身。④行政处罚执行的特点是不发生执行和解。⑤行政处罚以不停止执行为原则。

对于运用最多的罚款处罚，《行政处罚法》实行决定处罚机关与收缴罚款机构相分离制度，即作出罚款处罚决定的行政机关及其工作人员不能自行收缴罚款，当事人应当自收到《行政处罚决定书》之日起15日内到指定银行缴款。但有下列情况之一的，可以当场收缴：①依法给予20元以下罚款的。②不当场收缴事后难以执行的。③在边远、水上、交通不便地区，当事人向指定银行缴款确有困难，经当事人自己提出，可以实施当场收缴罚款。

行政机关及其执法人员当场收缴罚款，必须向当事人出具省级财政部门统一印制的罚款收据，否则，当事人有权拒绝缴纳罚款。执法人员当场收缴的罚款，应当按规定的期限上缴所在行政机关，行政机关则应按规定的期限缴付给指定银行。行政机关实施罚款、没收非法所得或者没收非法财物拍卖的款项，必须全部上缴国库。任何行政机关或者个人不得以任何形式截留、私分或者变相私分；财政部门不得以任何形式向作出行政处罚决定的行政机关返还罚款、没收的违法所得或者返还没收非法财物的拍卖款项。

对当事人无正当理由逾期不履行行政处罚决定的，行政机关可以采取下列强制执行措施：①到期不缴纳罚款的，每日按罚款数额的3%加处罚款。②依法将查封、扣押的财物拍卖或将冻结的存款划拨抵缴罚款。③申请人民法院强制执行。但当事人确有经济困难、一时难以缴清罚款的，经申请并由行政机关批准，可以暂缓或者分期缴纳。

五、法律责任

行政处罚是一项严格的执法活动，实施机关及其工作人员必须严格、依法、公正地实施行政处罚，违法实施行政处罚的要追究相应的法律责任。

（一）违法处罚行为的表现

根据《行政处罚法》的规定，违法处罚主要有下列行为表现：

1. 行政处罚的实体违法行为。

（1）行政机关及其工作人员没有法定的行政处罚依据而实施行政处罚的行为。主要表现在一些行政机关自定处罚项目、动辄罚款、没收财物，而这些处罚并没有法律、法规和规章上的依据。

（2）行政机关及其工作人员擅自改变行政处罚种类、幅度进行行政处罚的行为。行政处罚的种类和幅度，均由法律、法规、规章予以明确规定。行政机关及其工作人员必须遵照执行，不得擅自改变；在执法实践中，以财产罚代替人身罚或者以罚款代替一切行政处罚的现象，以及超幅度罚款、超期拘留现象比较严重，这些都属行政处罚的违法行为。

（3）行政机关违法将自身的行政处罚权委托给其他组织或个人行使的行为。根据《行政处罚法》第18条的规定，行政机关依照法律、法规或者规章，可以在其法定的权限内将行政处罚权委托给符合一定条件的组织行使。凡不符合这个前提条件所实施的行政处罚权的委托行为，就属于行政处罚权的违法委托行为，要由委托的行政机关承担法律责任。

（4）行政机关违法实施的强制措施的行为，主要表现在两个方面：①违法实施的检查措施行为，如某些行政机关受部门利益驱动，在公路上乱设路卡，对过往机动车辆强行检查，强行收费行为；②违法实施的执行措施行为。如某些行政机关自身并没有直接的强制执行的权力，却擅自进行强制执行的行为。

（5）行政机关越权处罚的行为。行政机关对一些违法行为已超出了自己行政处罚职能管辖的范围，或应当依法移交司法机关处理的，但为牟取本单位的私利而不移交，以行政处罚代替刑事处罚。

2. 行政处罚的程序违法行为。

（1）行政机关违反法定的行政处罚程序而实施的行政处罚行为。行政处罚的法定原则不仅要求行政处罚行为在实体方面要有法律、法规和规章上的依据，在行政处罚的程序方面也同样要符合法律、法规和规章的有关规定，尤其要符合《行政处罚法》对处罚程序所作的规定，否则就属于违反法定的行政处罚程序的行为。

（2）行政机关实施处罚不使用法定的罚款单据的行为。根据《行政处罚法》的有关规定，行政机关及其执法人员收缴罚款，必须向当事人出具省、自治区、直辖市财政部门统一制发的罚款收据。行政机关对当事人进行处罚不使用罚款、没收财物的单据或使用非法定部门制发的罚款、没收财物的单据，就构成行政处罚的程序违法行为。

（3）行政机关违反法律规定自行收缴罚款的行为。《行政处罚法》设立了对收缴罚款实行监督、制约的原则，规定除对 20 元以下的罚款、不当场收缴以后难以执行的罚款、在交通不便地区作出的罚款，行政机关和执法人员可以当场收缴以外，不得自行收缴罚款。行政机关违反了该规定，自行收缴罚款，就构成行政处罚的程序违法行为。

（4）财政部门违法向行政机关返还罚款或者拍卖款项的行为。在执法实践中，财政部门对行政机关上缴的罚没款，按比例向行政机关返还，作为对实施处罚的行政机关的鼓励，这在一定程度上刺激了行政机关滥施处罚的违法现象发生，属于行政处罚法所禁止的行为。

（5）行政机关使用或者损毁扣押的财物对当事人造成损失的行为。扣押只是行政机关对当事人的财产采取的一种强制措施，是为了督促当事人履行法定义务或执行行政处罚的一种强制手段。扣押后，行政机关有完全保存被扣押物品或全额保留该物品的拍卖价款的义务，而不得擅自使用，更不得造成毁损、丢失。否则，该行政机关将承担相应的法律责任。

3. 行政处罚机关及其工作人员徇私枉法的行为。

（1）行政机关将罚款、没收的违法所得或者财物截留、私分或者变相私分的行为。所谓截留，就是把应上缴国库的罚没款项不上缴或者不全部上缴；所谓私分，就是罚没机关把其罚没的款项或财物在其内部人员中私自分配；所谓变相私分，就是罚没机关采取其他手段，如用罚没款项为其内部人员办福利，或将罚没财物以较低的价格处理给内部人员等。

（2）执法人员利用职务上的便利，索取或者收受他人财物，或收缴罚款据为己有的行为。

（3）行政机关工作人员徇私舞弊、包庇纵容违法行为的行为。在执法实践中，有些行政执法人员，或是为了自己的私利，或是受亲朋好友人情关系的支配，对一些违法行政相对人，应该给予行政处罚的而不处罚，或者应该从重处罚却从轻处罚，或者应该交由司法机关追究刑事责任的而以行政处罚代替刑罚，等等。

（4）执法人员玩忽职守的行为。在执法实践中，有些执法人员出于种种原因，未能履行自己的法定职责，对应当予以制止或给予行政处罚的违法行为不予制止或不给予处罚，致使公民、法人或者其他组织的合法权益、公共利益和社会秩序遭受损害。

（二）法律责任的承担方式

所谓承担法律责任的方式，就是违法行为的责任人担当否定性法律后果的独特形式。根据承担法律责任的主体不同，可以分为行政机关承担法律责任的方式和行政机关工作人员或执法人员承担法律责任的方式。

1. 行政机关承担法律责任的方式。行政机关承担法律责任方式是指行政机关的行政处罚违法行为，应依法承担的法律后果的具体形式。

国家行政机关是国家权力机关的执行机关，行政机关的这种职能决定了其法律责任承担方式的基本特点，即以补救性责任措施为主。行政机关这种补救性责任措施，在实际执法中主要体现在两个方面：①纠正违法行为。②承担行政赔偿责任。

（1）纠正违法行为。纠正违法行为的方式主要有两种：①上级行政机关或有关部门责令违法进行行政处罚的行政机关自行改正违法行为。②有关部门主动纠正自己违法的行政处罚行为。

除了对行政处罚机关的违法行为规定了相应的责任措施之外，《行政处罚法》对有的非处罚机关的违法行为也规定了一定的责任措施。如对财政部门向行政处罚机关退还罚款、没收的违法所得或者返还没收非法财物的拍卖款项的违法行为，上级机关或者有关部门同样可以责令其改正。

（2）行政赔偿。如行政机关使用或者损毁扣押的财物，给当事人造成损失的，应依法承担赔偿责任。

2. 行政机关工作人员承担法律责任的方式。从承担法律责任的种类上看，既可能承担行政法律责任，又可能承担刑事法律责任。

（1）行政机关工作人员行政法律责任的承担方式：①通报批评，批评教育。②行政追偿。根据《国家赔偿法》的有关规定，行政机关对违法行政处罚造成公民、法人或者其他组织人身权或者财产权损害而承担行政赔偿义务之后，应当责令有故意或者重大过失的工作人员承担部分或者全部赔偿费用。③经济处罚。行政机关工作人员在实施了具有侵权性的或违法牟利性的行为以后，除了由有权机关责令退赔或追缴其不当得利之外，还可施加一定的经济制裁。④行政处分。这是行政机关对直接负有责任的主管人员和其他直接责任人员给予相应的行政处分，包括警告、记过、记大过、降级、降职、撤职、留用察看和开除公职等八种。⑤罢免。罢免是权力机关对违法的行政机关工作人员使其不再担任现行职务的处理。

（2）行政机关工作人员刑事法律责任的承担方式。刑事责任的承担，主要指行政机关工作人员行政违法行为情节严重，已构成犯罪，仅让其承担行政法律责任已不足以抵挡其行为的危害结果，必须要由司法机关依法追究其刑事责任。

根据《行政处罚法》的有关规定，这类情形主要有以下几种：①行政机关工作人员将罚款、没收的违法所得或者财物截留、私分或者变相私分情节严重的，即构成贪污罪。②行政执法人员利用职务上的便利，索取或者收受他人财物、收缴罚款据为己有、情节严重的，构成受贿罪和贪污罪。③行政机关工作人员违法实施检查措施或者执行措施，给公民人身或者财产造成损害，给法人或者其他组织的财产造成损失、情节严重的行为，构成伤害罪和损害公私财物罪。④行政机关工作人员为牟取私利，在行政处罚中徇私舞弊、包庇纵容违法行为构成徇私舞弊罪。⑤行政机关执法人员玩忽职守，对应当予以制止或处罚的违法行为不制止、不处罚，致使公民、法人或者其他组织的合法权益或公共利益和社会秩序遭受损害、情节严重的行为，构成玩忽职守罪。

■思考题

1. 简述行政处罚的含义与特征。
2. 试述行政处罚的原则。
3. 试述行政处罚的种类及其设定。
4. 试述行政处罚的适用规则。
5. 试述行政处罚程序的种类。

■推荐书目

1. 杨小君：《行政处罚研究》，法律出版社 2002 年版。
2. 冯军：《行政处罚法新论》，中国检察出版社 2003 年版。

第十五章 行政强制

■学习目的和要求

　　通过本章学习，掌握行政强制的概念、特点及其运用原则，了解行政强制措施的种类和设定标准，熟悉行政强制措施的主体和实施程序，能够准确认定实践中具体的行政强制措施，并能够对具体行政强制措施是否合法进行有效判断。

第一节 行政强制概述

一、行政强制的概念

　　行政强制，是行政主体为了实现行政目标，依法对行政相对人采取行政强制措施和实施行政强制执行的总称。我国 2011 年 6 月颁布了《行政强制法》，该法自 2012 年 1 月 1 日起施行。《行政强制法》的制定和实施，标志着我国行政强制法律制度得以系统、全面建立。行政强制权是国家行政权的重要组成部分，是维护公共利益的重要手段，但必须依法、合理、有效地行使，行政强制法就是这一行政权力运行的制度规范。

　　行政强制措施是指行政机关在行政管理过程中，为制止违法行为、防止证据损毁、避免危害发生、控制危险扩大等情形，依法对公民的人身自由实施暂时性限制，或者对公民、法人或者其他组织的财物实施暂时性控制的行为。行政强制措施包括对人身的强制措施和对财产的强制措施。

　　行政强制执行是指行政机关或者行政机关申请人民法院，对不履行行政决定的公民、法人或者其他组织，依法强制履行义务的行为。行政强制执行也可分别对人身或财产实施。

二、行政强制的特点

　　1. 行政性。行政强制是一种行政行为，由行政机关实施或由行政机关申请法院实施（行政强制执行的一种特殊方式），行政强制在行为性质上属于行政行为而非司法行为。

　　2. 具体性。行政强制是行政机关为实现特定行政目的，就特定的事针对特定的行政相对人作出的强制行为，相对于"抽象行政行为"而言，是具体行政行为。

3. 强制性。强制性是行政强制最典型的特征，表现为行政主体单方对被强制对象实施必须被迫接受的实力控制，行政主体在实施强制行为时，相对人有容忍的义务。[1]如行政主体为预防危险发生、制止违法行为、防止证据损毁，可以依法限制人身或者强行控制、处置财产。

4. 从属性。行政强制通常从属于某种主行政行为，即为主行为的顺利进行提供条件，或者保障主行为得以有效实现。相对于主行政行为而言，行政强制具有从属性。例如，行政强制措施只是对人身或财产进行的暂时性控制而非最终处理，它是为保证后续能顺利进行调查取证或最终作出行政决定而服务的；行政强制执行则是为了执行业已存在且发生效力的行政决定或行政处罚等，以保障行政决定或行政处罚等主行为的内容得到具体落实。

5. 非处分性。行政强制限制相对人的权利，但不直接发生对相对人权利的处分。如行政强制措施中的扣押财产，只意味着对被扣押财产使用权的暂时限制，而没有对该财产的所有权作出最后处分。就行政强制执行的"非处分性"而言，当行政机关执行一个已生效的没收财产决定时，对被没收财产的处分，则是来自于没收决定本身的效力，是行政没收决定本身的处分性得到了实现，而不是由执行行为来决定的。

三、行政强制的原则

根据《行政强制法》的规定，实施行政强制应当遵循以下原则：

1. 行政强制法定原则。《行政强制法》第4条规定："行政强制的设定和实施，应当依照法定的权限、范围、条件和程序。"这确立了行政强制法定的首要原则，要求设定和实施行政强制必须遵循法律规定。首先要依法设定行政强制。行政强制的设定只能由有法定设定权的主体进行，必须符合法定的权限、条件和范围，必须遵循"法律保留"的要求。其次是行政强制的实施必须依法进行。行政主体在实施行政强制时，必须在其法定职权范围内严格按法律规定的种类、条件、方法和程序实施。没有法律根据或违法设定、实施的行政强制无效。

2. 行政强制适当原则。《行政强制法》第5条规定："行政强制的设定和实施，应当适当……"这一条款要求行政强制的设定和实施必须遵循适当原则。在设定行政强制方面，设定主体应当合理衡量公共利益和私人利益，在确保法律目的实现的前提下，尽量选择非强制手段。只有当非强制手段难以达成目的时，才能设定必要的强制手段。为确保这种强制设定的适当性，行政主体在设定行政强制时，应当采取听证会、论证会等形式听取意见。在行政强制设定后，应当定期对其设定的行政强制进行评价并及时修改和废止。在实施行政强制方面，行政强制实施主体应当客观适度，合乎理性，采用的强制措施应当适当、必要，并尽可能采用对相对人损害

---

[1] 参见金伟峰主编：《中国行政强制法律制度》，法律出版社2003年版，第4页。

最小的方式达到强制目的。这具体包括：①实现目的即停止。不同的行政强制有不同的目的，一旦达到强制的目的，就应当停止强制行为。如实施行政强制措施的目的已经达到或者条件已经消失，应当立即解除。②采用的强制措施应当适当、必要。③对相对人损害最小。行政主体在实施强制时应当以最小损害当事人的权益为限度，若能用对当事人影响和损害较小的方式实现这一目的，行政机关就不能采取更为激烈的方式。④行政主体不得变相地以强制措施来处罚相对人。

3. 教育与强制相结合原则。《行政强制法》第 6 条规定："实施行政强制，应当坚持教育与强制相结合。"实施行政强制不是根本目的，而在于预防或者制止违法行为，避免危害发生，控制危险扩大，或者实现应然的法律状态，维护公共利益和秩序。强制以教育为基础，通过教育，使逾期不履行法定义务的相对人认识到自己行为的违法性，及时纠正，自觉履行。通过教育，也可以使违法行为人自觉放弃违法行为，防范危险状态的蔓延。同时，教育也要以强制为后盾，如果相对人不能自觉履行义务或者放弃违法行为，则必须采用强制手段对其权益施加影响，以促使其反思行为的违法性并引以为戒。只有这样，才能更好地实现行政强制的法律效果和社会效果。

4. 保障相对人权益原则。行政主体在实施行政强制过程中应当充分尊重、维护相对人的正当权利，相对人对行政主体所给予的行政强制，享有陈述权、申辩权；对行政强制不服的，有权依法申请行政复议或者提起行政诉讼；因行政机关违法实施行政强制受到损害的，有权依法要求赔偿。公民、法人或者其他组织因人民法院在强制执行中有违法行为或者扩大强制执行范围受到损害的，有权依法要求赔偿。

第二节　行政强制措施

一、行政强制措施的概念与特点

行政强制措施是指行政主体在行政管理过程中，为了预防或制止可能发生或正在发生的违法行为、危险状态以及不利后果，或者为了保全证据、确保案件查处工作的顺利进行而对相对人的人身自由、财产予以强行限制的一种具体行政行为。其特点如下：

1. 行政强制措施的主体是法定的国家行政机关或者法律、法规授权的组织。除此以外的国家机关、企事业单位和个人，都无权实施行政强制措施。

2. 行政强制措施是为了预防或制止违法行为、危险状态以及不利后果的发生和发展，或者为了保全证据、确保行政案件查处工作的顺利进行而采取的。前者如列车乘警对违法携带上车的危险物的强制保管，后者如工商人员在市场检查中对违规商品的查封扣押。

3. 行政强制措施一般是在紧急情况下采取的临时性措施，而非最终处理，一旦采取行政强制措施的法定事由得以排除，这种临时性措施即告终结。例如，对于怀疑有违法嫌疑所携带的物品即时扣押以便于核查，这就具有紧急性；如果已查明特定相对人没有违法行为，其扣押的物品即应发还；如果已查明特定相对人确有应予处罚的违法行为，则对被扣押的物品依法再作出没收等处理。

行政强制措施是保障社会秩序不可缺少的重要手段，是法律赋予行政主体的特定权力。它对于及时揭露、证实违法行为，预防和制止违法事件的发生和继续，挽救、教育违法人员，确保调查取证和有关裁决工作的顺利进行，避免人民生命财产遭受损失，保持社会秩序稳定，促进社会主义各项建设事业的发展等，都具有重要意义。

二、行政强制措施与相关概念的区别

要进一步明确行政强制措施的概念，需把它同几个相近概念进行比较、区别。

1. 行政强制措施与行政处罚。行政强制措施与行政处罚的区别主要在于：

（1）法律效果不同。行政处罚是对行政相对人权利义务的最终处置；行政强制措施是对相对人权益的一种临时限制。例如，没收财产的行政处罚是对相对人财产所有权的最终处置，而查封财物的行政强制措施是在短期内对该财物使用权和处分权的临时限制。

（2）所针对的对象的性质不同。行政处罚是一种行政制裁行为，以行政相对人的行为违法为前提，如公安机关对违法扰乱航空器正常运行秩序者的行政拘留；行政强制措施不是一种行政制裁行为，与行政相对人的行为是否违法没有必然联系，它可以针对相对人的违法行为，也可针对相对人不违法的行为，前者如公安机关对吸毒人员实施强制戒毒，后者如行政机关对重大传染病患者的强制隔离治疗。

（3）行政行为的性质不同。行政强制措施是一种过程性行为，它是为保证最终行政行为的作出所采取的一种临时性措施，它没有达到对事件最终处理完毕的状态；行政处罚则是一种最终行政行为，它的作出表明该行政违法案件已被处理完毕。

2. 行政强制措施与行政强制执行。行政强制措施与行政强制执行均属行政强制的范畴，词语和形式都比较相似，因而容易混同。但二者之间仍存在着重要的区别：

（1）实施的主体不同。行政强制执行的主体既包括行政机关，也包括人民法院。而行政强制措施只能由行政主体采取。

（2）实施的条件不同。行政强制执行一般以行政机关作出行政处理决定、对义务人预先科以义务为前提条件。而行政强制措施则是有关国家行政机关直接依照法律、法规所赋予的职权，为了预防或制止违法行为的发生和继续而采取的强制方法，并不一定以某种具体义务的存在为前提条件。如公安机关对企图自杀或酗酒者的管束，以及对可能转移、隐藏的财物实施的查封、扣押、冻结等，均属行政强制措施，但其事先并未对相对人科以具体义务；公安机关对相对人事先予以拘留或罚款处罚，相对人不予履行时，公安机关对其强制拘留或强制扣缴则属于行政强制执行，这些都是有具体义务在先的。

（3）实施的目的不同。行政强制执行的目的是促使相对人履行特定的义务。而行政强制措施的目的是预防、制止社会危害事件与违法行为的发生和继续，或者为保全证据，确保案件查处工作的顺利进行。

（4）行为性质不同。行政强制措施是独立存在的实体性具体行政行为，而行政强制执行是程序性活动，通常属于某个实体性具体行政行为中的一部分，即执行程序部分。例如，罚款处罚是一个实体性的具体行政行为，而罚款又分为实体上的决定和程序上的执行两个部分，其中从被处罚人银行账户上强制划拨款项就是行政强制执行，它属于全部罚款中的执行罚款这一程序部分。

3. 行政强制措施与行政诉讼强制措施。行政强制措施与行政诉讼强制措施都是强制措施，因此也有相同之处，但仍有区别：

（1）性质和适用主体不同。行政强制措施是具有行政性质，其适用主体是国家行政机关或者法律、行政法规授权的组织；行政诉讼强制措施则具有司法性质，其适用主体是人民法院。

（2）适用的法律依据不同。行政强制措施的依据是行政法规范；行政诉讼强制措施的依据是行政诉讼法规范。

（3）目的和对象不同。行政强制措施的目的主要在于预防或制止违法行为的发生或继续；行政诉讼强制措施的目的在于排除妨害诉讼秩序的行为，强迫当事人履行法律义务。前者适用的对象是一切行政相对人；后者适用于行政诉讼参与人等。

（4）种类不同。行政强制措施的种类繁多，且都散见于效力不等的规范性文件中，适用条件也不统一；行政诉讼强制措施的种类主要是训诫、责令具结悔过、罚款、拘留四种，其适用条件也都只在统一的《行政诉讼法》中加以规定。

4. 行政强制措施与刑事强制措施。行政强制措施与刑事强制措施有相似之处，但仍有其区别：

（1）适用主体不同。行政强制措施中除限制人身自由的强制措施只能由公安机关适用外，其他强制措施则分别由具有行政职权的特定机关适用；刑事强制措施适用的主体是公安、司法机关，其他机关无权行使。

（2）适用的法律依据不同。行政强制措施依据法律、行政法规或地方性法规，其种类和适用条件不统一；刑事强制措施由《刑事诉讼法》规定，其种类和适用条件有明确规定。

（3）目的不同。行政强制措施的目的在于防范、制止社会危害事件或行政违法行为的发生，或为保证行政违法案件查处工作的顺利进行；刑事强制措施的目的在于防止人犯逃避侦查、审判或发生新的社会危害性犯罪后果，以保证刑事诉讼的顺利进行。

三、行政强制措施的种类和设定

（一）学理上对行政强制措施的分类

行政强制措施的种类主要可以从采取措施的目的、所强制的对象及适用条件等方面进行划分。

1. 预防性、制止性和保障性行政强制措施。根据目的不同，行政强制措施可分为预防性行政强制措施、制止性行政强制措施和保障性行政强制措施。

预防性行政强制措施以预防发生危害社会的违法行为为目的。其特点是该行为实施在危害发生之前，其直接目的是预防事件的发生。例如，警察强制管束一个企图跳楼自杀的人，目的是预防跳楼自杀后果的发生；列车乘警强制保管已带上列车的易燃易爆物品，就是为了预防燃爆事件的发生。

制止性行政强制措施是对正在危害社会法律秩序的人或物采取的，以制止危害事件的继续。其特点是该行为实施于危害事件发生之后、结束之前，目的是制止危害事件的持续发展。例如对传染病患者的强制隔离和治疗，对超速车辆的扣留等。

保障性行政强制措施以保障以后的行政管理工作正常有效进行为目的。其特点是该行为是暂时性的，它为以后要进行的行政工作作前期必要的、具有保证意义的准备。例如为保全证据而对物品扣押、查封等。

2. 限制人身自由和限制财产流通的强制措施。根据采取行政强制措施所强制的对象不同，可分为限制人身自由的强制措施和限制财产流通的强制措施两种。对人身的强制措施主要由公安机关、国家安全机关等行政机关作出，主要有强制拘留、强制扣留、限期出境、驱逐出境、强制约束、强制遣返、强制隔离、强制传唤等。对财产的强制措施有冻结、扣押、查封、扣缴、强行拆除、强制销毁、强制鉴定、强制许可、强制退还等。

3. 一般强制措施和紧急强制措施。根据适用条件，行政强制措施有一般行政强制措施与紧急行政强制措施之分。一般强制措施是行政主体为查明情况；或者为预防、制止违法或危害状态；或者为了保障行政管理工作的顺利进行，根据现实需要，依职权对有关对象的人身、财产或行为进行暂时性限制的强制措施。如强制戒毒、强制鉴定、强制传唤等。它遵循一般的程序要求，如事先决定与告诫。紧急行政强制措施是行政主体在特别紧急的情况下所采取的断然措施，它没有事先程序，无须也不可能按通知、告诫、书面决定等阶段进行。它是一般程序的例外，只有在事态发展的严重性与紧迫性达到一定程度下才能被允许使用。在这种紧急状态下容不得行政机关去遵循一般的行为程序，否则会造成无法挽回的损失。如对传染病者的强制隔离、对酒醉者的约束、救火时拆除邻近的房屋、警察在执法巡查中的盘问等。

（二）法律上几种常见的行政强制措施

根据《行政强制法》第9条的规定，行政强制措施主要包括限制公民人身自由，查封场所、设施或者财物，扣押财物，冻结存款、汇款等四类。除此之外，该条最后一项还规定了"其他行政强制措施"，即其他法律法规规定的具体行政强制措施，如人民警察对相对人的留置、继续盘问，中国人民银行对擅自销售金银的予以强制收购等。一般来讲，法律上常见的行政强制措施主要有以下几种：

1. 限制人身自由的行政强制措施。

（1）盘问检查。公安机关为了实现行政目的，依据其职权，依法对有违法犯罪嫌疑的人进行盘问和检查。《人民警察法》第 9 条规定："为维护社会治安秩序，公安机关的人民警察对有违法犯罪嫌疑的人员，经出示相应证件，可以当场盘问、检查；经盘问、检查，有下列情形之一的，可以将其带至公安机关，经该公安机关批准，对其继续盘问：①被指控有犯罪行为的；②有现场作案嫌疑的；③有作案嫌疑身份不明的；④携带的物品有可能是赃物的。对被盘问人的留置时间自带至公安机关之时起不超过 24 小时，在特殊情况下，经县级以上公安机关批准，可以延长至 48 小时，并应当留有盘问记录。对于批准继续盘问的，应当立即通知其家属或者其所在单位。对于不批准继续盘问的，应当立即释放被盘问人。经继续盘问，公安机关认为对被盘问人需要依法采取拘留或者其他强制措施的，应当在前款规定的期间作出决定；在前款规定的期间不能作出上述决定的，应当立即释放被盘问人。"

（2）强制隔离戒毒。它是对戒毒人员在一定时期内，通过行政措施对其强制进行戒毒治疗、心理治疗、身体康复训练和卫生、道德、法制教育，使其戒除毒瘾。根据国务院《戒毒条例》的规定，对于吸毒成瘾严重，通过社区戒毒难以戒除毒瘾的人员，县级、设区的市级人民政府公安机关可以直接作出强制隔离戒毒的决定。

（3）扣留或管束人身。它是在短时间内暂时限制人身自由的一种行政强制措施。如《海关法》规定，对走私犯罪嫌疑人，经关长批准，可以扣留移送司法机关，扣留时间不超过 24 小时，在特殊情况下可以延长至 48 小时。《治安管理处罚法》第 15 条第 2 款规定，醉酒的人在醉酒状态中，对本人有危险或者对他人的人身、财产或者公共安全有威胁的，公安机关应当对其采取保护性措施约束至酒醒。

（4）强制隔离、强制治疗措施。《国境卫生检疫法》《传染病防治法》等规定了强制隔离、强制治疗。强制隔离主要针对容易传染的病人，为防止其传染其他人而将其与别人隔离开来的一种临时措施，如对"非典"病人的隔离。强制治疗是指卫生行政机关对患有某种恶性传染疾病（如霍乱等）的人采取的强行治疗措施。

（5）强行带离现场或驱散。强行带离是指行政主体对在现场有危险的人强行带其离开现场的措施。如《广播电影电视大型、重大活动安全管理办法》第 19 条规定："遇有行凶、闹事和散发反动宣传品、呼喊反动口号等破坏行为时应采取果断措施将嫌疑人带离现场，稳定活动场所的秩序。"强行驱散，是指行政机关对违反社会治安秩序或危害公共安全的人，采取强制手段将其驱散，以稳定社会秩序和保护公共安全。如《集会游行示威法》第 27 条第 2 款规定："有前款所列情形之一，不听制止的，人民警察现场负责人有权命令解散；拒不解散的，人民警察现场负责人有权依照国家有关规定决定采取必要手段强行驱散，并对拒不服从的人员强行带离现场或者立即予以拘留。"

2. 限制财产流通的行政强制措施。

（1）查封。这是指行政主体对动产或者不动产就地封存，防止有关人员对财产任意进行处分的行为。被查封的财产一般不移转到行政机关，通常是就地贴上封条。目前，我国有关工商、土地、海关、国家安全、行政监察、审计、税收、公安、证券、专利、食品卫生、植物保护等领域的法律、法规规定行政主体有权实施行政查封。

（2）扣押。这是指行政机关为了取证或者防止当事人转移财产而对动产采取的行政强制措施。被扣押的财产要置于行政机关的控制之下。扣押的目的与查封相同，都是为了保证行政主体取得证据，保证行政决定的执行和行政相对人金钱、财产给付义务的履行。二者的区别在于：查封的财产一般是不易移动或没有必要转移于行政主体处所的物品，所以将之留在原地查封；扣押的财产一般是可以移动的，且有必要从相对人处所转移的物品，或者是行政主体在执法检查监督中现场查获的与相对人实施违法行为有关的物品。

（3）冻结。银行根据行政机关的请求，冻结当事人的账户，不准其动用款项的行为。《税收征收管理法》第 38 条规定，经县以上税务局（分局）局长批准，税务机关可以书面通知纳税人开户银行或者其他金融机构冻结纳税人的金额相当于应纳税款的存款。

（4）强制收购、强制收兑。《金银管理条例》第 31 条第 1 项规定，违反本条例有关规定而擅自收购、销售、交换和留用金银的，由中国人民银行或者工商行政管理机关予以强制收购或贬值收购。《外汇管理条例》第 39 条规定，有逃汇行为的，由外汇管理机关责令限期调回外汇，处逃汇金额 30% 以下的罚款；情节严重的，处逃汇金额 30% 以上等值以下的罚款。

（三）行政强制措施的设定

1. 法律对行政强制措施的设定。《行政强制法》第 10 条第 1 款明确规定，"行政强制措施由法律设定"。该条款表明，全国人民代表大会及其常务委员会制定的法律有权设定涉及人身或财产的各种行政强制措施。根据《立法法》第 8 条第 5 项的规定，"对公民政治权利的剥夺、限制人身自由的强制措施和处罚"只能制定法律，即限制人身自由的强制措施只能由法律设定，这就是"法律保留"。

2. 行政法规对行政强制措施的设定。《行政强制法》第 10 条第 2 款明确规定："尚未制定法律，且属于国务院行政管理职权事项的，行政法规可以设定除本法第 9 条第 1 项、第 4 项和应当由法律规定的行政强制措施以外的其他行政强制措施。"即行政法规可以设定除限制公民人身自由、冻结存款汇款，以及应当由法律规定的行政强制措施以外的其他行政强制措施。

根据法律优先和法律保留原则，行政法规在设定行政强制措施时，必须遵循三个条件：①尚未制定法律，即对于某一特定事项，全国人大及其常委会尚未制定法律；②属于国务院行政管理职权事项；③强制措施的设定范围有限制，不包括限制人身自由的强制措施和冻结存款、汇款，以及其他应当由法律规定的行政强制措施。

3. 地方性法规对行政强制措施的设定。《行政强制法》第 10 条第 3 款规定："尚未制定法律、行政法规，且属于地方性事务的，地方性法规可以设定本法第 9 条第 2 项、第 3 项的行政强制措施。"即地方性法规有权设定查封场所、设施或者财物以及扣押财物这两种行政强制措施。地方性法规是指有地方性法规制定权的地方国家权力机关依照法律规定的权限，在不同上位法相抵触的前提下，制定的在本行政区域内实施的规范性文件。地方性法规在设定行政强制措施时，必须遵循三个条件：①对该特定事项尚未制定法律、行政法规；②该特定事项属于本行政区域的地方性事务；③仅可设定包括查封、扣押两类行政强制措施。

法律具有高于行政法规、地方性法规的效力，因此，行政法规和地方性法规在设定行政强制措施时，必须服从法律的规定。这具体包括以下几种情况：

（1）法律对行政强制措施的对象、条件、种类作了规定的，行政法规、地方性法规不得作出扩大规定。

（2）如果在已制定的法律中，法律对其调整的某一事项未设定行政强制措施，则行政法规、地方性法规也不得对此设定行政强制措施。这就是说，既然法律在调整方法上未采用行政强制措施这种严重影响相对人权益的强硬手段，那么，行政法规和地方性法规更不能规定这种方式。但是，法律明确规定对某种特定事项可由行政法规规定具体管理措施，行政法规则可根据法律的这种授权设定一定的行政强制措施，这些行政强制措施仅限于除限制公民人身自由、冻结存款汇款，以及应当由法律规定的行政强制措施以外的其他行政强制措施。

法律、法规以外的其他规范性文件都不得设定行政强制措施。

四、行政强制措施的实施主体

行政强制法中并未设专章规定行政强制的实施主体，但在行政强制的设定、实施条文中，实际上对行政强制措施的实施主体予以了限制。

1. 法律、法规规定的主体。

2. 有强制措施权的行政机关。由法律、法规直接规定有强制措施权的行政机关是行政强制措施实施的基本主体。目前，公安、交通、卫生、工商、税务、土地、环境、海关等行政机关都属于此类主体。

2. 法律、行政法规授权的组织。《行政强制法》第 70 条规定："法律、行政法规授权的具有管理公共事务职能的组织在法定授权范围内，以自己的名义实施行政强制，适用本法有关行政机关的规定。"由此，法律、行政法规授权的具有管理公共事务职能的组织，在法律特别授予其行政强制措施实施权的情况下，也可以成为行政强制措施的实施主体。

3. 相对集中行政处罚权的行政机关。《行政强制法》第 17 条第 2 款规定："依据《中华人民共和国行政处罚法》的规定行使相对集中行政处罚权的行政机关，可以实施法律、法规规定的与行政处罚权有关的行政强制措施。"由此，根据《行政处罚法》第 17 条的规定，相对集中行使行政处罚权的行政机关，可以同时相对集中地行使与该处罚权相关的行政强制措施权。如城管在相对集中行使市容环境卫生处罚权限的同时，对违规占道经营者的经营工具有权暂扣。

由于《行政强制法》第 17 条第 1 款明确规定"行政强制措施权不得委托"，因此在行政强制措施领域，不存在受委托实施行政强制措施的组织类型。而且，为了确保行政强制措施的严肃性，第17条第3款还规定："行政强制措施应当由行政机关具备资格的行政执法人员实施，其他人员不得实施。"这一方面重申了禁止委托原则，另一方面也对行政机关采用临时工或超编人员，或者无执法资格证的人参与执法进行了限制。

五、实施行政强制措施的程序

（一）行政强制措施实施程序的一般规定

《行政强制法》第16~21条规定了行政强制措施实施的一般程序，这些程序在行政强制措施的实施中具有普遍适用性。

一个合法完整的行政强制措施的实施，应遵循以下程序步骤：①实施行政强制措施前须向行政机关负责人报告并经批准。②由两名以上行政执法人员实施。③出示执法身份证件。④有当事人在场。⑤当场告知当事人采取行政强制措施的理由、依据以及当事人依法享有的权利、救济途径。⑥听取当事人的陈述和申辩。⑦制作现场笔录。⑧现场笔录由当事人和行政执法人员签名或者盖章；当事人拒绝签名或者盖章的，在笔录中予以注明。⑨当事人不在场的，邀请见证人到场，由见证人和行政执法人员在现场笔录上签名或者盖章。⑩法律、法规规定的其他程序。如有关行政强制措施文书的送达。

以上属于一般行政强制措施的程序。但在紧急情况下，行政机关实施行政强制措施可以不受一般程序的约束。如情况紧急，需要当场实施行政强制措施的，行政执法人员应当在24小时内向行政机关负责人报告并补办批准手续。行政机关负责人认为不应当采取强制措施的，应当立即解除。依照法律规定实施限制公民人身自由的行政强制措施，除应当履行上述一程序外，还应当遵守下列规定：①当场告知或者实施行政强制措施后立即通知当事人家属实施行政强制措施的行政机关和地点。②在紧急情况下当场实施行政强制措施的，在返回行政机关后，立即向行政机关负责人报告。③法律规定的其他程序。

（二）行政强制措施实施程序的特别规定

行政强制措施实施程序的特别规定，是在行政强制措施实施的一般程序之外，针对各种不同的行政强制措施的具体运用，分别提出的特殊要求。

1. 查封、扣押。

（1）查封扣押的对象范围。查封、扣押限于涉案的场所、设施或者财物，不得查封、扣押与违法行为无关的场所、设施或者财物。查封、扣押的场所或者财物应当具有"涉案性"，即违法行为的工具、违法行为的结果、处于危险状态的物，证明违法行为存在的物，或者实施违法行为或产生危险状态的场所。[1]

---

〔1〕 江必新主编、最高人民法院行政强制法研究小组编著：《〈中华人民共和国行政强制法〉条文理解与适用》，人民法院出版社2011年版，第145页。

不得查封、扣押公民个人及其所扶养家属的生活必需品。这一规定体现了对人的生存权的尊重和保护，也与《民事诉讼法》第244条规定的精神一致，即人民法院在查封、扣押、冻结、拍卖、变卖被执行人应当履行义务部分的财产时，应当保留被执行人及其所扶养家属的生活必需品。同时，如果当事人的场所、设施或者财物已被其他国家机关依法查封的，不得重复查封。

（2）查封、扣押的程序和期限。

第一，查封、扣押应当遵循实施行政强制措施的一般程序规定。

第二，实施查封、扣押时，必须当场交付符合《行政强制法》第24条要求的查封、扣押决定书以及清单。

查封扣押的期限不得超过30日，情况复杂的，经行政机关负责人批准，可以延长，但延长期限不得超过30日。法律、行政法规另有规定的除外。对物品需要进行检测、检验、检疫或者技术鉴定的，检验、检疫或者技术鉴定的期间不计入查封、扣押期间。且检验、检疫、检测的费用由行政机关承担。

行政机关应当妥善保管被扣押的设施、财物，如造成损失的，应当赔偿。行政机关也可以委托第三人保管被查封的场所、设施和财物，保管费用由行政机关承担。

采取查封、扣押措施后，行政机关应当在法定期限内作出处理决定。违法行为查证属实的，应依法没收或者销毁；如查实第三人没有违法行为，或者查封扣押的场所、设施、财物与违法行为无关、查封、扣押期限届满等情形的，应依法解除查封、扣押并返还财物。

2. 冻结。冻结是指有权冻结的主体依法作出冻结决定，并向金融机构发出协助执行通知书，禁止当事人在一定期限内支取或者转移账户存款或者汇款的强制措施。

冻结应由法律规定的行政机关实施，根据现行法律，有冻结权的行政机关包括公安机关、税务机关、证券监督机关、海关等。冻结必须适当，即应与违法行为所涉及的金额相当，不得重复冻结。

由于冻结措施的特殊性，在实施时，应履行部分一般性程序规定：①实施前向行政机关负责人报告并经批准；②由两名以上的行政执法人员实施；③出示执法证件；④制作现场笔录，并向金融机构交付冻结通知书。

为确保冻结措施的效力，金融机构在接到行政机关的冻结通知书后，应当立即予以冻结，不得拖延，并不得在冻结前向当事人泄露信息。

冻结措施实施之后，作出决定的行政机关应在3日内向当事人交付冻结决定书。告知其冻结的有关事实、理由、依据，以及救济途径。行政机关应在30日内作出处理决定或者解除冻结决定；情况复杂的，经负责人批准，可以延长，但延长期限不得超过30日。如果逾期行政机关未作出处理决定或者解除冻结决定的，金融机构自期限届满之日起应解除冻结。

第三节　行政强制执行

一、行政强制执行的概念与特征

行政强制执行是指公民、法人或其他社会组织逾期不履行行政法上的义务时，国家行政机关或人民法院依法采取必要的强制性措施，迫使其履行义务，或达到与履行义务相同状态的具体行政行为。行政强制执行具有以下几个特征：

1. 行政强制执行以义务人逾期不履行义务为前提。这是行政强制执行的核心条件。在行政管理活动中，行政机关对公民、法人或其他组织依法科以义务，并要求其切实履行，是行政管理活动的重要方式，也是法律、行政法规实现的基本途径之一。行政义务可以分为作为义务和不作为义务两类。前者如依法纳税的义务，依行政机关的处罚决定交纳罚款的义务；后者如服从行政机关责令停产、停业处罚的义务；等等。对这些义务，义务人必须履行。在法定期限内义务人自动履行了义务，则不产生行政强制执行的后果。只有当义务人逾期拒不履行义务时，才有行政强制执行的必要。这种强制性手段不仅具有威慑力量，更是达到行政目的的方式。另外，义务人不履行义务是指不愿或拒绝履行，而不是由于某种客观因素而不能履行。对有正当原因不能履行的，行政机关不能对义务人实施行政强制执行。

2. 义务人不履行的义务是行政法上的义务而不是其他法上的义务。这可以从三个方面进行分析：

（1）行政权利义务关系是行政强制执行的基础。因此，行政机关与公民、法人或其他组织之间基于其他法律而产生的权利义务关系，行政机关不能采取行政强制执行措施。例如，在行政强制执行的代执行中，行政机关可以委托第三人代义务人履行义务。行政机关与第三人之间的关系就属于民法上的权利义务关系，如果第三人拒绝代执行，行政机关不能对第三人进行行政强制执行。

（2）行政法上的义务包括法律、法规直接规定的义务和行政机关依照法律、法规或规章作出的行政处理决定中要求义务人履行的义务，两者都是行政强制执行的法律根据。从我国现行立法的总体上看，绝大多数行政强制执行措施的实施，如强制划拨、强制抵缴、强制变卖等，都需要以行政机关的某项具体行政处理决定为根据。这是因为法律、法规规定的义务一般都比较抽象，只有通过行政处理决定才能使义务人特定化，使其义务具体化。但是，也有少数法律、法规规定行政机关可以直接依法采取行政强制执行措施，如税务机关和海关就可以对没有按期履行纳税义务的义务人或者没有按期申报的义务人直接依法采取罚缴滞纳金、滞报金等执行罚措施，促使义务人履行义务。当然，这种情况不多，行政处理决定是行政强制执行的主要根据。

（3）行政强制执行的根据主要是行政机关的行政处理决定，但并非所有的行政处理决定都能产生行政强制执行的法律后果。在实践中，行政机关依法作出的行政处理决定是多种多样的。只有那些科以行政管理对象一定义务的行政处理决定才是行政强制执行的根据。不具有履行义务内容的则不存在行政强制执行问题。从我国现行立法看，行政强制执行的内容包括三个方面：①对行政处罚决定中义务的执行，如罚款、责令停产、停业等的执行。②对要求履行法律、法规规定的义务的行政决定的执行，如纳税义务、服兵役义务的执行等。③对行政裁决裁定的义务的执行，如对复议决定的执行。

3. 行政强制执行的主体是特定的行政机关或者是人民法院。根据我国现行法律、法规的规定，目前对逾期不履行行政法上义务的相对人有两种强制执行模式：

（1）由行政机关依照法律的授权对义务人直接采取行政强制执行措施，如公安、海关、税务、工商行政管理、物价、审计、外汇管理等部门，这是严格意义上的行政强制执行。需说明的是，这里所指的"行政机关"是指法律明确授权的具有某项行政强制执行权的行政机关，对此，可从两个方面理解：①并不是所有的行政机关都可以对义务人采取行政强制执行措施。行政强制执行涉及公民、法人和其他组织的重要利益，是一种要式行政行为。因此，只有法律明确授权的行政机关才能依法享有行政强制执行权。②并不是有行政强制执行权的行政机关，都可以对义务人采取各种行政强制执行措施。何种行政机关享有何种行政强制执行权，也是由法律明确规定的。例如，按照我国法律的规定，对人身的行政强制执行，只能由公安机关依法实施。

（2）由行政机关申请人民法院强制执行。行政机关向人民法院申请强制执行又称为非诉讼行政案件的执行（以下简称非诉行政执行），是指公民、法人或者其他组织既不向人民法院提起行政诉讼，又拒不履行已经发生法律效力的行政行为所确定的义务，行政机关向人民法院提出执行申请，由人民法院采取强制措施，使行政机关的行政行为得以实现的一种制度。关于非诉行政执行案件的性质属于司法行为还是行政行为，学者们对此有不同的看法。有代表性的观点认为，"只要是以行政机关的决定（具体行政行为）付诸执行，不管是由行政机关还是司法机关来执行均属行政强制执行的范畴"，因为"从它执行的内容或前提判断，它所执行的是行政义务即行政法律规范或行政机关设定的义务"[1]。

4. 行政强制执行可以适用和解。执行和解是指在执行过程中，双方当事人自愿协商、达成协议，自行解决他们之间的争议，从而结束执行程序的方式。在现代行政管理和法治理念的要求下，制裁和强制的手段并不是行政机关首要选择，即使行政机关已开始行政强制执行，行政机关仍然可以在不损害公共利益和他人利益的情况下，与当事人达成和解。执行和解协议可以约定分阶段履行；当事人采取补救措施的，可以减免加处的罚款或者滞纳金。执行协议应当履行。当事人不履行执行协议的，行政机关应当恢复强制执行。

---

〔1〕　胡建淼主编：《行政强制法研究》，法律出版社2003年版，第351～352页。

二、行政强制执行的种类和设定

1. 行政强制执行的种类。行政强制执行最常见的种类有间接强制执行和直接强制执行两类，分述如下：

（1）间接强制执行。间接强制执行是指国家行政机关通过某种间接的强制手段迫使义务人履行义务或达到与履行义务相同状态的行为。它包括代履行和执行罚两种方式：①代履行。代履行通常又称为代执行，是指当义务人逾期不履行义务时，如该义务由他人代为履行能达到同样目的，则由他人代为履行，但由义务人承担后果并支付必要履行费用的一种强制执行方式。其主要特点如下：一是代履行的义务只能是由他人可替代的义务，如对违章建筑的强制拆除。对他人不能替代的义务，如只针对特定人的行政拘留、服兵役等，就不可能采取代履行的方法。这里的"他人"既包括行政机关，也包括第三人。二是代履行一般也只能适用于作为的义务，对不作为的义务，如对责令停产、停业处罚的履行，不得随地吐痰的义务也不能采取代履行的方法进行强制执行。三是代履行应当向义务人征收代履行费用。代履行费用的数额，应当以代履行实际支出的人力、物力为限，一般不带有处罚的性质，这也是国外通行的原则。②执行罚。执行罚通常又称为强制金，是指当义务人逾期拒不履行义务时，行政机关按义务人拖延履行的期限，按日反复科以义务人新的金钱给付义务，促使义务人自己及时履行义务的一种行政强制执行方式。执行罚的性质和目的，不是为了对义务人进行金钱处罚，而是以按拖延期限反复加重金钱给付义务的方式，从心理上加以压力，促使义务人自动尽快履行原有的义务。因为义务人对原有义务履行得越早，加罚的金钱数就越少。执行罚的主要特点如下：一是执行罚制度一般只适用于不可替代的作为义务和不作为义务，对其他类型的义务，采用其他行政强制执行方式。二是执行罚的数额必须由法律明文规定，行政机关不得自行其是。凡是法律、法规明确规定了数额的，行政机关只能依法实施，如我国税法及其他一些法律规定的滞纳金。如果法律、法规规定了一定幅度，行政机关只能在法定幅度内，根据具体情况，以能够促使义务人自动履行义务为原则，确定强制金的数额。三是执行罚的数额按日计算，可以反复适用，这也是其与行政罚款的不同之处。从理论上说，执行罚一般应以到义务人履行义务时为止。一旦义务人履行了义务，执行罚则应不再加收。

（2）直接强制执行。直接强制执行是指当义务人逾期拒不履行义务时，行政机关对其人身、财产或智力成果，直接采取强制手段迫使义务人履行义务，或达到与履行义务相同状态的一种执行方式。对人身的直接强制如强制执行拘留；对财产的直接强制如强制划拨存款；对智力成果的直接强制执行如对专利的强制许可等。

直接强制主要有下列特点：①直接强制的适用范围比代履行、执行罚宽。一般认为，无论是作为义务还是不作为义务，无论是可替代义务还是不可替代的义务，在必要时都可采用直接强制执行的方式。②直接强制的实施条件较严。一般认为，只有在难以采用代履行、执行罚的方法，或虽然可以采用，但明显难以达到执行目的时，才能采用直接强制执行。③直接强制执行的强制手段应当有一定的限度。一般认为，应以能达到履行义务的状态为限，并应尽量使用强度轻的执行方法，减少对义务人不必要的人身、财产的损害。

2. 行政强制执行的方法。行政强制执行的方法即实施行政强制执行的具体手段或措施。根据我国现行法律、法规的规定，可以分为对财产、人身和行为的强制执行方法三类：

（1）对财产的强制执行方法，主要有：①强制划拨。强制划拨主要是指在银行设立账户的公民、法人及其他组织，逾期不履行所得的财产或金钱缴付义务时，行政机关以法定程序通知其开户银行划拨的一种措施。如根据《价格管理条例》的规定，对拒缴非法所得的或拒缴罚款的，物价检查机构可以按有关规定通知其开户银行予以划拨。②强制扣缴。该种措施与强制划拨具有基本相同的含义，所不同的是，扣缴是指义务人对国家而言，即将行政相对人的资金扣缴入国库。而划拨也可发生在平等的当事人的资金账户之间。如税务机关对纳税人催缴税款无效的，就可以通知其开户银行扣缴入国库。③强制抵缴。强制抵缴是指行政机关对逾期不履行义务的义务人，没收其财产或金钱，予以变价，抵缴所付金钱义务的强制执行方法。如依照《海关法》的规定，作出处罚决定的海关对逾期不履行海关处罚决定、既不申请复议又不向人民法院起诉的，可以将其保证金没收，或者将其被扣留的货物、物品、运输工具变价抵缴。④滞纳金。滞纳金是指负有金钱给付义务的义务人逾期不履行该义务，行政机关除限期令其履行外，从滞纳之日起，按日连续加收义务人一定数量的金钱的方法。我国所有的税务法律、法规基本上都规定了滞纳金制度。⑤滞报金。滞报金作为一种强制执行方法，见于《海关法》的规定，它是指义务人逾期不按国家有关规定申报法定申报事项时，有关国家行政机关征收其一次性滞报金。⑥强制征用。强制征用是指行政机关在紧急状态时对行政相对人的有关财产如车船等交通工具，予以管制并直接使用。

（2）对人身的强制执行方法，主要有：①强制拘留。强制拘留是指对已被行政机关（公安机关）裁定行政拘留处罚的相对人逾期不到指定场所接受拘留，行政机关有权强制其接受拘留的一种强制执行措施。②强制服役。对于负有某种作为义务的义务人，行政机关有权在他们逾期仍不履行的情况下，依法采取强制措施迫使其履行作为的义务。如《兵役法》中对拒绝和逃避兵役义务的当事人强制服兵役的规定，就是典型的规定。

（3）对行为的强制执行方法。对行为的强制执行方法是指当义务人逾期不履行其作为或不作为义务时，行政机关依法对其采取的强制执行措施。如按照《专利法》的规定，专利权人负有自己在中国制造其专利产品、使用其专利方法或者许可他人在中国制造其专利产品、使用其专利方法的义务。如果发明和实用新型专利权人自专利权被授予之日起满3年，无正当理由不履行上述义务的，专利局根据具备实施条件的单位的申请，可以给予该单位实施该专利的强制许可。

3. 行政强制执行的设定。根据《行政强制法》第13条第1款的规定，行政强制执行由法律设定。

这里的设定仅指强制执行权的设定，即谁有权实施行政强制执行。这种强制执行权只能由法律设定，行政法规、地方性法规、规章和其他规范性文件均不能设定。法律规定行政机关有强制执行权的，行政机关可以自己执行，法律没有对行政机关设定强制执行权的，作出行政决定的行政机关只能申请人民法院强制执行。

该法律规定的理论基础在于，行政强制执行权是一种重大的行政权力，必须要加以严格限定。这种限定需要考虑以下几个因素：

（1）法律保留。即行政强制执行权只能由法律设定，行政法规、地方性法规、规章以及其他规范性文件均不得设定行政强制执行。

（2）决定权与执行权分离。除非法律有特别规定，行政决定由人民法院执行。决定权与执行权的适度分离是行政程序法中职能分离原则的体现，以保证行政强制执行权的合法、合理和适度行使。

三、行政机关强制执行程序

（一）行政机关强制执行程序的一般规定

1. 行政机关强制执行的条件。行政机关强制执行的实施必须具备事实和法律两个方面的条件，二者缺一不可，具体包括：①公民、法人或其他社会组织依照法律的规定或行政机关依法作出的行政处理决定，具有应当履行的某种法定的义务；②义务人无正当理由逾期拒不履行其应当履行的义务，而不是客观上不能履行；③行政强制执行的实施只能由法律明确授权的行政机关进行；④行政强制执行的内容、方式必须依照法律、法规的明确规定。

2. 行政机关强制执行的程序。行政机关强制执行的程序是指行政机关在实施行政强制执行过程中的方式和步骤。根据行政强制执行的背景要求，其程序可分为普通执行程序和即时执行程序。

（1）行政机关强制执行的普通程序。

第一，催告。根据行政强制法的规定，催告为行政强制执行的前置程序，无论是行政机关自行执行，还是申请人民法院强制执行，均需事先经过书面催告。催告从性质上讲是行政机关的一种通知行为，即行政机关在实施行政强制前，再次要求并提供义务人自动履行义务的机会，如义务人再不履行，将实施强制执行措施。催告程序一定程度上可以避免冲突或者矛盾的发生，敦促当事人自觉履行义务。

第二，听取陈述和申辩。行政机关在催告书中必须告知当事人有陈述权和申辩权。当事人收到催告书后，有权进行陈述和申辩，行政机关应当充分听取当事人意见，对当事人提出的事实、理由和证据，应当进行记录、复核。当事人提出的事实、理由或者证据成立的，行政机关应当采纳。

第三，作出行政强制执行决定。经催告，当事人逾期仍然不履行行政决定，且无正当理由的，行政机关可以作出强制执行决定。强制执行决定是实施行政强制执行的直接依据，也是行政强制执行程序的一个重要环节。行政强制执行必须以书面形式作出，并载明当事人具体情况，强制执行的理由、依据、时间、方式，以及相对人的救济途径等必要内容。

第四，实施行政强制执行。根据《行政强制法》第18条的规定，实施行政强制执行一般应包括以下步骤：经机关负责人批准、两人以上现场执法、出示执法证件、通知当事人或者见证人到场、制作现场笔录等。如在催告期间，有证据表明有转移或者藏匿财物迹象的，行政机关应当立即实施强制执行。

第五，执行和解。实施强制执行时，行政机关可以在不损害公共利益或者他人利益的情况下，与当事人达成执行协议。行政机关和当事人经协商一致，以执行协议替代执行决定，部分变更原行政决定的内容，可以更好地促进义务履行和多方共赢。执行协议可以约定分阶段履行。如果当事人采取了补救措施的，可以减免加处的罚款或者滞纳金。

第六，执行公告。对违法的建筑物、构筑物、设施等需要强制拆除的，应当由行政机关予以公告，限期当事人自行拆除。当事人在法定期间内既不申请复议，也不提起诉讼，又不拆除的，行政机关可以依法强制拆除。

第七，文明执行。为确保行政强制执行文明执法，行政强制法明确规定，行政机关不得在夜间或者法定节假日实施强制执行，也不得对居民生活采取停止供水、供电、供热、供燃气等方式迫使当事人履行相关行政决定。

（2）行政机关强制执行的即时程序。根据《行政强制法》第52条的规定，如果需要立即清除道路、河道、航道或者公共场所的遗洒物、障碍物或者污染物，当事人不能立即清除的，行政机关可以决定立即实施代履行。立即清除障碍、恢复道路畅通等均属于需紧急处置的情况，从客观条件看，行政机关难以按照一般强制执行程序实施，因此可以决定立即实施。

（二）行政机关强制执行程序的特别规定

1. 金钱给付义务的执行。在行政强制执行方式中，金钱给付义务的执行是一种运用较多的执行方式。当事人逾期拒不履行行政处理决定所确定的金钱给付义务的，有直接执行和间接执行两种方式。间接执行主要表现为对当事人加处罚款或者滞纳金，直接执行主要指行政机关通过金融机构直接划拨当事人的存款、汇款，以及对查封、扣押物的拍卖抵缴罚款。

（1）间接执行。如果行政机关对相对人依法作出金钱给付义务的行政决定，但相对人逾期拒不履行，则行政机关可以采用加处罚款或者滞纳金的方式，以新的财产给付义务的增加，催促其履行。加处罚款或者滞纳金只是行政强制的一种执行手段，其主要目的在于执行而不在于惩罚，因此，当该措施难以起到催促当事人自觉履行的目的时，就必须转而采用更有效的直接强制执行。

同时，为确保加处罚款、滞纳金的合理适用，避免行政机关将之变相适用为一种处罚手段，行政强制法对加处罚款、滞纳金的实施予以了限制。首先，加处的罚款或者滞纳金不得超过原有的金钱给付义务数额；其次，如实施加处罚款或者滞纳金超过 30 日，当事人仍不履行的，有权机关可以强制执行。

（2）直接执行。如间接强制执行措施对相对人失效，相对人在法定期间内既不申请复议，也不提起诉讼，经催告仍不履行的，在行政管理过程中已经采取查封、扣押等措施的行政机关，可以将查封、扣押的财物依法拍卖抵缴罚款。

法律规定的行政机关也可以书面通知金融机构要求强制划拨相关款项。金融机构负有协作义务。行政机关首先作出划拨存款、汇款的决定，然后以书面形式通知金融机构，金融机构经办人员核实相关证件和法律文件之后，依法办理协助扣划业务。

2. 代履行。代履行是指当事人拒不履行行政决定所确定的义务，经催告仍不履行，且其后果已经或者将要危害交通安全、造成环境污染或者破坏自然资源的，行政机关可以代履行，或者委托没有利害关系的第三人代履行。根据《行政强制法》第 51 条的规定，代履行应遵循下列程序规定：①代履行前向当事人送达"代履行决定书"，告知代履行的理由、依据、方式、时间，费用预算以及代履行人；②代履行 3 日前，催告当事人履行。当事人履行的，停止代履行；③代履行时，行政机关派员到场监督；④代履行完毕，行政机关到场监督的工作人员、代履行人、当事人或者见证人在执行文书上签名或者盖章。

代履行的费用按照成本合理确定，由当事人承担。但是法律另有规定的除外。代履行不得采用暴力、胁迫或者其他非法方式。

四、申请人民法院强制执行

根据《行政强制法》第 53 条和《行政诉讼法》第 97 条的规定，当事人在法定期限内不申请复议或提起诉讼，又不履行行政决定的，没有行政强制执行权的行政机关可以自期限届满之日起 3 个月内，依法申请人民法院强制执行。这也被称为非诉讼行政执行。

（一）申请人民法院强制执行的特点

1. 执行机关是人民法院，而非行政机关，但法院执行的依据是行政机关作出的行政行为，这区别于行政机关自身实施的行政强制执行。

2. 执行申请人是行政机关，被执行人是公民、法人或者其他组织。行政行为是行政机关为维护公共利益或者公共秩序而行使行政职权履行行政职责的体现，该行为所确定的义务是否履行，直接关系到行政机关职权职责所保障的公共利益、公共秩序能否有效实现。因而，在通常情况下，如果法律未规定该行政机关有强制执行权，为确保该行为的有效性，行政机关必须申请人民法院强制执行。而执行对象是行政行为所确定的义务人，即逾期未履行行政法上义务的公民、法人或者其他组织。

3. 执行的条件是行政机关作出的行政决定已经生效，公民、法人或者其他组织在法定期限内，既不提起行政诉讼，又不履行该行政行为所确定的义务。

（二）申请人民法院强制执行的管辖

行政机关申请人民法院强制执行的，应当向其所在地有管辖权的人民法院申请强制执行。执行对象是不动产的，向不动产所在地有管辖权的人民法院申请强制执行。

（三）申请人民法院强制执行程序

1. 行政机关申请人民法院强制执行前，应当催告当事人履行义务。催告书送达10日后当事人仍未履行义务的，行政机关可以向有管辖权的人民法院申请强制执行。

2. 制作并提供强制执行申请材料，包括强制执行申请书，行政决定书以及作出决定的事实、理由和依据，当事人意见以及行政机关催告情况，申请行政强制执行的标的情况等。

3. 人民法院接到行政机关强制执行申请的，应当在 5 日内受理。对执行申请进行书面审查后，如果一切形式要件符合，且行政决定具备法定执行效力的，人民法院应当自受理之日起 7 日内作出执行裁定。

4. 人民法院在审查中发现有下列情形的，作出裁定前可以听取被执行人和行政机关的意见：①明显缺乏事实根据的；②明显缺乏法律、法规依据的；③其他明显违法并损害被执行人合法权益的。在此种情况下，人民法院应当自受理之日起 30 日内作出是否执行的裁定。裁定不予执行的，应说明理由。

5. 因情况紧急，为保障公共安全，行政机关可以申请人民法院立即执行。经人民法院院长批准，人民法院应当自作出裁定之日起 5 日内执行。

行政机关申请人民法院强制执行的，不缴纳申请费，强制执行的费用由被执行人承担。

■思考题

1. 简述行政强制的概念及其特征。
2. 试述行政强制措施与行政强制执行的区别。
3. 简述行政强制措施的种类。
4. 简述行政强制执行的种类和方法。
5. 简述行政机关强制执行的条件和程序。
6. 简述申请人民法院强制执行的条件和程序。

■推荐书目

1. 章剑生主编：《中外行政强制法研究资料》，法律出版社 2003 年版。
2. 胡建淼：《行政强制法论》，法律出版社 2014 年版。
3. 杨建顺：《行政强制法 18 讲》，中国法制出版社 2011 年版。
4. 江必新主编、最高人民法院行政强制法研究小组编著：《〈中华人民共和国行政强制法〉条文理解与适用》，人民法院出版社 2011 年版。
5. 肖金明主编：《行政强制释论》，山东大学出版社 2012 年版。
6. 张婧飞：《行政强制权正当性的法哲学追问：尤其以行政强制权规范体系的构建为视角》，法律出版社 2009 年版。

第十六章 行政合同、行政指导与行政事实行为

■学习目的和要求

　　通过本章学习，掌握行政合同、行政指导和行政事实行为的概念、特征与种类，熟悉行政合同中双方当事人的权利和义务，了解行政事实行为与行政法律行为的关系，分析对行政指导和行政事实行为的法律救济问题，充分认识行政合同与行政指导这些新的行政方式在现代社会中的作用。

第一节　行政合同

一、行政合同的概念与特征

　　行政合同，也称行政契约，是指行政主体为了实现特定的行政管理目标，与其他行政主体之间或者与行政相对人之间基于意思表示一致而达成的协议。行政合同是从传统合同制度中产生的，它在现代行政管理领域中被行政主体越来越广泛地运用，已经成为国家行政管理的一种重要行为方式。行政合同具有传统合同的某些特征，如合同成立必经双方当事人协商，基于双方意思表示一致等。但行政合同又不同于一般的民事合同，它同时属于行政主体实施的一种行政行为，具有行政行为的特征，行政主体在行政合同的履行中享有优益权。具体地讲，行政合同具有如下特征：

　　1. 行政合同的双方当事人中，至少有一方是行政主体。行政合同是由行政主体参加而达成的协议，也是行政主体行使职权的一种特殊方式。如果没有行政主体参加，则不能形成行政合同。这是行政合同区别于民事合同的一个形式上的特征。如果双方当事人都是民事主体，那么他们之间达成的协议就不可能是行政合同。

　　2. 行政合同的目的是实现特定的行政管理目标或者维护社会公共利益。任何一个行政合同的订立，都是行政主体履行行政职能、为实现特定的行政管理目标或为维护社会公共利益而实施的行为。例如，为了修建道路、桥梁、机场等公共设施，行政机关与企业签订的共同投资建设合同；为了城市改造，行政机关与企业签订的共同建设合同等。总之，订立行政合同并不是为了行政机关自身的利益，而是为了

社会公共利益，但订立民事合同，则主要是为了当事人自身的经济利益。

3. 行政合同属于双方行政行为。双方行政行为以双方当事人意思表示一致为前提。虽然行政合同是行政主体行使对国家和社会公共事务管理职权的一种方式，但行政主体与相对人订立行政合同时，必须进行平等协商，取得一致意见，任何一方不得将自己的意志强加于对方。在这一点上，行政合同区别于一般行政行为。

4. 行政主体对行政合同的履行、变更或解除享有优益权。由于行政合同具有社会公益性，其目的是服务于社会公共利益。因此，国家通过法律赋予行政主体许多职能上的优异条件，以保证行政合同的正确履行。行政主体对行政合同的履行有监督权、指挥权，还可以根据国家行政管理的需要，单方地变更或者解除合同，而相对一方当事人则不享有这些权利。当然，行政主体行使单方面变更、解除合同的权利是有条件的，要受到公平、合理、合法原则的限制。只有当行政合同订立后妨碍合同实现的客观情况出现时，行政主体才能依法变更或解除合同。如果因行政主体变更或解除合同，而导致相对人财产上损失的，并且非因相对一方当事人的过错，行政主体应当承担赔偿或补偿责任。

5. 行政合同双方当事人因履行行政合同发生的争议，受行政法调整，根据行政法的有关规则，通过行政法上的救济途径（如行政复议、行政诉讼等）予以解决。

二、行政合同的种类

1. 根据行政关系范围的不同，行政合同可以分为内部行政合同和外部行政合同。内部行政合同是指在行政系统内部行政机关相互之间或者行政机关与公务员之间签订的关于公益方面的合同，主要涉及职权的分工、责任的保证等，如我国的社会治安综合治理责任状，行政机关与公务员签订的聘用合同等。而外部行政合同就是指行政主体和行政相对人之间通过协商一致达成的协议，行政合同主要是指外部合同。

2. 根据合同内容的不同，行政合同可以分为：土地等国有资源的使用和开发利用合同、公用征收合同、国家订购合同、国有企业承包管理合同、土地承包合同、行政担保合同、公共工程合同、科研合同、人事聘用合同、计划生育合同等。以下简要介绍几种行政合同：

（1）土地等国有资源的使用和开发利用合同。这是行政机关以土地等国有资源管理者的身份，与相对人签订的一定期限内使用和开发利用土地等国有资源的行政合同。这类行政合同是行政机关代表国家向相对人出让土地等国有资源的使用权和开采利用等权利，并由相对人向国家支付资源使用费而签订的协议。根据有关法律规定，土地使用权出让由土地管理部门与土地使用者签订合同，土地管理部门享有监督权，对未按合同规定的期限进行开发、利用、经营的，有权予以纠正、给予处罚，并有权批准改变土地用途。

（2）公用征收合同。这是指行政机关为实现社会公共利益，在依法给予补偿的前提下，与相对人签订的以征收其财产为内容的行政合同。这种合同广泛运用于交通运输、城市建设、土地管理等领域。

（3）国家订购合同。国家订购合同是国家为了保障基本供给、对重要物资实施控制或执行某项产业政策，与行政相对人签订的订购有关物资、产品的合同。在国家订购合同中，行政机关与行政相对人对完成工作的费用、双方的权利义务等事项，可以协商。国家往往需要给行政相对人提供优惠和补贴，并按合同的约定保障收购。目前我国的国家订购合同主要有粮食订购合同、棉花订购合同、烟草订购合同、重要物资和生产资料订购合同。

（4）国有企业承包管理合同。这是指政府指定的有关部门作为发包方，有关的企业作为承包方，双方经协商一致而签订的、确定双方权利义务的协议。这类行政合同使得国家、企业和个人之间的关系契约化，由原来政府按计划、按命令管理企业的行政隶属关系转变为政府与企业之间法律上的权利义务关系。

（5）公共工程合同。这是指行政机关为了公共利益的需要，就某项公共设施的工程建设和建筑公司等企业之间经协商一致而签订的合同，如修建国道、飞机场，修建大型供水、供电、供气工程或大型通信设施等工程的合同。

3. 根据是否具有金钱给付内容，行政合同可以分为有金钱给付内容的合同和无金钱给付内容的合同。

4. 根据行政管理领域的不同，行政合同可以分为工业行政合同、农业行政合同、交通行政合同、卫生行政合同、文化行政合同等。

三、行政合同的作用

行政合同是一种富有弹性、较为柔和的管理手段，它既不像行政命令那样僵硬，易降低个人、组织的积极性，又不像行政指导那样自由随便，难以贯彻国家意志。它比行政命令更能为被管理者所接受，更有利于公务的推行；同时，它吸收了行政指导的灵活性而舍弃了其随意性，在与相对人互相沟通的基础上形成的和谐融洽的气氛中，实现公共目的、公共利益。从实际运用来看，它可以极大地调动相对人的主动性和创造性，有效地弥补行政命令等刚性行政管理手段的不足。具体地讲，行政合同的作用主要表现如下：

1. 有利于行政管理目标的实现。行政管理目标的实现，绝非行政主体单方面所能完成的，它需要行政相对人的认同和配合。行政行为如果没有可接受性，执行起来就会遇到障碍，执法的成本也就会相应提高。行政合同行为因给予行政相对人较大的自主权，尊重了相对人的意志和利益，相对人有充分表达意见和参与行政管理的机会，故容易得到相对人的理解和接受。在行政合同中，行政相对人能与行政主体进行平等对话，展开合作，共同完成行政管理的任务，实现行政管理的目标。

2. 有利于调动相对人的积极性和创造性。在文化、科研、教育、资源开发以及环保、给付行政等领域，若采用简单、强硬的行政手段显然难以获得良好的效果，而采用富有弹性的合同方式进行管理，可以适应管理对象的自身特点，促使相对人积极参与和充分发挥其主观能动性。正确运用行政合同，可以将行政权的有效行使和充分调动相对人的积极性与创造性统一起来。

3. 有利于控制行政权。行政合同事实上是将契约的平等、自治、互利和等价有偿、相互信任等要素引入行政领域。这对行政主体行使行政权力具有极大的控制功能。它要求行政主体平等对待相对人，使相对人在与行政主体具有平等地位的前提下商议行政目标，从而防止行政权力运行的恣意和专横。它要求行政主体尊重相对人的权利和意志，相对人对合同的内容具有相应的发言权，行政主体不能无视相对人提出的要求。[1]它要求行政主体具有信用和责任感，虽然行政主体在合同的订立和履行中享有优益权，但它不能无视合同的规定而任意处置，其行为仍要受到合同的制约，即使由于种种客观原因需要变更或解除合同，也必须补偿相对人的损失。如果行政主体违法变更或解除合同，给相对人造成损失的，则要依法赔偿。

此外，行政合同使行政主体与行政相对人之间的权利义务关系更加明确、具体，如果发生合同争议，当事人可以据此寻求法律保护或救济，保证合同争议得到解决。

四、行政合同中双方当事人的权利和义务

（一）行政主体的权利与义务

1. 行政主体的权利主要有：①选择合同相对一方当事人的权利。行政主体在决定订立行政合同时，可以根据公共利益的需要和实际情况选择适当的合同相对人。②对合同履行的监督和指挥权。行政主体在行政合同中具有双重身份，即既是合同的当事人，应受到合同的约束，同时又代表国家行使行政管理权，有权对合同的履行进行监督、控制和指挥。③单方面变更或者解除合同的权利。在行政合同履行过程中，行政主体根据国家法律、政策的修订或调整，以及为满足公共利益的需要，有权单方面变更或解除合同。但是这种权力的行使应当受到约束和限制，即只能在公共利益需要的限度内行使，不能变更或解除与公共利益无关的条款；当事人因行政主体变更或解除合同而加重的负担应得到补偿；行政主体单方面变更合同超过一定的限度或者接近一个全新的义务时，相对人可以请求另订合同。④制裁权。在行政合同履行过程中，行政主体对不履行或者不适当履行合同义务的相对人享有制裁权。[2]制裁权是行政主体保障行政合同目的实现的一种特权，是一种公权力的自力救济。

2. 行政主体的义务主要有：①依法履行合同的义务。行政主体作为合同的一方当事人应当依法履行合同所规定的义务，不能以自己的优越地位而不履行或不正确履行合同规定的义务。②保证兑现其应给予相对人优惠或照顾的义务。③给予相对人物质损害赔偿或补偿的义务。在行政合同履行过程中，凡是由于行政主体的原因引起合同的变更、解除，从而使相对人受到物质损害的，行政主体负有赔偿或补偿的义务。④按照合同规定支付价金的义务。

（二）行政相对人的权利与义务

1. 行政相对人的权利主要有：①取得报酬权。报酬是调动相对人积极性的最重

---

〔1〕　方世荣、石佑启主编：《行政法与行政诉讼法》，北京大学出版社 2005 年版，第 296 页。
〔2〕　在法国，这种权力被视为行政机关的当然的权力，而不论在合同中是否予以规定。

要的激励因素。报酬作为行政主体对相对人所提供的服务和产品或者公共工程的价金，除由法律、法规直接规定外，通常在合同中加以约定。②损害赔偿请求权或损失补偿请求权。相对人由于行政主体的过错受到损害时，有权请求赔偿；由于行政主体根据公共利益的需要单方面变更或解除合同而给相对人造成损失的，相对人有权请求补偿。③因不可预见的困难造成损失时的补偿请求权。行政合同在履行过程中，有时可能出现当事人始料不及的困难情况，从而使合同的履行受到影响，以致加重相对人的负担。对此，相对人有权请求行政主体共同承担损失，或请求行政主体予以补偿。④享受行政主体提供的其他方便的权利，如容许相对人利用行政主体的设备或资料的权利。另外，在相对人需要大量投资而本身资金短缺时，行政机关可以提供贷款、提供担保、减轻或者免除赋税等。⑤必要的和有益的额外费用偿还请求权。相对人在合同以外自动地提供额外的给付时，如果这种给付是履行合同绝对必要的或对行政主体有重要的益处的，可以请求行政主体偿还这些费用。否则，行政主体就构成不当得利。

2. 行政相对人的义务主要有：①按照合同的规定，全面、认真履行合同的义务。②接受行政主体的管理与监督的义务。

五、行政合同的订立、履行、变更和解除

（一）行政合同的订立

1. 订立行政合同的原则。行政主体与相对人订立行政合同应遵循下列原则：

（1）出于行政需要，即行政主体订立行政合同必须出于行政需要，而不能随意订立。不过，这种需要并非由法律、法规明确规定，而是行政主体根据法律的原则、精神，结合实际情况作出的具体分析判断。订立行政合同既要符合公共利益的要求，又要考虑到相对人的合法权益。

（2）不得超越行政权限。行政主体必须在自己的权限范围内订立行政合同，越权订立的行政合同无效。

（3）内容合法。行政主体不能就法律、法规和政策明确禁止的事项与行政相对人订立行政合同。合同的内容不得与法律相抵触。

2. 订立行政合同的方式。订立行政合同通常采取招标、邀请发价、直接磋商和拍卖等方式。

（1）招标。招标是指作为订立行政合同一方当事人的行政主体（称为招标人）通过一定方式，公布一定的标准和条件，向公众发出的以订立行政合同为目的的意思表示。招标人在发出招标的公告前或公告后需要确定标底，标底不能公开。相对人按照招标人公布的资格和条件进行投标。行政主体经过评议后与提出最优条件的投标人签订合同。招标是缔结行政合同最主要的方式。[1]

---

〔1〕《招标投标法》由中华人民共和国第九届全国人民代表大会常务会第十一次会议于1999年8月30日通过，于2000年1月1日施行。这为订立行政合同的招标、投标活动提供了依据。该法后于2017年修正。

（2）邀请发价。邀请发价是指行政主体出于社会公共利益等方面的原因，在招标时不一定与要价最优的相对人订立合同，而是邀请选择其认为最恰当的相对人签订合同。

（3）直接磋商。直接磋商又称谈判磋商，是行政主体为实现行政管理目标，就某些行政事项向其他组织或者个人发出要约，接受要约的组织或者个人可以就要约的内容和行政主体进行谈判磋商，双方协商一致后订立行政合同的一种方式。[1]在这种缔结合同的方式中，行政机关选择合同当事人的自由权最大，因而应受到法律的限制。

（4）拍卖。拍卖是指行政主体通过事先规定的拍卖程序，由竞拍人参与竞拍，最后与出价最高者订立行政合同的一种方式。在拍卖过程中，拍卖人可以随时改变自己要约的内容，直至与条件最优的竞买人订立合同。拍卖主要适用于国有资产的出让，采用这种方式可以使国有资产以最大价值出让。

（二）行政合同的履行

行政合同依法订立后，双方当事人必须全面、正确、及时地履行行政合同，以圆满地实现行政合同的目的。为了确保合同的履行，一般要求行政合同的履行必须遵循下列原则：

1. 实际履行原则。这是指当事人必须按照合同规定的标的履行，不能随意变更标的，也不能用其他方式（如支付违约金或赔偿损失等方式）代替合同的履行。实际履行是行政合同履行中的一个重要原则。因为缔结行政合同是为了公共利益的需要，实现行政合同的内容也是为了达到维护国家和社会公共利益以及发展社会公益的目的。如果不实际履行行政合同，则是对国家和社会公共利益的损害。只要双方当事人有条件、有能力履行的，必须实际履行合同。

2. 自己履行原则。行政合同不仅要求实际履行，而且要求相对人必须本人亲自履行，不能由他人代替履行合同。比如，公共工程承包合同，就禁止转包。这主要是因为作为行政合同的相对方，包含了行政主体对它的信任，且行政合同关系到社会公共利益，必须保证质量，所以行政合同非常重视当事人自身的条件，合同一经签订，非经行政主体同意，当事人不能自行更换，也不能委托他人代为履行。

3. 及时、全面、适当履行原则。行政合同必须获得及时、全面、适当的履行，相对人不得违反合同规定，不能只履行合同的一部分条款而对另一部分条款置之不理，不得对合同的标的、履行时间、地点等任意进行变更，也不能采取不适当的方式造成合同履行困难或增加履行的负担。

（三）行政合同的变更与解除

行政合同签订后，由于行政管理目标的调整或者客观情况发生了变化，常常需

---

[1] 在法国，直接磋商主要应用于研究、试验和实验合同、需要保密的合同以及需要利用专利权或者其他专有权利的合同的缔结等。

要对行政合同的内容，即某些主要条款进行修改或者补充，有时甚至要解除合同。根据实践中的情况，引起行政合同变更与解除的主要原因如下：

1. 行政主体与相对方协商一致而变更或解除合同，但前提是不损害社会公共利益和不影响国家计划的执行，否则该变更或者解除合同行为无效。

2. 缔结行政合同所依据的国家计划或者项目被修改或取消，行政合同也随之变更或解除。

3. 当事人确实没有能力继续履行合同。这包括两种情况：①因不可抗力，致使合同履行已不可能而解除合同；②由于行政合同相对方自身的原因，比如，因关闭、停产、转产等原因而确实无法继续履行行政合同，致使合同变更或解除。

4. 行政机关根据公共利益的需要，单方面变更或解除合同。

5. 由于一方违约，致使合同的履行成为不必要的，可以变更或解除合同。如果是行政主体违约致使行政合同无法履行，相对人可以要求变更或解除合同，并可要求行政主体赔偿其所受的损害；如果是相对人违约，行政主体有权单方面变更或解除合同，并可对相对人予以制裁。

行政合同变更后，原合同不再履行，双方当事人按变更后的合同行使权利，履行义务。行政合同解除后，双方当事人之间的合同关系消灭，彼此不再享有合同约定的权利，也不承担相应的义务。如果是行政主体因公共利益的需要单方面变更或解除合同的，则行政主体应对相对人由此而受到的损失予以补偿；如果行政主体非因公共利益的需要而是由于其过错导致合同变更或解除的，则行政主体要赔偿由此给相对人造成的损失。

第二节　行政指导

一、行政指导的概念与特征

行政指导是指行政主体在其管辖权限内，为适应复杂多变的经济和社会生活需要，依据国家的法律或政策，适时灵活地采取引导、劝告、建议等非强制性手段，在行政相对人的同意或者协助下，实现一定行政目的的行为。

行政指导具有下列特征：

1. 行政性。行政指导的行政性特征表现在：①行政指导的实施主体是行政主体，承受人是行政相对人；②行政指导是行政主体基于行政职权实施的，行政主体必须在自己的管辖权范围内实施行政指导，不得超越权限；③行政指导的目的与一般行政行为一样，是为了实现一定的行政目的，只不过它是以较为温和的方式实现行政目的，以降低行政成本、增强行政的民主性。

2. 非强制性。行政指导对行政相对人没有法律拘束力。对行政主体实施的行政指导，行政相对人既可以选择接受，也可以置之不理。行政主体对自己实施的指导行为，不能采用强制手段付诸实践，这是行政指导区别于行政处罚等强制性行为的一个显著特点。

3. 依据的特殊性。行政指导既可能依据法律，也可能依据法律的原则、精神，有时还可能依据国家的政策。一般的行政行为，都要求有明确的法律、法规依据，坚持"法无明文规定不得为之"的原则，受法律的严格控制，而行政指导不必完全满足这一要求，行政主体在自己的管辖权限内，基于社会发展的客观实际需要，可以裁量决定实施行政指导。行政主体实施行政指导，有法律则依据法律，无法律则依据法律的原则或国家政策。

4. 表现方式的灵活性。法律通常对行政指导的方式不作出羁束性的规定，而由行政主体根据具体情况选择实施的方式。因此，在行政指导的实施方式上，主要由行政主体自由裁量。例如，行政主体可以采取倡导、希望、说服、示范、劝告、建议、提供信息以及制定导向性政策等方式。

二、行政指导的种类

1. 根据是否有法律依据，行政指导可以分为有法律依据的行政指导和无法律依据的行政指导。前者是法律、法规或者规章明确规定的行政指导；后者则是根据国家的政策或现实需要进行的指导。在通常情况下，后一种行政指导对相对人的约束力比前一种行政指导要弱一些，因为它主要是发布一些信息公告或提出某种建议、劝告等。

2. 根据对象是否特定，行政指导可以分为抽象的行政指导和具体的行政指导，也有人称之为宏观行政指导和个别行政指导。前者是指行政机关针对不特定的行政相对人进行的行政指导，如1989年3月15日发布的《国务院关于当前产业政策要点的决定》和1994年4月12日发布的《90年代国家产业政策纲要》等即属此种；后者是指行政机关针对特定的行政相对人进行的行政指导，如行政机关对管理不善的某企业提出整改的建议等。

3. 根据功能不同，行政指导可以分为规制性行政指导、调整性行政指导和促进性行政指导。规制性行政指导是指为了维护和增进公共利益，对违反公共利益的行为加以规范的行政指导，如行政强制执行前的警示、责令限期处理等。调整性行政指导是指两个民事主体之间发生纠纷、协商不成时请求有关行政机关参加调停以求达成妥协的行政指导。通常行政机关提出几条解决争议的原则，让当事人自己协商具体问题，或者由行政机关主持，形成一个会议纪要，该会议纪要三方均应签字。促进性行政指导是指行政机关为行政相对人出主意，以帮助行政相对人实现其权利或增进其利益的行政指导，如提供咨询、提供信息和技术等。

4. 根据对相对人权益影响的不同，行政指导可以分为助成性行政指导和限制性行政指导。助成性行政指导以帮助、促进行政相对人从事某种活动、获得某种利益为目的，如经营指导、保健指导。而限制性行政指导则是对某些领域的规范和约束，使其朝着维护公共利益的方向发展，如交通指导、纠正违章建筑的指导、生产结构调整指导等。

三、行政指导的作用

行政指导作为一种新的实现行政目标的方式，出现于第二次世界大战之后，特别是 20 世纪 60 年代以来，在实行市场经济的国家的行政管理中，行政指导得到了越来越广泛的应用，成为对传统的行政法治的重要补充。这种新型的管理手段，在现代行政领域起着不可替代的作用，主要表现在以下几个方面：

1. 行政指导是现代市场经济条件下行政管理方式的一种理性选择。在市场经济条件下，对于仅靠市场难以调节的领域，还必须发挥政府的作用，但政府的干预也不能完全采用强制性手段进行，这必然要求灵活性而非僵硬性、民主性而非专制性的行政管理方式，以适应现代民主化潮流。行政指导以柔和的、富含民主的色彩，既体现了政府行为之目的性，又兼顾市场经济之自由性，既是现代行政法中合作、协商的民主精神发展的结果，也是现代市场经济发展过程中对市场调节失灵和政府干预失效双重缺陷的一种补救方法。[1]为与市场经济发展的客观要求相适应，政府应采取积极灵活、注重效益、减少风险、适应时代发展要求的方式方法，来充分运用和合理配置其掌握的资源，并积极引导和影响社会资源的合理配置，以达到提高行政质量和效率、促进经济与社会发展的目的。因此，在现代市场经济条件下，政府在行政管理过程中积极采用具有柔性和灵活性特点的行政指导方式，就是面向现实和未来，适应市场经济和社会发展需要的一种理性的行为选择。

2. 行政指导是对行政法治的一种补充和配合。现代社会的飞速发展引起政府职能的扩张，行政越来越及于整个经济与社会生活领域。而立法因其周期、费用、知识等方面的局限，其滞后性、抽象性是难以避免的，法律空白始终存在，有时还存在法律低效区域，不可能完全满足现代行政的需求，难以为行政法治提供详尽、周全、有效的法律依据。同时，针对各种新出现的社会问题，又迫切需要政府有所作为，如果以传统的"无法律即无行政"的法治原则来限制政府，则有些行政管理领域可能陷入瘫痪状态；如果以"有行政必有法律"为由，一味地多立法，以期用法律规范解决一切社会问题，则不但无法可依之处难以尽除，其成本也难以支付。而采用成本较低的非强制性的行政指导手段，以其作为法律强制手段的补充和替代而用之于"法律空白"领域和"法律低效"地带，进行积极有效和灵活机动地干预和调节，乃是必要与明智之举。这样做，一方面可以降低行政成本，另一方面也能更好地满足现代公共行政之客观需求。

3. 行政指导是协调政府与公众关系的有效手段。在我国，传统的行政管理可简单地归结为行政命令，其强制色彩极其浓厚，政府与公民之间几乎是一种纯粹的命令与服从的关系，行政活动的民主化程度极低，政府高高在上、发号施令，公民只有服从的义务，没有独立自主的身份和相应的权利，积极性与创造性难以激发出来。现代化与法治化要求现代政府应该是民主高效的政府。"民主"是改善政府与公众关

---

[1] 姜明安主编：《行政法与行政诉讼法》，北京大学出版社、高等教育出版社 1999 年版，第 247 页。

系的最好媒介。行政指导作为一种新型的行政手段因其具有的民主性、柔和性、非强制性，较大程度地代表了平等、独立、民主、责任、宽容的人文精神，它以其制定时的公民参与、官民协商，以及执行时的灵活、简捷、便利、柔和等特性，调动了官民双方的积极性，有助于减少摩擦、降低行政成本，有效地实现行政目标。正因如此，行政指导这种新型的行政手段，广泛运用于各个行政领域，是市场经济条件下政府施政的中心，在现代行政中有着重要地位。[1]

四、健全、完善行政指导制度

行政指导尽管作为现代政府施政的中心，在促进社会发展中能发挥特有的作用，但其本身还存在着许多不成熟的因素，在实践中会产生负面影响。因此，应健全和完善行政指导制度，这是现代行政法治的客观要求。鉴于我国行政指导的实际情况，应建立和完善以下制度：

1. 政府信息发布、告示制度。在市场经济条件下，行政相对人需要及时、准确、系统地获得有关经济、科技等方面的信息，而行政机关因其工作性质、管理职能、物质条件等方面的特殊性，在信息收集、整理和运用方面具有很大的优势。因此，建立和完善中央、地方和行业的各种行政信息发布、告示制度，为相对人提供全面、准确的信息服务，对正确引导相对人选择经济活动的方向、保障经济与社会生活健康运行至关重要。

2. 行政协调、审议制度。为充分发挥各种行政政策的引导和指导作用，可以借鉴外国经验，结合我国的实际情况，建立行政政策审议制度。审议会是一种咨询性、调研性、独立性和非权力性的合议制组织，由专家学者和有关利害关系人组成。它以调查、审议重要的行政政策为主要工作内容，协调行政主体与相对人之间的分歧、矛盾，沟通各方的联系，调动相对人的积极性，使其意愿能充分地反映到行政决策中去，从而确保行政决策的正确和有效。

3. 行政建议、劝告、告诫制度。从行政管理的目的出发，为保障经济与社会的健康发展，以及为保护行政相对人的合法权益，行政主体在特定情况下，通过采取口头或书面的形式，对相对人提出建议、劝告、告诫，以促使其为一定行为或不为一定行为。行政建议、劝告、告诫应当规范化、定型化，使相对人明确其内容和要求，以便收到良好的效果。

4. 与行政指导相配套的奖励制度。行政主体在实施行政指导的过程中，有时辅之以利益诱导，许诺对接受指导的相对人给予一定的奖励，这对吸引相对人接受行政指导、促进行政目标的实现具有积极作用。采用指导与奖励相结合的非强制方式实现行政目标，与采用制裁与强制的方式实现行政目标相比，社会效果要好得多。因此，应建立并完善与行政指导相配套的奖励制度，行政主体一旦作出对接受行政指导的相对人予以奖励的许诺，就要保证兑现，以增强行政主体实施行政指导与奖

---

[1]　罗豪才、甘雯："行政法的'平衡'及'平衡论'范畴"，载《中国法学》1996 年第 4 期。

励的信誉，保护相对人的合法权益。

5. 对行政指导的救济制度。"有损害必有救济"，这是现代法治的基本要求。为抑制违法与不当的行政指导，保护行政相对人的合法权益，必须建立、健全相应的救济制度。应扩大行政复议、行政诉讼等救济范围，充实和完善救济程序，对由于接受行政指导而蒙受损害的相对人，允许其通过行政复议、行政诉讼、国家赔偿与补偿等途径获得救济。对以采取强制措施为保障的行政指导以及行政主体实施的事实上具有强制力的行政指导，都可以视为行政主体的具体行政行为，相对人可以依法寻求行政复议、行政诉讼与国家赔偿救济。

第三节　行政事实行为

一、行政事实行为的概念和特征

行政事实行为是指行政主体及其公务人员基于行政职权的行使而实施的，不以设定行政相对人权利义务为目的，且不具有法律约束力的行为。它只是作为行政执法中的方法、手段或措施，来证明、影响或改变一定的客观事实状态。

行政事实行为的特征主要有：

1. 行政性。行政事实行为的行政性表现在：①行政事实行为的实施主体是行政主体及其公务人员；②行政事实行为是行政主体及其公务人员基于行政职权的行使而实施的行为。行政机关及其工作人员可以实施不同法律属性的行为，包括民事法律行为、行政法律行为和行政事实行为。后两者是行政机关及其工作人员行使行政职权或者与行使行政职权相关的行为。

2. 不具备法律约束力，但可能对行政相对人的合法权益造成损害。与行政法律行为相比，行政事实行为不直接产生、变更或者消灭行政法律关系，而是表现为一种客观状态，不具有法律约束力。但行政事实行为仍是行政主体及其公务人员借助于行政职权实施的行为，它可能对行政相对人的合法权益产生不利的影响，因此，根据行政法治原则的要求，应当为合法权益受到损害的行政相对人提供相应的救济途径。我国在国家赔偿法中已规定了对有些构成侵权的行政事实行为，行政相对人可以请求国家赔偿。

3. 多样性。行政事实行为的多样性是指行政事实行为在客观上表现为多种行为式样。行政事实行为大多是行政主体及其公务人员根据行政法的一般原则，针对各种不同的具体情况，基于行政职权的行使而实施的行为。故行政事实行为的基本行为模式难以确定，不同于行政法律行为具有如行政处罚、行政许可等基本行为模式。这就导致了为行政事实行为设置统一的程序十分困难，以至于各国行政程序法或无法将其纳入调控的范围或仅对之作最原则的规定。[1]但这并不意味着行政事实行为

---

[1]　姜明安主编：《行政法与行政诉讼法》，北京大学出版社、高等教育出版社1999年版，第257页。

可以不受行政法原理的约束，根据依法行政原则的要求，行政事实行为要受法律优位及比例原则的约束，负担性行政事实行为还要符合法律保留原则。

二、行政事实行为的分类

1. 根据是否涉及强制权力的运用，行政事实行为可以分为权力性事实行为和非权力性事实行为。所谓权力性行政事实行为，通常是指那些作为行政法律行为辅助手段的某些事实行为，以及一些临时性、执行性的不具最终决定意义的事实行为，如行政检查行为、销毁没收黄色淫秽物品的行为等属权力性事实行为。非权力性事实行为不涉及强制性权力的运用，是行政机关履行积极行政、服务行政的职能实施的行为，如行政机关发布有关信息、设立交通标志等。

2. 根据是否能够获得司法救济，行政事实行为可以分为可诉性行政事实行为和非可诉性行政事实行为。由于行政事实行为大多为非可诉性的，以致长期以来被人们忽视。一个行为是否具有可诉性，通常与它是否具有法律效果相连，而法律效果又与两个因素紧密相关：一个是行为主体的意思表示和预期；另一个则是客观的事实状态，如对相对人权益的影响和损害。前者是决定一个行为是否具有法律效果的最主要的因素，它通常由立法予以明确规定，通过当事人的心理状态和行为付诸实施。由于现代行政法越来越注重对行政相对人权益的保护，所以后一个因素的救济问题逐渐受到重视。有的行政事实行为因具有侵权性而被法律赋予了可诉性。如我国《国家赔偿法》第3条第3、4项规定的"以殴打、虐待等行为或者唆使、放纵他人以殴打、虐待等行为造成公民身体伤害或者死亡的；违法使用武器、警械造成公民身体伤害或者死亡的"侵权行为，就是可诉的行政事实行为。此外，我国《行政处罚法》第56条规定的使用不合格的单据的行为、第59条规定的行政机关使用或者损毁扣押的财物对当事人造成损失的行为等，都应属于可诉的行政事实行为。不过，目前非可诉性的行政事实行为还占很大比例。

3. 根据行政事实行为的不同作用，行政事实行为可以分为附属行为与独立行为。附属行为是指作为某一种独立行政法律行为的子行为或者辅助行为的行政事实行为；独立行为是指不依行政法律行为而独立存在，独具法律效果的行政事实行为。附属行为引起的行政纠纷，对其进行司法审查比较困难。因为要考虑如下几个因素：①法律行为与事实行为的关系以及各自的合法性；②事实行为对法律行为效力的影响程度，诸如是导致其无效，还是被撤销等。

4. 根据在实现公务目的的过程中的作用和表现方式的不同，行政事实行为可以划分为以下四类：补充性行政事实行为、即时性行政事实行为、建议性行政事实行为和服务性行政事实行为。补充性行政事实行为又可称之为执行性行为，是行政主体为了实现一个有效的行政决定而实施的行为（如人民银行将收缴的假币销毁等）。很明显，这种行为属于上面分类中所提到的附属行为。即时性行政事实行为是指行政主体在执行公务过程中，为确保社会秩序的安宁或应付各种特殊紧急情况而采取的一种手段。它的目的只在于消除危害或者严重违法状态，一旦达成此目的，行为即告结束（如清理路障、暂时封锁交通事故现场等）。建议性行政事实行为是行政主体为避免相对人的权益受到损失或者为维护国家和社会公共利益，而发出的一种建议与号召。它通常不具有强制性，行政相对人可以不受其拘束（如推荐优质产品、建议投资方向等）。服务性行政事实行为是行政主体根据服务行政、给付行政的法律精神，主动为相对人提供服务和提供行使权利的便利条件的行为（如气象预报、发布信息、义务咨询等）。

5. 根据是否产生法律后果，行政事实行为可以划分为有法律后果的行政事实行为和无法律后果的行政事实行为两种。如果该事实行为为行政主体执行职务所必须且对相对人的权益产生了间接影响，则应视为有法律后果的行政事实行为；反之，如果对相对人权益不产生影响，则是无法律后果的行政事实行为。

三、行政事实行为与行政法律行为的关系

行政事实行为不同于行政法律行为，其主要区别在于：

1. 产生法律效果的原因不同。法国行政法理论认为，行政机关的行为，有的根据行政机关的意思直接发生法律效果，称为行政机关的法律行为。行政行为是行政机关的法律行为。例如，行政机关命令某一公民纳税，赋予某一外国企业专利权等，都是按照行政机关的意思而直接发生法律效果的行为。行政机关的活动大部分属于事实行为，如作出决定前的材料准备行为和作出决定后的实际执行行为，都是不直接发生法律效果的事实行为。事实行为有的完全不发生法律效果，如气象局的天气预报；有的虽发生法律效果，但其效果的发生和行政机关的意思无关，而完全由法律规定，或由于外界事实的自然结果所产生。[1]日本学者杉村敏正、兼子仁在其《行政手续行政争讼法》一书中提出："事实行为并非行政机关的意思表示，而是直接实现行政目之行为。"[2]盐野宏教授认为："根据民事法律行为理论，以行为效果意思，可以把行政行为分为法律行为和事实行为。"[3]我国台湾地区学者林纪东指出："事实行为，谓不发生法律效果，或虽发生法律效果，然而效果之发生，乃系于外界之事实状态，并非由于行政权心理之状态。"[4]可见，行政事实行为发生法律效果，或是因为客观的物质状态的形成或改变，或由法律规定；行政法律行为的法律效果，则通常是基于行政主体的意思表示和观念表明而发生的。

2. 法律调整的重点不同。行政法律行为是以意思表示为基本构成要素的行为，法律因行为主体表现于外部的旨在产生某种法律效果的主观意图特赋予其一定的法律效果。对行政法律行为而言，法律调整的重点在于意思表示与行为后果；行政事

---

〔1〕　王名扬：《法国行政法》，中国政法大学出版社1988年版，第136页。

〔2〕　[日]杉村敏正、兼子仁：《行政手续行政争讼法》，第268页，转引自翁岳生：《行政法》，翰卢图书出版有限公司2000年版，第763页。

〔3〕　[日]盐野宏：《行政法》，杨建顺译，法律出版社1999年版，第85页。

〔4〕　林纪东：《行政法》，三民书局股份有限公司1988年版，第290页。

实行为则不同，由于其直接表现为行为主体的客观活动，法律调整的意义只在于行为自身或其结果，在其违法时可能发生行政主体或行政公务人员的责任问题（如赔偿责任、惩戒责任等）。

3. 对外界的影响方式不同。行政法律行为是一种意效行为，产生设权效果，在行政法律关系主体采取实际行动之前，往往只表现为法律上的某种可能性；行政事实行为则直接表现为主体的动作，并以该种行动对外界产生直接作用，引起物理或生理变化，诸如房屋的拆除、人身的拘束、财物的销毁等。[1]

行政事实行为与行政法律行为也存在密切的联系。行政事实行为在大多数情况下要依赖于行政法律行为而实施，这种依赖表现为以下三种情况：①有的行政事实行为是行政法律行为的辅助行为，主要是一些资料性或者技术性行为（如立档备案行为、对专利许可中的资料检查等）；②有的行政事实行为构成行政法律行为的前置或后置程序，如引起行政处罚的行政调查，或者召开的新闻发布会，又如全国打拐行动中，对解救的被拐骗的妇女、儿童的衣食住行的照顾等；③有的行政事实行为是行政法律行为的衍生行为，主要表现为一些滥用职权的违法行为，如执法时殴打相对人，将被扣押的物品遗失或者毁坏等。当然，行政事实行为也不必然依赖于行政法律行为（如警察的正当防卫行为等）。

四、对行政事实行为的法律救济

行政事实行为虽然不具有法律上的约束力，但它毕竟是行政主体基于行政职权实施的行为，它可能对行政相对人的权益产生影响，有的还会损害行政相对人的合法权益。在法律上为受到行政事实行为侵害的行政相对人提供救济途径，是现代行政法治的基本要求。正如王名扬教授在考察法国行政法上的事实行为时所指出的那样，行政事实行为本身虽不直接发生法律效果，但它对法律行为的产生过程和实施过程具有重要关系，所以也应受行政法调整。[2]在德国，行政相对方的合法权益受到行政事实行为的侵害时，可以通过行政诉讼和国家赔偿的途径来解决。行政法院保护的范围不限于行政行为和其他法律行为，事实行为也在其中。[3]德国理论界认为，根据《德国基本法》第14条的规定，受到行政事实行为侵害的公民，享有防御请求权、后果清除请求权和损害赔偿请求权。防御请求权的目标是不实施特定的妨害和侵害行为，后果清除请求权的目标是通过消除违法活动的结果，以恢复到原始状态。防御请求权和后果清除请求权一般是请求行政法院保护，损害赔偿请求权则向普通法院提起。[4]我们认为，在我国，对行政事实行为的救济途径应包括行政复议、行政诉讼和行政赔偿等。基于保护行政相对人合法权益的客观实际需要，我国

---

〔1〕　阎尔宝："论行政事实行为"，载《行政法学研究》1998年第2期。

〔2〕　王名扬：《法国行政法》，中国政法大学出版社1988年版，第136页。

〔3〕　［德］哈特穆特·毛雷尔：《行政法学总论》，高家伟译，法律出版社2000年版，第393页。

〔4〕　［德］哈特穆特·毛雷尔：《行政法学总论》，高家伟译，法律出版社2000年版，第806页。

在立法上已将部分行政事实行为纳入国家赔偿的范围，如根据《国家赔偿法》第 3 条第 3、4 项的规定，对行政机关及其工作人员在行使职权时，以殴打、虐待等行为或者唆使、放纵他人以殴打、虐待等行为造成公民身体伤害或者死亡的，违法使用武器、警械造成公民身体伤害或者死亡的，受害人有请求国家赔偿的权利。

我国还应该扩大行政复议与行政诉讼的受案范围，逐步将对行政相对人权利义务产生影响的行政事实行为纳入行政复议与行政诉讼的受案范围中来，以保护行政相对人的合法权益，并对行政主体及其公务人员行使职权行为予以有效制约。

■ 思考题

1. 简述行政合同的概念与特征。
2. 简述行政合同的作用。
3. 简述行政合同的订立、履行、变更与解除。
4. 试述行政合同中双方当事人的权利与义务。
5. 简述行政指导的概念与特征。
6. 简述行政指导的种类。
7. 试述行政指导的作用。
8. 试述如何健全、完善我国的行政指导制度。
9. 简述行政事实行为的概念与特征。
10. 简述行政事实行为与行政法律行为的关系。
11. 试述对行政事实行为的法律救济。

■ 推荐书目

1. 余凌云：《行政契约论》，中国人民大学出版社 2006 年版。
2. 台湾行政法学会主编：《行政契约与新行政法》，社团法人台湾行政学会 2002 年版。
3. 莫于川等：《法治视野中的行政指导》，中国人民大学出版社 2005 年版。
4. 莫于川：《行政指导论纲——非权力行政方式及其法治问题研究》，重庆大学出版社 1999 年版。
5. 郭润生、宋功德：《论行政指导》，中国政法大学出版社 1999 年版。
6. 于安：《外商投资特许权项目协议（BOT）与行政合同法》，法律出版社 1998 年版。

第十七章　行政仲裁、行政调解与行政信访

■学习目的和要求

　　通过本章学习，了解行政仲裁的概念、特征及其发展历史；掌握劳动仲裁、人事仲裁、农业承包合同仲裁的行政性特点；了解行政调解的特征、种类；掌握行政调解的原则及调解程序；了解行政信访的概念、特征、信访人的权利和义务；掌握行政信访的原则、行政信访的办理程序。

第一节　行政仲裁

一、行政仲裁的概念与范围

　　仲裁俗称"公断"，是指在法律准许或规定的范围内，争议双方在争议发生前或发生后达成协议，自愿将争议交给第三方作出裁决，第三方依据双方当事人的协议，在核定事实的基础上，按照一定的程序对纠纷作出裁决，双方有义务执行的一种解决争议的方法。仲裁制度作为世界各国为解决纠纷而普遍设立的一种法律制度，具有悠久的历史，是解决当事人之间纠纷的重要方法。行政仲裁，是指行政机关根据当事人的申请，按照仲裁程序对当事人之间发生的特定争议作出具有法律约束力的判断或裁决的一种仲裁类型。其有两个主要特点：

　　1. 仲裁机构的行政性。这表现为：仲裁机构是由行政机关组建并主持或参与的，甚至有的就是行政机关的内设机构，如我国以前在工商行政管理部门内部设立的"经济合同仲裁委员会"；仲裁机构之间有上下级领导关系，上级仲裁机构有权撤销下级仲裁机构的仲裁裁决。

　　2. 无须协议仲裁。在纠纷发生以后，一方当事人申请仲裁并不需要双方当事人在争议发生前或发生后达成仲裁协议，即没有仲裁协议，当事人也可以申请仲裁，仲裁机构也应当受理。

　　中华人民共和国成立之后，逐步建立了仲裁制度，制定了相应的仲裁规则，设置了相应的仲裁机构，其中既包括具有民间性质的涉外仲裁机构，也包括有典型行政性质的国内仲裁机构。前者如中国国际经济贸易仲裁委员会和中国海事仲裁委员

会，后者如我国各级工商行政管理局内设立的经济合同仲裁委员会。经济合同仲裁机构将行政管理权与仲裁权集于一身，既是国家行政机关又是经济合同纠纷仲裁机构，仲裁人员本身还是行政机关工作人员。这种国内仲裁体现了计划经济的影响和痕迹，这不仅不能够独立、公正地仲裁，而且实质上也不是真正意义的仲裁，与国际通行仲裁做法不一致。

1994 年 8 月 31 日第八届全国人民代表大会常务委员会第九次会议通过了《仲裁法》，参照国际上的通行做法，规定提交仲裁的双方当事人必须是平等的民事主体；提交仲裁的纠纷是民事和经济纠纷；仲裁实行一裁终局制度等。它反映了仲裁民间性的特点，充分体现了仲裁的基本性质。随着《仲裁法》的颁行，大部分行政仲裁向民间仲裁改革和转轨，把本不应当归于行政仲裁的事项从行政仲裁范围中分离出去，行政仲裁开始弱化，但《仲裁法》的颁行并不等于取消行政仲裁，对于《仲裁法》规定的仲裁范围之外的一些纠纷，如劳动争议和人事仲裁，以及正在兴起的农业承包合同纠纷，由于是不平等主体之间发生的纠纷，不宜由民间仲裁来解决。由此，行政仲裁在这些领域内仍有重要作用，但其行政权力的因素在逐渐弱化。就目前的情况而言，劳动争议仲裁、人事仲裁和农村土地承包合同仲裁仍属于行政仲裁的范围，以下分别逐一介绍。

二、劳动仲裁

劳动仲裁是指劳动争议仲裁委员会依法对劳动争议居中裁断的活动。劳动争议是劳动者与用人单位之间因劳动关系上的权利与义务而发生的纠纷。

劳动仲裁具有以下几个特点：①劳动仲裁是强制仲裁，仅一方申请仲裁即可发生，另一方无论愿意与否，均应参加仲裁活动；②劳动争议仲裁委员会由劳动行政部门代表、同级工会代表、用人单位方面的代表组成，主任由劳动行政部门的代表担任，带有行政色彩；③劳动仲裁的程序法定性较强，当事人选择余地较小；④劳动仲裁是劳动争议当事人向法院提起诉讼的法定前置程序；⑤劳动仲裁不向当事人收取仲裁费用。

（一）我国劳动仲裁的历史沿革

1. 我国劳动争议仲裁制度的建立。为了解决企业内部劳资关系的争议，1949 年 11 月 22 日中华全国总工会发布了《中华全国总工会关于劳资关系暂行处理办法》。1950 年 6 月 16 日，劳动部发布了《劳动争议仲裁委员会组织及工作规则》，同年 11 月 26 日，又发布了《劳动部关于劳动争议解决程序的规定》，从而形成了全国范围的劳动争议仲裁制度。1954 年劳动部就国家机关、人民团体、卫生等非企业单位的劳动争议的解决发出指示："劳动争议由单位和行政部门处理；无法解决时，可直接向人民法院起诉处理。"上述规章的贯彻、落实，使我国的劳动争议处理制度初步建立，但 1955 年 7 月以后，劳动部陆续撤销了劳动争议处理机构，《劳动部关于劳动争议解决程序的规定》等规章也自行停止实行。

2. 我国劳动争议仲裁制度的恢复和发展。党的十一届三中全会以后，劳动立法的工作日益受到重视，为了解决中外合资经营企业的劳动管理问题，国务院于1980年7月26日发布了《中外合资经营企业劳动管理规定》（已失效），规定首先由争议双方协商解决，协商不成的，可以由争议的一方或双方向所在省、自治区、直辖市人民政府劳动管理部门请求仲裁；对仲裁裁决不服的，还可以向人民法院起诉。1986年4月18日，《中共中央、国务院关于认真执行改革劳动制度几个规定的通知》颁行，它要求各地区要十分注意做好劳动争议问题的处理工作。1986年7月12日，国务院发布了《国营企业实行劳动合同制暂行规定》（已失效），重新确认了劳动争议仲裁制度。1987年7月31日，国务院发布了《国营企业劳动争议处理暂行规定》（已失效），规定当事人申请仲裁无须仲裁协议，可直接向劳动仲裁委员会申请仲裁，裁决实行一裁终局制。1993年8月1日《企业劳动争议处理条例》（已失效）的实施，标志着我国劳动争议处理制度进入了一个新的发展时期，也表明我国劳动法制建设迈出了新的步伐。

劳动争议仲裁由于其便捷、迅速、高效等优点，很快便成为解决劳动争议的重要途径，通过劳动仲裁方式处理的劳动争议案件大幅增长。据中国劳动统计年鉴的资料显示，2007年劳动争议案件数量是1994年的近22倍。2007年12月29日第十届全国人民代表大会常务委员会第三十一次会议通过了《劳动争议调解仲裁法》，该法于2008年5月1日起实施，这标志着我国劳动仲裁制度进入到新的发展时期。

（二）劳动仲裁机构

根据《劳动争议调解仲裁法》的相关规定，劳动争议仲裁委员会按照统筹规划、合理布局和适应实际需要的原则设立。省、自治区人民政府可以决定在市、县设立；直辖市人民政府可以决定在区、县设立。直辖市、设区的市也可以设立一个或者若干个劳动争议仲裁委员会。劳动争议仲裁委员会不按行政区划层层设立。

劳动争议仲裁委员会由劳动行政部门代表、工会代表和企业方面代表组成。劳动争议仲裁委员会组成人员应当是单数。劳动争议仲裁委员会负责管辖本区域内发生的劳动争议。劳动争议仲裁委员会依法履行下列职责：聘任、解聘专职或者兼职仲裁员；受理劳动争议案件；讨论重大或者疑难的劳动争议案件；对仲裁活动进行监督。劳动争议仲裁委员会下设办事机构，负责办理劳动争议仲裁委员会的日常工作。

劳动争议仲裁委员会应当设仲裁员名册。仲裁员应当公道正派并符合下列条件之一：曾任审判员的；从事法律研究、教学工作并具有中级以上职称的；具有法律知识、从事人力资源管理或者工会等专业工作满5年的；律师执业满3年的。

仲裁委员会处理劳动争议，实行仲裁庭制度，由仲裁庭具体处理争议案件。仲裁庭由1名首席仲裁员、2名仲裁员组成。简单案件，仲裁委员会可指定一名仲裁员独任审理。

（三）劳动仲裁的原则

1. 合法、公正、及时处理原则。合法原则既包括实体合法，也包括程序合法，只有在权利义务认定上符合法律规定，在案件处理程序上也符合法律规定，才能保证案件的公正处理。劳动争议涉及的是劳动者的劳动权利义务，关系到他们的基本生存，因此，劳动争议的尽快解决，有利于减少争议带给当事人的损失，有利于企业生产经营活动的正常开展。

2. 注重调解原则。劳动争议是具有劳动关系的单位与职工之间的争议，劳动关系具有从属性，所以对双方发生的劳动争议注重调解，使双方的争议在心平气和中得到解决，有利于减少争议对劳动关系和谐带来的负面影响，有利于促进生产力发展，提高工作效率。

3. 当事人适用法律平等原则。在劳动争议仲裁中，当事人无论是劳动者个人还是用人单位，双方都享有平等的仲裁权利，承担平等的仲裁义务，任何一方当事人在享有权利的同时，都应当履行一定的义务。仲裁委员会在仲裁劳动争议案件时，对劳动争议双方当事人，无论其是单位还是个人，也无论其是何种性质的单位，在适用实体法和程序法上都应当一律平等。

（四）劳动仲裁基本程序

1. 申请和受理。劳动争议的一方当事人在法定的期限内可向仲裁委员会提出仲裁请求。劳动争议申请仲裁的时效期间为1年。仲裁时效期间从当事人知道或者应当知道其权利被侵害之日起计算。仲裁时效可以因当事人一方向对方当事人主张权利，或者向有关部门请求权利救济，或者对方当事人同意履行义务而中断。从中断时起，仲裁时效期间重新计算。因不可抗力或者有其他正当理由，当事人不能在规定的仲裁时效期间申请仲裁的，仲裁时效中止。从中止时效的原因消除之日起，仲裁时效期间继续计算。劳动关系存续期间因拖欠劳动报酬发生争议的，劳动者申请仲裁不受1年的仲裁时效期间的限制；但是，劳动关系终止的，应当自劳动关系终止之日起1年内提出。

申请人申请仲裁应当提交书面仲裁申请，并按照被申请人人数提交副本。仲裁申请书应当载明下列事项：劳动者的姓名、性别、年龄、职业、工作单位和住所，用人单位的名称、住所和法定代表人或者主要负责人的姓名、职务；仲裁请求和所根据的事实、理由；证据和证据来源、证人姓名和住所。书写仲裁申请确有困难的，可以口头申请，由劳动争议仲裁委员会记入笔录，并告知对方当事人。

劳动争议仲裁委员会收到仲裁申请之日起5日内，认为符合受理条件的，应当受理，并通知申请人；认为不符合受理条件的，应当书面通知申请人不予受理，并说明理由。对劳动争议仲裁委员会不予受理或者逾期未作出决定的，申请人可以就该劳动争议事项向人民法院提起诉讼。劳动争议仲裁委员会受理仲裁申请后，应当在5日内将仲裁申请书副本送达被申请人。被申请人收到仲裁申请书副本后，应当在10日内向劳动争议仲裁委员会提交答辩书。劳动争议仲裁委员会收到答辩书后，应当在5日内将答辩书副本送达申请人。被申请人未提交答辩书的，不影响仲裁程序的进行。

2. 开庭和裁决。劳动争议仲裁委员会裁决劳动争议案件实行仲裁庭制。仲裁庭由 3 名仲裁员组成，设首席仲裁员。简单劳动争议案件可以由 1 名仲裁员独任仲裁。

劳动争议仲裁委员会应当在受理仲裁申请之日起 5 日内将仲裁庭的组成情况书面通知当事人。

仲裁员有下列情形之一，应当回避，当事人也有权以口头或者书面方式提出回避申请：是本案当事人或者当事人、代理人的近亲属的；与本案有利害关系的；与本案当事人、代理人有其他关系，可能影响公正裁决的；私自会见当事人、代理人，或者接受当事人、代理人的请客送礼的。劳动争议仲裁委员会对回避申请应当及时作出决定，并以口头或者书面方式通知当事人。

仲裁庭应当在开庭 5 日前，将开庭日期、地点书面通知双方当事人。当事人有正当理由的，可以在开庭 3 日前请求延期开庭。是否延期，由劳动争议仲裁委员会决定。申请人收到书面通知，无正当理由拒不到庭或者未经仲裁庭同意中途退庭的，可以视为撤回仲裁申请。被申请人收到书面通知，无正当理由拒不到庭或者未经仲裁庭同意中途退庭的，可以缺席裁决。

仲裁庭对专门性问题认为需要鉴定的，可以交由当事人约定的鉴定机构鉴定；当事人没有约定或者无法达成约定的，由仲裁庭指定的鉴定机构鉴定。

当事人在仲裁过程中有权进行质证和辩论。质证和辩论终结时，首席仲裁员或者独任仲裁员应当征询当事人的最后意见。

仲裁庭应当将开庭情况记入笔录。当事人和其他仲裁参加人认为对自己陈述的记录有遗漏或者差错的，有权申请补正。如果不予补正，应当记录该申请。笔录由仲裁员、记录人员、当事人和其他仲裁参加人签名或者盖章。

当事人申请劳动争议仲裁后，可以自行和解。达成和解协议的，可以撤回仲裁申请。仲裁庭在作出裁决前，应当先行调解。调解达成协议的，仲裁庭应当制作调解书。调解书应当写明仲裁请求和当事人协议的结果。调解书由仲裁员签名，加盖劳动争议仲裁委员会印章，送达双方当事人。调解书经双方当事人签收后，发生法律效力。调解不成或者调解书送达前，一方当事人反悔的，仲裁庭应当及时作出裁决。

仲裁庭裁决劳动争议案件，应当自劳动争议仲裁委员会受理仲裁申请之日起 45 日内结束。案情复杂需要延期的，经劳动争议仲裁委员会主任批准，可以延期并书面通知当事人，但是延长期限不得超过 15 日。逾期未作出仲裁裁决的，当事人可以就该劳动争议事项向人民法院提起诉讼。仲裁庭裁决劳动争议案件时，其中一部分事实已经清楚的，可以就该部分先行裁决。

裁决应当按照多数仲裁员的意见作出，少数仲裁员的不同意见应当记入笔录。仲裁庭不能形成多数意见时，裁决应当按照首席仲裁员的意见作出。裁决书应当载明仲裁请求、争议事实、裁决理由、裁决结果和裁决日期。裁决书由仲裁员签名，加盖劳动争议仲裁委员会印章。对裁决持不同意见的仲裁员，可以签名，也可以不签名。

下列劳动争议，除本法另有规定的外，仲裁裁决为终局裁决，裁决书自作出之日起发生法律效力：追索劳动报酬、工伤医疗费、经济补偿或者赔偿金，不超过当地月最低工资标准 12 个月金额的争议；因执行国家的劳动标准在工作时间、休息休假、社会保险等方面发生的争议。

用人单位有证据证明仲裁裁决有下列情形之一，可以自收到仲裁裁决书之日起30 日内向劳动争议仲裁委员会所在地的中级人民法院申请撤销裁决：适用法律、法规确有错误的；劳动争议仲裁委员会无管辖权的；违反法定程序的；裁决所根据的证据是伪造的；对方当事人隐瞒了足以影响公正裁决的证据的；仲裁员在仲裁该案时有索贿受贿、徇私舞弊、枉法裁决行为的。人民法院经组成合议庭审查核实裁决有前款规定情形之一的，应当裁定撤销。仲裁裁决被人民法院裁定撤销的，当事人可以自收到裁定书之日起 15 日内就该劳动争议事项向人民法院提起诉讼。

除了法律另有规定外，当事人对劳动争议案件的仲裁裁决不服的，可以自收到仲裁裁决书之日起 15 日内向人民法院提起诉讼；期满不起诉的，裁决书发生法律效力。当事人对发生法律效力的调解书、裁决书，应当依照规定的期限履行。一方当事人逾期不履行的，另一方当事人可以依照民事诉讼法的有关规定向人民法院申请执行。受理申请的人民法院应当依法执行。

三、人事仲裁

人事仲裁是指根据人事争议当事人双方或者单方的申请，人事争议仲裁机构对其争议进行调解或者裁决的活动。我国的人事争议仲裁制度设立于 20 世纪 90 年代，由国家人事部作出，但那时的人事仲裁是在人事行政机关直接领导下，主要以人事政策文件为依据而进行的，对人事行政机关与其领导下的仲裁机构所作出的处理或裁决均不能提起诉讼，其完全是"人事行政"活动。2003 年最高人民法院发布了《最高人民法院关于人民法院审理事业单位人事争议案件若干问题的规定》的司法解释，无疑是这种状态与现行人事争议仲裁的分界线，正如人事部称该人事争议司法解释"表明人事争议仲裁进一步走上法制化的轨道"。现行人事争议仲裁被人事仲裁司法解释设定为人事争议纠纷司法处理的前置，虽然此时的人事争议仲裁仍不具有明显的法律特征，但由于人事争议前置是启动人事争议司法审判处理的法定起点，提起人事争议仲裁是启动司法审判程序的必要条件，即人事争议仲裁在这种情形下被渗透和注入了法律意义，故人们将人事争议仲裁这种处理方式理解为"准司法"。

关于人事仲裁的具体规则，国家人事部（已撤销）曾分别发布了《人事争议处理暂行规定》（已失效）和《人事争议处理办案规则》（已失效），这两个文件后来又被 2007 年 10 月实施的《人事争议处理规定》所替代。

（一）人事争议案件的受理范围

人事争议仲裁委员会受案范围的含义，是指人事争议仲裁委员会的主管范围，或称是人事争议仲裁机构受理人事争议仲裁案件的范围。根据《人事争议处理规定》

第 2 条的规定，人事争议范围包括：实施公务员法的机关与聘任制公务员之间、参照《公务员法》管理的机关（单位）与聘任工作人员之间因履行聘任合同发生的争议；事业单位与工作人员之间因解除人事关系、履行聘用合同发生的争议；社团组织与工作人员之间因解除人事关系、履行聘用合同发生的争议；军队聘用单位与文职人员之间因履行聘用合同发生的争议；依照法律、法规规定可以仲裁的其他人事争议。

（二）人事争议仲裁委员会

中央机关及所属事业单位人事争议仲裁委员会设在人事部，省（自治区、直辖市）、副省级市、地（市、州、盟）、县（市、区、旗）设立人事争议仲裁委员会。人事争议仲裁委员会独立办案，相互之间无隶属关系。

人事争议仲裁委员会由公务员主管部门代表、聘任（用）单位代表、工会组织代表、受聘人员代表以及人事、法律专家组成。人事争议仲裁委员会组成人员应当是单数，设主任 1 名、副主任 2～4 名、委员若干名。同级人民政府分管人事工作的负责人或者政府人事行政部门的主要负责人任人事争议仲裁委员会主任。

人事争议仲裁委员会的职责包括：负责处理管辖范围内的人事争议；决定仲裁员的聘任和解聘；法律、法规规定由人事争议仲裁委员会承担的其他职责。

人事争议仲裁委员会下设办事机构，其职责是：负责人事争议案件的受理、仲裁文书送达、档案管理以及仲裁员的考核、培训等日常工作，办理人事争议仲裁委员会授权的其他事宜。办事机构设在同级人民政府人事部门。

人事争议仲裁委员会处理人事争议案件实行仲裁庭制度，仲裁庭是人事争议仲裁委员会处理人事争议案件的基本形式。仲裁庭一般由 3 名仲裁员组成。人事争议仲裁委员会指定 1 名仲裁员担任首席仲裁员，主持仲裁庭工作；另 2 名仲裁员可由双方当事人各选定 1 名，也可由人事争议仲裁委员会指定。简单的人事争议案件，经双方当事人同意，人事争议仲裁委员会可以指定 1 名仲裁员独任处理。

人事争议仲裁委员会可以聘任有关部门的工作人员、专家学者和律师为专职或兼职仲裁员。兼职仲裁员与专职仲裁员在仲裁活动中享有同等权利。仲裁员的职责是：受人事争议仲裁委员会的委托或当事人的选择，负责人事争议案件的具体处理工作。

（三）人事仲裁程序

1. 申请与受理。当事人从知道或应当知道其权利受到侵害之日起 60 日内，以书面形式向有管辖权的人事争议仲裁委员会申请仲裁。当事人因不可抗力或者有其他正当理由超过申请仲裁时效，经人事争议仲裁委员会调查确认的，人事争议仲裁委员会应当受理。

当事人向人事争议仲裁委员会申请仲裁，应当提交仲裁申请书，并按被申请人人数递交副本。仲裁申请书应当载明下列事项：①申请人和被申请人姓名、性别、年龄、职业及职务、工作单位、住所和联系方式。申请人或被申请人是单位的，应写明单位的名称、住所、法定代表人或者主要负责人的姓名、职务和联系方式。②仲裁请求和所依据的事实、理由。③证据和证据来源、证人姓名和住所。发生人事争议的一方在5人以上，并且有共同的仲裁请求和理由的，可以推举1～2名代表参加仲裁活动。代表人放弃、变更仲裁请求或者承认对方的仲裁请求，进行和解，必须经过被代表的当事人同意。

人事争议仲裁委员会在收到仲裁申请书之日起10个工作日内，认为不符合受理条件的，应当书面通知申请人不予受理，并说明理由；认为符合受理条件的，应当受理，将受理通知书送达申请人，将仲裁申请书副本送达被申请人。被申请人应当在收到仲裁申请书副本之日起10个工作日内提交答辩书。被申请人没有按时提交或者不提交答辩书的，不影响仲裁的进行。

2. 开庭与裁决。仲裁应当公开开庭进行，涉及国家、军队秘密和个人隐私的除外。涉及商业秘密，当事人申请不公开开庭的，可以不公开开庭。当事人协议不开庭的，仲裁庭可以书面仲裁。

人事争议仲裁委员会应当在开庭审理人事争议案件5个工作日前，将开庭时间、地点、仲裁庭组成人员等书面通知当事人。申请人经书面通知无正当理由不到庭，或者到庭后未经仲裁庭许可中途退庭的，视为撤回仲裁申请。被申请人经书面通知无正当理由不到庭，或者未经仲裁庭许可中途退庭的，可以缺席裁决。当事人有正当理由的，在开庭前可以申请延期开庭，是否延期由仲裁庭决定。

仲裁庭处理人事争议应注重调解。自受理案件到作出裁决前，都要积极促使当事人双方自愿达成调解协议。当事人经调解自愿达成书面协议的，仲裁庭应当根据调解协议的内容制作仲裁调解书。协议内容不得违反法律法规，不得侵犯社会公共利益和他人的合法权益。调解书由仲裁庭成员署名，加盖人事争议仲裁委员会印章。调解书送达后，即发生法律效力。当庭调解未达成协议或者仲裁调解书送达前当事人反悔的，仲裁庭应当及时进行仲裁裁决。

当事人应当对自己的主张提供证据。当事人的举证材料应在仲裁庭上出示，并进行质证。只有经过质证认定的事实和证据，才能作为仲裁裁决的依据。

当事人在仲裁过程中有权进行辩论。辩论终结时，仲裁庭应当征询当事人的最后意见。

仲裁庭应当将开庭情况记入笔录。当事人和其他仲裁参与人认为对自己陈述的记录有遗漏或者差错的，有权申请补正。如果不予补正，应当记录该申请，并注明不予补正的原因。笔录由仲裁员、书记员、当事人和其他仲裁参与人署名或者盖章。仲裁裁决应当按照多数仲裁员的意见作出，少数仲裁员的不同意见应当记入笔录。

仲裁庭对重大、疑难以及仲裁庭不能形成多数处理意见案件的处理，应当提交人事争议仲裁委员会讨论决定；人事争议仲裁委员会作出的决定，仲裁庭必须执行。

仲裁庭应当在裁决作出后5个工作日内制作裁决书。裁决书由仲裁庭成员署名并加盖人事争议仲裁委员会印章。

仲裁庭处理人事争议案件，一般应当在受理案件之日起 90 日内结案。需要延期的，经人事争议仲裁委员会批准，可以适当延期，但是延长的期限不得超过 30 日。

当事人对仲裁裁决不服的，可以按照《公务员法》以及最高人民法院相关司法解释的规定，自收到裁决书之日起 15 日内向人民法院提起诉讼；逾期不起诉的，裁决书即发生法律效力。对发生法律效力的调解书或者裁决书，当事人必须履行。一方当事人逾期不履行的，另一方当事人可以依照国家有关法律法规和最高人民法院相关司法解释的规定申请人民法院执行。

四、农村土地承包合同仲裁

《农村土地承包法》第 51 条规定："因土地承包经营发生纠纷的，双方当事人可以通过协商解决，也可以请求村民委员会、乡（镇）人民政府等调解解决。当事人不愿协商、调解或者协商、调解不成的，可以向农村土地承包仲裁机构申请仲裁，也可以直接向人民法院起诉。"2009 年 6 月 27 日第十一届全国人民代表大会常务委员会第九次会议通过、并于 2010 年 1 月 1 日起施行的《农村土地承包经营纠纷调解仲裁法》，对公正、及时地解决农村土地承包经营纠纷，维护当事人的合法权益，促进农村经济发展和社会稳定，具有重要作用。

（一）受理范围

根据《农村土地承包经营纠纷调解仲裁法》第 2 条第 2 款的规定，适用该法的农村土地承包经营纠纷包括：因订立、履行、变更、解除和终止农村土地承包合同发生的纠纷；因农村土地承包经营权转包、出租、互换、转让、入股等流转发生的纠纷；因收回、调整承包地发生的纠纷；因确认农村土地承包经营权发生的纠纷；因侵害农村土地承包经营权发生的纠纷；法律、法规规定的其他农村土地承包经营纠纷。

因征收集体所有的土地及其补偿发生的纠纷，不属于农村土地承包仲裁委员会的受理范围，可以通过行政复议或者诉讼等方式解决。

（二）仲裁机构

农村土地承包仲裁委员会，根据解决农村土地承包经营纠纷的实际需要设立。农村土地承包仲裁委员会可以在县和不设区的市设立，也可以在设区的市或者其市辖区设立。农村土地承包仲裁委员会在当地人民政府指导下设立。设立农村土地承包仲裁委员会的，其日常工作由当地农村土地承包管理部门承担。农村土地承包仲裁委员会由当地人民政府及其有关部门代表、有关人民团体代表、农村集体经济组织代表、农民代表和法律、经济等相关专业人员兼任组成，其中农民代表和法律、经济等相关专业人员不得少于组成人员的 1/2。农村土地承包仲裁委员会设主任 1 人、副主任 1～2 人和委员若干人。主任、副主任由全体组成人员选举产生。

农村土地承包仲裁委员会应当从公道正派的人员中聘任仲裁员。仲裁员应当符合下列条件之一：从事农村土地承包管理工作满 5 年；从事法律工作或者人民调解工作满 5 年；在当地威信较高，并熟悉农村土地承包法律以及国家政策的居民。

农村土地承包仲裁委员会组成人员、仲裁员应当依法履行职责，遵守农村土地承包仲裁委员会章程和仲裁规则，不得索贿受贿、徇私舞弊，不得侵害当事人的合法权益。仲裁员有索贿受贿、徇私舞弊、枉法裁决以及接受当事人请客送礼等违法违纪行为的，农村土地承包仲裁委员会应当将其除名；构成犯罪的，依法追究刑事责任。县级以上地方人民政府及有关部门应当受理对农村土地承包仲裁委员会组成人员、仲裁员违法违纪行为的投诉和举报，并依法组织查处。

（三）申请和受理

农村土地承包经营纠纷申请仲裁的时效期间为 2 年，自当事人知道或者应当知道其权利被侵害之日起计算。农村土地承包经营纠纷仲裁的申请人、被申请人为当事人。家庭承包的，可以由农户代表人参加仲裁。当事人一方人数众多的，可以推选代表人参加仲裁。与案件处理结果有利害关系的，可以申请作为第三人参加仲裁，或者由农村土地承包仲裁委员会通知其参加仲裁。

申请农村土地承包经营纠纷仲裁应当符合下列条件：申请人与纠纷有直接的利害关系；有明确的被申请人；有具体的仲裁请求和事实、理由；属于农村土地承包仲裁委员会的受理范围。当事人申请仲裁，应当向纠纷涉及的土地所在地的农村土地承包仲裁委员会递交仲裁申请书。仲裁申请书可以邮寄或者委托他人代交。仲裁申请书应当载明申请人和被申请人的基本情况、仲裁请求和所根据的事实、理由，并提供相应的证据和证据来源。书面申请确有困难的，可以口头申请，由农村土地承包仲裁委员会记入笔录，经申请人核实后由其签名、盖章或者按指印。

农村土地承包仲裁委员会应当对仲裁申请予以审查，认为符合规定的，应当受理。有下列情形之一的，不予受理；已受理的，终止仲裁程序：不符合申请条件；人民法院已受理该纠纷；法律规定该纠纷应当由其他机构处理；对该纠纷已有生效的判决、裁定、仲裁裁决、行政处理决定等。

农村土地承包仲裁委员会决定受理的，应当自收到仲裁申请之日起 5 个工作日内，将受理通知书、仲裁规则和仲裁员名册送达申请人；决定不予受理或者终止仲裁程序的，应当自收到仲裁申请或者发现终止仲裁程序情形之日起 5 个工作日内书面通知申请人，并说明理由。

农村土地承包仲裁委员会应当自受理仲裁申请之日起 5 个工作日内，将受理通知书、仲裁申请书副本、仲裁规则和仲裁员名册送达被申请人。

被申请人应当自收到仲裁申请书副本之日起 10 日内向农村土地承包仲裁委员会提交答辩书；书面答辩确有困难的，可以口头答辩，由农村土地承包仲裁委员会记入笔录，经被申请人核实后由其签名、盖章或者按指印。农村土地承包仲裁委员会应当自收到答辩书之日起 5 个工作日内将答辩书副本送达申请人。被申请人未答辩的，不影响仲裁程序的进行。

一方当事人因另一方当事人的行为或者其他原因，可能使裁决不能执行或者难以执行的，可以申请财产保全。

当事人申请财产保全的，农村土地承包仲裁委员会应当将当事人的申请提交被申请人住所地或者财产所在地的基层人民法院。

申请有错误的，申请人应当赔偿被申请人因财产保全所遭受的损失。

（四）仲裁庭的组成

仲裁庭由3名仲裁员组成，首席仲裁员由当事人共同选定，其他2名仲裁员由当事人各自选定；当事人不能选定的，由农村土地承包仲裁委员会主任指定。事实清楚、权利义务关系明确、争议不大的农村土地承包经营纠纷，经双方当事人同意，可以由1名仲裁员仲裁。仲裁员由当事人共同选定或者由农村土地承包仲裁委员会主任指定。农村土地承包仲裁委员会应当自仲裁庭组成之日起2个工作日内将仲裁庭组成情况通知当事人。

仲裁员有下列情形之一的，必须回避，当事人也有权以口头或者书面方式申请其回避：是本案当事人或者当事人、代理人的近亲属；与本案有利害关系；与本案当事人、代理人有其他关系，可能影响公正仲裁；私自会见当事人、代理人，或者接受当事人、代理人的请客送礼。当事人提出回避申请，应当说明理由，在首次开庭前提出。回避事由在首次开庭后知道的，可以在最后一次开庭终结前提出。农村土地承包仲裁委员会对回避申请应当及时作出决定，以口头或者书面方式通知当事人，并说明理由。仲裁员是否回避，由农村土地承包仲裁委员会主任决定；农村土地承包仲裁委员会主任担任仲裁员时，由农村土地承包仲裁委员会集体决定。仲裁员因回避或者其他原因不能履行职责的，应当依照本法规定重新选定或者指定仲裁员。

（五）开庭和裁决

农村土地承包经营纠纷仲裁应当开庭进行。开庭可以在纠纷涉及的土地所在地的乡（镇）或者村进行，也可以在农村土地承包仲裁委员会所在地进行。当事人双方要求在乡（镇）或者村开庭的，应当在该乡（镇）或者村开庭。开庭应当公开，但涉及国家秘密、商业秘密和个人隐私以及当事人约定不公开的除外。仲裁庭应当在开庭5个工作日前将开庭的时间、地点通知当事人和其他仲裁参与人。当事人有正当理由的，可以向仲裁庭请求变更开庭的时间、地点。是否变更，由仲裁庭决定。

当事人申请仲裁后，可以自行和解。达成和解协议的，可以请求仲裁庭根据和解协议作出裁决书，也可以撤回仲裁申请。申请人可以放弃或者变更仲裁请求。被申请人可以承认或者反驳仲裁请求，有权提出反请求。仲裁庭作出裁决前，申请人撤回仲裁申请的，除被申请人提出反请求的外，仲裁庭应当终止仲裁。申请人经书面通知，无正当理由不到庭或者未经仲裁庭许可中途退庭的，可以视为撤回仲裁申请。被申请人经书面通知，无正当理由不到庭或者未经仲裁庭许可中途退庭的，可以缺席裁决。

当事人在开庭过程中有权发表意见、陈述事实和理由、提供证据、进行质证和辩论。对不通晓当地通用语言文字的当事人，农村土地承包仲裁委员会应当为其提供翻译。仲裁庭应当依照仲裁规则的规定开庭，给予双方当事人平等陈述、辩论的机会，并组织当事人进行质证。经仲裁庭查证属实的证据，应当作为认定事实的根据。

对权利义务关系明确的纠纷，经当事人申请，仲裁庭可以先行裁定维持现状、恢复农业生产以及停止取土、占地等行为。一方当事人不履行先行裁定的，另一方当事人可以向人民法院申请执行，但应当提供相应的担保。

仲裁庭应当将开庭情况记入笔录，由仲裁员、记录人员、当事人和其他仲裁参与人签名、盖章或者按指印。当事人和其他仲裁参与人认为对自己陈述的记录有遗漏或者差错的，有权申请补正。如果不予补正，应当记录该申请。

仲裁庭应当根据认定的事实和法律以及国家政策作出裁决并制作裁决书。裁决书应当写明仲裁请求、争议事实、裁决理由、裁决结果、裁决日期以及当事人不服仲裁裁决的起诉权利、期限，由仲裁员签名，加盖农村土地承包仲裁委员会印章。农村土地承包仲裁委员会应当在裁决作出之日起 3 个工作日内将裁决书送达当事人，并告知当事人不服仲裁裁决的起诉权利、期限。

仲裁农村土地承包经营纠纷，应当自受理仲裁申请之日起 60 日内结束；案情复杂需要延长的，经农村土地承包仲裁委员会主任批准可以延长，并书面通知当事人，但延长期限不得超过 30 日。

当事人不服仲裁裁决的，可以自收到裁决书之日起 30 日内向人民法院起诉。逾期不起诉的，裁决书即发生法律效力。当事人对发生法律效力的调解书、裁决书，应当依照规定的期限履行。一方当事人逾期不履行的，另一方当事人可以向被申请人住所地或者财产所在地的基层人民法院申请执行。受理申请的人民法院应当依法执行。

第二节　行政调解

一、行政调解的概念与特征

调解是指一定的组织或者个人，依照法律和政策的规定，对发生纠纷的双方当事人进行排解疏导、说服教育，促使发生纠纷的双方当事人互相协商、互谅互让，依法自愿达成协议，由此而解决纠纷的一种活动。按照我国现有法律规定，我国调解制度包括司法调解、人民调解和行政调解三大调解制度体系，此外还有仲裁调解、律师调解等。这些调解互有联系、互有区别，构成了我国一套完整的调解体系。

行政主体根据国家政策、法律，以自愿为原则，在分清责任、明辨是非的基础上，通过说服教育，促使双方当事人互谅互让，从而达成协议解决纠纷的活动。行政调解具有以下特征：

1. 行政调解是行政机关所主持的解决争议、消除纷争的调解活动。①调解主体是行政主体。这既不同于法院所主持的司法调解，也不同于人民调解委员会所主持的人民调解。②调解行为不同于行政行为。行政调解虽然由行政机关主持，但是却不具有行政权力的强制性。无论是在程序的进行过程中还是最终达成调解协议，行政机关始终处于"居中第三人"的地位。

2. 行政调解具有自愿性。自愿性是指发生纠纷后，必须出于当事人自愿，同意通过行政机关来调解解决；调解中达成的协议，必须是双方当事人协商一致的意见；调解协议的履行，必须出于当事人的自愿。可见，从调解的开始进行到最后达成或不能达成调解协议，争议双方当事人的意志完全处于自治状态，行政机关不能强迫。

3. 行政调解具有专业性和综合性。行政调解的专业性是指行政机关及其工作人员，依照法律法规的规定，对其专业管理职权范围内的争议纠纷进行调解。与人民调解相比，应当说行政调解更具有专业性。行政调解的综合性是指随着社会的不断发展，社会纠纷涉及的内容也越来越复杂，纠纷的形式呈现出多样性，行政调解的纠纷往往是具有行政、民事和技术等综合特色的纠纷。

4. 行政调解不具有法律上的强制力。行政调解中达成的调解协议一般不具有强制执行力，是否为当事人所履行，完全由当事人自主决定，行政机关不得强迫。调解协议的效力主要靠双方当事人的承诺、信用和社会舆论等道德力量来维护。在这点上，它不同于行政机关所实施的具有单方强制性质的行政行为，如行政裁决、行政命令等。

5. 行政调解的对象，既可由法律、法规规定，也可由相对方事先在合同或协议中约定；既可以是行政相对方之间发生的民事纠纷，也可以是行政主体与行政相对方之间发生的行政纠纷，如行政赔偿争议的调解。

6. 行政调解是一种诉讼外的调解。行政调解不是行政仲裁或行政诉讼的必经程序，当事人经过行政调解仍能申请行政仲裁或提起行政诉讼。

7. 行政调解的事项主要是民事争议，也可以是行政赔偿争议。这一点使行政调解与行政复议和行政仲裁区别开来。行政复议的对象是行政争议，行政仲裁的对象不包括行政赔偿争议。

二、行政调解与人民调解、司法调解的关系

在我国调解体系中，比较常用的三大调解制度即行政调解、人民调解和司法调解，它们同属于调解活动，有许多共同点，但区别也是明显的。为了更好地理解行政调解，有必要厘清它们之间的关系。

行政调解是指具有调解纠纷职能的国家行政机关，根据国家政策、法律，以自愿为原则，在分清责任、明辨是非的基础上，通过说服教育，促使双方当事人互谅互让，从而达成协议解决纠纷的活动。人民调解是指在人民调解委员会的主持下，以国家法律、法规、规章、政策和社会公德为依据，对民间纠纷当事人进行说服教育、规劝疏导，促使纠纷各方互谅互让、平等协商，自愿达成协议，消除纷争的一种群众性活动。司法调解又称法院调解、诉讼调解，是指法院在审理各类案件时，由法院主持，当事人平等协商、达成协议，从而解决纠纷的活动。

1. 三者的共同点：①都是通过第三方的调停说和，解决当事人之间的纠纷的活动。②调解的前提必须是事实清楚、责任明确。③都必须坚持自愿原则。④内容均不得违反国家法律和政策。

2. 三者的区别：①调解的主持人不同。行政调解的主持人是依法享有行政职权，代表国家进行行政管理的国家行政机关；人民调解的主持人是人民调解委员会，它是村民委员会、居民委员会或企事业单位下设的调解民间纠纷的群众性组织；司法调解则是具有司法审判职能的人民法院在审理各类案件时主持的调解活动。②参与当事人不同。行政调解的参与当事人是在管理过程中的相对人、受相对人侵害的受害人或其他相关人，参与面比较特定；人民调解的参与当事人，是涉及民事权利义务争议的相关当事人，参与面比较广泛；司法调解的参与当事人则仅限于案件的当事人，参与当事人最少。③调解权的来源不同。行政调解的调解权是国家赋予行政机关在行政管理过程中解决民事纠纷和部分行政争议的一种手段；人民调解的调解权来源于一定范围内群众直接授予的民主自治权；司法调解的调解权是国家赋予人民法院审判权的一种表现形式。④调解活动的性质不同。行政调解是行政机关适应市场经济发展需要，转变行为方式、改变工作作风、坚持以人为本的表现，是行政行为的补充；人民调解是不具有诉讼性质的诉讼外民间纠纷解决机制；司法调解是人民法院审理民事案件、行政赔偿案件和刑事自诉案件的一种结案方式，是诉讼活动。⑤调解的范围不同。行政调解的调解范围主要是民事争议和行政赔偿争议；人民调解委员会调解的民间纠纷包括一般纠纷、轻微刑事违法纠纷以及违反社会公德引起的纠纷；在司法调解中，人民法院则可以通过调解方式处理民事纠纷、行政赔偿案件和法律规定的刑事自诉案件。⑥调解后的效力不同。就行政调解和人民调解而言，两类调解达成的协议对当事人基本上没有法律拘束力，任何机关和组织都不能强迫当事人履行。但两者还是有区别的，即如果一方拒绝全部履行或部分履行约定的义务，或者履行后反悔的，在起诉到人民法院时，就会出现不同的结果。经过行政调解的诉讼案件，人民法院只对原纠纷进行审理，不涉及行政调解的结果；经过人民调解的诉讼案件，由于该调解协议具有民事合同性质，人民法院只审查签字后的人民调解协议书，一般不审理原纠纷，只要人民调解协议书符合法定有效条件，一般就认定原调解结果有效。而司法调解达成的协议书或形成的调解书是国家审判机关行使审判权所形成的司法文书，一旦生效，如同法院的判决，对双方都具有法律拘束力，一方不履行，另一方可申请人民法院强制执行。

三、行政调解的种类

就目前而言，我国行政机关依法可以调解的种类很多，其中常见的主要有：

1. 基层人民政府的调解。调解民事纠纷一直是我国基层人民政府的一项职责，这项工作主要是由乡镇人民政府和街道办事处的司法助理员负责。司法助理员是基层人民政府的组成人员，也是司法行政工作人员。他们除了指导人民调解委员会的工作和法制宣传外，还要亲自调解大量的纠纷。

2. 国家合同管理机关的调解。我国《合同法》第 128 条第 1 款规定："当事人可以通过和解或者调解解决合同争议。"法律规定的合同管理机关，是国家工商行政管理局和地方各级工商行政管理局。公民之间、法人之间、公民和法人之间的合同纠纷，都可以向工商行政管理机关申请调解。

3. 公安机关的调解。我国《治安管理处罚法》第 9 条规定，对于因民间纠纷引起的打架斗殴或者损毁他人财物等违反治安管理的行为，情节较轻的，公安机关可以调解处理。经公安机关调解，当事人达成协议的，不予处罚。此外，我国有关道路交通事故处理的法律文件也有相应的关于公安交通管理机关调解交通事故损失赔偿的规定。法律、法规授予公安机关调解的职权，有利于及时、妥善解决纠纷，促进当事人之间的谅解。

4. 婚姻登记机关的调解。我国《婚姻法》规定，男女一方要求离婚的，可由有关部门进行调解或直接向人民法院提出离婚诉讼；男女双方自愿离婚的，应同时到婚姻登记机关申请。调解是离婚之前的必经步骤，婚姻登记机关在办理离婚手续时具有主持调解的职权和职责。

5. 知识产权管理机关的调解。这主要包括著作权纠纷的行政调解、专利权纠纷的行政调解和商标权纠纷的行政调解等。如我国《著作权法》第 55 条规定："著作权纠纷可以调解……"无论是著作权侵权纠纷，还是著作权合同纠纷，当事人均可以通过调解解决。在调解过程中，著作权行政管理部门和其他部门通过说服教育，促使当事人双方自愿达成调解协议。再如我国《专利法》第 60 条规定："未经专利权人许可，实施其专利，即侵犯其专利权，引起纠纷的……也可以请求管理专利工作的部门处理……进行处理的管理专利工作的部门应当事人的请求，可以就侵犯专利权的赔偿数额进行调解……"

此外，还有上述行政仲裁中提到的在对劳动争议、对农村土地承包经营纠纷的解决中，也可以适用行政调解。

四、行政调解的基本原则

行政调解的基本原则是指从行政调解的法律法规和行政调解的实践中总结出来的、对行政调解工作具有普遍指导意义的行为准则。它贯穿于行政调解活动的全过程，体现了行政调解工作的指导思想，表明了行政调解的性质和特点，是做好行政调解工作不可少的规则。根据有关法律法规和行政调解的经验总结，行政调解的基本原则有：

1. 平等原则。它是指在行政调解中，双方当事人地位完全平等，不存在高低贵贱之分，都有自愿、充分、真实地表达自己的理由和意见的权利。负责调解的行政管理部门，必须坚持公正的立场，以平等的态度对待双方当事人，不能厚此薄彼，不得偏袒某一方。平等原则的另一方面是指当事人双方与调解人地位平等，不存在命令与服从、主动与被动的单向隶属关系。

2. 合理原则。它是指行政机关在调解中，要从实际出发，实事求是地对待发生的纠纷，要考虑相关的因素，将行政调解建立在正当考虑的基础上。行政调解的内容应合乎情理，使享有权利的人得到应有的保护，负有义务的人承担应负的责任。

3. 自愿原则。它是指在进行行政调解时，要尊重双方当事人的意愿，如果当事人不愿经过调解，或者经过调解达不成协议，或者达成协议后又反悔的，一方或双方当事人都有权向人民法院起诉。这是法律赋予每个公民的诉讼权利。

4. 合法原则。①行政调解必须在法律规定的范围内进行。对法律规定不适用调解的，不得实施行政调解。②要依法调解。负责调解的部门要充分运用有关法律、法规，在查明事实、分清是非、明确责任的基础上，说服当事人互谅互让，依照法律、法规的规定，让双方当事人自愿达成协议解决争端，不能充当"和事佬"，不能无原则地"和稀泥"。③调解书的内容要符合法律规定。调解成功后，应制作调解书，调解书的内容不能违背法律法规的规定。

5. 效益原则。效益原则是指行政调解既要讲求调解的效率，又要注重调解的实效，二者必须兼顾，不可偏废。

五、行政调解程序

1. 申请。一般情况下，行政调解需要由争议当事人一方或双方向特定的行政机关提出，可以书面申请，也可以口头申请。但有时纠纷发生时，在当事人未表示异议的情况下，行政机关也可主动介入调解，如治安管理处罚中的调解，就属于公安机关主动介入的情形。

2. 受理。行政机关的调解，都是根据法律法规的规定进行的，为此，所有行政机关的调解，都必须是在有明确法律法规规定的前提下，在自身履行行政管理职责过程中进行。比如，基层人民政府的调解，是根据我国《土地管理法》与有关社会治安综合治理的规定等进行的；公安机关的调解，是根据《治安管理处罚法》等规定进行的；婚姻登记机关的调解，是根据《婚姻法》等规定进行的。

3. 调查取证。在调解之前，行政机关必须以事实为依据，在进行调查取证工作的基础上才能进行调解。因此，受理纠纷后，行政机关必须与争议的双方当事人接触，向他们询问纠纷的事实和情节，了解双方调解要求和理由，以断定是否存在调解的基础；根据需要可以向有关单位和人员调查核实，收集证据并对证据进行审查；对于争执标的属于房屋、宅基、水利设施、山林等的纠纷，还要到现场进行实地调查。

4. 调解。调解纠纷，应当依据法律、法规、规章、政策，在查明事实、分清责任的基础上，根据当事人的特点和纠纷的性质、难易程度、发展变化情况，采取灵活多样的调解方式和方法。在认真倾听当事人的意见、弄清案情的基础上，促成当事人达成调解协议。

5. 制作调解协议书。调解达成协议的，应当制作调解书，其内容一般包括：申请人的请求、查证事实、适用的法律条文和协议内容等。调解书由当事人双方签字。经调解未达成协议的，应告知当事人可以就双方的争议依法向人民法院提起诉讼或寻求其他救济途径。

6. 送达调解书。协议书制作完成后，行政机关应送达给双方当事人，当事人双方应当自觉履行。调解达成协议后又反悔的，不再调解，当事人可向人民法院起诉。

六、行政调解与行政救济

《行政复议法》第 8 条第 2 款规定："不服行政机关对民事纠纷作出的调解或者其他处理，依法申请仲裁或者向人民法院提起诉讼。"《最高人民法院关于适用〈中华人民共和国行政诉讼法〉的解释》（以下简称《行诉解释》）第 1 条第 2 款第 2 项也明确规定，调解行为不属行政诉讼的受案范围。由此，当事人对行政调解不服的，不适用行政复议和行政诉讼。原因在于，行政调解虽然属于行政组织的一种行政管理行为，但不属于具体行政行为，不在行政复议和行政诉讼的受案范围之内。

第三节　行政信访

一、行政信访的概念与特征

行政信访是指公民、法人或者其他组织采用书信、电子邮件、传真、电话、走访等形式，向各级人民政府、县级以上人民政府工作部门反映情况，提出建议、意见或者投诉请求，依法由有关行政机关处理的活动。其中，反映情况，提出建议、意见或者投诉请求的公民、法人或其他组织，称为信访人。

行政信访具有以下特征：

1. 行政性。行政性表现在以下两个方面：①处理信访工作的机关是各级人民政府及其工作机构，这与向人民代表大会常务委员会、人民法院、人民检察院信访部门反映问题有所区别；②反映的问题是政府部门受理范围的事项，即属于对人民政府颁布的规章和发布的决定、命令的意见和建议，对人民政府及其所属工作部门的建议、批评和意见，对人民政府及其所属工作部门的工作人员的违法失职行为的申诉、控告或者检举等。

2. 群众性。群众性是指信访工作必须面向群众、联系群众，工作的对象主要是人民群众，具体表现为：信访机构代表政府联系群众，了解群众生活情况、思想动态；通过对话和书信形式向群众宣传国家政策、法律，做好群众的思想政治工作；落实国家政策、法律，为群众排忧解难；倾听群众的呼声，采纳群众的意见。

3. 广泛性。广泛性表现在两个方面：①来信来访人员的分布广，各省、市、自治区，各地、市、县、乡、村及其他各个基层单位的群众，都有可能来信来访；②来信来访的内容广泛，不仅涉及政治、经济、文化、教育和社会上其他重大问题，而且包括人民群众日常生活中遇到的许多细小事情，国外有关人士的来信来访有的还涉及外事和国际问题。

4. 民主性。民主性强调的是：我国是人民群众当家做主的国家，人民群众通过信访反映各种意见和要求，是当家做主的具体体现。政府支持人民群众的这种信访活动，把它当作人民群众参与管理国家事务的民主行动。

下图是某地方政府接待群众信访的简约流程图：

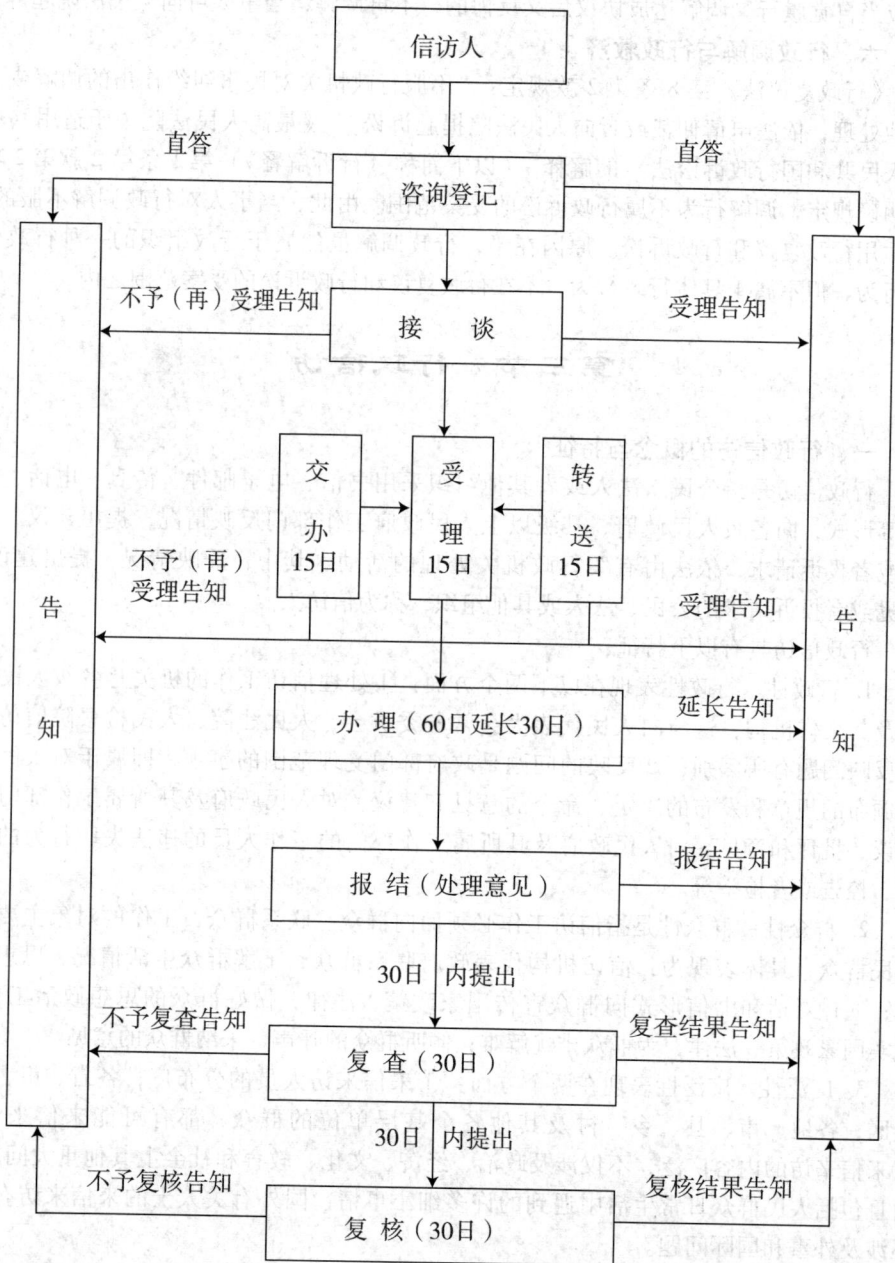

```
                    ┌──────────────┐
                    │    信访人     │
                    └──────┬───────┘
                           │
  直答                     ▼                    直答
  ◄────────────┬──────────────────┬────────────►
               │    咨询登记       │
               └────────┬─────────┘
                        │
不予（再）受理告知       ▼              受理告知
◄──────────┬──────────────────┬──────────►
           │    接　谈        │
           └────────┬─────────┘
                    │
          ┌─────┐   ▼    ┌─────┐
          │交办 │→│受理│←│转送 │
          │15日 │ │15日│ │15日 │
          └──┬──┘ └─┬──┘ └──┬──┘
不予（再）    │      │      │        受理告知
受理告知  ◄───┴──────┴──────┴───────►
                     │
                     ▼              延长告知
          ┌──────────────────┐ ───────────►
          │ 办理（60日延长30日）│
          └────────┬─────────┘
                   │
                   ▼              报结告知
          ┌──────────────────┐ ───────────►
          │ 报结（处理意见）   │
          └────────┬─────────┘
              30日 │ 内提出
不予复查告知        ▼              复查结果告知
◄──────────┬──────────────────┬──────────►
           │   复查（30日）    │
           └────────┬─────────┘
              30日 │ 内提出
不予复核告知        ▼              复核结果告知
◄──────────┬──────────────────┬──────────►
           │   复核（30日）    │
           └──────────────────┘
```

左侧纵栏：告　知　　右侧纵栏：告　知

二、行政信访的功能

1. 政治参与功能。行政信访制度的存在为广大人民参与国家民主政治生活提供了一条方便的途径。

2. 行政沟通功能。行政信访为社会各个阶层，尤其是弱势群体提供了一条比较公平的利益表达渠道，加强了人民与国家之间的沟通。

3. 信息搜集功能。行政信访作为一种平民的、温和的方式使几乎所有的公民都可以较直接地向国家反映几乎所有的社会问题和政治问题，可以对国家的政策和决策作出评价和建议，可以对国家机构及其官员作出批评、投诉和控告，也可以向国家提出解决个人困难的请求。这种灵活而广泛的形式使国家可以在第一时间掌握国家内部的各种情况和问题，有助于国家更合理、更有效地进行管理。

4. 纠纷解决功能。行政信访作为本土性的纠纷解决机制为诉讼纠纷解决机制提供了有效的补充。

5. 行政救济功能。目前，行政信访在大多数情况下是人民群众遇到不公正的待遇时最常寻求救济的一种手段，因此，具有极强的维权性。信访制度正是作为一种司法救济程序的补充制度，通过一种非常规的方式来解决纠纷并实现公民的权利救济，为公民提供了一种在司法系统外进行权利救济的途径，是行政救济机制的一个重要的组成部分。

6. 公民监督功能。行政信访是个体权利对公共权力的制约，是公民监督行政权、司法权的有效途径，是人民群众对党和政府及其工作人员实行自发的、直接的、公开有效的民主监督的重要形式之一。

三、行政信访的法制化

党的十八届四中全会《决定》明确指出，要"把信访纳入法治化轨道，保障合理合法诉求依照法律规定和程序就能得到合理合法的结果"。信访是人民群众依法行使民主权利、管理国家事务、管理经济和文化事业、管理社会事务和维护自身合法权益的重要形式，是国家机关发扬社会主义民主，听取人民群众意见、建议和要求，接受人民群众监督的重要渠道。国务院历来高度重视行政信访工作的法制化、规范化建设。国务院1995年10月28日颁布的《信访条例》，第一次将信访工作纳入规范化的轨道。但是，随着改革不断深化、经济社会加速转型以及社会利益格局的调整，群众信访出现了许多新情况、新问题。在认真总结1995年《信访条例》实施以来的经验、教训和所遇到的问题的基础上，2005年1月10日国务院通过第431号令国务院令公布了新的《信访条例》（以下简称新条例），该条例于2005年5月1日起施行。《信访条例》的修订，按照以人为本、构建和谐社会和加强民主法制建设的要求，在几个方面作了完善：①畅通了信访渠道，以更好地密切政府与人民群众的联系。②创新了信访机制，以提高处理信访事项的效率和效果。③强化了工作责任，促进问题的解决。④加强了对信访人权利的保护，强调"不得压制、打击报复和迫害信访人"，同时还为信访人增加了四项新的权利。⑤明确了信访工作标本兼治的思路，使信访工作既有效保护人民群众的合法权益，又有利于建立良好信访秩序，确保社会稳定。

四、行政信访的工作原则

根据新条例，信访工作应当遵循下列原则：

1. 方便信访人原则。本原则表现在两个方面：①畅通信访渠道，方便信访群众在当地提出信访事项。为此，要求各级人民政府、县级以上人民政府工作部门要向社会公布信访工作机构的通信地址、电子信箱、投诉电话、信访接待的时间和地点等相关事项，建立行政机关负责人信访接待日制度，改善接待场所的环境和条件，方便信访人反映问题等。②为信访人在当地查询信访事项办理情况提供便利。新条例规定：国家信访工作机构要充分利用现有政务信息网络资源，建立全国信访信息系统，信访人在当地就可查询信访事项办理情况；县级以上各级人民政府的信访工作机构或者有关工作部门应当及时将信访人的投诉请求输入信访信息系统，信访人可以持行政机关出具的投诉请求受理凭证到当地人民政府的信访工作机构或者有关工作部门的接待场所查询其所提出的投诉请求的办理情况。

2. 依照国家法律和政策办事原则。对人民来信来访反映的各类问题，都必须纳入国家法律和政策所许可的范围之内，坚持用法律去衡量其是否合理，用法律、政策去作出处理的结论，做到每查处一起信访案件，都使之符合国家法律和政策，绝不能凭感情办事、凭想当然办事，更不能另立章法、自行其是。

3. 实事求是，重证据、重调查研究原则。在解决问题时，要在调查研究的基础上，对来信来访分别作出合情合理的处理和答复。对合理的要求，凡是能够解决的，要认真加以解决；暂时不能解决的，要耐心说明情况，解释清楚；对合理的建议和批评，要热情欢迎，虚心采纳；对检举揭发违法乱纪和不正之风的，在认真查处有关问题的同时，要注意给来信来访的群众以支持和保护；对诬告他人或企图借来信来访进行不法活动的，要配合有关部门，查明事实，严肃处理。

4. 属地管理、分级负责、谁主管、谁负责原则。就是按照来信来访反映问题的性质和来信来访人所在单位的隶属关系及所在的地域，把信访问题分别转交有关部门、单位去办理，属于哪一地、哪一级、哪一个单位职权范围内的问题，就由哪一地、哪一级、哪一个单位去解决，做到层层负责，件件落实。如此有以下好处：①可以充分调动起各地、各级、各方面的积极性，使人民来信来访做到件件有着落，有利于问题的恰当解决。②可以使政府不至于陷入大量的人民来信来访之中，从而能够集中更多的精力抓重要的、全局性的问题。③可以使信访工作建立起科学的、系统的工作秩序，不断提高到新水平。当然，属地管理、分级负责、谁主管、谁负责，并不是说各自为政，互不往来。各地及有关部门、单位仍要加强互相联系，互通情况，防止一案"多信多访"造成处理口径不一的矛盾，以致增加解决问题的难度。

5. 解决实际问题与思想疏导、政策宣传、法制教育相结合原则。信访工作人员在解决实际问题的同时，要坚持以国家法律与政策为指导，把思想工作渗透到信访工作的各个方面，贯穿于处理信访案件的全过程，做到既办案，又"交心"，才能从思想深处解决好人民来信来访的各种问题。对于少数提出超出政策或法律规定的来访者，要坚持原则，大力宣传国家法律和政策，提高他们的政策水平和法制观念，启发他们自觉接受政策和法律的约束。

6. 及时办理，把问题解决在当地或者基层原则。为了提高处理信访事项的效率，新条例规定，设区的市、县两级人民政府可以根据信访工作的实际需要，建立政府主导、社会参与、有利于迅速解决纠纷的工作机制；信访机构还应当组织相关社会团体、法律援助机构、相关专业人员、社会志愿者等共同参与，运用咨询、教育、协商、调解、听证等方法，依法、及时、合理处理信访人的投诉请求，把信访问题解决在基层，解决在本单位、解决在本部门、解决在萌芽状态。

五、行政信访工作机构及其工作人员

（一）信访工作机构

各级行政机关的信访工作机构是代表本机关受理信访的工作部门。国务院设立国家信访局；县级以上人民政府应当设立信访工作机构。县级以上地方各级国家机关应当将信访工作经费列入经费预算，通过本级财政预算予以保障。

县级以上人民政府信访工作机构是本级人民政府负责信访工作的行政机构，履行下列职责：①受理、交办、转送信访人提出的信访事项；②承办上级和本级人民政府交由处理的信访事项；③协调处理重要信访事项；④督促检查信访事项的处理；⑤研究、分析信访情况，开展调查研究，及时向本级人民政府提出完善政策和改进工作的建议；⑥对本级人民政府其他工作部门和下级人民政府信访工作机构的信访工作进行指导。

（二）信访工作人员

信访工作是一项政策性、业务性、综合性很强的工作，县级以上人民政府工作部门及乡、镇人民政府应当按照有利工作、方便信访人的原则，选派责任心强，了解有关法律、法规、规章和政策，有群众工作经验的人员具体负责信访工作。各级国家机关应当加强对信访工作人员的培训，提高信访工作人员的素质和工作水平，并为信访工作人员提供必备的工作场所和工作条件。信访工作人员在信访工作中，应当遵守下列规定：①文明接待，尊重信访人的人格，不得刁难和歧视信访人；②按照信访工作的处理程序，及时依法公正地处理信访事项，不得置之不理、敷衍塞责、推诿拖延；③坚持原则，秉公办事，严禁利用职务之便徇私舞弊，不得接受信访人请客送礼，不得收受贿赂；④遵守保密制度，不得泄露工作秘密，不得扩散信访人要求保密的内容，不得将检举、揭发、控告材料及有关情况透露或者转送给被检举、揭发、控告的人员和单位；⑤对信访人关于相关信访事项办理结果的查询，除涉及国家秘密、商业秘密、个人隐私的事项外，应当如实答复，不得拒绝；⑥妥善保管信访材料，不得丢失、隐匿或者擅自销毁。

六、信访人的权利和义务

（一）信访人的权利

信访人的权利，可以从我国宪法规定中找到根本法的依据。我国《宪法》第41条规定："中华人民共和国公民对于任何国家机关和国家工作人员，有提出批评和建议的权利；对于任何国家机关和国家工作人员的违法失职行为，有向有关国家机关提出申诉、控告或者检举的权利，但是不得捏造或者歪曲事实进行诬告陷害。对于公民的申诉、控告或者检举，有关国家机关必须查清事实，负责处理。任何人不得压制和打击报复。由于国家机关和国家工作人员侵犯公民权利而受到损失的人，有依照法律规定取得赔偿的权利。"信访中涉及的批评权、建议权、检举权、控告权、申诉权以及要求国家赔偿权，实际上是公民的宪法权利在行政信访中的体现。

信访人有权向国家机关提出下列信访事项：①对国家机关及其工作人员提出批评、意见和建议；②对国家机关及其工作人员的违法失职行为提出控告或者检举；③对侵害自身合法权益的行为提出控告或者申诉；④对损害国家、社会、集体利益的行为提出控告或者检举；⑤其他需要反映的情况、问题和要求。

信访人在信访过程中，享有下列权利：①了解信访工作制度和信访事项的处理程序；②要求信访工作人员提供与其有关的信访事项的法律政策咨询服务；③对与信访事项有直接利害关系的信访工作人员提出回避申请；④向受理和办理机关查询与其有关的信访事项的处理情况及结果，并得到答复；⑤依法提出复查、复核或者举行听证的申请。

（二）信访人的义务

1. 遵守法律、法规，不得损害国家、社会、集体利益和其他公民的合法权益。公民的建议权和申诉权受法律保护，但公民在行使自己权利的同时，有遵守法律法规的义务，不得对国家、社会、集体的利益和其他公民的合法权利造成损害。

2. 如实反映情况，不得捏造、歪曲事实，不得诬告、陷害他人。信访人提出的信访事项，应当客观真实，并对其所提供材料内容的真实性负责。信访人捏造歪曲事实、诬告陷害他人，构成犯罪的，依法追究刑事责任；尚不构成犯罪的，由公安机关依法给予治安管理处罚。

3. 依照法律、法规规定的方式和程序进行信访活动，遵守信访秩序。建立并维护正常的信访秩序，是畅通信访渠道、保障信访群众合法权益的必然要求。信访人在信访过程中应当自觉维护社会公共秩序和信访秩序。对围堵、冲击国家机关，拦截公务车辆、堵塞、阻断交通，携带危险物品或者管制器具，侮辱、殴打、威胁国家机关工作人员，煽动、串联、胁迫、以财物诱使、幕后操纵他人信访或者以信访为名借机敛财等六类行为，新条例作了禁止性规定，并与刑法等法律作了衔接，规定由公安机关依法采取必要的现场处置措施，给予治安管理处罚，构成犯罪的，依法追究刑事责任。信访人采用走访形式提出信访事项的，应当到有关机关设立或者指定的接待场所提出，违反上述规定的，有关国家机关工作人员应当对信访人进行劝阻、批评或者教育，经劝阻、批评和教育无效的，由公安机关予以警告、训诫或者制止。

七、行政信访事项的提出

行政信访事项的提出，应当遵守相关规定，行政信访部门也要为信访人提出信访创造条件。

（一）提出的信访事项

信访人对下列组织、人员的职务行为反映情况，提出建议、意见，或者不服下列组织、人员的职务行为，可以向有关行政机关提出信访事项：行政机关及其工作人员；法律、法规授权的具有管理公共事务职能的组织及其工作人员；提供公共服务的企业、事业单位及其工作人员；社会团体或者其他企业、事业单位中由国家行政机关任命、派出的人员；村民委员会、居民委员会及其成员。

对各级人民代表大会以及县级以上各级人民代表大会常务委员会、人民法院、人民检察院职权范围内的事项，不属于行政信访事项，信访人应当分别向有关的人民代表大会及其常务委员会、人民法院、人民检察院提出。

（二）信访渠道

畅通信访渠道是保障公民的建议权和申诉权、加强党和政府同人民群众联系、及时了解社情民意并迅速化解社会矛盾的重要措施。为此，新条例主要作了三个方面的规定：①各级人民政府、县级以上人民政府工作部门应当为信访人反映情况，提出建议、意见或者投诉请求提供便利条件。任何组织和个人不得打击报复信访人，违反规定的要承担相应的法律责任。②各级人民政府、县级以上人民政府工作部门应当向社会公布信访工作机构的通信地址、电子信箱、投诉电话、信访接待的时间和地点、查询信访事项处理进展及结果的方式等相关事项。各级人民政府、县级以上人民政府工作部门应当在其信访接待场所或者网站公布与信访工作有关的法律、法规、规章、信访事项的处理程序以及其他为信访人提供便利的相关事项。③设区的市级、县级人民政府及其工作部门，乡、镇人民政府应当建立行政机关负责人信访接待日制度，由行政机关负责人协调处理信访事项。信访人可以在公布的接待日和接待地点向有关行政机关负责人当面反映信访事项。县级以上人民政府及其工作部门负责人或者其指定的人员，可以就信访人反映突出的问题到信访人居住地与信访人面谈沟通。

（三）提出的方式

在实践中，信访的方式有书面信访和走访，信访人提出信访事项，一般提倡采用书信、电子邮件、传真等书面形式。信访人提出投诉请求的，还应当载明信访人的姓名（名称）、住址和请求、事实、理由。对采用口头形式提出的投诉请求，有关机关应当记录信访人的姓名（名称）、住址和请求、事实、理由。

信访人采用走访形式提出信访事项的，应当向依法有权处理的本级或者上一级机关提出，并应当到有关机关设立或者指定的接待场所提出。信访事项已经受理或者正在办理的，信访人在规定期限内又向受理、办理机关的上级机关再提出同一信访事项的，该上级机关不予受理。

八、行政信访事项的受理

行政信访机关在受理信访人提出的信访事项时，应遵循以下规则：

1. 县级以上人民政府信访工作机构收到信访事项，应当予以登记。对属于本机关法定职权范围的信访事项，应当受理，不得推诿、敷衍、拖延；对不属于本机关职权范围的信访事项，应当告知信访人向有权的机关提出。有关行政机关收到信访事项后，能够当场答复是否受理的，应当场书面答复；不能当场答复的，应当自收到信访事项之日起15日内书面告知信访人，但信访人的姓名（名称）、住址不清的除外。

2. 涉及两个或者两个以上行政机关的信访事项，由最先接到来信、来电、电子邮件、来访的机关牵头办理或由所涉及的行政机关协商受理；对受理有争议的，由其共同的上一级行政机关决定受理机关。

3. 应当对信访事项作出处理的行政机关分立、合并、撤销的，由继续行使其职权的行政机关受理；职责不清的，由本级人民政府或者其指定的机关受理。

4. 对越级上访的，接待单位一般不予直接处理，但应当向上访人指明承办机关或者单位。

5. 对应当通过调解、仲裁、行政复议或者诉讼解决的信访问题，应当告知信访人分别向调解组织、仲裁机构、复议机关或者司法机关提出。

6. 对可能造成社会影响的重大、紧急信访事项和信访信息，有关行政机关应及时报告，并应当在职责范围内依法及时采取措施，防止不良影响的产生、扩大。

九、行政信访事项的处理

对于行政信访事项的处理，应当遵循以下程序：

（一）办理程序

1. 行政机关工作人员与信访事项或者信访人有直接利害关系的，应当回避。信访工作人员的回避，由信访工作机构负责人决定；信访工作机构负责人的回避，由所属地方政府负责人决定。

2. 对信访事项有权处理的行政机关办理信访事项，应当听取信访人陈述事实和理由，必要时可以要求信访人、有关组织和人员说明情况；需要进一步核实有关情况的，可以向其他组织和人员调查。

对重大、复杂、疑难的信访事项，可以举行听证。听证应当公开举行，通过质询、辩论、评议、合议等方式，查明事实、分清责任。

3. 对信访事项有权处理的行政机关经调查核实，应当依照有关法律、法规、规章及其他有关规定，分别作出以下处理，并书面答复信访人：①请求事实清楚，符合法律、法规、规章或者其他有关规定的，应予以支持；②请求事由合理但缺乏法律依据的，应当对信访人做好解释工作；③请求缺乏事实根据或者不符合法律、法规、规章或者其他有关规定的，不予支持。

4. 信访事项应当自受理之日起 60 日内办结；情况复杂的，经本行政机关负责人批准，可以适当延长办理期限，但延长期限不得超过 30 日，并告知信访人延期理由。法律、行政法规另有规定的，从其规定。

5. 定期召开联席会议。联席会议主要履行下列职责：通报重大、复杂、疑难的信访事项；了解重大、复杂、疑难信访事项的办理情况和动态；对重大、复杂、疑难信访事项的处理提出对策、建议；组织协调处理跨部门、跨行业、跨地区的重大、复杂、疑难信访事项；督促检查有关工作部门和地区处理重大、复杂、疑难信访事项各项措施的落实。

（二）听证程序

1. 听证范围。信访人提出的下列信访事项，有权处理的行政机关或者复核机关可以举行听证：在本地区有重大影响的；属于重大群体性上访的；对重大事实认定有较大分歧的；对信访事项的处理结果存在重大分歧的；其他重大、复杂、疑难的信访事项。听证由行政机关决定举行，并承担组织听证的费用。

2. 信访听证参加人员，包括信访人、直接利害关系人、委托代理人、信访事项涉及的行政机关人员、证人、书记员、听证主持人以及其他听证合议组组成人员。听证由正在办理信访事项的行政机关负责人主持，书记员由该机关工作人员担任。

3. 听证应当组成听证合议组。听证合议组由下列人员组成：听证主持人、正在办理信访事项的行政机关的其他工作人员、正在办理信访事项的行政机关的同级人民政府信访工作机构的工作人员。听证合议组成员人数应当是单数，不得少于 3 人。

4. 举行听证。应当遵守下列规定：听证举行前 7 日，行政机关将听证的信访事项、时间、地点通知听证参加人；除涉及国家秘密、商业秘密或者个人隐私外，听证公开举行；信访人和直接利害关系人可以亲自参加听证，也可以委托代理人参加听证；信访人和直接利害关系人及其委托代理人不参加听证的，不影响听证的进行；听证的事项涉及多个信访人提出的共同信访事项的，行政机关告知信访人推选代表；听证应当制作笔录，笔录应当交听证参加人审核无误后签字或者盖章。

5. 听证步骤。听证按照以下步骤进行：①听证开始前，书记员应当核对听证合议组成人员以外的听证参加人的身份，宣读听证纪律，告知听证参加人的权利、义务；②听证开始后，主持人介绍听证合议组成员，宣布听证的信访事项；③信访人、直接利害关系人或者其代理人陈述事实和理由、出示证据；④对信访事项涉及的行政机关工作人员陈述意见，出示证据，并说明相关法律依据；⑤经主持人同意，信访人和直接利害关系人及其委托代理人可以就分歧意见与信访事项涉及的行政机关及其工作人员进行辩论；⑥听证合议组评议、合议。评议、合议的结果应当作为行政机关作出处理意见的重要依据。

（三）复查程序

信访人对行政机关作出的信访事项处理意见不服的，可以自收到书面答复之日起 30 日内请求原办理行政机关的上一级行政机关复查。收到复查请求的行政机关应当自收到复查请求之日起 30 日内提出复查意见，并予以书面答复。

复查机关认定信访事项处理正确的，应当向信访人作出说明，信访人应当遵守、执行。复查机关发现下级行政机关对信访事项的处理确有错误的，可以责令其重新处理，也可以依法直接作出处理，并将处理决定回复信访人。

（四）复核程序

信访人对复查意见不服的，可以自收到书面答复之日起 30 日内向复查机关的上一级行政机关请求复核。收到复核请求的行政机关应当自收到复核请求之日起 30 日内提出复核意见，书面告知信访人，并抄送原复查机关和办理机关。

复核机关可以按照有关规定举行听证，经过听证的复核意见可以依法向社会公示。听证所需时间不计算在上述规定的期限内。

信访人对复核意见不服，仍然以同一事实和理由提出投诉请求的，各级人民政府信访工作机构和其他行政机关不再受理。

（五）督办程序

县级以上人民政府信访工作机构发现有关行政机关有下列情形之一的，应当及时督办，并提出改进建议：①无正当理由未按规定的办理期限办结信访事项的；②未按规定反馈信访事项办理结果的；③未按规定程序办理信访事项的；④办理信访事项推诿、敷衍、拖延的；⑤不执行信访处理意见的；⑥其他需要督办的情形。

收到改进建议的行政机关应当在 30 日内书面反馈情况；未采纳改进建议的，应当说明理由。

十、法律责任

为了推进各级行政机关依法行政，从源头上减少因侵害群众利益引发的信访事项，着力解决群众反映的问题，新条例从以下几个方面明确了信访工作的法律责任：

1. 明确了因违法行政行为侵害信访人合法权益导致信访事项发生的责任人的责任。新条例规定，因行政机关超越或者滥用职权，应当作为而不作为，适用法律、法规错误或者违反法定程序，侵害信访人合法权益，或者拒不执行有权处理的行政机关作出的支持信访请求意见，侵害信访人合法权益，造成严重后果的，对直接负责的主管人员和其他直接责任人员依法给予行政处分；构成犯罪的，依法追究刑事责任。

2. 建立了各级人民政府及其工作人员的信访工作责任制。对信访工作中的失职、渎职行为，严格依照有关法律、行政法规和新条例的规定，追究有关责任人员的法律责任，如对将信访人的检举、揭发材料或者有关情况透露、转给被检举、揭发的人员或者单位的，依法给予行政处分；对在处理信访事项过程中，作风粗暴，激化矛盾并造成严重后果的，依法给予行政处分；对可能造成社会影响的重大、紧急信访事项和信访信息，隐瞒、谎报、缓报，或者授意他人隐瞒、谎报、缓报，造成严重后果的，对直接负责的主管人员和其他直接责任人员依法给予行政处分；构成犯罪的，依法追究刑事责任。

各级人民政府应当将信访工作绩效纳入公务员考核体系。

3. 明确了政府信访工作机构直接转送、督办信访事项的责任。新条例规定，县级以上人民政府信访工作机构发现有关行政机关办理信访事项有违反条例规定的，应当及时督办，并提出改进建议，收到改进建议的行政机关应当及时反馈、说明理由。未按规定登记、转送、交办，或者应当履行督办职责而未履行的，由其上级行政机关责令改正；造成严重后果的，对直接负责的主管人员和其他直接责任人员依法给予行政处分。

4. 强化了对信访事项有权处理的行政机关的责任。新条例规定，行政机关及其工作人员办理信访事项，应当恪尽职守、秉公办事、及时妥善处理，不得推诿、敷衍、拖延。违反规定的，由其上级行政机关责令改正；造成严重后果的，对直接负责的主管人员和其他直接责任人员依法给予行政处分。

5. 明确了打击报复的法律后果。规定打击报复信访人，构成犯罪的，依法追究刑事责任；尚不构成犯罪的，依法给予行政处分或者纪律处分。

■思考题

1. 简述行政仲裁的概念与特征。
2. 简述行政调解的概念与特征。
3. 试述行政调解与人民调解、司法调解的区别。
4. 简述行政调解的程序。
5. 简述行政信访的概念与特征。
6. 简述行政信访人的权利和义务。

■推荐书目

1. 赵威：《信访学》，辽宁大学出版社 2010 年版。
2. 李秋学：《中国信访史论》，中国社会科学出版社 2009 年版。
3. 王浦劬等：《以治理的民主实现社会民生：对于行政信访的再审视》，北京大学出版社 2012 年版。
4. 何鸣主编：《人民法院调解理论与实务》，人民法院出版社 2002 年版。
5. 李刚主编：《人民调解概论》，中国检察出版社 2004 年版。
6. 洪冬英：《当代中国调解制度变迁研究》，上海人民出版社 2011 年版。
7. 陆春萍：《转型期人民调解机制社会化运作》，中国社会科学出版社 2010 年版。
8. 李政等编著：《仲裁法学》，中国政法大学出版社 2009 年版。
9. 单德申等编著：《如何进行劳动仲裁》，百家出版社 2008 年版。

第十八章 监督行政

第一节　监督行政概述

一、监督行政的概念和特征

（一）监督行政的概念

　　监督行政，即对行政的监督，是指一切国家机关、社会团体、群众组织、民主党派、公民等对行政机关的行政管理活动及其工作人员遵守法律、执行法律的情况进行监督的活动。现代民主与法制要求，有权力就应当有监督。任何权力如果脱离了监督，就必然会导致专制。行政权是国家权力的核心，要做到行政权正当、有序地运作，实现依法行政，加强对行政权的监督控制是必不可少的环节。

　　1. 行政权作用的领域极为广泛，现代社会生活中的方方面面都涉及行政权，都离不开政府职能。由于行政权作用的广泛性，行政权对私人权利构成侵害的可能性大大增加，加强对行政权的监督控制就成为必然。

　　2. 现代行政权正在向传统的非行政权领域扩张和膨胀。一般认为，行政权主要是执行法律、对社会事务进行组织管理，但由于委任立法（行政立法）的出现和广泛运用，使得行政权向立法权作用的领域扩张，又由于行政裁判职能的出现，使得行政机关可以裁决一些与行政管理密切相关的民事争议，行政权又向司法权扩张。当然，这种扩张与膨胀，是现代行政管理所必需的，行政机关应当获得更多的权力以适应日益复杂的现代行政管理的需要，但是，如何在允许行政权扩张的同时，加强对其监督控制，这是现代行政法的一个重大课题。

　　3. 行政权作用的方式是主动的、直接的，最易造成对被管理者的侵害。司法权作用的原则是"不告不理"，即只有在人们向司法机关提起诉讼的情况下，司法权才会按照程序运作，因而司法权是被动的；与行政权相比，立法权是为形成、改变社会关系主体的权利义务提供根据的，其对人们的权利义务的影响是间接的，即必须通过行政机关的行为和活动才能发生实际的影响。由于行政权的作用是主动的、直接的，因而就更有必要加强对它的监督控制。

行政权规范性、主动性的特点，决定了要实现依法治国，就必须把实现依法行政作为重点，而要实现依法行政，一方面要依靠行政机关的自我约束，另一方面，更重要的是要通过各种途径和方法，加强对行政权的监督与控制。如何建立一套完整的、行之有效的对行政权进行监督的制度，是行政法的一项重要内容，甚至有人认为行政法就是关于监督行政的法。

（二）监督行政的特征

1. 监督行政是其他社会主体对行政机关及其工作人员的监督。具体而言，监督主体包括了国家机关、社会团体、民主党派、群众组织、公民等，而监督的对象是行政机关及其工作人员。这一特征，将监督行政与行政监督区别开来，行政监督是指行政机关对被管理者的监督，监督者是行政机关，被监督者则是相对人。

2. 监督行政的内容是监督行政机关及其工作人员遵守法律、执行法律的情况。行政机关担负着执行法律、对社会事务进行组织管理的职能。因此，监督行政需注意以下两点：①行政机关是否充分履行了其职能，直接关系到社会秩序是否正常有序、能否健康发展；②行政机关只能在法定的权限内按照法定程序和手段履行职能，否则将会导致对被管理者合法权益的侵害。监督行政就是通过各种途径和方法督促行政机关履行法定职责，严格依法实施管理，对违法的行为及时予以纠正。在这方面监督行政与行政监督也有显著的区别，行政监督的内容是监督行政管理的相对人是否遵守法律或行政机关的决定、命令，保证法律或行政机关依法科处的义务得到充分的遵守或履行。

3. 监督行政是一种监督主体、监督方法都极为复杂的监督制度。从监督主体上看，既有除行政机关以外的其他国家机关的监督，也有行政机关自身的监督，还有普通公民、群众组织、社会团体和民主党派的监督；从监督方法上看，既有能够直接产生法律后果的监督，也有不能直接产生法律后果的一般监督，既有日常监督，也有专门监督。国家应当通过各种方法，建立体系完备、运转协调的对行政管理的监督制度，保证行政管理活动高效、廉洁、规范，保障行政管理目标的实现。

二、监督行政的种类

1. 以监督行为能否直接产生法律后果为标准，可以将监督行政分为法制监督和一般监督。

（1）法制监督是法定的国家机关通过法定的程序和方法对行政机关的活动实施的监督。这种监督能够直接产生后果，从而导致行政机关的活动无效或者改变。比如，人民法院有权依据《行政诉讼法》的规定，对行政机关的某些行政行为进行司法审查，确认其行为是否合法，并进而对违法的行为予以撤销，消灭其效力，也可以对行政机关履行职责的情况实施审查，对应当履行职责而没有履行职责的行政机关给予监督，判令其在一定期限内履行职责。对行政管理的法制监督是一种最为规范、最为有效的监督，是最基本的监督方式，权力机关、国家监察机关、法律监督机关、司法机关以及行政机关的某些自身监督都属于法制监督。

（2）一般监督是指不能直接产生法律后果的监督。理论上说，一切社会主体包括公民个人都有权对行政机关的行政管理活动实施监督，但有些监督不直接产生法律后果，只有当监督意见或建议被有权机关采纳以后才产生后果，从而导致行政管理活动的撤销或变更。这种监督的方式往往是舆论监督，即通过对行政机关的管理活动提出批评、建议，或者对违法的行为予以揭露的方法来督促行政机关依法行政。社会团体、民主党派、群众组织以及公民的监督都属于一般监督。一般监督不直接产生法律后果，并不是说一般监督不重要，或可有可无。事实上，一般监督是监督行政制度中十分重要而又行之有效的一环。比如，舆论监督就是一种效果明显的监督，往往起着其他监督方式不能起到的作用。完善一般监督、充分发挥一般监督的作用，是一个重要的问题。本章将重点阐述法制监督。

2. 以监督主体是来自于行政机关内部还是外部为标准，可以把监督行政分为内部监督和外部监督。

（1）内部监督是指行政机关的内部监督，包括上、下级行政机关的监督和行政机关相互之间的监督。我国行政机关的结构是一种以层级制为基础并与部门制相结合的网络结构。层级制即上下级隶属关系，下级服从上级，上级机关有权对下级机关的行政管理活动进行领导、监督，对下级行政机关的违法行为有权加以撤销，对不当行政行为予以变更。部门制即各级人民政府设立各种职能部门，分别负责各类社会事务的组织管理。各职能部门之间是相互分工、相互配合又相互监督的关系。内部监督的方式有两种：①自上而下的监督，包括工作报告，即下级机关依照有关规定定期或不定期地向上级国家行政机关报告工作，接受上级国家行政机关的领导和监督；工作检查，即上级国家行政机关派遣工作组或有关专门人员，对下级国家行政机关的工作进行全面检查或者专题检查；专案检查，即上级国家行政机关对下级国家行政机关发生的特定违法、违纪案件或者其他专门问题进行调查并作出决定；审查，即上级国家行政机关对下级国家行政机关作出的决定、命令、指示、计划等进行审查，以确定其是否合法有效；行政复议，即上级机关根据公民、法人或其他组织的申请，审查下级机关的行为是否合法或适当并作出决定。②审计监督。审计监督是指由国家行政机关内设的审计机关对财政、财物收支以及经济活动进行的专门监督。审计监督的对象包括本级人民政府及其各部门、下级人民政府等，因此，审计监督也是监督行政的一种方式。审计监督的主要方式是：检查，即检查被审计单位的财政预算、财务计划等，及时制止违反财经纪律的行为，对违反财经纪律的单位作出包括警告、通报批评直至停止财政拨款及罚款的处罚；提请处分，即对违反财经法规的单位的直接责任人员和单位负责人，认为应当给予行政处分的，移送监察机关或者有关部门处理，对构成犯罪的，提请司法机关依法处理。

（2）外部监督是指来自于行政机关系统以外的监督。行政机关是国家机构系统中的一个部分，与其他国家机关的关系是两者分工行使不同的国家权力。国家行政机关在行使国家行政权的同时，要受到其他国家机关的监督。同时，我国行政机关为人民服务的宗旨，也决定着它在履行职能的时候，要接受来自于人民群众以及其他民主党派、社会团体等的监督。这种来自于行政机关以外的监督就是外部监督。由于外部监督来自于行政机关外部，与行政机关没有隶属关系或者其他利害关系，因此，外部监督较为客观、公正，充分发挥外部监督的功能，对于监督行政机关依法行政具有重要意义。

外部监督的制度主要有：①权力机关的监督，即各级人大对各级人民政府的监督。②国家监察机关的监督。2018 年 3 月 20 日，第十三届全国人民代表大会第一次会议通过的《监察法》取代了原《行政监察法》，对我国监察体制做出了重要改革，对过去的行政监督制度产生了深刻影响。根据《监察法》第 3 条的规定："各级监察委员会是行使国家监察职能的专责机关，依照本法对所有行使公权力的公职人员（以下称公职人员）进行监察，调查职务违法和职务犯罪，开展廉政建设和反腐败工作，维护宪法和法律的尊严"。行政机关的工作人员作为行使公权力的公职人员，当然要在各级监察委员会的监察范围内。而根据《监察法》对监察委员会的体制设置，监察委员会均由各级人民代表大会选举产生并向各级人民代表大会及其常委会负责，监察委员会已不是此前隶属于政府的行政监察机关，而是独立的国家机关，因此，国家监察委员会对行政机关工作人员的监督属于外部监督。③检察机关的监督。检察机关是我国的法律监督机关，其职能是对一切国家机关及其工作人员执行法律、遵守法律的情况进行监督，行政机关及其工作人员当然也要受到检察机关的监督。检察机关对行政机关监督的主要方式是：对国家行政机关工作人员的行为是否构成经济犯罪、渎职犯罪和侵犯公民合法权利，通过行使法纪检察权，实施监督；对公安机关的刑事侦查活动是否合法，实施监督；对国家行政机关及其工作人员在行政管理活动中虽已构成违法但不构成犯罪的情况，在指出其违法错误后，转请有关国家机关作出处理。④人民法院的监督，即人民法院通过依法行使审判权进行监督，从而发挥监督作用。这种监督包括对行政机关的具体行政行为行使司法审判权，对违法行为予以撤销，或对部分不当行为予以改变，或督促行政机关依法履行自己的职责，也包括对涉及国家行政机关及其工作人员职务的违法犯罪案件的审理和判决。此外，广泛的社会监督也属于外部监督。社会监督包括社会团体、群众组织、民主党派的监督，也包括广大公民的监督。这种监督的主要方法是：通过舆论工具对行政机关及其工作人员的违反法律的行为予以揭发，提出批评和谴责；通过民主途径对行政管理活动提出建议。在社会监督中，中国人民政治协商会议的监督较能体现我国的特色，尽管政协的各种监督方式不像人大的监督能直接产生法律后果，但监督的形式与人大的监督形式相同。

3. 以监督的方式不同，可以将监督行政分为日常监督与专门监督。

（1）日常监督是指对行政机关及其工作人员经常的、普遍的监督，包括行政机关内部上级对下级机关的监督、行政机关相互之间的监督，也包括其他国家机关对行政机关的监督，还包括社会监督。

（2）专门监督是指按法定程序设立的专门机关所实施的监督，主要包括国家监察委员会的监督、审计机关的监督。专门监督的特点是监督机关为专门从事监督的机关，不履行其他职能，而且往往是对专门的领域实施监督。

第二节　权力机关监督

一、权力机关监督的概念

权力机关的监督是指我国各级人民代表大会及其常务委员会对各级国家行政机关及其工作人员进行的监督。

宪法规定，各级国家行政机关由同级国家权力机关产生，是国家权力机关的执行机关，对它负责，受它监督。这是权力机关对行政机关进行监督的宪法依据。《宪法》《地方组织法》《各级人民代表大会常务委员会监督法》[1]还具体规定了权力机关的监督职权，如对政府工作和政府组成人员进行监督，有权罢免政府组成人员，撤销政府不适当的行政法规、规章、决定和命令。

权力机关对行政的监督是由其性质和法律地位决定的，反映了我国的根本政治制度。权力机关对行政机关实施监督，可以保证政府在法定的范围内活动，保证政府的政治方向和目标与人民的利益相一致，体现我国的国家性质。

另外，由于我国司法机关对行政实施监督的范围较小，程序较严格，而且在监督过程中，受权力分工的限制，有很多的约束，因而法院对行政的监督有很大局限性。可以说，在我国最全面、最权威的监督就是人大的监督，加强人大对行政的监督，完善人大监督的各种具体制度，切实保障人大对行政机关进行监督的效力，是保证行政机关在宪法、法律规定的范围内活动、依法行政的根本途径。

二、权力机关监督的内容

权力机关对行政的监督是最高层次的监督，在对行政实施监督的国家监督体系中居于核心地位，其内容极为广泛，包括以下几点：

（一）政治监督

政治监督是指权力机关对行政机关的行为从宏观上进行监督、审查是否符合国家法律和政策，其形式是权力机关定期听取政府所做的工作报告，并对工作报告进行审议。如果行政活动不符合法律和政策的要求，行政机关就要承担政治责任，比

---

[1]《各级人民代表大会常务委员会监督法》由第十届全国人民代表大会常务委员会第二十三次会议于2006年8月27日通过并公布，自2007年1月1日起施行。

如，罢免政府组成人员、政府组成人员向人民代表大会引咎辞职等。

（二）法律监督

法律监督是权力机关对政府是否依法行政进行的监督，即对政府行为的合法性和合理性进行的监督。法律监督的对象包括政府的具体行政行为和抽象行政行为，如《宪法》第67条第7项规定：全国人民代表大会常务委员会有权撤销国务院制定的同宪法、法律相抵触的行政法规、决定和命令；第104条规定：县级以上的地方各级人大常委会有权撤销本级人民政府的不适当的决定和命令。

应当强调的是，在对行政机关进行监督的制度中，权力机关对行政机关抽象行政行为能进行全面、有力的监督，因此，应当充分发挥这方面的功能，加强权力机关对行政机关抽象行政行为的监督，以弥补其他监督方式在这方面的不足。

（三）工作监督

工作监督是权力机关对政府工作进行评价，审查行政机关及其工作人员是否遵守和执行宪法、法律和法规，是否严格履行各项政府职能，从而对政府的工作是否符合人民利益、是否富有成效进行督促和批评，促使行政机关及其工作人员改进工作中的不足。

三、权力机关监督的方式

根据《宪法》《全国人民代表大会组织法》《地方组织法》《立法法》《各级人民代表大会常务委员会监督法》《全国人民代表大会议事规则》《全国人民代表大会常务委员会议事规则》等的规定，权力机关对行政的监督主要有以下几种方式：

1. 听取和审议政府工作报告。《宪法》规定，全国人民代表大会及其常务委员会监督国务院的工作，地方各级人民代表大会及其常务委员会监督本级人民政府的工作，听取和审议人民政府的工作报告。这是对政府决策及决策实施的结果进行的全面的、宏观的监督，除听取政府的全面工作报告外，听取工作报告还包括听取和审议政府的专题工作报告和有关部门的情况汇报。权力机关审查的结果实际上是对政府的信任投票，权力机关如果认为政府的工作没有达到宪法、法律规定的目标，在审议中可以不予通过。

2. 提出质询和询问。宪法和有关法律规定，全国人民代表大会代表在全国人民代表大会开会期间，全国人民代表大会常务委员会组成人员在常务委员会开会期间，有权依照法律规定的程序提出对国务院或者国务院各部、委的质询案，受质询的机关必须负责答复。地方各级人民代表大会举行会议的时候，代表向本级人民政府和其所属的工作部门提出质询，经过主席团提交受质询的机关，受质询的机关必须在会议中负责答复。全国人民代表大会审议议案的时候，代表可以向有关国家机关提出询问，由有关机关派人在代表小组或者代表团会议上进行说明。质询是对政府工作中存在的问题的批评，而询问一般只是了解情况。

3. 调查、视察、检查政府工作。宪法规定，全国人民代表大会及其常务委员会认为必要的时候，可以组织关于特定问题的调查委员会，进行调查并作出决议。地方组织法也作了类似规定。这是权力机关监督行政的特殊方式。此外，由全国人民代表大会组织执法检查以监督法律、法规的实施，人大代表或人大常务委员会组成人员通过视察了解政府工作，这种监督方式在实践中也是经常使用的，这对于督促行政机关履行职责、严格执行法律具有实际意义。

4. 受理公民的申诉和意见。我国公民享有对政府及其工作人员提出批评、建议、申诉、控告或者检举的权利，各级国家权力机关受理公民的申诉、控告、意见，是实现这一权利的重要组成部分和保证。通过受理来信、来访，权力机关可以及时发现政府违法的规范性文件或决定、侵犯公民权益的违法行政行为以及政府工作人员的违法犯罪行为，从而督促有关部门采取措施予以纠正。这种方法一方面是权力机关联系人民群众，保障人民群众的政治、民主权利的重要方式，也是了解政府工作的实际情况，更好地执行监督行政职能的重要途径。

5. 审查政府的法规、决定和命令。我国法律规定，各级人民代表大会常务委员会有权撤销本级人民政府制定的违法或不适当的行政法规、决定、命令。权力机关既可以主动审查，也可以依公民的请求而审查，这是权力机关对行政的直接而有效的监督手段。

6. 监督政府组成人员。《宪法》和《地方组织法》规定，人民代表大会有权罢免由它选举或决定的政府组成人员。如《宪法》第63条规定，全国人民代表大会有权罢免国务院总理、副总理、国务委员、各部部长、各委员会主任、审计长、秘书长。《地方组织法》还规定，县级以上地方各级人民代表大会常务委员会在本级人民代表大会闭会期间，有权决定撤销政府个别副职领导人员和厅长、局长、委员会主任、科长的职务。行使罢免权和撤职权是权力机关监督政府组成人员的重要手段。

第三节 国家监察委员会的监督

一、国家监察委员会的性质及监督范围

（一）国家监察委员会的性质

根据《监察法》第3条的规定，各级监察委员会是行使国家监察职能的专责机关，依照《监察法》对所有行使公权力的公职人员（以下简称公职人员）进行监察，调查职务违法和职务犯罪，开展廉政建设和反腐败工作，维护宪法和法律的尊严。

《监察法》的颁布施行、国家监察委员会的设置，是我国国家监督制度的重大改革成果。首先，它的设置，实现了对所有行使公权力的公职人员的全面监督，将所有行使公权力的公职人员全部纳入了统一的国家监督体系中，避免了监督对象的遗漏；其次，实现了对所有公职人员按照统一的法律程序和方法进行监督，克服了此前对不同公职人员在监督方面的标准、程序、措施方面的不统一。

《监察法》的颁布施行，对我国监督行政的制度也产生了直接影响。首先，对行政机关公职人员的监督全部实现了外部监督，克服了在行政机关内部设立检察机构

所产生的弊端，有利于更加有效、更加严格地实施监督；其次，对行政机关公职人员的监督在程序、方法和措施上更加明确、规范；最后，对行政公职人员的监督更加全面，实现了从从政从业、道德操守、到依法行政，直至是否构成犯罪的全范围监督。

值得注意的是，按照《监察法》的规定，国家监察机关对行政的监督，主要表现为对行政公职人员的监督，是通过对行政公职人员遵守职业及道德操守、遵守法律法规以及是否构成职务犯罪的调查、认定及处理，发挥监督行政公务人员依法行使职权、履行法定职责的作用。行政主体行使职权、履行职责都必须通过其公职人员进行，对公职人员实现了有效监督，当然也就实现了行政主体依法行使职权、履行法定职责的目的。

（二）国家监察对行政公职人员的监察范围

根据《监察法》第 15 条的规定，结合我国行政权行使主体的实际情况，监察机关对行政的监督范围包括：一是中国共产党机关、人民代表大会及其常务委员会机关、人民政府、监察委员会、人民法院、人民检察院、中国人民政治协商会议各级委员会机关、民主党派机关和工商业联合会机关的公务员，以及参照《公务员法》管理的人员；二是法律、法规授权或者受国家机关依法委托管理公共事务的组织中从事公务的人员；三是国有企业管理人员；四是公办的教育、科研、文化、医疗卫生、体育等单位中从事管理的人员；五是基层群众性自治组织中从事管理的人员；六是其他依法履行公职的人员。

（三）我国国家监察制度的演变

监察制度古已有之。就中国而言，在封建社会就逐步形成了谏官言谏制度和御史监察制度，前者是封建统治集团在近臣侍官中设置的专门进言献纳的官吏，其职能是规谏包括皇帝在内的各级官员的违职、失职并审核诏令等，如秦汉时的谏议大夫、侍中、给事中、光禄大夫；后者是指封建统治者设立的专门纠正行政机关过失的机关，如秦时的御史大夫寺、汉时的御史台等。在近代中国社会，孙中山先生提出"五权宪法"理论，把国家权力分为立法、行政、司法、考试、监察五个方面，并设立相应的国家机关，其中监察院掌理弹劾、纠举、惩戒、审计等重要职权。

中华人民共和国成立后建立的监察制度大致经历了六个阶段：

第一阶段：1950～1954 年。中央人民政府政务院设立人民监察委员会，根据《政务院人民监察委员会试行组织条例》的规定，监察政府机关和公务员履行职责的情况。

第二阶段：1954～1959 年。在国务院设立监察部，根据《监察部组织简章》的规定，监察部为了维护国家法律，贯彻政策、决定、命令，保护国家财产，对国务院各部门、地方各级国家行政机关、国营企业、合作社进行监督。

第三阶段：1959～1982 年。1959 年 4 月 28 日，第二届全国人民代表大会第一次会议根据国务院的提议，撤销了监察部，并规定："今后对于国家行政机关工作人员的监察工作，一律由各有关国家机关负责进行。"这样，自1959年以来，我国便没有了专门的行政监察机构，监察工作由各个行政机关自行负责。事实证明，这样做的结果是削弱了行政监察的作用，行政监察制度形同虚设。

第四阶段：1982～1990年。这一阶段的工作主要围绕恢复和重建专门的监察机构、探索新时期行政监察工作的任务和特点。根据1982年《宪法》的规定，成立了国家审计机关。这样，原属于监察部任务之一的财政经济监察部分，由独立的审计机关承担。1986年第六届全国人民代表大会常务委员会通过决定，成立监察部，新的监察部于1987年6月正式组建。1990年12月9日国务院发布施行《行政监察条例》，对监察机关的性质、任务、权限、监察对象及监察程序等作了较为系统、明确的规定，标志着我国行政监察制度开始纳入法治化轨道。

第五阶段：1990年以后。监察部恢复重建以来，特别是《行政监察条例》发布施行以后，监察部门为新时期的监察工作作了有益的探索，在监督行政机关及其工作人员依法履行职责、促进行政机关廉政建设方面，发挥了重要的作用。但是，随着市场经济的全面展开，行政管理工作面临新的形势，对行政机关及其工作人员实施监督也提出了新的要求。在总结了我国行政监察工作，特别是《行政监察条例》施行以来的经验教训后，根据法治化的要求，第八届全国人民代表大会常务委员会第二十五次会议于1997年5月9日通过了《行政监察法》，重新确立了监察机关的性质、工作原则、职责、权限等，更为准确、有效地确认、调整了监察关系，开创了我国行政监察工作的新阶段。但此时的检察机关仍然被设置于政府内部，属于政府内设的一种对行政机关及其工作人进行监督的专门机关。

第六阶段：2018年《监察法》的颁布施行，开启中国监察制度的新纪元。将对行政机关的公职人员的监督纳入到了国家统一的监察体系中，行政公职人员应当接受独立的国家监察机关的监督，将对行政公职人员的监督全部置于外部专门机关的监督之下，新的监察制度对行政的监督将更为强化并有效。

二、国家监察机关的监督职责及履职方式

（一）监察职责

《监察法》明确规定了监察机关对包括行政公务人员在内的所有公职人员进行监督的职责，包括履行监督、调查、处置的职责。

1. 监督检查的职责，即对公职人员开展廉政教育，对其依法履职、秉公用权、廉洁从政从业以及道德操守情况进行监督检查的职责。

2. 调查的职责，即对涉嫌贪污贿赂、滥用职权、玩忽职守、权力寻租、利益输送、徇私舞弊以及浪费国家资财等职务违法和职务犯罪进行调查的职责。

3. 处置的职责，对违法的公职人员依法作出政务处分决定；对履行职责不力、失职失责的领导人员进行问责；对涉嫌职务犯罪的，将调查结果移送人民检察院依法审查、提起公诉；向监察对象所在单位提出监察建议。

（二）履职方式

根据《监察法》的规定，各级监察委员会可以向本级中国共产党机关、国家机关、法律法规授权或者委托管理公共事务的组织和单位以及所管辖的行政区域、国有企业等派驻或者派出监察机构、监察专员。监察机构、监察专员对派驻或者派出它的监察委员会负责。

派驻或者派出的监察机构、监察专员根据授权，按照管理权限依法对公职人员进行监督，提出监察建议，依法对公职人员进行调查、处置。

三、监察机关的管辖

监察机关的管辖是指监察机关针对不同监察对象履行监察职责的分工，即各级监察机关分别针对哪些监察对象行使监察职权和履行监察职责的制度。

1. 一般管辖。根据《监察法》的规定，中华人民共和国国家监察委员会是最高监察机关；省、自治区、直辖市、自治州、县、自治县、市、市辖区设立监察委员会，而按照《监察法》第16条的规定，各级监察机关按照管理权限管辖本辖区内所涉监察事项，由此可以看出，各级监察委员会分别在所在的行政区划内，对监察对象行使检察权。

《监察法》未对各级监察机关管辖的案件区分级别管辖，因此，各级监察机关对本辖区内所有的监察事项具有管辖权。

2. 提上管辖。上级监察机关可以办理下一级监察机关管辖范围内的监察事项，必要时也可以办理所辖各级监察机关管辖范围内的监察事项。

3. 报上管辖。管辖权监察机关认为所管辖的监察事项重大、复杂，需要由上级监察机关管辖的，可以报请上级监察机关管辖。

4. 交下管辖。上级监察机关可以将其所管辖的监察事项指定下级监察机关管辖。

5. 交叉管辖。上级监察机关可以将下级监察机关有管辖权的监察事项指定给其他监察机关管辖。

6. 管辖权争议。监察机关之间对监察事项的管辖有争议的，由其共同的上级监察机关确定。

四、监察权限

根据《监察法》第18~34条的规定，监察机关的监察权限如下：

1. 了解情况，收集、调取证据。监察机关行使监督、调查职权，有权依法向有关单位和个人了解情况，收集、调取证据。有关单位和个人应当如实提供。监察机关及其工作人员对监督、调查过程中知悉的国家秘密、商业秘密、个人隐私，应当保密。任何单位和个人不得伪造、隐匿或者毁灭证据。

2. 谈话或者要求说明情况。对可能发生职务违法的监察对象，监察机关按照管理权限，可以直接或者委托有关机关、人员进行谈话或者要求说明情况。这种措施可以应用于被调查人以外的人员。

3. 要求陈述或者讯问。在调查过程中，对涉嫌职务违法的被调查人，监察机关可以要求其就涉嫌违法行为作出陈述，必要时向被调查人出具书面通知。对涉嫌贪污贿赂、失职渎职等职务犯罪的被调查人，监察机关可以进行讯问，要求其如实供述涉嫌犯罪的情况。这种措施只能针对被调查人。

4. 留置。被调查人涉嫌贪污贿赂、失职渎职等严重职务违法或者职务犯罪，监察机关已经掌握其部分违法犯罪事实及证据，仍有重要问题需要进一步调查，并有：涉及案情重大、复杂的；可能逃跑、自杀的；可能串供或者伪造、隐匿、毁灭证据的；可能有其他妨碍调查行为的情形之一，经监察机关依法审批，可以将其留置在特定场所。留置场所的设置、管理和监督依照国家有关规定执行。

5. 查询、冻结金融账户。监察机关调查涉嫌贪污贿赂、失职渎职等严重职务违法或者职务犯罪，根据工作需要，可以依照规定查询、冻结涉案单位和个人的存款、汇款、债券、股票、基金份额等财产。有关单位和个人应当配合。冻结的财产经查明与案件无关的，应当在查明后 3 日内解除冻结，予以退还。

6. 搜查。监察机关可以对涉嫌职务犯罪的被调查人以及可能隐藏被调查人或者犯罪证据的人的身体、物品、住处和其他有关地方进行搜查。在搜查时，应当出示搜查证，并有被搜查人或者其家属等见证人在场。搜查女性身体，应当由女性工作人员进行。监察机关进行搜查时，可以根据工作需要提请公安机关配合。公安机关应当依法予以协助。

7. 调取、查封、扣押。监察机关在调查过程中，可以调取、查封、扣押用以证明被调查人涉嫌违法犯罪的财物、文件和电子数据等信息。采取调取、查封、扣押措施，应当收集原物原件，会同持有人或者保管人、见证人，当面逐一拍照、登记、编号，开列清单，由在场人员当场核对、签名，并将清单副本交财物、文件的持有人或者保管人。查封、扣押的财物、文件经查明与案件无关的，应当在查明后 3 日内解除查封、扣押，予以退还。

8. 勘验检查。监察机关在调查过程中，可以直接或者指派、聘请具有专门知识、资格的人员在调查人员主持下进行勘验检查。勘验检查情况应当制作笔录，由参加勘验检查的人员和见证人签名或者盖章。

9. 鉴定。监察机关在调查过程中，对于案件中的专门性问题，可以指派、聘请有专门知识的人进行鉴定。鉴定人进行鉴定后，应当出具鉴定意见，并且签名。

10. 技术调查。监察机关调查涉嫌重大贪污贿赂等职务犯罪，根据需要，经过严格的批准手续，可以采取技术调查措施，按照规定交有关机关执行。这里的技术调查措施，比如通讯监听等。批准决定应当明确采取技术调查措施的种类和适用对象，自签发之日起 3 个月以内有效；对于复杂、疑难案件，期限届满仍有必要继续采取技术调查措施的，经过批准，有效期可以延长，每次不得超过 3 个月。对于不需要继续采取技术调查措施的，应当及时解除。

11. 通缉。依法应当留置的被调查人如果在逃，监察机关可以决定在本行政区域内通缉，由公安机关发布通缉令，追捕归案。通缉范围超出本行政区域的，应当报请有权决定的上级监察机关决定。

12. 限制出境。监察机关为防止被调查人及相关人员逃匿境外，经省级以上监察机关批准，可以对被调查人及相关人员采取限制出境措施，由公安机关依法执行。对于不需要继续采取限制出境措施的，应当及时解除。

五、监察处置形式

监察处置形式是指监察机关对监察事项经过法定程序进行调查后，分别不同情况作出处理的方式。

1. 谈话提醒、批评教育、责令检查或者予以诫勉。

2. 监察处分。即对违法的公职人员依照法定程序作出警告、记过、记大过、降级、撤职、开除等政务处分决定。

3. 直接问责或者建议问责。对不履行或者不正确履行职责负有责任的领导人员，按照管理权限对其直接作出问责决定，或者向有权作出问责决定的机关提出问责建议。

4. 移送公诉。对涉嫌职务犯罪的，监察机关经调查认为犯罪事实清楚，证据确实、充分的，制作起诉意见书，连同案卷材料、证据一并移送人民检察院依法审查、提起公诉。人民检察院经审查，认为需要补充核实的，应当退回监察机关补充调查，必要时可以自行补充侦查。对于补充调查的案件，应当在 1 个月内补充调查完毕。补充调查以 2 次为限。

人民检察院对于有《刑事诉讼法》规定的不起诉的情形的，经上一级人民检察院批准，依法作出不起诉的决定。监察机关认为不起诉的决定有错误的，可以向上一级人民检察院提请复议。

对监察机关移送的案件，人民检察院依法可以对被调查人采取强制措施。

5. 监察建议。对监察对象所在单位廉政建设和履行职责存在的问题等提出监察建议。

6. 撤销案件。监察机关经调查，对没有证据证明被调查人存在违法犯罪行为的，应当撤销案件，并通知被调查人所在单位。

7. 没收、追缴或者责令退赔。监察机关经调查，对违法取得的财物，依法予以没收、追缴或者责令退赔；对涉嫌犯罪取得的财物，应当随案移送人民检察院。

人民检察院经审查，认为犯罪事实已经查清，证据确实、充分，依法应当追究刑事责任的，应当作出起诉决定。

六、对监察决定不服的救济

监察对象对监察机关作出的涉及本人的处理决定不服的，可以在收到处理决定之日起 1 个月内，向作出决定的监察机关申请复审，复审机关应当在 1 个月内作出复审决定；监察对象对复审决定仍不服的，可以在收到复审决定之日起 1 个月内，向上一级监察机关申请复核，复核机关应当在 2 个月内作出复核决定。复审、复核期间，不停止原处理决定的执行。复核机关经审查，认定处理决定有错误的，原处理机关应当及时予以纠正。

第四节　行政复议

一、行政复议的概念、特征及原则

（一）行政复议的概念

行政复议是指公民、法人或其他组织认为行政机关的具体行政行为侵犯其合法权益，依法向法定的行政机关提出申请，由受理机关根据法定程序对具体行政行为的合法性和适当性进行审查并作出相应决定的活动。

我国行政复议制度始于 20 世纪 50 年代初期。1979 年以后，我国有大量法律、法规规定了有关行政复议的条款。1990 年 12 月 24 日国务院专门制定并发布了《行政复议条例》，并于 1991 年 1 月 1 日起施行。这标志着我国完整的行政复议制度得以建立。《行政复议条例》施行 8 年之后，在总结我国行政复议制度实践经验的基础上，1999 年 4 月 29 日第九届全国人民代表大会常务委员会第九次会议通过了《行政复议法》，该法于 1999 年 10 月 1 日起施行。行政复议法以法律的形式确立行政复议制度，强化了其在保护公民、法人和其他组织合法权益，保障和监督行政机关依法行使职权方面的地位和作用，并在内容规定上比原行政复议条例更为全面、科学、合理，从而使我国的行政复议制度得到了进一步的发展和完善。

从行政复议的概念可以把握行政复议制度所包括的以下基本要素：

1. 行政复议由公民等行政相对人提出，提出的理由是认为行政机关的具体行政行为侵犯了其合法权益。如果没有相对人的申请，就不能启动行政复议制度。当然，相对人的申请也应当符合法定的条件和程序。

2. 行政复议由法定具有行政复议职责的行政机关受理。受理复议申请，并按法定程序进行复议的机关都是行政机关。因而，行政复议实际是由行政机关来解决行政争议，并对自身内部是否依法行政实施监督的一种法律制度。

3. 行政复议的目的是对引起争议的具体行政行为的合法性和适当性进行审查，并作出相应的决定，最终解决行政争议。

（二）行政复议的特征

1. 行政复议具有监督行政和对相对人合法权利进行救济的双重属性。①由于行政复议机关可以根据法定程序对行政机关行政行为的合法性进行审查，并对违法或不当的行政行为予以撤销、变更，对行政机关不履行法定职责的还可以责令其限期履行。因此，行政复议对于监督行政主体依法行政的作用和功能是明显的。②通过行政复议可以使违法、不当行政行为丧失效力，使其不再影响相对人的合法权益，从而对相对人的合法权益起到保护作用。③在行政复议中被确认是违法行政行为的，如果其已造成了相对人的实际损害，相对人还可以据此申请国家赔偿。由此表明了行政复议对相对人合法权益的救济性。

2. 行政复议具有准司法性。①行政复议与司法审判活动一样,遵循"不告不理"规则,即如果行政相对人不依法提起行政复议的申请,就不会引起行政复议程序的运行。②行政复议是以解决个案的方式来裁决争议的,不像行政立法行为那样,是就一般情况作出带有普遍意义的处理。③行政复议的目的是解决争议,只不过所解决的争议属于行政争议,这与司法行为的功能是一致的。由于行政复议与司法行为相类似的这些特点,也有人将行政复议称为准司法行为或者行政司法行为。

(三) 行政复议的原则

根据《行政复议法》的规定,行政复议活动应当遵循以下几个主要原则:

1. 合法原则。合法是指复议机关必须严格依据法律、法规进行行政复议活动。具体讲,这一原则主要包括以下内容:

(1) 行政复议机关及其职权应当合法。复议机关必须是依法成立并具有行政复议职权的行政机关,其复议活动必须严格依据法定的复议权限,否则就构成超越职权。

(2) 行政复议的依据应当合法。行政复议机关不仅要以现行有效的实体法作为复议根据,而且必须严格按照行政复议法或有关法律规定的程序和方式实施复议活动。

(3) 行政复议机关及其工作人员在复议活动中有违法行为的,应当严格依法追究其法律责任。

2. 公正、公开原则。公正是指行政复议活动应当公平合理、无偏私。公开是指行政复议的依据、程序、决定等都应当向申请人和社会公开,以保障申请人充分享有和切实行使其复议权利,促使复议机关公正处理行政争议。这一原则主要包括以下要求:

(1) 行政复议机关在程序上必须平等地对待各方当事人,不得偏袒其中一方,特别是不得偏袒作为被申请人的下级行政机关。对不同的申请人,不论其地位、身份有何区别,都应一视同仁,平等对待。在实体结果上,则应当作出公正、合理的复议决定。

(2) 行政复议机关的依据必须是公开的法律文件,不得以内部文件作为复议的依据;复议程序应当公开,如复议机关的取证渠道、方法应当是公开的,复议申请人依法有权查阅与复议有关的案卷材料,社会公众依法有权了解复议的过程和结果;行政复议决定应当送达有关当事人等。

3. 及时、便民的原则。及时指复议机关应当在法定期限内完成复议工作。这一方面是提高行政效率的需要,另一方面也是为了能对违法或不当具体行政行为所带来的后果及时予以补救,以保护行政相对人的合法权益。便民指复议机关应当有效地保障相对人充分行使复议申请权,尽可能地为复议申请人提供各种便利条件,避免其耗费不必要的时间、费用和精力。

4. 对具体行政行为合法性和适当性进行审查的原则。这一原则是指复议机关在复议时，应当对被申请的具体行政行为是否合法和合理进行全面审查。也就是说，复议机关不仅应当审查具体行政行为在权限、依据、内容、程序等方面是否符合法律规定，还要审查被申请人运用裁量权是否客观适度。这一原则与行政诉讼中的合法性审查原则不同。在行政诉讼中，人民法院原则上只审查具体行政行为是否合法，而不审查具体行政行为是否合理。在我国目前所有的对行政的监督方式中，只有行政复议在对具体行政行为的合理性进行监督方面有突出的优势，因此，应当充分发挥行政复议在这方面的功能，有效地、更深层次地对行政机关的行政活动实施法律监督。

二、行政复议的范围

行政复议的范围是指复议机关受理行政争议案件的范围。公民等一方并不是对行政机关的所有行政行为都可以提起行政复议的，而复议机关也并不是对下级行政机关所有的行政行为都可以运用行政复议的方式来实施监督的。法律、法规等对哪些具体行政行为可以复议、哪些不能复议的规定，就是行政复议的范围。

（一）复议机关应当受理的复议案件

根据《行政复议法》第6条的规定，公民、法人和其他组织对下列具体行政行为不服可以依法申请复议，复议机关应当受理：

1. 对行政机关作出的警告、罚款、没收违法所得、没收非法财物、责令停产停业、暂扣或者吊销许可证、暂扣或者吊销执照、行政拘留等行政处罚决定不服的。

2. 对行政机关作出的限制人身自由或者查封、扣押、冻结财产等行政强制措施决定不服的。

3. 对行政机关作出的有关许可证、执照、资质证、资格证等证书变更、中止、撤销的决定不服的。

4. 对行政机关作出的关于确认土地、矿产、水流、森林、山岭、草原、荒地、滩涂、海域等自然资源的所有权或者使用权的决定不服的。

5. 认为行政机关侵犯合法的经营自主权的。

6. 认为行政机关变更或者废止农业承包合同，侵犯其合法权益的。

7. 认为行政机关违法集资、征收财物、摊派费用或者违法要求履行其他义务的。

8. 认为符合法定条件，申请行政机关颁发许可证、执照、资质证、资格证等证书，或者申请行政机关审批、登记有关事项，行政机关没有依法办理的。

9. 申请行政机关履行保护人身权利、财产权利、受教育权利的法定职责，行政机关没有依法履行的。

10. 申请行政机关依法发放抚恤金、社会保险金或者最低生活保障费，行政机关没有依法发放的。

11. 认为行政机关的其他具体行政行为侵犯其合法权益的。

公民、法人或者其他组织在针对上述具体行政行为申请复议时，如果认为这些具体行政行为所依据的有关规定不合法，还有权依法一并向复议机关提出对该规定的审查申请。这些规定是除行政法规、行政规章之外的一部分抽象行政行为。根据《行政复议法》第7条的规定，这些规定具体包括：①国务院部门的规定；②县级以上地方各级人民政府及其工作部门的规定；③乡、镇人民政府的规定。但应当注意的是，公民、法人或其他组织不能单就以上这些抽象行政行为申请行政复议，而只能在对具体行政行为申请复议的同时，对作为具体行政行为依据的这类规定一并提出审查申请。

（二）复议机关不予受理的事项

根据《行政复议法》第8条的规定，下列事项不能申请行政复议：

1. 不服行政机关作出的行政处分或者其他人事处理决定。行政机关作出的行政处分以及考核、任免、升降、辞退、回避、退休等人事处理决定，都是针对行政机关内部公务人员的，公务人员不服应当依法向有关人事、监察部门提出申诉，不通过行政复议制度解决。

2. 不服行政机关对民事纠纷作出的调解或者其他处理。行政机关对民事纠纷的调解及其他处理决定，是行政机关作为第三方对公民、法人或其他组织之间的民事纠纷进行的处理。如果对民事纠纷的各方调解不成，或者他们不服行政机关的处理，则不应以行政机关为被申请人向行政复议机关申请复议，而应依法向有关仲裁机关申请对民事纠纷进行仲裁，或者向人民法院提起民事诉讼。此时，原进行调解或作出处理的行政机关不是行政复议的当事人（被申请人）一方，其原进行的调解或作出的处理也不发生法律效力。

行政复议作为行政机关内部上级对下级的一种监督制度，由于不存在超越不同性质国家权力界限的问题，也不存在受行政管理专门知识、技能以及管理经验等因素制约的问题，所以，应当充分发挥其监督的针对性强、覆盖面大的优点。因此，行政复议的受理范围与行政诉讼等制度相比更为广泛，它能较充分地体现行政复议所具有的独特作用。

三、行政复议的管辖

行政复议的管辖是指复议机关受理行政复议案件的分工和权限。合理地处理复议机关受理案件的权限分工，对于充分发挥行政复议制度的监督功能，提高解决行政争议的效率，及时保护公民、法人或其他组织的合法权益，具有重要意义。确定行政复议管辖，需要考虑如何能最大限度地方便相对人提起行政复议、行政争议的不同性质、现行行政管理的体制等因素。《行政复议法》规定的管辖包括以下几种情况：

（一）行政复议管辖的基本情况

1. 对县级以上地方各级人民政府工作部门的具体行政行为不服申请复议的管辖。根据《行政复议法》第12条的规定，公民、法人或其他组织不服县级以上地方各级人民政府工作部门的具体行政行为，可以向该部门的本级人民政府申请复议，或者向上一级主管部门申请复议。对于复议管辖机关，申请人有选择的权利。但是，对海关、金融、国税、外汇管理等实行垂直领导的行政机关和国家安全机关的具体行政行为不服的，则只能向上一级主管部门申请复议。

2. 对地方各级人民政府的具体行政行为不服申请复议的管辖。公民、法人或其他组织对地方各级人民政府的具体行政行为不服的，应向上一级地方人民政府申请复议，由上一级地方人民政府管辖；对省、自治区人民政府依法设立的派出机关所属的县级地方各级人民政府的具体行政行为不服的，应向该派出机关申请复议，由该派出机关管辖。

3. 对国务院各部门或省、自治区、直辖市人民政府的具体行政行为不服申请复议的管辖。公民、法人或其他组织对国务院各部门或省、自治区、直辖市人民政府的具体行政行为不服的，应分别向作出该具体行政行为的国务院部门或省、自治区、直辖市人民政府申请复议，由原作出具体行政行为的行政机关进行复议。对于这种复议管辖，如申请人对复议决定不服的，可以向人民法院提起行政诉讼，也可以向国务院申请裁决。如果向国务院申请裁决，国务院依法作出的裁决便是最终裁决，对此不能再提起行政诉讼。

（二）行政复议管辖中的几种特殊情况

1. 对两个或两个以上行政机关以共同的名义作出的具体行政行为不服申请复议的，由它们的共同上一级行政机关管辖。

2. 对县级以上地方人民政府依法设立的派出机关的具体行政行为不服申请复议的，由设立该派出机关的人民政府管辖。

3. 对政府工作部门依法设立的派出机构依照法律、法规或规章规定，以自己的名义作出的具体行政行为不服申请复议的，由设立该派出机构的部门或该部门的本级地方人民政府管辖。

4. 对法律、法规授权的组织作出的具体行政行为不服申请复议的，由直接管理该组织的地方人民政府、地方人民政府工作部门或者国务院部门管辖。

5. 对被撤销的行政机关在其被撤销前作出的具体行政行为不服申请复议的，由继续行使其职权的行政机关的上一级行政机关管辖。

另外，《行政复议法》为了充分保障公民等一方行使复议申请权利，还专门规定：对有上述复议管辖情形之一的，申请人可以向具体行政行为发生地的县级地方人民政府提出复议申请，由接受申请的地方人民政府负责在 7 日内转交有关的行政复议机关，并告知申请人。

四、行政复议的审理程序

（一）申请

1. 申请的期限。公民、法人或其他组织不服行政机关的具体行政行为，应当在知道该具体行政行为之日起 60 日内提出复议申请，但法律规定的申请期限超过 60 日的除外。因不可抗力或者其他正当理由耽误期限的，申请期限在障碍消除之日起继续计算。

2. 申请的条件。

（1）申请人是认为具体行政行为侵犯其合法权益的公民、法人或其他组织。申请人是指不服行政机关的具体行政行为，依法向复议机关申请复议的公民、法人或其他组织。有权提起行政复议的申请人通常是行政法律关系中的相对人，当然，如果一行政机关处于另一行政机关的行政相对人地位时，也可以提起行政复议。

有权提起行政复议的公民死亡的，其近亲属可以申请复议。应当注意的是：在这种情况下近亲属是以自己的名义申请复议的。有权申请复议的公民为无民事行为能力人或限制民事行为能力人的，其法定代理人可以代为申请复议。有权申请复议的法人或者其他组织终止的，承受其权利的法人或者其他组织可以申请复议。

（2）有明确的被申请人。被申请人是行政相对人认为它所作具体行政行为侵犯其合法权益的行政机关。申请人在申请复议时，应当提出明确的被申请人。被申请人通常包括以下几种：公民、法人或者其他组织对行政机关的具体行政行为不服申请复议的，该行政机关是被申请人；两个或者两个以上行政机关以共同的名义作出具体行政行为的，共同作出具体行政行为的行政机关是被申请人；法律、法规授权的组织作出具体行政行为的，该组织是被申请人；行政机关委托的组织作出具体行政行为的，委托的行政机关是被申请人；作出具体行政行为的行政机关被撤销的，继续行使其职权的行政机关是被申请人。

（3）有具体的复议请求和事实根据。申请人在申请复议时，应当向复议机关提出明确的请求。根据《行政复议法》的有关规定，申请人在申请复议时，可以提出的请求主要有：请求撤销违法的具体行政行为；请求变更具体行政行为；请求确认具体行政行为违法；对被申请人不履行法定职责的，请求复议机关责令被申请人在一定的期限里履行职责等。如果申请人认为行政机关的具体行政行为侵犯了自己的合法权益并造成实际损害的，可以一并请求行政赔偿。此外，申请人在对行政机关具体行政行为请求复议时，还有权一并就该具体行政行为所依据的某些规定即规范性文件提出审查申请。

申请人在申请复议时，还应当有事实根据，即申请人应当提供证明具体行政行为存在的证据材料。

（4）属于申请复议范围。申请人申请复议的行政行为必须是属于法律、法规规定可以提起行政复议的具体行政行为，对复议范围以外的行政行为提出的复议申请不能被受理，公民等一方应当依法通过其他途径来解决纠纷。

（5）属于受理复议机关管辖。公民等一方对具体行政行为不服，只有向有管辖权的行政机关申请复议才能被复议机关受理。当然，如果申请人向没有管辖权的行政机关申请时，无管辖权的行政机关应当向申请人说明有管辖权的行政机关并告知其及时向该机关申请复议，而不应简单地拒绝了之。

3. 申请的方式。根据《行政复议法》的规定，申请人向行政机关申请复议可以书面形式进行，即提交复议申请书，也可以口头方式进行。申请人口头申请的，行政复议机关应当场记录申请人的基本情况、复议请求、申请复议的主要事实、理由和时间。

（二）受理

1. 受理程序。受理是指复议机关对符合条件的复议申请决定立案的程序。复议机关在收到复议申请书之后，应当在 5 日内进行审查，根据不同情况作出以下处理：对符合条件的复议申请决定受理；复议申请不符合申请条件的，决定不予受理并书面告知申请人。

对公民、法人或其他组织依法提出的复议申请，复议机关应当受理。如果复议机关无正当理由不予受理，上级行政机关应当责令其受理；必要时，上级行政机关也可以直接受理。

对于法律、法规规定应当先向行政机关申请复议、对复议决定不服再向人民法院提起诉讼的，申请人对复议机关不予受理的决定不服的，可以在收到不予受理决定书之日起 15 日内，依法向人民法院提起行政诉讼，或者复议机关受理申请后超过复议期限不作答复的，申请人可以自复议期满之日起 15 日内，依法向人民法院提起行政诉讼。

2. 受理的后果。受理意味着复议程序的开始，复议机关的复议期限开始计算，没有法定的理由不能中断程序，必须在法定的期限里作出复议决定，否则就违反了法定程序。

申请人的申请被复议机关受理后，在复议机关作出复议决定之前，不能针对同一个具体行政行为又提起行政诉讼。

（三）审理

复议机关受理复议申请后，就进入审理阶段，《行政复议法》对审理程序作了明确规定。

1. 审理前的准备工作。

（1）发送复议申请书副本或复议申请笔录复印件。复议机关应当在受理之日起 7 日内，将复议申请书副本或复议申请笔录复印件发送被申请人，被申请人应当在收到申请书副本或复议申请笔录复印件之日起 10 日内，向复议机关提出书面答复，并提交当初作出具体行政行为的证据、依据或其他有关材料。

（2）决定被复议的具体行政行为是否停止执行。由于行政行为先定力的特点，申请人申请行政复议一般不停止被复议具体行政行为的执行。但是在下列情况下，可以决定停止执行被复议的具体行政行为：①被申请人认为需要停止执行的；②复议机关认为需要停止执行的；③申请人申请停止执行，复议机关认为要求合理的；④法律规定停止执行的。

（3）复议机关在作出复议决定之前，申请人要求撤回申请的，经说明理由可以撤回。申请人撤回复议申请的，行政复议终止。

2. 审理的方式。行政复议原则上以书面方式审理案件，即复议机关通过对作出具体行政行为的书面材料以及申请人提供的书面材料，对具体行政行为的合法性和合理性进行审查。但以书面审查为主的方式，并不完全排除复议机关还可用其他方式进行审理。如果申请人提出要求，或者行政复议机关中具体办理复议事项的法制工作机构认为有必要时，可以向有关组织和人员调查情况，听取申请人、被申请人或第三人的意见。

3. 审理的期限。复议机关应当自受理复议申请之日起60日内作出复议决定，但法律规定行政复议期限少于60日的除外。情况复杂、不能在规定的期限内作出复议决定的，经行政复议机关的负责人批准，可以适当延长，但延长期限最多不超过30日。

五、行政复议决定

行政复议决定是复议机关在查清全部案件事实的基础上，根据法律、法规、规章以及行政机关的具有普遍约束力的决定、命令等，对具体行政行为是否合法或合理所作的评判，并以此对具体行政行为作出处理而形成的裁决。

根据《行政复议法》的规定，复议决定主要有以下几种：

（一）维持决定

维持决定是指复议机关所作的维持被复议的具体行政行为、使被复议的具体行政行为继续发生效力的决定。

复议机关作出维持决定，应当同时符合以下条件：①具体行政行为适用法律、法规、规章和具有普遍约束力的决定、命令正确；②具体行政行为依据的事实清楚、证据确凿；③具体行政行为程序合法；④具体行政行为内容适当。

维持决定体现了复议机关对被申请人合法行政行为效力的维护，是贯彻行政复议、保障行政机关依法行使职权的立法精神的具体表现。

（二）限期履行决定

限期履行决定是复议机关认为被申请人有法律、法规和规章规定的职责，但被申请人拒不履行或拖延履行职责，而对其作出的复议决定。

作出这一决定时，应当特别注意明确规定被申请人履行法定职责的期限。在有法定期限的情况下，应当责令其在法定期限内履行职责；没有法定期限的，也应当责令其在一个合理的期限里履行职责。如果责令履行的期限不明确，则很有可能形成新一轮的扯皮现象。

限期履行判决，对于督促被申请人履行法定职责，提高行政管理的效率，使申请人及时明确或实现自己的权益，都具有重要的法律意义。

（三）撤销、变更或确认决定

具体行政行为具有以下情况之一的，复议机关可以作出撤销、变更或确认该具体行政行为违法的决定：①具体行政行为主要事实不清、证据不足的；②具体行政行为适用法律、法规、规章和具有普遍约束力的决定、命令错误的；③具体行政行为违反法定程序的；④具体行政行为超越或者滥用职权的；⑤具体行政行为明显不当的。

由于以上原因撤销或确认具体行政行为违法的，复议机关可以责令被申请人在一定期限内重新作出具体行政行为。复议机关责令被申请人在一定期限内重新作出具体行政行为的，被申请人不得以同一事实和理由作出与原具体行政行为相同或基本相同的具体行政行为。

另外，根据《行政复议法》第 28 条第 1 款第 4 项的规定，被申请人自收到申请书副本或申请笔录复印件之日起 10 日内不提出书面答复、提交当初作出具体行政行为的证据、依据和其他有关材料的，视为该具体行政行为没有证据、依据，复议机关可以决定撤销该具体行政行为。

（四）责令赔偿决定

具体行政行为经复议审查被确认为违法并且造成了申请人合法权益实际损害的，复议机关应作出责令被申请人赔偿损失的复议决定。

根据《行政复议法》和《国家赔偿法》的规定，公民、法人或者其他组织申请行政赔偿的，可以在提起行政复议或行政诉讼时一并提出赔偿申请（也可以单独就赔偿问题提出申请）。如果申请人在申请复议时一并提出行政赔偿的申请，复议机关对具体行政行为审查后确认具体行政行为违法并已造成了申请人的实际损害的，就应作出责令申请人赔偿损失的复议决定。

六、行政复议决定的形式及效力

（一）形式

行政复议应当以书面的形式作出。复议机关作出复议决定，应当制作复议决定书，并加盖印章。

（二）效力及其后果

行政复议决定书一旦按法定程序送达，就发生法律效力，行政复议当事人应当依法履行复议决定。

行政复议决定的效力后果具体表现为：

1. 除法律规定为终局的复议决定外，申请人对复议决定不服的，可以在接到复议决定书之日起 15 日内，或者法律、法规规定的其他期限内向人民法院提起行政诉讼。

2. 申请人逾期对复议决定既不履行又不起诉的，或者对终局复议决定不履行的，则将要被依法强制执行。

维持原具体行政行为的复议决定，由最初作出具体行政行为的行政机关申请人民法院强制执行，或者依法强制执行。

变更原具体行政行为的复议决定，由复议机关申请人民法院强制执行，或者依法强制执行。

3. 被申请人不履行或者无正当理由拖延履行行政复议决定的，行政复议机关或者有关上级行政机关应当责令其限期履行。

七、对规范性文件的审查

依照《行政复议法》的有关规定，公民、法人或其他组织对具体行政行为在申请复议的同时，依法可以一并就该具体行政行为所依据的某些规范性文件提出审查申请，同时，行政复议机关在进行复议时，也能主动发现具体行政行为的依据不合法，这就涉及对规范性文件的审查问题。对此，复议机关可以依法作出如下处理：

1. 公民、法人或其他组织对具体行政行为在申请复议时，如一并就具体行政行为依据的规范性文件提出审查申请，复议机关对该文件有权处理的，应当在 30 日内依职权作出处理，包括撤销、废止或修改该规范性文件等；对该文件无权处理的，则应当在 7 日内按法定程序，转送有权处理的行政机关依法处理，由有权的行政机关在 60 日内作出有关处理。

2. 行政复议机关在进行复议时主动发现具体行政行为的依据不合法的，复议机关对该依据有权处理的应当在 30 日内依法作出处理；无权处理的则应在 7 日内依法定程序，转送有权的国家机关（如上级或同级行政机关、国家权力机关等）依法处理。

3. 在对规范性文件进行处理期间，复议机关应当中止对原具体行政行为的复议审查。

行政复议是一项严肃的监督行政的法律活动，复议机关及其工作人员在复议活动中有徇私舞弊、对申请人打击报复、失职渎职等违法行为的，要依照《行政复议法》或其他有关法律的规定，严格追究其法律责任。

第五节　司法监督

司法监督，也称司法审查，是指司法机关根据法定程序对行政机关的行政行为的合法性进行审查，并作出裁判的制度。在我国，对行政行为的司法审查制度被称为行政诉讼，即公民、法人或者其他组织不服行政机关的行政行为，有权向人民法院提起诉讼，由人民法院按照法定程序进行审查并作出裁判的活动。

司法监督是现代民主与法治国家普遍设立的法律制度，是国家通过司法机关对其他国家机关行使国家权力的活动进行审查监督、纠正违法活动，并对因其给公民、法人或其他组织的权益造成的损害给予相应的补救的法律制度。我国人民法院对行政机关的行政行为进行司法审查，是随着我国民主与法制建设的进程逐步建立起来的。早在中华人民共和国成立前夕，1949 年 9 月 29 日公布的《中国人民政治协商会议共同纲领》第 19 条第 2 款就曾作出规定："人民和人民团体有权向人民监察机关或人民司法机关控告任何国家机关和任何公务人员的违法失职行为。"这一规定明确了要在我国建立行政诉讼制度，1982 年的《宪法》对此作了进一步的规定，但是由于缺乏可操作的具体法律规定，对行政机关的行政行为进行司法审查的制度并没有真正地付诸实施，直到 1982 年《民事诉讼法（试行）》中规定了"法律规定由人民法院审理的行政案件，适用本法规定"，才真正解决了对行政机关的行政行为进行司法审查的实际操作问题。1989 年 4 月 4 日第七届全国人民代表大会第二次会议通过了《行政诉讼法》，标志着我国行政诉讼制度完善地建立起来了，同时也开拓出对行政机关的行政行为进行司法审查的崭新局面。

■思考题

1. 试述《监察法》的颁布施行，对我国监督行政的制度的重要意义。
4. 简述行政复议制度的特点、行政复议的目的分别是什么。
5. 根据《行政复议法》的规定，归纳行政复议中便民原则的具体体现。
6. 简述行政复议的决定形式、适用条件分别是什么。

■推荐书目

1. 蔡志方：《行政救济法新论》，元照出版有限公司 2000 年版。
2. 毕可志：《论行政救济》，北京大学出版社 2005 年版。
3. 刘恒：《行政救济制度研究》，法律出版社 1998 年版。
4. 林莉红：《中国行政救济理论与实务》，武汉大学出版社 2000 年版。
5. 青锋、方军、张越编著：《韩国行政复议制度》，中国法制出版社 2005 年版。
6. 周汉华主编：《行政复议司法化：理论、实践与改革》，北京大学出版社 2005 年版。
7. 蔡小雪：《行政复议与行政诉讼的衔接》，中国法制出版社 2003 年版。
8. 杨小君：《我国行政复议制度研究》，法律出版社 2002 年版。
9. 皮纯协主编：《行政复议法论》，中国法制出版社 1999 年版。
10. 孔令望等：《国家监督论》，浙江人民出版社 1991 年版。
11. 陶百川：《比较监察制度》，三民书局 1978 年版。

下　编

第十九章　行政诉讼法概述

■学习目的和要求

　　通过本章学习，把握行政诉讼与行政诉讼法的概念、特点，以及行政诉讼与行政复议和民事诉讼的关系；认真思考行政诉讼法的立法宗旨；熟悉行政诉讼法与行政实体法、行政程序法及民事诉讼法的关系；了解行政诉讼中诉的种类、诉权及其保护问题。

第一节　行政诉讼

一、行政诉讼的概念和特征

（一）行政诉讼的概念

　　关于行政诉讼的概念，基于不同的法律观念和不同的法律实践，有不同的表述。如在法国，行政诉讼称为行政审判（La juridiction administratif），是指当事人对于行政机关违法的行为，请求行政法院通过审判程序给予救济的手段，也是行政法院监督行政机关依法行政的方式。[1] 在英美国家，行政诉讼被称为司法审查（Judicial Review），是指法院应行政相对人的申请，审查行政机构行为的合法性，并作出相应裁决的活动。[2] 在我国，根据《行政诉讼法》的规定，一般认为，行政诉讼是指公民、法人或者其他组织在认为行政机关的行政行为侵犯其合法权益时，依法向人民法院提起诉讼，由人民法院进行审理并作出裁判的活动。这一概念包括以下几个方面的含义：①行政诉讼是专门处理、解决行政争议的活动；②行政诉讼是在人民法院的主持下进行的、解决行政争议的司法活动；③行政诉讼是由于公民、法人或其他组织认为行政机关的行政行为侵犯其合法权益而引起的。

（二）行政诉讼的特征

　　行政诉讼与刑事诉讼、民事诉讼一起，构成我国三大基本诉讼制度，他们同为

〔1〕　王名扬主编：《外国行政诉讼制度》，人民法院出版社1991年版，第10页。
〔2〕　王名扬主编：《外国行政诉讼制度》，人民法院出版社1991年版，第152页。

诉讼制度,因而具有一些共性,如都由人民法院主持进行,都是为了处理、解决案件,在具体程序上有一些相同之处等。但是,行政诉讼作为一项独立的诉讼制度,与刑事诉讼、民事诉讼相比较,又有其特殊性。行政诉讼的特征主要表现在以下几个方面:

1. 行政诉讼是解决一定范围内的行政争议的活动。行政争议是行政机关在行使行政职权的过程中与作为相对方的公民、法人或者其他组织发生的权利义务纠纷。行政诉讼就是专门解决行政争议的诉讼。但是,行政诉讼并不能解决所有行政争议,它所解决的行政争议限于一定范围之内。如我国《行政诉讼法》第 2 条第 1 款规定:"公民、法人或者其他组织认为行政机关和行政机关工作人员的行政行为侵犯其合法权益,有权依照本法向人民法院提起诉讼。"同时,《行政诉讼法》第 13 条规定:"人民法院不受理公民、法人或者其他组织对下列事项提起的诉讼:①国防、外交等国家行为;②行政法规、规章或者行政机关制定、发布的具有普遍约束力的决定、命令;③行政机关对行政机关工作人员的奖惩、任免等决定;④法律规定由行政机关最终裁决的行政行为。"这表明我国把行政诉讼解决行政争议的范围限定为因不服部分行政行为而产生的争议。

2. 行政诉讼的核心是审查行政行为的合法性。《行政诉讼法》第 6 条规定:"人民法院审理行政案件,对行政行为是否合法进行审查。"据此,在行政诉讼中,人民法院对行政行为的审查限于合法性范围,一般不对行政行为的合理性或适当性进行审查。行政诉讼之所以以审查行政行为的合法性为核心,是因为行政诉讼制度的根本作用在于督促行政机关依法行政,这一作用决定了行政诉讼必须重点审查行政行为的合法性,整个诉讼活动都是围绕这一问题展开的。同时,行政行为合法性问题的确认和裁判是解决其他问题(如决定是否责令行政机关赔偿公民损失等)的前提。此外,司法权与行政权的关系也使得行政诉讼主要审查行政行为的合法性,因为司法权既要监督行政权依法行使,又不能直接取代行政权对行政事务作出决定。

3. 行政诉讼是法院运用国家审判权来监督行政机关依法行使职权和履行职责,保护公民、法人和其他组织的合法权益不受行政机关违法行政行为侵害的一种司法活动。这是行政诉讼在目的和性质上与其他诉讼的区别。行政诉讼的根本目的是通过处理、解决行政争议来监督行政机关依法行使职权和履行职责,以保护公民、法人和其他组织的合法权益不受行政机关违法行政行为的侵害。行政诉讼的这种目的决定了它具有司法监督性质,是国家审判机关通过审判程序对国家行政机关的行政行为实行监督,是以国家审判机关的司法权来督促国家行政机关行政权的合法、正确行使。实践证明,行政诉讼是一种十分有效的监督方式。行政诉讼的这一性质是其他诉讼制度所不具备的。

4. 行政诉讼中的原告、被告具有恒定性。行政诉讼是公民、法人和其他组织认为行政机关的行政行为违法并侵犯了自己的合法权益而提起的,旨在通过行政诉讼,即由法院审查行政行为是否合法并作出相应的裁判,保护自己的合法权益。为此,行政诉讼中能够成为原告、享有起诉权的，只能是作为相对一方当事人的公民、法人或其他组织，作出行政行为的行政机关没有起诉权，也没有反诉权，只能作为被告应诉。原告和被告的这种身份和地位是恒定而不能变换的。这是行政诉讼在原、被告上的重要特点，它与民事诉讼和刑事诉讼很不相同。之所以如此，是因为行政机关拥有行政职权，它在实施行政行为时处于主导者和管理者的地位，拥有实现其代表国家意志的一切手段，包括依法强制执行和申请人民法院强制执行其决定的手段，它无须通过向人民法院对公民、法人和其他组织提起诉讼的方式来实现行政行为的效力。而公民、法人和其他组织则不同，在行政管理中，他们处于被管理者的地位，缺乏要求行政机关服从自己意愿的能力，当他们认为行政机关作出的行政行为侵犯自己的合法权益时，没有自行抗拒的能力，只能作为原告向人民法院对行政机关提起行政诉讼，请求司法机关运用司法权来保护自己。

值得注意的是，行政机关不能当原告，是相对于它在以行政主体的身份出现、处于管理者的地位时而言的。如果它不是以行使行政职权的行政主体身份出现，而是处于被管理者地位并受到其他行政机关实施的行政行为侵害时，它也可与公民、法人和其他组织一样，以机关法人的身份向人民法院提起行政诉讼、成为行政诉讼的原告。

二、行政诉讼与其他相关制度的关系

（一）行政诉讼与行政复议

行政诉讼与行政复议都以行政争议为处理对象；都是依申请的行为，即只能基于行政相对人的请求而引起，适用"不告不理"的原则；目的都是保护公民、法人和其他组织的合法权益，监督和促使行政机关依法行政。但两者之间也存在很大差别，主要体现在以下几个方面：

1. 性质不同。行政复议属行政活动，适用行政程序；行政诉讼属司法活动，适用司法程序。

2. 审理机关不同。审理行政复议案件的机关为作出行政行为的行政机关的上级行政机关或法律、法规规定的其他行政机关；审理行政诉讼案件的机关是人民法院。

3. 对行政行为审查的范围不同。行政复议对行政行为是否合法和适当进行全面审查；行政诉讼只对行政行为是否合法进行审查，一般不审查其适当性。

4. 审理方式不同。行政复议原则上采用书面审查的方式；行政诉讼一般采用开庭审理方式（一审必须开庭审理）。

5. 审级不同。行政复议一般实行一级复议制；行政诉讼则实行两审终审制。

6. 法律效力不同。行政复议决定一般不具有最终的法律效力，作为相对一方当事人的公民、法人和其他组织对复议决定不服的，仍可以依法向人民法院提起行政诉讼，只有人民法院对案件所作的终审判决才具有最终的法律效力，当事人必须履行。

此外，行政复议与行政诉讼在当事人称谓、法定期限、受案范围等方面也有所不同。

行政复议与行政诉讼虽然都是解决行政争议、为行政相对人提供救济的手段，但针对同一行政争议，二者不能同时适用，即行政相对人对行政行为不服申请行政复议后，一旦复议机关受理了复议申请，在法定的复议期间内，行政诉讼程序不能启动。且行政复议与行政诉讼的先后顺序也不能颠倒，即只能是行政复议在先，行政诉讼在后。除法律规定复议终局的以外，行政相对人对行政复议决定不服的，可以依法提起行政诉讼；但行政相对人对行政诉讼的判决或裁定不服的，不能再申请行政复议。因此，分析行政复议与行政诉讼的关系，还需要弄清二者如何协调与衔接。根据《行政诉讼法》及其司法解释的规定，行政复议与行政诉讼之间的衔接关系如下：

1. 复议前置。所谓复议前置，是指行政复议是行政诉讼的必经阶段，即法律、法规规定必须先向行政机关申请复议，对复议决定不服才能向人民法院起诉的，公民、法人或者其他组织在起诉前必须先经过复议程序，否则法院不予受理。但如果复议机关不受理行政相对人的复议申请或者在规定的期限内不处理的，行政相对人有权提起行政诉讼。目前，我国只有少量法律规定了复议前置，如《税收征收管理法》第 88 条第 1 款规定："纳税人、扣缴义务人、纳税担保人同税务机关在纳税上发生争议时，必须先依照税务机关的纳税决定缴纳或者解缴税款及滞纳金或者提供相应的担保，然后可以依法申请行政复议；对行政复议决定不服的，可以依法向人民法院起诉。"《行政复议法》第 30 条第 1 款规定："公民、法人或者其他组织认为行政机关的具体行政行为侵犯其已经依法取得的土地、矿藏、水流、森林、山岭、草原、荒地、滩涂、海域等自然资源的所有权或者使用权的，应当先申请行政复议；对行政复议决定不服的，可以依法向人民法院提起行政诉讼。"

2. 复议与诉讼由相对人选择。除法律、法规规定复议前置的外，凡属于人民法院受案范围内的行政案件，公民、法人或者其他组织既可先向复议机关申请复议，对复议决定不服再向人民法院起诉，也可直接向人民法院起诉。

3. 法律规定复议终局的，相对人不得再提起行政诉讼，即行政相对人选择了向行政复议机关申请复议，而这种复议又属于法律规定的最终裁决的，相对人即使对行政复议决定不服，也不能向人民法院提起行政诉讼。如《行政复议法》第 14 条规定："对国务院部门或者省、自治区、直辖市人民政府的具体行政行为不服的，向作出该具体行政行为的国务院部门或者省、自治区、直辖市人民政府申请行政复议。对行政复议决定不服的，可以向人民法院提起行政诉讼；也可以向国务院申请裁决，国务院依照本法的规定作出最终裁决。"第 30 条第 2 款规定："根据国务院或者省、自治区、直辖市人民政府对行政区划的勘定、调整或者征收土地的决定，省、自治区、直辖市人民政府确认土地、矿藏、水流、森林、山岭、草原、荒地、滩涂、海域等自然资源的所有权或者使用权的行政复议决定为最终裁决。"再如，《出境入境管理法》第 64 条第 1 款规定："外国人对依照本法规定对其实施的继续盘问、拘留审查、限制活动范围、遣送出境措施不服的，可以依法申请行政复议，该行政复议决定为最终决定。"

（二）行政诉讼与民事诉讼

行政诉讼与民事诉讼有许多相同之处，我国在《行政诉讼法》实施以前，对行政案件的审理适用民事诉讼程序。但是，行政诉讼与民事诉讼仍存有许多区别。主要表现在：

1. 审理案件的性质不同。行政诉讼审理的是行政案件，即行政相对人不服行政机关的行政行为而向人民法院起诉的案件，它所要解决的是行政争议；民事诉讼审理的是民事案件，它所要解决的是平等民事主体之间发生的民事争议。

2. 审判依据不同。行政诉讼的审判依据是行政诉讼法、行政实体法和行政程序法规范；民事诉讼的审判依据则是民事诉讼法和民事实体法规范。

3. 诉讼当事人及其诉权不同。行政诉讼中原、被告具有恒定性，原告只能是作为行政相对人的公民、法人和其他组织，被告只能是行使国家行政权的行政机关和法律、法规授权的组织，两者的位置不能互换；在民事诉讼中，公民、法人和其他组织既可以当原告，也可以当被告。行政诉讼的被告没有起诉权，也没有反诉权；民事诉讼当事人的诉权是相对应的，原告有起诉权，被告有反诉权。

4. 提起诉讼的诉前程序不同。行政诉讼中有的案件要求有行政复议作为必经的诉前程序；民事诉讼没有这样的要求。

5. 举证责任不同。民事诉讼中举证责任由双方当事人承担，哪一方提出主张，哪一方就要对自己的主张负举证责任，即谁主张、谁举证；在行政诉讼中，法律规定被告即行政机关对其作出的行政行为的合法性负举证责任。

6. 法院的职权不同。在民事诉讼中，法院拥有完全的司法变更权，可以判决改变或者部分改变当事人所为的民事行为；在行政诉讼中，法院的司法变更权有限，只能对显失公正的行政处罚依法判决变更。

7. 结案方式不同。民事诉讼除以判决或裁定的方式结案外，还可以调解的方式结案；行政诉讼只能以判决或裁定的方式结案，不能以调解的方式结案（法院审理行政赔偿、补偿以及行政机关行使法律、法规规定的自由裁量权的案件除外）。

（三）行政诉讼与刑事诉讼

行政诉讼与刑事诉讼是两种不同性质的诉讼制度，其区别主要表现为以下几个方面：

1. 案件的性质不同。刑事诉讼审理的是刑事案件，被告是被指控触犯刑法的犯罪嫌疑人；行政诉讼审理的是行政案件，被告是因行使行政权而与相对一方当事人发生争议的国家行政机关和法律、法规授权的组织。

2. 提起诉讼的主体不完全相同。一般的刑事诉讼是由检察机关提起公诉，少数自诉案件由被害人自己向法院提起诉讼；而一般的行政诉讼是由不服行政机关行政行为的公民、法人或者其他组织提起诉讼，只有行政公益诉讼由检察机关代表国家提起诉讼，如德国、法国等国家早已建立了这一制度。我国《行政诉讼法》2017 年修正后，第 25 条第 4 款也规定了这一制度，因而人民检察院依法也成了提起行政公益诉讼的主体。

3. 审理的目的和结果不同。审理刑事案件的目的是查明犯罪事实，正确适用法律，以惩罚犯罪、保护人民，审理结果是宣告被告无罪或有罪而处以一定的刑罚；审理行政案件的目的是保护公民、法人和其他组织的合法权益，监督行政机关依法行使职权，审理结果是撤销或变更行政机关的行政行为，或者判决行政机关在一定期限内履行法定职责，给予相对人以行政赔偿等。

4. 审判的依据不同。刑事诉讼的审判依据是刑事诉讼法和刑事实体法规范；行政诉讼的审判依据是行政诉讼法、行政实体法和行政程序法规范。

三、行政诉讼的历史发展

（一）大陆法系国家行政诉讼的历史发展

大陆法系国家行政诉讼制度产生于 18 世纪，其理论基础是孟德斯鸠的三权分立学说。法国是第一个建立起行政法院、处理行政案件的国家，素有"行政法母国"之称。法国行政审判制度发展的过程，是从最初由行政官员受理行政案件，发展成为由独立的行政法官受理行政诉讼案件；从行政审判机关处于依附地位，发展到行政审判机关具有独立地位的行政法院组织。这个过程可以分为以下几个主要阶段：①行政法官制时期（1790～1799 年）。这个时期，主要由行政人员受理行政案件，国家元首掌握最后的决定权。②保留审判权时期（1799～1872 年）。1799 年，拿破仑一世设立国家参事院，作为国家元首的咨询机关，同时受理行政案件。然而国家参事院不具有独立的行政审判权限，它受理行政案件后，只能向国家元首提出解决的建议，供后者采纳。③委任审判权时期（1872～1889 年）。1872 年 5 月 24 日法律恢复国家参事院的同时，规定它以法国人民的名义行使审判权，这种权力被称为委任的审判权。从此，国家参事院在法律上便成了法国的最高行政法院。④取消部长法官制时期（1889 年以后）。1889 年 12 月 3 日，最高行政法院在卡多案件的判决中，正式否定了部长法官制。当事人不服行政机关的决定，可以直接向行政法院起诉，无须经过部长的裁决。卡多案件的判决是行政审判制度创建的最后完成阶段。

1889 年以后，法国的行政审判制度仍在继续改进。但以后的改进是行政法院系统内部职权分配的调整和行政法院组织的改革，独立的行政审判制度创设的过程已在 1889 年完成。

继法国后，德国、意大利、荷兰、卢森堡、西班牙、比利时都仿照法国模式，成立行政法院审理行政案件。概括法国模式可以得出，大陆法系国家行政诉讼制度的特点主要有：①有独立的行政法院系统。②有单独的行政诉讼程序，由行政诉讼法或法院组织法加以规定。③有特定的法律适用规则，以适用行政法规则为原则，以适用普通法为例外。④行政法院法官的任免和法律地位由法律加以保障。

（二）英美法系国家行政诉讼的历史发展

1. 英国行政诉讼制度的产生与发展。英国的行政诉讼制度最初形成于通过反对王权的宪政斗争、确立议会主权的 17 世纪。15 世纪末到 17 世纪前期，英国实行君主专制制度，全国除普通法院外，还有依国王特权设立的特别法院，其中包括星法院。星法院以严刑手段保护国王利益，压制反对意见，因此受到普通法院的反对。17 世纪英国资产阶级革命时，在国王和议会的权力斗争中，普通法院和议会结成联盟，共同对付国王，议会取得胜利，国王的特权受到限制。1641 年废除了为维护国王专制而设立的星法院和除大法官法院以外的其他特权法院。1689 年颁布《权利法案》，进一步限制了英王的权力，确立了议会主权的体制，永远结束了旧的王室统治。全国只有普通法院受理公、私法关系发生纠纷的一切案件。1701 年的《王位继承法》为争得高等法院法官的独立提供了法律保证，进一步加强了普通法院控制行政活动的作用。至此，可以说，现代意义上的英国行政诉讼制度已经确立。此后便处于不断发展之中，较为突出的是，1947 年的《王权诉讼法》明确承认国家对违法行政行为的责任，规定了国家官吏或代理人所为的一切侵权行为均在国家负责赔偿的范围以内，这便在法律上明确和扩大了公民向法院控诉行政机关及官吏的权利，从而奠定了公民与行政机关及其官吏在法律上的平等地位。

2. 美国行政诉讼制度的产生与发展。美国行政诉讼制度是随着独立管理机构的出现、行政权力扩张、法院对行政行为和行政裁决的司法审查的加强和制度化而逐步产生并完善的。

美国原为英国的殖民地，其早期法律制度深受英国普通法影响，由英国普通法中"国王不能为非"原则演化而来的"国家主权豁免"原则，使政府不能成为被告。19 世纪后期，随着垄断资本主义的迅速发展，经济权力越来越集中到少数垄断资本家手中。集中的经济权力需要集中的政权来管理，于是美国出现了一种独立管理机构。这种机构拥有部分立法权、部分行政权，也拥有一定的司法权。面对行政权的扩张、行政机构的膨胀以及独立管理机构的大量出现，人们要求对行政权加以制约，要求提供更多救济手段的呼声日益高涨，如何对行政权加以制约便提到议事日程上来，而途径主要有两条：①从行政程序上对行政权的行使加以规范和约束；②加强司法权对行政权的监督控制，即加强司法审查。为此，美国于 1946 年制定了《联邦行政程序法》。《联邦行政程序法》明确规定，因行政行为致使其法定权利受到侵害的人，或受到有关法律规定的行政行为不利影响或损害的人，均有权诉诸司法审查。法院不得以此种诉讼是以美利坚合众国为被告为理由而不予受理或拒绝给予救济。同年，美国国会又通过了《联邦侵权赔偿法》，明确规定公民因联邦政府工作人员的违法、不当行为而遭受损害时，有权以联邦政府为被告向联邦法院起诉，请求赔偿，这便从法律上对国家主权豁免原则予以否定，极大地促进了美国司法审查制度的发展，使其逐步走上制度化和法律化的轨道。后来，美国又相继出台了一些法律，如1950 年的《司法审查法》、1967 年的《情报自由法》、1974 年的《私人私密法》、

1976 年的《阳光下的政府法》等，进一步促进了美国司法审查制度的发展，并使司法审查制度变得更为灵活和切合实际。

英美法系国家行政诉讼制度的特点主要有：①行政诉讼由普通法院管辖。②行政诉讼以适用普通法为原则，以适用行政法规则为例外。③行政诉讼实行司法审查制度。法院可以采取各种形式的特权令审查行政机关的行政行为的合法性与合宪性，以监督行政机关依法行政，保护行政相对方的合法权益。④行政诉讼的受案范围广泛。除重大国家行为和法律另有特殊规定者外，普通法院对任何行政案件都有权受理和审判。

（三）我国行政诉讼的历史发展

1. 旧中国行政诉讼制度的建立和发展。中国在清末以前，无所谓诉愿及行政诉讼制度，更无行政裁判机关之设置。1912 年，孙中山领导的资产阶级民主革命取得胜利，宣布成立中华民国，建立南京临时政府，并进行了司法改革，力图建立与西方法律模式相类似的资产阶级法律制度。1912 年 3 月 11 日公布的《中华民国临时约法》，是中国历史上第一部资产阶级共和国性质的宪法性文件，为行政诉讼制度的建立确立了依据，其第 8 条规定："人民有陈诉于行政官署之权。"第 10 条规定："人民对于官吏违法损害权利之行为，有陈诉于平政院之权。"第 49 条规定："法院依法律审判民事诉讼及刑事诉讼。但关于行政诉讼及其他特别诉讼，别以法律定之。"1914 年北洋政府相继公布了《平政院编制令》《诉愿法》《行政诉讼法》，正式建立了当时的行政诉讼制度。平政院是北洋军阀政府设置的专门行政审判机关。

国民党建立南京国民政府后，依照"五权宪法"理论建立了新的行政诉讼制度。1928 年，南京政府公布的《国民政府组织法》规定，五院之一的司法院为国民政府最高司法机关，掌理有行政审判的职权，设置行政法院审理行政案件。1932 年南京政府公布了《行政法院组织法》和《行政诉讼法》。《行政诉讼法》规定，凡提起行政诉讼，一律须经过再诉愿。逾越权限和滥用权力的行政处分以违法论。《行政法院组织法》规定，行政法院与最高法院平列，同隶属于司法院。行政法院掌理行政诉讼的审判事务，审判实行合议制。[1]。

2. 中华人民共和国行政诉讼制度的历史发展。从立法的角度看，中华人民共和国行政诉讼制度的发展，大体分为三个阶段：

第一阶段是 1949 ~ 1982 年。这一阶段的特点是国家没有规定统一的行政诉讼法律，只有个别的、分散的特殊规定。

第二阶段是 1982 ~ 1989 年。这一阶段的特点是依据统一的民事诉讼法解决行政争议，并颁布了一些有关行政诉讼方面的法律和行政法规。1982 年 3 月，全国人大常委会公布了《民事诉讼法（试行）》，并于同年 10 月施行。该法第 3 条第 2 款规定："法律规定由人民法院审理的行政案件，适用本法规定。"这一规定确立了我国

---

〔1〕 于安、江必新、郑淑娜编著：《行政诉讼法学》，法律出版社 1997 年版，第 66 ~ 67 页。

的行政诉讼制度，初步解决了人民法院审理行政案件程序上的法律依据问题。在这一阶段，规定人民法院可以受理行政案件的有一百三十多个法律、法规。其中影响较大的有《食品卫生法（试行）》《治安管理处罚条例》《土地管理法》《森林法》等。最高人民法院和许多地方人民法院建立了行政审判庭审理行政案件，行政案件的数量也逐年增加。为了保证行政案件得到正确、及时的审理，最高人民法院根据行政审判中出现的问题，发布了一些重要的司法解释文件，对行政案件适用民事诉讼法的问题作了补充和修改规定。这都为制定我国行政诉讼法打下了基础，为发展和完善我国的行政诉讼制度积累了丰富的经验。

第三阶段是 1989 年以后。这一阶段的突出特点是统一、完整的行政诉讼法的制定和公布。1989 年 4 月 4 日第七届全国人民代表大会第二次会议审议通过了《行政诉讼法》，并于 1990 年 10 月 1 日起正式实施。《行政诉讼法》共 11 章 75 条，对我国行政诉讼的基本原则、受案范围、管辖、诉讼参加人、证据、起诉和受理、审理和判决、执行、侵权赔偿责任、涉外行政诉讼等各方面问题，作了较为系统的规定。这是我国加强社会主义民主和法制的重要体现，是民主政治建设的一个重要步骤，它标志着我国在健全和完善行政诉讼制度方面进入了一个新的阶段。

《行政诉讼法》实施多年来，对于促进我国的民主法制建设，保护公民、法人和其他组织的合法权益，监督行政机关依法行政起到了重要作用。但行政诉讼制度在实践中也暴露出一些问题，如行政诉讼受案范围较窄、行政案件撤诉率高、行政案件审判难、行政判决执行难等。为解决这些问题，全国人大常委会启动了对《行政诉讼法》的修改，2013 年 12 月 23 日，行政诉讼法修正案草案首次提请第十二届全国人民代表大会常务委员会第六次会议审议，历经三次审议于 2014 年 11 月 1 日第十二届全国人民代表大会常务委员会第十一次会议通过，自 2015 年 5 月 1 日起施行。这是该法实施 24 年来的首次大修改。此次修改主要针对实践中立案难、审理难、执行难的"三难"问题，从保障当事人的诉讼权利、完善管辖制度、诉讼参加人制度、证据制度、完善民事争议和行政争议交叉的处理机制、完善判决形式等十个方面进行，以使我国的行政诉讼能更好地与经济社会发展相适应，在推进依法行政、建设法治政府的过程中发挥更大的作用。2017 年 6 月 27 日，第十二届全国人民代表大会常务委员会第二十八次会议，根据《关于修改〈中华人民共和国民事诉讼法〉和〈中华人民共和国行政诉讼法〉的决定》对《行政诉讼法》进行了第二次修正，建立了我国的行政公益诉讼制度，规定"人民检察院在履行职责中发现生态环境和资源保护、食品药品安全、国有财产保护、国有土地使用权出让等领域负有监督管理职责的行政机关违法行使职权或者不作为，致使国家利益或者社会公共利益受到侵害的，应当向行政机关提出检察建议，督促其依法履行职责。行政机关不依法履行职责的，人民检察院依法向人民法院提起诉讼"。其目的在于进一步加强检察机关对行政机关依法行政的监督。这充分适应了我国行政法治建设时代发展的需要。

第二节 行政诉讼法

一、行政诉讼法的概念

行政诉讼法与行政诉讼是两个既有联系又有区别的概念。行政诉讼是为处理、解决行政案件所进行的一系列诉讼活动，而行政诉讼法则是进行行政诉讼活动必须依照的一整套法律规范，是行政诉讼活动的行为准则。

所谓行政诉讼法，是指规范行政诉讼活动、调整行政诉讼关系的一整套法律规范。它包括以下几层含义：①行政诉讼法是各种行政诉讼活动，包括人民法院的审判活动，以及当事人和其他诉讼参与人进行的行政诉讼活动的法定尺度和行为准则；②行政诉讼法的调整对象是人民法院和当事人及其他诉讼参与人在解决行政争议过程中所形成的各种诉讼关系；③行政诉讼法是规定行政诉讼活动的法律规范的总称。

行政诉讼法有狭义和广义两种解释。狭义的行政诉讼法也称形式意义的行政诉讼法，是指具有专门、完整法律形式的行政诉讼法典，在我国特指《行政诉讼法》。广义的行政诉讼法也称实质意义的行政诉讼法，是指一切有关行政诉讼的法律规范，这些法律规范无论其形式如何都属于行政诉讼法的范围。广义上的行政诉讼法，在我国，除《行政诉讼法》之外，还包括宪法、法律、行政法规、地方性法规、单行条例和自治条例、行政规章、最高人民法院关于行政诉讼的司法解释以及国际条约等众多的法律表现形式，只要其中有关于行政诉讼内容的规范都是行政诉讼法。本书采用广义的概念。

二、行政诉讼法的渊源

在我国，行政诉讼法的渊源主要有以下几种：

1. 宪法中有关行政诉讼的法律规范。宪法是国家机关活动的最高准则，是行政诉讼立法的依据和根本指导准则。宪法中有关国家基本政治、经济、文化制度，司法制度，国家机关的组织和活动原则以及公民基本权利、义务的规定，是行政诉讼制度存在的基础。如《宪法》第 41 条关于公民对国家机关及其工作人员的违法失职行为有向国家机关提出申诉、控告的权利的规定，就是制定《行政诉讼法》的基本依据以及公民等一方行使行政诉权的宪法根据。

2. 行政诉讼法。这是指 1989 年由第七届全国人民代表大会第二次会议通过、自 1990 年 10 月 1 日起施行；后由 2014 年 11 月 1 日第十二届全国人民代表大会常务委员会第十一次会议根据《全国人大常委会关于修改〈中华人民共和国行政诉讼法〉的决定》修正，自 2015 年 5 月 1 日起施行；再由 2017 年 6 月 27 日第十二届全国人民代表大会常务委员会第二十八次会议根据《关于修改〈中华人民共和国民事诉讼法〉和〈中华人民共和国行政诉讼法〉的决定》第二次修正，自 2017 年 7 月 1 日起施行的《行政诉讼法》。它比较完整、集中地对行政诉讼的各项具体制度作了规定，是行政诉讼法的最基本、最主要的渊源。

3. 人民法院组织法。人民法院组织法中有关审判组织、行政诉讼程序的法律规范是人民法院在行政诉讼中必须遵循的规范，是广义行政诉讼法的组成部分。

4. 民事诉讼法中能适用于行政诉讼活动的部分法律规范。我国的行政诉讼法典只对行政诉讼所涉及的主要的、基本的问题作了规定，行政诉讼法没有规定的程序以及规定得比较原则的方面可以适用民事诉讼法中与行政诉讼法不相抵触的规范。

5. 各种法律、行政法规、地方性法规中有关行政诉讼问题的规定。如规定不服行政机关处理的，如何向人民法院提起行政诉讼等，这些条文也属于广义上的行政诉讼法。

6. 法律解释。这里的法律解释是指有权国家机关对行政诉讼问题所作的正式有效的法律解释。它主要包括国家权力机关对行政诉讼法规范所作的立法解释和国家最高审判机关、最高检察机关有关行政诉讼的司法解释，这些法律解释因为涉及行政诉讼关系的调整，亦为行政诉讼法的渊源。

7. 有关行政诉讼的国际条约。我国缔结或参加的涉及行政诉讼的国际条约也是行政诉讼法的渊源，但我国声明保留的条款除外。

此外，有些国家将行政判例也作为行政诉讼法的渊源，我国目前尚未作此规定，事实上行政判例对司法实践也起到了指导和参考作用。

三、行政诉讼法的立法宗旨

所谓立法宗旨，就是指立法的根本目的、立法的指导思想。行政诉讼法的立法宗旨是指制定《行政诉讼法》所要达到的根本目的，或者说是制定《行政诉讼法》的指导思想。

我国《行政诉讼法》第1条开宗明义地指出："为保证人民法院公正、及时审理行政案件，解决行政争议，保护公民、法人和其他组织的合法权益，监督行政机关依法行使职权，根据宪法，制定本法。"该规定十分明确地提出了我国制定行政诉讼法的立法宗旨。具体地说，行政诉讼法的立法宗旨有以下四个方面：

（一）保证人民法院公正、及时地审理行政案件

行政诉讼是人民法院主持解决行政争议的一种诉讼活动。为了保证人民法院能够有效地审理行政案件，必须有一套诉讼规则和程序，使其能够公正、及时地开展诉讼活动。制定行政诉讼法正是为了给法院提供一套能作为法定依据的诉讼规则和程序。通观整个《行政诉讼法》，其许多条文都是为了保障人民法院能够公正、及时地审理行政案件。具体表现为：《行政诉讼法》既明确规定了人民法院在行政诉讼中的各项职权及其行使的规程，规定了一系列保证人民法院公正审理行政案件的制度和要求，又具体规定了保证行政案件能够得到及时处理的各种期限，以及人民法院和诉讼参加人必须严格按期限进行诉讼活动的要求。除此之外，在行政诉讼的监督方面，《行政诉讼法》明确规定了人民检察院对行政诉讼进行法律监督，有权对法院的违法裁判提起抗诉；行政诉讼当事人对已经发生法律效力的判决、裁定，认为确有错误的，有权提出申诉。《行政诉讼法》同时还明确规定了人民法院内部对行政审

判活动所实行的审判监督制度等。

（二）解决行政争议

把"解决行政争议"作为行政诉讼法的立法宗旨是对行政诉讼性质、功能正确认识的结果，即行政诉讼具有监督、救济和解纷的功能，有助于进一步强化通过行政诉讼化解行政纠纷的作用，以法治方式解决行政争议，增强公民、法人和其他组织的法治观念，遇事找法，化解矛盾靠法，依法维权，避免出现"信访不信法"的现象。《行政诉讼法》在一些具体制度的设计上体现了行政诉讼着力解决行政争议的立法目的。如规定在涉及行政许可、登记、征收、征用和行政机关对民事争议所作的裁决的行政诉讼中，当事人申请一并解决相关民事争议的，人民法院可以一并审理；在坚持行政诉讼不适用调解这一原则的前提下，对涉及行政赔偿、补偿以及行政机关行使法律、法规规定的自由裁量权的案件作了例外处理，明确人民法院在审理这些案件时可以适用调解。又如，对人民法院可以适用变更这一判决方式的案件类型，在原来只有行政处罚案件的基础上，扩大到其他行政行为涉及对数额的确定或者认定确有错误的案件，人民法院均可以直接判决变更。此外，还增加规定了简易程序等。这些规定，从诉讼制度上进一步保障了通过行政诉讼这一渠道有效化解行政争议，避免程序空转，实现定分止争、案结事了。[1]

（三）保护公民、法人和其他组织的合法权益

保护公民、法人和其他组织的合法权益，是我国制定《行政诉讼法》的初衷和最根本的目的，因而也是我国行政诉讼法最根本的宗旨。经验表明，在现代社会，由于行政活动的普遍性、复杂性和多样性以及行政主体等方面的原因，行政违法与侵权现象难以避免，为此，就必须从法律上为公民、法人和其他组织提供一种救济渠道，使其合法权益得到保护。这正是制定《行政诉讼法》的根本目的之所在，也是整个行政诉讼法的基本精神和基本的价值追求。我国《行政诉讼法》的许多具体规定，如受案范围、管辖、起诉和受理、审理和判决，赋予公民、法人和其他组织诉讼权利以及规定侵权赔偿责任等内容，都较为充分地体现了行政诉讼法保护公民、法人和其他组织合法权益的立法宗旨。

（四）监督行政机关依法行使行政职权

依法行政是现代民主政治的一个重要特征，其核心是行政机关要依法行使职权和履行职责。而制定《行政诉讼法》的一个基本目的，就是要监督行政机关依法行使行政职权，促进行政机关依法行政。监督是对法院在行政诉讼中的地位的根本性规定。法院监督的主要方式是对行政行为的合法性进行审查，对主要证据不足、适用法律法规错误、违反法定程序、超越职权、滥用职权和明显不当的行政行为判决撤销或部分撤销，并可以判决行政机关重新作出行政行为；对行政机关不履行法定职责的，要判决限期履行法定职责；对行政处罚明显不当的，可以判决变更；对行

---

〔1〕 参见袁杰主编：《中华人民共和国行政诉讼法解读》，中国法制出版社 2014 年版，第 4～5 页。

政机关因违法行政行为侵犯公民等相对一方合法权益造成实际损害的，要判决行政赔偿，以有效地促使行政机关及其工作人员严格地依法行使职权，提高行政管理的效率和质量，减少和克服官僚主义。

应当指出的是，行政诉讼法立法宗旨的四个方面是紧密联系的，"保证人民法院正确、及时审理行政案件，解决行政争议"是实现"保护公民、法人和其他组织的合法权益"的手段；"监督行政机关依法行使职权"的最终目的和直接结果，也是要"保护公民、法人和其他组织的合法权益"。因此，保护公民、法人和其他组织的合法权益是行政诉讼法的最根本的宗旨。

四、行政诉讼法的效力范围

行政诉讼法的效力范围是指行政诉讼法的法律适用力在特定形式下所能达到的界限，即行政诉讼法在什么样的空间范围和时间范围内，对什么人和什么事具有约束力。行政诉讼法的效力范围包括空间效力、时间效力、对人的效力和对事的效力四个方面。

（一）空间效力

行政诉讼法的空间效力是指行政诉讼法适用的空间范围。从理论上讲，我国行政诉讼法适用于我国国家主权所及的一切空间领域，包括我国领土、领空、领海以及领土延伸的所有空间。它表明，在上述领域内进行行政诉讼活动，均应受我国行政诉讼法的拘束，但是有两个特殊问题需要说明：

1. 在我国香港和澳门地区，不适用行政诉讼法。根据"一国两制"、和平统一祖国的方针和宪法、法律的规定，我国在上述地区建立特别行政区，实行"一个国家，两种制度"，包括实行两种不同的行政诉讼法律制度。

2. 根据行政诉讼不同法律渊源的效力状况，确定其具体的空间范围。例如，地方性法规、地方政府规章以及各民族自治地方自治机关制定的自治条例、单行条例中有关行政诉讼的规定，只在本行政区域内有效。

（二）时间效力

行政诉讼法的时间效力是指行政诉讼法生效、失效的起止时间以及行政诉讼法对该法生效前发生的行政案件的溯及力。对于行政诉讼法生效的时间，我国《行政诉讼法》第103条规定："本法自1990年10月1日起施行。"这里的施行日期就是该法的生效时间，至于失效时间该法未作规定。其他行政法律、法规和规章中有关行政诉讼的法律规范分别根据各自法律、法规和规章明示的生效日期开始生效，并随各法律、法规和规章的失效日期失效。

根据我国的法律原则，我国行政诉讼法不具有溯及既往的效力，不能适用于行政诉讼法生效之前的行政案件。

（三）对人的效力

行政诉讼法对人的效力是指行政诉讼法对哪些人有拘束力，对哪些人没有拘束力。行政诉讼法确定对人的效力的标准，是属地原则。凡在我国领域内进行行政诉讼的当事人都适用我国的行政诉讼法。这些当事人包括：我国的各级、各类国家机关；我国的公民、法人和其他组织；在我国进行行政诉讼的外国人、无国籍人和外国组织。当然，对外国人、无国籍人和外国组织，法律另有规定的除外。

（四）对事的效力

对事的效力，是指行政诉讼法对行政案件的适用范围，即人民法院的受案范围。这个问题将在行政诉讼受案范围一章中详述。

五、行政诉讼法与其他法的相互关系

（一）行政诉讼法与行政实体法

行政诉讼法是规定行政诉讼程序的法律规范，行政实体法是规定行政实体权利义务的法律规范，两者各自规定的内容及范围是不同的，同时又是密切联系、相互依存的。行政诉讼法能保证行政实体法正确地贯彻实施。行政诉讼法也离不开行政实体法，没有行政实体法，行政诉讼法便失去了存在的目的和意义，它所规定的诉讼程序便会成为没有任何实际内容的空洞形式。

（二）行政诉讼法与行政程序法

行政诉讼法与行政程序法都属于程序法，都是相对于行政实体法而言的，是行政实体法得以正确、顺利地实施的基本保障。行政程序法主要规定行政机关在行政管理活动中如何行使职权，为行政职权的行使设定了法定程序，而行政诉讼法则规定行政职权的行使引起争议时如何进行司法救济。两者密切配合，共同促使行政机关依法行政。并且行政诉讼法与行政程序法本身也存在着紧密的联系，行政程序法中的某些规定也要靠行政诉讼法来实现，如公民、法人或其他组织认为行政机关的具体行政行为在程序上违法而侵犯自己的合法权益时，就需要行政诉讼法按规定的程序予以解决和保护。没有行政诉讼法，行政程序法的某些规定也难以贯彻落实。可见，行政诉讼法与行政程序法有紧密联系。但二者又有区别：行政诉讼法是审判程序法，它所规定的程序属于行政行为的事后司法救济程序；行政程序法是关于行政行为的程序的法，它贯穿于行政行为的全过程。它所规定的程序不仅包括行政行为的事后行政救济程序，也包括行政行为事先、事中所依据的程序。

（三）行政诉讼法与民事诉讼法

行政诉讼法和民事诉讼法都属于诉讼程序方面的法律，两者所适用的原则和程序在许多方面是相同或相通的。我国在行政诉讼法制定、实施之前，审理行政案件适用民事诉讼法的规定。行政诉讼法的制定直接吸收了许多民事诉讼的程序规则。同时，行政诉讼法为了在立法上更简练，只重点规定了行政诉讼所具有的特殊问题，对一些行政诉讼与民事诉讼相同的程序问题则没有规定，可以参照适用民事诉讼法的有关规定。如《行政诉讼法》第 101 条规定："人民法院审理行政案件，关于期间、送达、财产保全、开庭审理、调解、中止诉讼、终结诉讼、简易程序、执行等，以及人民检察院对行政案件受理、审理、裁判、执行的监督，本法没有规定的，适用《中华人民共和国民事诉讼法》的相关规定。"但由于行政诉讼与民事诉讼是性质不同的两种诉讼活动，因此也决定了行政诉讼法与民事诉讼法是两种不同性质的诉讼法律部门。

（四）行政诉讼法与刑事诉讼法

行政诉讼法与刑事诉讼法虽然都属于诉讼程序方面的法律，但有着明显的性质区别。刑事诉讼法是规定刑事诉讼程序的法律，它与行政诉讼法是完全不同的，由此导致了刑事诉讼法与行政诉讼法在性质、立法宗旨、所处理解决的案件以及审判方式等方面的差别。有学者认为，行政诉讼法与刑事诉讼法之间的关系，更多的是在比较法学术研究方面的意义。[1]不过，有学者对行政诉讼法与刑事诉讼法之间存在的某些重要联系作了较为全面的概括。[2]这种联系的主要表现如下：

1. 人民法院在审理行政案件中认为行政机关工作人员有犯罪行为的，要将有关材料移送公安、检察机关按刑事诉讼程序处理。在这种情况下，将发生两类问题，即行政机关的具体行政行为和行政机关工作人员的犯罪行为，分别形成两种不同性质的诉讼，应适用不同的诉讼法来处理解决。这体现了两类诉讼法必不可少的配合关系。

2. 人民法院在审理行政案件中，认为受行政行为处理的行政诉讼参加人的行为构成犯罪的，则要在行政案件审结后（或者先中止行政诉讼），将有关的犯罪材料移送有关的司法机关按刑事诉讼程序处理。这也体现了两类诉讼法必不可少的配合关系。

第三节 行政诉讼中的诉与诉权

一、诉的概念和特征

行政诉讼中的诉是指当事人依照法律规定，向人民法院提出的保护其合法权益的请求。在当事人之间发生行政纠纷时，作为一方当事人的公民、法人或者其他组织便可依法向人民法院提出要求通过审判方式予以保护。诉可以在人民法院和当事人之间起一种媒介作用，引起行政诉讼法律关系的发生，引起人民法院对行政纠纷的审理和裁判，以解决行政争议、保护当事人的合法权益。行政诉讼中的诉有以下几个特征：

1. 诉的主体只能是行政诉讼的当事人，即行政诉讼的当事人具有特定性。行政诉讼的原告一般是认为自己合法权益受到具有国家行政职权的机关和组织及其工作人员的行政行为侵犯的公民、法人和其他组织；被告一般是作出行政行为的具有国家行政职权的机关和组织。但不能认为有且只有公民、法人及其他组织才能向法院提出诉讼，在特殊情况下，当一个具有国家行政职权的机关和组织成了另一个具有

---

〔1〕 于安、江必新、郑淑娜编著：《行政诉讼法学》，法律出版社1997年版，第38页。
〔2〕 应松年主编：《行政诉讼法学》，中国政法大学出版社1994年版，第11~13页。

国家行政职权的机关和组织的管理相对人时，该机关和组织也应当具有行政诉讼的原告资格。

2. 诉的内容是可以请求保护的某种合法权益。该合法权益是行政实体法和行政程序法中所规定的。当事人向人民法院提出的保护其权益的请求，既要符合行政实体法和行政程序法的规定，又要符合行政诉讼法的规定，否则其提出的请求便不能成立。

3. 提起诉的前提必须是行政法律关系处于非正常状态，即只有公民、法人和其他组织与具有国家行政职权的机关和组织之间发生了行政争议，才能依法向人民法院提出要求通过审判方式予以保护的请求。

4. 诉只能向人民法院提出。人民法院代表国家行使审判权，负责处理行政纠纷案件。当事人只有向法院提出请求，法院才能通过审判方式对其合法权益予以保护。尽管具有国家行政职权的机关和组织也能依法解决行政纠纷，但其不是行使审判权，因此不能称之为诉，这种解决纠纷的活动也就不能称之为诉讼活动。

二、诉的构成要素

诉的构成要素就是构成一个诉所不可缺少的基本条件。它是使诉特定化的根据和区别各个不同诉的标志。诉的构成要素如下：

1. 诉讼当事人。诉讼当事人又称诉的主体。任何一个诉，都必须要有当事人。只有在当事人之间发生了权利义务之争，才涉及诉的问题。人民法院审理行政案件，就是解决双方当事人之间发生的行政争议，如果没有当事人，也就不可能有权利义务之争，诉也就不能成立。因此，任何一个诉都必须要有提出请求的一方，还必须要有与其相对应的一方，人民法院才能对案件进行审理。

2. 诉讼标的。所谓诉讼标的，就是当事人双方发生争议，并请求法院审理和解决的行政法律关系。行政诉讼的诉讼标的通常被人们直接指明为被诉的行政行为，这是因为行政行为集中反映了双方所争议的行政法律关系，即权利义务关系。

3. 诉讼请求。诉讼请求是指当事人向法院提出的请求法院作出某种判决的要求，诉讼请求反映了诉讼活动的性质，它是行政诉讼中诉的分类的标准之一。在行政诉讼中，对于原告方来讲，其诉讼请求可能是要求法院确认被诉的行政行为违法或无效，也可能是要求法院判决撤销被诉的行政行为，还可能是请求法院判令被告为一定行为等。而对被告方来讲，其诉讼请求与原告方对应，可能是要求人民法院确认其作出的行政行为正确、合法等。

4. 诉讼理由。诉讼理由是指当事人提出诉的事实根据和法律根据。其中的事实根据包括案件事实和证据事实；法律根据包括程序法律根据和实体法律根据。如果没有诉讼理由，诉就不能成立。

三、诉的种类

诉的种类是以诉的请求内容为标准进行的划分。诉和请求并不是同一概念。诉是请求的形式，请求是诉的内容，由于诉的请求内容的不同才有了不同的诉讼种类的划分。根据不同的标准，我们可以把诉分为不同的种类。

根据《行政诉讼法》的规定，按原告方诉的请求内容的不同，可以把中国行政诉讼中诉的种类分为确认之诉、撤销之诉、变更之诉、履行之诉、给付之诉、赔偿之诉等。

1. 确认之诉。确认之诉是原告诉请人民法院确认被诉行政机关与原告之间存在或不存在某种行政法律关系的请求。例如，作为原告的公民、法人或其他组织，认为某行政机关要求其履行某种义务是违法的，他们之间不存在履行这种义务的行政法律关系，因而诉请人民法院撤销被告要求原告履行义务的行政行为，确认当事人之间不存在这种行政法律关系。

要求确认某种行政法律关系不存在的为否定的或消极的确认之诉，原告旨在否定某种义务应由自己承担。要求确认某种行政法律关系存在的为肯定的或积极的确认之诉，原告旨在肯定行政机关对其负有某项法定职责。确认之诉的特点是：确认之诉与诉有着密切的联系，通常是其他诉的前提和基础，对其他诉具有预决的作用。

2. 撤销之诉。撤销之诉是指原告对行政行为不服，诉请人民法院撤销该行政行为的请求。撤销之诉以该行政行为违法为要件。在某行政行为不符合法定成立要件，或主要证据不足，适用法律、法规错误等情况下，公民、法人或其他组织均可提起撤销之诉。行政行为被撤销即意味着该行为自始至终都无效。对于已执行终了或非要式的行政行为均可适用撤销之诉，并可同时提起行政赔偿之诉。

3. 变更之诉。变更之诉是指原告认为行政处罚明显不当，或者其他行政行为中涉及对款额的确定、认定确有错误，诉请人民法院变更该决定的请求。由于行政诉讼以合法性审查为原则，以合理性审查为例外，因此，在我国，变更之诉的范围十分狭窄，实际上仅适用于行政处罚明显不当，或者其他行政行为中涉及对款额的确定、认定确有错误的情况，对其他行政行为不能提出变更之诉。

4. 履行之诉。履行之诉是指原告公民、法人或其他组织认为特定的行政机关对其负有特定的法定职责，诉请人民法院判决该行政机关如期履行法定职责的请求。履行之诉往往以确认判决为前提，只有确认特定的行政机关对原告负有特定的法定职责，人民法院才能作出责令履行该职责的判决。

根据《行政诉讼法》的规定，履行之诉主要有以下几种类型：要求法院判令行政机关依法发放许可证或执照；要求法院判令行政机关履行保护人身权、财产权的法定职责；《行政诉讼法》第 70 条规定，人民法院判决被告重新作出行政行为并不是原告提出的诉的请求，而是人民法院依据职权，根据不同的情况，对被告作出的判决，这不应当认定为诉的一种形式。《行政诉讼法》第 69 条规定的驳回原告诉讼请求判决也不应当被理解为诉的一种形式。

5. 给付之诉。给付之诉是指具有公法上请求权的公民、法人和其他组织对行政机关不履行给付义务的行为不服提起的行政诉讼。给付义务和履行法定职责是不相同的。行政义务不仅包括法定职责，也包括先行行为引发的义务、承诺引起的义务、合同义务、附随义务等。给付义务是法定职责以外的其他行政义务，主要表现为金钱给付，如要求法院判令行政机关依法发给社会最低生活保障费等。

6. 赔偿之诉。赔偿之诉是指原告诉请人民法院判决行政机关赔偿因行政行为对其合法权益造成的损失的请求。行政赔偿是行政机关承担的一种行政法律责任，而请求行政赔偿是一种独立的诉。值得注意的是，2014 年修正的《行政诉讼法》删除了第九章"侵权赔偿责任"的规定，但这并不意味着行政侵权行为不再可诉，而是可以直接根据 2010 年、2012 年修正后的《国家赔偿法》的有关规定提起诉讼。

四、诉的合并与分离

诉成立后，可能由于种种原因而发生变化，由此产生诉的合并和分离。

（一）诉的合并

诉的合并是指有多个当事人或一个当事人有多宗诉讼请求，或既有多个当事人又有多宗诉讼请求，且这些诉有的是不能分离的，有的虽可分离但法院为了提高审判工作效率，节省人力、物力，因而把几个诉合并在一起审理。它基于各个诉的主体或内容上的联系而把几个诉合并在一起共同审理和解决。

诉的合并一般分为诉的主体合并和诉的客体合并。诉的主体合并，是指对多个当事人的合并；诉的客体合并，是指对多宗诉讼请求的合并。诉的合并是诉的一种组合形式。诉的合并是为了简化程序，提高审判效率，防止对同样的具体行政行为作出互相矛盾的判决。

诉的合并既可因法律的强制性规定而产生，如《行政诉讼法》第 27 条规定的共同诉讼，也可因当事人的申请或法院依职权来确定。在考虑诉的合并时必须注意，不同性质的诉不能合并；不是同一审判程序的诉不能合并；不是同一法院管辖的诉不能合并。

（二）诉的分离

诉的分离是指法院将一个行政案件中已经合并受理的几个诉分开单独审理。进行诉的分离必须具备两个条件：①法院已经将几个诉合并受理；②对已经合并受理的几个诉不能或者不宜合并审理，否则将违背法律的规定或导致诉讼复杂化而不能正确审理解决。

在审判实践中，需要进行诉的分离的主要情形如下：

1. 已经受理的几个诉不属于同一法院管辖，如将其合并将违反行政诉讼法有关管辖的规定。

2. 已经受理的几个诉在诉讼标的和诉讼理由方面没有牵连关系。

3. 将几个诉合并审理会导致诉讼程序的复杂化，造成审理不便，影响及时结案。

五、诉权及其保护

诉与诉权是两个不同的概念，诉是诉权的表现形式，诉权是诉存在的基础，没有诉权，就不可能有诉。有了诉，诉权才能够得到实现。

行政诉讼中的诉权，也可称为行政诉权，是指双方当事人请求人民法院依法保护其合法权益的权利。它是行政诉讼双方当事人所享有的基本权利，是行政诉讼当事人向法院所主张的权利，其基本内容是请求法院依法保护处于争议状态的行政法上的权利，包含了程序意义的行政诉权和实体意义的行政诉权两部分。[1]诉权的实质是对司法保护的请求权。[2]掌握这一概念，应注意以下几点：

1. 它以行政实体法、行政程序法和行政诉讼法为根据。诉权是国家赋予有关行政相对人和行政机关的权利。国家通过行政实体法、行政程序法和行政诉讼法规定有关公民、法人和其他组织可以在什么情况下和在什么期限内请求法院解决行政争议，以及规定有关公民、法人、其他组织和国家行政机关起诉、应诉和参加诉讼的条件以及进行诉讼的程序。这些规定为进行诉讼活动提供了依据。

2. 它为当事人享有。诉权是法院赋予行政纠纷当事人请求法院审理和解决行政争议的权利。凡是与行政争议有直接利害关系的人都应当享有诉权，否则，他们就不能作为诉讼当事人进到行政诉讼中去，就不能诉请法院保护其行政法上的权利。由此可见，行政诉讼中的双方当事人都享有诉权。不能把诉权视为原告方独有的权利，因为原告、被告、第三人都是诉权的享有者，只不过他们享有的诉权在具体表现形式上存在差异。与民事诉讼中诉权不同的是，行政诉讼中被告即行政机关的诉权具有限制性，它不享有起诉权，也不享有反诉权，这是由行政诉讼被告的特定性所决定的。被告只能是作出行政行为的行政机关，而不能是行政相对人，这决定了行政诉讼中的被告只能处于被控的诉讼地位，只有应诉权，不享有起诉权和反诉权。

3. 诉权的取得必须具备一定的条件。如果不存在行政争议，就没有必要取得诉权；如果某一争议不能通过行政诉讼程序予以解决，争议的当事人双方就不能享有行政诉讼中的诉权；如果公民、法人、其他组织和行政机关与行政争议没有直接利害关系，也不能享有诉权。

4. 诉权的行使贯穿于诉讼的全过程。由于诉权是诉讼当事人进行诉讼活动的基本权利，离开了诉权，当事人就不能实施诉讼行为，所以，诉权的行使贯穿于诉讼的全过程。在这里，不能把行使诉权与起诉完全等同，起诉只是行使诉权的一种表现形式。

行政诉讼的诉权是当事人进行诉讼的基础，法律必须予以保护，法院也要依法保证当事人的诉权得以行使，特别是要重点保护原告方起诉权得以充分有效地行使。这是行政法治建设的要求，也是实现行政诉讼法的基本宗旨，即充分保护公民、法人或其他组织的合法权益，维护和监督行政机关依法行使职权的需要。诉权的保护

---

〔1〕 薛刚凌主编：《行政诉讼法学》，华文出版社1998年版，第200页。

〔2〕 中国目前对行政诉权的研究并不深入，从已有的资料来看，对行政诉权的认识主要有三种：第一种观点认为行政诉权是指行政起诉权或行政诉讼权利，这种权利仅为行政相对人所享有；第二种观点认为行政诉权是一种独立的权利，与行政诉讼权利相区别。主要包括起诉权、对不受理起诉的上诉权、获得裁判权三项；第三种观点认为行政诉权是双方当事人基于行政诉讼主体资格在行政诉讼过程中依法享有的全部程序性权利的总称。该观点主张行政诉权为双方当事人所享有。

具体表现在它一方面是对正确行使诉权的维护，另一方面是对滥用诉权的制裁。值得肯定的是 2014 年修正的《行政诉讼法》专门增加了一条"起诉权利的保障"。[1] 将进一步规范受案条件和受案行为、确保行政相对人的诉权作为一个重要的原则，是行政相对人实现其公法上权利的保障。

■思考题

1. 简述行政诉讼的概念与特征。
2. 简述行政诉讼与行政复议的关系。
3. 简述我国行政诉讼的历史发展。
4. 简述行政诉讼法的概念与渊源。
5. 简述行政诉讼中诉的概念、特征与种类。
6. 试述行政诉讼法的立法宗旨。
7. 试述行政诉讼中的诉权及其保护。

■推荐书目

1. 方世荣、徐银华、丁丽红编著：《行政诉讼法学》，清华大学出版社 2006 年版。
2. 马怀德主编：《司法改革与行政诉讼制度的完善——〈行政诉讼法〉修改建议稿及理由说明书》，中国政法大学出版社 2004 年版。
3. 王学辉主编：《行政诉讼制度比较研究》，中国检察出版社 2004 年版。
4. 应松年主编：《行政诉讼法学》，中国政法大学出版社 2002 年版。
5. 江必新：《中国行政诉讼制度之发展》，金城出版社 2001 年版。
6. 薛刚凌：《行政诉权研究》，华文出版社 1999 年版。
7. 于安、江必新、郑淑娜编著：《行政诉讼法学》，法律出版社 1997 年版。
8. 王名扬主编：《外国行政诉讼制度》，人民法院出版社 1991 年版。
9. 袁杰主编：《中华人民共和国行政诉讼法解读》，中国法制出版社 2014 年版。

---

[1] 2014 年《行政诉讼法》第 3 条规定："人民法院应当保障公民、法人和其他组织的起诉权利，对应当受理的行政案件依法受理。行政机关及其工作人员不得干预、阻碍人民法院受理行政案件。被诉行政机关负责人应当出庭应诉。不能出庭的，应当委托行政机关相应的工作人员出庭。"

第二十章 行政诉讼基本原则

■学习目的和要求

　　了解行政诉讼基本原则的概念和作用；具体掌握行政诉讼各项基本原则，重点把握行政诉讼的特殊原则。

第一节 行政诉讼基本原则概述

一、行政诉讼基本原则的概念

　　行政诉讼基本原则是指行政诉讼法规定的，贯穿于行政诉讼的主要过程，对行政诉讼活动起支配作用的基本行为准则。这一概念包含以下几层含义：

　　1. 行政诉讼基本原则是行政诉讼精神实质的体现，反映了立法者对行政诉讼客观规律及其内在要求的认识。行政诉讼的基本原则承载着行政诉讼的价值追求，是设立行政诉讼各项具体制度的基础。

　　2. 行政诉讼基本原则为行政诉讼法所规定，对行政诉讼活动有拘束力。行政诉讼的基本原则属法律原则，它和行政诉讼的法律规则以及法律概念一起构成行政诉讼法律规范的基本要素。行政诉讼基本原则不同于学理上概括的原则，后者尽管有理论价值，但并不拘束实际诉讼活动。

　　3. 行政诉讼基本原则是支配行政诉讼活动的基本行为准则。无论是人民法院还是诉讼当事人、其他诉讼参与人都要遵循。所有的诉讼行为都不能偏离这些原则。

　　4. 行政诉讼基本原则贯穿于行政诉讼的主要过程。行政诉讼的基本原则不同于行政法基本原则。行政法基本原则贯穿于所有行政法律制度之中，而行政诉讼基本原则仅适用于行政诉讼活动。当然，行政诉讼基本原则受行政法基本原则的规制，行政法的基本原则作为行政法的最高准则，对行政诉讼活动同样具有指导功能。

　　行政诉讼的基本原则也不同于行政诉讼的具体规则。两者虽然都对行政诉讼活动起规范作用，但行政诉讼基本原则在法律规范中处于较高层次，对行政诉讼具体规则的设定和运用起指导、统率作用。

二、行政诉讼基本原则的确立依据

　　行政诉讼基本原则的确定、行政诉讼基本原则体系的建立，要有相应的理论依据。这里既要考虑行政法的基本原则、行政诉讼活动的内在要求，也要反映行政诉讼的价值追求，并服务于行政诉讼的目的。行政诉讼基本原则的确立依据具体如下：

（一）行政法的基本原则

行政诉讼基本原则的确立，要以行政法基本原则为指导，这是由行政诉讼法与行政法的关系决定的。从实质上说，行政诉讼法是行政法的重要组成部分，两者不是并列的关系。行政法基本原则是行政法价值的体现，反映了行政法的基本精神，这在很大程度上决定着行政诉讼的基本原则。

（二）行政诉讼的特殊性

行政诉讼的特殊性主要表现在两个方面：

1. 诉讼当事人之间的关系特殊。在行政诉讼中，原告一方是行政相对人，被告一方是作为管理者的行政机关。这里的行政机关要作广义解释，包括行政机关，也包括法律、法规、规章授权的组织。行政机关根据法律设定的行政权力，可以命令相对人为一定的行为或不为一定的行为，并拥有相应的手段以确保相对人对其命令的执行，而相对人必须服从行政机关的管理。虽然，现代行政已倾向于为相对人提供越来越多的服务，但相对人权利的实现取决于行政机关对其职责的履行。行政机关与相对人之间的权力支配关系不可能从根本上消失。这种权力支配关系虽然不能延伸到行政诉讼领域，但对行政诉讼仍会产生影响。

2. 人民法院和被告行政机关的特殊关系。人民法院和行政机关都是国家机关，都是国家权力的承担者。人民法院依法享有司法权，行政机关行使行政权。行政诉讼不单纯是为了解决行政争议，还在于通过诉讼实现人民法院对行政机关的监督，实现司法权对行政权的制约。这里，需要在司法权和行政权之间划清界限。司法权既不能直接决定行政权的大小和行政权应当如何行使，也不得干扰、代行行政权，只能对行政权的运作进行合法性监督。通过审查行政行为，并通过撤销违法的行政行为等形式来达到对行政权的制约。

确定行政诉讼的基本原则时，需要考虑其特殊性。①基于当事人之间的特殊关系，应给予相对人更充分的程序保障，以保障行政诉讼的公正。②要正确处理行政权和司法权的特殊关系，确保司法权对行政权的监督，保障行政法治的实现。

（三）行政诉讼的价值与目的

行政诉讼的价值包括两方面：①行政诉讼要实现法的一般价值，如自由、权利、平等和秩序等，尤其要促成行政机关和公民之间新型行政关系的建立。在这种新型关系中，公民处于主体地位。公民的独立人格、独立意志、独立利益应当得到充分肯定，并受到法律的保护。行政机关的行为受到法律的控制。②行政诉讼还有其自身特殊的价值追求，如行政诉讼程序的公正和效率等。行政诉讼基本原则的确立，应当承载、协调上述诸项价值。

行政诉讼基本原则的确立也要考虑行政诉讼的目的。因为从某种程度上说，行政诉讼的基本原则是连接行政诉讼的目的与行政诉讼具体制度的中介和桥梁。关于行政诉讼的目的，我们将在以后章节中详细阐述。

基于上述确立依据，《行政诉讼法》第 4～11 条对行政诉讼的基本原则作了明确规定。

三、行政诉讼基本原则的作用

行政诉讼基本原则一旦为立法所确认，就具有指导和规范行政诉讼活动的作用。具体地说，行政诉讼基本原则的作用表现在以下几个方面：

（一）指导行政诉讼规则体系的建立

行政诉讼基本原则在调整、规范行政诉讼活动方面具有重要作用，对行政诉讼规则体系的建立具有直接的指导意义：①行政诉讼基本原则决定了行政诉讼的基本框架和结构。在基本原则的指导下，行政诉讼的各项规则得以确立，人民法院及诉讼当事人在诉讼中的地位得以明确，从而决定着行政诉讼的基本框架和结构。②行政诉讼的基本原则影响到行政诉讼各项具体制度的建立。基本原则是行政诉讼基本精神的浓缩和概括，而具体制度则是行政诉讼基本精神的具体化。行政诉讼的各项具体制度，如当事人制度、证据制度、审理程序等，都受行政诉讼基本原则的制约。

（二）有助于对行政诉讼规范的理解和实施

行政诉讼基本原则是行政诉讼精神实质的集中体现。因而，只有从基本原则出发，才能深刻地理解行政诉讼各种具体规范的要旨，并作出合理解释。此外，行政诉讼基本原则有利于协调解决具体规范之间的冲突。由于各种原因，具体规范有时会发生冲突，这就需要根据行政诉讼的基本原则来加以解决。

（三）规范行政诉讼各方的诉讼行为

行政诉讼基本原则虽然不如具体规范那样具有直接的操作性，但同样对行政诉讼各方的诉讼行为有着重要的规范作用：①行政诉讼基本原则是行政诉讼最基本的行为准则，行政诉讼各方都必须遵守。无论是人民法院还是诉讼当事人，实施诉讼行为时都不能背离行政诉讼的基本原则。②当某些诉讼行为缺乏法律规定或法律规定不完全时，行政诉讼基本原则可直接作为诉讼的依据。

行政诉讼的基本原则并不孤立存在，而是相互联系的。所有的行政诉讼基本原则构成一个整体，共同发挥作用。

第二节 行政诉讼的各项基本原则

行政诉讼的基本原则共有八项，即人民法院依法独立行使行政审判权原则；以事实为根据、以法律为准绳原则；对行政行为实施合法性审查原则；合议、回避、公开审判和两审终审原则；当事人法律地位平等原则；民族语言文字原则；辩论原则，以及人民检察院实行法律监督原则。

一、人民法院依法独立行使行政审判权原则

人民法院依法独立行使审判权，是我国宪法规定的一项司法原则。这一原则同

样适用于行政诉讼。《行政诉讼法》第4条第1款规定："人民法院依法对行政案件独立行使审判权，不受行政机关、社会团体和个人的干涉。"人民法院独立行使行政审判权原则主要包括以下内容：

1. 行政审判权由人民法院统一行使。行政审判权是法定国家机关根据诉讼当事人的请求，并在双方当事人的参加下，依照诉讼程序居中审理、裁判行政争议的权力。行政审判权是国家权力的重要组成部分，具有统一性和完整性。对外，统一行使行政审判权是国家主权的体现，外国人、无国籍人以及外国组织在中国进行行政诉讼，要由人民法院审判；对内，行政案件的审判权统一由人民法院行使。人民法院统一行使审判权是司法公正的基本要求，有利于及时正确地解决行政争议。就其内容而言，行政审判权具体包括行政案件的主管权和管辖权、受理权、取证权和采纳证据权、对事实问题的认定权、解释和适用法律的权力、诉讼活动的主持权以及判决权和裁定权等。

2. 独立审判的主体是人民法院。这里既不是指审判员独立审判，也不是指合议庭独立审判，而是指由人民法院作为一个整体独立地行使行政审判权。

3. 人民法院行使行政审判权，必须依法进行。人民法院审理行政案件的全部过程，从最初对起诉的受理，到对行政行为的实质性审查，以及对判决的执行都要严格依法进行。行政审判权，既包含羁束的权力，也包含自由裁量的权力。当人民法院行使自由裁量权时，还须公正合理，不得滥用权力。

4. 人民法院行使行政审判权，不受行政机关、社会团体和个人的干涉。由于行政诉讼的一方当事人是行政机关，而行政机关与人民法院同为国家机关，并有着密切的联系，因而，行政审判必须排除来自行政机关的干扰。同样，为保证行政审判的独立和公正，也要排除社会团体和其他个人的干涉。此外，虽然行政审判要接受国家权力机关和新闻舆论的监督，但为确保行政审判的独立，国家权力机关的监督和新闻舆论的监督都不得提前介入。

人民法院依法独立行使行政审判权原则是行政诉讼的重要原则之一，但从目前的情况来看，无论在认识上还是在制度保障方面都还存在着不足。因而，需要提高对此原则的认识，且需要在制度上加以落实和保障。

二、以事实为根据，以法律为准绳原则

以事实为根据，以法律为准绳原则，适用于三大诉讼。《行政诉讼法》第5条规定："人民法院审理行政案件，以事实为根据，以法律为准绳。"该原则虽然是三大诉讼共有的原则，但在行政诉讼中具有特定的含义。

（一）以事实为根据

行政诉讼是对有争议的行政行为进行合法性审查。由于行政行为本身是对当事人有关事实行为的处理，因而，进入行政诉讼程序的有两类事实：第一类是相对人的有关事实，包括状况事实和行为事实，如相对人的违法事实。第二类是行政机关在行政过程中收集的、并提交给人民法院的证据事实。在行政诉讼中，"以事实为根据"应当理解为以行政机关在诉讼过程中提交的证据事实为依据，以此来判断行政行为认定的事实是否存在。这里不能把它理解为以客观存在的事实为根据。当然，行政机关提交的证据事实经法庭查证属实的才能采用。

由行政诉讼的目的所决定，行政诉讼是审查行政行为所认定的事实是否存在，而不是审查相对人的有关事实，或者说最原始的事实。而刑事诉讼、民事诉讼中要查清的是原始的事实，如犯罪嫌疑人有无犯罪事实、民事诉讼当事人主张的事实是否存在。

（二）以法律为准绳

以法律为准绳，要求人民法院正确地适用法律，对行政行为的合法性作出判断和裁决。在行政诉讼中，"以法律为准绳"也有特定的含义。这里的法律必须从广义上理解，它不仅包括全国人民代表大会及其常务委员会制定的法律，还包括行政法规、地方性法规。[1]相比之下，刑事诉讼中所适用的法律限于严格意义上的法律，即由全国人民代表大会及其常务委员会制定的规范性文件。在民事诉讼中，法律虽可以作广义理解，但民事诉讼法并没有严格规定行政法规和地方性法规是民事审判的依据，人民法院对是否适用行政法规和地方性法规有较大的自由裁量权。不过行政诉讼中，某些特定情况下也需要对"法律"进行狭义解释，比如《行诉解释》第2条规定《行政诉讼法》第13条第4项中所规定的"法律规定由行政机关最终裁决的行政行为"中的"法律"，特指全国人民代表大会及其常务委员会制定、通过的规范性文件。

三、合法性审查原则

这一原则是指人民法院审理行政案件，对行政行为是否合法进行审查。该原则规定在《行政诉讼法》第6条中。对行政行为实施合法性审查原则是行政诉讼中极为重要、也是行政诉讼特有的一个原则，它对行政诉讼的每个环节、各个方面都起着指导作用。

（一）合法性审查原则的内容

合法性审查原则的内容主要有以下两项：

1. 人民法院依法审理行政案件，有权对被诉的行政行为是否合法进行审理并作出裁判。行政行为的合法性审查的标准既包括行政行为是否符合主体、权限、内容和程序等方面的法律规定，也包括行政行为是否符合法律规定的内在精神和要求，是否符合法律的目的。

2. 行政诉讼原则上只审查行政行为的合法性，对合理性问题一般不涉及。所谓行政行为的合理性，是指对行政机关在其法定的自由裁量范围和幅度内作出的行政行为是否准确、适当。对此，法院原则上是不会干涉的，但是面对行政权的日益扩

[1]　《行政诉讼法》第63条规定："人民法院审理行政案件，以法律和行政法规、地方性法规为依据……"在我国，行政法规、地方性法规、自治条例、单行条例统称为"法规"。

张，为了更好地保护行政相对人的权利，行政诉讼制度逐步向加强对行政自由裁量权的监督和制约的方向发展。修正后的《行政诉讼法》在坚持合法性审查原则的前提下，对合法性原则的内涵作了扩大解释，即将行政行为因滥用自由裁量权而导致的明显不当的行政行为也作为违法行为。对于明显不当的行政行为，行政诉讼法规定人民法院可以判决撤销或者部分撤销，并可以判决被告重新作出行政行为。

行政诉讼只能是合法性审查，这一特点是由司法权和行政权的关系所决定的。在我国，行政权以及司法权都由国家权力机关的权力派生，受国家权力机关制约。行政权与司法权彼此独立，各有自己的活动领域。只是由于行政诉讼法的特别授权，司法权才能通过自身的运作实现对行政权的监督。因而，司法权对行政权的监督只能限于合法性。否则，国家职能分工的平衡状态将被打破。在行政诉讼中，人民法院应当依法行使行政审判权，对违法的行政行为予以撤销，对行政机关在法定权限内的活动予以尊重。司法权不得干预行政权、影响行政权的正常运作，更不能代替行政权。

值得注意的是，修正后的《行政诉讼法》将受案范围扩展到了行政协议，对行政协议是进行合法性审查还是也包括有效性及合理性的审查，需要实践来探索。

（二）合法性审查原则的意义

合法性审查原则的确立具有重大意义，具体表现在以下三个方面：

1. 该原则在法律上首次明确了司法权对行政权的制约，对我国走向法治之路具有推动作用。按照我国《宪法》的规定，行政机关从属于国家权力机关，受后者的监督和制约，但这种制约有很大局限。从国家权力机关的性质、组织机构及其工作人员的技术知识来看，国家权力机关难以对行政机关实施全面监督。因而，有必要另辟蹊径，授权司法机关对行政行为进行合法性监督。这种制度化的外在监督机制，可以促进行政机关依法行政。

2. 该原则对行政诉讼活动具有指导意义：①制约着行政诉讼的受案范围。行政诉讼只解决因行政行为合法性问题引起的行政争议，相对人对行政行为不服的，才能提起行政诉讼。②决定了行政诉讼的审理对象、审理范围、审理方式和审理标准等。③决定着行政诉讼判决的种类和范围，如撤销判决为行政诉讼所独有，是合法性审查的必然结果。此外，这一原则对被告行政机关提供证据的范围，以及行政案件的执行等都有制约作用。

3. 该原则是对依法行政原则部分内容的肯定，为行政活动确立了一项基本标准。行政机关必须在法定范围内活动，违法越权无效。虽然法学界公认依法行政原则是行政法最重要的原则，但在行政诉讼法颁布前，除了宪法的抽象规定外，没有具体法律对此予以规定。行政诉讼法从特定的角度肯定了依法行政的原则。根据该原则，违法的行政行为无效，并将导致被撤销的后果。

四、合议、回避、公开审判和两审终审原则

合议、回避、公开审判和两审终审原则存在于三大诉讼之中。这些原则由于有具体的制度对应，所以又被称为行政诉讼的基本制度。

（一）合议原则

合议原则是指人民法院对行政案件的审理，由审判员或审判员与陪审员依照法定人数和组织形式组成合议庭进行。这一原则是宪法规定的民主集中制原则在行政审判中的具体体现。《行政诉讼法》第 7 条规定了该原则，并于第 68 条明确规定了第一审程序中合议庭的组成："人民法院审理行政案件，由审判员组成合议庭，或者由审判员、陪审员组成合议庭。合议庭的成员，应当是 3 人以上的单数。"另外依据《行诉解释》第 119 条第 2 款的规定，再审案件，应当另行组成合议庭。对于第二审合议庭的组成，《行政诉讼法》没有具体规定，根据附则第 101 条的规定，该部分内容可参见民事诉讼法的有关规定。合议庭与审判委员会的关系不是行政领导关系，而是指导监督关系。审判委员会在审判业务上对合议庭进行指导和监督。

行政审判实行合议制是原则，独任审是例外。《行政诉讼法》第 82 条第 1 款规定："人民法院审理下列第一审行政案件，认为事实清楚、权利义务关系明确、争议不大的，可以适用简易程序：①被诉行政行为是依法当场作出的；②案件涉及款额 2000 元以下的；③属于政府信息公开案件的。"同条第 2 款规定："除前款规定以外的第一审行政案件，当事人各方同意适用简易程序的，可以适用简易程序。"适用简易程序审理的案件，由审判员一人独任审理，不实行合议制，这一点与民事诉讼法和刑事诉讼法的相关规定是一致的。

（二）回避原则

回避是诉讼公正的内在要求。在行政诉讼中，回避原则是指承办行政案件的审判人员和其他有关人员遇有法律规定应当回避的情形时，应当经过法定程序退出行政诉讼活动。回避不仅适用于审判人员，也适用于书记员、勘验人、鉴定人和翻译人员等。《行政诉讼法》第 7 条和第 55 条分别对回避作了明确规定。根据《行政诉讼法》第 55 条的规定，回避的条件是审判人员或其他有关人员与本案有利害关系或者有其他关系可能影响公正审判。此外，《刑事诉讼法》第 30 条的规定，对行政诉讼也有借鉴意义。《刑事诉讼法》第 30 条规定："审判人员、检察人员、侦查人员不得接受当事人及其委托的人的请客送礼，不得违反规定会见当事人及其委托的人。审判人员、检察人员、侦查人员违反前款规定的，应当依法追究法律责任。当事人及其法定代理人有权要求他们回避。"回避分为自行回避和申请回避两种。前者指符合法律规定的人员主动申请回避，后者指诉讼当事人申请审判人员和其他人员回避。关于回避的申请和决定程序，《行诉解释》第 74 条规定：当事人申请回避，应当说明理由，在案件开始审理时提出；回避事由在案件开始审理后知道的，应当在法庭辩论终结前提出。被申请回避的人员，在人民法院作出是否回避的决定前，应当暂停参与本案的工作，但案件需要采取紧急措施的除外。对当事人提出的回避申请，人民法院应当在 3 日内以口头或者书面形式作出决定。对当事人提出的明显不属于法定回避事由的申请，法庭可以依法当庭驳回。申请人对驳回回避申请决定不服的，可以向作出决定的人民法院申请复议一次。复议期间，被申请回避的人员不停止参与本案的工作。对申请人的复议申请，人民法院应当在 3 日内作出复议决定，并通知复议申请人。另外《行诉解释》第 75 条还规定：在一个审判程序中参与过本案审判工作的审判人员，不得再参与该案其他程序的审判。发回重审的案件，在一审法院作出裁判后又进入第二审程序的，原第二审程序中合议庭组成人员不受第 75 条第1 款规定的限制。

（三）公开审判原则

公开审判是我国宪法确定的一项基本原则。在行政诉讼中，公开审判原则是指人民法院审理行政案件，除法律规定的特殊情况外，一律公开进行。这一原则规定在《行政诉讼法》第 7、54 条中。《行政诉讼法》第 54 条规定："人民法院公开审理行政案件，但涉及国家秘密、个人隐私和法律另有规定的除外。涉及商业秘密的案件，当事人申请不公开审理的，可以不公开审理。"公开审判原则包括两项内容：①审判过程公开；②审判结果公开。公开审判要求人民法院的审判活动应当对社会公开，其实质意义在于将人民法院的审判活动置于诉讼当事人及广大群众的监督之下，以确保审判的公正。

（四）两审终审原则

在行政诉讼中，两审终审原则是指行政案件经过两级人民法院的审理即告终结。《行政诉讼法》第 7 条对此作了规定。按照这一原则，当事人对第一审行政判决、裁定不服的，可以向上一级人民法院提起上诉，启动第二审程序。第二审人民法院的判决、裁定是终局判决、裁定，对此，当事人不得再提起上诉。另外，最高人民法院是国家最高审判机关，最高人民法院作出的一审判决、裁定，当事人不得上诉。至于在我国存在的审判监督程序，不是每个案件的必经程序，与两审终审原则不相冲突。

五、当事人法律地位平等原则

当事人法律地位平等是民事诉讼和行政诉讼共有的原则。这一原则是指在行政诉讼中，双方当事人平等地行使诉讼权利，其合法权利平等地受人民法院的保护。该原则规定在《行政诉讼法》第 8 条中，并在行政诉讼的具体制度中有充分体现。贯彻这一原则，需要注意两点：

1. 在行政诉讼中，当事人双方的诉讼法律地位是平等的，没有高低之分，共同受人民法院裁判的约束。在行政诉讼的双方当事人中，一方是行政机关，它在行政管理活动中代表国家行使行政权力，处于管理者的地位；另一方是公民、法人或者其他组织，他们在行政管理活动中处于被管理者的地位，是行政管理的相对人。但是，当双方发生行政争议依法进入行政诉讼程序后，他们之间就由原来的管理者与被管理者的关系，转变为平等的行政诉讼关系，成为诉讼当事人。在整个行政诉讼中，作为诉讼当事人的相对人和行政机关的法律地位是平等的，他们都是诉讼主体，无高低贵贱之分，无法外特权。需要注意的是，在行政诉讼中，公共利益和个人利益的协调问题较为突出。有些行政行为的动机是好的，但行为本身违法。在这种情况下，人民法院应当撤销违法的行政行为，不能过多考虑公共利益而偏离行政诉讼的宗旨。行政机关依法行政应当说是最大的利益。

2. 行政诉讼当事人的法律地位平等，与民事诉讼当事人法律地位平等不完全相同。它表现为行政诉讼的双方当事人的诉讼权利与义务不完全对等，如被告行政机关没有起诉权，也没有反诉权，而且被告行政机关负主要举证责任。这些规定体现了行政诉讼的特点。因为在行政诉讼中，作为被告的行政机关由于手握行政权力而处于强势地位，相比之下，作为原告一方的公民、法人或者其他组织则处于弱势地位，所以法律需要在诉讼权利、义务的规定上对原告一方予以倾斜性保护，以达到其与被告的行政机关一方在实质上的平等。

六、民族语言文字原则

民族语言文字原则是宪法原则在三大诉讼中的体现。《行政诉讼法》第 9 条明确规定了这一原则。在行政诉讼中，允许当事人用本民族语言文字进行诉讼，是各民族平等的具体表现，任何民族都不能把自己的语言文字强加给别的民族。使用本民族语言文字进行诉讼原则具体包括三方面的内容：

1. 用本民族的语言文字进行诉讼是各民族公民的法定权利，任何人无权限制各民族公民享有该项权利。

2. 人民法院在少数民族聚居或者多民族共同居住的地区审理行政案件和发布法律文书时，应当采用当地民族通用的语言文字。

3. 人民法院应当为不通晓当地民族通用的语言文字的诉讼参与人提供翻译。

人民法院在行政诉讼中违背该项原则的属程序违法，可导致判决、裁定无效。

七、辩论原则

辩论原则是三大诉讼共有的原则，但在刑事诉讼中被辩护原则取而代之。在行政诉讼中，辩论原则是指在人民法院的主持下，当事人有权就行政案件的事实和法律问题，陈述各自的主张和意见，互相进行反驳和答辩。《行政诉讼法》第 10 条规定："当事人在行政诉讼中有权进行辩论。"辩论原则的确立是当事人诉讼主体地位的体现，也是诉讼公正的要求。通过双方当事人的辩论，人民法院可以迅速查明案件事实，有利于行政案件的解决。辩论原则包括以下内容：

1. 在行政诉讼中，只有诉讼当事人享有辩论权，即行政诉讼的原告、被告、第三人、共同诉讼人才有权进行辩论。当然，当事人的辩论权可通过法定代理人或委托代理人行使。

2. 当事人辩论的内容，既包括实体问题，也包括程序问题；既可涉及事实问题，也可涉及法律问题。辩论是全方位的。

3. 当事人辩论的方式包括言辞和书面两种。在审理前的准备阶段，一般采用书面形式辩论；在开庭审理阶段，则直接实行言辞辩论。行政诉讼的第二审大多采用书面审理，因而，在第二审中，主要是实行书面辩论。

八、人民检察院实行法律监督原则

人民检察院是我国的法律监督机关，它在刑事诉讼、民事诉讼和行政诉讼中都承担着法律监督职能。《行政诉讼法》第 11 条规定："人民检察院有权对行政诉讼实行法律监督。"《行政诉讼法》第 93 条借鉴了《民事诉讼法》第 208 条的规定，细化了抗诉的条件和程序，扩大了抗诉的范围，增加了再审建议和其他检察建议。人民检察院实行法律监督原则，主要是为了保障行政诉讼活动依法进行。在我国目前司法制度还不完善的情况下，加强行政诉讼的法律监督非常重要。

人民检察院实行法律监督的范围十分广泛，既可以针对人民法院的审判行为和执行行为，也可以针对诉讼当事人的诉讼行为。根据《行政诉讼法》第 93 条的规定，人民检察院实行法律监督的主要方式是抗诉。最高人民检察院对各级人民法院已经发生法律效力的行政判决、裁定，上级人民检察院对下级人民法院已经发生法律效力的行政判决、裁定，发现违反法律、法规规定的，应当按照审判监督程序提出抗诉。地方各级人民检察院对同级人民法院已经发生法律效力的行政判决、裁定，发现违反法律、法规规定的，应当建议上级人民检察院提出抗诉。人民检察院提出抗诉的案件，应当派员出席法庭，对诉讼活动是否合法进行监督。为了促进司法公正，本条还增加了"检察建议"的监督方式，包括再审检察建议和其他检察建议。检察建议有别于抗诉。抗诉必然引起再审，而检察建议不必然引起再审。《行诉解释》第 126 条、《最高人民法院、最高人民检察院关于对民事审判活动与行政诉讼实行法律监督的若干意见（试行）》第 7 条和第 10 条规定了法院对再审检察建议和其他检察建议的处理问题。

■思考题

1. 简述行政诉讼基本原则的概念和作用分别是什么。
2. 简述行政诉讼基本原则。
3. 简述合法性审查原则的内容和意义。

■推荐书目

1. 马怀德主编：《行政诉讼原理》，法律出版社 2009 年版。
2. 马怀德主编：《司法改革与行政诉讼制度的完善》，中国政法大学出版社 2004 年版。
3. 胡建淼主编：《行政诉讼法修改研究——〈中华人民共和国行政诉讼法〉法条建议及理由》，浙江大学出版社 2007 年版。

第二十一章 行政诉讼受案范围与管辖

■学习目的和要求

　　通过本章学习，了解行政诉讼受案范围的含义、确立方式与标准；准确掌握并运用现行法对行政诉讼应受理的各类案件和不予受理的各类事项的规定；了解行政诉讼级别管辖、地域管辖和裁定管辖的概念及其具体内容，全面掌握行政诉讼的级别管辖、地域管辖和裁定管辖的法律规定并能将其正确运用于解决实践问题。

第一节　行政诉讼受案范围

一、受案范围的概念

　　行政诉讼受案范围，也称法院的主管范围，指人民法院受理行政案件的范围，即法律规定的、法院受理一定范围内行政案件的权限。

　　在行政管理活动中，行政机关的行政行为是多种多样的，行政机关与公民、法人或者其他组织之间发生的行政争议也是多种多样的，从世界各国的行政诉讼制度的基本情况来看，并非行政机关的全部行政行为都可以被起诉，也并非所有的行政案件都由行政诉讼来处理解决。由此就发生了行政诉讼的受案范围问题。

　　哪些行政案件属于行政诉讼的受案范围？为何把这些行政案件划归行政诉讼的受案范围而将其他一些行政案件排除在行政诉讼的范围之外？对此，各国基于不同的政治、经济、文化、法律条件乃至历史的原因等，可能会有不同的规定。受案范围不仅是明确法院可以受理哪些行政案件的问题，还具有以下几个方面的重要意义：①受案范围是法院对行政机关行政活动实施司法审查的权限范围，行政诉讼是法院监督、审查行政机关行政职权活动的法律制度，法院能受理哪个范围的行政案件，同时也就意味着能对行政机关哪个范围的行政活动具有监督、审查的权限；②受案范围同时也是公民、法人或者其他组织的合法权益能受到司法补救的范围以及他们诉权的范围；③受案范围决定着法院与权力机关、行政机关在处理解决行政案件上的合理分工。此外，受案范围对法院正确履行应有职责和对当事人正确有效行使诉讼权利也是一种重要的保障。明确行政诉讼的受案范围，即明确法院在受理行政案件上的职责范围，便于法院及时、正确地受案，防止和减少其因职责范围不清而错误受案或推诿受案的现象发生。同时，明确行政诉讼的受案范围，也有利于公民、法人或其他组织在认为自己合法权益受行政机关行政行为侵犯后，能及时、有效地行使诉讼权利。

二、行政诉讼法受案范围的扩展

从我国行政诉讼制度的发展看，行政诉讼受案范围是不断扩大发展的。1989 年 4 月 4 日第七届全国人民代表大会通过的《行政诉讼法》所规定的受案范围主要涉及侵害人身权和财产权的具体行政行为。这个范围的确立，考虑到了当时的实际情况，即行政法还不完备，人民法院行政审判庭还不够健全，行政诉讼法规定"民可以告官"，有观念更新问题，有不习惯、不适应的问题，也有承受力的问题，因此，对受案范围现在还不宜规定得太宽，而应逐步扩大，以利于行政诉讼制度的推行。1991 年 5 月 29 日，最高人民法院通过了《关于贯彻执行〈中华人民共和国行政诉讼法〉若干问题的意见（试行）》（以下简称《若干意见》），该司法解释针对具体行政行为的狭义解释，事实上对行政诉讼受案范围作了一定程度的限制。1999 年 11 月 24 日通过的《最高人民法院关于执行〈中华人民共和国行政诉讼法〉若干问题的解释》（以下简称《若干解释》）取消了《若干意见》中一些不适当的限制，在某些方面还作了相应的扩张。随着我国民主政治和法治建设的发展，公民权利意识的不断增强，为了进一步重视和加强行政案件受理，依法保护当事人诉讼权利，切实解决行政诉讼"告状难"问题，最高人民法院在 2009 年 11 月 9 日出台的《关于依法保护行政诉讼当事人诉权的意见》中提出："凡是行政诉讼法明确规定的可诉性事项，不得擅自加以排除；行政诉讼法没有明确规定但有单行法律、法规授权的，也要严格遵循；法律和司法解释没有明确排除的具体行政行为，应当属于人民法院行政诉讼受案范围。不仅要保护公民、法人和其他组织的人身权和财产权，也要顺应权利保障的需要，依法保护法律、法规规定可以提起诉讼的与人身权、财产权密切相关的其他经济、社会权利。"同时，针对不断拓展的行政管理领域，不断丰富的行政行为方式，最高人民法院还规定："要依法积极受理行政给付、行政监管、行政允诺、行政不作为等新类型案件；依法积极受理教育、劳动、医疗、社会保障等事关民生的案件；依法积极受理政府信息公开等涉及公民其他社会权利的案件；积极探讨研究公益诉讼案件的受理条件和裁判方式。"这些指导性意见无疑对补充、完善行政诉讼的受案范围发挥了积极的作用。2014 年 11 月 1 日通过了《全国人民代表大会常务委员会关于修改〈中华人民共和国行政诉讼法〉的决定》，其中受案范围在原《行政诉讼法》的基础上已作了很大的突破，极大地拓宽了行政诉讼的受案范围。新《行政诉讼法》[1]在受案范围上的突破具体表现如下：

---

[1] 2017 年 6 月 27 日，《全国人大常委会关于修改〈中华人民共和国民事诉讼法〉和〈中华人民共和国行政诉讼法〉的决定》对《行政诉讼法》第 25 条增加一款，但相较 2014 年的改动，幅度很小，在此不过多阐述。"新""原"之别主要以 2014 年修正为截点。

1. 扩大人民法院所审查的行政行为范围。新《行政诉讼法》将"具体行政行为"统一扩展为"行政行为"，即第 2 条规定的"公民、法人或者其他组织认为行政机关和行政机关工作人员的行政行为侵犯其合法权益，有权依照本法向人民法院提起诉讼"，这种规定是对行政诉讼受案范围作出的总的原则性概括，它说明行政诉讼是因为行政机关的行政行为所引起的，只要公民等一方对行政行为不服的，就能提起行政诉讼。在具体列举行政行为的种类有哪些，新《行政诉讼法》与旧《行政诉讼法》的规定是不完全相同的。首先，新《行政诉讼法》在具体列举表述上没有原《行政诉讼法》第 11 条规定的"人民法院受理公民、法人和其他组织对下列具体行政行为不服提起的诉讼"，而是规定"人民法院受理公民、法人或者其他组织提起的下列诉讼"，这种变化考虑到随着行政管理职能的扩大，行政行为的内涵和外延会随之发展的情况。其次，行政行为的种类有所扩大，增加了一些新行为。原《行政诉讼法》规定的可诉行为体现在行政机关的行政处罚、行政强制措施、行政许可、侵犯经营自主权、不依法发放抚恤金、违法要求履行义务以及不履行保护人身权和财产权等 8 类具体行政行为，此外，单行法律、法规规定了一些可以诉讼的其他具体行政行为。而新《行政诉讼法》具体列举了 12 种行政行为，除原《行政诉讼法》规定的行政行为以外，新增加的行政行为包括：行政强制执行行为；对行政机关自然资源的确认行为；征收征用及补偿决定行为；侵犯农村土地承包经营权、农村土地经营权行为；行政机关滥用行政权力排除或者限制竞争的行为；行政机关违法集资、摊派费用的行为；行政机关没有依法支付最低生活保障待遇或者社会保险待遇的行为；行政机关不依法履行、未按照约定履行或者违法变更、解除政府特许经营协议、土地房屋征收补偿协议等协议的行为等。

2. 扩大对公民等行政相对人合法权益的保护范围。原《行政诉讼法》只注重对公民等行政相对人人身权和财产权的保护，而未考虑对其他权益的全面保护，这使得对相对人权益保护范围过窄。新《行政诉讼法》则在保护行政相对人权益方面大大拓宽了行政诉讼范围，不限于只涉及行政相对人的人身权、财产权，而可以是各种各样的合法权益，如政治权利和自由、受教育权、劳动权、休息权、社会保障权以及其他各方面的权利。如新《行政诉讼法》第 12 条第 1 款第 12 项概括规定"认为行政机关侵犯其他人身权、财产权等合法权益的"也可以提起诉讼，也就是说，凡因行政机关行政行为涉及公民等一方合法权益而形成的行政案件，则都属于行政诉讼的受案范围，人民法院都应予以受理。

3. 部分抽象行政行为被纳入行政诉讼一并审查的范围。原《行政诉讼法》没有规定公民、法人或者其他组织在提起行政诉讼时可以要求审查抽象行政行为，新《行政诉讼法》实现了这一突破，明确赋予公民、法人或者其他组织对有关抽象行政行为进行监督的启动权，即当公民、法人或者其他组织认为行政机关的行政行为所依据的规范性文件不合法，在对行政行为提起诉讼时，可以一并向人民法院提出对该规范性文件的审查。通过行政诉讼来监督行政机关制定的规范性文件的合法性问题，对于纠正行政机关违法行政行为，充分保护公民、法人或者其他组织的合法权益，是具有重要意义的。

三、受案范围的标准和方式

（一）受案范围的标准

一国行政诉讼制度对其受案范围的确定，取决于该国各方面的条件。在政治制度上，国家政治体制中各国家机关的地位及对国家权力的分工关系、宪政制度的发展水平等对法院拥有司法审查权的范围是有决定作用的。我国行政诉讼的受案范围的确立不能主观臆想，同样要取决于我国政治、经济、文化以及法制水平的实际状况，它应当符合以下标准：

1. 符合我国政治制度的特点。我国是人民民主专政的国家，政体上实行人民代表大会制度，人民代表大会是国家的权力机关，行政机关由权力机关产生，受权力机关监督，对权力机关负责，是权力机关的执行机关。基于此，对于宪法和有关组织法规定的、属于权力机关职权范围内的事项，如受理并审查、撤销行政机关违宪和违法的行政立法事项，就不属于人民法院行政诉讼的受案范围。

2. 最大限度地保护公民、法人或者其他组织的合法权益，同时要处理好与行政机关在解决行政案件上的合理分工。一般而言，行政诉讼受案范围越广泛，它所保护的公民、法人或者其他组织合法权益的范围也就越广泛，为此，在确立受案范围时应尽可能扩展范围以充分发挥行政诉讼的作用，不仅要保护公民、法人和其他组织的人身权和财产权，也要保护政治权利和其他经济、社会权利。但是受案范围的确定也必须考虑到我国行政诉讼制度发展的实际情况，不能任意扩大。为此，在扩大行政诉讼受案范围的同时，对目前由行政机关自己处理解决的内部人事行政争议等则可不列入行政诉讼的受案范围。

3. 稳定性和灵活性相结合。为了保证人民法院在受案上明确职责和充分行使职权，保障公民、法人或者其他组织能有效行使诉讼权利，行政诉讼受案范围的确定应相对稳定，即尽量对哪些行政案件属于行政诉讼受案范围，哪些行政案件不属于行政诉讼受案范围作出具体、明确和固定的规定，保持其稳定性。但为了适应一些可能出现的特殊情况和将来会发生的新现象，在受案范围上又需要有一定的灵活性，不能作僵死的规定。为此，在确定行政诉讼受案范围时，对现行可以受案的行政案件要作出稳定明确的规定，对那些未来可能发展但目前尚不能预见的行政争议，则需采取灵活的方式，原则上的规定可由今后制定的单行法律、法规确定列入行政诉讼受案范围。

（二）受案范围的确立方式

受案范围需要运用一定的方式才能得到明确的表达，这种方式越科学，受案范围的划定就越准确。世界各国的行政诉讼制度对受案范围的确立方式是不完全相同的。有些国家以判例来确立受案范围，即某一行政案件是否归于法院的受案范围，以其是否符合由法院判例形成的一些规则来决定，如英、美、法等国主要就是采用这种方式。有些国家则主要以制定法来明确规定受案范围，大多数大陆法系国家都是如此。以制定法来明确规定受案范围又有不同的方式，主要可分为概括式、列举式和混合式等几种。概括式是由统一的行政诉讼法典对受案范围作原则性、概括性的规定，通常是总体地规定为：公民等一方认为行政机关的违法或不当行政行为侵犯自己的合法权益时，有权向法院提出行政诉讼。概括式规定的优点是简单、全面、不致发生遗漏，但可能出现规定过于宽泛和不易具体掌握的问题。列举式有肯定的列举和否定的列举两种方法。肯定的列举是由行政诉讼法和其他单项法律、法规对属于行政诉讼受案范围的行政案件加以逐个列举，凡列举的都在行政诉讼的受案范围之内；否定的列举也称排除式，是对不属于行政诉讼受案范围的事项加以逐个列举，凡列举的都被排除在行政诉讼的受案范围之外，未作排除列举的则都在行政诉讼的受案范围之内。列举式的优点是具体、细致，受案或不受案的界限分明，易于掌握，但却有繁琐且难以列举全面的弱点。混合式是将上述两种方式混合使用，以发挥各种方式的长处，避免各自的不足，相互弥补。因此，混合式不失为确定行政诉讼受案范围的较好方式。

新修改的《行政诉讼法》在受案范围确定方式上依然沿袭原《行政诉讼法》的立法例，即以"概括＋列举＋排除"的混合方式，但在列举方式上是肯定列举和否定列举并存，即通过否定式列举否定一部分可以受案的行政行为，又通过肯定式列举肯定一部分可以受案的行政行为。为了全面贯彻落实新修改的《行政诉讼法》，最高人民法院审判委员会在修改、补充和完善以往有关《行政诉讼法》多项司法解释的基础上，于2017年11月13日第1726次会议通过了《最高人民法院关于适用〈中华人民共和国行政诉讼法〉的解释》（即《行诉解释》），这一司法解释是对《行政诉讼法》司法适用更为全面、系统和细致的规定，自2018年2月8日起施行。《行诉解释》第1条和第2条对新《行政诉讼法》有关受案范围的规定作出了具体解释。根据《行政诉讼法》和《行诉解释》的规定，我国行政诉讼受案范围的确立方式具体包括：

1. 以概括的方式确立行政诉讼受案的基本界限。《行政诉讼法》第2条第1款规定："公民、法人或者其他组织认为行政机关和行政机关工作人员的行政行为侵犯其合法权益，有权依照本法向人民法院提起诉讼。"《行诉解释》第1条第1款进一步加以明确："公民、法人或者其他组织对行政机关及其工作人员的行政行为不服，依法提起诉讼的，属于人民法院行政诉讼的受案范围。"这就划定了行政诉讼的基本范围。

2. 以否定列举的方式对不属于行政诉讼受案范围的事项作了排除的规定。《行政诉讼法》第13条对四种不受理事项作了明确规定，《行诉解释》在第1条第2款，根据司法实践又增加列举了十种不受理的事项，同时在第2条对《行政诉讼法》第13条规定的四种不受理事项作了具体解释。否定列举对于准确掌握和全面落实《行政诉讼法》第2条关于行政诉讼受案范围的概括性规定具有重要意义，因为否定式列举对不予受案的情况是以明确、封闭的方式加以限制，同时表明未被限制的范围则都是行政诉讼的受案范围，使受案范围具有发展、开放的性质。这有利于在最大限度内保护公民、法人或其他组织的诉讼权利。

3. 以肯定列举的方式列出了应当受案的一系列具体行政案件，即《行政诉讼法》第12条第1款具体列出的具有典型性的12种行政案件。但这12种案件并不意味着能穷尽对行政诉讼受案范围的规定，为此，《行政诉讼法》第12条第2款又概括性地规定：人民法院受理法律、法规规定可以提起诉讼的其他行政案件。这就将行政诉讼法本身目前难以列举全面且在此之外或以后可能出现的行政案件，又以由其他法律法规作规定的方式加以了更完整的补充。

我国行政诉讼法对受案范围采取这样的确立方式显然既明确又不失全面，而且照顾到了今后逐步扩大受案范围的问题，因此，这是较为科学而且符合我国实际情况的受案范围规定。

四、人民法院受理的行政案件

《行政诉讼法》第2条规定了人民法院受理的行政案件的基本范围，即公民、法人或者其他组织认为行政机关和行政机关工作人员的行政行为侵犯其合法权益，依法提起诉讼的，都属于行政诉讼的受案范围。由此，我国行政诉讼的诉讼标的，或者说所针对的对象是行政行为，那么，由行政机关及其工作人员的行政行为所引起、公民等一方认为侵犯了自己合法权益的行政案件，是行政诉讼的基本受案范围。《行政诉讼法》第12条具体列出了人民法院受理的一系列由行政行为而引起的行政案件，以下分别阐述：

（一）对行政机关行政处罚不服的案件

行政处罚是行政机关根据其职权对违反行政管理秩序但尚未构成犯罪的公民、法人或者其他组织予以的惩处。在我国，许多行政机关都依法拥有行政处罚权，但行政机关实施行政处罚必须严格依法进行，即只能由依法设立的行政机关严格按法定权限和法定程序，在法定幅度内针对符合处罚条件的对象实施，否则就会形成违法或不当的处罚，侵犯公民、法人或者其他组织的合法权益。根据《行政诉讼法》的规定，人民法院受理公民、法人或者其他组织对行政拘留、暂扣或者吊销许可证和执照、责令停产停业、没收违法所得、没收非法财物、罚款、警告等行政处罚不服提起的行政诉讼。

（二）对行政机关行政强制不服的案件

根据我国《行政强制法》的规定，行政强制包括行政强制措施和行政强制执行。

行政强制措施是指行政机关在行政管理过程中，为制止违法行为、防止证据损毁、避免危害发生、控制危险扩大等情形，依法对公民的人身自由实施暂时性限制，或者对公民、法人或者其他组织的财物实施暂时性控制的作为。行政强制措施基本可以分为限制人身自由的强制措施和限制财产流通和使用的强制措施两大类，其中限制人身自由的强制措施主要包括：扣留人身、强制戒毒或治疗、强制隔离及其他一些限制人身的强制性措施，如对醉酒的人予以约束，对闹事者强行带离现场等。限制财产流通和使用的强制措施主要包括：查封场所、设施或者财物；扣押财物；冻结存款、汇款以及其他一些对财产的强制措施。

行政强制执行是指行政机关或者行政机关申请人民法院，对不履行行政决定的公民、法人或者其他组织，依法强制履行义务的行为。行政强制执行的方式包括：加处罚款或者滞纳金；划拨存款、汇款；拍卖或者依法处理查封、扣押的场所、设施或者财物；排除妨碍、恢复原状；代履行以及其他强制执行方式。

在我国，有部分行政机关依法具有采取某种行政强制措施或者行政强制执行的权力，但无论采取行政强制措施还是行政强制执行都必须严格依法进行，否则将严重侵害公民、法人或者其他组织的人身权或财产权。根据《行政诉讼法》的规定，人民法院受理公民、法人或者其他组织对限制人身自由或者对财产的查封、扣押、冻结等行政强制措施和行政强制执行不服提起的诉讼。

（三）对行政机关行政许可不服的案件

根据《行政许可法》的规定，行政许可是指行政机关根据公民、法人和其他组织的申请，经依法审查，准予其从事特定活动的行为。行政许可既是行政机关的职权，也是行政机关的职责，对于符合法定许可条件的公民、法人或者其他组织来讲，如果行政机关推诿或拒绝许可，就剥夺、限制了公民、法人或者其他组织应当享有的合法权益，而许可证书与人身权利和自由、财产权利以及其他社会权利又是有着直接关系的，因此，行政机关如不予颁发许可证书，也就剥夺和限制了公民、法人或其他组织一定人身权利、财产权利和其他社会权利的享有和实现，是侵犯公民、法人或者其他组织人身权、财产权或其他社会权利的一种表现。《行政诉讼法》规定，人民法院受理公民、法人或者其他组织认为符合法定条件，申请行政许可，行政机关拒绝或者在法定期限内不予答复，或者对行政机关作出的有关行政许可的其他决定不服而提起的诉讼。需要指出的是，拒绝是行政机关对公民等一方的申请明示不予同意或不予办理，不予答复是行政机关对公民等一方的申请不理睬，予以推诿或无故拖延不办等。公民、法人或者其他组织对行政机关有这两种行为之一的，都可以提起行政诉讼。行政机关的上述两种行为虽然都可以被提起行政诉讼，但诉讼结果却是有差别的：行政机关对申请不予答复完全是官僚主义不负责任、不履行职责的行为，从理论上讲，这是一种应当作而不作的不作为行为，不具有合法性，都将在诉讼中败诉。而行政机关对申请的拒绝则可能是不履行职责的行为，也可能是切实履行职责的行为，即行政机关依法查明公民、法人及其他组织确实不具备颁发有关证照的条件，因而应予以合法合理的拒绝。从理论上讲，这是一种作为行为，作为行为有可能是不合法的作为，也有可能是合法的作为。

此外，人民法院也受理对行政机关作出的有关行政许可的其他决定不服而提起的诉讼。这里的"其他决定"主要是指行政机关就行政许可的变更、延续、撤回、注销、撤销等事项作出的有关具体行政行为及其相应的不作为，公民、法人或者其他组织如果认为这类行为侵犯了自己的合法权益，依法可以向人民法院提起行政诉讼。

（四）对行政机关自然资源的确认行为不服的案件

行政机关对自然资源权属的确认，是指公民、法人或其他组织之间就涉及自然资源的所有权或者使用权发生争议时，行政机关依法对权属问题作出确认决定的行为。我国是社会主义国家，土地、矿藏、水流、森林、山岭、草原、荒地、滩涂、海域等自然资源属于国家所有或者集体所有。对于这些自然资源的所有权或者使用权的确定、变更以及发生的争议，法律规定只能由法定的行政机关依其职责权限处理，如《土地管理法》第11条第1~3款规定："农民集体所有的土地，由县级人民政府登记造册，核发证书，确认所有权。农民集体所有的土地依法用于非农业建设的，由县级人民政府登记造册，核发证书，确认建设用地使用权。单位和个人依法使用的国有土地，由县级以上人民政府登记造册，核发证书，确认使用权；其中，中央国家机关使用的国有土地的具体登记发证机关，由国务院确定。"第16条第1款规定："土地所有权和使用权争议，由当事人协商解决；协商不成的，由人民政府处理。"此外，《渔业法》《矿产资源法》《森林法》《草原法》《水法》等有关法律也有相关规定。行政机关代表国家对这些自然资源的所有权或使用权进行确认处理，是行使和履行行政职权、职责的行政行为，必须严格依法进行。行政机关对自然资源的确认，将直接影响公民、法人或其他组织享有和使用自然资源的合法权益。因此，公民、法人或者其他组织认为行政机关作出的有关确认决定因超越职权、滥用职权、违反法定程序等侵犯其合法权益的，根据《行政诉讼法》规定，可以向人民法院提起行政诉讼。

（五）对行政机关征收、征用决定及其补偿决定不服的案件

行政征收与行政征用都直接渊源于我国《宪法》的规定。《宪法》第10条第3款规定："国家为了公共利益的需要，可以依照法律规定对土地实行征收或者征用并给予补偿。"第13条第3款规定："国家为了公共利益的需要，可以依照法律规定对公民的私有财产实行征收或者征用并给予补偿。"我国目前尚没有统一的行政征收法，现行的行政征收活动主要是通过各种单行的行政征收法律、法规加以推行和实现的。从有关法律、法规规定的征收内容来看，行政征收主要有行政征税、行政征费、土地征收、房屋征收及其他不动产征收等。除了税收征收、行政收费是无偿征收以外，其他性质的征收都是有偿征收。与行政征收不同的是，行政征用完全是有偿的，必须坚持补偿原则。如《物权法》第44条规定："……单位、个人的不动产或者动产被征用或者征用后毁损、灭失的，应当给予补偿。"当前我国行政征用主要包括对交通工具与通信设备的征用，对房屋、场地与设施的征用，对劳力的征用以及对其他财产的征用等。公民、法人或者其他组织认为上述行政机关有关征收、征用决定及其补偿决定侵犯了自己合法权益的，根据《行政诉讼法》的规定，可以向

人民法院提起行政诉讼。

（六）认为行政机关不履行保护人身权、财产权等合法权益的法定职责的案件

根据我国宪法确立的"一切国家机关及其工作人员必须全心全意为人民服务"的宗旨和有关法律、法规的规定，我国许多行政机关都具有保护公民、法人或者其他组织人身权、财产权等合法权益的法定职责，如工商机关有保护生产厂家产品商标权和消费者利益的职责，教育行政机关有保护学生受教育权的职责，公安机关有保护广大人民群众生命财产安全的职责，劳动行政部门有保护劳动者劳动权和休息权的职责，民政部门有保障年老、疾病、丧失劳动能力的公民获得社会物质帮助的职责等。行政机关如有该法定职责不履行而导致公民、法人或者其他组织在人身、财产等合法权益方面受损害的，对行政机关来说是失职行为，对公民、法人或者其他组织来说，则是合法权益的受保护权受到了侵害。《行政诉讼法》规定，人民法院受理公民、法人或者其他组织因申请行政机关履行保护人身权、财产权等合法权益的法定职责，行政机关拒绝履行或者不予答复而提起的诉讼。

这种案件形成的主要条件如下：

1. 公民、法人或者其他组织在面临人身权、财产权等合法权益方面的侵害时向行政机关申请保护。申请的作用在于使行政机关知晓情况，以便履行保护职责，由此相对人向行政机关提出申请应是一个前提条件。但我们认为有一种情况可以例外，即行政机关在已知情况时，当事人提出申请的作用已经具有了，此时，无论当事人是否提出请求保护的申请都不必成为该种案件形成的前提条件。例如，当某公民遭到歹徒抢劫时被进行治安巡逻的便衣民警看见，此时即使该公民未申请民警保护，民警也必须主动履行保护职责，如民警躲避离去，该公民事后仍有权对民警所在的行政机关提起行政诉讼。

2. 行政机关对公民、法人或者其他组织的申请拒绝或者不予答复。在公民、法人或者其他组织面临人身权、财产权等合法权益侵害申请保护的情况下，无论行政机关是拒绝或者不予答复都是不履行职责的行为，行政机关不仅可以被诉，而且将在诉讼中败诉。

3. 这种案件中行政机关应当是具有相应法定职责的行政机关。我国各行政机关依法都有各自的职责分工，如果公民、法人或者其他组织发生了选择保护机关的错误，该行政机关予以拒绝的，公民、法人或者其他组织不应向该行政机关提起行政诉讼。

（七）认为行政机关侵犯法定经营自主权或者农村土地承包经营权、农村土地经营权的案件

经营自主权是指各种企业和经济组织依照宪法、法律、法规和规章的规定，对自身的机构、人员、财产、原材料供应、生产、销售等各方面事务自主管理经营的权利。这些企业和经济组织包括国有企业、集体企业、合资企业、外资企业、私营企业和各种个体经营户等。企业一方的经营自主权从对企业财产的占有、使

用、收益和处分看，基本属于财产权，如根据我国《全民所有制工业企业法》和《全民所有制工业企业转换经营机制条例》的规定，全民所有制工业企业的经营自主权就是指国有企业对国家授予其经营管理的财产享有占有、使用和依法处分的权利，但从国有企业经营自主权的具体内容来看，也不仅仅是财产权所能包容的，事实上它还进一步延伸到国有企业为了更好地经营财产所必需的，在自身机构设置、内部人事管理和劳动用工等方面的自主管理权利，而这些则应属于国有企业人身权的范围。至于其他企业，由于其财产非国家所有，其经营权的财产权、人身权性质更未明确。经营自主权有着广泛的内容，仅就国有企业的经营自主权来看，就具体包括：生产经营决策权；产品、劳务定价权；产品销售权；物资采购权；进出口权；投资决策权；留用资金支配权；资产处置权；联营、兼并权；劳动用工权；内部人事管理权；工资、奖金分配权；内部机构设置权；拒绝摊派权等 14 项。其他非国有的企业因所有制方面的原因，其法定经营自主权的范围更为广泛，如私营企业对其财产就有完全的处分权和收益权。总之，各种企业、经济组织和个体经营者凡认为行政机关违法行使职权侵犯自己法定经营自主权范围内各种权利的，都可以提起行政诉讼。

农村土地承包经营权和农村土地经营权特指对农村土地承包和经营方面的合法权益。农村土地承包经营权是农村土地承包人在法律规定和承包合同约定的范围内，对集体所有的土地或国家所有但由集体长期使用的土地所享有的土地承包资格及其经营土地并获得收益的权利。土地承包经营权的内容包括：承包权、承包期内享有的占有权、使用权、收益权、出租权、转让权、转包权、入股权、互换权、抵押权和物上请求权等。农村土地经营权是农村土地承包经营权中的一部分，主要指农村土地承包经营人将农村土地承包经营权中的土地经营权依法转让他人后，由被转让人根据法律或合同经营土地并取得收益的权利。《行政诉讼法》规定，公民、法人或者其他组织认为行政机关侵犯其农村土地承包经营权、农村土地经营权的，有权向人民法院提起行政诉讼。

（八）认为行政机关滥用行政权力排除或者限制竞争的案件

随着我国社会主义民主和市场经济的不断发展完善，社会成员和市场主体在政治、经济和社会活动等领域依法普遍享有公平竞争的权利，而且这一权利还将直接或间接影响到人身权、财产权和其他社会权利的实现。行政机关滥用行政权力排除或者限制竞争，是指行政机关对依法应由社会和市场公平竞争决定的事项，违反法律的目的和限度，以行政权力来排除竞争或者限制竞争。排除竞争一般表现为，行政机关运用行政权力不通过公平竞争方式或否定公平竞争的结果而强行作出决定；限制竞争则通常是行政机关运用行政权力干预、制约竞争活动的正常、公正开展，导致发生不公平的结果。我国《反垄断法》第 32～37 条对行政机关滥用行政权力排除、限制竞争作出了禁止性规定，如"不得滥用行政权力，限定或者变相限定单位或者个人经营、购买、使用其指定的经营者提供的商品"，"不得滥用行政权力，以设定歧视性资质要求、评审标准或者不依法发布信息等方式，排斥或者限制外地经营者参加本地的招标投标活动"，"不得滥用行政权力，采取与本地经营者不平等待遇等方式，排斥或者限制外地经营者在本地投资或者设立分支机构"，等等。行政机关滥用行政权力排除或者限制竞争是违法破坏市场公平竞争秩序的行政垄断行为，将会侵害公民、法人或者其他组织的公平竞争权及相关合法权益。为此，《行政诉讼法》专门规定，人民法院受理公民、法人或者其他组织认为行政机关滥用行政权力排除或者限制竞争而提起的诉讼。

（九）认为行政机关违法集资、摊派费用或者违法要求履行其他义务的案件

行政机关在行政管理活动中依法有权要求公民、法人或者其他组织履行义务，但必须严格依法进行，即必须是法律、法规规定的义务，而且需按法律、法规规定的程序进行，否则就是违法要求履行义务。行政机关要求公民、法人或者其他组织履行义务通常包括财物上的义务和行为上的义务，财物上的义务是要求交付一定的财物，如交纳费用或交纳实物等；行为上的义务是要求作出或不作出一定的行为。行政机关违法要求履行义务主要有以下几种情形：

1. 违法集资是指行政机关违反法律、法规规定强制当事人以各种形式投入资金或实物等参与兴建某种工程或开展某种活动，如违法强制要求公民投资修建道路、学校或建立基金会等。

2. 违法摊派费用是指行政机关违反法律、法规规定强制当事人无偿承担有关费用，如违法要求公民分摊行政活动的费用开支等。

3. 违法要求履行其他义务是指行政机关违反法律、法规规定强制当事人履行除上述财产义务以外的其他行为义务，包括作出或不作出一定的行为。要求作出一定的行为如要求服劳役、服兵役等；要求不作出一定的行为如不得进入某地域或不得进行某种活动等。

对于行政机关的上述违法集资、摊派费用或者违法要求履行其他义务的行为，公民、法人或者其他组织有权依照《行政诉讼法》的规定，向人民法院提起行政诉讼。

（十）认为行政机关没有依法支付抚恤金、最低生活保障待遇或者社会保险待遇的案件

抚恤金是公民因公或因病致残、死亡时，由国家发给本人或者其家属用以维持生活的费用，主要有两种：一种是伤残抚恤金，发放对象是革命残废军人、因公致残的职工及其他人员；另一种是遗属抚恤金，发放对象是革命烈士、牺牲人员或其他死亡人员的遗属。最低生活保障待遇是指国家保障城镇居民享有维持其基本生活需要的各种社会救济待遇，如最低生活保障费。社会保险待遇是公民在失业、年老、疾病、生育、工伤等情况发生时，有权获得社会保障机构发放的各种社会救济待遇，如社会保险金。我国有些行政机关依法具有支付抚恤金、最低生活保障待遇或者社会保险待遇的专项职责，如果行政机关没有依法支付、违法扣减数额或无故拖欠等，

既是失职行为，也是对公民合法权益的侵犯。根据《行政诉讼法》的规定，人民法院受理公民认为行政机关没有依法支付抚恤金、最低生活保障待遇或者社会保险待遇而提起的诉讼。

（十一）认为行政机关不依法履行、未按照约定履行或者违法变更、解除政府特许经营协议、土地房屋征收补偿协议等协议的案件

随着我国社会、经济发展和行政管理体制改革的要求，行政机关已大量运用行政协议等非单方强制命令的新型方式来实施行政活动。行政协议也称行政合同、行政契约，是指行政机关为实现行政管理目标、维护公共利益与相对人之间经过协商一致所达成的有关权利义务的协议。在行政协议中，行政机关并非是民事主体而是行政主体的身份，协议的目的是实现行政管理目标，行政机关具有一定的行政优益权。对于行政机关一方来讲，签订和执行这种协议是其行政职权和职责的运用，因而属于一种行政行为。行政协议的常见类型包括政府特许经营协议、土地房屋征收补偿协议等。

政府特许经营协议是指行政机关与行政相对人就行政特许经营关系的建立、实施和监管等内容，经协商一致而达成的双方权利义务的协议。政府特许经营协议具有特定的适用范围，即法律规定的公共公用事业领域，如供电、供气、供水、供热、公共交通、垃圾处理、污水处理等。土地房屋征收补偿协议，是指房屋征收部门与被征收人依照相关法律法规的规定，就补偿方式、补偿金额和支付期限、用于产权调换房屋的地点和面积、搬迁费、临时安置费或者周转用房、停产停业损失、搬迁期限、过渡方式和过渡期限等事项经协商一致订立双方权利义务的协议。它们都是行政机关采用协议方式管理公共公用事业、征收补偿事务等的行政措施。除政府特许经营协议、土地房屋征收补偿协议外，行政协议还有城镇国有土地使用权出让协议、节能减排自愿协议、科研管理协议、计划生育协议等。

行政协议在内容中确立了行政机关一方的权利义务，如果行政机关不依法履行义务、未按照约定履行义务，或者未经对方当事人同意违法变更协议内容、任意解除协议，就会侵害对方当事人的合法权益。为此，《行政诉讼法》规定，人民法院受理公民、法人或者其他组织认为行政机关不依法履行、未按照约定履行或者违法变更、解除政府特许经营协议、土地房屋征收补偿协议等协议的案件。

（十二）认为行政机关侵犯其他人身权、财产权等合法权益的案件

这类案件是除上述案件之外，对涉及人身权、财产权等合法权益的行政案件的总概括，是为了防止上述案件列举不足而作出的补充。《行政诉讼法》所列的上述11种案件，都是因行政机关行政行为涉及公民等一方人身权、财产权等合法权益的行政案件，但以逐一列举的方式是难以做到全面完整的。为了能将涉及公民、法人或其他组织合法权益的其他行政案件也都归入行政诉讼的受案范围，《行政诉讼法》进而又概括性地规定：人民法院受理公民、法人或者其他组织认为行政机关侵犯其他人身权、财产权等合法权益而提起的诉讼。

对这类案件的掌握应包括以下三个方面：

1. 这类案件不属于上述各种案件中的任何一种，即它是上述诸种案件之外的涉及人身权、财产权等合法权益的案件，由于是概括性的规定，它将比上述几种案件中的任何一种在内容上都要广泛。

2. 这类案件可以由行政机关的其他任何行政行为所引起，即除上述几种行政案件所列举的行政机关行政行为之外，其他各种行政行为影响公民、法人或者其他组织人身权、财产权等合法权益的，都属于这种案件。行政机关对公民、法人或者其他组织实施的行政行为有多种行为表现，除行政处罚、行政强制、行政许可、不予发放抚恤金、不履行保护职责等行为表现之外，还有其他各种行政命令、行政处理决定、行政奖励、行政裁决、行政监督检查等。凡是行政行为，不论是作为，还是不作为，只要公民、法人或者其他组织认为侵犯其合法权益的，都可以提起行政诉讼。

3. 这类案件涉及的合法权益范围非常广泛，不限于公民、法人或者其他组织的人身权、财产权，还可以是各种各样的合法权益，如政治权利和自由、受教育权、劳动权、休息权、社会保障权以及其他各方面的权利。也就是说，凡因行政机关行政行为涉及公民等一方合法权益而形成的行政案件，则都属于行政诉讼的受案范围，人民法院都应予以受理。

（十三）　法律法规规定可以起诉的其他行政案件

《行政诉讼法》第12条第1款对属于人民法院受案范围的各类案件作了列举，但并不等于我国行政诉讼受案范围就只限于行政诉讼法自身以及现在所规定的范围，《行政诉讼法》第12条第2款进而规定："除前款规定外，人民法院受理法律、法规规定可以提起诉讼的其他行政案件。"这就是说，对于其他超出《行政诉讼法》规定之外的行政案件，只要其他法律、法规规定可以起诉的，也都属于人民法院的受案范围。这是对我国行政诉讼受案范围所进行的更完整的补充，对于这一规定，需从以下两个方面来理解：

1. 这里的法律、法规是指除《行政诉讼法》之外的其他各种法律、行政法规、地方性法规、自治条例和单行条例等，它们既包括《行政诉讼法》制定施行以前就颁布并仍然有效的，也包括《行政诉讼法》制定实施以后所颁布的，还包括将来可能会颁布的有关法律文件。

2. 这些法律、法规所规定的其他可以起诉的行政案件，是《行政诉讼法》未予以列举的行政案件，即属于《行政诉讼法》已明确列举的11种案件之外的行政案件。

《行政诉讼法》的这项规定具有重要的意义，它能弥补现行立法在列举方式上的不足。我国行政诉讼法虽具体列举了属于行政诉讼受案范围的各种行政案件，但仅由现行行政诉讼法来列举仍然有限。《行政诉讼法》规定，其他法律、法规（包括将来制定的）规定的行政案件也属于行政诉讼的受案范围，从而就使我国行政诉讼的受案范围尽可能做到全面化、完整化。

五、人民法院不予受理的事项

我国《行政诉讼法》列举规定了行政诉讼受案范围的行政案件，但这种列举并不是也不能穷尽人民法院的受案范围，它不意味着未能被法律列举出来的就不在受案范围之中。为了解决这一问题，需要明确划定人民法院不予受理的事项，对行政诉讼不受案的界限加以明确限定，便可以使不属于这类限定的一切行政行为都能进入行政诉讼的受案范围之列，这就便于保护公民、法人或者其他组织的诉讼权利。根据《行政诉讼法》第13条、《行诉解释》第1条第2款和第2条的规定，人民法院不受理公民、法人或者其他组织对下列几类事项提起的诉讼。

（一）国防、外交等国家行为

《行政诉讼法》第13条第1项规定，国防、外交等国家行为不属于行政诉讼的受案范围。此处所称的国家行为，根据《行诉解释》第2条第1款所作的解释，是指是指国务院、中央军事委员会、国防部、外交部等根据宪法和法律的授权，以国家的名义实施的有关国防和外交事务的行为，以及经宪法和法律授权的国家机关宣布紧急状态等行为。由此，国家行为实际上是有权代表整个国家的特定国家机关，根据宪法和法律授予的权限，以国家的名义所实施的全局性、重大性行为。我国最高行政机关国务院、最高军事机关中央军事委员会、国防部、外交部以及其他有关国家机关在宪法和法律授权的情况下，有权代表国家实施国家行为。

"国家行为"一词在行政法学意义上到目前为止并无一个统一、确切的含义，我国也有学者称其为"统治行为""政府行为"，在国外其被解释为"与国家的重要政策有联系的行为"，"关系到国家存亡及国家统治之根本的、具有高度政治性的、国家最高机关（国会、内阁等）的行为"，等等。这都说明了国家行为具有的特殊性质。

国防、外交等国家行为不能被提起行政诉讼，这一般是各国行政诉讼制度的通例。我国行政诉讼法将其排除在行政诉讼的受案范围之外，其主要原因在于：

1. 国家行为不是行政行为，即它不是行政机关以自己的名义对单个、特定对象实施的行政管理行为，而是宪法、法律授权的特定主体，代表整个国家以国家的名义实施的行为。

2. 由于是以国家的名义实施，因而是体现国家主权的行为，其权力具有国家的整体性和统一性，因而不属于人民法院的司法审查范围。

3. 国防、外交等国家行为关系到国家和民族的整体利益，即使这种行为会影响某些公民、法人或者其他组织的利益。但在此种情况下，公民、法人或者其他组织的个别利益要服从国家的整体利益。

（二）抽象行政行为

《行政诉讼法》第13条第2项规定，行政法规、规章或者行政机关制定、发布的具有普遍约束力的决定、命令不属于行政诉讼的受案范围。这里所称的"具有普遍约束力的决定、命令"，是指行政机关针对不特定对象发布的能反复适用的规范性文件。上述国务院制定、发布的行政法规，国务院各部委制定、发布的部门行政规章，地方省级人民政府、省政府所在地的市的人民政府和国务院批准的较大的市的人民政府制定、发布的地方行政规章，各级各类行政机关发布的具有普遍约束力的决定、命令等，被学术界统称为"抽象行政行为"。

在我国，抽象行政行为目前不能被提起诉讼的原因如下：

1. 依照宪法和有关组织法的规定以及我国人民代表大会的政治制度，确认行政机关抽象行政行为是否正确合法并予以撤销、改变的权力，只能属于国家权力机关或上级行政机关。对国务院与宪法、法律相抵触的行政法规，只有全国人大及其常委会才有权撤销；对国务院部委违法和不适当的规章、决定等，只有国务院才有权撤销或改变；对地方各级人民政府违法和不适当的规章、决定等，只有同级权力机关或上级人民政府才有权撤销或改变；对各级人民政府工作部门违法和不适当的决定、命令等，只有本级政府才能撤销或改变。由此，行政诉讼法没有赋予人民法院对其审查、撤销和改变的权力。行政诉讼不受理对抽象行政行为提起的诉讼，并不等于公民、法人或者其他组织对违法侵权的抽象行政行为就没有解决问题的法律渠道。他们依法仍可以通过向权力机关和上级行政机关提出意见，要求对行政机关抽象行政行为进行法律监督，以解决抽象行政行为违法和不当的问题。

2. 行政机关抽象行政行为通常针对的都是大范围内、不确定的对象，如果在抽象行政行为造成了侵犯后，由一个个对象以单独提起诉讼的方式来解决似显繁琐，在如何能及时彻底地解决所有对象合法权益的救济问题上也有一些技术上的困难，由国家权力机关和上级行政机关撤销或改变抽象行政行为，进行一次性的全面解决也不失为一个合适的方式。

当然，这里所说的"对抽象行政行为不予受案"，是指不能单独对抽象行政行为提起诉讼。需要特别指出的是，新《行政诉讼法》的一大突破就是直接赋予了人民法院对部分抽象行政行为的附带审查权，即第53条第1款规定的"公民、法人或者其他组织认为行政行为所依据的国务院部门和地方人民政府及其部门制定的规范性文件不合法，在对行政行为提起诉讼时，可以一并请求对该规范性文件进行审查"。也就是说，对抽象行政行为的诉讼提起是以对行政行为的诉讼提起为前提条件的，只有在公民、法人或者其他组织对行政行为提起诉讼时，才可以对作为行政行为依据的抽象行政行为一并提起诉讼。对抽象行政行为的诉讼范围只能是除行政法规、规章之外的一部分抽象行政行为，即国务院部门和地方人民政府及其部门制定的规范性文件。

（三）行政机关对其工作人员的奖惩、任免等决定

《行政诉讼法》第13条第3项规定，行政机关对行政机关工作人员的奖惩、任免等决定不属于行政诉讼受案范围。行政机关对其工作人员的奖惩、任免等决定并不仅仅指奖惩、任免这两类决定，而是指行政机关作出的涉及行政机关工作人员公

务员权利义务的决定。这些决定涉及的是行政机关的内部人事管理关系，属于内部人事管理活动。

奖惩是行政机关依法定职权对其工作人员实施的奖励和惩戒，任免是行政机关依法定职权任命或解除其工作人员职务的活动。属于行政机关内部人事管理决定的还包括行政机关对其工作人员有关培训、考核、离退休、工资、休假等方面的决定。这都涉及行政机关内部公务人员的权利义务，由此导致的行政纠纷可由行政机关自己处理解决，人民法院不予干预。同时，这类行政行为由于不涉及社会上公民、法人或者其他组织的合法权益问题，公民、法人或者其他组织当然无权就此提起行政诉讼。

但是，对此类不予受案不应作扩展解释，即并不是行政机关对其工作人员所作的各种人事管理处理决定都不属于行政诉讼受案范围，其中关键问题应当看其所涉及的权利义务的性质。如果这类决定所涉及的权利义务是国家公务员的权利义务，可以不通过行政诉讼的方式解决，但如果所涉及的权利义务是行政机关工作人员作为普通公民所具有的权利义务，则仍可以提起行政诉讼。

（四）法律规定由行政机关最终裁决的行政行为

《行政诉讼法》第13条第4项规定，法律规定由行政机关最终裁决的行政行为不属于行政诉讼的受案范围。这里所称的"法律"，根据《行诉解释》第2条第4款的规定，是指全国人民代表大会及其常务委员会制定、通过的规范性文件。也就是说，只有国家最高权力机关才能决定是否授予行政机关对行政案件的最终裁决权，至于行政机关制定的行政法规、规章等都无权作出这种规定，对《行政诉讼法》施行生效前的法规、规定已作出的这类规定，自《行政诉讼法》生效之日起便一律不再有效。这项规定所体现的基本精神是，行政机关不能自我授予对行政案件的最终裁决权而避开国家审判机关的司法审查。

我国目前只有极少几部法律根据实际需要作出规定，对某些行政机关行政行为引起的行政案件，行政机关所作的裁决是最终的裁决。对于国家最高权力机关这些已通过法律授予行政机关最终裁决权的行政案件，人民法院将不再受理。如《出境入境管理法》第64条第1款规定："外国人对依照本法规定对其实施的继续盘问、拘留审查、限制活动范围、遣送出境措施不服的，可以依法申请行政复议，该行政复议决定为最终决定。"此外，《行政复议法》规定，对国务院部门或省级人民政府就自身具体行政行为作出的行政复议决定不服的，可以向人民法院提起行政诉讼，也可以向国务院申请复议，国务院的复议决定是最终裁决；根据国务院或者省、自治区、直辖市人民政府对行政区划的勘定、调整或者征用土地的决定，省、自治区、直辖市人民政府确认土地、矿藏等自然资源所有权或者使用权的行政复议决定为最终决定。

从根本上讲，让行政机关自己来对行政案件作最后裁决，是违背案件应当由司法作最终裁决的自然公正原则的，因此，必须对其作严格地控制，其范围应当逐步缩小直至最后取消。

除《行政诉讼法》第13条规定的上述四种情形不属于受案范围之外，《行诉解释》为了正确适用《行政诉讼法》，防止滥诉现象，还结合审判实践增列了十种不予受案的事项，在此依序阐述如下。

1. 公安、国家安全等机关依照刑事诉讼法的明确授权实施的行为。在我国，公安、国家安全等国家机关具有双重的职权身份：既是实施刑事案件侦查等刑事司法活动的机关，又是从事公安、国家安全等方面管理的行政机关。因而，既可对刑事犯罪嫌疑人实施刑事侦查措施等刑事司法行为，又可对一般违反行政法的相对人实施行政处罚、行政强制措施等行政行为。刑事司法行为与行政行为具有不同的性质，它们各自针对的是不同的对象。我国的行政诉讼目前只针对行政行为，因而公安、国家安全等机关的刑事司法行为不在行政诉讼受案范围之内。但在实践中，常常发生公安机关等滥用刑事司法行为，并以其代替行政行为从而逃避行政诉讼的现象，这就存在一个明确划分两者界限的问题。对此，《行诉解释》第1条第2款第1项规定"公安、国家安全等机关依照刑事诉讼法的明确授权实施的行为"不属于行政诉讼的受案范围。这一规定限定了公安、国家安全等机关的刑事司法行为只能是依照刑事诉讼法明确授权实施的行为。这需要从以下几个方面来正确理解和掌握公安、国家安全等机关"依照刑事诉讼法的明确授权实施的行为"。

(1) 它们是公安、国家安全、海关、军队保卫部门、监狱等特定机关在刑事司法活动过程中实施的行为，其他行政机关、法律、法规、规章授权的组织或者个人，都不能是这类行为的主体。

(2) 该类行为必须在刑事诉讼法的明确授权范围之内。依我国《刑事诉讼法》的授权，公安、国家安全等机关能实施的刑事司法行为主要包括：讯问刑事犯罪嫌疑人、询问证人、检查、搜查、扣押物品（物证、书证）、冻结存款汇款、通缉、拘传、取保候审、保外就医、监视居住、刑事拘留、执行逮捕等。公安、国家安全等机关在上述刑事诉讼法授权范围之外所实施的行为，均不在此类行为之列。例如，公安机关没收刑事犯罪嫌疑人及其家属的财产或实施罚款等，就不在刑事诉讼法明确授权的范围之列，当事人不服的仍有权依法对其提起行政诉讼。此外还值得注意的是，此处所指的"刑事诉讼法明确授权"，并不包括刑法对行政机关授权的行为。如《刑法》第17条第4款规定："因不满16周岁不予刑事处罚的，责令他的家长或者监护人加以管教；在必要的时候，也可以由政府收容教养。"政府作出的收容教养行为就不能属于"刑事诉讼法授权"的行为，行政相对人对其不服是有权提起行政诉讼的。

(3) 该类行为必须是针对刑事诉讼法规定的对象所实施的刑事司法行为。这是对刑事诉讼法明确授权行为所进行的实质性的限定。依《刑事诉讼法》的授权，公安等机关只能对刑事犯罪嫌疑人等有限的对象实施刑事司法行为，如果公安等机关对规定的对象范围之外的其他公民滥用刑事司法行为，或故意用刑事司法行为来代替行政行为，则也是对刑事诉讼法授权范围的超越。在此情况下，即使它们具有"刑事司法行为"的形式，但仍应将其视作行政行为，如果公民一方提起行政诉讼的，人民法院应当受理。

公安、国家安全等机关依照刑事诉讼法的明确授权实施的行为不属于人民法院的受案范围，并不表明公民等一方受此类行为违法侵害后就没有法律救济渠道。根据我国刑事诉讼法的规定，国家检察机关有权对公安等机关的刑事侦查行为、监狱的刑罚执行行为等刑事司法活动进行监督，从而可以纠正违法错误的刑事司法行为。此外，我国国家赔偿法也规定，因刑事司法行为违法而致人损害的，受害人有权通过国家赔偿制度获得法律救济。

当然，由于公安、国家安全等机关的双重身份、双重职权，带来了在实践中具体识别其两类行为的困难，对此还有待于深入探讨和研究。

2. 调解行为以及法律规定的仲裁行为。调解包括民间组织的调解和行政机关的调解。民间组织的调解不属于行政行为，因而不能提起行政诉讼。行政机关的调解也称"行政调解"，是行政机关居间对双方当事人之间的民事权益争议，经说服教育和劝导后，由当事人双方自愿达成解决纠纷协议的一种行为。行政调解要取决于双方当事人的自主自愿，不具有行政职权的强制性，对当事人也不具有必然的约束力。基于此，行政机关的调解行为不具有可诉性，因而它不在人民法院行政诉讼的受案范围之内。但是，如果行政机关借调解之名，违背当事人的意志作出具有强制性的决定，则当事人可以对其提起行政诉讼。

仲裁，是法律规定的机构以中立者的身份对平等主体之间的民事纠纷，依照一定程序作出的具有法律拘束力的判定。仲裁是一种准司法行为，主要特点是：仲裁机构具有相对独立性、仲裁程序由法律规定、仲裁文书具有法律效力等。仲裁的种类较多，其中就包括行政机关以及法律授权的组织作出的仲裁。《行诉解释》第1条第2款第2项规定法律规定的仲裁行为不属于行政诉讼的受案范围。这里所称的"法律规定的仲裁行为"，仅指全国人大及其常委会制定的法律所规定的仲裁。这类法律规定的仲裁主要是劳动争议仲裁。劳动争议仲裁由各级劳动行政管理机关设立的劳动争议仲裁委员会负责进行。当事人对仲裁结果不服的，我国《民事诉讼法》已将其纳入了民事诉讼的范围并形成了固定的解决仲裁纠纷的制度。从实际效果来看，当事人如不服仲裁决定转而向人民法院提起民事诉讼，人民法院依法审理后作出的最终司法裁判可以否决行政机关错误的仲裁决定，因而也能同样起到保护公民、法人或者其他组织合法权益的作用。为此，法律不再将此类仲裁纳入行政诉讼的受案范围。但是，对于全国人大及其常委会通过的法律之外的其他行政法规、地方性法规、规章所规定的仲裁，当事人对其仲裁决定不服的，则仍可以向人民法院提起行政诉讼。

3. 行政指导行为。行政指导行为是行政机关以倡导、示范、建议、咨询等方式引导相对人自愿作出某种行动而达到行政管理目的的行为。行政指导是一种非强制性的行政管理方式。正因为行政指导行为对行政相对人不具有强制性和法律约束力，行政相对人对行政机关的指导有依其意愿选择是否接受的自由。根据《行诉解释》第 1 条第 2 款第 3 项的规定，公民法人或其他组织对"行政指导行为"不服提起诉讼的，不属于人民法院行政诉讼的受案范围。

但是，在司法实践中应充分注意并正确处理下列情形：

（1）行政主体作出行政行为时名义上是行政指导，但实质上却是以各种方式强迫行政相对人必须服从，此时它们就超出了行政指导的性质。对此类行政行为不服的，公民、法人或其他组织可以向人民法院提起行政诉讼，人民法院应当受案。

（2）行政机关作出行政指导虽不具有强制性，但因行政指导的错误，致使被要求遵循行政指导的行政相对人的合法权益遭受损失时，行政相对人应当可以通过行政诉讼主张赔偿，行政机关必须因此对自己的错误承担责任。

4. 驳回当事人对行政行为提起申诉的重复处理行为。重复处理行为，源于德国行政法学中的"重复处置行为"，在行政法理论中也被我国台湾地区学者称为"第二次行政行为"，它是指行政主体以原已存在的行政行为为基础，并为实现或加强原行政行为所设定的权利义务关系而再次实施的行为。其特点是：①重复处理行为要以原有的行政行为为基础。并非行政机关的一切原有行政行为都有"重复处理行为"，但重复处理行为都是基于一定的原行政行为而发生的。②重复处理行为的引起，一般基于行政相对人对原有行政行为的不服而申请复议、申诉，或者基于行政相对人对原有行政处罚的不自觉履行等。③重复处理行为的目的在于实现或加强既存之权利、义务关系，并不能创设新的权利义务关系。根据《行诉解释》第 1 条第 2 款第 4 项的规定，公民法人或其他组织对"驳回当事人对行政行为提起申诉的重复处理行为"不服提起诉讼的，不属于人民法院行政诉讼的受案范围。据此可知，并非对所有的重复处理行为，行政相对人不服的都被排除在人民法院行政诉讼的受案范围之外，而我们将它只限定为"驳回当事人对行政行为提起申诉的重复处理行为"。也就是说，只有这一类的重复处理行为不能提起行政诉讼。驳回当事人对行政行为提起申诉的重复处理行为，是行政机关对当事人就原已生效的行政行为提出的申诉给予驳回的行为，实质上是对原已生效的行政行为的再次肯定，也即是对原行政行为所确定的权利义务关系的再次肯定，并没有形成新的权利义务关系。故此，该类重复处理行为不再被纳入行政诉讼的受案范围。对此类重复处理行为应当掌握以下几点：

（1）引起该类重复处理行为的情况或条件是当事人对原行政行为不服而提起的申诉。这里的"申诉"行为不是申请复议行为，而是指当事人在超过复议申请期限的情况下，对已生效的行政行为不服而向有关行政机关提出的申诉。

（2）该类重复处理行为不仅为行政相对人超过了申请复议的期限，原行政行为已经生效后提出的申诉，而且其已超过起诉期限，不能提起行政诉讼。因此，对已生效的原行政行为不服的，行政相对人只能依法向有关部门提起申诉。

法律规定该类重复处理行为为不可诉是十分必要的，也是具有重大的现实意义的。

这一规定，是对遵守行政诉讼起诉期限规则的有力保障。在行政诉讼实践中，经常遇到行政相对人超过起诉期限后又向有关行政机关（如信访部门）申诉，行政机关驳回其申诉理由后，相对人不服对行政机关的有关申诉决定、答复又提起行政诉讼的情况。若规定此类驳回申诉的重复处理行为具有可诉性，那么，任何一个不遵守复议和起诉期限的行政相对人都可以用最简单的申诉再引起诉讼程序，法律规定的救济期限也就失去了意义。法律规定此类重要处理行为的不可诉性，就能杜绝这种规避法律强制性规定的情况，有力地保证复议期限和行政诉讼起诉期限规则得到遵循。

5. 行政机关作出的不产生外部法律效力的行为。公民、法人和其他组织所诉的行政行为必须是行政机关对外部行政相对人所作出的影响其权利义务的行为，因此对外性是可诉的行政行为的重要特征之一。行政机关在行政程序内部所作的行为，如行政机关的内部沟通、会签意见、内部报批等行为，由于不对外发生法律效力，因此对公民、法人或者其他组织合法权益没有产生实际影响。根据《行诉解释》第1条第2款第5项的规定，公民法人或其他组织对"行政机关作出的不产生外部法律效力的行为"不服提起诉讼的，不属于人民法院行政诉讼的受案范围。

6. 行政机关为作出行政行为而实施的准备、论证、研究、层报、咨询等过程性行为。可诉的行政行为需要具备成熟性。行政机关在作出行政行为之前，一般要为作出行政行为进行准备、论证、研究、层报、咨询等，这些行为被称为"过程性行为"。这类过程性行为实质上是阶段性行为，属于不成熟行为，它不会对行政相对人的权利义务产生实质影响，不具备最终的法律效力。根据《行诉解释》第1条第2款第6项的规定，公民法人或其他组织对这类"过程性行为"不服提起诉讼的，不属于人民法院行政诉讼的受案范围。

7. 行政机关根据人民法院的生效裁判、协助执行通知书作出的执行行为，但行政机关扩大执行范围或者采取违法方式实施的除外。行政机关根据法院生效裁判作出的行为，本质上属于履行生效裁判的行为，即它是一种协助执行行为，并非行政机关自身依职权主动作出的行为。这种协助执行行为不属于可诉行为的范围，因为可诉的行政行为须是行政机关基于自身意思表示作出的行为。据此，《行诉解释》第1条第2款第7项规定，人民法院不受理公民法人或其他组织对这类"协助执行行为"不服而提起诉讼的案件。需要说明的是，如果行政机关在协助执行过程中，扩大执行范围或者采取违法执行方式就背离了法院生效裁判的原意，已不属于执行法院生效裁判的内容，而是行政机关的自行决定。因此，公民等一方仍可以对行政机关的这类执行行为提起行政诉讼。

8. 上级行政机关基于内部层级监督关系对下级行政机关作出的听取报告、执法检查、督促履责等行为。内部层级监督属于行政机关上下级之间管理的内部事务。我国有许多法律法规规定了上级行政机关对下级行政机关的监督，如《国有土地上房屋征收与补偿条例》规定上级人民政府应当加强对下级人民政府房屋征收补偿工作的监督。这种内部层级监督行为，并不是上级行政机关对外部当事人履行的法定职责，也不直接设定当事人新的权利义务关系，更不会对当事人的权利义务产生实质影响，因而属于不可诉的行为。根据《行诉解释》第 1 条第 2 款第 8 项的规定，如果当事人起诉要求法院判决上级行政机关基于内部层级监督关系对下级行政机关作出的听取报告、执法检查、督促履责等行为，则不属于行政诉讼的受案范围。

9. 行政机关针对信访事项作出的登记、受理、交办、转送、复查、复核意见等行为。信访工作机构依据《信访条例》作出的信访办理行为，不是行政机关对某一事项的首次实体性判断和处置决定，而是针对当事人对原已有的处理决定提出的信访请求，所进行的登记、受理、交办、转送、复查、复核等活动。其对信访人不具有强制力，对信访人的原实体权利义务也不产生实质影响，因而不具有可诉性。《行诉解释》第 1 条第 2 款第 9 项规定将此类"信访办理行为"排除在人民法院的受案范围之外。

10. 对公民、法人或者其他组织权利义务不产生实际影响的行为。对公民、法人或者其他组织权利义务不产生实际影响的行为，是指行政主体在行使行政职权、履行行政职责的过程中所作出的未使相关的公民、法人或其他组织的权利、义务发生现实变动的行为。所谓实际影响，是指因行政机关的行政行为而使相关公民、法人或者其他组织的权利、义务发生了现实的变动，包括有利的变动和不利的变动，诸如权利的限制、减少或权利的授予、增加；义务的免除、减少或义务的负担、增加等。如果不发生这种"实际影响"，则行政机关不应当被诉。

具体而言，该类行政机关的行为有以下几种情况：

（1）行政主体尚未形成最后决定，或者内部已有决定但尚未制作正式法律文书送达，也未实际实施等。

（2）行政主体在行政相对人提起行政诉讼之前及时主动地撤回了行政行为而使之无效。

（3）行政主体的行政行为涉及公共利益而非个人、组织的特定利益。

以上就是我国《行政诉讼法》及司法解释有关受案范围中可受理的案件与不予受理事项的规定。

第二节　行政诉讼管辖

一、行政诉讼管辖概述

（一）行政诉讼管辖的概念

行政诉讼管辖与行政诉讼受案范围不同。受案范围解决的是人民法院对哪些行政案件拥有审判权，即人民法院可以受理哪些行政案件，以及公民、法人和其他组织对哪些行政案件可以提起诉讼；而管辖则是解决人民法院内部之间对某个行政案件究竟由哪个法院行使审判权，即某个行政案件由哪个法院受理并审判，以及公民、法人和其他组织就某个行政案件向哪个法院起诉的问题。因此，行政诉讼管辖，是指人民法院之间受理第一审行政案件的分工和权限。

管辖在行政诉讼中是一个既重要又复杂的问题，正确地确定人民法院的管辖，在行政审判中具有十分重要的意义。对人民法院来说，管辖制度确定了不同职能和不同级别的人民法院审理行政案件的具体分工，明确了不同人民法院之间受理行政案件的权限，便于人民法院正确、及时审理行政案件，避免因管辖不明出现相互争执或推诿的现象，提高案件审理的质量和效率；对于公民、法人和其他组织来说，则是发生行政争议之后应到哪一个法院起诉，便于原告、被告的起诉和应诉，有利于保护诉讼当事人的合法权益。

（二）确立行政诉讼管辖的原则

1. 便于当事人进行诉讼的原则。行政诉讼管辖的确定要方便当事人参加诉讼活动，便于当事人依法行使其诉讼权利，减轻当事人的负担，特别是要充分保障原告诉权的实现。如《行政诉讼法》规定大量一般性的第一审行政案件都由基层人民法院管辖，由于基层人民法院辖区往往是当事人所在地，这一规定就便于当事人进行诉讼活动。再如，对限制人身自由的强制措施不服的案件，由被告所在地或原告所在地人民法院管辖，这一选择性规定也便于原告在起诉时确定最方便自己诉讼的管辖法院。

2. 保证人民法院独立公正审判的原则。行政案件管辖制度的目的之一在于防止和排除不当干预，使人民法院能够独立公正地受理和审理行政案件。因此，在如何确定案件管辖问题上，必须以是否有利于保证人民法院独立公正审判为标准。对于可能存在影响审判独立和公正司法情形的案件，下级人民法院应当主动报请上级人民法院管辖或者指定管辖，上级人民法院要依照有关规定及时作出指定管辖或者提级管辖的决定。如《行政诉讼法》第18条第2款规定了"经最高人民法院批准，高级人民法院可以根据审判工作的实际情况，确定若干人民法院跨行政区域管辖行政案件"，其目的就是减少和避免行政权干预审判权的现象，有利于人民法院公正、有效地行使审判权。

3. 人民法院均衡负担原则。行政诉讼在确定管辖时，既要考虑同级人民法院之间审判工作量的合理分工，又要考虑上下级人民法院之间审判力量和审判工作量上的合理分工，使各级人民法院对行政审判工作均衡负担，避免某一级法院负担过重，保证案件及时审理，提高办案质量。如《行政诉讼法》对不同性质、不同种类的一审行政案件，分别规定由不同级别法院管辖，就是这一原则的体现。

（三）行政诉讼管辖的种类

以不同的标准，对行政诉讼管辖可以作不同的划分，形成不同的管辖种类。

1. 级别管辖与地域管辖。以确定管辖法院是在上下级之间的权限分工还是同级而不同区域法院之间的权限分工，行政诉讼管辖分为级别管辖与地域管辖。级别管辖是解决不同审级法院之间管辖权的划分，如《行政诉讼法》第14～17条就规定了不同级别法院之间的管辖范围。地域管辖则是确定一个行政案件应当由哪一个地区的法院受理的问题。其标准是诉讼当事人或诉讼标的物与法院辖区的关系，如《行政诉讼法》第18～20条的规定，均属地域管辖。

2. 法定管辖与裁定管辖。以管辖是否由法律明确规定为标准，行政诉讼管辖分为法定管辖和裁定管辖。法定管辖是指由法律规定的标准直接确定的诉讼管辖，如《行政诉讼法》第14～17条规定的级别管辖和第18～20条规定的地域管辖。而裁定管辖是指在特殊情况下，由法院根据行政诉讼法的有关规定，以移送、指定等行为确定的诉讼管辖，如《行政诉讼法》第22～24条规定的移送管辖、指定管辖和管辖权转移。

3. 专属管辖与任意管辖。以管辖是否属于法律强制规定为标准，行政诉讼管辖分为专属管辖和任意管辖。专属管辖是指行政诉讼法强制规定某一类行政案件只能由某一个法院管辖，其他法院没有法定管辖权，原告也不能自由选择管辖法院，如因不动产提起的行政诉讼，规定只能由不动产所在地法院管辖，即属于专属管辖。任意管辖是指行政诉讼法规定某一类行政案件可以由两个以上的法院管辖，最终确定管辖法院，可以由原告自行选择，可以由有管辖权的法院协商，也可以由上级法院指定解决，如对限制人身自由的强制措施不服提起的行政诉讼，既可以由原告所在地法院管辖，也可以由被告所在地法院管辖。

二、级别管辖

级别管辖是指各级人民法院之间受理第一审行政案件的分工和权限。它仅指各级普通法院在受理第一审行政案件上的分工，不包括专门人民法院和人民法庭。《行诉解释》第3条第2款规定："专门人民法院、人民法庭不审理行政案件，也不审查和执行行政机关申请执行其行政行为的案件。"根据《行政诉讼法》的规定，行政诉讼的级别管辖分为：基层人民法院的管辖、中级人民法院的管辖、高级人民法院的管辖和最高人民法院的管辖。

（一）基层人民法院管辖的第一审行政案件

《行政诉讼法》第14条规定："基层人民法院管辖第一审行政案件。"这一规定表明，除上级人民法院管辖的第一审行政案件外，一般行政案件均由基层人民法院作为一审法院。

基层人民法院管辖第一审行政案件的原因在于：基层人民法院是我国法院组织体系中的最低层级审判机关，它分布于全国各地，数量众多，能承担大量的一般性行政案件的审判工作。同时，由于基层人民法院所在地一般位于或接近当事人所在地、行政行为发生地或行政争议的发生地，将大量行政案件交由基层人民法院审理，便于当事人起诉、应诉，也便于人民法院进行调查取证、传唤当事人等诉讼活动，以及执行生效的判决、裁定等。

（二）中级人民法院管辖的第一审行政案件

根据《行政诉讼法》第15条以及《行诉解释》的相关规定，中级人民法院管辖下列第一审行政案件：

1. 对国务院部门或者县级以上地方人民政府所作的行政行为提起诉讼的案件。规定这类行政案件由中级人民法院管辖的原因主要在于：①有些行政机关的级别较高，如国务院部门和省级人民政府，他们所作的行政行为影响较大，涉及面较广，有较强的政策性，由基层法院审理此类案件有一定困难；②为了减少地方政府对法院审理行政案件的干扰，确保司法公正，将县级以上地方人民政府为被告的行政案件由中级人民法院管辖，有利于纠纷的及时、有效解决。

但是，这里的级别管辖有一种例外情况，即复议机关因复议决定维持原行政机关的行政行为而与原行政机关成为共同被告的情况下，其级别管辖以作出原行政行为的行政机关而确定。《行诉解释》第 134 条第 3 款规定："复议机关作共同被告的案件，以作出原行政行为的行政机关确定案件的级别管辖。"这就是说，当国务院部门或者县级以上地方人民政府作为复议机关与作出原行政行为的行政机关（复议被申请人）成为共同被告时，其案件的级别管辖只能以作出原行政行为的行政机关来确定。此时，如果作出原行政行为的行政机关在级别管辖上属于基层人民法院，这类案件就应当由基层人民法院管辖，而不属于中级人民法院的级别管辖。

2. 海关处理的案件。海关处理的案件，主要有由海关处理的纳税案件和有关海关处罚、行政强制措施的行政案件等。规定海关案件由中级人民法院管辖的主要理由是：①海关行政案件的专业性、技术性较强，需要较强的专业知识能力和法律水平；②海关的设置与分布，大多在全国各大中城市，其职权范围大多与中级人民法院的辖区相吻合。基于此，这类案件由中级人民法院管辖，有利于保证办案质量。

3. 本辖区内重大、复杂的行政案件。所谓重大案件是指对本辖区的政治、经济、文化和社会生活有重大影响的案件；所谓复杂案件是指案情复杂、处理难度较大的案件。根据《行诉解释》第 5 条的规定，本辖区内重大、复杂的案件主要包括：①社会影响重大的共同诉讼案件；②涉外或者涉及香港特别行政区、澳门特别行政区、台湾地区的案件；③其他重大、复杂案件。

4. 其他法律规定由中级人民法院管辖的案件。这是指除《行政诉讼法》规定之外的其他法律规定可以由中级人民法院管辖的，也都属于中级人民法院的管辖范围。

5. 国际贸易行政案件和反倾销、反补贴行政案件。根据《最高人民法院关于审理国际贸易行政案件若干问题的规定》第 5 条的规定，第一审国际贸易行政案件由具有管辖权的中级以上人民法院管辖。国际贸易行政案件包括以下四种：①有关国际货物贸易的行政案件；②有关国际服务贸易的行政案件；③与国际贸易有关的知识产权行政案件；④其他国际贸易行政案件，如有关我国缔结或者参加的其他贸易、投资、知识产权等双边国际条约或多边国际条约的行政案件。规定这类案件由中级人民法院管辖的主要原因是：这类案件往往争议标的金额大或者案情复杂，具有高强度的技术专业性，加上又具备涉外因素，政策性又强，审理结果也会影响我国在司法领域的国际声誉，因此有必要确定由中级人民法院管辖。此外，有关反倾销、反补贴行政案件的第一审也可以由中级人民法院审理。

（三）高级人民法院管辖的第一审行政案件

《行政诉讼法》第16条规定，高级人民法院管辖本辖区内重大、复杂的第一审行政案件。高级人民法院的主要任务是对本辖区内基层和中级人民法院的审判工作进行指导、监督，并负责审理不服中级人民法院裁判的上诉案件。只有在遇到本辖区内具有重大影响的案件，以及案件复杂、难度较大的情况下，认为中级人民法院作为第一审不利于审判，不利于判决或执行的，才由高级人民法院行使管辖权。

（四）最高人民法院管辖的第一审行政案件

《行政诉讼法》第17条规定，最高人民法院管辖全国范围内重大、复杂的第一审行政案件。最高人民法院是我国最高审判机关，其主要任务是对全国各级人民法院的审判工作进行指导和监督，并对审判中的法律适用问题进行司法解释，以及审理不服高级人民法院裁判提起的上诉案件。只有在全国范围内有重大影响的第一审行政案件，才由最高人民法院管辖。

三、地域管辖

行政诉讼的地域管辖是指同级人民法院之间受理第一审行政案件的分工和权限。它是以辖区为标准划分同级法院之间受理第一审行政案件的权限。一个具体的行政案件首先应确定级别管辖，然后再确定地域管辖，因为级别管辖是地域管辖的前提，只有在明确级别管辖后，才能通过地域管辖进一步落实具体受理案件的法院，最终解决案件管辖问题。地域管辖的确定一般考虑到人民法院辖区与行政区域的关系或诉讼标的与人民法院辖区的关系。根据《行政诉讼法》的规定，我国行政案件的地域管辖可划分为：一般地域管辖、特殊地域管辖和共同地域管辖。

（一）一般地域管辖

一般地域管辖也称普通地域管辖，它主要是根据诉讼当事人的住所地来划分管辖法院。行政诉讼以被告所在地来确定一般地域管辖。根据《行政诉讼法》第18条第1款的规定，行政案件由最初作出行政行为的行政机关所在地人民法院管辖。经复议的案件，也可以由复议机关所在地人民法院管辖。

1. 行政案件由最初作出行政行为的行政机关所在地人民法院管辖。这是一般地域管辖的原则规定。在行政诉讼中，被告是行政机关，其所在地也是行政行为发生地和行政争议发生地，因此，由最初作出行政行为的行政机关所在地的法院管辖较为理想。这不仅方便双方当事人进行诉讼，同时也便于法院通知、调查取证与执行。

2. 经复议的案件，也可以由复议机关所在地人民法院管辖。这是一般地域管辖的补充规定。经复议的案件，存在着复议机关维持或改变原行政行为两种情况。针对这两种情况，新《行政诉讼法》没有沿袭原《行政诉讼法》"经复议的案件，复议机关改变原具体行政行为的，也可以由复议机关所在地人民法院管辖"的规定，而是规定复议决定不论是维持还是改变了原行政行为，都既可以由作出原行政行为的行政机关所在地的法院管辖，也可以由复议机关所在地的法院管辖，原告可以选择其中的一个法院提起行政诉讼。这种管辖实质上已成了选择管辖。

此外，为了进一步推动行政审判体制改革，保障人民法院独立公正地行使审判权，《行政诉讼法》第 18 条第 2 款还规定，经最高人民法院批准，高级人民法院可以根据审判工作的实际情况，确定若干人民法院跨行政区域管辖行政案件。当前跨行政区划法院管辖改革已取得了重大突破，为了进一步明确跨行政区划法院管辖改革以及需要履行的程序，《行诉解释》第 3 条第 2 款同时规定"铁路运输法院等专门人民法院审理行政案件，应当执行行政诉讼法第 18 条第 2 款的规定"。这表明，铁路运输法院等专门人民法院在审理行政案件时，也应当依法跨行政区域管辖行政案件。

（二）特殊地域管辖

特殊地域管辖是相对于一般地域管辖而言的。它是按照法律的特别规定，以诉讼标的所在地来确定地域管辖的。《行政诉讼法》第 19、20 条规定了两种特殊地域管辖：

1. 对限制人身自由的强制措施不服提起的行政诉讼，由被告所在地或者原告所在地人民法院管辖。"原告所在地"包括原告户籍所在地、经常居住地和被限制人身自由所在地。所谓经常居住地，是指公民在其户籍所在地之外最后连续居住满 1 年以上的地方。所谓被限制人身自由地，是指被告行政机关对原告实施收容、拘禁、强制治疗、强制戒毒等被限制人身自由的场所所在地。如果当事人对行政机关基于同一事实，既采取限制公民人身自由的行政强制措施，又采取其他行政强制措施或者行政处罚不服的，可以向被告所在地人民法院提起行政诉讼，也可以向原告所在地人民法院提起行政诉讼，受诉人民法院可以一并管辖，将两个诉讼请求合并审理。

2. 对不动产提起的行政诉讼，由不动产所在地人民法院管辖。因不动产提起的行政诉讼是指因行政行为导致不动产物权变动而提起的诉讼。具体包括两类管辖情形：一是不动产已登记的，以不动产登记簿记载的所在地为不动产所在地；二是不动产未登记的，则以不动产实际所在地为不动产所在地。规定这类行政案件由不动产所在地人民法院管辖，既便于人民法院在审理案件过程中对现场进行调查、勘验、收集证据，做到及时、正确地处理案件，也便于人民法院判决、裁定的执行。

（三）共同地域管辖

共同地域管辖是指两个以上法院对同一行政案件都有管辖权的情况下，原告可以选择其中一个法院起诉。共同地域管辖是由一般地域管辖和特殊地域管辖派生的一种管辖方式，是对上述两种管辖的有效补充。《行政诉讼法》第 21 条对此作了具体规定，即两个以上人民法院都有管辖权的案件，原告可以选择其中一个人民法院提起诉讼。原告向两个以上有管辖权的人民法院提起诉讼的，由最先立案的人民法院管辖。

在行政诉讼中，出现共同地域管辖的情形如下：

1. 分属不同区域的两个以上行政机关共同对原告作出行政处理决定，造成两个以上行政机关所在地的人民法院都有管辖权。

2. 经过复议的行政案件，既可以由作出原行政行为的行政机关所在地的法院管辖，也可以由复议机关所在地的法院管辖。如果复议机关与最初作出行政行为的行政机关不在同一行政区域的，两地人民法院都有管辖权，原告可以自由选择其中一个更方便的人民法院提起诉讼。

3. 对行政机关限制人身自由的行政强制措施不服而提起的诉讼，既可以由被告所在地人民法院管辖，也可以由原告所在地人民法院管辖。

对于两个以上人民法院都有管辖权的行政案件，原告可以选择其中一个法院提起诉讼。如果原告同时向两个或多个法院起诉，则由最先立案的人民法院管辖。这样就可以避免人民法院之间在受理行政案件时互相推诿或者争夺管辖权，使当事人奔波于法院之间导致案件不能及时受理。

对于上述管辖的划分，行政案件立案后受诉法院的管辖权不受当事人住所地改变、追加被告等事实和法律状态变更的影响。

四、裁定管辖

行政诉讼的裁定管辖是相对于法定管辖而言的，属于管辖的另一种类型。上述级别管辖和地域管辖都属法定管辖，他们由法律直接规定。而裁定管辖则不是根据法律的直接规定，而是由法院直接作出裁定或决定来确定诉讼管辖法院。裁定管辖包括移送管辖、指定管辖和移转管辖。

（一）移送管辖

移送管辖是指法院已经受理了行政案件以后，发现所受理的案件确实不属于自己管辖而应由其他法院管辖，将案件移送给有管辖权的法院审理的一种管辖形式。《行政诉讼法》第22条对移送管辖作了规定，即人民法院发现受理的案件不属于本院管辖的，应当移送有管辖权的人民法院，受移送的人民法院应当受理。受移送的人民法院认为受移送的案件按照规定不属于本院管辖的，应当报请上级人民法院指定管辖，不得再自行移送。

在行政诉讼中，移送管辖应当具备以下三个条件：

1. 移送案件的人民法院已经受理了案件。如果人民法院对某一行政案件尚未受理，则谈不上有关该案的移送管辖问题。

2. 移送案件的人民法院发现自己对该案件没有管辖权。《行政诉讼法》规定的起诉与受理的基本条件之一是属于受诉人民法院管辖，如果受诉人民法院发现对已受理的行政案件无管辖权，则必须将案件及时移送给有管辖权的人民法院。

3. 接受移送的人民法院对该案件有管辖权。移送管辖的目的是纠正管辖中出现的错误，避免没有管辖权的人民法院对行政案件审理造成损失。因此，人民法院在运用移送管辖时，必须将案件移送给有管辖权的人民法院。如果受移送的人民法院认为受移送的案件按照规定不属于本院管辖的，应当报请上级人民法院指定管辖，不得再自行移送。移送管辖一般发生在同级人民法院之间，是人民法院之间对已受理的案件进行的移送，而不是管辖权的转移。移送管辖的目的在于纠正人民法院在管辖中发生的失误，以利于行政相对人起诉，便于人民法院公正、有效地审理案件，防止人民法院之间相互推诿。移送管辖的程序主要是：由受理案件的法院合议庭提出意见，经过院长批准后，以该法院的名义致函移送给有管辖权的人民法院。

（二）指定管辖

指定管辖是指由于特殊原因或因两个人民法院对同一行政案件的管辖权发生争议，由上级人民法院以裁定的方式，决定案件由哪个人民法院管辖的制度。根据《行政诉讼法》第23条的规定，行政诉讼的指定管辖有下列两种情形：

1. 由于特殊原因，有管辖权的人民法院不能行使管辖权的，由上级人民法院指定管辖。所谓特殊原因主要有两个方面：①事实原因，这是指有管辖权的人民法院遇到不可抗力的原因，客观上无法行使管辖权，如发生地震、水灾、火灾等自然灾害或事故；②法定原因，这是指法律明确规定有管辖权的人民法院遇到当事人申请全体审判人员回避而无法组成合议庭，不能行使管辖权。当出现由于特殊原因不能行使管辖权的，则由上级人民法院指定管辖。

2. 因人民法院之间对管辖权发生争议引起的指定管辖。《行政诉讼法》第23条第2款规定，人民法院管辖权发生争议，由争议双方协商解决。协商不成的，报它们的共同上级人民法院指定管辖。管辖权发生争议有两种情况：①都认为自己有管辖权，双方对案件争管辖权；②都认为不属于自己管辖，双方对案件相互推诿。在上述管辖权发生争议的情况下，首先应当协商，协商不成的，应报请双方共同上级人民法院来指定由哪一个人民法院受理该案件。

根据《行诉解释》第6条和第7条的规定，中级人民法院的指定管辖可以发生在如下案件中：

（1）当事人以案件重大复杂为由，认为有管辖权的基层人民法院不宜行使管辖权或者根据《行政诉讼法》第52条的规定[1]，向中级人民法院起诉，中级人民法院应当在7日内分别作出以下处理：①决定自行审理；②指定本辖区其他基层人民法院管辖；③书面告知当事人向有管辖权的基层人民法院起诉。

（2）基层人民法院对其管辖的第一审行政案件，认为需要由中级人民法院审理或者指定管辖的，可以报请中级人民法院决定。中级人民法院应当根据不同情况在7日内分别作出以下处理：①决定自行审理；②指定本辖区其他基层人民法院管辖；③决定由报请的人民法院审理。

（三）移转管辖

移转管辖，也称管辖权的转移，是指经上级人民法院决定或同意，对第一审行政案件有管辖权的下级人民法院将该案件移交给上级人民法院审理，或者由上级人

---

〔1〕《行政诉讼法》第52条规定："人民法院既不立案，又不作出不予立案裁定的，当事人可以向上一级人民法院起诉。上一级人民法院认为符合起诉条件的，应当立案、审理，也可以指定其他下级人民法院立案、审理。"

民法院指定本辖区其他人民法院管辖。《行政诉讼法》第 24 条规定，上级人民法院有权审理下级人民法院管辖的第一审行政案件。下级人民法院对其管辖的第一审行政案件，认为需要由上级人民法院审理或者指定管辖的，可以报请上级人民法院决定。

移转管辖与移送管辖的区别如下：

1. 移送管辖一般是在同级人民法院之间进行的，它是地域管辖的一种补充形式，其目的是将没有管辖权的法院已受理的行政案件，移送给有管辖权的人民法院；移转管辖是发生在上、下级法院之间，它是级别管辖的一种变通形式，其目的是调整不同级法院对具体案件的管辖权。

2. 移送管辖是受案法院认为自己对某一行政案件没有管辖权而移送给有权管辖的法院；移转管辖是有管辖权的法院经上级法院决定或同意，将其受理的行政案件移交给无管辖权的法院，从而使无权管辖的法院取得了管辖权。由于移转管辖重新确定管辖权，因此，必须经由上级人民法院的决定或同意才能移转，否则不得移转。

对于上述各种管辖规定，在司法实践中有可能发生管辖异议的纠纷问题，甚至还可能发生个别当事人利用管辖权异议制度干扰行政诉讼的现象。对此，《行诉解释》明确规定了管辖异议处理程序制度，主要包括：①人民法院受理案件后，被告提出管辖异议的，应当在收到起诉状副本之日起 15 日内提出。②对当事人提出的管辖异议，人民法院应当进行审查。异议成立的，裁定将案件移送有管辖权的人民法院；异议不成立的，裁定驳回。③人民法院对管辖异议审查后确定有管辖权的，不因当事人增加或者变更诉讼请求等改变管辖，但违反级别管辖、专属管辖规定的除外。④对于人民法院发回重审或者按第一审程序再审的案件，当事人提出管辖异议的，以及当事人在第一审程序中未按照法律规定的期限和形式提出管辖异议，在第二审程序中提出的，人民法院不予审查，由此来确保提高行政诉讼的效率。

■思考题

1. 简述行政诉讼受案范围的确立方式。
2. 试述我国行政诉讼受理的各类行政案件。
3. 试述我国行政诉讼不予受理的各类事项。
4. 试述我国行政诉讼受案范围的扩展。
5. 简述行政诉讼的级别管辖。
6. 试述中级人民法院管辖的第一审行政案件的范围。
7. 简述行政诉讼的一般地域管辖。
8. 简述行政诉讼的特殊地域管辖。
9. 简述行政诉讼的裁定管辖。

■推荐书目

1. 孔祥俊:《行政行为可诉性、原告资格与司法审查:受案范围·原告资格标准·新类型行政案件》,人民法院出版社 2005 年版。

2. 刘俊祥主编:《抽象行政行为的司法审查研究》,中国检察出版社 2005 年版。

3. 薛珍:"我国行政诉讼受案范围应予扩大",载《法学》1999 年第 8 期。

4. 杨小君:"正确认识我国行政诉讼受案范围的基本模式",载《中国法学》1999 年第 6 期。

5. 喜子:"反思与重构:完善行政诉讼受案范围的诉权视角",载《中国法学》2004 年第 1 期。

6. 方世荣:"对行政诉讼受案范围中设定排除事项的反思",载《法商研究》2014 年第 6 期。

7. 马怀德主编:《司法改革与行政诉讼制度的完善——〈行政诉讼法〉修改建议稿及理由说明书》,中国政法大学出版社 2004 年版。

第二十二章 行政诉讼参加人

■学习目的和要求

　　掌握行政诉讼参加人及当事人的范围、行政诉讼原告及被告资格的确认标准，并能在具体案例中判断某个公民或组织是否具有原告、被告资格；把握行政诉讼第三人的资格和具体情形；了解行政诉讼共同诉讼人及代理人基本制度。

第一节　行政诉讼参加人概述

一、行政诉讼参加人的概念和范围

　　行政诉讼参加人是指作为行政诉讼主体，起诉、应诉以及参加到行政诉讼活动中来的人。按照《行政诉讼法》第四章的规定，行政诉讼参加人包括当事人和其他地位类似于当事人的诉讼代理人。当事人包括原告、被告和第三人。当事人与案件有直接利害关系，是行政诉讼最核心的参加人员。诉讼代理人包括法定代理人、指定代理人和委托代理人。诉讼代理人虽与案件没有直接利害关系，但其参加诉讼是为了被代理的当事人的利益，有明确的方向性，因而具有类似于当事人的地位。

　　在行政诉讼中，除行政诉讼参加人外，还有证人、鉴定人、翻译人和勘验人等的参与。他们参加行政诉讼主要是为了协助人民法院查明案件的事实真相，或为当事人提供帮助，而与案件本身没有直接利害关系。他们与行政诉讼参加人一起构成行政诉讼参与人。

　　行政诉讼参加人有别于审判人员和法律监督人员。后者是履行国家审判职能和法律监督职能的国家工作人员。他们代表国家审理行政案件或对行政诉讼活动进行监督。

二、行政诉讼当事人

（一）行政诉讼当事人的概念

　　行政诉讼当事人是指因行政行为的合法性发生争议，以自己的名义起诉、应诉和参加诉讼，并受人民法院裁判拘束的人。在行政诉讼中，当事人具有重要地位，在任何诉讼阶段都不可缺少。因为，行政诉讼最直接的目的就是要解决当事人之间的行政争议。此外，行政争议发生在当事人之间，只有当事人积极参加诉讼，行政争议才能得到及时、公正的解决。

当事人有狭义与广义之分。狭义的当事人仅指原告与被告，包括共同原告和共同被告；广义的当事人除原告和被告外，还包括第三人。本书采用的是广义的当事人。在行政诉讼的不同阶段，当事人的称谓不同。第一审程序中当事人被称为原告、被告和第三人；在第二审程序中，当事人被称为上诉人和被上诉人；在执行程序中，当事人则被称为申请人和被申请人；当事人在审判监督程序中的称谓与在第一审程序及第二审程序的称谓相同。由于第二审程序、执行程序以及审判监督程序不是行政诉讼的必经程序，因此，人们常用第一审程序的称谓来概括当事人的范围。当事人的不同称谓表明其在不同的诉讼阶段法律地位不同，所享有的诉讼权利和负担的诉讼义务也有差异。

（二）行政诉讼当事人的特征

1. 行政诉讼当事人是发生争议的行政法律关系主体。按照行政诉讼法的规定，当事人由因行政行为发生争议的行政机关和相对人构成。其中，受行政行为影响的相对人主张行政行为违法，因而作为原告向人民法院起诉；而作出行政行为的行政机关主张行政行为合法，作为被告应诉；第三人是与提起诉讼的行政行为有利害关系的原、被告以外的公民、法人和其他组织。

2. 以自己的名义参加诉讼。这是当事人最重要的特征之一。原告以自己的名义起诉，被告以自己的名义应诉，第三人以自己的名义参加诉讼。所谓以自己的名义进行诉讼，也就是按自己的意志、为自己的利益参加诉讼，是当事人主体性的具体表现。凡不以自己的名义，以他人的名义进行诉讼活动的，不是行政诉讼的当事人。

3. 与案件有直接利害关系。对相对人来说，利害关系是指其权利义务的得失、变更。相对人无论是作为原告还是作为第三人参加诉讼，都是为了保护自己的合法权益。对被告行政机关来说，利害关系则是指其权力的行使合法、正当与否。行政行为违法的，行政机关应承担相应的法律责任。行政机关没有自己的特殊利益，行政机关应诉是为了维护行政法律秩序以及所代表的公共利益。

4. 受人民法院裁判的拘束，即人民法院的行政裁判一旦生效，就对当事人产生拘束力，当事人必须自觉履行相关义务，否则会导致强制执行。法院的裁判是针对当事人之间的争议作出的，是国家意志的体现，当事人必须服从。另外，当事人与案件有直接利害关系，进入诉讼程序就是要得到法院的裁判，因而，当事人受法院裁判的拘束是诉讼制度的应有之义。受法院裁判拘束意味着诉讼的法律后果由当事人自己承担。

（三）当事人的行政诉讼权利能力和行为能力

1. 行政诉讼权利能力。行政诉讼权利能力是指当事人拥有的能够以自己名义进行行政诉讼活动并享有诉讼权利、承担诉讼义务的资格和能力，又称当事人能力。《行政诉讼法》第 2 条第 1 款规定："公民、法人或者其他组织认为行政机关和行政机关工作人员的行政行为侵犯其合法权益，有权依照本法向人民法院提起诉讼。"可见，公民、法人和其他组织以及行政机关都具有行政诉讼权利能力。只是他们各自行政诉讼权利能力的起止期限不同：公民的行政诉讼权利能力始于出生、终于死亡；法人和其他组织（包括行政机关）的行政诉讼权利能力于成立之时开始，至解散、合法撤销时终止。

行政诉讼权利能力与行政实体权利能力相对应。在行政法中，实体权利能力是指以自己的名义享有行政权利、承担行政义务的资格和能力。行政诉讼权利能力的设定，就是为了保障行政实体权利能力的实现。但由于行政诉讼受案范围的局限，行政诉讼权利能力的范围要窄于实体权利能力的范围。此外，相对人与作为管理者的行政机关的行政诉讼权利能力不完全相同。在行政诉讼中，双方的诉讼权利义务不完全对等。

2. 行政诉讼行为能力。行政诉讼行为能力是指当事人能够亲自进行行政诉讼活动，具有的独立行使诉讼权利和履行诉讼义务的能力，又称为诉讼能力。当事人若要亲自参加行政诉讼，必须具备行政诉讼行为能力。

行政诉讼法对行政诉讼行为能力没有明确规定，可参照民事诉讼的有关理论。对公民而言，存在有诉讼行为能力和无诉讼行为能力之分。其中，18 周岁以上，或16 周岁以上不满 18 周岁、以自己的劳动收入为主要生活来源的公民，且智力正常的，具有诉讼行为能力。此外，未成年人、精神病人不具有诉讼行为能力。为切实保障其合法权益，法律禁止他们亲自参加诉讼，而需由其法定代理人代理诉讼。至于法人和其他组织（包括行政机关）的行政诉讼行为能力，自成立时产生，至合法解散时终止。

（四）当事人的诉讼权利和诉讼义务

在行政诉讼中，当事人享有广泛的诉讼权利，并承担诉讼义务。赋予当事人行政诉讼权利是对公民在行政过程中主体地位的肯定，是维护其合法权益的需要。规定当事人诉讼义务是为了维护诉讼秩序、保障诉讼的顺利进行。

1. 当事人的诉讼权利。按照《行政诉讼法》及有关法律、法规的规定，当事人的诉讼权利主要有：①与实体权益直接相关的诉讼权利，如原告有起诉权，变更或增加诉讼请求的权利，撤诉权和上诉权；被告有应诉权和答辩权，在一审中改变其行政行为的权利以及上诉权等。②程序上的诉讼权利，如申请回避权，举证权，辩论权，委托代理权，使用本民族语言文字进行诉讼的权利，查阅、复制本案庭审材料及有关法律文件的权利，查阅、补正庭审笔录的权利，申请诉讼保全和证据保全的权利，原告有申请停止执行行政行为的权利等。③对法院生效判决的执行申请权。胜诉一方有权向人民法院申请执行。此外，对法院生效的法律文书，有依法强制执行的权利。

2. 当事人的诉讼义务。当事人应当履行的诉讼义务主要有：依法行使诉讼权利，按时到庭参加诉讼，履行举证义务，遵守法庭秩序，自觉履行生效的法律文书等。

　　需要指出，在行政诉讼中，原告与被告的诉讼权利、义务并不完全对等，如原告有起诉权，而被告没有反诉权；行政诉讼实行举证责任倒置，被告有较重的举证义务。此外，上述的诉讼权利、义务也及于第三人。

　　三、诉讼代理人

　　在行政诉讼参加人中，诉讼代理人虽与当事人有所不同，但也有重要意义。行政诉讼代理人是指在代理权限内，以当事人的名义进行行政诉讼活动的人。对于行政诉讼代理人，本章第六节将予以具体阐述。

第二节　行政诉讼的原告

　　一、原告的概念和范围

　　行政诉讼的原告是指认为自己的合法权益受到行政机关及其工作人员的行政行为的不法侵害或不利影响，以自己的名义起诉，请求法律保护而引起行政诉讼程序发生的公民、法人和其他组织。行政诉讼实行不告不理原则，没有原告的发动，具体的诉讼就无法形成。按照《行政诉讼法》第2、25、49条，以及《行诉解释》第12、15、16、17、18条的规定，我国行政诉讼原告包括下列几类：

　　（一）公民

　　我国公民是指具有中华人民共和国国籍的人。对公民来说，从出生到死亡都有行政诉讼的权利能力，可依法提起行政诉讼。公民的诉讼行为能力已如上述。此外，外国人、无国籍人以及外国组织可根据对等原则，在我国提起行政诉讼。

　　（二）法人

　　法人是指具有民事权利能力和民事行为能力，依法独立享有民事权利和承担民事义务的组织，包括企业、事业单位和社团法人。法人的成立必须经法定程序批准。法人从成立到解散都具有行政诉讼权利能力和行政诉讼行为能力。法人的诉讼行为由其法定代表人代表。

　　（三）其他组织（非法人组织）

　　其他组织是指依法成立、有一定的组织机构和财产，但又不具备法人资格的组织。关于其他组织的范围，可适用《最高人民法院关于适用〈中华人民共和国民事诉讼法〉的解释》第52条的规定，指合法成立、有一定的组织机构和财产，但又不具备法人资格的组织，包括依法登记领取营业执照的个人独资企业、合伙企业、中外合作经营企业、外资企业、乡镇企业、街道企业，依法成立的社会团体的分支机构、代表机构，依法设立并领取营业执照的法人、商业银行、政策性银行和非银行金融机构的分支机构等。《行诉解释》第15、16、18条对合伙企业、联营企业、个体工商户、业主委员会等组织提起诉讼的情况进行了规定。

　　（四）人民检察院

　　2017年6月27日通过的《全国人民代表大会常务委员会关于修改〈中华人民共

和国民事诉讼法〉和〈中华人民共和国行政诉讼法〉的决定》，对行政诉讼的原告范围进行了修改，规定人民检察院在履行职责中发现生态环境和资源保护、食品药品安全、国有财产保护、国有土地使用权出让等领域负有监督管理职责的行政机关违法行使职权或者不作为，致使国家利益或者社会公共利益受到侵害的，应当向行政机关提出检察建议，督促其依法履行职责。行政机关不依法履行职责的，人民检察院依法向人民法院提起诉讼。这使得人民检察院可以在行政公益诉讼中成为原告。不过需要注意的是，人民检察院作为原告的情况与其他原告类型存在明显区别，具体制度的介绍请见本书关于行政公益诉讼的有关章节。

二、原告资格及原告资格的转移

（一）原告资格

行政诉讼原告资格，是指某一公民或组织充当行政诉讼原告所应具备的条件，也可以说是某一公民或组织请求法院保护自己合法权益所应具备的条件。行政诉讼原告资格的确立主要是为了明确相对人的诉权，防止乱诉，避免司法成本的浪费和保证行政秩序的稳定。但由于原告资格直接影响到相对人一方的诉权，影响对其合法权益保护的宽窄，因而需慎重对待。

按照《行政诉讼法》第2、25、49条和《行诉解释》第12条的规定，行政诉讼原告资格的认定可归为三项：

1. 主观上，原告必须是认为其合法权益受到行政行为侵害的人。《行政诉讼法》第2条规定了原告资格认定的主观标准，即"公民、法人或者其他组织认为行政机关和行政机关工作人员的行政行为侵犯其合法权益，有权依照本法向人民法院提起诉讼"。这里有四层内容：①合法权益，严格地说是指法定权利，不包括法定外利益。利益是一个很宽泛的概念，指需要、要求等，受法律保护的利益是法定权利。按照《行政诉讼法》的规定，这里的合法权益包括但不仅限于人身权、财产权，还包括社会保障权、知情权和公平竞争权。②原告必须是自己的合法权益受到侵害的人。任何人不得为他人的利益而起诉。这是出于对个人人格的尊重。诉权是一种权利，当事人可以行使，也可以放弃。当事人放弃诉权的，他人不得强迫其行使。③这里所说的侵害是指对相对人行政法上的权利义务产生影响，包括已经产生影响和一旦实施必将产生影响，而不仅限于已经造成实际损害。④这里的侵害并不以真实存在为必要条件，只要起诉人"认为"其合法权益受到侵害即可。

2. 客观上，原告必须是行政相对人和其他利害关系人。《行政诉讼法》第25条第1款对原告资格规定了客观标准，即"行政行为的相对人以及其他与行政行为有利害关系的公民、法人或者其他组织，有权提起诉讼"。采用"利害关系"作为标准，有助于司法实践根据实际需要，将应当纳入受案范围的行政争议纳入受案范围。《行诉解释》规定，除行政相对人外，其他利害关系人至少应当包括：①被诉的行政行为涉及其相邻权或者公平竞争权的。②在行政复议等行政程序中被追加为第三人的。③要求行政机关依法追究加害人法律责任的。④撤销或者变更行政行为涉及其合法权益的。⑤为维护自身合法权益向行政机关投诉，具有处理投诉职责的行政机关作出或者未作出处理的。

3. 原告必须是与行政行为有利害关系的人。换言之，原告所受权益的侵害和行政行为存在因果关系。行政行为是因，所受侵害是果。在现实生活中，因果关系常常相当复杂，相对人所受侵害只有与行政行为的关系达到相当的因果关系程度时，才可诉之法院。

（二）原告资格的转移

原告资格是法律赋予特定人提起行政诉讼的权利，通常不能转移。但在特定情况下，法律规定原告资格可以转移。原告资格转移制度的设立，主要出于两方面的考虑：①切实保障相对人合法权益的需要。例如，财产权受到行政行为侵害的某公民死亡，其继承人的财产权受到影响。如果受害公民死亡后，原告资格终止，而不能转移，则继承人的财产权得不到保障。②保证行政机关依法行政的需要。行政诉讼的目的之一是确保行政机关依法行政，纠正违法的行政行为。如果有原告资格的个人死亡或组织解散，不发生资格转移，违法行为将继续存在，与依法行政的宗旨相左。

按照《行政诉讼法》第25条的规定，原告资格转移有两种情况：

1. 有权提起诉讼的公民死亡，其近亲属可以提起诉讼，即具有原告资格的公民死亡的，其原告资格转移到近亲属。死亡包括自然死亡和依法定程序宣告死亡。近亲属的范围，按《行诉解释》第14条的规定，包括配偶、父母、子女、兄弟姐妹、祖父母、外祖父母、孙子女、外孙子女和其他具有扶养、赡养关系的亲属。承受原告资格的近亲属提起诉讼的，胜诉时享有其应享有的权利，如得到违法没收的财产；败诉时，则应履行相关义务，如缴纳应缴的税款。但对死亡公民的人身处罚以及人身强制措施不能施之于近亲属。

2. 有权提起诉讼的法人或者其他组织终止，承受其权利的法人或者其他组织可以提起诉讼。法人或者其他组织终止指法人或者其他组织解散、合并和分立等。具体有两种情况：①自行终止。②因行政决定终止。自行终止的，原告资格转移到承受其权利的法人或者其他组织；因行政决定终止的，则原法人和其他组织仍具有原告资格。但原法人和其他组织对终止决定没有异议的，原告资格转移到承受其权利的法人或其他组织。

三、几种特殊情况下原告的确认

在通常情况下，原告资格的确认并没有困难，凡具备原告资格的都能成为行政诉讼的原告。但在特殊情况下，原告的确认需要具体分析。

（一）侵权案件中受害人的原告资格问题

在我国，大量的侵权案件，如治安侵权、环保、卫生方面的侵权等，是由行政机关通过行政处罚等途径解决的。在行政处罚中，不仅被处罚人具有原告资格，而且受害人也具有原告资格。这一点也为《行诉解释》所肯定，其第12条规定了"要求行政机关依法追究加害人法律责任的"公民、法人或其他组织具有原告资格。

（二）受行政行为侵害的第三人的原告资格问题

这里的第三人是指行政行为涉及的行政机关、直接相对人以外的人。具体地说，是与行政行为有法律上的利害关系，但不是行政行为直接对象的公民、法人或者其他组织。实践中，行政行为侵害第三人合法权益的情形很多。例如，某国土局批准公民甲在乙承包的紧挨后邻丙的 3 米处的地方建 6 米高楼房一栋。虽然该批准建房行为指向的是公民甲，但公民乙的土地承包权、公民丙的通风采光权均受到侵害。此案中公民乙、丙由于其合法权利受到行政行为的影响，与行政行为有利害关系，因而也具有原告资格。对此，《行诉解释》第 12 条明确规定，"被诉的行政行为涉及其相邻权或者公平竞争权的"，公民、法人或其他组织具有原告资格。

（三）侵犯经营自主权案件中的原告资格问题

侵犯经营自主权案件具有一定的特殊性，由于行政机关的侵权，可能会给企业造成以下两种后果，导致企业本身难以起诉：①行政机关违法撤销、注销或合并、强令兼并企业的。此时受行政行为影响的企业已经在法律上不存在了，如何起诉成为一个难题。②行政机关违法更换企业的法定代表人的。此时由于更换了新的法定代表人，新的法定代表人如果不同意起诉，则无法以原企业的名义起诉行政机关的违法行为。对此，《行诉解释》第 16 条第 1 款规定，股份制企业的股东大会、股东会、董事会等认为行政机关作出的行政行为侵犯企业经营自主权的，可以企业名义提起诉讼；同条第 3 款规定，非国有企业被行政机关注销、撤销、合并、强令兼并、出售、分立或者改变企业隶属关系的，该企业或者其法定代表人可以提起诉讼。此外，同条第 2 款还专门规定了联营企业、中外合资或者合作企业的联营、合资、合作各方的原告资格，以更好地保护联营、合资、合作各方的权利。

第三节 行政诉讼的被告

一、被告的概念和特征

行政诉讼的被告是原告指控其行政行为侵犯原告的合法权益而向人民法院起诉，人民法院受理后通知其应诉的行政机关和法律、法规、规章授权的组织。行政诉讼的被告具有下列特征：

1. 被告恒定为作为行政主体的行政机关和法律、法规、规章授权的组织。行政机关依法享有行政职权，能独立对外进行管理，具有行政诉讼的权利能力和行为能力。行政诉讼是对行政权力运作的法律监督，自然应以行政机关为被告。此外，法律、法规授权的组织虽然不是行政机关，但由于法律、法规授权而能行使行政职能、独立对外管理，因而也能成为行政诉讼的被告。

2. 被告是被人民法院通知应诉的人。在行政过程中，行政机关及法律、法规授权的组织虽常与相对人发生争议，但并不一定都成为行政诉讼的被告。只有当相对人诉之法院，行政诉讼成立，行政诉讼被告才会产生。被告需由法院确认，并由法院通知应诉。

3. 被告与原告处于对立地位。在行政诉讼中，一方面，被告和原告相互依存，没有原告也就没有被告；另一方面，被告与原告的地位对立，参加诉讼的目的不同、诉讼地位不同，双方所享有的权利义务也不完全相同。

二、被告的确认

按照《行政诉讼法》第 26 条和《行诉解释》的规定并结合行政法的有关原理，行政诉讼被告的确认应遵循以下两个规则：

（一）被告须为行政主体

行政主体是指依法享有行政权力、代表国家和地方独立进行行政管理，并独立参加行政诉讼的组织。行政主体理论强调的是在行政机关对外管理中，只有符合特定条件的行政机关及法律、法规授权的组织才能够独立对外管理、独立参加诉讼。在行政诉讼中，必须以行政主体为被告是出于以下考虑：①从行政诉讼的性质看行政诉讼是司法权对行政权的监督，是人民法院对行政机关外部管理行为的合法性审查，而外部管理行为的实施主体只能是行政主体。②从承担行政诉讼后果的角度看，对人民法院的审判结果，只有行政主体才能承担。如判决行政机关重新作出行政行为、判决行政机关履行法定职责以及承担赔偿责任等，除拥有相应权限的行政主体外，其他行政机关以及其他组织都不能胜任。③从依法行政的角度看，当所有行政主体都能对自己的行为负责时，行政机关的违法侵权行为就会减小到最低程度。把行政主体作为被告可以加强其责任感，促使其依法行政。

行政诉讼以行政主体为被告与行政诉讼被告恒定为行政机关并不矛盾，前者是后者的具体化。需要指出，行政诉讼以行政主体为被告，意味着其他任何国家机关和其他社会组织及个人都不得成为行政诉讼的被告。

（二）被告须为其行为引起行政争议的行政主体

行政主体作为行政诉讼的被告，是确认行政诉讼被告的一般规则。在一个具体的行政案件中究竟以哪个行政主体为被告，需要进一步明确。第二项被告确认规则就是为满足此要求而提出的。这一规则包含两层含义：①被告必须是运用行政权力作出或其委托的组织或个人作出有争议的行政行为的行政主体。②被告必须是因行政行为的合法性与相对人发生争议，被诉之法院并被法院通知应诉的行政主体。

三、被告的法定类型

《行政诉讼法》第 26 条以及《行诉解释》第 19～25 条对被告类型问题作了具体规定。按照现行规定，行政诉讼被告分为如下几种：

（一）直接起诉的被告

对行政机关和法律、法规、规章授权的组织作出的行政行为，法律、法规没有明确规定实行复议前置的，公民、法人或其他组织可选择先复议、后起诉，或者直接起诉。公民、法人或其他组织直接向人民法院起诉的，作出行政行为的行政机关和被授权的组织是被告。这里的行政机关和被授权的组织均需具有行政主体资格。

（二）经过行政复议程序的被告

相对人经过行政复议程序，对行政复议决定仍不服的，被告有如下几种情况：

1. 复议机关维持原行政行为的，作出原行政行为的行政机关和复议机关是共同被告。规定由作出原行政行为的行政机关和复议机关作为共同被告，一方面，是考虑到原行政机关了解情况，掌握作出行政行为的证据和规范性文件，并且原行政机关应当对自己的行为负责；另一方面，是为了从制度上促进复议机关发挥监督下级机关的行政行为、救济公民权利的作用。

2. 复议机关改变原行政行为的，复议机关是被告。改变原行政行为是指复议机关改变原行政行为的处理结果或复议机关确认原行政行为无效。复议机关改变原行政行为所认定的主要事实和证据、改变原行政行为所适用的规范依据，但未改变原行政行为处理结果的，视为复议机关维持原行政行为。另外复议机关确认原行政行为违法，属于改变原行政行为，但复议机关以违反法定程序为由确认原行政行为违法的除外。

3. 复议机关不作为的，由当事人选择原行政机关还是复议机关作被告。本来从权利救济角度，行政相对人起诉原行政行为更直接、更合理。之所以赋予行政相对人可以选择起诉复议机关，是因为行政复议作为一种行政行为，无论是作为还是不作为，都应当受到监督。而且，复议机关不作为虽然没有增加行政相对人的义务，但却使行政相对人失去了一次权利救济机会，通过诉讼可以督促复议机关行使复议权，更好地保护当事人的合法权益。

（三）共同作出行政行为的被告

在通常情况下，由行政机关各自的职权所决定，行政行为都是由单个行政机关作出的，但也不排除在职权交叉等特殊情况下由两个以上行政机关共同作出。两个以上行政机关作出同一行政行为的，共同作出行政行为的行政机关是共同被告。关于共同行为的认定，实践中一般以共同名义为标准。具体情况分析如下：

1. 行政机关以共同名义签署（以公章为准）而作出行政行为的，作出的机关是共同被告；如果只有一个行政机关签署，则无论有无其他行政机关的实质参与，都视为签署行政机关的行为，由签署行政机关作被告。

2. 行政机关与非行政机关共同署名作出处理决定的，只能以作出决定的行政机关为被告，非行政机关不能作被告，这是由行政诉讼的性质所决定的。非行政机关不享有行政权，对相对人作出的处理决定不具有和行政行为相同的效力，因而不能成为行政诉讼的被告。但行政机关和非行政机关共同作出的行为侵犯了相对人合法权益、需要赔偿的，人民法院可通知非行政机关作为第三人参加诉讼。

由行政行为的共同机关作共同被告，一方面为依法行政所要求，任何一个行政机关都应当对自己的行为负责；另一方面有利于人民法院及时查明案件事实，作出公正裁决。

（四）受委托的组织作出行政行为时的被告

在行政实践中，行政委托大量存在。有的具有法律依据，有的为行政机关自行委托。尽管行政委托作为一项制度尚不完善，但不妨碍委托行政引起争议时被告的确认。按照一般的委托代理理论，受委托人以委托人的名义进行活动，其行为的后果由委托人承担。这一理论同样适用于行政活动。《行政诉讼法》第26条第5款规定，行政机关委托的组织所作出的行政行为，委托的行政机关是被告。

行政机关在没有法律、法规或合法有效规章规定的情况下，授权某机构或所属职能部门行使行政职权，应视为委托。

（五）行政机关被撤销或者职权变更后的被告

为适应行政管理的需要，行政机关可能被合并、撤销或者职权发生调整变更，原来行使的职权由别的部门行使或被新的机构所替代。为切实保障相对人的合法权益，当作出有争议的行政行为的行政机关被撤销时，仍需对被告问题作出规定。《行政诉讼法》第26条第6款规定，行政机关被撤销或者职权变更的，继续行使其职权的行政机关是被告。另外依据《行诉解释》第23条，行政机关被撤销或者职权变更，没有继续行使其职权的行政机关的，以其所属的人民政府为被告；实行垂直领导的，以垂直领导的上一级行政机关为被告。

（六）派出机关及派出机构作为被告

派出机关是指一级人民政府根据工作的需要，在一定区域设立的派出组织，具体为行政公署、区公所和街道办事处。派出机构是指政府的职能部门根据工作需要在一定区域设立的派出组织，主要有公安派出所、工商所、税务所和财政所等。按照行政主体理论，派出机关是一级行政主体，可以独立作为行政诉讼的被告。派出机构是否能作被告，应视其是否有法律、法规、规章的授权。依据《行诉解释》第20条的规定，如果没有法律、法规、规章的授权，则内设机构、派出机构或者其他组织的行为属于《行政诉讼法》第26条规定的委托，由委托的机关作为被告；反之，如果有法律、法规、规章的授权，内设机构、派出机构或者其他组织可以自行成为被告。另外，即使内设机构、派出机构或者其他组织超出法定授权范围实施行政行为，当事人不服提起诉讼的，仍然应当以实施该行为的机构或者组织为被告。

在实践中，由于行政机关的设置较为复杂，因而不能要求原告确定适格被告。相对人起诉时只需指出行政行为为何组织或者何人所为，适格被告最终由人民法院确定。当人民法院认为被告不适格时，人民法院应当告知原告变更被告；原告不同意变更的，裁定驳回起诉。应当追加被告而原告不同意追加的，人民法院应当通知其以第三人的身份参加诉讼，但行政复议机关作共同被告的除外。当然，如果不存在适格的行政诉讼被告，人民法院应当驳回起诉。

四、几种特殊情况下被告的确认

（一）综合执法机构作为被告的问题

综合执法机构是指县级以上地方各级人民政府建立的在一些综合领域实行跨部

门管理的机构。例如，在上海、青岛等城市实行的巡警制度。巡警负责市内广场和主要街道的巡查，对治安、工商、市容卫生等领域实行统一管理并对违法行为实施处罚。综合执法机构能否成为独立的行政诉讼的被告，至今仍不明确。按照《行政处罚法》第 16 条的规定，由国务院决定或国务院授权的省、自治区、直辖市人民政府决定成立的综合执法机构可以成为独立的行政处罚主体，因而可作为独立的被告。其他各级人民政府没有依据而自行设立的综合执法机构不是独立的被告，要以共同署名的行政机关为共同被告。比照《行政处罚法》的规定，凡综合执法机构取得独立行政主体地位的，可作为被告；没有取得独立行政主体地位的，只能由组成综合执法机构的原行政机关作为共同被告。

（二）非常设机构作为被告的问题

在我国，由于多种原因，非常设机构大量存在。非常设机构的行为引起争议的，以哪个行政机关为被告，法律没有明确规定。按照行政诉讼被告的确认规则，可作如下处理：如果非常设机构引起争议的行为有法律、法规的明确授权，则非常设机构为被告；如果没有法律、法规的授权，则组建该机构的人民政府为被告。

（三）行政许可案件被告的特殊规定

2010 年 1 月 4 日《最高人民法院关于审理行政许可案件若干问题的规定》正式实施，对行政许可案件被告的确认有了特殊规定：

1. 统一办理行政许可案件被告的确认。《行政许可法》第 26 条第 2 款规定了统一办理行政许可，《最高人民法院关于审理行政许可案件若干问题的规定》第 5 条明确，对这类案件，当事人对行政许可行为不服提起诉讼，以对当事人作出具有实质影响的不利行为的机关为被告。

2. 经批准或上报的行政许可案件被告的确认。《最高人民法院关于审理行政许可案件若干问题的规定》第 4 条规定，当事人不服行政许可决定提起诉讼的，以作出行政许可决定的机关为被告；行政许可依法须经上级行政机关批准，当事人对批准或者不批准行为不服一并提起诉讼的，以上级行政机关为共同被告；行政许可依法须经下级行政机关或者管理公共事务的组织初步审查并上报，当事人对不予初步审查或者不予上报不服提起诉讼的，以下级行政机关或者管理公共事务的组织为被告。

第四节　共同诉讼人

一、共同诉讼人的概念

在行政诉讼中，共同诉讼人是指共同诉讼的当事人，包括共同原告和共同被告。共同诉讼是指当事人一方或双方为两人以上，因同一或同样的行政行为发生行政纠纷，人民法院认为可以合并审理的诉讼。其构成条件如下：①当事人一方或双方为两人以上。②诉讼标的共同。或者标的同一，或者标的同样。③属同一人民法院管辖并由人民法院合并审理。共同诉讼是诉讼主体的合并。按照《行政诉讼法》的规定，共同诉讼分为必要的共同诉讼和普通的共同诉讼。因而，共同诉讼人也可分为必要的共同诉讼人和普通的共同诉讼人。

二、必要的共同诉讼人

必要共同诉讼是指当事人一方或双方为两人以上，诉讼标的是同一行政行为的诉讼。必要共同诉讼中的共同原告和共同被告统称为必要共同诉讼人。

必要共同诉讼是当事人因同一行政行为发生争议，不可分离，因而必须实行诉讼主体的合并。在实践中，必要共同诉讼人主要有以下几种情形：①行政诉讼中的共同被处罚的人。如在一起赌博案件中，三个参与人被处罚，该三个被处罚人均不服，提起诉讼，成为共同原告。再如，行政机关对同一违法的法人及法定代表人同时给予行政处罚，两者均为因不服而起诉的共同原告。②侵权案件中的致害人和受害人均对给予致害人的行政处罚不服，提起诉讼。尽管两者的诉讼请求相反，但因是同一诉讼标的，必须合并审理，这里的致害人和受害人是共同原告。③其他行政行为的共同受害人，均对行政行为不服提起诉讼。共同受害人为共同原告。④被指控违法的行政行为由两个以上行政机关作出，参与作出的行政机关为共同被告。

对必要共同原告，法院有义务通知来起诉的其他共同原告参加诉讼，但如果有原告资格的人不愿起诉，法院不得强行追加，可以通知他们作为第三人参加诉讼。对于必要共同被告，原告起诉中有遗漏的，人民法院有权在征求原告人同意的基础上追加被告，并通知被告应诉，被追加的被告无权拒绝应诉。应当追加被告而原告不同意追加的，人民法院应当通知其以第三人的身份参加诉讼，但行政复议机关作共同被告的除外。

三、普通的共同诉讼人

普通的共同诉讼是指当事人一方或双方为两人以上，诉讼标的同样，由法院合并审理的诉讼。普通诉讼中的共同原告和共同被告统称为普通共同诉讼人。

普通共同诉讼的条件是诉讼标的为同类行政行为，为节省诉讼成本，合并对同类案件的审理。当然，同类行政行为引起的争议案件并不必然引起合并审理，是否合并取决于合并审理的成本及人民法院的裁量权。如合并审理更经济，则合并审理；如合并审理并不经济，则分案审理。

与必要共同诉讼人不同的是，普通共同诉讼人之间没有必然的联系，其诉讼行为不影响其他共同诉讼人。

此外，为了解决人数众多的共同诉讼，可以采用诉讼代表人制度。所谓诉讼代表人制度是指在原告方或被告方人数众多的情况下，由一人或数人作为代表参加诉讼，其他当事人可不参加诉讼，但法院的判决及于全体当事人的诉讼制度。根据《行诉解释》第29条的规定，同案原告为10人以上，应当推选2~5名诉讼代表人参加诉讼。

第五节　行政诉讼第三人

一、第三人的概念和特点

行政诉讼第三人是指与被诉行政行为有利害关系或者同案件处理结果有利害关系、申请参加或者由人民法院通知其参加到行政诉讼中来的其他公民、法人或者其他组织。设定第三人制度，主要是为了实现诉的合并，减少不必要的诉讼；同时也是为了查清案件事实，有利于人民法院的公正审判。

行政诉讼第三人具有以下特征：

1. 第三人是原告、被告以外的人。这是第三人最原始的含义。第三人既不是原告，也不是被告，而是原告、被告以外的人。当然，不排除有些具有原告资格的人放弃诉权而成为第三人。在具体的行政案件中，无论是相对人还是行政机关都可能成为第三人。

2. 第三人具有独立的诉讼地位。在行政诉讼中，第三人具有独立的地位，有权站在原告一方要求撤销违法的行政行为，也有权和被告一道请求维持被诉行政行为，还可以既不请求维持、也不请求撤销被诉行政行为，仅主张自己的行为合法，或者主张某种民事权益，避免诉讼结果对自己不利。第三人参加诉讼主要是为了维护自己的合法权益。

3. 第三人参加的是他人已经开始、尚未结束的诉讼。第三人参加诉讼必须以原告、被告之间的诉讼正在进行为前提。如果原告、被告之间的诉讼尚未开始，或者原告、被告之间的诉讼已经审结，都不可能存在第三人。

4. 第三人参加诉讼的方式有两种，即申请参加诉讼和由人民法院通知参加诉讼。

行政诉讼的第三人和民事诉讼第三人有明显区别。民事诉讼第三人可分为有独立请求权的第三人和无独立请求权的第三人。两种第三人参加诉讼的原因不同、诉讼地位和诉讼权利不同，参加诉讼的方式也不相同。而在行政诉讼中，不严格区分有独立请求权的第三人和无独立请求的第三人。这是由行政诉讼的性质所决定的。行政诉讼所要解决的问题是行政行为是否合法、是否有效。这里只可能存在两种主张，即请求维持合法的行政行为或者撤销违法的行政行为。至于主张某种民事权益，严格地说，不属于行政诉讼的请求范围。

二、第三人的资格

行政诉讼第三人的资格是指某一公民或组织充当行政诉讼第三人所应具备的条件。《行政诉讼法》第29条规定："公民、法人或者其他组织同被诉行政行为有利害关系但没有提起诉讼，或者同案件处理结果有利害关系的，可以作为第三人申请参加诉讼，或者由人民法院通知参加诉讼。人民法院判决第三人承担义务或者减损第三人权益的，第三人有权依法提起上诉。"一般认为，同提起诉讼的行政行为有利害关系，是指与被诉的行政行为有法律上的权利义务关系。由此可见，第三人的资格包括如下两项：

1. 第三人必须是行政诉讼原告、被告以外的其他公民、法人或者其他组织。

2. 第三人必须同被诉行政行为有利害关系或者同案件处理结果有利害关系，即法律上的权利义务关系。换言之，被诉行政行为或案件的处理结果在客观上已影响到第三人的权利义务。行政行为的变动和案件的处理结果必将导致第三人法律地位和相关权利义务的变化。因此，将第三人纳入行政诉讼程序有利于保护其合法权益。无论是同被诉行政行为有利害关系，还是同案件处理结果有利害关系，只要法院判决第三人承担义务或者减损第三人权益的，第三人均有权依法提起上诉。

三、第三人的几种情形

行政诉讼的第三人非常复杂。从行政诉讼的实践来看，第三人主要有以下几种情形：

（一）行政处罚案件中的第三人

行政处罚案件中的第三人有两类：①行政处罚案件中的受害人或被处罚人。被处罚人对行政处罚不服起诉的，受害人可作为第三人参加诉讼；受害人对行政处罚不服起诉的，被处罚人可作为第三人参加诉讼。②行政处罚案件中的共同被处罚人。在同一行政处罚案件中，行政机关处罚了两个以上的违法行为人。其中，一部分被处罚人向人民法院起诉，而另一部分被处罚人没有起诉的，可作为第三人参加诉讼。

（二）行政裁决案件中的第三人

行政裁决是行政机关解决民事纠纷的行为。比较重要的行政裁决有行政确权裁决、侵权赔偿争议裁决、强制性补偿裁决等。行政裁决的结果常对一方有利，对另一方不利。其中，不利一方当事人不服行政裁决提起行政诉讼的，另一方当事人有权作为第三人参加诉讼。

（三）受行政行为影响的第三人

这里的第三人是指除上述两类第三人外，受行政行为影响的直接相对人以外的人。有些行政行为虽然是针对相对人 A 作出的，但直接对相对人 B 的权利义务产生了影响。如果相对人 A 不服，提起行政诉讼，相对人 B 就有权作为第三人参加诉讼。

（四）行政行为冲突案件中的第三人

当两个以上行政机关作出相互矛盾的行政行为时，非被告的行政机关为第三人。例如，规划部门批准了公民甲的建房申请，但甲的房屋被水利部门以违章建筑强行拆除。公民甲对水利部门的拆房决定不服，起诉到人民法院，规划部门可能作为第三人参加诉讼。因为若公民甲败诉，规划部门可能要承担赔偿责任。规划部门参加诉讼的目的是证明自己的行为正当。

（五）参与作出行政行为的非行政机关第三人

在行政管理中，有些行政行为由行政机关和非行政机关共同署名作出。非行政机关没有法律的授权不能成为行政诉讼的被告，但由于非行政机关参与了行政行为的决定，因而非行政机关与诉讼结果有法律上的利害关系。如果相对人不服，提起行政诉讼，应以行政机关为被告。非行政机关可作为第三人参加诉讼。

四、第三人参加行政诉讼的程序

第三人参加诉讼的程序包括第三人参加诉讼的时间和方式等内容。

第三人参加诉讼的时间为他人之间的行政诉讼开始以后、终结以前。如果他人之间的行政诉讼没有开始，本诉尚未成立，不能有第三人。如果他人之间的诉讼已经结束，也不存在第三人，其利益受到影响的人只能提起新的诉讼。

第三人参加诉讼的方式有两种：①与行政案件处理结果有利害关系的第三人，可以主动申请参加；②第三人未主动申请，法院通知其参加诉讼。如果第三人拒绝参加，可以缺席判决。

行政诉讼第三人和其他诉讼主体一样，享有诉讼权利，承担诉讼义务。前者如有权提供证据、聘请律师等。另外人民法院判决其承担义务或者减损其权益的第三人，有权提出上诉或者申请再审；后者如遵守法庭秩序等。

第六节　行政诉讼代理人

一、行政诉讼代理人的概念

行政诉讼代理人是指在代理权限内，以当事人的名义进行行政诉讼活动的人。行政诉讼代理既可能基于法律规定而发生，也可能是由当事人委托而发生。在代理中，被代理的一方为被代理人或委托人。诉讼代理权为诉讼代理人代理当事人进行诉讼活动的权限。

设立行政诉讼代理人制度，最基本的目的是协助或帮助当事人进行诉讼，确保其诉讼权利的实现，维护其合法权益。此外，行政案件技术性强，难度大，而且以行政机关为被告，因此，诉讼代理人制度的确立有助于法院的公正审判。

行政诉讼代理人具有以下特征：

1. 行政诉讼代理人只能以行政诉讼当事人的名义进行诉讼活动。这由诉讼代理人参加诉讼的目的所决定。以自己的名义参加诉讼是当事人最基本的特征。如果诉讼代理人以自己的名义参加诉讼，则不再是代理人，而只能是当事人。另外，由代理人必须维护被代理人的利益所决定，代理人只能代理一方当事人，不能同时代理双方当事人，也不能同时作原告、被告和第三人的代理人。

2. 行政诉讼代理人只能在代理权限范围内活动。代理人的代理权限或者取决于法律的规定，如法定代理人的代理权，或者由当事人授予，如委托代理人的代理权。诉讼代理人无论通过何种方式取得代理权，都必须认真地行使权利、履行职责。既不能随意放弃权利，也不能超越权限。

3. 行政诉讼代理人在代理权限内的诉讼行为，其法律后果归属于被代理人。这由代理行为的性质所决定。代理行为是帮助他人所实施的行为，不是为了代理人自己的利益，因而，代理人行为的法律后果要由被代理人承担。当然，如果代理行为越权，代理人要承担相应的责任。

行政诉讼代理人的基本资格要件是必须具有诉讼行为能力。无诉讼行为能力的人不能亲自进行诉讼活动，自然无法帮助他人进行行政诉讼。

二、行政诉讼代理人的种类

按照代理权产生的依据不同，可将行政诉讼代理人分为三类，即法定代理人、指定代理人和委托代理人。

（一）法定代理人

行政诉讼的法定代理人是指根据法律规定而享有代理权、代替无诉讼行为能力人进行行政诉讼的人。《行政诉讼法》第30条规定："没有诉讼行为能力的公民，由其法定代理人代为诉讼……"在行政诉讼中，设定法定代理人制度的目的主要是为无诉讼行为能力人提供帮助，以维持其合法权益。法定代理人基于法律规定而产生，被代理人的亲属死亡的，由未成年人父母所在单位或精神病人所在单位，或他们住所地的居民委员会、村民委员会作为法定代理人。

法定代理为全权代理，法定代理人具有和当事人基本相同的地位。法定代理人可以处分实体权利和诉讼权利，其实施的一切诉讼行为视同当事人的行为。当然，法定代理人不等同于当事人，其诉讼地位也有所区别，如法院确定管辖时是以当事人的住所地为准，而不考虑法定代理人的住所地。

（二）指定代理人

行政诉讼的指定代理人是指基于法院指定而享有代理权、代替无诉讼行为能力人进行行政诉讼的人。指定代理人制度同样是为无诉讼行为能力的人设定的，是对法定代理人制度的补充。《行政诉讼法》第30条规定：法定代理人互相推诿代理责任的，由人民法院指定其中一人代为诉讼。此外，法定代理人不能行使代理权的，也可由法院指定代理。

指定代理人的代理权限分两种情况：①指定代理人为法定代理人的，为全权代理。②指定代理人为法定代理人以外的人，代理权限由法院确定。

（三）委托代理人

行政诉讼的委托代理人是指受当事人、法定代理人的委托代理进行行政诉讼活动的人。《行政诉讼法》第31条第1款规定："当事人、法定代理人，可以委托1至2人作为诉讼代理人。"委托代理基于当事人、法定代理人的委托产生。设定委托代理人制度主要是为当事人、法定代理人提供法律上的帮助，代理参加诉讼，以弥补其法律知识的不足。委托代理可分为一般代理和全权代理，代理权的大小取决于当事人和代理人的意愿。

在行政诉讼中，委托代理人的范围有：①律师、基层法律服务工作者。②当事人的近亲属或者工作人员。当事人是自然人的，其近亲属可以作为委托代理人；当事人为法人或者其他组织的，其工作人员可以作为委托代理人。③当事人所在社区、单位以及有关社会团体推荐的公民。

■思考题

1. 如何确定行政诉讼的原告资格？
2. 简述行政诉讼的被告确认规则。
3. 简述行政诉讼第三人的类型。

■推荐书目

1. 王彦：《行政诉讼当事人》，人民法院出版社 2005 年版。
2. 应松年主编：《行政诉讼法和相关法律、法规、规章及司法解释适用手册》，中国方正出版社 2007 年版。
3. 肖建华：《民事诉讼当事人研究》，中国政法大学出版社 2002 年版。
4. 刘善春：《行政审判实用理论与制度建构》，中国法制出版社 2008 年版。

第二十三章　行政诉讼的证据

■ 学习目的和要求

　　通过本章学习，全面掌握行政诉讼的特有证据形式，理解举证责任的分配及其原因，掌握当事人的举证规则以及法院对证据的收集、认证制度；力求理论联系实际，结合具体案件理解行政诉讼中的证据制度；注意运用比较方法，加深理解行政诉讼中的举证责任分配、证据的收集、提交、质证以及法院的认证规则等内容。

第一节　行政诉讼证据概述

一、行政诉讼证据的概念

　　所谓证据，是指一切用来证明案件事实情况的材料，而行政诉讼证据则是指在行政诉讼中一切用来证明行政案件事实情况的材料。

　　在诉讼活动中，当事人为了支持自己的主张，使自己处于有利地位，必须运用多种材料来证明自己主张的正确性，最终达到胜诉的目的。在我国，法院在必要时也应当主动地收集、调取各种材料，以便查明案件的事实真相，判明当事人的主张是否真实、合法。即使是法院的主动收集，也不应当有方向性和针对性。只要与案件有关的材料均应收集，因为证据是静态的，是一种服务于当事人和法院的工具。

　　有人认为证据是案件事实的真实反映，是案件事实本身留下来的客观痕迹，或者是当事人或证人对案件事实的准确描述，因而将证据定义为准确反映案件真实情况的材料或事实。我们认为应当将当事人主观上期望作为证明案件真实情况的材料与最终经法院审查属实能够作为定案根据的材料区别开来，不能认为只有能反映案件真实情况的材料才能作为证据，而将那些由当事人提供或由法院收集的、最终定案时未被认定的材料不认定为证据。正是基于此，有些学者将证据划分为一般证据和可定案证据，这是很有见地的。但持此类观点的一些学者认为行政诉讼应当只研究可定案证据，而无须研究一般证据，这又值得商榷。我们认为，行政诉讼法学应当研究可定案证据，同时也应当研究一般证据。因为：①可定案证据是包含在一般证据之中的，离开一般证据根本就谈不上可定案证据，可定案证据正是法院运用一系列审查判断证据的方法从一般证据中认定的；②在诉讼活动中，由于参加人的地位不同，他们运用证据的目的也不同。当事人总是希望运用自己收集到的证据证明行政行为是合法适当还是违法不当的。在法院的判决结果尚未作出之前，哪一种证据能够被法院认定，事先并不明了。因而此时当事人收集证据以及向法院提供证据的指导思想是尽量准确、全面、客观，而不会只限于他自己所认为的可定案证据。因此，只要当事人主观上认为能够证明案件事实的材料均应收集并提交法院。当然，如果当事人明确了可定案证据的标准，就可以帮助他们有目的、有方向地收集、提供证据从而尽量避免盲目性。

这个定义，包含了以下几个要素：

1. 证据是一种材料，这种材料由当事人收集并提交给法院，或者由法院依职权在必要的情况下调取。这种材料可有多种表现形式，如物证、书证、视听资料、证人证言、现场笔录等。

2. 证据的用途是用来证明案件事实，至于它是否能够正确地反映案件事实，起到证明作用，应当由法院依法认定，也就是说，只要是在诉讼程序中向法院提交，希望证明当事人主张的材料都是证据。

3. 证据包括可定案证据和一般证据。可定案证据是指能准确、充分、客观地反映案件真实情况，由法院依法认定的证据；一般证据是指所有用来证明案件情况的材料。证据有真伪之分，某一材料能否成为行政诉讼的证据取决于当事人的主观愿望和是否在诉讼程序中提交给法院，而不取决于它是否准确、客观地反映了案件的真实情况。

二、行政诉讼证据的特征

（一）行政诉讼证据与其他诉讼证据相比所具备的特征

1. 行政诉讼证据范围的广泛性。根据《行政诉讼法》第33条的规定，行政诉讼证据包括书证、物证、视听资料、电子数据、证人证言、当事人陈述、鉴定意见、勘验笔录和现场笔录。这里的现场笔录就是其他诉讼证据中所未包括的；另外，《行政诉讼法》还规定行政机关必须向法院提供作出行政行为的事实依据和规范性文件。尽管立法并未将规范性文件明确规定为法定证据，但从上述规定来看，行政行为所依据的规范性文件同样起着一定的证明作用。如证明行政行为的动机、证明行政行为幅度的合理性等。也就是说，行政诉讼的法定证据中包括了其他诉讼证据中所不具备的现场笔录，并且，在一些特定情况下，规范性文件还起着一定的证明作用。行政诉讼的证据范围大于其他诉讼的证据范围，这是由行政诉讼的特点决定的。行政诉讼所要解决的是行政行为是否合法的问题，作为承担举证责任的行政机关，就应当赋予其更多的手段，包括范围更为广泛的证据来证明其行为的客观真实性。

2. 行政诉讼证据来源的特定性。行政诉讼的证据主要来自于行政程序中，并且主要由作为被告的行政机关提供给法院。行政机关在实施行政行为的过程中，应当在充分、全面地掌握证据、弄清事实真相之后，才能对照法律、法规的规定，作出行政裁决。也就是说，行政机关必须遵循先取证、后裁决的规则。这就决定了行政机关向法院提交的证据应当在其作出裁决之前就已经获得，一旦引起行政诉讼，行政机关应当向法院提供此前获得的证据。诚然，原告也有权向法院举证来反驳行政机关的证据，但由于在行政法律关系中，作为被告的行政机关处于主导地位，使得原告无法或难以获取证据，因此，我们可以说，行政诉讼的证据主要是由被告向法院提供，而其所提供的证据还必须是在行政程序中取得的。尽管法院在诉讼过程中也可以向有关行政机关以及其他组织、公民调取证据，但那只是在法院认为有必要时才调取。总之，由于先取证、后裁决的规则以及举证责任的特定性，决定了行政诉讼证据的来源不同于民事诉讼和刑事诉讼的证据。

3. 举证责任承担主体的相对确定性。诉讼中由谁承担举证责任，是一个极为重要的问题。民事诉讼中遵循谁主张、谁举证的原则，即民事诉讼举证责任的承担者，是由哪一方提出主张决定的；行政诉讼中，对行政行为合法性的举证责任是由被告来承担的，行政机关在诉讼中应当举出证据证明其行政行为是合法的，否则将承担败诉的后果，即法律将不能举出证据证明自己主张的败诉风险确定由作为被告的行政机关来承担，这不同于民事诉讼中举证责任的承担。

（二）行政诉讼证据与行政证据相比所具备的特征

所谓行政证据，是指行政机关在行政程序中收集或由当事人向行政机关提供的，行政机关据以作出行政行为的事实和材料。

1. 运用证据的目的不同。行政机关在行政程序中运用证据的目的在于保证其正确合法而适当地作出行政行为，公民、法人或其他组织在行政程序中运用证据的目的是在行政程序中取得有利地位，例如，获得某种权利的许可，免除义务的申请得以批准及其他事项得以实现，不被处罚或减轻处罚等。而在行政诉讼中，行政机关作为被告运用诉讼证据的目的在于证明被诉的行政行为合法，公民、法人或其他组织作为原告运用证据的目的正相反。行政诉讼中，法院也应当运用证据，查明事实真相，准确地裁判行政行为是否合法，从而实现监督行政机关依法行政的目的。

2. 举证的性质不同。在行政程序中，行政机关在作出裁决之前，应当广泛收集证据，并且向公民、法人或其他组织出示证据，或者说明据以作出行政行为的事实和理由，给公民、法人或其他组织以据证反驳的机会。这是行政机关在实施行政管理过程中应当承担的义务。公民、法人或其他组织提出免除义务或赋予权利许可的申请时，应当运用证据证明自己的主张合法、合理，否则申请将被驳回。同样，在反驳行政机关主张时也应举出证据。总之，公民、法人或其他组织有主张就应当举证。否则其主张可能得不到支持和认可。在行政诉讼中，被告承担举证责任，实际是要求被告承担当不能举证证明被诉行政行为合法时的败诉风险，此项举证责任既非义务又非权利，如果认为是义务的话，也是一种特殊的风险义务。而原告向法院举出证据则主要是一项诉讼权利。

（三）可定案证据的特征

当事人将一般证据提交给法院，但这些证据在法律上均无预决力，所有这些证据都必须经法院审查和当事人质证，才能作为定案的根据。能够被法院认定、最终作为定案根据的证据必须具有以下特征：

1. 合法性和可采用性。所谓合法性，即指可定案证据必须是经合法程序、运用合法手段取得的，而且符合法定形式。行政证据在未被法院采纳和认定时，不能作为定案的根据。如果证据取得的方式违法或其本身不符合法定形式，不得作为定案依据。例如，行政机关认定公民、法人或其他组织违法并予以处罚的证据是通过逼供或者诱骗的方式取得的，行政机关向法院提交的证据是在诉讼过程中向原告和证人取得的，等等。所谓可采用性，是指证据只有在按规定可以采纳的情况下，才能作为定案的依据。例如，不能正确表达意思的儿童以及不具备辨认能力和控制能力的精神病人，没有作为证人的资格，其证言不具可采用性。可定案证据的合法性，要求审判人员不仅要审查证据是否客观真实、与案件是否有关联，还应当注意审查证据取得的途径是否合法，形式是否合法，切不可将违法证据作为定案证据。可定案证据的可采用性，则要求法院审判人员在审理行政案件时，对证人资格进行严格审查，必要时应对证人资格进行鉴定，对不具有证人资格的人所提供的证言，不得采用作为定案证据。

2. 客观性。所谓客观性，即指作为定案的证据，必须是不依赖于人们的意志为转移的真实的事实。行政诉讼证据的证明对象是行政案件的真实情况，这种真实情况包括行政机关作出行政行为这一行为本身以及这一行为所依据的事实。这些事实都是在一定时间、空间和条件下发生的，无论当事人及法院审判人员的意志如何，均不改变。这就要求审判人员不能根据当事人和其他诉讼参与人的虚构、想象和猜测，也不能根据自己的主观臆断，来确定定案证据，而应当尽一切可能去发现和收集客观存在的事实，找到可定案证据。

3. 相关性。所谓相关性，是指作为可定案证据，必须同案件的事实，也就是同有争议的行政行为以及这一行为所依据的事实存在一定的联系。与案件事实有联系表现在两个方面：①同有争议的行政行为有联系。如公安机关对某公民因违法而实施治安处罚所制作和送达的裁决书便成为与行政处罚行为有联系的证据。②同作出行政行为所依据的事实有联系。行政行为应当依据一定的事实作出，行政机关在作出裁决时有无事实依据、这种事实依据是否正确等，直接关系到行政行为是否合法。如在上例中，该公民是否确有应受处罚的行为，该行为是否违法，都必须有相应的证据证明，与案件没有任何联系的证据，即使再真实、合法，也不得作为定案证据。

可定案证据是法院作出判决的依据，认定的准确与否，直接关系到法院裁判的客观性和准确性。因此，全面领会和理解可定案证据的特征，有利于审判人员从繁杂琐碎的事实与材料中找到可定案证据，从而为正确适用法律、法规打下良好基础。

三、行政诉讼证据的种类

（一）学理上对证据的分类

1. 本证和反证。根据提出证据的主体不同及其证明的事实不同，可以把证据分为本证和反证。

所谓本证，是指由负有举证义务的当事人提出的、用以证明他所主张的事实的证据。凡是当事人提出的事实，都必须有相应的证据。而本证所要证明的事实必须不是为了反对他人所主张的事实，而是为了确立自己的主张。比如，原告在起诉时为了证明自己的诉讼请求而提出的证据、被告在证明自己的行政行为的合法性时所提出的证据都属于本证。

所谓反证，是指当事人为反驳对方所主张的事实从而推翻对方观点而举出的证据。例如，原告提出证明其殴打他人并未造成伤害的医院报告是本证，而如果被告提出法定机构作出的被害人被打后造成轻微伤害的鉴定结论，从而证明自己行政行为的合法性，这就是反证。反证的目的是为了推翻对方的观点，这是反证最重要的特征。

两者最基本的区别在于：本证是为了证明从未有人提出的新的事实和主张，而反证并不证明新的事实和主张，而是用相反的事实来反驳对方主张的事实和观点。

2. 直接证据和间接证据。根据证据与待证事实之间的关系，可以将证据划分为直接证据和间接证据。

所谓直接证据，是指能够直接证明待证事实、不需要其他证据加以辅助的证据。例如，某甲诉工商行政管理部门违法不发给其个体营业执照，工商局则辩称不发给某甲营业执照是因为某甲身体不健康，不具备开业条件，因而并不构成违法。工商行政管理部门举出医院诊断某甲患有传染病的诊断书，此时诊断书便成为直接证据。由于直接证据对待证事实的证明具有直接、简明的特征，因而具有极强的证明力。

所谓间接证据，是指与待定事实之间只有间接关系，不能单独、直接证明待证事实的证据。运用间接证据必须注意：①间接证据不能单独证明待证事实，需要有其他证据加以辅助、配合；②各个间接证据之间不能相互抵触而应当互相协调；③间接证据之间应当有内在的紧密的联系，应环环相扣；④间接证据构成的证明锁链得出的结论应具有唯一性，即只能得出一种结论。例如，公安机关向法院举证在甲家中搜查到乙的失窃物品就是间接证据。因为该物品可能是甲买来的、借来的、捡来的，不能直接证明是甲偷来的。如果公安机关能举证甲留在失窃现场的指纹，证人目击其在现场的证言，以及在甲家中搜到的撬窃乙家的作案工具，则可证明甲实施了盗窃行为。

3. 原始证据和传来证据。根据证据来源的不同，可把证据分为原始证据和传来证据。

所谓原始证据，是指直接来源于案件事实或者在案件事实直接作用下形成的证据。书证的原件、当事人的陈述、证人对于目击情况的证言等都是原始证据。如甲写给乙的恐吓信原件，税务部门查获的个体户的偷漏税行为就是原始证据。

所谓传来证据，是指由原始证据派生出来或者在信息传递的中间环节中形成的证据，又称派生证据。书证的副本、物证复制品、证人就其听别人转述的情况所作的证言等，都是传来证据。由于传来证据是由原始证据派生出来的，应当经过严格的审查核实，确认无误时才能作为定案证据。

4. 言词证据和实物证据。根据证据的表现形式不同，可以把证据分为言词证据和实物证据。

所谓言词证据，是指以言词作为表现形式的证实案件情况的材料。证人证言、当事人的陈述、鉴定意见等便属于言词证据。言词证据不但受到陈述人和鉴定人的主观因素的影响，还受到陈述人的感受力、记忆力、判断力、表达能力的影响，审判人员在审查定案时应当充分注意。

所谓实物证据，是指以物品的外部特征或记载的内容作为某种客观事实的表现形式的证据。物证、视听资料、电子数据、勘验笔录和现场笔录是实物证据。对于以外部特征来证明案件事实的证据，应审查、鉴别其外部特征，以确定能否作为定案的依据。对以记载内容来反映案件事实的证据，既要审查其外部特征，也要审查其内容，例如，以照片作为证据，既要审查照片有无加工、修改的痕迹，也要审查其反映的事实的性质。

（二）法律上对证据的分类

我国《行政诉讼法》第33条，对行政诉讼的证据作了以下规定：

1. 书证。书证是指用文字或图画、符号等记载的、表达人的思想和行为，并用来证明案件情况的材料，其基本特征是用它记载或反映的内容来反映案件事实。

2. 物证。物证是指用来证明案件事实的物品或痕迹。物证是以其存在的外形、性状、质量特征、规格等证明案件事实的证明材料。物证较为客观、真实，但通常情况下是间接证据。当物证有可能灭失或变质时，应注意保存。

3. 视听资料。视听资料是指利用录音、录像的方法录制的音响和图像或者用电子计算机储存的资料来证明案件事实证明材料。由于技术的进步，视听资料可以用剪接、拼凑的方法进行伪造或加工，因而应注意应用专门技术对视听资料进行审查。

4. 电子数据。这是2014年修正《行政诉讼法》时新增加的一种证据形式，它是指基于计算机应用、通信和现代管理技术等电子化技术手段形成的包括文字、图形符号、数字、字母等内容的客观资料。一方面，随着计算机的广泛运用，公民、法人或者其他组织的活动往往会在计算机上留下痕迹，对公民、法人或者其他组织在使用计算机时所留下的电子数据进行提取和收集，是行政机关收集、保全证据的重要手段；另一方面，随着电子政务和网上政府的运行，行政机关也有大量的信息和文件是通过计算机在互联网上完成的，这种情况下所形成的电子数据也是一种重要的证据形式。

5. 证人证言。证人证言是指证人就其所了解的有关案件事实的情况依法所作出的陈述。对于了解案件情况的公民而言，作证是法律规定的义务，但精神病患者或没有独立思考能力的儿童等一般不能作证。

6. 当事人的陈述。当事人的陈述是指当事人所作的关于案件事实情况的叙述。由于当事人与案件有直接的利害关系，其陈述的真实性应经严格审查方可确信，并且应有其他证据作为旁证，才能作为定案根据。

7. 鉴定意见。鉴定意见是指由鉴定人运用自己的专门知识，利用专门的设备和材料，对案件中出现的专门问题所作的结论性意见。鉴定意见包括两大类：①当事人向法院提供的鉴定意见，但必须是由法定部门作出的，否则没有证明效力。②法院在认为需要鉴定时，将专门问题交由法定鉴定部门进行鉴定。无法确定鉴定部门的，法院可指定其他鉴定部门进行鉴定。

8. 勘验笔录和现场笔录。勘验笔录是指行政机关工作人员或法院审判人员对能够证明案件事实的现场或者对不能、不便拿到法院的物证就地进行分析、检验、测量、勘查后作出的记录；现场笔录是指行政机关工作人员在实施行政行为的现场对现场情况所作的书面记录。

勘验笔录和现场笔录的区别如下：①制作主体不同。勘验笔录是由行政机关工作人员或法院审判人员制作的；现场笔录是由行政机关工作人员制作的。②所反映的事实不同。勘验笔录是对一些专门的物品和场所进行勘测后所作的记录，所反映的多是静态的客观情况，且一般是案件发生以后进行的；现场笔录则是对行政行为现场当时的情况所作的记录，一般为动态的事实，而且往往反映的是制作笔录时的情况。③勘验笔录是间接证据，现场笔录则是直接证据。

现场笔录是行政诉讼中特有的法定证据，是为了适应行政审判的特殊性而设置的。行政机关在制作、运用现场笔录时应遵循下列规则：

（1）现场笔录只有在以下情况才能适用：①在证据难以保全的情况下，如变质食品、数量较大的伪劣药品等。②在事后难以取证的情况下，如不洁餐具等。③不可能取得其他证据或者其他证据难以证明案件事实时。

（2）现场笔录应当严格遵循有关程序：①现场笔录应当是在"现场"制作的，而不能事后补作。②现场笔录应当由当事人签名或盖章，在可能的情况下还应当由在场证人签名盖章。没有当事人或其他证人签名盖章的现场笔录不能起到证明作用。法院也应对现场笔录进行严格审查，只有符合上述规则的现场笔录才能作为定案根据。

第二节　行政诉讼中的举证责任

一、举证责任的概念与特征

（一）举证责任的概念

举证责任是法律设定的一种风险，即承担举证责任的当事人应当提出自己的主张、证明自己的主张，否则将承担败诉的风险。

举证责任在诉讼法中举足轻重。早在罗马法时代，人们就已经开始了对举证责任的研究。当时，人们主要从民事诉讼中当事人举证活动的角度来观察和表述举证责任，认为举证责任是当事人提出主张后，应当向法院提供证据证明自己的主张的责任承担方式。这种举证责任的表述被认为是主观的举证责任，也叫行为意义上的举证责任。后来，德国学者尤里乌斯·格尔查在其《刑事诉讼导论》中认为，举证责任是指在案件审理终结后，对争议事实的真伪仍然无法判断，而法院又不能拒绝裁判时，由哪一方承担不利后果的问题。这被称为客观的举证责任，也叫结果意义上的举证责任。

我国《行政诉讼法》第34条规定："被告对作出的行政行为负有举证责任，应当提供作出该行政行为的证据和所依据的规范性文件。被告不提供或者无正当理由逾期提供证据，视为没有相应证据……"第67条规定："人民法院应当在立案之日起5日内，将起诉状副本发送被告。被告应当在收到起诉状副本之日起15日内向人民法院提交作出行政行为的证据和所依据的规范性文件，并提出答辩状……"

从这两条规定来看，我国《行政诉讼法》采用的是结果意义上的举证责任。因为它没有规定原告在起诉时应当向法院提交证据证明自己主张以推进诉讼的进程，而是规定由被告证明其被诉行为合法。

（二）我国《行政诉讼法》所规定的举证责任的特征

1. 举证责任是一种风险，即一种不利后果出现的可能性，这个不利的后果只在一定的条件成就时出现，而后果就是败诉，即主张得不到法院的支持。

2. 出现败诉后果的条件是承担该风险的当事人不能举出证据证明自己的诉讼主张。当然，有人认为还必须加上法院也不能查明案件事实的，才败诉。我们认为，这一观点起码在行政诉讼中是不能成立的，在行政诉讼中法院没有、也不应当有为当事人特别是为被告查明事实的义务，只要被告不能证明自己的行政行为合法，无须原告证明其行政行为违法，法院就可以判决撤销被告的行政行为，或者确认被告的行政行为违法。

3. 举证责任这种不利的风险是由法律规定的，而不是当事人选择的结果，即根据法律规定不承担该风险的人，可能会因为其他原因败诉，但不会因为举不出证据而败诉。相反，由法律规定承担举证责任的当事人却可能因此而败诉。因此，法律将这一风险设定在哪一方当事人身上，有一个公正与否的问题。从我国《行政诉讼法》的规定来看，这种风险显然被设定在被告身上。

二、举证责任的分担

行政诉讼中的举证责任，并不是恒定地由被告承担，原告不负任何举证责任。2014年修正《行政诉讼法》时，立法机关在总结了行政诉讼司法实践的情况后，对行政诉讼中举证责任的分担作了明确的规定：

（一）被告对被诉行政行为的合法性承担举证责任

《行政诉讼法》第34条规定："被告对作出的行政行为负有举证责任……"这就从立法上明确了被告应当举出证据证明行政行为的合法性，否则，无论原告是否能证明行政行为违法，被告都将败诉。而原告并不会因为举不出证据证明行政行为违法而败诉。2002年10月1日起施行的《最高人民法院关于行政诉讼证据若干问题的规定》（以下简称《证据问题的规定》）第6条明确规定："原告可以提供证明被诉具体行政行为违法的证据。原告提供的证据不成立的，不免除被告对被诉具体行政行为合法性的举证责任。"之所以这样规定，是由以下原因决定的：

1. 行政行为符合法定程序的一个最基本的顺序规则是"先取证、后裁决"，即行政机关在作出裁决前，应当充分收集证据，然后根据事实，对照法律作出行政行为。因此，当行政机关作出行政行为被诉至法院时，应当能够有充分的事实材料证明其行政行为的合法性。这是被告承担举证责任的基础。

2. 在行政法律关系中，行政机关居于支配地位，其实施行政行为时无须征得公民、法人或其他组织的同意，而公民、法人或其他组织则处于被动地位，因而为了体现在诉讼中双方当事人地位的平等性，就应当要求被告证明其行为的合法性，否则应当承担败诉的后果，而不能要求处于被动地位的原告承担举证责任，否则将对原告不利。事实上，由于行政法律关系中双方当事人的这种不平等地位，原告将无法或者很难收集到证据。即使收集到，也可能难以保全。而如果当原告不能举证证明自己主张时由原告承担败诉后果，是有失公允的。

行政诉讼法要求被告对被诉的行政行为承担举证责任，充分体现了行政诉讼的目的：①有利于促进行政机关依法行政，严格遵守先取证、后裁决的程序规则，从而防止其实施违法行为和滥用职权；②有利于保护原告的合法权益，当被告不能证明其行政行为合法时，法院不能放弃审判，应当作出有利于原告的判决，防止公民、法人或者其他组织的合法权益遭受不法行政行为的侵害。

（二）原告对下列事项承担举证责任

行政诉讼的核心问题是审查行政行为是否合法，但是，除此以外行政诉讼中还有其他问题，为此，《行政诉讼法》第38条对原告应当承担的举证责任也作了明确规定：

1. 在起诉被告不履行法定职责的案件中，原告应当提供其向被告提出申请的证据。但被告应当依职权主动履行法定职责的，或者原告因正当理由不能提供证据的可以免除原告的举证责任。

2. 在行政赔偿和行政补偿的案件中，原告应当对行政行为造成的损害提供证据。但《行诉解释》还作了补充：因被告的原因导致原告无法就损害情况举证的，应当由被告就该损害情况承担举证责任。对于各方主张损失的价值无法认定的，应当由负有举证责任的一方当事人申请鉴定，但法律、法规、规章规定行政机关在作出行政行为时依法应当评估或者鉴定的除外；负有举证责任的当事人拒绝申请鉴定的，由其承担不利的法律后果。当事人的损失因客观原因无法鉴定的，人民法院应当结合当事人的主张和在案证据，遵循法官职业道德，运用逻辑推理和生活经验、生活常识等，酌情确定赔偿数额。

三、举证规则

（一）延期举证

1. 被告延期举证。《行政诉讼法》第 67 条对被告提交证据的期限作了明确规定："……被告应当在收到起诉状副本之日起 15 日内向人民法院提交作出行政行为的证据和所依据的规范性文件，并提出答辩状……被告不提出答辩状的，不影响人民法院审理。"《行诉解释》第 104 条规定了适用简易程序案件的举证期限：适用简易程序案件的举证期限由人民法院确定，也可以由当事人协商一致并经人民法院准许，但不得超过 15 日。被告要求书面答辩的，人民法院可以确定合理的答辩期间。人民法院应当将举证期限和开庭日期告知双方当事人，并向当事人说明逾期举证以及拒不到庭的法律后果，由双方当事人在笔录和开庭传票的送达回证上签名或者捺印。当事人双方均表示同意立即开庭或者缩短举证期限、答辩期间的，人民法院可以立即开庭审理或者确定近期开庭。

在司法实践中，确有因特殊原因被告无法在上述期限内提供证据的情况。如果一律不考虑这种情况，也会影响到案件审理的公正性，因此，《行政诉讼法》第 36 条规定："被告在作出行政行为时已经收集了证据，但因不可抗力等正当事由不能提供的，经人民法院准许，可以延期提供"。但该条并没有对被告延期提供证据的规则作出规定。为此，《行诉解释》第 34 条规定："根据行政诉讼法第 36 条第 1 款的规定，被告申请延期提供证据的，应当在收到起诉状副本之日起 15 日内以书面方式向人民法院提出。人民法院准许延期提供的，被告应当在正当事由消除后 15 日内提供证据。逾期提供的，视为被诉行政行为没有相应的证据。"结合前引《行政诉讼法》的规定，可以得出被告延期提供证据的规则应当如下：

（1）被告延期提供证据，必须向人民法院提出申请，由人民法院决定是否准许，而不能由被告自行决定延期提供。

（2）被告申请延期提供证据，必须在收到起诉状副本之日起 15 日内以书面方式向人民法院提出。

（3）被告申请延期提供证据的理由只能是"被告在作出行政行为时已经收集了证据，但因不可抗力等正当事由不能提供"，绝不是对收集证据的延期。

（4）人民法院准许延期提供的，被告应当在正当事由消除后 15 日内提供证据。逾期提供的，视为被诉行政行为没有相应的证据。

2. 原告及第三人延期举证。《行政诉讼法》只对被告举证的期限作了规定，没有对原告和第三人举证的期限作出规定。我们认为，为了维护正常的诉讼秩序，对原告和第三人举证的期限作出规定也是必要的。对此，《行诉解释》第 35 条规定："原告或者第三人应当在开庭审理前或者人民法院指定的交换证据清单之日提供证据"。同样，原告及第三人也可能出现某些特殊原因，不能在上述期限内举证，因而该条司法解释也同时规定："因正当事由申请延期提供证据的，经人民法院准许，可以在法庭调查中提供。逾期提供证据的，人民法院应当责令其说明理由；拒不说明理由或者理由不成立的，视为放弃举证权利。原告或者第三人在第一审程序中无正当事由未提供而在第二审程序中提供的证据，人民法院不予接纳"。

很明显，被告的举证期限比原告或第三人的举证期限要短得多，但这有其合理性。因为"先取证、后裁决"的程序规则决定着，被告向法院提交的证据应当是早在行政程序中获取的，在诉讼中所要做的就是将其提交给法院。这一规定的法律意义，在很大程度上就是为了强化"先取证、后裁决"的程序规则。

（二）举证期限延长

举证开始后，有可能因特殊原因，如数量特别庞大、在途时间长等，当事人不能在规定的期限里举证完毕，这就有必要对举证期限予以延长。为此，《行诉解释》第36条规定："当事人申请延长举证期限，应当在举证期限届满前向人民法院提出书面申请。申请理由成立的，人民法院应当准许，适当延长举证期限，并通知其他当事人。申请理由不成立的，人民法院不予准许，并通知申请人。"

延期举证与举证期限延长是不同的。前者是因为特殊原因不能在规定的时间内开始举证，后者是举证已经开始，但由于特殊原因不能在规定期限里举证完毕，提交所有的证据。

（三）对被告举证的要求

1. 被告举证的范围。《行政诉讼法》第34条规定，被告"应当提供作出该行政行为的证据和所依据的规范性文件"。可见，被告举证的范围应当包括一般意义上的证据，即反映案件事实的材料，也包括被告作出行政行为所依据的规范性文件，即法律、法规、规章以及规章以下的规范性文件。显然，立法者和法律解释者均将规范性文件作为证据对待。对此，有学者提出了质疑。我们认为，将规范性文件作为证据确有可商榷之处。

2. 被告提交的证据应当是在行政程序中收集的证据。行政诉讼的功能之一，是监督行政机关依法行政，而依法行政原则对行政机关的要求是行政机关应当查清全部事实，根据法律规定、按照法定程序作出行政行为，因此，在行政程序中必须获取相关的证据，才能作出行政行为，如果在行政诉讼开始后才去收集证据，则会放任行政机关无视事实实施行政行为。为此，《行政诉讼法》明确规定，被告在行政诉讼中不得自行向原告和证人收集证据。基于这样的原理，《行诉解释》和《证据问题的规定》中对于被告提交的证据出现下列情形的，不能作为认定被诉行政行为合法的证据：

（1）被告及其诉讼代理人在作出行政行为后（当然包括在诉讼过程中）自行收集的证据。

（2）被告在行政程序中非法剥夺公民、法人或者其他组织依法享有的陈述、申辩或者听证权利所采用的证据。

（3）原告或者第三人在诉讼程序中提供的、被告在行政程序中未作为行政行为依据的证据。

（4）复议机关在复议程序中收集和补充的证据，或者作出原行政行为的行政机关在复议程序中未向复议机关提交的证据，不能作为法院认定原行政行为合法的依据。

（5）被告在二审过程中向法庭提交在一审过程中没有提交的证据，不能作为二审法院撤销或者变更一审裁判的根据。

（四）当事人补充证据的规定

行政诉讼与其他诉讼一样，必须在查明事实的基础上，依据法律作出裁判。因此，查明案件所涉及的事实，是行政诉讼中的重要环节。而为了查明事实，除当事人主动提供证据外，法院有权要求当事人提供和补充证据。《行政诉讼法》第 39 条规定，人民法院有权要求当事人提供或者补充证据。但是，行政诉讼证据的某些特殊规则决定了人民法院在责令当事人提交和补充证据时，必须受一定的规则限制，否则很可能动摇被告对行政行为承担举证责任、被告应当在法定时间里提交证据等特殊规则。

关于当事人补充证据的规则，因为几个司法解释的相继出台变得有些复杂。2000 年 3 月 10 日起施行的《最高人民法院关于执行〈中华人民共和国行政诉讼法〉若干问题的解释》（以下简称《若干问题解释》）第 28 条规定：有下列情形之一的，被告经人民法院准许可以补充相关的证据：①被告在作出具体行政行为时已经收集证据，但因不可抗力等正当事由不能提供的；②原告或者第三人在诉讼过程中，提出了其在被告实施行政行为过程中没有提出的反驳理由或者证据的。而 2002 年《证据问题的规定》第 9 条对此的规定是："根据行政诉讼法（指 1989 年《行政诉讼法》）第 34 条第 1 款的规定，人民法院有权要求当事人提供或者补充证据。对当事人无争议，但涉及国家利益、公共利益或者他人合法权益的事实，人民法院可以责令当事人提供或者补充有关证据。"2018 年的《行诉解释》实际上照搬了该条规定。这就带来一个问题，《若干问题解释》中关于人民法院责令当事人补充证据的两条规则是否仍然适用。根据《行诉解释》附则部分对几个司法解释效力的安排来看，《若干问题解释》的效力被终止，那么按照该解释形成的前述两项规则似乎也随着该解释的失效而不再适用。

我们认为，我国行政诉讼的目的是对行政行为的合法性进行审查，基于这个目的，应当由作为被告的行政机关对被诉行政行为的合法性承担举证责任，以证据证明行政行为合法是行政机关的责任，按照行政程序的基本要求，被告提交的证据必须是在行政程序中获得的，而不是被诉后获得的，为了防止在诉讼中出现人民法院和被诉的行政机关利用补充证据的程序，出现不符合行政诉讼目的与宗旨的情况，比如被告利用人民法院责令补充证据的机会，重新收集在行政程序中没有收集或者收集不充分的证据，然后提交法院，显然是违背上述原理的，应当不被允许。因此，《若干问题解释》对人民法院责令被告补充证据的规则限制，是非常必要的，应当予以保留。当然，《行诉解释》保留《证据问题的规定》的相应规定，是考虑到维护国家利益、公共利益或者他人合法权益，虽然当事人对事实没有争议，但人民法院认为有必要查明的，有权要求当事人补充，这也属于人民法院的审判职责。

基于上述理由，我们认为，在行政诉讼中，人民法院责令当事人补充证据，应当符合下列规则：①被告在作出行政行为时已经收集了证据，但因不可抗力等正当理由不能提供的；②原告或者第三人在诉讼过程中，提出了其在被告实施行政行为过程中没有提出的反驳理由或者证据的；③对当事人无争议，但涉及国家利益、公共利益或者他人合法权益的事实，法院可以责令当事人提供或者补充有关证据。

第三节　行政诉讼中证据的提交、调取与保全

一、证据的提交

行政诉讼中被告对作出的行政行为承担举证责任，应当提交证据证明被诉的行政行为合法；原告或第三人提交证据证明自己的诉讼主张是其基本的诉讼权利，而且在特定的情况下，原告也承担着举证责任，因此，在行政诉讼中，向法院提交证据是当事人最基本的一项诉讼活动。为了保证诉讼活动正常进行，提高审判效率，向法院提交证据必须遵守一定的规则。准确地说，本章第二节中关于被告和原告举证时间和范围的规定，也属于举证的要求，但那是基于行政诉讼的特点、遵循行政诉讼规律分别对被告或原告及第三人提交证据的特殊规定。除了这些规定外，《证据问题的规定》还针对不同形式的证据，对当事人举证的行为，提出了统一要求，无论是原告，还是被告或者第三人，都必须按照这些要求提交证据。违反这些要求所提交的证据，是不会被法院采信的。

1. 提交书证、当事人陈述等的要求。当事人向法院提供书证，应当符合下列要求：

（1）应当提供书证的原件，原本、正本和副本均属于书证的原件。提供原件确有困难的，可以提供与原件核对无误的复印件、照片、节录本。

（2）如果提供的是由有关部门保管的书证原件的复制件、影印件或者抄录件的，应当注明出处，并有经该部门核对无异后加盖其印章。

（3）如果提供报表、图纸、会计账册、专业技术资料、科技文献等书证，应当附有说明材料。

（4）被告提供的被诉行政行为所依据的询问、陈述、谈话类笔录，应当有行政执法人员、被询问人、陈述人、谈话人签名或者盖章。

除此之外，如果法律、法规、司法解释和规章对书证的制作形式另有规定的，还应当符合其规定。

2. 提交物证的要求。当事人向法院提供物证的，应当符合下列要求：

（1）应当提供原物。提供原物确有困难的，可以提供与原物核对无误的复制件或者证明该物证的照片、录像等其他证据。

（2）原物为数量较多的种类物的，提供其中的一部分。

3. 提交计算机数据或者录音、录像等视听资料的要求。当事人向法院提供计算机数据或者录音、录像等视听资料的，应当符合下列要求：

（1）应当提供有关资料的原始载体。提供原始载体确有困难的，可以提供复制件。

（2）应当注明制作方法、制作时间、制作人和证明对象等。

（3）声音资料应当附有该声音内容的文字记录。

4. 提交证人证言的要求。当事人向法院提供证人证言的，应当符合下列要求：①写明证人的姓名、年龄、性别、职业、住址等基本情况；②有证人的签名，不能签名的，应当以盖章等方式证明；③注明出具日期；④附有居民身份证复印件等证明证人身份的文件。

5. 提交鉴定结论的要求。被告向法院提供的在行政程序中采用的鉴定结论，应当载明委托人和委托鉴定的事项、向鉴定部门提交的相关材料、鉴定的依据和使用的科学技术手段、鉴定部门和鉴定人鉴定资格的说明，并应有鉴定人的签名和鉴定部门的盖章。通过分析获得的鉴定结论，应当说明分析过程。

实际上，在行政诉讼中，原告或者第三人也完全可能向法院提交鉴定结论证明自己的诉讼主张。我们认为，原告或者第三人向法院提交鉴定结论，也应当符合上述要求。

6. 被告提交现场笔录的要求。被告向法院提供的现场笔录，应当载明时间、地点和事件等内容，并由执法人员和当事人签名。当事人拒绝签名或者不能签名的，应当注明原因。有其他人在现场的，可由其他人签名。

另外，法律、法规和规章对现场笔录的制作形式另有规定的，从其规定。

7. 提交在中华人民共和国领域外或在特别行政区和台湾地区形成的证据的要求。当事人向法院提供的在中华人民共和国领域外形成的证据，应当说明来源，经所在国公证机关证明，并经中华人民共和国驻该国使领馆认证，或者履行中华人民共和国与证据所在国订立的有关条约中规定的证明手续。

当事人提供的在中华人民共和国香港特别行政区、澳门特别行政区和台湾地区内形成的证据，应当具有按照有关规定办理的证明手续。

8. 提交由外国语言形成的证据的要求。当事人向法院提供外文书证或者外国语视听资料的，应当附有由具有翻译资质的机构翻译的或者其他翻译准确的中文译本，由翻译机构盖章或者翻译人员签名。

9. 其他要求。①证据涉及国家秘密、商业秘密或者个人隐私的，提供人应当作出明确标注，并向法庭说明，由法庭予以审查确认；②当事人应当对其提交的证据材料分类编号，对证据材料的来源、证明对象和内容作简要说明，签名或者盖章，注明提交日期。

《证据问题的规定》除了对当事人提交证据提出了上述明确的要求外，同时也对法院接受证据的行为作了一定规定：法院收到当事人提交的证据材料，应当出具收据，注明证据的名称、份数、页数、件数、种类等以及收到的时间，由经办人员签名或者盖章。

二、证据的调取

行政诉讼除了具有保护公民、法人或其他组织合法利益的功能外，还有一个重要的功能就是通过对行政行为是否合法进行审查，监督行政机关依法行使职权。因此，在行政诉讼中，当事人举证，特别是被告举证应当是证据的主要来源。既然法律明确规定应当由作为被告的行政机关证明被诉的行政行为的合法性，那么法院就不应当过多地涉足事实的调查或者证据的收集，否则法院的监督作用就会大打折扣。但是在某些情况下，完全由当事人举证又不能保证法院查明事实，特别是对处于弱势地位的原告来说，在某些情况下是不可能获得有关证据的，因此，法院在某些情况下应当有调取证据的职权。从更广泛的意义上说，法院责令当事人补充证据实际也是其调取证据的一种方式，但本节主要阐述法院向当事人以外的公民、法人或其他组织等调取证据的情形。这一情形又可以分为法院依职权主动调取证据和依当事人的申请调取证据两种。

（一）法院依职权主动调取证据

《行政诉讼法》第40条规定："人民法院有权向有关行政机关以及其他组织、公民调取证据。但是，不得为证明行政行为的合法性调取被告作出行政行为时未收集的证据。"《行政诉讼法》未就法院主动调取证据的情况作出明确的规定。一般认为，基于行政诉讼是法院对行政机关的行政行为进行合法性审查，法院主动收集证据应当有所节制。《证据问题的规定》第22条对法院主动收集证据的情况作了明确规定：①涉及国家利益、公共利益或者他人合法权益的事实认定的；②涉及依职权追加当事人、中止诉讼、终结诉讼、回避等程序性事项的。

在把握法院依职权调取证据的问题时，应当特别注意《行政诉讼法》第40条中的但书规定："……不得为证明行政行为的合法性调取被告作出行政行为时未收集的证据。"

（二）法院依申请调取证据

1. 法院依申请调取证据的必要性。在行政诉讼中，原告或者第三人处于相对较弱的地位，虽然法律规定行政机关承担举证责任，但原告或第三人为了证明自己的诉讼主张，或者为了反驳行政机关的观点或主张的事实，而且在某些情况下，原告也承担着举证责任，因此，原告向法院举证也是行政诉讼中的重要问题，有时还直接影响到诉讼结果。但相对于被告而言，原告收集、保全和提交证据的能力和条件，远不能相提并论，有些证据是原告无法收集、保全或提交的，因此，有必要为原告或者第三人收集或提交证据提供一定的帮助，为此，《行政诉讼法》规定，在一定的条件下，法院可以依据原告和第三人的申请，调取相关证据。值得注意的是，《行政诉讼法》将申请法院调取证据的主体仅限于原告和第三人，将被告排除在外。

2. 申请法院调取证据的条件和范围。根据《行政诉讼法》第41条的规定，原告或者第三人申请法院调取证据是有条件的。这些条件是：①原告或者第三人不能自行收集。这里的"不能"应当理解为：首先，原告或者第三人客观上没有收集某些证据的能力；其次，原告或者第三人及其委托人收集证据得不到有关部门、单位、组织或者人员的配合；最后，由于各种原因，不宜由原告知悉或掌握的材料。从这一规定来看，在行政诉讼中，即使对于原告而言，也还是应当立足于当事人举证，法院对于证据的收集只是一种特殊的情况。②原告或者第三人应当能够提供确切线索。行政诉讼中法院的职能毕竟不是发现事实，然后对照法律对行政事务作出处理，法院收集证据实际是为了弥补原告举证能力的不足，因此，只有当原告或第三人能够提出确切的线索时，法院才能调取证据。

关于申请法院调取证据的范围，《行政诉讼法》第41条以及《行诉解释》第46条规定，对以下四类证据可以申请人民法院调取或者责令当事人提交：①由国家机关保存而须由人民法院调取的证据。②涉及国家秘密、商业秘密和个人隐私的证据。③确因客观原因不能自行收集的其他证据。④原告或者第三人确有证据证明被告持有的证据对原告或者第三人有利的，可以在开庭审理前书面申请人民法院责令行政机关提交。申请理由成立的，人民法院应当责令行政机关提交，因提交证据所产生的费用，由申请人预付。行政机关无正当理由拒不提交的，人民法院可以推定原告或者第三人基于该证据主张的事实成立。

可见，法院依申请调取证据并不能代替原告或第三人收集或提交证据。

3. 申请法院调取证据的程序。

(1) 申请的期限。当事人申请法院调取证据的，应当在举证期限内提交调取证据申请书。

(2) 申请的方式。当事人申请法院调取证据，应当以书面的方式提出。申请书应当写明证据持有人的姓名或者名称、住址等基本情况以及拟调取证据的内容、申请调取证据的原因及其要证明的案件事实。

4. 法院对调取证据申请的处理。

(1) 审查。由于申请法院调取证据是有条件的，因此，法院收到申请，应当审查是否符合条件。

(2) 调取或拒绝调取。法院对当事人调取证据的申请，经审查符合调取证据条件的，应当及时决定调取；不符合调取证据条件的，应当向当事人或者其诉讼代理人送达通知书，说明不准许调取的理由。《行诉解释》第39条明确规定："当事人申请调查收集证据，但该证据与待证事实无关联、对证明待证事实无意义或者其他无调查收集必要的，人民法院不予准许。"

（3）对拒绝调取的异议处理。对法院不予调取证据的决定，当事人及其诉讼代理人可以在收到通知书之日起 3 日内向受理申请的法院书面申请复议一次。法院应当在收到复议申请之日起 5 日内作出答复。

（4）对调取结果的告知。法院根据当事人申请，经调取未能取得相应证据的，应当告知申请人并说明原因。

（5）法院的委托调取。法院需要调取的证据在异地的，可以书面委托证据所在地法院调取。受托法院应当在收到委托书后，按照委托要求及时完成调取证据工作，送交委托法院。受托法院不能完成委托内容的，应当告知委托的法院并说明原因。

三、证据的保全

（一）证据保全的含义

行政诉讼中证据的保全是指：在证据可能灭失或者以后难以取得的情况下，法院依诉讼参加人的申请或者依职权主动采取措施，对证据加以确定和保护的制度。

行政诉讼中证据保全的主体是法院。在行政程序中，行政机关在对相应的行政事务进行调查和处理的过程中，也有可能出现证据灭失或者事后难以取得的情况，也有必要对相关证据进行保全，部分法律也对行政机关保全证据作了明确规定。比如，《行政处罚法》第 37 条第 2 款规定："行政机关在收集证据时，可以采取抽样取证的方法；在证据可能灭失或者以后难以取得的情况下，经行政机关负责人批准，可以先行登记保存，并应当在 7 日内及时作出处理决定，在此期间，当事人或者有关人员不得销毁或者转移证据。"这里的"先行登记保存"实际就是一种证据保全措施。但这种情况下的证据保全不是行政诉讼法应当规定的，而应当通过单行行为法或者行政程序法加以规定。这里所阐述的是在行政诉讼中法院的证据保全制度。另外，《公证法》第 11 条第 1 款第 9 项明确将"保全证据"作为公证的一项业务。这也不属于这里所阐述的证据保全制度。

行政诉讼证据保全的条件是证据可能灭失或者以后难以取得。前者是指证据有灭失的客观可能性，如果不及时采取措施，将会永远失去的情况。例如，具有证明作用的物品即将腐烂、变质或者消失。后者是指如果不立即提取，事后不可能或者难以调查收集的情况。例如，对被殴打致伤的伤情，如果不及时进行鉴定，随着伤情的好转或恢复，以后将难以证明受伤程度。在这种情况下，就有采取证据保全措施的必要。

关于行政诉讼中证据保全的种类，可以从两个角度划分：①根据法院是否主动采取保全措施为标准，可以划分为依申请保全和主动保全。《行政诉讼法》第 42 条规定："在证据可能灭失或者以后难以取得的情况下，诉讼参加人可以向人民法院申请保全证据，人民法院也可以主动采取保全措施。"②根据诉讼程序是否正式受理为划分标准，在法院正式受理之前采取保全措施的，是诉前保全，而在受理之后采取保全措施的，则是诉讼中的保全。我们认为，在行政诉讼中似乎不宜出现依职权作出诉前保全的情况。

（二）证据保全的程序

1. 提出的期限和方式。当事人向法院申请保全证据的，应当在举证期限届满前以书面形式提出，并说明证据的名称和地点、保全的内容和范围、申请保全的理由等事项。

2. 担保。当事人申请保全证据的，法院可以要求其提供相应的担保。我们注意到，最高人民法院在这里使用了"可以"一词，即对是否要求当事人提供担保，法院有裁量权，法院应当根据申请保全证据的实际情况决定是否要求当事人提供担保。证据保全不同于财产保全，财产保全的标的物是财产，因此应当要求申请人提供担保，以解决一旦违法保全后的赔偿问题。但是，在证据保全的情况下，虽然在很多情况下证据也是以财产的形式存在的，但其作为财产的价值并不大，比如某个书证、证人证言、视听资料、现场笔录等，对这些证据的保全并不会对相关人员的财产造成多大损失，因此没有必要要求当事人对所有的证据保全申请都提供担保。当然，有些证据可能有较大的财产价值，法院可以依职权要求当事人提供担保。关于担保的数额，法律和相关司法解释均未予以明确规定，我们认为，担保数额应当以被保全的证据作为财产的实际价值为限。

3. 证据保全的方法。法院进行证据保全时，可以根据具体情况，采取查封、扣押、拍照、录音、录像、复制、鉴定、勘验、制作询问笔录等保全措施。法院保全证据时，可以要求当事人或者其诉讼代理人到场。

在通过鉴定的方法进行证据保全时，法院既可以应当事人的申请，也可以依职权主动实施。如果是依当事人的申请，法院可以要求申请人提交申请、提供相关材料并预交鉴定费用。而对法院主动依职权委托鉴定的，是否应当要求当事人预交鉴定费用，法律和司法解释并没有明确规定。实践中，法院往往会要求相关当事人预交鉴定费用。法院在委托鉴定时，应当委托专门的鉴定机构或鉴定人员进行。法院对鉴定部门出具的鉴定书，应当从鉴定的内容、鉴定时提交的相关材料、鉴定的依据和使用的科学技术手段、鉴定的过程、鉴定结论、鉴定部门和鉴定人鉴定资格的说明、鉴定人及鉴定部门签名盖章等方面进行审查。法院认为有必要的，可以要求鉴定部门予以说明、补充鉴定或者重新鉴定。当事人对法院委托的鉴定部门作出的鉴定结论有权提出异议并申请重新鉴定，如果有证据证明有鉴定部门或者鉴定人不具有相应的鉴定资格的、鉴定程序严重违法的、鉴定结论明显依据不足的等情形之一的，应当通过补充鉴定、重新质证或者补充质证等方式解决。

在通过勘验现场进行证据保全时，勘验人必须出示法院的证件，并邀请当地基层组织或者当事人所在单位派人参加。当事人或其成年亲属应当到场，拒不到场的，不影响勘验的进行，但应当在勘验笔录中说明情况。审判人员应当制作勘验笔录，记载勘验的时间、地点、勘验人、在场人、勘验的经过和结果，由勘验人、当事人、在场人签名。勘验现场时绘制的现场图，应当注明绘制的时间、方位、绘制人姓名和身份等内容。当事人对勘验结论有异议的，可以在举证期限内申请重新勘验，是否准许由法院决定。

第四节　行政诉讼中的质证与认证

一、质证

（一）质证的概念、特点

1. 概念。诉讼活动中的质证，是指在审判人员的主持下，诉讼参与人按照法定程序，针对证据材料的证据资格和证明力进行展示、说明、质疑和反驳的证明行为。《行诉解释》第42条强调，能够反映案件真实情况、与待证事实相关联、来源和形式符合法律规定的证据，应当作为认定案件事实的根据。因此必须针对当事人向人民法院提交的证据是否符合上述要求进行质证。

应当说，针对证据材料的展示、说明、质疑和反驳的行为，可以存在于一切执法活动中。在刑事侦查或诉讼中，侦查机关、公诉机关以及刑事审判机关对嫌疑人是否构成犯罪、构成何罪、罪重罪轻等，与嫌疑人或被告人有较复杂甚至激烈的质证活动。在行政程序中，行政机关与行政相对人之间也有质证活动，如在听证程序中，质证是听证的主要环节，但诉讼法学研究的质证是在法院的主导下进行的诉讼活动。

2. 特点。质证作为一种专门的诉讼活动，具有明显的特点。

（1）质证的主体是诉讼参加人和证人、专家辅助人等。我国理论界对质证的主体有不同的认识，有人认为法官也是质证主体。我们认为，法官不应当是质证的主体，理由是：①质证是当事人最基本的权利之一，当事人在质证活动中享有对诉讼结果的直接利益，关系到证据能否被法院采纳并是否支持其诉请，而法官在诉讼中不可能有、也不应当有任何利益诉求，赋予法官质证权与法理不符；②质证有强烈的对抗性，当事人在质证中往往要针对证据的合法性、真实性、证明力等进行激烈的抗辩和相互质疑，而法官在诉讼中的根本立场应当是中立的，不应当与任何一方当事人处于对抗状态。

（2）质证的客体是当事人提交的所有证据材料的证据资格和证明力。当事人所提交的证据材料能否作为证据在诉讼中发挥作用以及发挥什么证明作用，都应当进行质证。除非法律规定不需要质证的材料，如由司法认知的事项等。

（3）质证是在审判法官的主持下按照法定程序进行的诉讼活动。法官是质证活动的主导者，负责组织、控制质证活动，质证主体应当服从法官对质证活动的指挥、安排。质证活动应当按照法定步骤和顺序，公开地通过言词进行。

（4）质证的方法可以多种多样，但原则上应当坚持一证一质，即对每一个证据材料都应当进行质证，未经质证的材料不能作为认定事实的证据。

（二）质证的法律意义

质证是诉讼活动中的重要环节，具有极为重要的法律意义。

1. 质证是查明案件事实真相的关键步骤。"以事实为根据，以法律为准绳"是我国最基本的诉讼原则，法院审理案件，必须查明案件事实，而要查明案件事实，则必须通过证据才能实现。在诉讼实践中，当事人往往会收集、提交大量的证据材料，并且法院在一定条件下也可以调取证据。由于当事人参加诉讼的目的都是为了争取自己的利益，因而在向法院提交证据时，往往"趋利避害"，只提交对自己有利的证据，不提交对自己不利的证据，甚至提交虚假证据。因而仅仅凭当事人提交的证据是不足以确定证据的可采性和证明力的，必须通过一定的方法判断证据材料的真伪、是否合法以及与本案的联系等，从而确定其证明力。可以说，没有科学、合理、有序的质证活动，就不可能查明案件事实。质证是法院审查、认定证据的重要方式和必要途径。

2. 质证是保证审判活动公正、公开的重要环节。公平、公正是法院审判活动的生命，而要保证公平、公正，就必须依法尊重和维护当事人的诉讼权利。质证是当事人一项最基本的诉讼权利，是当事人达到诉讼目的的重要手段。质证可以有效地防止法官凭个人好恶或者从某种利益观念出发对案件涉及的问题进行判断，促使法官能够依某种特定化的、体现公正的准则来解决纠纷。

（三）质证的规则

行政诉讼是诉讼的一种，应当遵循诉讼活动的基本规律，同时作为国家审判活动的一种，宪法规定的诉讼基本制度，对行政诉讼当然也有约束力。因此，行政诉讼应当遵守诉讼活动中一般的质证规则，符合质证的基本规律。但行政诉讼毕竟是一种特定的诉讼活动，法院的审判职能、审判原则又有其特定的要求，因而行政诉讼中的质证有着特定的规则。

1. 关于质证的法律效力。质证是证据得以作为定案依据的必要条件，没有经过质证的证据材料，不得作为法院认定事实的依据。对此，法律有明确规定。《行政诉讼法》第33条在列举了行政诉讼法定证据形式后，明确规定"以上证据经法庭审查属实，才能作为认定案件事实的根据"。《证据问题的规定》第35条第1款规定："证据应当在法庭上出示，并经庭审质证。未经庭审质证的证据，不能作为定案的依据。"

为了强化质证环节的法律效力，《证据问题的规定》还进一步明确了在被告拒不到庭、不参加质证情况下所提交证据的效力。第36条规定："经合法传唤，因被告无正当理由拒不到庭而需要依法缺席判决的，被告提供的证据不能作为定案的依据，但当事人在庭前交换证据中没有争议的证据除外。"但应当注意的是，这种情况仅限于"被告经合法传唤无正当理由拒不到庭"的情况下，不可以作扩大理解。如果一方当事人出示证据并对证据进行了相关说明后，另一方当事人拒绝质证，则该证据只要"经法庭审查属实"，应当作为定案的根据，这时可以将另一方当事人的拒绝质证理解为放弃质证权，或者对该证据的认同。根据这一理解，在被告缺席的情况下，原告所提交的证据如果经法庭审查属实，则可以作为定案的根据，而不得以未经法庭质证为由拒绝采信。

2. 可以不经质证的证据及其要求。一般而言，任何用来证明案件事实的材料都应当经过质证。但是，从诉讼经济成本和效率考虑，对某些证据是可以不进行质证的。当然，可以不经过质证的证据应当以法律的明确规定为限。《证据问题的规定》第35条第2款规定："当事人在庭前证据交换过程中没有争议并记录在卷的证据，经审判人员在庭审中说明后，可以作为认定案件事实的依据。"这是行政诉讼中关于可以不经质证的证据的唯一规定。

3. 关于质证的内容。对证据的哪些方面进行质疑、辩论，是质证的核心问题。质证的目的是确定证据能否被采用来认定案件事实，因而，质证实际主要围绕证据是否符合法定要求、符合证据自身的特点进行，包括证据资格和证明力两个方面。《证据问题的规定》第39条第1款对质证的内容作了明确规定："当事人应当围绕证据的关联性、合法性和真实性，针对证据有无证明效力以及证明效力大小，进行质证。"第49条第1款规定："法庭在质证过程中，对与案件没有关联的证据材料，应予排除并说明理由。"

4. 质证的方式。质证是在审判人员的主持下，当事人对证据进行对质、辩论、说明、解释、反驳的活动，主要以言词的形式进行。即当事人及其代理人按照一定的规则，相互之间或者与其他诉讼参与人之间进行发问、回答、质疑、答辩等。

（四）质证的程序

1. 证据的出示与说明。《证据问题的规定》第35条第1款规定："证据应当在法庭上出示……"质证的前提是要有明确的质证对象，因此，质证的第一个环节就是证据的出示，即当事人将自己提交给法院并用来证明自己的主张的证据在法庭上向审判人员和其他诉讼参与人进行公开展示。同时，《证据问题的规定》第38条对来源特殊的证据的出示作出了明确的规定："当事人申请人民法院调取的证据，由申请调取证据的当事人在庭审中出示，并由当事人质证。人民法院依职权调取的证据，由法庭出示，并可就调取该证据的情况进行说明，听取当事人意见。"

证据的说明，是指当事人向法庭和其他诉讼参与人说明所出示的证据的来源、内容以及意图证明的事实或主张。当事人要使证据被法庭采信或被对方当事人、其他诉讼参与人认同，就必须对证据进行准确的说明。司法实践中，证据的出示与说明往往是合并进行的，即当事人应当一边出示证据，一边对证据进行说明。

对于案情复杂或者证据数量较多的案件，为了提高质证效率，《行诉解释》第38条规定，人民法院可以组织当事人在开庭前向对方出示或者交换证据，并将交换证据清单的情况记录在卷。当事人在庭前证据交换过程中没有争议并记录在卷的证据，经审判人员在庭审中说明后，可以作为认定案件事实的依据。

2. 发问。在一方当事人或者其他诉讼参与人对证据出示、说明完毕后，另一方当事人可以就证据及对证据的说明情况提出问题。《证据问题的规定》对发问的规则作了一定规定：

（1）发问必须经法庭准许。这是为了保证质证的秩序而规定的，强调了法庭在质证活动中的组织、主导地位。

（2）发问的主体是当事人及其诉讼代理人。证人、鉴定人、勘验人等其他诉讼参与人一般无权发问。

（3）发问的对象，即向谁发问的问题，包括两类，一类是自己有发言权的当事人及其诉讼代理人，还有一类是自己没有发言权的证人、鉴定人、勘验人。

（4）发问的内容，即问什么的问题。发问的内容应当只能围绕证据本身进行，不能涉及其他问题，甚至法律问题在质证阶段也不能涉及。

（5）发问中不得采用引诱、威胁、侮辱等语言或者方式。

在质证中针对发问，当事人或其他诉讼参与人应当回答。

3. 质疑。质疑是指当事人对另一方当事人出示的证据及其说明提出疑问，对证据本身或者其证明力进行否认的行为。

4. 答辩。答辩是当事人针对质疑进行澄清、辩驳的行为，其目的在于否定质疑，确立证据的效力，强化证明力。

除涉及国家秘密、商业秘密和个人隐私或者法律规定的其他应当保密的证据不得在开庭时公开质证外，其他证据的质证均应当公开进行。关于质证的轮次等，我国法律和司法解释均未作明确的规定，实践中，往往由法庭控制。

（五）对不同形式证据的具体质证要求

我国法律规定了不同的证据形式，而每一种证据的外在形式不同，证明方式也不同，因此，对这些证据的质证要求当然也就不同。《证据问题的规定》对此作了具体规定。

1. 对书证、物证和视听资料进行质证时，当事人应当出示证据的原件或者原物。但出示原件或者原物确有困难，经法庭准许可以出示复制件或者复制品；如果原件或者原物已不存在，可以出示证明与原件、原物一致的其他证据。视听资料应当当庭播放或者显示，并由当事人进行质证。

2. 对证人证言进行质证时，应当遵循对证人进行当庭对质的原则。我们认为，《证据问题的规定》已经确立了对证人证言应当进行当庭对质的原则。理由是：①其第41条明确规定："凡是知道案件事实的人，都有出庭作证的义务……"很明显，这里已经将证人出庭作证作为证人的义务；②第41条将提交证人证言作为例外情况规定："有下列情形之一的，经人民法院准许，当事人可以提交书面证言……"也就是说，根据第41条的规定，提交证人证言必须具备法定条件，不具备这些条件的，证人均应出庭作证。这些条件是：当事人在行政程序或者庭前证据交换中对证人证言无异议的；证人因年迈体弱或者行动不便无法出庭的；证人因路途遥远、交通不便无法出庭的；证人因自然灾害等不可抗力或者其他意外事件无法出庭的；证人因其他特殊原因确实无法出庭的。关于证人出庭作证的程序，可以由当事人申请。当事人申请证人出庭作证的，应当在举证期限届满前提出，并经法院许可。法院准许证人出庭作证的，应当在开庭审理前通知证人出庭作证。当事人在庭审过程中要求证人出庭作证的，法庭可以根据审理案件的具体情况，决定是否准许以及是否延期审理。对于法院是否可以依职权要求有关人员出庭作证，司法解释未作明确规定。我们认为，基于行政诉讼的功能和法院在行政诉讼中的定位，法院确定证人并要求其出庭作证，不应超越《证据问题的规定》第 22 条规定的条件和范围。

对证人出庭作证时的质证应当：①对证人的资格进行审查，不能正确表达意志的人不能作证。当事人对证人能否正确表达意志有异议的，可以申请法院进行审查或者交由有关部门鉴定。必要时，法院也可以依职权交由有关部门鉴定。②证人出庭作证时，应当出示证明其身份的证件。法庭应当告知其诚实作证的法律义务和作伪证的法律责任。③出庭作证的证人不得旁听案件的审理。法庭询问证人时，其他证人不得在场，但组织证人对质的除外。④证人应当陈述其亲历的具体事实。证人根据其经历所作的判断、推测或者评论，不能作为定案的依据。

证人因履行出庭作证义务而支出的交通、住宿、就餐等必要费用以及误工损失，由败诉一方当事人承担。

3. 对行政执法人员的出庭说明及询问。行政诉讼实践中，有时会出现当事人提出行政执法人员出庭说明的要求，我们认为，无论从法院查明案件事实，还是尊重当事人知情权的角度，这种要求是合理的，《行诉解释》对此也予以了确认。该解释第 41 条规定，在下列情形下，原告或者第三人要求行政执法人员出庭说明的，人民法院可以准许：①对现场笔录的合法性或者真实性有异议的。②对扣押财产的品种或者数量有异议的。③对检验的物品取样或者保管有异议的。④对行政执法人员身份的合法性有异议的。⑤需要出庭说明的其他情形。

人民法院认为有必要的，也可以依职权要求当事人本人或者行政机关执法人员到庭，就案件有关事实接受询问。

在询问之前，可以要求其签署保证书。保证书应当载明据实陈述、如有虚假陈述愿意接受处罚等内容。当事人或者行政机关执法人员应当在保证书上签名或者捺印。

负有举证责任的当事人拒绝到庭、拒绝接受询问或者拒绝签署保证书，待证事实又欠缺其他证据加以佐证的，人民法院对其主张的事实不予认定。

关于行政执法人员出庭说明时的身份，《行政诉讼法》中未明确规定，我们认为，可以参照证人的法律地位确定其权利义务，其说明的内容可以作为证人证言对待。

4. 对鉴定意见的质证。《证据问题的规定》明确了鉴定人有出庭接受询问的义务，当事人要求鉴定人出庭接受询问的，鉴定人应当出庭。只有在符合该规定第 41 条列举的条件时，经法庭准许，可以不出庭，由当事人对其书面鉴定结论进行质证。

鉴定人出庭作证时，法庭应当核实其身份、与当事人及案件的关系，并告知鉴定人如实说明鉴定情况的法律义务和故意作虚假说明的法律责任。

5. 二审及审判监督程序中的质证。原则上，在二审及审判监督程序中，对已经过质证的证据，不再进行质证。但当事人对第一审认定的证据仍有争议的，法庭也应当进行质证，对原判决、裁定认定事实的证据不足而提起再审所涉及的主要证据，法庭也应当进行质证。另外，无论在二审还是审判监督程序中，如果出现新的证据，对新的证据，法庭也应当进行质证。所谓新的证据，是指以下几种情况下出现的证据：①在一审程序中应当准予延期提供而未获准许的证据；②当事人在一审程序中依法申请调取而未获准许或者未取得，法院在第二审程序中调取的证据；③原告或者第三人提供的在举证期限届满后发现的证据。

二、专家辅助人

（一）专家辅助人的概念

专家辅助人是指在科学、技术以及其他专业领域具有专门的、特殊的知识或经验，根据当事人的委托或法庭指定，向法庭就案件审理中的专业性问题出具意见或进行说明的人员。也有学者称其为诉讼辅助人。

行政诉讼审查的是行政机关在行政管理的过程中所实施的行政行为，由于行政管理涉及的范围和领域极为广泛，几乎任何一个社会领域都会涉及行政机关的管理，而某些领域往往专业性和技术性较强，要求行政机关具有在这些领域的良好的专业修养和知识。如果对行政机关作出的涉及某些专门知识的行政行为进行审查，势必要求审判人员也应当具备这些领域的专门知识甚至经验，而要求法官具备所有领域的专业知识，是一个不切实际的要求，因此，一方面，应当对法官行使这类案件的审判权时提供专业技术上的帮助；另一方面，某些行政争议可能就是由于当事人之间就专业技术问题的理解不同而直接引起的，这些案件中的法律问题可能并不复杂，争议主要是围绕技术问题而形成的，技术问题争议的解决，对于整个案件的审理起着决定性的作用。因此，对当事人进行专业性的说服，是案件审理的关键。这样，就必须解决案件审理中的专业问题。在这方面，国外有很多制度设计，比如专家证人制度、专业技术合议庭等。

随着我国行政诉讼制度的深入发展，案件类型逐步增加，行政诉讼中也经常出现专业性问题，有些案件就是因为相对人与行政机关在专业问题上的认识不一致而形成。而我国传统的诉讼法学、证据理论中缺乏这方面的深入研究，法律上也没有作出规定，这就给法院的实际审判工作带来极大困难。近年来，各级法院在这方面做了一些探索，但由于没有法律予以支撑，这样的探索显得步履维艰。对此，《证据问题的规定》第48条第1款作了尝试性的规定："对被诉具体行政行为涉及的专门性问题，当事人可以向法庭申请由专业人员出庭进行说明，法庭也可以通知专业人员出庭说明。必要时，法庭可以组织专业人员进行对质。"

理解专家辅助人的概念，应当注意其与几个相关概念的界限。

1. 专家辅助人与专家证人。专家证人是英美证据法上的一个概念。《美国联邦证据规则》第702条规定，当科学、技术或其他专业知识有助于案件事实审理或者理解证据，或者确立系争事实时，具有本行业知识、技术、经验以及受过专门训练和教育的专家可以充当证人，以意见或其他方式作证。专家证人属于证人的范畴。在英美证据法上，作为一般原则，证人只应就其亲身感知的事实提供证言，而不得就这些事实进行推论；而专家证人是例外，他可以通过对一般科学原理的阐述，结合案件相关的数据或事实，运用自己的专业知识进行推论，形成自己的意见，而这些意见可以被法庭采纳。专家辅助人不属于证人的范畴，他所陈述的意见，主要是说明和阐释案件中所涉及的专门性问题，帮助当事人或者法官对有关专业问题的把握和理解。专家辅助人不得就案件事实进行推论，其所作的阐释和说明不得作为认定事实的依据。

2. 专家辅助人与鉴定人。首先有必要对鉴定人的概念予以澄清。凡是在某一个学科或专业、行业领域中具有专门知识和经验的人员都可以就相关专门问题进行鉴别、认定。最广义地说，凡是对有关专门问题进行鉴别、认定的人员，都可以是鉴定人。但是，我国实行鉴定人资格制度，要求鉴定人必须取得主管部门的许可，而且应当在有鉴定资质的机构实施鉴定活动。无论是当事人还是法院，都只能委托这些机构中的人员进行鉴定。因此，鉴定人只能从鉴定机构中产生。而就一个具体的案件而言，只有接受委托进行鉴定并作出鉴定结论的人员才是鉴定人。基于对鉴定人这样的认识，可以很清楚地看出专家辅助人与鉴定人的关系：①具有某些方面专业知识的人员，包括拥有鉴定人资格的人员，可以成为专家辅助人，但专家辅助人却未必一定要在有鉴定人资格的人员中产生；鉴定结论只能委托有鉴定人资格的人员作出。②接受委托或指派作出鉴定结论的鉴定人，在一定的条件下，也可以出庭参加质证，但他的任务是说明鉴定的方法、过程以及作出结论的科学依据，其陈述与说明受其作出的鉴定结论拘束，其目的是说明鉴定结论的真实性、正确性；专家辅助人是就案件所涉及的专业问题进行阐释和说明，凡是与案件有关的专业问题均可涉及，不受某种既定结论的拘束，其目的是帮助法庭和当事人理解专业问题。③两者有一个共同特点，即都不从属于任何一方当事人，具有独立的地位，只对科学负责。

3. 专家辅助人与诉讼代理人。两者的区别非常明确：①参加诉讼的原因不同，专家证人既可以基于一方当事人的委托参加诉讼，也可以基于法庭的指派参加诉讼，而诉讼代理人只能基于当事人的委托参加诉讼（行政诉讼中不存在指定代理人）。②所提供的服务内容不同，专家证人可以提供任意专业领域的专业服务与帮助（只要他具备），而诉讼代理人所提供的只是法律服务。③参加诉讼的立场不同，专家证人的立场应当是独立的、中立的，不服从于任何人的意志，而诉讼参加人必须代表当事人的意志，在委托范围和权限内实施代理行为。

（二）专家辅助人的作用

根据《证据问题的规定》，专家辅助人的作用主要表现在如下两个方面：

1. 对案件中的专门性问题进行说明、对质、接受询问。当出现专门性问题影响诉讼时，当事人可以委托专家代为说明或陈述，法院认为有必要的，也可以指派专业人员在法庭上说明和陈述有关专业问题。这样做的最终目的，就是帮助当事人或者法院理解专业性问题，认定与专业性有关的事实。当专家的意见不一致时，法庭应当组织专家进行对质。

2. 对鉴定人员进行询问。鉴定结论是鉴定人员运用专门的知识、专门的仪器设备、特定的材料等，根据科学的方法对特定的专门问题作出的结论，而某些结论的得出，与设备的性能、材料的选择是否科学、方法的运用是否得当等，具有密切的关系。当事人对这些应当具有知情的权利，但鉴定过程是一个技术性极强的过程，当事人或者法院往往难以把握，这就需要向专业人员进行询问和了解，对其认为不科学的方法等提出质疑，鉴定人应当予以回答。

（三）专家辅助人的资格确定

《证据问题的规定》未对专家证人的资格条件进行规定。我们认为，当事人和法庭之所以需要专家，就是因为缺乏某些方面的专门知识，只要是具备某些方面的知识和经验、有能力提供专业帮助的人，应当都可以作为专家辅助人，不应当在形式和外在资格上作过多的限制，比如规定学历、职称、学术头衔等。当然，作为专家辅助人也还是应当具备一定的条件，聘请专家的一方当事人，应当向法院说明专家所专长的领域与案件所涉专业性问题的关联性，专家所具有的学识与经验等的水准。如果当事人对出庭的专业人员是否具备相应专业知识、学历、资历等专业资格有异议的，可以进行询问。由法庭决定其是否可以作为专业人员出庭。

三、认证

行政诉讼中的认证是审判人员依法确认证据材料的证据资格和证明力，并在此基础上认定案件事实的行为。证据材料均应经过质证，而经过质证的证据材料就应当对其证据资格和证明力作出认定。证据的认定是认定案件事实的依据，只有经过认证的证据材料才能作为适用法律的基础。认证是所有诉讼活动中都必须经历的程序，有其共同的规则，而行政诉讼中的认证又有其特殊的认证规则。

（一）认证的原则

认证的原则是指审判人员认定证据材料的证据资格和证明力所要遵循的准则。《证据问题的规定》第54条参照《最高人民法院关于民事诉讼证据的若干规定》对行政诉讼中的认证原则作了规定："法庭应当对经过庭审质证的证据和无需质证的证据进行逐一审查和对全部证据综合审查，遵循法官职业道德，运用逻辑推理和生活经验，进行全面、客观和公正地分析判断，确定证据材料与案件事实之间的证明关系，排除不具有关联性的证据材料，准确认定案件事实。"这一规定包含了以下几层含义：

1. 全面、客观地审核证据。全面应当包含两个方面的要求：①凡在庭审中出示、质证的证据都应当审核，不能随意取舍，无论是哪一方当事人提交的证据，都应当按照规则进行审核；②要对照被诉行政行为所认定的全部事实要素进行证据审核，凡是行政行为涉及的事实，都应当进行审核。所谓客观，意味着法官在证据审核时应当持中立立场，不能带有主观倾向，更不应当先入为主形成自己的看法，然后在证据中寻找支撑自己看法的材料。

2. 遵循法官职业道德。法官拥有良好的职业道德是司法权威的重要保障，只有具有良好职业道德的法官，才能具有科学的理性，公正地对待案件事实和法律问题。法官良好职业道德的具体内容包括：独立公正、司法效率、清正廉洁、遵守司法礼仪、约束法官职务外行为等。严格遵守这些职业道德规范，对于公正、科学地进行证据的认定，具有重要意义。

3. 运用逻辑推理和生活经验。在质证中，由于双方当事人的诉讼立场不同，对案件诉求利益往往针锋相对，因此，在证据的提交及对证据的主张上，往往各执己见，呈现出纷扰复杂的局面。法官认证的过程实际是对证据去伪存真的过程，而要达到这一目的，就必须借助于理性的力量，而理性的来源离不开逻辑的思辨和生活经验的积累与运用。加强逻辑思维的训练和修养，在生活中积累对社会的观察与思考，是一个成功法官应当具备的优良品质。

（二）证据资格认证规则

证据资格的认证是指对当事人或其他诉讼参与人提交的证据材料是否可以作为定案证据进行认定。某一证据材料能否被采纳，不取决于当事人的愿望，也不取决法官出于主观的随意取舍，而是要在一定规则约束下，进行鉴别、认定，而证据资格的认定主要围绕着证据的合法性、真实性、关联性进行。《证据问题的规定》与《最高人民法院关于民事诉讼证据的若干规定》一样，对证据的合法性、真实性的认定规则作了明确规定，其中第55～58、62条的规定可以看作是通用规则。

《行政诉讼法》第43条第3款明确规定，以非法手段取得的证据，不具有法律效力，也即不产生证明力。为此，《行诉解释》阐明了以下情况属于"以非法手段取得的证据"：①严重违反法定程序收集的证据材料；②以违反法律强制性规定的手段获取且侵害他人合法权益的证据材料；③以利诱、欺诈、胁迫、暴力等手段获取的证据材料。

除此之外，《证据问题的规定》还针对行政诉讼的特有问题，作了以下特别规定：

1. 被告及其诉讼代理人在作出行政行为后或者在诉讼程序中自行收集的证据，不能作为认定被诉行政行为合法的依据。

2. 被告在行政程序中非法剥夺公民、法人或者其他组织依法享有的陈述、申辩或者听证权利所采用的证据，不能作为认定被诉行政行为合法的依据。

3. 原告或者第三人在诉讼程序中提供的、被告在行政程序中未作为行政行为依据的证据，不能作为认定被诉行政行为合法的依据。

4. 复议机关在复议程序中收集和补充的证据，或者作出原行政行为的行政机关在复议程序中未向复议机关提交的证据，不能作为法院认定原行政行为合法的依据。

5. 被告在行政程序中依照法定程序要求原告提供证据，原告依法应当提供而拒不提供，在诉讼程序中提供的证据，法院一般不予采纳。

（三）证明力认证规则

证明力认证是指对依法被确立为证据的材料对待证事实的证明强弱程度的认定。证据资格认证解决的是证据的门槛问题，而证明力认证解决的是证据的证明能力的问题，特别是对同一个待证事实出现数个证据，而数个证据在内容上又有冲突时，就必须依靠一定的规则对各种证据的证明力进行认定，依据证明力较强的证据，对事实进行认定。同样的，对证据证明力的认定，也应当遵循一定的规则。《证据问题的规定》对此作出了规定：

1. 证明同一事实的不同种类证据证明力的认定。证明同一事实的数个证据，其证明力一般可以按照下列情形分别认定：①国家机关以及其他职能部门依职权制作的公文文书优于其他书证；②鉴定结论、现场笔录、勘验笔录、档案材料以及经过公证或者登记的书证优于其他书证、视听资料和证人证言；③原件、原物优于复制件、复制品；④法定鉴定部门的鉴定结论优于其他鉴定部门的鉴定结论；⑤法庭主持勘验所制作的勘验笔录优于其他部门主持勘验所制作的勘验笔录；⑥原始证据优于传来证据；⑦其他证人证言优于与当事人有亲属关系或者其他密切关系的证人提供的对该当事人有利的证言；⑧出庭作证的证人证言优于未出庭作证的证人证言；⑨数个种类不同、内容一致的证据优于一个孤立的证据。

除以上具体规则外，还应当充分注意关于这一问题的理论通说：直接证据的证明力一般优于间接证据。对此，《最高人民法院关于民事诉讼证据的若干规定》中作出了明确规定，可以参照执行。

2. 电子邮件等数据资料的证明力认定。随着信息时代的到来，人们越来越多地借助于计算机、网络等技术手段和方式进行社会活动，而通过这些手段和方式进行活动时所留下的记录、痕迹等，不可避免地要被作为证据提交到法庭，而在传统证据学理论中，缺乏对这类问题的研究，法律上也没有作出规定，为了解决实际出现的问题，《证据问题的规定》对有关问题进行了明确规定。第64条规定："以有形载体固定或者显示的电子数据交换、电子邮件以及其他数据资料，其制作情况和真实性经对方当事人确认，或者以公证等其他有效方式予以证明的，与原件具有同等的证明效力。"当然，相对于这一领域复杂的问题，目前的规定显得较为简单。

3. 自认证据的证明力认定。《证据问题的规定》第65条规定："在庭审中一方当事人或者其代理人在代理权限范围内对另一方当事人陈述的案件事实明确表示认可的，人民法院可以对该事实予以认定。但有相反证据足以推翻的除外。"另外，第67条还规定："在不受外力影响的情况下，一方当事人提供的证据，对方当事人明确表示认可的，可以认定该证据的证明效力；对方当事人予以否认，但不能提供充分的证据进行反驳的，可以综合全案情况审查认定该证据的证明效力。"但是，第66条规定："在行政赔偿诉讼中，人民法院主持调解时当事人为达成调解协议而对案件事实的认可，不得在其后的诉讼中作为对其不利的证据。"

4. 法庭可以直接认定的事实。这种情况被称之为司法认知，是各国证据学者的共识。《证据问题的规定》第68条对此作了规定，凡众所周知的事实、自然规律及定理、按照法律规定推定的事实、已经依法证明的事实、根据日常生活经验法则推定的事实，可以由法庭直接认定；但前述事实，除自然规律及定理，其余事实当事人有相反证据足以推翻的，法庭不可直接认定。此外，还有两个问题值得注意：①原告确有证据证明被告持有的证据对原告有利，被告无正当事由拒不提供的，法庭可以推定原告的主张成立；②生效的法院裁判文书或者仲裁机构裁决文书确认的事实，可以作为定案依据，但是如果发现裁判文书或者裁决文书认定的事实有重大问题的，应当中止诉讼，通过法定程序予以纠正后恢复诉讼。

5. 不能单独作为定案依据的证据。某些证据，虽然在合法性及关联性上不存在问题，但是由于出现特殊情况，其证明力减弱，不能单独作为定案证据，需要有其他证据加以佐证，才能作为定案的依据。这些情况是：①未成年人所作的与其年龄和智力状况不相适应的证言；②与一方当事人有亲属关系或者其他密切关系的证人所作的对该当事人有利的证言，或者与一方当事人有不利关系的证人所作的对该当事人不利的证言；③应当出庭作证而无正当理由不出庭作证的证人证言；④难以识别是否经过修改的视听资料；⑤无法与原件、原物核对的复制件或者复制品；⑥经一方当事人或者他人改动，对方当事人不予认可的证据材料；⑦其他不能单独作为定案依据的证据材料。

（四）认证的程序

《证据问题的规定》除了对认证的规则作了规定外，对法庭认证的程序也作了规定。

1. 庭审中经过质证的证据，能够当庭认定的，应当当庭认定；不能当庭认定的，应当在合议庭合议时认定，在裁判文书中阐明证据是否采纳的理由。

2. 法庭发现当庭认定的证据有误，可以按照下列方式纠正：①庭审结束前发现错误的，应当重新进行认定；②庭审结束后、宣判前发现错误的，在裁判文书中予以更正并说明理由，也可以再次开庭予以认定；③有新的证据材料可能推翻已认定的证据的，应当再次开庭予以认定。

■ 思考题

1. 简述与民事诉讼、刑事诉讼比较，行政诉讼证据在形式上的区别。
2. 如何分配行政诉讼中的举证责任？并简述分配原因。
3. 简述关于行政诉讼中当事人收集、提交证据的特殊要求。
4. 简述鉴定结论和专家辅助人意见的区别。

■ 推荐书目

1. ［德］莱奥·罗森贝克：《证明责任论——以德国民法典和民事诉讼法典为基础撰写》，庄敬华译，中国法制出版社2002年版。

2. 孔祥俊：《行政诉讼证据规则与法律适用》，人民法院出版社 2005 年版。

3. 张树义主编：《行政诉讼证据判例与理论分析》，法律出版社 2002 年版。

4. 蔡虹：《行政诉讼证据问题研究》，武汉水利电力大学出版社 1998 年版。

5. 高家伟：《行政诉讼证据的理论与实践》，工商出版社 1998 年版。

6. 袁杰主编：《中华人民共和国行政诉讼法解读》，中国法制出版社 2014 年版。

第二十四章　行政诉讼程序

■学习目的和要求

通过本章学习，掌握行政诉讼的起诉与受理，以及第一审程序和审理过程中的一些具体规则；熟悉行政诉讼的第一审程序、第二审程序和审判监督程序；了解对妨害行政诉讼的强制措施。

第一节　起诉与受理

一、起诉

起诉和受理是行政诉讼开始时必经的两个环节，是行政诉讼的启动程序。行政诉讼与民事诉讼一样实行"不告不理"的原则，即人民法院不能主动开始行政诉讼，而必须先由公民、法人或者其他组织提起诉讼。原告的起诉是人民法院行使行政审判权的前提条件，如果原告的起诉为人民法院所接受，人民法院将开始对该行政案件进行审理，当事人双方将开始受到行政诉讼规则的约束。

（一）起诉的概念

行政诉讼中的起诉是指公民、法人或者其他组织认为行政机关及其工作人员的行政行为侵犯了自己的合法权益，依法诉请人民法院对该行政行为予以合法性审查以保护自己合法权益的诉讼行为。它是原告单方面行使法律赋予的起诉权的行为。

对起诉的性质和特征可以从这几个方面来理解：①起诉是原告享有的法定诉讼权利，是原告实施的诉讼行为，原告对起诉拥有完全的处分权；②起诉的直接目的是为了引起第一审程序的发生，其根本目的在于使受到行政机关行政行为侵害的合法权益获得司法救济；③起诉是对人民法院的法律请求，人民法院负有依法受理或不予受理的义务；④起诉是公民、法人或者其他组织依法行使起诉权的具体表现，一旦成立便会引起一系列法律后果，因此起诉必须依法进行。

（二）起诉的条件

争讼是一个包含利弊的"金银盾"。争讼利在明辨是非，弊在浪费时日、人力、物力。因此无论哪个国家都在诉讼上或松或严地设立了一些起诉条件，即规定在哪些条件下可以起诉，在哪些条件下不能起诉。设立起诉条件的目的无非是兴利除弊、防止滥诉。根据《行政诉讼法》第49条的规定，原告起诉成立必须具备四个条件：

1. 原告是认为行政行为侵犯了其合法权益的公民、法人或者其他组织。这一条件具体包括以下四方面的要求：①原告是作为行政相对人的公民、法人或者其他组织；②行政机关的行政行为必须客观存在；③提起诉讼的公民、法人或者其他组织与被诉的行政行为具有利害关系；④原告认为行政行为侵犯了其合法权益。

此外，在行政公益诉讼中，人民检察院是提起诉讼的原告。《行政诉讼法》修改后，我国正式确立了公益诉讼制度，立法赋予了检察机关提起行政公益诉讼的原告资格。行政公益诉讼所保护的是不涉及特定人的国家利益和社会公共利益，这与一般行政诉讼保护特定当事人的利益有所不同。由于不涉及特定个体的利益，公民、法人或者其他组织不能作为原告提起诉讼，而应当由人民检察院作为原告，通过行政公益诉讼保护国家利益和社会公共利益。

2. 有明确的被告。该条件要求公民、法人或者其他组织在起诉时必须明确提出谁是被告，即表明控告对象。若没有明确的侵害主体，起诉也不能成立。

3. 有具体的诉讼请求和事实根据。所谓有具体的诉讼请求，是指原告请求法院通过审判程序保护自己合法权益的具体内容。在行政诉讼中，原告的诉讼请求通常包括以下几种：①请求法院确认被诉行政机关与原告之间存在或不存在某种行政法律关系；②请求人民法院撤销已经生效的违法的行政行为（一般为要式行政行为），并使该行政行为自始无效；③请求人民法院变更明显不当的行政处罚决定或者其他行为中涉及款额的确定；④请求人民法院判令某行政机关履行法定职责；⑤请求人民法院判令特定行政机关赔偿损失或者判令给付相应的金钱等。

原告起诉的事实根据应包括案件事实和证据事实。案件事实包括两类：①当事人争议的行政法律关系发生、变更、消灭的法律事实；②当事人的合法权益是否受到行政行为的侵害，或当事人之间是否发生行政争议的事实。证据事实是证明案件事实客观、真实的事实根据。一般情况下，法院对原告起诉时的事实根据只需作形式审查，至于这些案件事实是否客观、真实，特别是证据事实是否确实充分，只能在起诉过后的案件审理过程中方能判明。

现举例说明如何理解事实根据：原告张某向某市西城区人民法院起诉区交通车辆管理局，称该局对自己申请汽车驾驶证长时间不给予答复，影响自己求职机会，请求法院判决其履行法定职责，予以颁发驾驶证。法院对原告的起诉进行了审查，认为：根据颁发驾照的有关规定，申请人向发证机关申请颁发驾照时，除填写申请表外，还需交付汽车驾驶考核、身体检查等合格证明，原告起诉时只提交了诉状，至于何时向发证机关提出了申请以及提交了哪些合格的资料，原告均不能提供有关的证明材料。因此，裁定不予受理。本案是一起属于"认为符合法定条件申请行政机关颁发许可证和执照，行政机关拒绝颁发或者不予答复的"而起诉的案件。原告张某虽然提出了明确的诉讼请求，但没有向法院提供有关事实根据证明行政机关拒绝颁发或不予答复的事实存在。所以法院作出不予受理的裁定是正确的。

4. 起诉的案件属于人民法院的受案范围和受诉人民法院管辖。属于人民法院受案范围是指，原告向人民法院起诉的行政案件是根据《行政诉讼法》及其他法律、法规、司法解释的规定应由法院受理的事项，并且不属于《行政诉讼法》第13条所列的各项案件。如果起诉的案件依法不属于人民法院的受案范围，则原告没有起诉权；案件虽属于人民法院受案范围，但根据《行政诉讼法》的规定不属于受诉人民法院管辖的，原告也不能向该人民法院起诉，而应向有管辖权的人民法院起诉。

（三）起诉与行政复议制度的衔接

行政诉讼与行政复议都是解决行政争议的法律制度。二者的关系在本章第一节中已经介绍。《行政诉讼法》第44条也明确了两者的衔接。关于行政复议与行政诉讼之间衔接关系的一般规则是：以当事人自由选择为原则，以行政复议前置为例外。在涉及行政诉讼的时候，基于二者之间的上述关系，针对行政争议不同的情况，应当作出不同的处理：

1. 先受理机关管辖原则。如果法律、法规没有规定行政复议为提起行政诉讼的必经程序，公民、法人或其他组织既提起诉讼又申请复议的，由先受理的机关管辖。如果最先受理的机关是复议机关，那么当事人对复议决定不服，仍有权提起行政诉讼。反之，如果先受理的机关是司法机关，那么司法机关的裁决就是最终裁决，当事人不能再就该行政行为提起行政复议。

2. 复议与诉讼不能同时进行。公民、法人或者其他组织已经申请行政复议的，在法定复议期间内又向法院起诉，法院不予受理。此时必须等待行政复议机关作出最终决定，然后才能提起行政诉讼。如果复议机关迟迟不作决定，也要等待复议期限届满，然后才能提起行政诉讼。

3. 当事人在复议期间撤回复议申请的处理。法律、法规没有规定行政复议为提起行政诉讼的必经程序，公民、法人或其他组织向复议机关申请行政复议后，又经复议机关同意撤回复议申请的，在法定期限内对原行政行为提起行政诉讼，法院应当受理。此处的"法定期限"是指《行政诉讼法》规定的起诉人直接向法院提起诉讼的期限，当事人提出复议又撤回复议申请的期间不予排除。

（四）起诉的期限

1. 起诉期限的含义。行政诉讼的起诉期限，指的是提起诉讼的法定有效期限。确定起诉期限的目的是督促当事人及时启动权利救济程序，避免行政法律关系长期处于不确定状态。要特别注意，行政诉讼起诉期限不同于民事诉讼时效。二者的区别可以归纳为下表：

	属性	能否中止（中断）	法院审查阶段	超过的后果	超过后法院的审判
行政诉讼起诉期限	程序性规定	不能	起诉时即审查	丧失起诉权	裁定不予受理；若已受理，裁定驳回起诉
民事诉讼时效	实体性规定	能	受理后审查	丧失胜诉权	判决驳回诉讼请求

起诉期限被规定在《行政诉讼法》及其解释之中，属于程序性规定。在行政诉讼中，原告超过起诉期限丧失的是"起诉权"。与此相适应，在行政诉讼中，法院对原告的请求是否超过起诉期限的审查，在原告起诉时就应当进行。如发现原告起诉已超过起诉期限，经询问原告没有耽误起诉期限的法定情形，则告知其不能起诉，如其坚持起诉，可以裁定不予受理。如果案件已经受理，则应裁定驳回起诉。

2. 一般期限与特殊期限。特殊期限是指《行政诉讼法》以外的其他法律、法规规定的起诉期限。除此之外的行政案件的起诉期限都应当适用《行政诉讼法》规定的起诉期限，即一般期限。

按照《行政诉讼法》的规定，一般期限有三种情况：①直接起诉的案件，应当自知道或者应当知道作出行政行为之日起6个月内提起诉讼。②经过复议的案件，申请人不服复议决定起诉的，可以在收到复议决定书之日起15日内提起诉讼。复议机关逾期不作决定的，申请人可以在复议期限届满之日起15日内向法院提起诉讼。③相对人因不可抗力或者其他特殊情况耽误法定期限的，在障碍消除后10日内，可以申请延长期限。是否准许，由人民法院决定。

3. 起诉期限的计算及最长保护期限。一般情况下，起诉期限从公民、法人或者其他组织知道或者应当知道行政机关作出行政行为之日起计算。"知道"，原则上以行政机关明确告知诉权和起诉期限为标准。除此之外，还有以下特殊情形：

（1）行政机关未交代诉权与起诉期限的，起诉期限从公民、法人或者其他组织知道或者应当知道诉权或者起诉期限之日起计算。但从知道或者应当知道行政行为内容之日起最长不得超过2年。

（2）公民、法人或者其他组织不知道行政机关作出的行政行为内容的，其起诉期限从知道或者应当知道该具体行政行为内容之日起计算。对涉及不动产的行政行为从作出之日起超过20年，其他具体行政行为从作出之日起超过5年提起诉讼的，人民法院不予受理。

（3）新《行政诉讼法》第47条增加了"不履行法定职责类案件的起诉期限"的规定。行政机关不履行法定职责的，如果法律、法规对履行法定职责的期限有规定的，则在该期限届满后可向法院提起诉讼；如果法律、法规没有对履行法定职责的期限作出规定的，公民、法人或者其他组织在行政机关接到申请之日起满2个月后可向法院提起诉讼；公民、法人或者其他组织在紧急情况下请求行政机关履行保护人身权、财产权等合法权益的法定职责，行政机关不履行的，提起诉讼不受上述规定期限的限制。

（4）因人身自由受到限制而不能提起诉讼的，被限制人身自由的时间不计算在内。也就是说，对于此种行为诉讼时效的计算并不是从知道行政行为作出之日起算，而是从行政行为终了之日起算。

（五）起诉的程序和方式

起诉的程序主要涉及起诉前是否必须经过行政复议。根据《行政诉讼法》的规定，我国法院在处理起诉与行政复议的关系时，实行的是以当事人自由选择为一般原则，以复议前置为例外。即是说，对属于人民法院受案范围的行政案件，公民、法人或其他组织可以先向上一级行政机关或者法律、法规规定的行政机关申请复议，对复议不服的再向人民法院提起诉讼；也可以不经复议而直接向人民法院起诉。但法律、法规规定应当先复议的，必须先行复议，不服行政复议的再行起诉。

关于起诉的方式，《行政诉讼法》未作具体规定，参照《民事诉讼法》第109、110条规定之精神，在行政诉讼中原则上应以书面的方式提起诉讼，原告应向人民法院提交起诉状，并按照被告人数提出起诉状副本。一份完整的起诉状应当包括三个方面的内容：①当事人的基本情况。②诉讼请求和所依据的事实和理由。③证据和证据来源、证人姓名和住所。根据《行政诉讼法》第50条规定，书面起诉确有困难的，可以口头起诉，由法院记入笔录并出具凭证。

二、受理

受理是人民法院对公民、法人或者其他组织的起诉进行审查，对符合法定条件的起诉决定立案审理，从而引起诉讼程序开始的职权行为。

（一）对起诉的审查

根据《行政诉讼法》第51条的规定，法院在接到起诉状之后，必须组成合议庭对原告的起诉进行审查，并根据审查结果作出受理或者不予受理的裁定。

法院对起诉的审查，除了考虑原告是否符合以上所述的《行政诉讼法》规定的四个起诉条件之外，还需审查关于复议和诉讼之间的关系、起诉期限、代理人或者诉讼代表人、重复起诉等方面的许多问题。

（二）审查的结果

经过审查，法院应当根据不同情况作出如下处理：①对于符合起诉条件的，应当登记立案。对当场不能判定的，先收好诉状并出具凭证，并在收到起诉状之日起7日内决定是否立案。②对于不符合起诉条件的，受诉法院应当自收到起诉状之日起7日内作出不予受理的裁定；起诉人对不予受理的裁定不服的，可以在接到裁定书之日起10日内向上一级法院提起上诉。③对起诉条件有欠缺但可以补正或者更正的，法院应当给予指导和释明，并指定期间责令当事人补正或者更正；在指定期间内已经补正或者更正的，法院应当依法受理。④受诉法院自收到起诉状之日起7日内不能决定是否受理的，应当先予受理；受理后经审查不符合起诉条件的，裁定驳回起诉。

另外，对于不接收起诉状、接近起诉状后不出具书面凭证，以及不一次性告知当事人需要补正的起诉状内容的，当事人可以向上级法院投诉，上级法院应当责令改正，并对直接负责的主管人员和其他直接责任人员依法给予处分。受诉法院自收到起诉状之日起 7 日内既不立案，又不作出不予立案裁定的，当事人可以向上一级法院起诉。上一级法院认为符合起诉条件的，应当立案、审理，也可以指定其他下级法院立案、审理。

三、行政诉讼附带民事诉讼

（一）行政诉讼附带民事诉讼的概念和特征

行政诉讼附带民事诉讼是指在涉及行政许可、登记、征收、征用和行政机关对民事争议所作的裁决的行政诉讼中，当事人申请一并解决相关民事争议的，人民法院可以一并审理的诉讼制度。

行政诉讼附带民事诉讼实际上是两个诉的合并。这两个诉都是由行政机关的行政行为引起的，或是行政机关在行使行政权力的同时对行政相对人之间的民事纠纷一并处理引起的，或是民事争议与行政行为有密切的牵连。

行政诉讼附带民事诉讼具有以下特征：

1. 附带民事诉讼的实质仍为民事诉讼。有学者认为，由于民事诉讼附带于行政诉讼中，因此便具有了行政诉讼的性质，这种观点值得商榷。我们认为该部分诉讼实质上是解决民事争议的民事诉讼，只因为该诉讼是由行政行为引起或与行政争议相关联，所以才在行政诉讼中一并提出。法院一并审理是为了减少讼累，减轻当事人的负担。

2. 附带民事诉讼具有一定的依附性。这表现在：①在程序上，行政诉讼附带民事诉讼的条件是行政诉讼程序已经开始。行政诉讼程序尚未开始则不可能发生附带民事诉讼。即附带民事诉讼的提起依附于行政诉讼的成立，离开了行政诉讼，附带民事诉讼无从谈起。②附带民事诉讼由行政诉讼的同一审判组织进行管辖和受理，而不受民事诉讼管辖规则限制。③附带民事诉讼除适用民事诉讼法外，还需遵守行政诉讼法的有关规定。④附带民事诉讼常与行政诉讼一并审理，一并判决。

3. 附带民事诉讼又具有相对的独立性。这表现在：①附带民事诉讼既可以与行政诉讼一并审理，也可以根据需要单独进行审理，分别判决。②附带民事诉讼适用的实体法是民法而非行政法。③除适用《行政诉讼法》和最高人民法院的一些规定外，仍应按《民事诉讼法》规定的程序进行。

4. 行政诉讼附带民事诉讼有着行政争议与民事争议的关联性。从案件争议的关联上讲，附带民事诉讼解决的民事争议是由被诉行政行为引起或者与其有牵连，该民事争议的解决有待于被诉行政行为引起的行政争议的解决。根据《行政诉讼法》的规定，已经开始的行政诉讼涉及行政许可、登记、征收、征用和行政机关对民事争议所作的裁决，可以附带，一并审理。

（二）行政诉讼附带民事诉讼的审理

从现行法律的规定来看，《行政诉讼法》第61条没有使用"行政诉讼附带民事诉讼"的概念，采用的是内涵相近的"当事人申请一并解决相关民事争议的，人民法院可以一并审理"的表述。对行民交叉案件的审理和程序等问题，《行诉解释》作出了明确的规定。具体内容包括以下几个方面：

1. 一并审理的提出。公民、法人或者其他组织请求一并审理《行政诉讼法》第61条规定的相关民事争议，应当在第一审开庭审理前提出；有正当理由的，也可以在法庭调查中提出。

2. 可以一并审理的情形。人民法院决定在行政诉讼中一并审理相关民事争议，或者案件当事人一致同意相关民事争议在行政诉讼中一并解决，人民法院准许的，由受理行政案件的人民法院管辖。公民、法人或者其他组织请求一并审理相关民事争议，人民法院经审查发现行政案件已经超过起诉期限，民事案件尚未立案的，告知当事人另行提起民事诉讼；民事案件已经立案的，由原审判组织继续审理。人民法院在审理行政案件中发现民事争议为解决行政争议的基础，当事人没有请求人民法院一并审理相关民事争议的，人民法院应当告知当事人依法申请一并解决民事争议。当事人就民事争议另行提起民事诉讼并已立案的，人民法院应当中止行政诉讼的审理。民事争议处理期间不计算在行政诉讼审理期限内。

3. 不予准许一并审理民事争议的情形。这主要有：法律规定应当由行政机关先行处理的；违反民事诉讼法专属管辖规定或者协议管辖约定的；约定仲裁或者已经提起民事诉讼的；其他不宜一并审理民事争议的情形。并且法律还规定了对不予准许一并审理的决定可以申请复议一次。

4. 行民交叉案件一并审理时，应当单独立案，由同一审判组织审理，审理后应当分别裁判。但人民法院审理行政机关对民事争议所作裁决的案件，一并审理民事争议的，不再另行立案。

5. 当事人在调解中对民事权益的处分，不能作为审查被诉行政行为合法性的根据。

6. 人民法院一并审理相关民事争议，应当按行政案件、民事案件的标准分别收取诉讼费用。

需要指出的是，行政附带民事诉讼并不是行政侵权赔偿诉讼，有关行政侵权赔偿诉讼的问题将在后面的章节专门阐述。

四．规范性文件的一并审查

（一）规范性文件一并审查的概念和特征

规范性文件一并审查是指公民、法人或者其他组织在对行政行为提起诉讼时一并请求对所依据的规范性文件进行审查的，由案件管辖法院一并审查的制度。长期以来，学术界都在呼吁我国应当建立对抽象行政行为进行司法审查的制度。

　　当行政相对人对一个具体行政行为不服提起诉讼的同时，可以一并要求人民法院对该具体行政行为所依据的规范性文件进行司法审查。

　　规范性文件一并审查制度具有以下特征：

　　1. 请求审查的规范性文件与行政行为相关。行政相对人提出一并审查规范性文件时，只是针对行政行为所直接依据的国务院部门和地方人民政府及其部门制定的规范性文件，不能针对行政法规和规章，也不能针对行政行为并未依据的规范性文件。

　　2. 行政相对人不能单独对规范性文件提出审查之诉。对规范性文件的审查请求只能在诉行政行为时一并提出。

　　3. 人民法院在审查之后认为规范性文件不合法的，不能对规范性文件行使撤销权，只能提出由制定机关进行修改或者废止该规范性文件的司法建议。

　　（二）规范性文件一并审查的程序

　　1. 规范性文件一并审查的条件。公民、法人或者其他组织请求人民法院一并审查《行政诉讼法》第53条规定的规范性文件，应当在第一审开庭审理前提出；有正当理由的，也可以在法庭调查中提出。而且，被诉的规范性文件与被诉行政行为应当有牵连关系，该行政争议的解决有待于被诉规范性文件合法性的认定。因为该行政行为的作出依据了规范性文件，所以该规范性文件合法与否非常重要，法院应当一并审查确认。

　　2. 规范性文件合法性判断标准。人民法院对规范性文件进行一并审查时，可以从规范性文件制定机关是否超越权限或者违反法定程序、作出行政行为所依据的条款以及相关条款等方面进行审查。规范性文件不合法的情形包括：超越制定机关的法定职权或者超越法律、法规、规章的授权范围的；与法律、法规、规章等上位法的规定相抵触的；没有法律、法规、规章依据，违法增加公民、法人和其他组织义务或者减损公民、法人和其他组织合法权益的；未履行法定批准程序、公开发布程序，严重违反制定程序的；其他违反法律、法规以及规章规定的情形。

　　3. 人民法院在对规范性文件审查过程中，发现规范性文件可能不合法的，应当听取规范性文件制定机关的意见。制定机关申请出庭陈述意见的，人民法院应当准许。行政机关未陈述意见或者未提供相关证明材料的，不能阻止人民法院对规范性文件进行审查。

　　（三）规范性文件一并审查后的处理

　　1. 人民法院经审查认为行政行为所依据的规范性文件合法的，应当作为认定行政行为合法的依据。

　　2. 经审查认为规范性文件不合法的，不作为人民法院认定行政行为合法的依据，并在裁判理由中予以阐明。作出生效裁判的人民法院应当向规范性文件的制定机关提出处理建议，并可以抄送制定机关的同级人民政府、上一级行政机关、监察机关以及规范性文件的备案机关。

　　3. 对规范性文件不合法的，人民法院可以在裁判生效之日起3个月内，向规范性文件制定机关提出修改或者废止该规范性文件的司法建议。规范性文件由多个部门联合制定的,人民法院可以向该规范性文件的主办机关或者共同上一级行政机关发送司法建议。接收司法建议的行政机关应当在收到司法建议之日起 60 日内予以书面答复。情况紧急的,人民法院可以建议制定机关或者其上一级行政机关立即停止执行该规范性文件。

4. 人民法院认为规范性文件不合法的,应当在裁判生效后报送上一级人民法院进行备案。涉及国务院部门、省级行政机关制定的规范性文件,司法建议还应当分别层报最高人民法院、高级人民法院备案。

5. 各级人民法院院长对本院已经发生法律效力的判决、裁定,发现规范性文件合法性认定错误,认为需要再审的,应当提交审判委员会讨论。最高人民法院对地方各级人民法院已经发生法律效力的判决、裁定,上级人民法院对下级人民法院已经发生法律效力的判决、裁定,发现规范性文件合法性认定错误的,有权提审或者指令下级人民法院再审。

第二节　第一审程序

一、第一审程序概述

行政诉讼第一审程序是人民法院首次审理行政案件所适用的程序。由于我国的司法诉讼实行的是两审终审制,一个行政诉讼案件经过两级人民法院的审理即告终结,所以第一审程序是一个涉及审级制度的概念。第一审程序是第二审程序的前提条件,是一切诉讼案件的必经程序,只有经过一审程序才能到达第二审程序。

与行政诉讼的第二审程序相比,第一审程序有如下特点:

1. 具有系统性和完整性。人民法院审理行政案件的全部过程系统、完整地体现于第一审程序。这里的系统和完整是指法律对行政诉讼第一审程序的各个阶段所作的规定是系统、完整的:起诉和受理、审理前的准备、开庭审理、撤诉和缺席判决、诉讼的中止和终结。同时它还指行政诉讼的基本原则和基本制度、法院的行政审判权和当事人的各种诉讼权利都将集中地体现在第一审程序之中。

2. 具有基础性和广泛适用性。任何行政案件都必须经过第一审程序,它是人民法院行使行政审判权的基础程序和中心环节。

原《行政诉讼法》没有对行政诉讼第一审程序作全面规定。立法初衷是仅对行政诉讼所要求的特殊程序进行规定,新《行政诉讼法》对行政诉讼程序性问题又作了许多补充规定,主要体现为:对起诉条件作了从宽规定,对行政相对人的诉权提供了制度保障;具体规定了举证规则,进一步完善了行政诉讼的证据制度;增设了简易程序;审判行为和诉讼行为得到进一步规范,为实现行政审判的司法公正和提高行政审判的效率提供了制度保障;进一步完善了裁判方式,为实现行政审判的法律效果与社会效果的统一创造了条件等。其他的则是参照《民事诉讼法》的规定处理。

具体行政行为引发的争议

提起行政诉讼（知道 3 个月内）

申请行政复议

立案审查

不服从复议

服从复议

15 日内

作出立案决定

不予受理

法院发送起诉状副本到被告（5 日内）

被告向法院提出答辩状和作出应诉行为的证据和依据（5 日内）

法院将答辩状副本发送原告（5 日内）

审理（3 个月内审结，可以申请延长）

裁定

判决

裁定驳回原告起诉

当事人撤诉的裁定终结诉讼

判决维持具体行政行为或确认合法

处罚有失公正的可判决变更

判决撤销、部分撤销、重新作出或部分违法

判决在一定期限内履行

判决驳回原告诉讼请求

服从判决诉讼终止

执行

上诉

判决15 日内上诉，裁定10 日内上诉

诉讼调解

判决 3 个月内审结，裁定 30 日审结

判决、裁定

达成协议

执行

维持原判

执行

依法改判

执行

发回重审

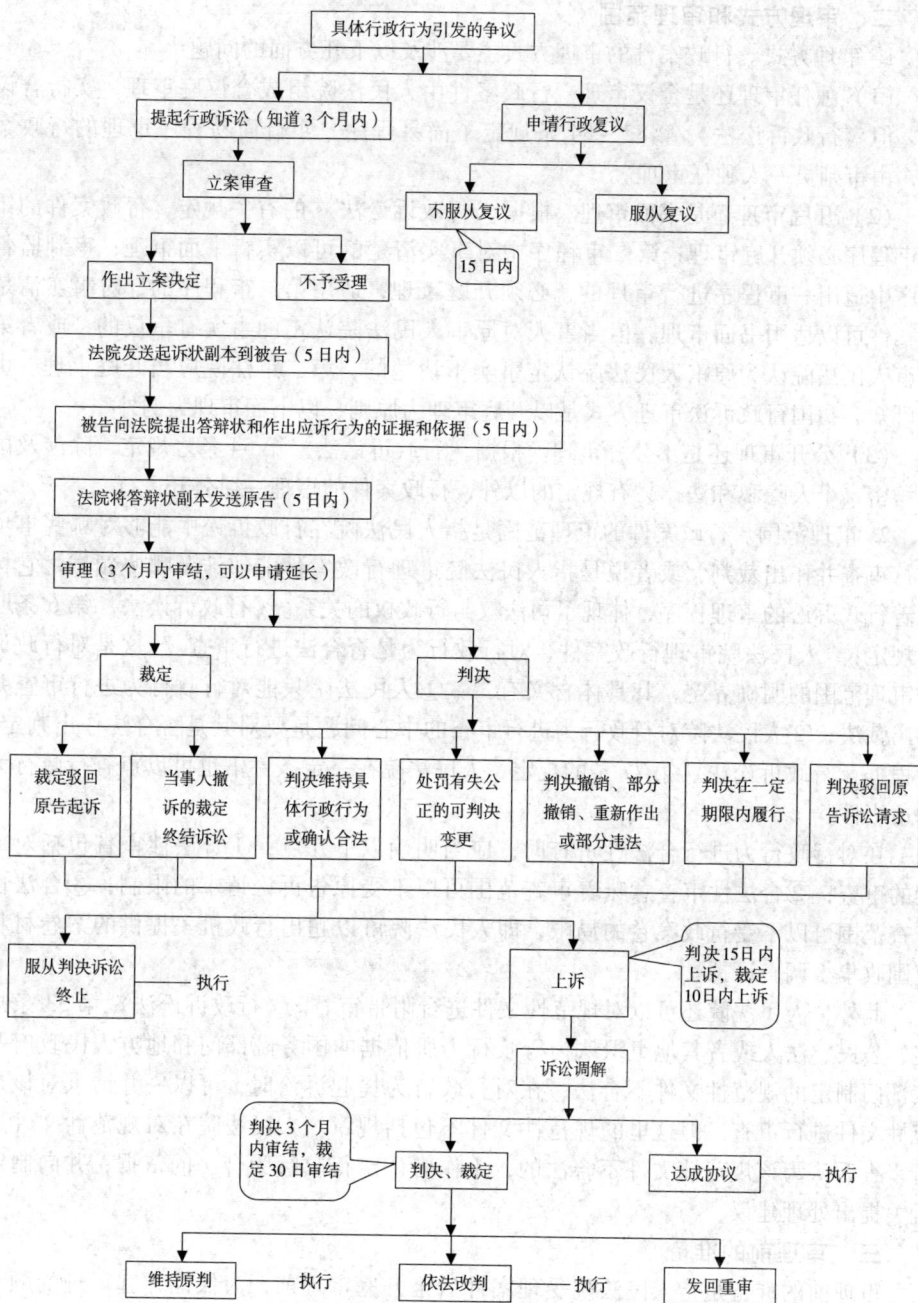

行政诉讼流程图

二、审理方式和审理范围

1. 审理方式。行政案件的审理方式主要涉及以下几方面的问题:

(1) 独任审理还是合议审理。行政案件由人民法院组成合议庭审理,实行合议制,但《行政诉讼法》第 82～84 条规定了简易程序。实行简易程序审理的行政案件,由审判员一人独任审理。

(2) 开庭审理还是书面审理。根据《行政诉讼法》的有关规定,行政案件的第一审程序必须开庭审理;第二审程序中对事实清楚的可以实行书面审理;审判监督程序中适用一审程序进行审理的,必须开庭审理,适用第二审程序的,对事实清楚的案件可以适用书面审理。但当事人对原审人民法院认定的事实有争议的,或者第二审人民法院认为原审人民法院认定事实不清楚的,第二审法院应当开庭审理。由此可知,我国行政诉讼审理方式是以开庭审理为原则,以书面审理为例外。

(3) 公开审理还是不公开审理。根据《行政诉讼法》第 54 条之规定,除涉及国家秘密、个人隐私和法律另有规定的以外,行政案件的审理一律公开进行。

2. 审理范围。行政案件的审理范围是指人民法院在行政诉讼中能够对哪些事项进行审查并作出裁判,或者说是指人民法院审理行政案件能够涉及哪些领域。它标志着行政诉讼的审理程序,体现了司法权与行政权的关系。《行政诉讼法》第 6 条明确规定:"人民法院审理行政案件,对行政行为是否合法进行审查。"这是对行政诉讼审理范围的明确界定,其具体含义有二:①人民法院只能对行政行为进行审查并作出裁决;②人民法院对行政行为进行审查的中心问题是要对其是否合法作出判定。但根据《行政诉讼法》第 77 条的规定,人民法院在一定条件下也可以审查行政行为的适当性。

在对行政行为进行合法性审查时,应当明确以下几点:①合法性审查包括对事实的审查;②合法性审查意味着审查范围可以不受原告诉讼请求的限制;③合法性审查范围可以不受行政案卷的局限,即人民法院可以超出行政机关提供的案卷材料范围收集、调查证据。

此外,人民法院还可以对规范性文件进行附带审查。《行政诉讼法》第 53 条规定,公民、法人或者其他组织认为行政行为所依据的国务院部门和地方人民政府及其部门制定的规范性文件不合法,在对行政行为提起诉讼时,可以一并请求对该规范性文件进行审查。但这里的规范性文件不包括规章。人民法院在对规范性文件进行审查后认为该规范性文件不合法的,不作为认定行政行为合法的依据,并向制定机关提出处理建议。

三、审理前的准备

审理前的准备是指人民法院受理案件后至开庭审理前,为保证开庭审理的顺利进行,审判人员所做的一系列准备工作。它是一个必经的步骤,其中心任务是为开庭审理创造必要的条件。根据《行政诉讼法》、参照《民事诉讼法》的有关规定,审理前的准备工作主要包括:

1. 组成合议庭。除适用简易程序审理的案件外，法院审理第一审行政案件，由审判员或审判员、陪审员组成合议庭。合议庭成员应是 3 人以上的单数。

2. 交换诉状。交换诉状主要是向被告和原告发送有关文书。一方面，法院应在立案之日起 5 日内，将起诉状副本和应诉通知书发送被告，通知被告应诉；另一方面，法院应在收到被告答辩状之日起 5 日内，将答辩状副本发送原告。答辩状是被告对原告起诉的回应和反驳。被告应当在收到起诉状副本之日起 15 日内提交答辩状，并提供作出行政行为的证据和所依据的规范性文件。不过，提交答辩状是被告的一项权利，被告不提交答辩状不影响法院的审理。但被告在法定时间内，不提交或者没有正当理由逾期提供作出行政行为的证据和依据的，应当认定该行政行为没有证据和依据。

3. 处理管辖异议。当事人对受诉法院的管辖，有权提出异议。当事人提出管辖异议，应在收到法院应诉通知书之日起 10 日内以书面形式提出。对当事人提出的管辖异议，法院应当进行审查；异议成立的，受诉法院应裁定将案件移送有管辖权的法院；异议不成立的，应当裁定驳回。

4. 审查诉讼文书和调查收集证据。这是庭前准备工作的中心内容。通过对原、被告提供的起诉状、答辩状和各种证据的审查，法院可以全面了解案情，熟悉原告的诉讼请求和理由、被告的答辩理由及案件的争议点。法院如果发现当事人双方材料或证据不全，应当通知当事人补充；对当事人不能收集的材料和证据，法院可以根据需要主动调查收集证据。对于案情比较复杂或者证据数量较多的案件，法院可以组织当事人向对方出示或者交换证据，并将交换证据的情况记录在卷。

5. 审查其他内容。在了解案情的基础上，法院还要根据具体情况审查和决定下列事项：更换和追加当事人；决定或通知第三人参加诉讼；决定诉的合并与分离；确定审理的形式；决定开庭审理的时间、地点；等等。

四、庭审程序

庭审是行政诉讼第一审程序中最基本、最重要的诉讼阶段，是保证法院完成审判任务的中心环节。根据《行政诉讼法》的规定，行政诉讼第一审程序必须依据法定程序进行开庭审理。一般的庭审程序分为以下六个阶段：

1. 开庭准备。开庭准备不同于审理前的准备，它是为确保顺利开庭而需完成的程序性工作，与开庭直接相关联。开庭准备工作有两项：①法院应在开庭 3 日前通知当事人、诉讼参与人按时出庭参加诉讼。对公开审理的案件，应当张贴公告，载明开庭时间、地点、案由等。②开庭审理前，书记员应当查明当事人、诉讼代理人、第三人等是否到庭并宣布法庭纪律。然后，书记员请审判长、审判员以及陪审员入庭，并报告出庭情况。如有应出庭而未出庭的，由审判长根据情况，作出按期审理或延期审理的决定。

2. 宣布开庭。正式开庭由审判长宣布。①要宣布审判人员、书记员名单，宣布案由。②要核对当事人。③告知诉讼权利和诉讼义务，并询问当事人是否申请回避。

④审查诉讼代理人资格和代理权限。

3. 法庭调查。法庭调查是庭审的重要阶段，主要任务是调查被诉行政行为的证据事实和程序事实，并审查核实相关证据。法庭调查的基本顺序是：①介绍案由。即首先由原告宣读起诉状，提出诉讼请求及事实根据。然后由被告宣读答辩状，说明作出被诉行政行为的事实根据和所依据的规范性文件。②询问当事人和当事人陈述。③证人作证和宣读证言。④出示书证、物证和视听资料。⑤宣读鉴定结论和勘验笔录。当事人要求重新进行鉴定和勘验的，是否准许，由法院决定。

4. 法庭辩论。法庭辩论是指在审判人员的主持下，各方当事人就本案事实和证据及被诉行政行为的法律依据，阐明自己的观点，论述自己的意见，反驳对方的主张，进行言词辩论的诉讼活动。法庭辩论的顺序是：首先，由原告及其诉讼代理人发言；其次，由被告及其诉讼代理人发言；再次，由第三人及其诉讼代理人发言；最后，互相辩论。在法庭辩论中，审判人员始终处于指挥者和组织者的地位，应引导当事人围绕争议焦点进行辩论；同时，审判人员应为各方当事人及其诉讼代理人提供平等的辩论机会，保障并便利他们充分行使辩论权。法庭辩论终结，由审判长按照原告、被告、第三人的先后顺序询问各方最后意见。

5. 合议庭评议。法庭辩论结束后，进入合议庭评议阶段。合议庭评议应当秘密进行，但应当制定笔录，对各种意见要如实记入笔录，评议笔录由合议庭全体成员及书记员签名。评议的内容包括事实认定和法律适用，评议的结果是要形成判决。当出现不同意见的时候，采取少数服从多数的原则。对重大疑难案件，可提请院长交审判委员会讨论决定。审判委员会的决定，合议庭必须执行。

6. 宣告判决。宣告判决一律采用公开的形式进行，包括当庭宣判和定期宣判两种方式。当庭宣判的，应当在 10 日内发送判决书，定期宣判的，宣判后立即发给判决书。宣告判决时，要告知当事人上诉权利、上诉期限和上诉法院。

五、庭审规则

1. 必须采取言词审理的方式。言词审理是与书面审理相对应的审理方式，它是指在开庭审理的整个过程中，法院的所有职权行为和当事人及其他诉讼参与人的一切诉讼行为，皆必须直接以言词方式进行。这种审理方式有利于当事人充分行使辩论权和其他诉讼权利，便于法院直接审理案件并在此基础上查明全部事实。

2. 以公开审理为原则。法院审理行政案件，除涉及国家秘密、个人隐私和法律另有规定外，一律公开进行，向公众公开，允许公民旁听、允许记者采访报道。

3. 审理行政案件一般不适用调解。与审理民事案件不同，法院审理行政案件，除行政赔偿、行政补偿以及行政机关行使法律、法规规定的自由裁量的案件外，不得采用调解方式，也不得以调解方式结案，只能依法作出裁判。法院审理行政案件不适用调解的原因主要在于：①行政诉讼的核心是审理行政行为的合法性。对于合法性的判断有明确的事实标准和法律依据，不容争议双方当事人相互协商。因此，行政行为要么合法，要么违法，在合法与违法之间或之外不存在其他可能，也就不存在法院调解的空间和余地。②调解的前提是当事人双方必须对其权利享有实体上的处分权，而在行政案件当事人中，虽然原告可能享有一定的实体处分权，但被告因为行使的是国家行政管理职权，这些职权同时也是其法定职责，不允许其随意处分。从现实情况看，尽管行政诉讼不允许调解，但在实践中，原、被告在法院的默许甚至动员下达成"案外和解"已是一个非常普遍的现象。

六、审理中的各项制度

审理中的各项制度主要是用来处理诉讼过程中出现的特殊情况。根据有关法律、法规和司法实践，审理中的具体制度主要包括以下几种：

（一）先予执行

《行政诉讼法》第57条规定："人民法院对起诉行政机关没有依法支付抚恤金、最低生活保障金和工伤、医疗社会保险金的案件，权利义务关系明确、不先予执行将严重影响原告生活的，可以根据原告的申请，裁定先予执行。当事人对先予执行裁定不服的，可以申请复议一次。复议期间不停止裁定的执行。"

（二）撤诉

行政诉讼中的撤诉是指人民法院受理行政案件后至宣告判决或者裁定前，原告自动要求撤回诉讼或者放弃诉讼请求的一种行为。它是原告行使处分权的一种体现，也是人民法院终结行政案件审理的一种方式。

根据《行政诉讼法》的规定，行政诉讼中的撤诉分为两种：

1. 申请撤诉。申请撤诉包括主动申请撤诉和同意申请撤诉两种情况。前者是指人民法院受理行政案件后至宣告判决或者裁定前，原告主动申请撤回起诉的行为；后者是指原告在被告改变其所作出的行政行为之后，表示同意并申请撤回起诉的行为，这又称为被动申请撤诉。

主动申请撤诉应当具备的条件是：申请人只能是原告及其法定代理人或者经原告特别授权的委托代理人；由原告自愿提出；不违反法律的规定；是在判决或者裁定宣告前提出。不论是主动申请撤诉还是同意申请撤诉，都应向人民法院递交申请书，并经人民法院审查后作出裁定。

2. 视为申请撤诉。视为申请撤诉也称为推定申请撤诉或者按撤诉处理，是指原告不履行特定的诉讼义务，人民法院按撤诉处理而终结诉讼的制度。视为申请撤诉与申请撤诉不同：后者是原告对诉讼权利的积极处分，它主要取决于原告的意志；前者是原告对诉讼权利的消极处分，它主要取决于法律的规定。视为申请撤诉一般适用于下列情况：经人民法院合法传唤，原告无正当理由拒不到庭的，或者未经许可中途退庭的；原告在法定期限内未交诉讼费，又不提出缓交、减交、免交申请或提出申请未获批准的。视为申请撤诉也应由法院作出裁定。

不论是原告申请撤诉还是视为申请撤诉，一旦经人民法院裁定批准，均产生一定的法律后果。在实体法上产生的法律后果是诉讼请求不能实现；在程序法上产生的法律后果是终结诉讼程序，使诉讼法律关系归于消灭。关于原告申请撤诉后能否就同一诉讼标的再行起诉的问题，学者们有不同看法。最高人民法院所作的司法解释是：人民法院裁定准许原告撤诉，原告再起诉的，人民法院不予受理；原告在法定期限内未预交诉讼费，又不提出缓交诉讼费用申请的，按自动撤回起诉处理，原告在起诉期间内再次起诉，人民法院应予受理。

（三）缺席判决

缺席判决是指人民法院开庭审理时，在一方当事人或双方当事人未到庭陈述、辩论的情况下而作出判决的一种法律制度。缺席判决是法律为不正当诉讼行为所设定的一种法律后果，它对于保证人民法院及时、有效地行使审判权，维护当事人的合法权益具有重要作用。根据《行政诉讼法》第58条的规定，缺席判决原则上适用于被告。对被告适用缺席判决的条件是"被告无正当理由拒不到庭，或者未经法庭许可中途退庭的"。缺席判决只能在案件事实已经全部查清的情况下适用。

（四）延期审理

延期审理是指在法定情形出现时，人民法院决定把已经确定的审理日期或正在进行的审理推延至另一日期再审理的制度。《行政诉讼法》未规定延期审理的情况，根据审判实践经验，并参考《民事诉讼法》的有关规定，延期审理适用于以下情形：

1. 因当事人请求而延期审理。因当事人的正当请求而使审理活动无法按计划进行，如申请撤诉、申请回避。

2. 当事人有正当理由不能按时参加诉讼的。

3. 能证明案件事实的必要证据不齐备，主要证人不能到庭，需要通知新的证人到庭或调取新的证据，需要重新鉴定、勘验或者需要补充调查的。

4. 其他需要延期审理的情况，如合议庭成员因紧急公务或因病不能出席法庭的。

（五）合并审理

合并审理是指人民法院可以决定对相互有关系的行政案件进行合并审理的制度。人民法院可以决定对案件合并审理的情形有：

1. 当事人的一个行为同时违反两个或者两个以上的法律、法规，如果不同的主管行政机关分别依据不同的法律、法规给予行政处罚，受处罚人均不服，向人民法院起诉的，人民法院可以合并审理。

2. 行政机关就同一事实对若干人分别作出行政处理决定，被处理的人不服，分别起诉到同一人民法院的，人民法院可以根据情况决定合并审理，也可以分案审理。

3. 在诉讼过程中，被告又发现原告有新的违法行为，并对其进行了处理，如果原告不服新的处理决定向同一人民法院提起诉讼的，人民法院可以合并审理。

4. 人民法院认为可以合并审理的其他情形。

（六）诉讼中止

诉讼中止是指正在进行的诉讼程序，因遇到某种无法克服或难以避免的特殊情况，而暂时停止诉讼的一种法律制度。应当中止诉讼的情形包括：①原告死亡，需要等待其近亲属表明是否参加诉讼的；②原告丧失诉讼行为能力，尚未确定法定代理人的；③作为一方当事人的行政机关、法人或者其他组织终止，尚未确定权利义务承受人的；④一方当事人因不可抗力的事由不能参加诉讼的；⑤案件涉及法律适用问题，需要送请有关机关作出解释或者确认的；⑥案件的审判须以相关民事、刑事或者其他行政案件的审理结果为依据，而相关案件尚未审结的；⑦其他应当中止诉讼的情形。

中止诉讼时人民法院应当作出裁定。中止诉讼的原因消除后，应恢复诉讼程序。诉讼程序恢复后，当事人在诉讼中止前所实施的诉讼行为仍然有效。

诉讼中止与延期审理的主要区别在于：前者是将诉讼程序暂时停止，什么时候恢复一般来说无法确定，且中止诉讼程序的时间较长；后者只是推延开庭审理的时间，其他的诉讼活动并不停止，一般能够确定下一次开庭的时间，且推延开庭的时间较短。

（七）诉讼终结

诉讼终结是指正在进行的诉讼程序由于遇到某种特殊情况而结束，以后不再对案件进行审理的一种法律制度。

诉讼终结与诉讼中止的区别在于：前者是完全结束对案件的审理，以后不再恢复诉讼程序；后者只是诉讼程序的暂时中断，待障碍消除后还要恢复诉讼程序。应当终结诉讼的情况有：

1. 原告死亡，没有近亲属或者近亲属放弃诉讼权利，或者诉讼中止满90日，其近亲属仍不表明是否参加诉讼的。

2. 作为原告的自然人丧失诉讼行为能力，尚未确定法定代理人，诉讼中止满90日，仍无人继续诉讼的。

3. 作为原告的法人或者其他组织终止后，其权利义务的承受人放弃诉讼权利，或尚未确定权利义务承受人，中止诉讼满90日，仍无人继续诉讼的。

诉讼终结时，人民法院应当制作裁定书，裁定书一经送达即发生法律效力，当事人不得提出上诉，终结诉讼的法律后果是人民法院不再对该案进行审理，原告不得就同一事实和理由就同一诉讼标的再行起诉。

（八）决定是否停止行政行为的执行

《行政诉讼法》第56条规定，诉讼期间，不停止行政行为的执行，但有下列情形之一的，裁定停止行政行为的执行：①被告认为需要停止执行的；②原告或者利害关系人申请停止执行，人民法院认为该行政行为的执行会造成难以弥补的损失，并且停止执行不损害国家利益、社会公共利益的；③人民法院认为该行政行为的执行会给国家利益、社会公共利益造成重大损害的；④法律、法规规定停止执行的。

根据这一规定，我国行政诉讼法采用的是诉讼不停止行政行为执行的原则。它有利于提高行政效率，防止违法行为对国家利益、公共利益造成更大的损害，对保持法律秩序的稳定有重大意义。我国法律、法规大多有起诉不停止行政执行的规定。有原则规定，也有例外情况。例外情况如下：

1. 被告认为需要停止执行的，可以停止行政行为的执行。对于行政行为执行与否，应该是行政权力的范围，行政机关有完全的决定权，因此，《行政诉讼法》对此并未附加任何条件。

2. 原告或者利害关系人申请停止执行，人民法院认为该行政行为的执行会造成难以弥补的损失，并且停止执行不损害国家利益、社会公共利益的，裁定停止行政行为的执行。

3. 人民法院认为该行政行为的执行会给国家利益、社会公共利益造成重大损害的，裁定停止行政行为的执行。这是新《行政诉讼法》增加规定的内容。人民法院停止执行的裁定原则上必须根据原告的申请作出。但是在某些特殊情况下，原告没有申请或者无法申请，为了保障诉讼的顺利进行，维护国家利益、社会公共利益不遭受重大损害，应当允许法院依职权裁定停止行政行为的执行。

4. 法律、法规规定停止执行的，应当停止执行。当法律、法规规定当事人在起诉或在某些条件下具有停止行政行为效力时，应当停止执行。如果法律作了明确规定，当事人又确有停止行政行为的条件，就应当停止执行。如果行政机关仍坚持执行，就是程序上的违法行为。当事人可以一并提出诉讼请求，控告行政机关在程序上的违法。

应该注意的是，停止行政行为的执行只是暂缓其效力。如果经判决撤销了该行政行为，原行政行为就不用执行。人民法院也不用再以裁定或判决的形式撤销原停止行政行为执行的裁定。

学术界近年有不少学者提出了行政诉讼应当确立停止执行为原则，不停止执行为例外的制度，这作为一种学术研究是值得肯定的。

（九）案件的移送

案件的移送是指人民法院在审理行政案件时，发现行政机关工作人员有违反政纪或犯罪行为，或被处罚人的行为构成犯罪，应当追究刑事责任的，将案件全部或者部分移送给有关部门处理的措施。接受移送的有关机关，应依法履行追究查处的职责，以维护国家法律的统一和尊严。

案件移送的条件是：①由有移送权的人民法院移送。人民法院认为行政案件中的材料和证据证实行政机关公务人员违反政纪或者构成犯罪时，以及证实被处罚人的行为构成犯罪时，才能采取移送措施。当事人或其他人员只能采取合法的申请、控告、检举的方式向有关机关举报。但应注意的是，移送的案件，只要人民法院"认为"有关人员违反政纪或构成犯罪即可，而不需要由人民法院通过调查来充分证实有关人员确实违反政纪或构成犯罪。②受移送的有关机关必须负责查处。人民法院应当按照违反政纪或者犯罪行为的性质，分别将案件移送给有管辖权的机关处理，包括被诉行政机关、被诉行政机关的上一级行政机关、监察机关、人事机关、公安机关和人民检察院。③人民法院发现有违反政纪或犯罪行为的，应随时移送，而不应等待到审结以后再行移送。

案件移送影响本案审理的，人民法院应裁定中止诉讼。如果是案件全部移送致使案件不再是行政案件的，应终结诉讼。应该注意的是，人民法院不能在行政案件的审理过程中直接追究有关人员的法律责任。

（十）司法建议

《行政诉讼法》规定的司法建议，是人民法院执行生效的行政判决、裁定的一种手段，同时也是法院对案件审理过程中发生的有些法律问题提出建议，帮助有关单位发现问题、解决问题的有效方式。

司法建议是人民司法的一项重要制度。它是人民法院行使审判权时，针对与案件有关但不属于人民法院审判权所能解决的问题，向有关方面提出的建议。司法建议适用的领域很广，在行政诉讼中，司法建议可以作为人民法院执行生效的行政判决、裁定的一种手段加以适用。司法建议不同于人民法院的判决和裁定具有强制力，其采取的方式可以是书面的，也可以是口头的形式。

《行政诉讼法》第64、66条规定了相应的司法建议内容。比如第66条第2款规定："人民法院对被告经传票传唤无正当理由拒不到庭，或者未经法庭许可中途退庭的，可以将被告拒不到庭或者中途退庭的情况予以公告，并可以向监察机关或者被告的上一级行政机关提出依法给予其主要负责人或者直接责任人员处分的司法建议。"《行政诉讼法》规定接受司法建议的机关要根据有关规定进行处理，并将处理结果告知人民法院，这就使司法建议具有一定的促进作用，有利于行政判决、裁定的执行。

（十一）对被告方妨碍诉讼等违纪违法犯罪行为的处理

《行政诉讼法》第66条第1款规定：人民法院在审理行政案件中，认为行政机关的主管人员、直接责任人员违法违纪的，应当将有关材料移送监察机关、该行政机关或者其上一级行政机关；认为有犯罪行为的，应当将有关材料移送公安、检察机关。

七、审结期限和结案方式

（一）审结期限

根据《行政诉讼法》第81、88条的规定，第一、二审行政案件的审结期限不同。对于第一审行政案件，"人民法院应当在立案之日起6个月内作出第一审判决。有特殊情况需要延长的，由高级人民法院批准，高级人民法院审理第一审案件需要延长的，由最高人民法院批准"。所谓特殊情况，一般是指案件事实比较复杂，短期内不易查清，或者当事人有特殊原因无法出庭等情况。对于第二审行政案件，人民法院应当在收到上诉状之日起3个月内审结。基层人民法院申请延长办案期限，应当直接报请高级人民法院批准，同时报中级人民法院备案。法律规定行政案件审限的目的在于有效地保证人民法院对行政案件的及时审结。

（二）结案方式

根据《行政诉讼法》的规定，人民法院审理行政案件，除行政赔偿、行政补偿以及行政机关行使法律、法规规定的自由裁量的案件外，不适用调解方式结案，只能用判决或者裁定方式结案。这是由行政诉讼的性质和特点所决定的。

1. 行政案件争讼的标的是行政行为及其引起的一定的行政法律关系。它是一种纵向的管理者与被管理者之间的权利义务关系，双方当事人在行政实体法上的地位不对等，因此不存在争议双方相互让步、协商解决的前提条件。

2. 国家行政机关依法实施行政管理措施，既是法律赋予的职权，也是法律规定其必须履行的职责。作为职权不可转让或放弃，作为职责必须履行，主管行政管理机关履行行政职能无处分的余地，因此不能调解。

3. 调解必须以当事人对实体权利的处分为基础，在行政诉讼中，当事人特别是被告一方的处分权受到严格限制，因而不存在调解的基础。

4. 人民法院审理行政案件除侵权赔偿诉讼外，均不适用调解方式结案，而应当在查明事实、分清是非的基础上依法作出公正的判决，即对于正确的行政决定应予维持；对于错误的行政决定应予撤销；对于显失公正的行政处罚决定应予变更等。

第三节 简易程序

一、简易程序概述

所谓简易程序，是相对于普通程序而言在起诉、审理、审限等方面有所简化的程序，是一种简化了的普通程序。增设简易程序是为了节约司法资源、降低当事人的诉讼成本；是为了对行政案件类型化处理，实现繁简分流，进而提高审判效率，保障当事人的权益。

二、行政诉讼简易程序的适用范围

人民法院适用简易程序审理行政案件的范围包括两种情形：

（一）法定情形

《行政诉讼法》第82条规定可以适用简易程序的案件必须同时具备三个条件：①人民法院认为案件事实清楚、权利义务关系明确、争议不大。②案件为第一审案件。③须为下列三种具体情形之一：其一，被诉的行政行为是依法当场作出的；其二，案件涉及款额2000元以下的；其三，属于政府信息公开的案件。

（二）当事人各方同意适用简易程序的情形

这种情形必须同时满足两个条件：①案件为第一审行政案件。②各方当事人都同意适用简易程序。

另外，发回重审、按照审判监督程序再审的案件不能适用简易程序。

三、简易程序的审判组织和审理期限

《行政诉讼法》第83条明确规定："适用简易程序审理的行政案件，由审判员一人独任审理，并应当在立案之日起45日内审结。"

人民法院在审理过程中，发现案件不宜适用简易程序的，裁定转为普通程序。对于简易程序转为普通程序的案件，起诉期限应当从立案次日起连续计算。

第四节　第二审程序

一、第二审程序概述

（一）第二审程序的概念

行政诉讼中的第二审程序，又称为上诉审程序，是指上级人民法院对下级人民法院就第一审行政案件所作的裁判，在其发生法律效力以前，由于当事人的上诉而对案件进行重新审理的程序。

第二审程序与第一审程序是审判程序中两个既各自独立又紧密联系的不同阶段。第一审程序是第二审程序的前提和基础，它是审理行政案件的必经程序；第二审程序不是必经程序，一个行政案件是否经过二审，主要取决于当事人是否上诉。第二审程序就其性质而言，是第一审程序的继续，体现了上级法院对下级法院的审判监督。当事人依法享有的上诉权和上级法院对下级法院的审判监督权是第二审程序发生的基础，这一点与第一审程序是基于原告的起诉权和法院的管辖权发生而有所不同。

（二）第二审程序的作用

行政诉讼设立第二审程序，对于实现当事人的上诉权，维护当事人的合法权益和实现上级法院对下级法院的审判监督，保证人民法院裁判的正确性具有重要作用。

二、上诉的提起

（一）提起上诉的条件

行政诉讼的第二审程序，因当事人的上诉而启动。上诉，是指行政诉讼当事人不服地方各级人民法院未生效的判决和裁定，在法定期限内声明不服，请求上一级法院依法进行审理的诉讼行为。法律赋予当事人的这一权利，称为上诉权。当事人行使上诉权提起上诉，必须具备以下几个条件：

1. 必须有上诉的法定对象。上诉的对象，也叫上诉的客体，它是指可以提起上诉的判决和裁定的范围。当事人只能对法律允许提起上诉的裁判上诉。在行政诉讼中，可以提起上诉的判决包括除最高人民法院以外的所有第一审行政判决，可以提起上诉的裁定包括不予受理案件的裁定、驳回起诉的裁定和管辖权异议的裁定三种。

2. 必须有合格的上诉人和被上诉人。凡是第一审程序的原告、被告和第三人都是合格的上诉人。[1]公民的法定代理人和当事人特别授权的委托代理人，可以提出

---

[1]　在司法实践中，原告、被告和第三人都提起上诉的，上诉各方均为上诉人。一方当事人提起上诉的，该当事人为上诉人，未提起上诉的对方当事人为被上诉人。共同诉讼中的一人或者一部分人提起上诉的，提出上诉的人为上诉人，与上诉请求对立的各方均为被上诉人；与上诉请求利害关系一致，未提起上诉的其他当事人仍处于原审诉讼地位。

上诉。而被上诉人则是指提起上诉的对方当事人。《行诉解释》第107条规定："第一审人民法院作出判决和裁定后，当事人均提起上诉的，上诉各方均为上诉人。诉讼当事人中的一部分人提出上诉，没有提出上诉的对方当事人为被上诉人，其他当事人依原审诉讼地位列明。"

3. 必须遵守上诉的法定期限。不服一审判决的上诉期限为15日，不服一审裁定的上诉期限为10日。逾期不上诉，一审的裁判就发生法律效力。上诉期限从一审判决和裁定书合法送达后的次日开始计算。

4. 上诉必须递交上诉状。

5. 必须依法交纳诉讼费用。此项费用一般应由上诉人向法院提交上诉状时预交。

（二）提起上诉的程序

根据《行政诉讼法》和最高人民法院司法解释的有关规定，提起上诉的程序包括：

1. 当事人上诉，一般应向原审人民法院提出，但也可以直接向第二审法院提出。当事人直接向二审法院提起上诉的，二审法院应当在5日内将收到的上诉状交原审法院。

2. 原审法院或二审法院收到上诉状后应当立即通知对方当事人。二审法院应当在5日内将上诉状发交原审法院，原审法院应当在5日内将上诉状副本送达对方当事人。对方当事人收到上诉状副本后，应当在10日内提出答辩状。原审法院应当在5日内连同全部案卷和证据报送二审法院。已经预收的诉讼费一并报送。

至此，一审程序终结，二审程序开始。

三、上诉的撤回

《行政诉讼法》未规定上诉人能否撤回上诉，但基于上诉是当事人的一项重要诉讼权利，当事人既可行使也可放弃。因此，上诉人提起上诉之后，在二审法院作出判决、裁定之前，可要求受诉法院不再审理该案件。

上诉人撤回上诉的条件有三：①必须在二审法院宣判前提出书面申请；②必须经二审法院审查后作出裁定批准；③撤诉必须是出于当事人自愿。

发现有下列情形之一的，人民法院有权裁定不准撤诉：①原审法院的裁判确有错误，应当依法纠正或发回重审的案件；②上诉人因行政机关改变其原具体行政行为而申请撤回上诉的；③撤回上诉将影响或损害被上诉人权益的；④撤回上诉将损害国家、集体、他人利益的。

撤回上诉的法律后果：①上诉人丧失对本案的上诉权，不得再行上诉；②一审裁判发生法律效力；③上诉人负担诉讼费用。

要特别注意的是，对于当事人双方都上诉的案件，不能因一方当事人申请撤回上诉而终结对案件的审理，即一方当事人撤回上诉不能一撤到底。

四、上诉案件的审理

（一）上诉案件审理的特点

与一审行政案件的审理相比，二审的审理有以下几个特点：

1. 以原审法院的裁判为基础，即二审的审理是在一定的基础上进行的。因此，二审法院除了审查上诉的请求和理由外，还要着重审查一审裁判认定的事实和适用的法律有无错误。

2. 合议庭只能由审判员组成。

3. 人民法院对上诉案件，应当组成合议庭，开庭审理。即二审行政案件原则上也应当开庭审理，尤其是上诉人就事实问题提出异议的，必须开庭审理。但人民法院认为事实清楚的，可以实行书面审理。

4. 审理的期限较短，为3个月。

（二）上诉案件的审理范围和审理程序

根据《行政诉讼法》第87条的规定，二审法院对上诉案件的审理，应当对原审人民法院的判决、裁定和被诉行政行为进行全面审查。

二审法院审理上诉案件，除适用二审程序本身的规定外，可以适用一审程序的有关规定。例如，二审法院开庭审理上诉案件的程序与一审程序基本相同，既要做好审理前的准备，也要经过开庭、法庭调查、法庭辩论、合议庭评议和宣判等诉讼阶段。

（三）上诉案件的审理结果

根据《行政诉讼法》第89条的规定，人民法院审理上诉案件后有以下五种结果：

1. 驳回上诉，维持原判。原判决、裁定认定事实清楚，适用法律、法规正确的，判决或者裁定驳回上诉，维持原判决、裁定。

2. 依法改判。原判决认定事实清楚，但适用法律、法规错误的，依法改判、撤销或者变更。

3. 撤销原判，发回重审。原判决、裁定认定基本事实不清，证据不足的，或者由于违反法定程序可能影响案件正确判决的，裁定撤销原判发回原审人民法院重审。当事人对重审案件的判决和裁定不服，可以上诉。

4. 查清事实后改判。这与撤销原判，发回重审的条件相同，只是处理方式不同。

5. 原判决遗漏当事人或者违法缺席判决等严重违反法定程序的，裁定撤销原判，发回原审法院重审。当事人对重审案件的判决和裁定不服提起上诉的，二审人民法院不得再次发回重审。

二审判决、裁定是终审判决、裁定，送达后立即发生法律效力。

（四）审理上诉案件的几个具体问题

最高人民法院就审理上诉案件的几个具体问题作了如下规定：

1. 二审法院审理不服一审法院裁定不予受理的上诉案件，如认为该案应予受理，应当裁定撤销一审裁定，指令原审人民法院立案受理。

2. 二审法院审理不服一审法院裁定驳回起诉的上诉案件，如认为一审裁定有错误，应裁定撤销一审裁定，指令原审人民法院继续审理。

3. 二审法院裁定发回一审法院重新审理的行政案件，原审法院应当另行组成合议庭进行审理。

4. 二审法院审理上诉案件，需要改判时，应当撤销、部分撤销一审判决，并依法判决维持、撤销或者变更被诉的行政行为。

5. 二审法院审理上诉案件，需要改变原审判决的，应当同时对被诉行政行为作出判决。

第五节　审判监督程序

一、审判监督程序概述

行政诉讼中的审判监督程序，又称为再审程序，是指人民法院自行发现已经发生法律效力的裁判违反法律、法规的规定，或者根据人民检察院的抗诉，而依法对案件再次进行审理的程序。

就其性质而言，审判监督程序是为了纠正发生法律效力的判决和裁定中的错误而设立的一种审判上的补救制度，它以人民法院和人民检察院的审判监督权和法律监督权为基础。

再审程序的特征是：①它与审级制度无关，它不是一个审级。②它审理的对象是已经发生法律效力的判决和裁定。③它不因当事人的申请而开始，而由人民法院和人民检察院依职权提起。

再审程序与二审程序的区别在于：①提起的主体不同。前者为享有审判监督权的司法机关和公职人员；后者为第一审程序中的当事人。②审理的对象不同。前者为已经发生法律效力的判决和裁定；后者为尚未生效的判决和裁定。③提起的条件不同。前者须是生效的判决、裁定违反法律、法规的规定；后者须具备上诉的五个要件。④提起的时间不同。当事人申请再审，应当在判决、裁定发生法律效力后2年内提出；后者须遵守上诉的法定期限。⑤审理的法院不同。前者既包括一审法院，又包括各上级法院；后者只限于第一审法院的上一级法院。

二、当事人申请再审

（一）当事人申请再审的概念

行政诉讼中的当事人申请再审是指当事人对人民法院已经发生法律效力的行政裁判认为确有错误而不服，依法要求上一级人民法院对案件重新进行审理，以变更、撤销原裁判的一种行为。

当事人的申诉就其性质而言，是一项民主权利，而不是一项诉讼权利。因申诉与上诉、抗诉都不同，申诉不能直接引起再审程序的发生，只是人民法院发现生效的裁判违反法律、法规规定的一个重要渠道，不是再审制度的直接组成部分。

（二）申请再审的提出

《行政诉讼法》第90条和相关司法解释对当事人申请再审的条件作了如下规定：

①提出申请的前提，须是当事人认为生效的裁判确有错误。②申请可以向原审法院的上一级法院提出。③当事人提出再审申请后，不停止原裁判、裁定的执行。④应用书面的方式提出再审申请。申诉状主要写明申诉的理由和要求。⑤当事人应当在判决、裁定或者调解书发生法律效力后6个月内提出申请。对于特殊情形的，自知道或者应当知道之日起6个月内提出申请。这些特殊情形包括：有新的证据，足以推翻原判决、裁定的；原判决、裁定认定事实的主要证据是伪造的；据以作出原判决、裁定的法律文书被撤销或者变更的；审判人员审理该案件时有贪污受贿、徇私舞弊、枉法裁判行为的。

（三）当事人申请再审的事由

根据《行政诉讼法》第91条的规定，当事人的申请符合下列情形之一的，人民法院应当再审：①不予立案或者驳回起诉确有错误的。②有新的证据，足以推翻原判决、裁定的。③原判决、裁定认定的事实的主要证据不足、未经质证或者系伪造的。④原判决、裁定适用法律、法规确有错误的。⑤违反法律规定的诉讼程序，可能影响公正审判的。⑥原判决、裁定遗漏诉讼请求的。⑦据以作出原判决、裁定的法律文书被撤销或者变更的。⑧审判人员在审理该案时有贪污受贿、徇私舞弊、枉法裁判行为的。

三、依职权再审

（一）提起再审的主体

根据《行政诉讼法》的规定，提起再审的主体必须是享有审判监督权的司法机关和公职人员，具体包括：最高人民法院、各级人民法院院长和审判委员会、上级人民法院；上级人民检察院以抗诉启动再审。

（二）提起再审的条件

《行政诉讼法》第92条规定：各级人民法院院长对本院已经发生法律效力的判决、裁定，发现有《行政诉讼法》第91条规定的情形之一，或者发现调解违反自愿原则或者调解书的内容违法，认为需要再审的，应当提交审判委员会讨论决定。

即是说提起再审的条件是：发现发生法律效力的判决、裁定违反法律、法规的规定。其含义有三：①判决、裁定已经生效。②生效的判决、裁定违反了法律、法规的规定。③生效的判决、裁定违反法律、法规的规定尚未得到确认，而是一种主观上的"发现"。这种"发现"是否正确，要待对案件进行再审后才能确认。

（三）提起再审的程序

提起再审的程序，因提起再审的主体不同而不同，具体分为以下三种情况：

1. 本院院长提交审判委员会讨论决定再审。各级人民法院院长对本院已经发生法律效力的判决、裁定，发现有《行政诉讼法》第91条规定的情形之一，或者发现调解违反自愿原则或者调解书的内容违法，认为需要再审的，应当提交审判委员会讨论决定。这实际上是把对本院审判活动的监督权交给院长和审判委员会共同行使。

2. 上级人民法院提审或者指令下级人民法院再审。这里的上级人民法院包括最高人民法院在内。提审是指上级人民法院将全部案卷材料调上来自己再审。指令再审是指上级人民法院要求下级人民法院对某一案件必须进行再审，这种要求带有命令的性质。下级法院应尽快进行再审，并将结果报告上级法院。值得注意的是，凡是二审终结的案件，上级法院指令再审时，应当指令原第二审法院再审，而不能指令原第一审法院再审。对提审案件都按照第二审程序进行审理，所作的新判决、新裁定是发生法律效力的判决和裁定，当事人不得提出上诉。

3. 人民检察院抗诉。《行政诉讼法》第 93 条规定，最高人民检察院对各级人民法院已经发生法律效力的判决、裁定，发现有《行政诉讼法》第 91 条规定的情形之一，或者发现调解违反自愿原则或者调解书的内容损害国家利益、社会公共利益的，有权按照审判监督程序提出抗诉。地方各级人民检察院对同级人民法院已经发生法律效力的判决、裁定，发现有《行政诉讼法》第 91 条规定的情形之一，或者发现调解违反自愿原则或者调解书的内容损害国家利益、社会公共利益的，可以向同级人民法院提出检察建议，并报上级人民检察院备案；也可以提请上级人民检察院向同级人民法院提出抗诉。

行政诉讼中的抗诉是指人民检察院对人民法院已经发生法律效力的行政判决和裁定，发现违反法律、法规规定的，提请人民法院对案件重新进行审理的一种行为。抗诉是检察院对法院审判活动实行法律监督的一种重要方式，是引起再审程序发生的一个重要原因。人民法院对抗诉案件必须进行再审，并应将审理结果告知提出抗诉的人民检察院。同时，人民法院对案件进行再审时，应当通知人民检察院派人出席法庭。

四、再审案件的审理

（一）再审的程序

根据最高人民法院相关司法解释，参照《民事诉讼法》的有关规定，再审的程序如下：

1. 裁定中止原判决的执行。凡按再审程序决定再审的行政案件，均应作出中止原判决执行的裁定。裁定由院长署名，加盖人民法院的印章。

2. 另行组成合议庭。原来参加案件审理的审判人员不能参加对案件的再审，以防原审判人员的主观偏见。

3. 分别适用第一审、第二审程序审理。发生法律效力的判决、裁定如果原来是由第一审法院作出的，则按照第一审程序审理；生效的判决、裁定如果原来是由第二审法院作出的，或者再审时是由上级法院按照审判监督程序提审的，均按照第二审程序审理。

（二）再审案件的裁判

人民法院审理再审行政案件，应当对原裁判认定的事实和适用的法律全面进行审查，不受原裁判范围和当事人申诉范围的限制。人民法院对行政案件进行再审后，应分别针对如下情况作出不同处理：

1. 原判决、裁定认定事实清楚，适用法律正确的，应当判决维持并继续执行原判决。原中止执行的裁定自行失效。

2. 原判决、裁定认定事实或者适用法律、法规有错误的，应当依法作出新的裁判，重新对行政行为的合法性作出裁判。

凡是按照第一审程序进行再审所作出的判决、裁定，当事人可以上诉；凡是按照第二审程序进行再审所作出的判决、裁定，是生效的判决、裁定，当事人不能上诉。

人民法院作出的再审裁判，应当在案由中注明本案是由上级法院提审、指令再审、本院审判委员会决定再审，还是因为检察院抗诉而再审。再审判决、裁定的宣告同样应当公开。

第六节　对妨害行政诉讼的强制措施

一、行政诉讼强制措施概述

人民法院为保证行政诉讼程序的顺利进行，对实施妨害行政诉讼行为的人依法采取的强制手段，称为对妨害行政诉讼的强制措施。

行政诉讼强制措施，就其性质而言，是一种诉讼上的强制性手段，而不属于法律制裁。

行政诉讼强制措施的特点有：①它以排除对行政诉讼的妨害、保障行政诉讼活动的正常进行为目的；②它只适用于妨害行政诉讼行为的人；③它的运用以妨害行为的存在为前提；④它是由人民法院依职权主动采取的。

二、妨害行政诉讼行为的构成和种类

（一）妨害行政诉讼行为的构成

妨害行政诉讼的行为是指在行政诉讼中，诉讼参与人以及其他公民、法人故意实施的破坏诉讼秩序、阻碍诉讼活动正常进行的违法行为。妨害行政诉讼行为有其特定的构成要件：

1. 必须有妨害行政诉讼的实际行为。这是妨害行政诉讼行为的客观构成要件。这一构成要件包括两层含义：①行为人已经实施了妨害行为，而不仅仅是意图；②行为人所实施的妨害行为是法律所禁止的违法行为。妨害行为包括作为和不作为两种形式，无论行为人采取哪一种形式，均属实施了妨害行为。

2. 必须是在诉讼过程中实施的行为。这是妨害行政诉讼行为的时间构成要件。诉讼过程专指原告起诉成立后、判决实施前的一段时间，包括了审判阶段和执行阶段。如果妨害行为是在起诉前或判决实施后产生的，则不能认定为妨害行政诉讼行为。

3. 必须是行为人的故意行为。这是妨害行政诉讼行为的主观构成要件。故意是指行为人明知自己的行为违反《行政诉讼法》的规定，会妨害行政诉讼的正常进行，

而有意识地去实施这种行为，强调了行为人的主观心理状态。

4. 行为人的违法行为必须达到一定的严重程度。并非任何细小的不法行为都是妨害行政诉讼行为。不法行为必须达到一定的严重程度，足以使行政诉讼活动不能顺利进行。

（二）妨害行政诉讼行为的种类

根据新《行政诉讼法》第59条的规定，妨害行政诉讼行为共有七类：

1. 有义务协助调查、执行的人，对人民法院的协助调查决定书、协助执行通知书，无故推拖、拒绝或者妨碍调查、执行的。

2. 伪造、隐藏、毁灭证据或者提供虚假证明材料，妨碍人民法院审理案件的。

3. 指使、贿买、胁迫他人作伪证或者威胁、阻止证人作证的。这种行为的特征是，行为人一般不亲自出面而是藏于幕后，指令他人作为或不作为。

4. 隐藏、转移、变卖、毁损已被查封、扣押、冻结的财产的。

5. 以欺骗、胁迫手段使原告撤诉的。

6. 以暴力、威胁或者其他方法阻碍人民法院工作人员执行职务或者以哄闹、冲击法庭等方法扰乱人民法院工作秩序的。

7. 对人民法院审判人员或者其他工作人员、诉讼参与人、协助调查、执行人恐吓、侮辱、诽谤、诬陷、殴打或者打击报复的。

三、行政诉讼强制措施的适用

（一）行政诉讼强制措施的种类

根据《行政诉讼法》的规定，行政诉讼强制措施有四种：

1. 训诫。训诫是指人民法院对有轻微违反法庭规则和行政诉讼秩序行为的人，以批评警告的方式指出行为人的错误及其危害，并责令不许再犯的一种强制措施。

2. 责令具结悔过。它是指人民法院对犯有较轻妨害行政诉讼行为的人，令其写出书面悔过书，检查、认识所犯错误的性质、危害并保证不再重犯的一种强制措施。

3. 罚款。罚款是指人民法院对犯有较重妨害行政诉讼行为的人的经济制裁，责令行为人在一定期限内缴纳一定数量货币的一种强制措施。罚款的上限为1万元。

4. 拘留。拘留是指人民法院对严重妨害行政诉讼行为的人限制其人身自由的一种强制措施。拘留的期限最长不得超过15天。

（二）强制措施的适用

1. 对训诫的适用。训诫只能适用于七种妨害行政诉讼行为中情节最轻者。训诫决定由审判组织作出并当场宣布。训诫情形由书记员记入笔录。训诫既不能轻描淡写，又不能不讲究方法、挖苦讽刺。

2. 对责令具结悔过的适用。责令具结悔过决定由合议庭集体作出。行为人知悉受到强制措施后应尽快写出悔过书。悔过书应呈交法庭附卷备查，书记员应对适用经过记录在卷。

3. 对罚款的适用。罚款的对象是其行为情节的严重性高于实施责令具结悔过的对象的违法行为。罚款要由合议庭制作罚款决定书，并报请本院院长决定后才能施行。行为人对罚款决定不服，可以向法院申请复议，复议期间不停止原决定执行。经复议有错的必须改正，新决定一经作出，原决定即失去效力。

4. 对拘留的适用。拘留是强制措施中最严厉的一种。审判实践中，拘留多适用于以暴力、威胁或者其他方法阻碍人民法院工作人员执行职务或扰乱人民法院工作秩序的行为和对法院工作人员、诉讼参与人、协助执行人侮辱、诽谤、诬陷、殴打或打击报复的行为，因为这种行为造成的影响和产生的危害最大。适用拘留必须严格地按照法律所规定的程序。拘留的决定由合议庭作出，并报本院院长批准；被拘留人由当地公安机关羁押看管；行为人在拘留期间能真诚认错并以行动改正者可提前解除拘留；行为人对拘留决定不服，可以申请复议，但复议期间不停止拘留措施的执行；拘留、罚款可以合并使用。

■ 思考题

1. 简述起诉与受理的关系。
2. 简述撤诉的条件。
3. 简述中止诉讼的情形。
4. 试述简易程序。
5. 试述妨害行政诉讼行为的构成和种类。

■ 推荐书目

1. 应松年主编：《行政法与行政诉讼法》，中国政法大学出版社 2008 年版。
2. 叶必丰、徐晨主编：《行政法与行政诉讼法案例教程》，中国人民大学出版社 2004 年版。
3. 王学辉主编：《行政法与行政诉讼法学》，法律出版社 2011 年版。
4. 张步洪：《行政诉讼程序规范与判例创新》，人民法院出版社 2001 年版。

第二十五章 行政诉讼中的法律适用与裁判

■学习目的和要求

　　通过本章学习，掌握行政诉讼中法律适用的特点、各种法律规范在行政诉讼中的适用以及冲突适用规则，了解行政诉讼判决的特点和各种判决所适用的条件及法律意义。

第一节　行政诉讼的法律适用

一、行政诉讼法律适用的概念

　　行政诉讼法律适用是指人民法院按照法定程序，将法律、法规或规章具体运用于各种行政诉讼案件，对行政机关行政行为的合法性进行审查并作出裁判的专门活动。

　　理解这一概念，应当注意以下几个方面：

　　1. 行政诉讼中适用法律的主体是人民法院。行政诉讼是指人民法院通过依法审理行政案件，对行政行为是否合法进行审查并作出裁判。在行政诉讼中，只有人民法院才有权适用法律，这一特点不同于行政程序中的法律适用。在行政程序中，是由行政机关根据行政管理的实际情况，适用法律对行政事务作出具体处理，适用法律的主体是国家行政机关。

　　2. 行政诉讼中的法律适用是第二次法律适用。行政诉讼中的法律适用，是人民法院对行政案件的第二次法律适用，也就是对行政机关在行政程序中作出行政行为时已经适用过的法律的再适用，也可称为审查适用。

　　在行政程序中，行政机关适用法律、法规或规范性文件对于特定事务进行处理的活动，是对法律的第一次适用。如果公民、法人或者其他组织不服，依照《行政诉讼法》向人民法院起诉，人民法院依法受理、审理和作出判决，对行政行为作出具有最终法律效力的法律适用，是第二次适用，是对第一次适用的审查适用，目的是解决第一次适用是否合法的问题。行政机关第一次适用时针对的是公民、法人或者其他组织的行为事实，人民法院的第二次适用则着眼于行政机关所认定的行为事实，即行政机关作出行政行为时的事实根据。在第二次适用中，也涉及公民、法人或者其他组织的行为事实，但审理对象不是公民、法人或者其他组织的行为事实，而是行政机关所认定的行为事实，公民、法人或者其他组织的行为事实与行政机关认定的行为事实，两者有联系，但并不是一回事。行政诉讼的法律适用，正是在审查行政机关针对公民、法人或者其他组织的行为事实所进行的法律适用是否合法的基础上所作的再适用。

3. 行政诉讼法律适用的目的是评判行政行为是否合法。合法性审查原则是行政诉讼的基本原则。人民法院法律适用的目的，就是以证据所表明的案件事实为依据，就行政行为是否具备相关法律适用的条件、对当事人权利义务的处理是否符合法律规定等进行评判。

二、各位阶法律规范在行政诉讼中的适用

（一）法律的适用

根据《行政诉讼法》第63条的规定，人民法院审理行政案件以法律、法规为依据。也就是说，法律在行政诉讼中可以完全适用。当然，这里的法律是指狭义的法律，也就是全国人大及其常委会根据法定程序制定和颁布的规范性文件。

宪法规定，国家的一切权力属于人民，人民行使权力的机关是全国人民代表大会和地方各级人民代表大会。其中，人民主要是通过人民代表大会及其常务委员会制定法律，表达其意志。因此，就宪法的规定而言，全国人大的权力具有最高的法律权威，行政权和司法权的行使都必须服从立法机关制定的法律。这就决定了人民法院审理行政案件，对行政行为是否合法进行审查时，必须适用法律。需要指出的是，宪法应该是人民法院法律适用的最高和最终标准。行政诉讼的法律适用必须合宪即符合宪法的序言和正文中所体现的基本精神和所规定的所有条款。至于宪法能否直接作为行政诉讼的依据，需要进一步明确。

（二）行政法规的适用

根据《行政诉讼法》的规定，行政法规也是人民法院对行政行为进行合法性审查的依据。行政法规的法律地位仅次于宪法和法律，高于地方性法规。行政法规是由国务院制定的。行政法规之所以成为司法审查的依据，是由国务院的地位和其所行使的职权决定的。国务院是全国人民代表大会的执行机关，负责全国的行政管理工作，行政法规是宪法和法律的直接具体化，如果排除行政法规的适用，全国的行政管理工作将陷入瘫痪。行政法规作为审理依据，不得与宪法、法律相抵触。

（三）地方性法规的适用

根据《行政诉讼法》的规定，地方性法规也是人民法院法律适用的依据。地方性法规是由省、自治区、直辖市以及较大的市的人民代表大会及其常务委员会在不与宪法、法律、行政法规相抵触的情况下制定的，地方性法规制定的主体是地方权力机关，地方行政机关由地方权力机关产生，对它负责，受其监督。这一体制决定了地方行政机关制定规章或作出行政行为时都必须遵守地方性法规。地方人民法院在行使行政审判权时，也应遵守地方性法规。另外，很多法律常常直接授权地方性法规制定实施细则。人民法院当然应当将此作为判断行政行为合法性的依据。应当注意的是，地方性法规只能在制定主体所辖行政区域内发生法律效力。

人民法院审查民族自治地方行政机关实施的行政行为时，同时还应该以民族自治地方的自治条例和单行条例为依据。其理由与地方性法规作为司法审查依据的理由相同。依照宪法和有关法律，自治区、自治州、自治县比一般行政区域单位享有更多的权力。民族自治地方除了必须遵守宪法之外，经全国人大常委会或省、自治区人大常委会批准，在必要时可以变通法律和行政法规的某些规定，故人民法院对民族自治地方行政机关根据自治条例和单行条例实施的行政行为，也应以自治条例和单行条例为依据进行审查。

（四）规章在行政诉讼中的适用

规章是由国务院各部、各委员会或省、自治区、直辖市人民政府或省、自治区人民政府所在地的市及国务院批准的较大的市的人民政府制定的规范性文件。

《行政诉讼法》第63条第3款规定："人民法院审理行政案件，参照规章。""参照"与"依据"不同，依据是指人民法院审理行政案件时，必须适用该规范，不能拒绝适用；参照则是指在某些情况下可以适用，在某些情况下也可以不予适用。我们认为，如果行政机关的行政行为是根据符合法律和行政法规的规章作出的，人民法院就应适用该规章；如果行政机关的行政行为是根据不符合法律、行政法规的明确规定或原则精神的规章作出的，人民法院就可以不适用该规章。

需要注意的是，既然参照规章不是无条件地适用规章，也不是一律拒绝适用规章，那么"参照"一词作为行政诉讼中的法律术语，人民法院在制作判决和裁定等法律文书时，就不能用其他词语来代替。为了更准确地说明"参照"的法律含义，最高人民法院曾在《最高人民法院关于贯彻执行〈中华人民共和国行政诉讼法〉若干问题的意见（试行）》（1991年5月29日最高人民法院审判委员会第499次会议讨论通过）第70条规定，人民法院作出判决或者裁定需要参照规章时，应当写明"根据《中华人民共和国行政诉讼法》第53条，参照××规章（条、款、项）的规定"。

为什么没有赋予行政规章完全的适用力呢？主要原因是：①规章都是由行政机关制定的，而执行规章的又是行政机关自己，这就使得行政机关可以为自己的行为提供法律根据，如果以规章作为依据，就等于相应的行政机关为自己制定司法审查的标准，这是不利于保护公民、法人或其他组织的合法权益的，也不符合行政机关依法行使职权的原则；②有权制定规章的行政机关，尤其是中央行政机关，在改革开放过程中，组织、职权、组成的变动较快，职权交叉问题仍没有彻底解决，规章之间相互冲突的情况还屡见不鲜，客观上也影响了规章的效力；③规章制定的程序不够科学和严格。实际情况是：某些规章存在着部门、行业主义或地方保护主义；与法律、法规不一致的也时有出现；规章之间的互相冲突相当严重，以此作为依据将使人民法院的法律适用无所适从。所以，赋予规章完全的适用力是不适当的。但是，规章不具有完全的适用力，不等于规章在行政诉讼中就没有适用力。规章在不与法律、法规冲突的情况下，仍然是有适用力的。总之，人民法院在审查行政行为合法性时不能依据规章，但又不能完全忽视规章，而是应当根据《行政诉讼法》的规定，参照适用规章。

（五）一般规范性文件在行政诉讼中的意义

根据我国宪法和法律的规定，我国行政机关制定的规范性文件，包括行政法规、规章和一般规范性文件。一般规范性文件，行政诉讼法中有时称为"具有普遍约束力的决定、命令"，有时称为"规范性文件"。规章之下的一般规范性文件，是指部、委、直属机构等行政机关和省、市、自治区人民政府，省、自治区人民政府所在地的市和经国务院批准的较大的市的人民政府以下的地方各级、各部门行政机关制定的行政规范。

《行政诉讼法》第53条第1款规定："公民、法人或者其他组织认为行政行为所依据的国务院部门和地方人民政府及其部门制定的规范性文件不合法，在对行政行为提起诉讼时，可以一并请求对该规范性文件进行审查。"第64条规定："人民法院在审理行政案件中，经审查认为本法第53条规定的规范性文件不合法的，不作为认定行政行为合法的依据，并向制定机关提出处理建议。"这两条规定表明：①规章以外的规范性文件在行政诉讼中没有适用力，既不能依据也不能参照其认定行政行为合法；②国务院部门和地方人民政府及其部门制定的规章以外的规范性文件不合法时，可以成为原告起诉时一并要求人民法院进行审查的对象。

值得注意的是，《行政诉讼法》第64条规定的人民法院发现规章以外的规范性文件不合法时的处理规则。首先，没有赋予人民法院直接对认为不合法的规范性文件予以撤销的权力，而是应当向制定机关提出处理建议。其次，应当注意到这里的"处理建议"应当属于司法建议，收到司法建议的机关必须采纳，但法律并没有规定人民法院的处理建议就是"撤销或者修改规范性文件的建议"，也就是说，人民法院的建议并不具体、确定。最后，按照依法行政的要求，如果人民法院认为规范性文件不合法，虽然没有直接建议撤销或者修改，制定机关也应当撤销或者修改违法的规范性文件。

人民法院在行政诉讼中，应当以法律、法规为依据，参照适用规章。此外，根据宪法和有关法律的规定，国务院可以对法律进行解释，其行政解释相当于行政法规，最高人民检察院和最高人民法院可以对法律进行司法解释，《行政诉讼法》没有规定行政解释和司法解释的法律地位，但根据我国宪法和法律的有关规定，司法解释和行政解释应当是人民法院司法审查时的依据。

三、行政诉讼中法律规范冲突的适用规则

（一）法律适用冲突的概念

行政诉讼的法律适用冲突，是指人民法院在审判行政案件的过程中，发现对同一法律事实或关系，有两个或两个以上的法律规范作出了不相同的规定，法院适用

不同的法律规定就会产生不同的裁判结果。法律规范的冲突，是由于立法本身的原因，或者由于某些客观因素而导致的。概括起来，这些原因大致如下：

1. 我国立法体制的复杂性。在我国，有权立法的主体很多。就立法主体的性质而言，既有权力机关的立法，也有行政机关的行政立法；就立法的层级而言，既有中央机关的立法，也有地方机关的立法；就立法的部门而言，由于宪法赋予国务院各部、委、直属机构等规章的制定权，因此各部门都可以立法。由于复合多级立法体制，各种立法主体之间的立法出现不一致就在所难免。

2. 各部门、各地方的情况不尽相同。①我国行政机关的体制，是以层级制为基础，与部门制相结合形成的，即各级政府在对社会事务进行分类的基础上，分别设立各种不同的部门，如工商、税务、公安、海关、文化、体育、教育、卫生等。由于现代社会事务之间的相互交叉、相互渗透，使得各部门在管理上出现了重复或交叉，在各部门分别进行的立法中，就难免出现各自为政的情况，导致部门规范不一致。②我国尽管是单一制的国家，但各地的发展不平衡，而宪法又赋予各地方以地方立法权，这样，各地方的规范之间出现冲突也就很自然了。

3. 各种立法之间缺乏必要的协调，导致法律规范之间相互冲突。尽管出现法律规范冲突的原因有些是客观的、不可避免的，但是如果加强立法机关之间的协调，用法律的形式明确各立法机关之间的立法权限，加强对各种立法的审批、备案程序，是完全可以避免一些冲突的。但是，长期以来这方面的工作没有到位，更由于地方保护主义、部门本位主义的原因，使立法冲突出现的机会大大增加。

（二）法律规范冲突的表现

法律适用冲突的表现多种多样。就冲突是否合法而言，存在着合法与不合法两种可能。合法性的冲突，即法律允许的冲突，如特别法与普通法的冲突。违法性的冲突，即一种法律规范的规定是合法、有效的，另一种法律规范的规定与法律、法规的精神相冲突，不能作为法律依据，而只能选择合法、有效的规定，例如行政法规与法律相冲突，就只能以法律为依据。从理论上来说违法性的冲突是不允许存在的，不仅法律适用上要排除，立法上也必须排除。但实际上，如上所说，由于各种难以克服的因素，冲突的存在不可避免。

就行政法律规范形式而言，冲突主要包括：①法律与宪法的冲突。②行政法规与法律的冲突。③地方性法规与法律的冲突。④自治条例、单行条例与法律的冲突。⑤规章与行政法规的冲突。⑥规章与地方性法规的冲突。⑦法律解释与法律、法规、规章的冲突。⑧每种规范形式自身间的冲突，包括法律之间的冲突、地方性法规之间的冲突、规章之间的冲突等。

就行政法规范的具体内容而言，常见的冲突有：①在制裁条件、手段、幅度、权限方面的冲突。②在特定对象承担义务的条件、数量、范围、性质方面的冲突。③在公民、法人和其他组织享受某种权利的条件、数量、范围、性质方面的冲突。④在扩大或缩小特定术语的内涵和外延方面引起的冲突等。

四、法律冲突适用规则

(一) 法律冲突适用规则的概念

法律冲突适用规则是指人民法院在审查行政行为的合法性时,在法律规范冲突的情况下,为解决行政法律适用冲突而采取的方法和所遵守的规则。

冲突适用规则是解决行政法律适用冲突必须遵守的规则,最终的目的是通过选择适用规则的引导,适用应当适用的规范,对案件作出合法的裁判。冲突适用规则不是一种实体规则,它不直接确定当事人的权利义务,而是通过它的引导,适用某一规范来确定当事人的权利与义务,因此,它主要是一个程序规则。

(二) 确立法律冲突适用规则的意义

由于前面所阐述的原因,很难完全消除法律规范之间的冲突,因此在法律规范冲突情况下的法律适用问题,就必须依靠完善的选择适用规则来解决。可见,选择适用规则对法院审查行政行为的合法性来说,是十分重要的。

1. 选择适用规则是行政诉讼中适用法律、法规或规章不可缺少的规则,是解决行政法律适用冲突的主要途径。它可以避免法院在发生法律适用冲突时无所适从的情况出现。这是选择适用规则的直接作用。

2. 正确规定和适用选择适用规则,可以有效地维护法制的统一,维护宪法和法律的尊严及效力。既然法律规范的冲突不可避免,就有必要建立起一套完善的、科学的、符合我国法治原则的选择适用规则,来规范包括法院在内的所有法律适用机关适用法律的行为,最终实现我国法制的统一。

(三) 冲突适用的具体规则

1. 层级冲突规则。层级冲突是指不同效力等级的法律规范之间的冲突。比如,行政法规与法律的冲突、地方性法规与行政法规之间的冲突、部委规章与行政法规之间的冲突、地方性规章与地方性法规之间的冲突等。层级冲突实际是一种违法冲突,应当通过立法审批、备案程序或者监督程序最终加以解决。

法律规范出现层级冲突时的选择适用规则是:适用高层次法律规范。对此,《立法法》第87~90条有明确规定:①宪法具有最高的法律效力,一切法律、行政法规、地方性法规、自治条例和单行条例、规章都不得同宪法相抵触。②法律的效力高于行政法规、地方性法规、规章。③行政法规的效力高于地方性法规、规章。④地方性法规的效力高于本级和下级地方政府规章;省、自治区的人民政府制定的规章的效力高于本行政区域内的较大的市的人民政府制定的规章。⑤自治条例和单行条例依法对法律、行政法规、地方性法规作变通规定的,在本自治地方适用自治条例和单行条例的规定。⑥经济特区法规根据授权对法律、行政法规、地方性法规作变通规定的,在本经济特区适用经济特区法规的规定。

2. 同级规范冲突规则。同级规范冲突是指法律效力等级相同的法律规范之间的冲突。比如,部委规章之间的冲突;行政法规相互之间的冲突;同一地方的地方性法规之间的冲突;法律与法律之间的冲突;等等。

　　为了更好地解决同级规范之间的冲突适用，《立法法》第 92～95 条作了明确规定：①同一机关制定的法律、行政法规、地方性法规、自治条例和单行条例、规章，特别规定与一般规定不一致的，适用特别规定；新的规定与旧的规定不一致的，适用新的规定。②法律、行政法规、地方性法规、自治条例和单行条例、规章不溯及既往，但为了更好地保护公民、法人和其他组织的权利和利益而作的特别规定除外。③法律之间对同一事项的新的一般规定与旧的特别规定不一致，不能确定如何适用时，由全国人民代表大会常务委员会裁决。行政法规之间对同一事项的新的一般规定与旧的特别规定不一致，不能确定如何适用时，由国务院裁决。④地方性法规、规章之间不一致时，由有关机关依照下列规定的权限作出裁决：其一，同一机关制定的新的一般规定与旧的特别规定不一致时，由制定机关裁决。其二，地方性法规与部门规章之间对同一事项的规定不一致，不能确定如何适用时，由国务院提出意见，国务院认为应当适用地方性法规的，应当决定在该地方适用地方性法规的规定；认为应当适用部门规章的，应当提请全国人民代表大会常务委员会裁决。其三，部门规章之间、部门规章与地方政府规章之间对同一事项的规定不一致时，由国务院裁决。其四，根据授权制定的法规与法律规定不一致，不能确定如何适用时，由全国人民代表大会常务委员会裁决。

　　3. 区域法律规范的冲突。这种冲突又可以分为两种情况：①内地与香港、澳门等特别行政区的法律规范冲突。②国内没有隶属关系的行政区域间的规范冲突。

　　前一种区域冲突是在香港、澳门回归祖国之后出现的课题，由于两地均保留原有法律不变，就形成了两地区与内地之间的法律规范的冲突。《香港特别行政区基本法》第 95 条规定："香港特别行政区可与全国其他地区的司法机关通过协商依法进行司法方面的联系和相互提供协助。"这可以看成是解决这种区域冲突的指导思想。

　　后一种区域冲突情况较为复杂，可以参考适用的选择规则如下：

　　（1）直接涉及本地区社会、经济秩序、市政规划、市政建设、市容环境、卫生管理等方面的社会关系的，适用本地区的行政法律规范，而不适用其他地区的行政法律规范。这种规则是由地域管辖原则决定的。不论是否属于本行政区域的人，只要和本地区行政机关发生这方面的行政法律关系，就应适用本行政区域的行政法律规范。这排除了其他行政区域的行政法律规范的域外效力。

　　（2）对公民、法人或其他组织的行为有不同规定的，适用公民、法人或其他组织的行为地法。公民、法人或其他组织的行为涉及多个行政区域的，适用与行为最密切相关的地方的法律规范。

　　（3）对公民、法人或其他组织身份、能力、资格方面有不同规定的，适用行为人户籍所在地法或居所地法或法人成立地法。涉及公民、法人或其他组织身份、能力、资格、权利义务的确认及承担的，应当适用行为人户籍所在地、长期居住的居所地或法人成立登记注册地的行政法律规范。如对于法人，当其在域外进行经营活动时，应适用行为所在地法，但其资格、人员组成、权利能力和行为能力等的确定，则应适用注册登记地的行政法律规范。

（4）因不动产行政案件发生的法律适用冲突，适用不动产所在地的行政法律规范。如关于土地使用的有偿转让，各地有不同规定，在法律适用上就应适用该地区关于土地使用权有偿转让的规定。

（5）在执法或法律适用程序方面发生冲突的，适用执法机关所在地的行政程序法律规范。

第二节 判 决

一、行政诉讼判决概述

（一）判决的概念

行政诉讼判决是人民法院审理行政案件终结时，根据事实和法律，以国家审判机关的名义，就行政案件作出的处理决定。判决按照作出程序的不同，可以分为一审判决、二审判决和再审判决。

一审判决，是指受理第一审案件的人民法院按照第一审程序审理案件所作的判决。第一审判决非终审判决，当事人不服可以上诉，又称初审判决。

二审判决，是指第二审人民法院按照第二审程序审理案件时所作的判决。第二审判决是终审判决，一经作出，立即生效，因而又称终审判决。最高人民法院受理第一审行政案件所作出的判决，是终审判决，不得上诉。

再审判决，是指人民法院对已经生效的判决、裁定，发现违反法律、法规规定，确有错误，运用审判监督程序所作的判决。再审判决的效力视人民法院所适用的程序不同而有所不同。如果再审适用第一审程序则其判决的效力相当于一审判决的效力；如果再审适用第二审程序则其判决的效力相当于第二审判决的效力。

行政诉讼判决具有以下特点：

1. 行政诉讼判决是人民法院在行政案件审理终结时对案件所作的终结处理决定。行政案件要经过一系列复杂的程序，这些程序的目的，是使人民法院最终能够查明争议事实，就争议问题作出公正的决断。而一旦人民法院通过各种程序查明了案情，就应当运用国家审判权对争议问题作出处理决定，这个决定就是判决。因此，判决是人民法院在经过各种程序、查明案件事实后所作的终结处理决定。尽管一审判决并不立即发生执行力，但也是第一审人民法院对案件的评判。作为一审程序而言，已经终结。因而也可以这样说，人民法院对行政案件宣告判决后，就标志着案件审理的终结，也只有在案件审理经过所有的程序、查明所有事实后，才能作出判决。在行政案件的起诉和受理阶段，以及在行政案件的审理阶段，均不得进行判决。

2. 行政诉讼判决是人民法院就案件的实体问题，即就被诉的行政行为是否合法或行政处罚是否显失公正，以及如何处理这种行为所作的决定。在行政诉讼过程中，人民法院要解决的问题很多，这些问题有些是程序上的，有些是实体上的。前者如是否受理起诉与上诉，是否允许撤诉，是否中止诉讼，是否批准当事人提出的回避申请，等等。对于这类问题，均不得以判决的方式来处理。后者如行政行为是否合法，行政处罚是否显失公正，行政机关是否履行了法定职责，等等。对于这类问题才能以判决的方式作出处理。行政诉讼的判决具有严格的法律意义：①它是人民法院依照法定程序作出的，是国家审判权的体现，表明了国家审判机关对于行政争议的态度，具有权威性和法定性，任何人不得无视它的存在；②人民法院的判决一旦生效，就具有确定力、约束力和执行力，受其拘束的当事人必须执行，不得违抗，否则应承担法律责任，判决的履行受国家强制力保障；③判决是人民法院对行政机关进行司法监督最有效的方式，对于监督和维护行政机关依法行政，保护公民、法人和其他组织的合法权益具有重要的意义。

（二）判决书

根据我国《行政诉讼法》的规定，人民法院的判决应当以书面形式作出，这种由人民法院依法制作、载明人民法院对所争议案件的实体问题所作处理内容的文书称为判决书。第一审判决、第二审判决以及再审判决的判决书的内容有所不同。

第一审判决书的内容包括：①人民法院的名称、判决书的类别；②原告的姓名、性别和其他人身情况以及诉讼代理人的姓名与职务、被告的名称、法定代理人的姓名与职务以及诉讼代理人的姓名与职务；③法庭组成人员的姓名；④案由及其诉讼事实与理由；⑤判决认定的事实、理由及适用的法律；⑥判决结果（包括诉讼费的承担）；⑦上诉期限和上诉法院；⑧判决宣告的日期。

第二审判决书的内容包括：①第二审人民法院的名称、判决书的类别；②上诉人的姓名（名称）、性别和其他人身情况、法定代表人的姓名、职务以及诉讼代理人的姓名与职务、被上诉人的姓名（名称）、性别和其他人身情况、法定代表人的职务以及诉讼代理人的姓名与职务；③法庭组成人员的姓名；④上诉理由及事实；⑤第一审人民法院认定的事实、理由及适用的法律；⑥第二审人民法院认定的事实、理由及适用的法律；⑦判决结果；⑧判决宣告的日期。

再审判决书的内容随再审程序所适用的具体程序不同而不同，如以第一审程序再审则符合第一审判决书的内容，如以第二审程序再审则符合第二审判决书的内容。

判决书均应由审判人员、书记员签名，并加盖人民法院印章，方能生效。

二、一审判决的种类和理由

根据《行政诉讼法》第69～78条的规定，行政诉讼的判决形式主要有七种，兹分述如下：

（一）驳回诉讼请求判决

1. 驳回诉讼请求判决的含义。驳回诉讼请求判决是指人民法院经审理后认为，原告的诉讼请求在法律上不成立，从而以判决的形式驳回，意味着原告的诉讼请求遭到了人民法院的否定。

2. 适用驳回诉讼请求判决的情形。《行政诉讼法》第69条规定："行政行为证据确凿，适用法律、法规正确，符合法定程序的，或者原告申请被告履行法定职责或者给付义务理由不成立的，人民法院判决驳回原告的诉讼请求。"根据本条规定，适用驳回诉讼请求的判决主要有以下两种情形：①被诉行政行为合法，即被诉行政行为同时具备了"证据确凿，适用法律、法规正确，符合法定程序"三个条件；②原告要求被告履行法定职责的理由不成立的，比如被告并不具有原告所要求的法定职责，或者原告的请求已经超过法律法定期限，或者被告已经履行了法定职责的，等等。

另外，《行政诉讼法》第73条规定："人民法院经过审理，查明被告依法负有给付义务的，判决被告履行给付义务。"这意味着，针对原告要求被告履行给付义务的诉讼请求，比如支付最低生活保障，给予赔偿或者补偿的，等等，如果人民法院查明被告负有给付义务，应当判决被告履行给付义务，但如果人民法院经审理认为被告不应承担给付义务的，当然也可以适用驳回诉讼请求判决。

（二）撤销或部分撤销行政行为，并责令重作判决

1. 撤销或部分撤销行政行为，并责令重作判决的含义。这一判决可简称为撤销判决，是指人民法院在查清全部案件事实的基础上确认行政机关的行政行为部分或全部违法，从而部分或全部撤销并责令行政机关重新作出行政行为的判决。这种判决是人民法院对行政机关行政行为合法性的全部或部分否定。

2. 适用撤销判决的情形。《行政诉讼法》第70条规定："行政行为有下列情形之一的，人民法院判决撤销或者部分撤销，并可以判决被告重新作出行政行为：①主要证据不足的；②适用法律、法规错误的；③违反法定程序的；④超越职权的；⑤滥用职权的；⑥明显不当的。"根据这一规定，被诉行政行为具备以下情形之一，就可以使用本判决：

（1）主要证据不足。这里的证据是指行政机关作出行政行为时所依据的事实根据。行政机关应当认真调查事实，在充分了解事实真相的基础上作出行政行为。行政机关调查取证时，应当遵循充分、必要的规则。所谓充分，是指行政机关的取证必须充分满足法律、法规预先设置的各种事实要素而不能有所遗漏。例如，民政部门在颁发结婚证书时，就必须根据《婚姻法》的规定，就双方是否自愿、有无法律禁止结婚的疾病、有无重婚现象等各种要素逐项调查，遗漏其中任何一项，均不符合充分要求。所谓必要，是指行政机关的取证也要满足法律、法规预先设置的事实要素，而不需要节外生枝。如民政机关在颁发结婚证书时，一般情况下只要了解上述情况即可，诸如双方经济条件、住房条件等就无须了解，也无权了解。行政行为根据确凿而充分的证据作出，是其发生法律效力的前提条件，因此，当行政行为所依据的证据不足时，人民法院应当撤销行政行为。值得注意的是，《行政诉讼法》只规定当行政行为的主要证据不足时，法院可以撤销或部分撤销行政行为。也就是说，行政诉讼同民事诉讼、刑事诉讼一样，对定案证据的要求也是主要证据确凿充分。至于案件的次要或无关紧要的证据是否充分，不足以影响行政行为的合法性，不能

以此为由作出撤销判决。主要证据是行政机关赖以作出行政行为的基本事实和据以认定该事实存在的必要证据。也就是行政机关根据法律、法规预先设置的事实要素所获取的证据。从根本上说，法院判定行政行为的主要证据是否充分，应判定的是行政机关在作出行政行为的当时是否充分，而不是在人民法院审查时是否充分，如果审理中已经发现行政机关在作出行政行为时主要证据不足，尽管可以通过被告补充或法院自行调取证据来补足证据，法院还是应当判决撤销，当然，在判决撤销的同时可以责令行政机关重新作出行政行为。因此，只要行政行为所依据的主要依据不足，就应当判决撤销。

（2）适用法律、法规错误。这是指行政机关作出行政行为时错误地援引了法律、法规。行政行为对被管理者赋予或剥夺权利、科处或免除义务、设定或取消资格，均应以相应的法律、法规为依据。正确地援引法律、法规是行政行为合法生效的又一要件。在行政管理实践中，由于行政事务的复杂性、行政法律规范的多样性以及公务人员对法律、法规的认知程度等因素影响，适用法律、法规的错误是经常发生的。这些错误主要有以下几种表现形式：①应当适用此法而适用了彼法。②行政行为适用了无效的法律、法规。③适用了正确的法律、法规，但援引条文错误。④违反了法律冲突适用规则。例如，应适用高层次法却适用了低层次法，应适用新法却适用了旧法，应适用特别法却适用了普通法，等等。⑤没有考虑特殊情况，而只考虑一般情况适用法律、法规。例如，对正在孕期或哺乳期的妇女实施拘留或收审，对无财产的未成年人处以罚款，等等。⑥实施处罚时，应当并罚而未并罚，不应当并罚却并罚。⑦有规章以上的规范性文件不适用，而适用规章以下的规范性文件。⑧有明确的法律根据，而在作出行政行为时并不引用。

（3）违反法定程序。法定程序是指由法律、法规、规章及其他合法有效的规范性文件设定的，实施行政行为的过程以及构成这一过程的步骤、顺序、时限与方式。程序合法是行政行为的合法要件之一，行政机关作出行政行为，必须遵循法定程序。凡是违反法定程序的行政行为，人民法院应予以撤销。应当注意的是，行政行为违反法定程序即应判决撤销，而不应附加任何条件。当然，行政行为违反法定程序的情况是十分复杂的，人民法院应当区别情况准确判断。首先，应注意区别法律、法规规定中的任意性程序与内部程序。任意性程序是指行政机关可以选择的程序，不能将行政机关对这些程序的选择认定为违反法定程序。如法律、法规规定某种通知既可以是书面的，也可以是口头的，当行政机关选择了口头形式时，也是合法的。内部程序是指行政机关在作出某项裁判前内部的一些工作程序，如开会讨论、向领导请示汇报等，不能认为是程序的添加，从而撤销行政行为。但法律、法规明确规定要经上级批准方可实施的行为，如未经批准则可认定为程序缺漏，构成程序违法。其次，勿将行政机关在实施行政行为过程中的一些失误、差错当成违反法定程序。例如，行政决定上写错了名称、称谓、日期，言词上的一般表述不通顺，等等。

（4）超越职权。超越职权是指行政机关实施行政行为时超过了法定的权限。目前，行政管理中超越职权的表现形式主要有以下几种：①违反行政机关的分工职责。现代行政管理纷繁复杂，要求各职能部门既要相互配合，又要职责分明，做到各负其责、各行其是，而不能此行彼职、职责相侵。如公安部门只能就社会治安行使职权，而不能行使工商或税务部门的权力，否则便构成超越职权。②超越行政机关行使权力的地域范围。根据我国行政管理的体制，中央行政机关在全国范围内行使权力，地方行政机关在各自相应的行政区划内行使权力。如北京市人民政府不能在河北省境内行使权力。即使是中央行政机关在一些特区和特殊地方，其行政管理权的行使也是受到一定限制的。因此，行政机关超越了一定的地域范围行使权力也是超越职权。③行政机关超过了一定的时间行使权力。为了保障行政管理的效率，保护公民、法人或者其他组织的合法权益，法律、法规往往要求行政机关在一定时间内行使权力，否则便不得行使权力。例如，根据《行政处罚法》第 29 条的规定，违法行为在 2 年内未被发现的，不予处罚。行政机关超过时间限制行使职权和超过法定期限不作为是不同的，前者是指超过一定时间未作为就不应作为；后者是指在法定期限内应作为但未作为而仍应作为。两者的法律后果也不同，前者是超过了一定的时间后行政机关便永远丧失了管理权；后者是超过一定的时间即构成违约失职，但并不因此而丧失职权，行政机关应继续履行自己的职责。④行政机关超越了法律、法规规定的数额进行管理。数额的大小同样是影响行政权限的一个因素，如各种罚款的法定数额、税款的数额等。对行政机关超越法定权限实施的行政行为应予撤销。

（5）滥用职权。所谓滥用职权，是指行政机关具备实施行政行为的权力，并且其行为形式上也合法，然而行政机关行使权力的目的违反法律、法规赋予其该项权力的目的。滥用职权实际属于权力的不正当行使。构成滥用职权应当具备以下要件：①行政机关实施了属于其权限范围内的职权。滥用职权的行政机关所实施的权力，应当是自己的权力。如果行使的权力不在其职权范围内，则构成超越职权而非滥用职权。有实施行为的主体资格是滥用职权的第一个条件，这是与超越职权的最大不同之处。②行政机关实施了行为，如果仅仅存在违反法律规定的宗旨和目的的意图，而客观上并未实施任何行为，也不构成滥用职权，并且这时的行为在形式上应当符合行政行为的构成要件。否则，一般应分别依据《行政诉讼法》第 70 条第 1、2、3、4、6 项加以撤销，而不以滥用职权论。行政机关实施了表面上合法的行政行为是构成滥用职权的又一条件。③行政机关行使权力的目的违反了法律、法规赋予其该项权力的目的，从根本上说，法律、法规赋予行政机关行政权的目的，是保证其完成行政管理的任务，为其实施行政管理提供方便和条件。当然，就每一个具体的法律、法规而言，其目的自然有所不同，但这些不同应当是在符合上述根本目的的前提下的个体差异。行政机关行使权力就应当符合这些目的，真正将权力用于维护国家利益，维护人民群众的整体利益，而不能出于行政机关或其工作人员自己的利益来行使权力，诸如以权谋私，刁难、报复被管理者等，都是不正当行使权力，因此，滥用职权必须是故意才能构成。总之，行政机关出于违反法律宗旨的主观上故意，客观上实施了符合其职责范围的权力，就构成了滥用职权。其本质特征是主观违法，不正当地行使权力。

滥用职权与超越职权不同。二者的区别主要表现为：①主观条件不同。滥用职权必须是出于故意，即行政机关明知其行为违反法律宗旨，而积极实施该行为，谋取不正当利益；超越职权则既可能出于故意，如行政机关明知没有某项职权，却仍行使该项职权，也可能出于过失，如对自己的职权理解不清或发生误会等。②行为的外部表现形态不同。滥用职权的行为表面上是符合行政行为构成要件的，从主体、权限、程序、内容上均符合法律规定；超越职权是不符合行政行为构成要件的，即权限不合法。

滥用职权的主要表现有：①为了行政机关的小集团利益或管理者个人的利益，故意考虑一些不相关因素或者故意不考虑一些应当考虑的因素。在实施行政管理时，行政机关应当严格按照法律、法规规定的各种因素来考虑应当如何处理，如果为了不正当的动机，故意地"考虑不周"，则构成滥用职权。如行政机关在对违法者实施处罚时，往往对关系较好的同学、朋友等网开一面，减轻处罚或不处罚，这就是管理者考虑了自己与被处罚者之间的关系这一在实施处罚中不应当考虑的因素而导致的滥用职权。又如，甲在乙先行对其殴打的情况下，实施防卫，两人发生殴斗，公安机关在考虑对甲的处罚时应当考虑到甲是在被动的情况下实施防卫的行为，可以适当减轻处罚，却没有考虑这种因素，借口甲态度不好等，加重对甲的处罚，也构成了权力的滥用。②故意迟延和不作为。行政机关依法负有作为义务，也明知自己的职权，但为了达到个人目的，往往以"研究研究""考虑考虑"等理由搪塞当事人，或者暗示各种条件；在条件没有满足的情况下，不履行职责，而在条件满足后立即作为，这种情况特别在法律、法规没有规定时限的情况下更为严重。③不一致的解释和反复无常。前者指行政机关在适用法律、法规、规章时，对某些规范不经法定程序故意随意解释，而这些解释往往相互矛盾和抵触，如果将这种不一致的解释运用于同类的不同案件，就构成权力的滥用；后者是指在事实和其他情况没有变化的情况下，因为其他因素的影响，行政机关朝令夕改，经常变换自己的主张和决定，以达到非法目的。行政机关对于法律、法规等的解释以及已经作出的决定，对行政机关本身也应当有拘束力。如果行政机关为了自己的目的随意变化，也构成行政权的滥用。④不当授权和委托。这是指本应该依法由法定行政机关行使的职权，因某种利益（如权钱交易等）行政机关擅自将行政权力授予其他组织或公民个人去实施。即行政机关不是从行政管理的实际需要去授权或委托，而是运用授权或委托谋取不正当的利益，这也是滥用职权的一种表现。

（6）明显不当的。这是在 2014 年修正《行政诉讼法》时新增加的内容，其主要目的在于，克服机械地对行政行为的合法性进行审查而完全不涉及行政行为的合理性所带来的不能充分有效的解决行政争议的弊端。赋予法院针对虽然合法但明显不合理的行政行为以司法否决权，消灭其效力。至于明显不当的标准，应当与"显失公正"并无实质区别。

人民法院在适用《行政诉讼法》第70条撤销判决时，还有几个问题应当注意：

（1）什么时候会出现部分撤销的判决？我们认为，部分撤销一般在下面两种情况下发生：①诉的客体的合并，公民、法人或者其他组织有两种以上违法行为，同时受同一行政机关的两种以上的处罚，公民、法人或者其他组织对这些处罚均不服，同时诉到法院，经法院合并审理后，发现其中有一个处罚符合撤销条件，即判决撤销该处罚，而对其他处罚行为予以维持。②诉的主体的合并，两个以上公民、法人或者其他组织共同违法，同时受同一行政机关分别给予的行政处罚。受处罚的公民、法人或者其他组织均不服，诉至法院，经合并审理后，发现对一部分公民、法人或者其他组织的处罚符合撤销条件，即判决撤销，其他行为则予以维持，或者两个以上行政机关同时对公民、法人或者其他组织实施行政行为，公民、法人或者其他组织均不服，诉至法院，经并案审理后发现其中一个行政主体是不适合的行为主体，则判决撤销该机关的行为，而其他予以维持。

（2）行政行为有数种违法情形应当如何处理？从立法精神来看，《行政诉讼法》第70条所列举的撤销条件，行政行为只要符合其中之一，即可判决撤销。实践中，行政行为往往同时具备了其中数种情形。如既没有充足的证据，适用法律、法规也不正确，程序上也有问题。人民法院应当撤销判决，但对行政行为存在的所有问题均应一一指明，而不能只依据其中一条草率地撤销了事。这样做有利于行政机关吸取教训，促进其执法水平的提高。

（3）人民法院撤销判决后，行政机关重新作出行政行为的问题。《行政诉讼法》第71条规定："人民法院判决被告重新作出行政行为的，被告不得以同一的事实和理由作出与原行政行为基本相同的行政行为。"这一规定意味着：首先，只有人民法院判决被告重新作出行政行为，被告才可以重新作出行政行为，但被告不得以同一的事实和理由作出与原行政行为基本相同的行政行为。但根据《行诉解释》第90条的规定，有两种例外情形：其一，人民法院判决被告重新作出行政行为，被告重新作出的行政行为与原行政行为的结果相同，但主要事实或者主要理由有改变的，不属于《行政诉讼法》第71条规定的情形；其二，人民法院以违反法定程序为由，判决撤销被诉行政行为的，行政机关重新作出行政行为不受《行政诉讼法》第71条规定的限制。其次，人民法院判决撤销或者部分撤销，但并没有判决被告重新作出行政行为。在这种情况下，被告不能重新作出行政行为。从根本上说，人民法院的撤销判决，是对行政行为效力的否决，其目的在于解除行政行为对于当事人的拘束力，如果行政机关还能基于同一事实重做行政行为，则完全达不到判决目的，实际是行政机关藐视人民法院判决的权威，而且，针对行政机关重作的行政行为，当事人势必还要起诉，又开始新一轮诉讼，从而导致缠讼，既增加当事人的讼累，又无谓消耗司法资源，增加人民法院的负担，将国家的诉讼制度视同儿戏，这是绝对不能允许的。《行政诉讼法》之所以规定在有些情况下，人民法院判决被告重新作出行政行为，主要是针对以下一些情形：行政行为被撤销后，原告或者第三人的权利义务仍然需要行政机关予以安排或者处置，或者不重做会使公共利益或者公共秩序造成损害，等等。

这一问题应当引起充分的重视，实践中已经出现了行政机关在不属于上述两种例外情形的情况下，以同一事实和理由重新作出与原行政行为基本相同的行政行为，或者未经人民法院判决重做的情况下，作出与被撤销行政行为基本相同的行政行为，这在很大程度上影响了行政诉讼制度的目的，已经实质上危害了法治秩序，是决不能放任的。为此，《行诉解释》明确，在这种情况下，人民法院仍应当根据《行政诉讼法》第70条、第71条的规定判决撤销或者部分撤销重做的行政行为，并且，应当根据《行政诉讼法》第96条的规定，将其视同行政机关拒绝履行判决、裁定、调解书处理，包括对行政机关负责人进行罚款、向社会公告、向有权对该行政机关进行监督的国家机关提出司法建议，如果社会影响恶劣，可以对该行政机关直接负责的主管人员和其他直接责任人员予以拘留；情节严重，构成犯罪的，依法追究刑事责任。

(4)《行政诉讼法》第77条还规定，"行政处罚明显不当，或者其他行政行为涉及对款额的确定、认定确有错误的，人民法院可以判决变更"，那么，当行政处罚明显不当时，或者其他行政行为涉及对款额的确定或者认定确有错误时，是适用撤销判决呢还是适用变更判决？我们认为，原则上还是应当适用撤销判决，因为行政诉讼中毕竟牵涉到人民法院和行政机关的法定分工，在撤销判决同样可以起到保护公民、法人或者其他组织合法权益的前提下，人民法院还是应当着眼于监督行政机关，避免过多地变更行政行为，造成代行行政职权的局面。

3. 撤销判决的法律意义。撤销判决是行政诉讼中极其重要的一种判决形式。①行政诉讼最主要的目的之一是保护公民、法人或者其他组织的合法权益。当公民、法人或者其他组织遭受违法的行政行为侵害时，有权依法向人民法院起诉，作为原告，要求撤销或部分撤销其所认为违法的行政行为是绝大多数行政诉讼所请求的主要内容。当法院确认行政行为违法时，运用国家审判权加以撤销，这对于原告合法权益的保护是最为直接也是最为有效的。②就一个国家的行政法治建设而言，要求杜绝违法行政行为的发生是不客观的。撤销判决具有的实际意义是，当违法行政行为发生之后能否通过法定程序，制止这种违法行政行为继续发生效力，撤销判决就是这样一种制止违法行政行为继续发生危害的最直接、最有效的手段。因而它对于维护行政法治、监督行政机关依法行政具有重要意义。

(三) 履行判决

1. 履行判决的含义。履行判决是针对被告不履行法定职责或者不履行应当履行的义务所作的判决，是法院用判决的形式敦促行政机关履行法定职责或者履行应当履行的义务的一种判决。

2. 适用履行判决的情形。《行政诉讼法》第72条规定："人民法院经过审理，查明被告不履行法定职责的，判决被告在一定期限内履行。"第 78 条第 1 款规定："被告不依法履行、未按照约定履行或者违法变更、解除本法第 12 条第 1 款第 11 项规定的协议的，人民法院判决被告承担继续履行、采取补救措施或者赔偿损失等责任。被告变更、解除本法第 12 条第 1 款第 11 项规定的协议合法，但未依法给予补偿的，人民法院判决给予补偿。"从上述两条规定看，适用履行判决的情形主要有两种：

（1）判决履行法定职责，即《行政诉讼法》第 72 条所规定的情形。在这种情形下，作出履行判决有两个条件：①被告依法负有法定职责，应当履行一定的作为义务。如果行政机关不履行自己的法定职责，便是一种违法行为。当然行政机关在实施行政管理时，是有一定职责分工的，如果公民、法人或者其他组织要求行政机关履行的并非其法定职责，行政机关是有权拒绝的。此时并不构成行政机关的违法失职。如公民申请营业执照，应当向工商行政管理部门申请，如向税务部门提出申请，税务部门当然可以拒绝。人民法院也不能要求税务部门发给公民营业执照。总之，行政机关依法负有必须履行的法定职责，是人民法院作出责令履行判决的前提。②行政机关不履行法定职责。所谓不履行，是指行政机关明确拒绝公民、法人或者其他组织的申请。实践中，还有一种情况，行政机关是否履行职责态度不明确。在这种情况下，认定行政机关不履行法定职责有一定的困难，我们认为可以按以下规则处理：其一，如果法律、法规明确规定了行政机关履行法定职责的期限，则未在该期限内履行的应视为不履行。其二，如果法律、法规未明确规定行政机关的履行法定职责的期限，则可以依据《行政诉讼法》第 47 条第 1 款的规定，"公民、法人或者其他组织申请行政机关履行保护其人身权、财产权等合法权益的法定职责，行政机关在接到申请之日起 2 个月内不履行的，公民、法人或者其他组织可以向人民法院提起诉讼"，将 2 个月作为履行法定职责的法定期限。也就是说，第 47 条规定的"2 个月"，既是起诉的程序标准，也是人民法院判决的实体条件。人民法院判决被告履行法定职责，应当明确规定履行的期限。具体期限应当视案件的具体情况而定，既不能太长，不利于原告权利的实现；也不能太短，使行政机关难以完成。一般而言，不能超过法律规定的履行期限，没有法定期限的，不能超过 2 个月，不能使被告通过行政诉讼又获得一个法定期限，客观上达到"拖延"的目的。

（2）判决履行义务，即《行政诉讼法》第 78 条规定的情形。此种履行判决又可以分为三种情况：①判决履行协议。即人民法院经审理认为，被告不依法履行、未按照约定履行或者违法变更、解除政府特许经营协议、土地房屋征收补偿协议等协议的，应当判决被告履行或者继续履行协议。②判决履行采取补救措施或者赔偿损失的义务。即当人民法院经审理后认为，被告违法变更、解除政府特许经营协议、土地房屋征收补偿协议等协议，并对原告造成不利影响和损害的，应当判决被告履行采取补救措施或者给予赔偿的义务。此种判决是否应当以原告提出采取补救措施或者赔偿损失的诉讼请求为前提，立法上并没有明确，因为从《行政诉讼法》第 12 条第 1 款第 11 项的规定看，只是规定对这类行为可以提起行政诉讼，原告起诉时，可能附带提出补救或者赔偿的请求，也可能不附带提出。我们认为，只要法院认为被告变更、解除有关协议的行为违法，无论原告是否提出补救或者赔偿的诉讼请求，人民法院均可作出履行补救或者赔偿义务的判决。这是遵循"有损害就应当有救济"原则的表现，至于法院作出上述判决后，原告与被告之间就是否补救、赔偿以及如何就补救、赔偿达成一致的，则是另一个法律关系，原告当然可以放弃得到补救或者赔偿的权利。但如果不能达成一致，对行政机关所采取的补救措施、赔偿方案等不服的，则是另外一个诉讼。③判决履行补偿义务。即当人民法院经过审理认为，被告变更、解除政府特许经营协议、土地房屋征收补偿协议等协议的行为合法的，但未依法给予补偿的，判决被告履行补偿义务。按照信赖保护原则的要求，公民、法人或者其他组织因行政机关的合法行为导致的损失，有得到补偿的权利，对此，《行政许可法》已经明确地规定，行政机关应当履行补偿义务。同前述原因，这种判决也不以原告提出补偿请求作为前提。当然，原告单独就补偿问题起诉的，不在此列。

人民法院作出履行判决时，有几个问题值得注意：

（1）《行诉解释》第91条明确规定：原告请求被告履行法定职责的理由成立，被告违法拒绝履行或者无正当理由逾期不予答复的，人民法院当然可以根据《行政诉讼法》第72条的规定，判决被告在一定期限内依法履行原告请求的法定职责；但是，在某些情况下，被告履行法定职责，是需要调查或者裁量的，直接判决被告在一定期限里履行法定职责，难免失之草率，或者过度干预行政事务，因此在这种情况下，应当判决被告针对原告的请求重新作出处理。当然，如果原告对被告重新作出的处理行为不服，仍然可以针对重做的处理行为提起诉讼。

（2）《行诉解释》第92条规定，原告申请被告依法履行支付抚恤金、最低生活保障待遇或者社会保险待遇等给付义务的理由成立，被告依法负有给付义务而拒绝或者拖延履行义务的，人民法院可以根据《行政诉讼法》第73条的规定，判决被告在一定期限内履行相应的给付义务。也就是说，有以下条件的，履行判决可以转换为给付判决：其一，原告诉请属于要求被告履行支付抚恤金、最低生活保障待遇或者社会保险待遇等法定职责；其二，也是至关重要的条件，人民法院认为原告诉请支付抚恤金、最低生活保障待遇或者社会保险待遇等的理由成立，被告应当支付但却拒绝或者拖延支付。这一规定的意义在于，避免了在这种情况下，人民法院作出责令被告履行法定职责的判决后，被告重新启动审查申请、作出决定等程序带来的拖累，甚至于错误地作出不予支付的决定，既然符合支付条件，直接判决行政机关履行支付义务，大大提高原告获取社会保障的效率。当然，申请社会保障，应当首先向有法定职责的行政机关提出，直接向人民法院起诉要求行政机关支付的，人民法院应当裁定驳回起诉。

3. 履行判决的法律意义。履行判决的法律意义可以概括为以下两个方面：

（1）通过履行判决，可以督促行政机关履行法定职责，从而维护公共秩序。因为法律赋予行政机关以一定的职责，是出于对公共秩序的维护，如果在法院的督促下，履行了法定职责，则就使公共秩序得到了维护，公共利益得以实现，尽管这是迟到的。

（2）通过履行判决，可以使公民、法人或者其他组织的合法权益得到保护。行政机关负有法定职责而不履行或拖延履行，是一种违法失职行为，会导致公民、法人和其他组织及国家利益受到损失，人民法院应当判决责令其履行职责。另一方面，在特许经营协议、土地房屋征收补偿协议等行政协议中，公民、法人或者其他组织有着确定的权益，行政机关如果不履行应当履行的协议，或者违法变更、解除行政协议当然会造成公民、法人或者其他组织权益受到损害，即便是合法的变更、解除，也往往会造成损害，因此，人民法院作出履行协议判决、履行补救、赔偿义务判决以及承担补偿义务判决，会使公民、法人或者其他组织的合法权益得到有效的司法保护。

（四）给付判决

1. 给付判决的含义。给付判决是指人民法院作出要求被告承担给付义务的判决，这里的给付主要是指金钱给付。在诉讼理论上，给付诉讼是一个外延较为宽泛的概念，前述履行判决也属于给付诉讼，但这里的给付诉讼，主要是针对行政机关承担给付行政的职能所实施的行为。给付行政是政府的最基本职能之一，主要包括了提供各种公共保障、公共福利、公益事业等。1989年《行政诉讼法》将抚恤金案件纳入行政诉讼，是我国对给付行政活动进行司法监督的开始。在2014年修正《行政诉讼法》时，进一步扩大了给付行政纳入行政诉讼的范围。

2. 给付判决适用的情形。《行政诉讼法》第73条规定："人民法院经过审理，查明被告依法负有给付义务的，判决被告履行给付义务。"据此，适用给付判决的情形有：

（1）被告负有给付义务。所谓被告负有给付义务，不是指基于政治、道义标准的考虑，抽象地认为被告有给付义务，而是要有明确的法律根据。根据《行政诉讼法》第12条第1款第10项的规定，"认为行政机关没有依法支付抚恤金、最低生活保障待遇或者社会保险待遇的"，可以提起行政诉讼，我们认为，只有在这三个给付领域可以适用给付判决。

（2）被告没有依法给付。应当获得给付而没有获得，是对公民、法人或者其他组织权益的剥夺，人民法院作出给付判决实际是对其合法权益的维护。这里的没有给付包括全部没有给付和没有足额给付两种情形。

3. 给付判决的意义。2014年修正《行政诉讼法》时，扩大了给付行政诉讼的范围，是我国公共保障事业和福利事业的发展在行政诉讼领域的体现，可以预测，随着我国经济社会的不断发展，公民获得的社会保障和福利待遇还将进一步扩大，每一个公民都有平等的从国家获得保障的权利，《行政诉讼法》赋予人民法院进行给付判决的权力，正是为了保障公民、法人或者其他组织公平、合法地获得社会保障的权利。

（五）确认违法判决

1. 确认违法判决的含义。确认违法判决是指人民法院在某些特定情况下，对被诉的行政行为是否违法所作的一种司法认定，不同于撤销判决直接消灭被诉行政行为的效力，也不同于变更判决直接改变被诉行政行为的内容，而是就被诉行政行为的违法性作出认定，从而决定被诉行政行为是否能够继续有效的一种判决。

2. 适用确认判决的情形。《行政诉讼法》第74条对确认判决作出了规定，分析上述两条规定，确认判决实际有两种类型：

（1）确认违法但不撤销行政行为。《行政诉讼法》第74条第1款规定："行政行为有下列情形之一的，人民法院判决确认违法，但不撤销行政行为：①行政行为依法应当撤销，但撤销会给国家利益、社会公共利益造成重大损害的；②行政行为程序轻微违法，但对原告权利不产生实际影响的。"第一种情形是，被诉行政行为存在《行政诉讼法》第70条规定的应当予以撤销的情况，但撤销该行政行为将会给国家利益或者公共利益造成重大损失的，人民法院应当作出确认被诉行政行为违法的判决，但不撤销被诉的行政行为。这一规定的立足点在于，确认违法与撤销行政行为有显著的区别，根据行政行为效力的原理，行政行为的撤销具有溯及既往的效力，即行政行为被撤销后，行政行为自作出之日起就无效，而行政行为又往往具有先行力，一经作出公民、法人或者其他组织就应当履行，而事后经过法定程序被撤销的，已经执行的内容应当是能恢复原状的恢复原状，不能恢复原状的由国家承担赔偿责任。问题在于，如果一个违法行政行为被法院撤销后又导致造成国家利益或者公共利益的重大损失，这就不适合运用撤销判决。在这种情况下，选择对行政行为的效力没有溯及既往效力的确认违法判决，就避免了国家利益或公共利益的重大损失。当然，原告因违法行政行为而受的损害，也应当得到相应补救或赔偿。所以，法院在确认被告的行政行为违法的同时，要责令被诉行政机关采取补救措施，或者给原告以国家赔偿，这就使公共利益、国家利益和公民、法人或者其他组织的权益都能得到保障。第二种情形是：行政行为程序轻微违法，但对原告权利不产生实际影响。首先，这一情形只能针对行政行为的程序问题，涉及实体问题的不适用此判决形式，其次，只能针对程序上存在轻微违法的行政行为，如果出现重大程序违法，也不适用此种判决。程序合法是行政行为合法的必要条件，理论上说，程序违法，足够构成行政行为违法。但是，程序违法的表现形态非常复杂，有的直接影响到当事人的合法权益，如行政机关严重超过法定期限作出许可决定，可能会影响到原告权利的及时行使和实现；有的程序违法很轻微并未对当事人的权利造成任何实际影响，对这类程序行为确认违法即可，不予判决撤销，否则会浪费大量已发生的行政成本，甚至带来新的行政成本耗费（如判决撤销后有些行政行为须重新做出）。确认违法的判决通过对轻微程序违法行为价值判断上的否定，已达到监督行政机关依法行政的作用，也对原告的诉讼主张给予了法理上的支持。当然，人民法院作出确认违法的判决后，如果当事人事后能证明因行政行为程序违法的确造成了自己的实际损失，仍可根据《国家赔偿法》的规定要求获得国家赔偿。

根据《行诉解释》第96条的规定，有下列情形之一，且对原告依法享有的听证、陈述、申辩等重要程序性权利不产生实质损害的，就属于"程序轻微违法"：①处理期限轻微违法；②通知、送达等程序轻微违法；③其他程序轻微违法的情形，例如法律文书上出现有无关紧要的笔误等。

（2）确认违法但不需要撤销行政行为的。《行政诉讼法》第74条第2款规定："行政行为有下列情形之一，不需要撤销或者判决履行的，人民法院判决确认违法：①行政行为违法，但不具有可撤销内容的；②被告改变原违法行政行为，原告仍要求确认原行政行为违法的；③被告不履行或者拖延履行法定职责，判决履行没有意义的。"此种确认违法判决与前述确认违法判决有着明显的区别。前述确认违法判决是行政行为依法应当撤销，但出于特殊原因不撤销，只确认违法；此处确认违法判决是没有撤销意义的，要么其本身就是没有可撤销的内容，如行政事实行为，在当事人诉讼时违法行为的后果早已发生，撤销已经没有意义；要么是可以撤销的内容实际已经撤销，如原告起诉后被告改变了被诉的行政行为，对原告的不利影响实际已经消除；要么是撤销后原告已没有再实现权利的可能，如原告申请参加某种活动被行政机关拒绝，起诉后活动已经结束，已无再参加的可能。因此，只能作出确认违法的判决。

3. 确认违法判决的法律意义。从《行政诉讼法》的规定来看，由于针对合法的行政行为适用驳回诉讼请求判决，所以不存在确认行政行为合法的判决，确认判决均为确认行政行为合法或者无效，其法律意义非常明显，根据《国家赔偿法》的规定，行政行为违法将可能导致国家赔偿。当人民法院判决行政行为违法或者无效后，当事人可以据此申请国家赔偿，而且，《行政诉讼法》第76条规定："人民法院判决确认违法或者无效的，可以同时判决责令被告采取补救措施；给原告造成损失的，依法判决被告承担赔偿责任。"这就形成了一个完整的保护公民、法人或者其他组织合法权益的法律结构。

（六）确认无效判决

1. 确认无效判决的含义。确认无效判决，即判决行政行为无效。《行政诉讼法》第75条规定："行政行为有实施主体不具有行政主体资格或者没有依据等重大且明显违法情形，原告申请确认行政行为无效的，人民法院判决确认无效。"这是2014年修正《行政诉讼法》时新增加的一种判决形式。从某种程度上说，增加这一判决反映了我国行政法律制度的重大进步，是朝着严格的法治主义迈出了一步。理解这一评价，首先要明确行政诉讼的撤销之诉与确认无效之诉的区别。从表面上看，这两种诉的目的都是消灭行政行为的效力，通过法院的判决解除行政行为对当事人的拘束，但从国外有关国家的法律规定看，二者区别十分重大：其一，撤销之诉有确定而严格的诉讼期限规定，而确认无效之诉没有诉讼起诉期限的规定，任何时候都可以提起；其二，一般而言，撤销之诉有较严格的原告资格限制，而确认无效之诉没有原告资格限制，"人人得而诉之"。由于确认无效之诉的存在，行政机关面临巨大的压力，行政行为随时随地都可能遭受确认无效之诉的攻击，对于行政行为的安定、法律秩序的稳定是极为不利的。正因为如此，凡是建立确认无效之诉的国家，在提起的条件和法院作出确认无效判决的条件方面，都有严格的规定，有的要求针对的行政行为存在重大违法情形，有的要求有明显违法情形，有的既强调重大同时强调明显违法情形。此前，我国《行政诉讼法》中没有规定确认无效之诉，人民法院也不存在作出确认行政行为无效的判决，行政行为违法的情形无论如何重大、如何明显，均以撤销之诉的模式实施。特别是，对于某些重大、明显违法的行政行为，已经明显对公共利益和公民、法人或者其他组织的合法权益造成重大、明显的侵害，如果按照一般的诉讼条件去处理认定，往往因为起诉期限或者原告资格的原因，无法进入司法审查程序，反而使这类重大、明显的违法行为获得了实质法律效力，大行其道，这种情况不利于及时制止重大、明显违法的行政行为实际发生的效力，与依法行政的实质要求背道而驰。因此，引入确认无效之诉势所必然。

2014年修正的《行政诉讼法》顺应这一形势需要，规定了确认无效判决。但是，从目前的规定可以看出立法的谨慎和渐进态度，这主要体现在对作出确认行政行为无效的条件设置上。

2. 确认无效判决的条件。从《行政诉讼法》第75条的规定来看，只有两种情形可以作出确认行政行为无效的判决。

（1）被诉行政行为的实施主体不具有行政主体资格。现代法治的一个基本特征是，国家权力只能有得到合法授权的国家机关或者组织行使，在行政法学的基本原理中，强调职权法定，也即只有得到合法授权的国家机关或者组织才能实施行政行为，处分公民、法人或者其他组织的权益，没有得到授权，任何组织都无权单方面干预公民、法人或者其他组织的权益。如果没有这一基本规则，公民、法人或者其他组织的正当、合法权益都会处在其他机关或者组织的威胁之下。所以，必须确立一个原则，没有得到合法授权的机关或者组织所实施的行政行为不对公民、法人或者其他组织产生法律上的拘束力，是无效的。有一种观点认为，没有行政主体资格机关或者组织实施的行政行为，自始不产生效力，无须任何人认定或者宣告，均不应对公民、法人或者其他组织发生拘束力。应当说，这一观点认清了无效行政行为的实质，但问题在于，在没有权威机关确认或者宣告的情况下，按照行政行为先行力的原理，任何人都不可能无视这种无效行政行为的存在，因此，在制度上建立无效行政行为的确认程序时十分必要的。要注意的是，没有行政主体资格与行政主体超越法定权限是完全不同的，不能混淆。没有行政主体资格实质没有得到合法的授权，擅自行使国家权力，即无资格行使权力；而超越权限是指具有行政主体的机关或者组织，超越了法律规定的职权范围行使权力，即有权而越权。

（2）被诉行政行为没有依据。行政行为是一个处分公民、法人或者其他组织权利义务或者确立、改变、消灭其法律地位或者法律状态的行为，现代法治的基本要求之一，是任何机关均不得在没有法律依据的情况下影响、干预公民权利或者法律地位，任何人或者组织在没有法律依据的情况下剥夺、限制公民、法人或者其他组织的权利，或者科处义务等。这些都是不被允许的，绝不能赋予这样的行为任何法律效力。如何理解法条中使用的"没有依据"，这里的依据当然应当理解为法律依据，也就是说只要被诉行政行为没有规章以上的规范作为依据，就应当认为是行政行为没有依据，如果不是这样理解，行政机关任意提供一个不属于《立法法》规定的法规范范畴的文件或者规定，就不能认定行政行为无效的话，这将大大压缩确认无效判决适用的范围，甚至抵消该判决设置的法律意义。要注意的是，由于这个理由的确立，就形成了这样的后果：如果是行政主体没有规章以上的规范作为依据干预公民、法人或者其他组织的权利义务，则应当判决确认行政行为无效；如果行政主体以规章以上的规范作为依据，但违反了《立法法》规定的法律适用规则，则构成适用法律、法规等错误，则应当作出撤销或者确认行为违法的判决。

3. 确认无效判决的法律意义。确认无效判决的确立，具有极为重大的法律意义，这一判决如果得到充分的运用，将大大推动实质行政法治的进步，有利于维护法律实施的秩序，从根本上保护公民、法人或者其他组织的正当权益，将我国对公民、法人或者组织权益的保护推上历史新高度。

当然，由于这种判决的深刻意义和重大影响，对行政秩序将会带来重大冲击，采取审慎推进的态度是必要的，应当在认真研究这一判决广泛运用后带来正面和负面影响的基础上，进一步完善此判决运用的规则。特别是，提起确认无效判决的条件以及做出该判决后所引发的法律后果，必须予以充分认识。

4. 确认无效判决的几个特殊问题。

（1）如何理解《行诉解释》第99条的规定。该条规定，有下列情形之一的，属于《行政诉讼法》第75条规定的"重大且明显违法"：①行政行为实施主体不具有行政主体资格；②减损权利或者增加义务的行政行为没有法律规范依据；③行政行为的内容客观上不可能实施；④其他重大且明显违法的情形。对照《行政诉讼法》第75条规定："行政行为有实施主体不具有行政主体资格或者没有依据等重大且明显违法情形，原告申请确认行政行为无效的，人民法院判决确认无效。"《行诉解释》具有解释意义的只有第③项，其他均为《行政诉讼法》的明确规定，但这一解释的意义也十分有限——"行政行为的内容客观上不可能实施"实质上是行政行为的不成立，而不是无效，既然客观上不可能实施，则没有任何意义，不会产生法律后果，没有必要由人民法院在司法上作出处理。值得注意的是，本条解释的口径是一个周延的口径：要解释的是"重大且明显违法"，是法条"等"字后面的情形，但其解释的内容又基本照抄法条，这在逻辑上是混乱的，为了避免法条的开放，又重复法条的"其他重大且明显违法"，这其实可以体现出最高人民法院的审慎态度。

（2）原告起诉时的诉讼请求是撤销行政行为，而经过人民法院审查，实则为行政行为无效的情况，按照《行诉解释》第94条的规定，法院应当作出确认行政行无效的判决。但相反的情形是，原告起诉要求确认行政行为无效，人民法院审查后认为行政行为不符合无效的条件，此时人民法院法院应当向原告明确解释，原告可以变更为请求撤销行政行为，人民法院应当继续审理，并作出相应判决；但原告请求撤销行政行为超过法定起诉期限的，则裁定驳回起诉；原告拒绝变更诉讼请求的，判决驳回其诉讼请求。

（3）关于一并处理行政赔偿争议的程序。在《行诉解释》第68条中，最高人民法院规定了九种诉讼请求，同时在该条第2款规定，当事人可以单独或者一并提起行政赔偿、补偿诉讼，只是要求原告应当有具体的赔偿、补偿事项以及数额，人民法院可以先行对行政行为的合法性进行审查之后，在对应原告一并要求赔偿、补偿的请求进行审理。还有一种情形是，原告只是提出确认行政行为违法或者无效，并未一并请求赔偿。在这种情形下，如果人民法院经审理认为被诉行政行为违法或者无效，可能给原告造成损失，经向原告释明，原告可以追加诉讼请求，请求一并解决行政争议的，人民法院可以就赔偿事项进行调解；调解不成的，应当一并判决，当然，人民法院也可以告知其就赔偿事项另行起诉。显然，此条司法解释的旨在提高解决行政争议的效率，减轻当事人的讼累。但有一个问题应当注意，绝不能以原告追加赔偿请求的部分达成调解协议后结案，不对原告最初请求确认行政行为违法或者无效的诉讼请求置之不理，人民法院仍然应当对最初的诉讼请求予以明确回应。这样做，有利于防止被告花钱买结果，逃避人民法院对行政行为是否合法的监督。

（七）变更判决

1. 变更判决的含义。变更判决是指人民法院审理行政案件时，运用国家审判权直接变更被诉的行政行为的内容而进行的判决。人民法院依法进行变更判决，是人民法院拥有司法变更权的具体表现。

在行政审判中，如何处理行政权与审判权的关系，人民法院能否直接判决变更行政机关的行为，历来是理论界争论的焦点。有人认为，如果赋予法院变更权，实际上会造成审判权对行政权的侵害，导致司法机关代替行政机关行使职权，因而反对法院拥有变更权。也有人反对这种说法，他们认为分权与制衡，分工与制约是密不可分的。人民法院处理行政纠纷过程中变更行政机关的错误决定，是运用审判权对行政权的一种有效的制约。客观地说，从国家职能分工来看，审判机关和行政机关确定应当相互尊重各自的权力，即使运用审判权制约行政权，也应当建立在不过分干涉行政权的基础上。就我国行政审判制度的实际情况而言，我国行政诉讼制度历史还很短，如果赋予人民法院司法变更权，要求审判人员也要具备丰富的行政管理知识和经验，准确地对行政行为进行变更，是难以实现的。但是，如果审判机关完全不享有变更权，则对行政审判任务的实现也是不利的。而且，就世界范围而言，越来越多的国家和地区对司法变更权开始持肯定的态度。依据1989年《行政诉讼法》第54条第4项的规定，人民法院对行政处罚显失公正的，可以判决变更。这一规定表明，在我国行政诉讼的立法上，有限地肯定了司法变更权。2014年修正《行政诉讼法》时，总结行政诉讼的经验教训，扩大了变更判决的适用范围，对司法变更权进行了扩充。

2. 适用变更判决的情形。《行政诉讼法》第 77 条规定："行政处罚明显不当，或者其他行政行为涉及对款额的确定、认定确有错误的，人民法院可以判决变更。人民法院判决变更，不得加重原告的义务或者减损原告的权益。但利害关系人同为原告，且诉讼请求相反的除外。"本条规定了适用变更判决的情形和条件：

（1）只能针对行政处罚和其他涉及款额确定的行政行为。行政处罚是对公民、法人或者其他组织权利义务影响最大的行政行为之一，对于行政处罚，法律、法规规定的处罚幅度较宽，有的根本没有规定处罚幅度，行政处罚实践中最突出的问题是，处罚裁量权的运用较为随意，没有确定的标准，行政机关在实施行政处罚时，往往会出现畸轻畸重的情况，损害公民、法人或者其他组织的合法权益。其他涉及款额的行政行为，如行政征收、支付抚恤金、最低生活保障待遇、社会保险待遇等，如果出现计算错误或者使用标准错误，也将损害当事人合法权益，因为只涉及款额计算，如果按照通常的判决予以撤销的话，行政机关还将重新作出行政行为，对原告实际是不利的，因此，对这类行为赋予法院变更权，有利于及时解决问题。

（2）行政处罚明显不当、其他涉及款额的行政行为确定、认定数额不当。2014年修正《行政诉讼法》时，将原规定的"显失公正"改为"明显不当"，并无实质区别，都是指行政处罚严重偏离了裁量基准，严重违反了行政合理性原则，具有通常法律常识和道德认识水准的人均可发现和确认其不合理。

3. 变更判决的法律意义。变更判决有利于及时有效的化解行政争议，减轻当事人的讼累，同时也有减低行政成本，提高行政机关处理行政事务效率的作用。

当然，行政诉讼中涉及人民法院与行政机关的职权划分。如果人民法院无节制的运用变更判决，就会有过度干预行政机关职权，甚至有取代行政机关行使职权的嫌疑，因此，适用变更判决，应当坚持以下原则：其一，只能针对《行政诉讼法》第 77 条规定的案件、达到其规定的条件才能适用；其二，在行政行为出现可撤销、可变更情形的，应优先选择撤销判决。

根据诉讼禁止不利变更原则，人民法院判决变更，不得加重原告的义务或者减损原告的权益。但利害关系人同为原告，且诉讼请求相反的除外。《行政诉讼法》第77 条规定了适用变更判决的情形和条件。

三、二审判决和再审判决

（一）二审判决

1. 二审判决的种类。二审判决是二审人民法院运用二审程序对案件所作的判决。二审以一审判决、裁定为审理对象。因此，二审判决不仅要对行政诉讼当事人之间的行政争议所涉及的事实根据和法律依据作出判断，还要对一审裁判的事实根据和法律依据作出判断。根据《行政诉讼法》第 89 条的规定，二审判决可以分为以下两种：

（1）判决驳回上诉，维持原判。即二审人民法院用判决的方式，对一审人民法院在判决中认定的事实和适用的法律、法规予以肯定，认可其合法性，并确认其法律效力。根据《行政诉讼法》第89条第1款第1项的规定，维持原判的条件是：认定事实清楚，即一审判决所依据的事实有充分的证据可资证明；适用法律、法规正确，即指一审判决在正确认定事实的基础上，严格按照法定程序，准确适用了法律、法规的规定，对所争议的行政行为作出了公正的判决。

（2）依法改判。即二审人民法院用判决的形式直接改正一审法院错误的判决。根据《行政诉讼法》第89条第1款第2项的规定，改判有两种情况：①原判决认定事实错误；②原判决适用法律、法规错误的。改判既可以是对一审判决认定事实错误的纠正，也可以是对适用法律、法规错误的纠正，无论是哪一种改判，二审法院均应当撤销或部分撤销一审判决，并依法判决撤销或者变更被诉的行政行为。

另外，对于一审判决的处理，《行政诉讼法》第89条第1款还规定了以下两种情形：①原判决认定基本事实不清、证据不足的，发回原审人民法院重审，或者查清事实后改判；②原判决遗漏当事人或者违法缺席判决等严重违反法定程序的，裁定撤销原判决，发回原审人民法院重审。原审人民法院对发回重审的案件作出判决后，当事人提起上诉的，二审人民法院不得再次发回重审。

人民法院审理上诉案件，需要改变原审判决的，应当同时对被诉行政行为作出判决。

2. 二审判决的效力。二审人民法院的判决是终审判决，一经作出便立即发生法律效力，当事人不得上诉，并且立即发生执行力，当事人应立即履行判决内容。

（二）再审判决

再审判决是人民法院运用审判监督程序所作的判决。《行政诉讼法》未对再审判决的条件等作出明确的规定。我们认为，再审判决形式是由案件经过哪一级人民法院审结决定的，具体如下：

1. 如果原判决认定事实清楚，适用法律、法规正确，无论案件经过哪一级人民法院审结，均应裁定撤销原中止执行和决定再审的决定，执行原判决。

2. 原判决认定事实有错误，违反法律、法规的规定，如果是按照一审程序审理的，则按照一审判决的形式，作出新的判决。如果是按照二审程序审结的，可以撤销原判，发回原一审法院重新审理。

3. 如果按照二审程序再审，发现原二审判决事实清楚，但违反法律、法规规定，可以依法改判。如果原一审裁判正确，二审裁判错误，可以撤销二审裁判、维持一审裁判。

再审判决的效力取决于再审案件按照哪一种程序审理，如果按照一审程序审理，则其判决可上诉；如果按照二审程序审理则为终审判决，不得上诉。

第三节　裁定与决定

一、裁定、决定的概念

裁定，是指人民法院在案件审理过程中，或者在判决的执行过程当中，就程序问题的处理形式。

决定，是指人民法院在诉讼过程中，就有关特殊问题的处理形式。

裁定、决定与判决一样，是人民法院依法作出的具有法律效力的诉讼文书。但它们又有明显的不同：①适用的对象不同。判决是在人民法院审理案件终结时，就实体问题所作的判定。裁定是在案件的审理过程中，就程序问题所作的判定。裁定只适用于程序问题，并且，既可能在案件审理过程中作出，也可能在执行过程中作出。决定只适用于一些特殊问题。②适用的范围不同。判决是确定行政行为是否合法的实体问题，其范围较小。裁定的范围要比判决广，凡有关程序问题均可用裁定解决。决定只适用于一些特殊问题的处理，如回避、决定再审等。③表现的形式不同。判决必须用书面形式作出，而裁定和决定既可以是书面的，也可以是口头的，但口头的裁定和决定应当记入笔录。

二、裁定、决定的适用范围

（一）裁定的适用范围

裁定只适用于有关程序问题，根据《行诉解释》第 101 条的规定，裁定适用的范围具体包括以下各种事项：不予立案；驳回起诉；管辖异议；终结诉讼；中止诉讼；移送或者指定管辖；诉讼期间停止行政行为的执行或者驳回停止执行的申请；财产保全；先予执行；准许或者不准许撤诉；补正裁判文书中的笔误；中止或者终结执行；提审、指令再审或者发回重审；准许或者不准许执行行政机关的行政行为；其他需要裁定的事项。其中，对不予立案、驳回起诉、管辖异议的裁定，当事人可以上诉。

裁定书应当写明裁定结果和作出该裁定的理由。裁定书由审判人员、书记员署名，加盖人民法院印章。口头裁定的，记入笔录。

（二）决定的适用范围

决定适用于一些特殊问题的处理。根据法律的有关规定和司法实践中的有关做法，下列情况可以适用决定：①回避。②对妨害诉讼的行为人采取强制措施，其中对给予行为人以罚款、拘留的决定需经人民法院院长批准，当事人不服的可以申请复议。③重大、疑难案件的处理由院长提交审判委员会决定。④决定再审、提审或者指定再审。

决定可以是书面的，也可以是口头的。书面决定应由作出决定的机关加盖公章，口头决定应当记入笔录。

三、裁定、决定的效力

（一）裁定的法律效力

裁定的法律效力有两种情况：①凡审判人员为组织诉讼所作的裁定，一经宣布或者送达，即发生法律效力。②一审法院作出的不予受理的裁定，或者驳回起诉的裁定，可以在一审法院作出裁定之日起的 10 日内向上一级人民法院提出上诉。逾期不提出上诉的，一审人民法院的裁定即发生法律效力。

（二）决定的法律效力

决定无论是什么性质，也不论是根据哪一部法律作出的，一经宣布或送达，就发生法律效力。规定当事人可以申请复议的，复议期间不停止决定的执行。

■思考题

1. 简述行政诉讼中的法律适用。
2. 简述行政诉讼中的法律规范冲突的具体表现。
3. 简述行政诉讼中的法律规范冲突的选择适用规则。
4. 简述行政诉讼中的判决的特点及其主要形式。
5. 简述行政诉讼中各种判决适用的条件及其法律意义。
6. 简述行政诉讼中裁定、决定的适用范围。

■推荐书目

1. 吴华：《行政诉讼类型研究》，中国人民公安大学出版社 2006 年版。
2. 高若敏：《行政审判问题研究》，人民法院出版社 2004 年版。
3. 杨伟东：《行政行为司法审查强度研究——行政审判权纵向范围分析》，中国人民大学出版社 2003 年版。
4. 刘莘主编：《国内法律冲突与立法对策》，中国政法大学出版社 2003 年版。
5. 蔡小雪：《行政审判中的合法性审查》，人民法院出版社 1999 年版。
6. 袁杰主编：《中华人民共和国行政诉讼法解读》，中国法制出版社 2014 年版。

第二十六章 行政诉讼的执行

第一节 行政诉讼执行概述

一、执行的概念和特点

　　行政诉讼执行是指执行组织对已生效的行政案件的法律文书，在义务人逾期拒不履行时，依法采取强制措施，从而使生效法律文书的内容得以实现的活动。

　　行政诉讼执行具有以下特点：

　　1. 执行组织是人民法院或有权行政机关。对已经生效的人民法院的裁判，可以进行强制执行的组织，包括人民法院和有权执行的行政机关。这不同于民事诉讼中的强制执行。

　　法院作为执行组织，适用于两类情况：①经过诉讼程序审理与裁判，是对法院裁判、调解文书的执行；②只经过行政程序，并由没有强制执行权的行政机关申请法院强制执行。

　　行政机关作为执行组织，也同样因程序不同分为两类：①行政机关在行政程序中作出处理决定，并依法在行政程序中强制执行，这类强制执行不是本章研究的内容；②经过法院诉讼的裁判文书，由有行政强制执行权的行政机关依法强制执行。

　　2. 执行申请人或被申请人有一方是行政机关。这是由行政案件的性质与行政法律关系的基础所决定的，是行政法律关系在诉讼执行程序中的反映。

　　3. 强制执行的根据是已生效的诉讼文书。这些文书包括：判决书、裁定书和调解书。这些文书均是司法文书，在法律上具有最终确定的效力，是当事人必须履行和遵守的依据。由于这些文书具有司法的最终确定力，所以，它不能被其他任何行政机关的决定、决议推翻，也不能在未经合法程序撤销以前被任何一个法院（包括裁判的法院）否认或拒绝。需要强调指出，法院已经生效的裁判文书，有时是可以由有强制执行权的行政机关来执行的，但由于法院已经裁判，所执行的就不再是行政决定，有权执行的机关就必须执行，而不像在行政程序中有时可以放弃。

4. 行政诉讼中的执行是强制性的。行政诉讼执行就是以强制力为特征的，它是在义务人不自动履行义务的前提下所引起的法律后果。这种强制性具体表现在强制执行措施上，有罚款、查封、变卖、划拨、扣押等。强制性涉及两个方面：①主观上违反义务人的意志；②客观上直接作用于物、行为或人身，从而实现义务的内容。所以，强制执行的结果是或者直接实现义务，或者迫使被执行人履行义务。

5. 强制执行的法律后果是裁判文书所确定的义务得以实现。在执行中，不能对被执行人设定任何新的义务，也不能改变已经由法院判决的权利或义务。从根本上讲，它不过是以强制的方法去迫使被执行人去履行义务。因此，所有的强制执行措施都以达到这个目的为限度，绝对不允许超出这个范围。

二、执行的意义

（一）行政诉讼执行是为了保障当事人合法权益的实现

行政诉讼的根本宗旨是保护公民、法人、其他组织的合法权益，维护行政机关依法行使职权。而要达此目的，不仅是涉及审理与判决合法、正确的问题，而且还必须要有强有力的执行制度保证，使法官写在纸上的权利能够成为现实的权益，否则，保护权益、维护行政就是一句空话。从这个意义上讲，执行制度是行政诉讼制度的最终落脚点。

（二）行政诉讼执行是为了维护法律的权威与尊严

强制执行制度正是法律权威与尊严的集中体现，是其他制度与手段所不能取代的。要维护法律的尊严，就必须要使法律的规定得到不折不扣的贯彻实施。如果司法审判机关的判决都不能完全有效地执行，那么，法律的尊严与权威就不能不受到怀疑。

三、执行的原则

（一）诉讼地位平等原则

《行政诉讼法》规定的关于行政诉讼的基本原则之一就是当事人的诉讼地位平等，这一原则反映在执行上，就是执行申请人与被申请人的诉讼法律地位平等。具体来讲，它包含以下三方面的内容：

1. 当事人双方都受法院裁判的约束，均须履行裁判确定的权利和义务，也都只能提出裁判确认的权利范围内的请求，无一例外。

2. 对于拒绝履行义务的当事人，无论是原告方还是被告方，都有权申请法院强制执行，而无论是原告的申请，还是被告的申请，法院都应依职权采取强制措施促使义务人履行义务或达到与义务实现同等的状态。

3. 对于拒不履行义务的，都必须承担相应的法律后果。

（二）依法执行原则

强制执行以强制手段为特征，对被执行人的权利与义务的影响直接而严厉，因此必须严格按照法律的规定进行：

1. 在执行组织方面，只能是人民法院和部分有执行权的行政机关，其他任何机关都不能成为行政诉讼执行的组织。

2. 在执行程序上，必须在法定的期限里、用法定的措施、按照法定程序执行。

3. 在执行的范围上，只能就司法文书确定的财产或人身等进行执行，决不允许超出上述范围强制执行。

第二节　执行的条件、主体、对象

一、执行的条件

行政诉讼的执行，必须具备法律设定的一定条件才能发生，没有这些条件，执行程序也就不可能启动。所以，所谓执行的条件，就是法律设定的执行程序发生的条件。执行的条件主要包括以下内容：

1. 有执行根据。执行根据就是强制执行据以执行的法律文书，即生效的判决书、裁定书和调解书。

2. 有可供执行的内容。并非所有的裁判文书都有执行的可能，裁判所确定的内容有的具有执行意义，有的则没有执行的必要。如法院撤销违法的警告处罚就不涉及执行问题。一般来讲，作为可供执行内容的义务有：给付义务，如赔偿；实施特定的行为的义务，如拆除违章建筑、重新作出行政行为或者恢复原状等。

3. 被执行人有能力履行而拒不履行义务。也就是说被执行人客观上有能力履行义务，在主观上又不愿意履行义务，才可能对其实施强制执行。

4. 当事人在法定期限内提出了执行申请。当事人有依法申请的权利，但如果当事人放弃了申请执行权，当然就不会出现强制执行了。

二、执行的主体

执行的主体是指执行过程中享有权利或负有义务的机关、组织或个人。在由行政机关执行的时候，执行的主体就是行政法律关系的主体。在法院的执行中，包括执行组织、执行当事人、执行参与人和案外异议人。

（一）执行组织

1. 概念及种类。执行组织也称执行机关，是指拥有行政诉讼执行权并实施执行措施的主体，即人民法院和有权的行政机关。

根据《行政诉讼法》第95条的规定，生效的行政诉讼判决和裁定都由一审法院执行，因此，一审法院就成为执行组织。《行诉解释》第154条进一步明确：发生法律效力的行政判决书、行政裁定书、行政赔偿判决书和行政调解书，由第一审人民法院执行。第一审人民法院认为情况特殊，需要由第二审人民法院执行的，可以报请第二审人民法院执行；第二审人民法院可以决定由其执行，也可以决定由第一审人民法院执行。

2. 地位。执行组织在执行程序中居主导者地位，主持着整个执行过程，在法律上对执行负责。负责审查执行申请，决定执行立案，决定选择执行措施，制订执行方案，组织执行措施的实施，接受案外人的异议并进行审查，依法决定执行的中止、终结并宣布执行完毕，等等。

（二）执行当事人

执行当事人是指执行申请人与被申请人，或者称执行人与被执行人。执行当事人由第一审程序中的原告与被告转化而来，是执行案件权利与义务争议的主体。无论是一审中的原告还是被告，都有可能成为申请人，也有可能成为被申请人，关键看行政裁判确定谁是权利人、谁是义务人。

在行政机关依法执行的情形下，没有申请人与被申请人，只有执行人与被执行人。作为原争议的一方当事人的行政机关，同时又成了执行机关，这是一种兼具双重身份的现象。在实践中，这种执行效率较高，但同时也难免有功能混淆或不公正之嫌。我们认为，在现行体制下，至少应考虑由另一个机构负责执行。

（三）执行参与人

执行参与人是指除执行当事人以外的其他参与执行过程的单位或个人。他们因情况不同，各自承担的义务内容也不尽一致。主要义务有：因占有执行标的物而承担的交付、划拨该标的物的义务等。

理论上关于执行程序是否有参与人以及参与人的范围有不同的意见。我们认为，参与人是存在的，因为确有协助执行的义务人，如果不将其纳入诉讼执行程序，就不能确认其地位、赋予其义务。从形式上看，有以下三类参与人：

1. 因占有执行标的物而被涉及的主体，如存款的银行。

2. 因与被执行人有管理、监护等关系而被通知到场和建议进行处理的组织或人员，如未成年人的成年家属、上一级行政机关等。

3. 因属于被执行财产所在地的基层管理组织而被要求到场的组织，如村委会、街道办事处等。

在这三类主体中，只有第一类主体才是执行参与人，其他两类主体虽然也与执行活动有一定联系，但终究不是法律上的执行参与人。

（四）案外异议人

案外异议人是指执行当事人以外的、对执行标的提出主张的主体。法律规定，案外异议人对执行标的提出确有理由的异议的，法院应当中止执行。案外异议人的特征如下：

1. 案外异议人既可能是审判程序中的当事人，也可能不是当事人，但绝不是执行申请人，也不是被申请人。

2. 案外异议人与执行案件的联系是他对执行的标的提出权利主张，比如主张对执行标的的所有权、抵押权或其他物权等。

案外异议人是一个很特殊的主体：①他提出的异议经审查确有理由，也就是其主张成立，执行程序被中止时，异议人的地位实际上就相当于当事人的地位；②在对异议进行相应的处理后，异议人与执行案件将没有任何关系。

三、执行对象与执行范围

（一）执行对象

所谓执行对象，是指生效的执行根据所确定的，并由执行机关的执行行为所指向的客体。这种对象首先以生效的裁判文书为基础，如退还罚款；其次受申请人申请所提出的要求制约。

行政诉讼执行的对象有时是特定的，如退还所扣车辆，这不能以其他物体代替；而有些对象则是不特定的，如划拨款项等。

执行的对象大致分有三类：物、行为和人身。

1. 物。物包括财物和其他物件，都可以作为执行对象。如缴纳税款，退还证件、票据等。物又有特定物与不特定物之分，财产又有动产与不动产之分，有些执行措施对不动产适用，有些则对动产适用。所以，明确物之属性与类别非常重要。

2. 行为。即执行的内容是实施特定行为。这些特定行为原属裁判所确定的作为或不作为行为，本应由义务人自动履行。由于义务人拒不履行而引起强制执行，其所执行的对象就是该特定行为。

3. 人身。这是行政诉讼执行中所特有的一种对象，民事诉讼的执行不能将人身作为执行对象。如果某公民受到行政拘留的处罚，该公民不服提起行政诉讼，败诉之后拒绝前往拘留场所，执行机关则要予以强制执行的收押。这里，作为执行对象的显然是该公民的人身而不是别的内容。

（二）执行范围

执行范围就是执行对象的具体界限，即执行对象的范围。它要解决哪些物可以执行，哪些必须由被执行人保留，对行为或人身的执行又有些什么样的范围限制等问题。在理论与实践中，主要涉及的是对物的执行范围。为此，有以下几项限制：

1. 只有属于被执行人本人所有的财产才能成为执行的对象，其他无论什么关系人的财产都不能纳入被执行的范围。通过民事法律关系而使用或暂时占有的财物，也不能作为被执行人的财物而予以执行。否则就会侵犯其他人的权益，引起案外人的异议。如属共有财产的，只能把被执行人所有的部分财产作为执行对象。如果该财产属于不动产，执行机关不可将财产整体予以执行再返还其他所有人部分，而只能将被执行人所有的部分产权予以执行。也就是说，不能执行该不动产本身。否则就会侵犯其他所有人的合法权益。

2. 如果被执行人是公民，依照法律规定，还应当保留被执行人以及由其抚养的家属的生活必需费用和生活必需品。关于必需费用与必需品的具体限度与范围，要结合当地生活水平予以考虑。被执行人如果是以生产劳动为谋生主要手段的，那么该被执行人赖以谋生的生产工具当然也不能纳入执行的范围，应予保留。这些生产工具是必备的，没有它就不能进行生产，不能维持生计，如农民的劳动工具、耕牛等。

3. 被执行人是法人或组织的，如果该法人或组织未宣告破产或未被撤销的，其必要的生产工作设备、厂房、用房等都不应纳入执行范围，从而保证该法人组织的存在与生产、经营。但是，在实践中由于破产宣告制度并未全面建立起来，在当今市场经济条件下，是否仍有此条限制的必要，应重新予以考虑。

4. 被执行人如果是行政机关，从法律规定来看，除了可供执行的款项以外，其他财物是不能纳入执行范围的，如办公设备、用房等。因为这些财物都是该行政机关履行行政职能的条件。

第三节　执行措施

一、执行措施的概念

所谓执行措施，是指执行机关在执行过程中所实施的迫使被执行人履行裁判义务的措施和方法。这些执行手段与方法，是源于法律的明确规定，不能由执行机关任意创造。

关于法定执行措施，是一个复杂的问题。《行政诉讼法》没有规定人民法院针对公民、法人或者其他组织执行生效的判决书和调解书的程序和方式，在过去的司法实践中，通常是适用《民事诉讼法》的相关规定。2011 年颁布了《行政强制法》，尽管该法所规定的强制执行措施主要针对的是行政机关自行强制执行以及申请人民法院进行非讼强制执行，但我们认为，在人民法院执行已经生效的行政判决书和调解书时，参照《行政强制法》的规定，要比参照《民事诉讼法》的规定更为合适。

二、执行措施的种类

1. 根据适用的对象不同，可以分为对行政机关的执行措施和对公民、法人或其他组织的执行措施。这种分类是行政诉讼中所特有的。

（1）对行政机关适用的执行措施。《行政诉讼法》第 96 条规定了对行政机关适用的强制执行措施：对应当归还的罚款或者应当给付的款额，通知银行从该行政机关的账户内划拨；在规定期限内不履行的，从期满之日起，对该行政机关负责人按日处 50 元~100 元的罚款；将行政机关拒绝履行的情况予以公告；向该行政机关的上一级行政机关或者监察机关提出司法建议。接受司法建议的机关，根据有关规定进行处理，并将处理情况告知人民法院；拒不履行判决、裁定、调解书，社会影响恶劣的，可以对该行政机关直接负责的主管人员和其他直接责任人员予以拘留；情节严重，构成犯罪的，依法追究刑事责任。

（2）对公民、法人、其他组织所适用的执行措施。根据《行政强制法》第 12 条的规定，强制执行的方式包括：加处罚款或者滞纳金；划拨存款、汇款；拍卖或者依法处理查封、扣押的场所、设施或者财物；排除妨碍、恢复原状；代履行；其他强制执行方式。

2. 按照执行措施与所要实现的义务内容的关系，可以分为直接强制执行措施与间接强制执行措施。

（1）间接强制执行措施。其特征是该类措施并不直接实现义务内容，而是通过强制方法促使义务人自己履行义务。如对拒不履行义务的行政机关处以执行罚，或者建议其上一级行政机关进行处理。

（2）直接强制执行措施。这种措施的特征是直接实现义务内容，或者说是实现与义务人履行义务的同等状态。如对拒不拆除违章建筑物的义务人，执行机关直接拆除之，对拒不交纳款项者直接划拨，等等。

第四节　执行程序

行政诉讼的执行程序是一个由诸多阶段组成的并连续发展的过程，其逻辑顺序是：提起、审查、准备、实施、阻却、完毕、补救等。

一、执行提起

执行提起是引起执行程序发生的阶段，既可以是由申请人的申请而提起，也可以由执行机关依职权决定。

（一）申请执行

申请执行是提起执行的主要形式。如果法院的裁判法律文书已生效，而义务人仍拒不履行，胜诉一方的权利人有权向人民法院提出执行申请。

无论裁判是通过哪一级审判发生效力，申请人须向第一审法院提出执行申请，而不能直接向第二审法院提出执行申请。如果一审法院认为应由上一级法院执行时，可报经上一级法院决定。第二审人民法院可以决定由其执行，也可以决定由第一审人民法院执行。这样规定，是为了方便就地、就近执行。

关于申请执行的期限，《行诉解释》第153条规定，申请执行的期限为2年。申请执行的期限从法律文书规定的履行期间最后一日起计算；法律文书规定分期履行的，从规定的每次履行期间的最后一日起计算；法律文书中没有规定履行期限的，从该法律文书送达当事人之日起计算。逾期申请的，除有正当理由外，人民法院不予受理。申请执行时效的中止、中断，适用法律有关规定。

（二）移交执行

移交执行，也称移送执行，是指由案件审判机构（行政庭）直接将案件移交执行机构（执行庭）的执行。这是依职权执行的形式，它无须等待权利人申请，而由法院依据职权主动采取，启动执行程序。移交执行应当说是执行制度的补充形式，是为了更好、更及时地实现裁判确认的权利，维护公共利益和司法裁判的权威。

负责执行的法院，不便在异地执行时，可委托异地法院代为执行。作出执行决定的法院须向受托的法院发出委托执行函、生效法律文书等。委托执行函应具体说明：被执行人拒不履行的事实，要求执行的标的对象、范围以及措施、期限等。其内容应明确、具体，以便执行。

受委托的法院在接到委托执行函后的15日内开始执行，并将执行结果函复委托的法院。如果在委托执行中，受委托法院认为委托法院委托执行的法律文书确有错误，应当函请委托法院进行审查，在委托法院作出审查处理的答复后，受托法院如仍坚持原意见，可向委托法院的上一级法院反映，但对委托执行的文书，应立即予以执行。如果受委托的法院发现有应当中止执行的情形时，应及时函请委托法院裁定中止执行，但不宜自行裁定中止执行。

二、执行审查

执行审查是执行机构在接到执行申请或移交执行书后，在法定的期限以内，对有关文书、材料进行审查，对案情进行了解，并决定是否立案执行的过程。只有经审查并立案的，执行程序才能发展与继续。审查由执行机构负责。如果经审查认为不符合条件，则不予立案不予执行，将有关文书、材料退回；如果审查发现材料不足，则通知申请人和移交机构补充材料；如属执行事项不清、不准确或有文书制作错误，则应当通知有关机构以裁定补正后，立案执行。

执行员在接到申请书或移交执行书后，应当在 10 日以内了解案情，审查以下主要事项：①申请人资格是否适当。②执行的文书、材料是否齐备。③执行根据是否生效。④申请是否逾越期限，以及逾期理由是否成立。⑤执行文书的内容是否正确、合法。⑥执行文书材料的要求是否一致，有关文号等形式条件是否完备。⑦其他需要审查的事项。

三、执行准备

经决定立案执行的，执行机构在实施执行以前，仍有一些准备事项：①要深入了解案情。尤其是了解被执行人拒不履行义务的原因，其是否有履行能力及其财产状况等。②在接到申请或移交执行书后 10 日内，还应通知被执行人在指定的期限以内自动履行，并告诫如逾期仍不履行的，即行强制执行。同时，还要对被申请人进行说服教育，并主动与被执行人所在单位或上级部门、基层组织取得联系，以求得他们的协助，促使义务人自动履行义务。③要制定强制执行的方案，决定所要采取的执行措施，确定执行的时间、地点、划分执行范围、明确执行对象，并办理好有关执行措施的批准手续，通知执行参与人及有关人员到场。

四、执行实施

执行实施即执行实现的阶段。这个阶段要求：运用强制措施，迅速实施，切实实现法律文书所规定的义务内容，保护当事人的合法权益。

五、执行阻却

执行阻却是在执行过程中，因发生法定事由，使执行不能继续或继续进行已无必要，因而执行程序中断的现象。简言之，就是执行过程被阻却，没有进行到底，完成执行任务。

执行阻却有三种：执行中止、执行终结和执行和解。

（一）执行中止

执行过程中，因法定事由出现，暂时中断执行，待事由消失后，执行程序继续进行，这就是执行中止。法律所规定的执行中止的事由如下：

1. 申请人表示可以延期执行的。由于被执行人短期内无财产可供执行，被执行人提供担保并申请延期，而执行申请人表示可以延期执行的。考虑到申请执行与不申请执行系权利人的诉讼权利，法院应当尊重其权利与选择，所以，法律规定，法院"应当"中止执行，并以法院裁定形式作出。申请人表示可以的，须以书面形式表达，或由法院执行员记录在案，并由申请人签名或盖章。无论公民、法人、其他组织作为申请人还是行政机关作为申请人，我们认为都有表示同意延期执行的权利，因为即便是行政机关，也并不意味着放弃职责，而只不过是行使职权的一种方式罢了。当然，延期应是有期限的，而且确有续后执行实现的可能性。

2. 案外人对执行标的确有提出异议的理由。这也要暂时中止执行程序，以便在中止期间进行审查、修正或调整执行标的，以免执行错误，具体来讲就是：案外人须书面向法院提出自己的权利主张，且必须在执行过程中提出。异议人须向法院同时提供其主张或异议的理由及有关证据材料。如执行员经审查、了解，确认异议成立的，应将有关材料交合议庭或审判委员会讨论决定，裁定中止。等到重新调整执行对象的范围后，再恢复执行。

3. 作为一方当事人的公民死亡，需要等待继承人继承权利或承担义务的。无论被执行人还是申请人死亡，都将使权利义务主体发生变化，所以需要裁定中止执行，待继承关系发生后，继承人进入执行程序，权利义务主体确定，执行程序继续进行。那么这个等待期限以多长为宜呢？法律没有规定。我们参考有关解释，认为应以3个月为期限，逾期仍无人继承的，则由中止转变为终结。

同样的，作为一方当事人的法人、其他组织终止，且尚未确定权利义务承受者的，也应中止执行程序。

4. 法院认为应当中止执行的其他情形。如被执行人下落不明的；被执行人出国未归而国内又无财产可供执行的；被执行人暂时丧失行为能力，需等待其恢复的；作为执行根据的法律文书已被提起再审，需等待再审结果的；等等。

上述事由消失以后，法院应立即主动恢复执行，也可以由申请人提出恢复执行的申请，经法院批准后恢复执行。中止以前所进行的执行活动，仍然继续有效。

(二) 执行终结

在执行过程中，因法定事由出现，使执行已无必要或不可能继续进行，因而结束执行程序的，就是执行终结。它与中止不同，中止是暂时中断，以后还要继续执行，而终结则是执行结束，以后也不再恢复或继续，程序终了。当然，执行程序的终结并不是由于执行目的的实现，而是由于以下几点：

1. 申请人撤销执行申请的。申请人有权撤销其执行申请，法院也应允许申请撤销并以裁定形式终结执行。但是，这种申请应不悖于法律之精神与规定，不能有害于公共利益与行政法律秩序。因此撤销执行申请应当经法院审查决定是否准许。另外，对于移交执行不适用此种情况，因为这里并没有申请人存在。申请撤销经法院同意后，即以裁定形式下达，立即生效，结束执行。申请人不能以同一理由对同一标的再次申请执行。这也是一事不再理原则在执行中的表现。

2. 据以执行的法律文书被合法地撤销。如果这是经法定程序作出的撤销，如已生效，应立即裁定终结执行程序。如果是因错误裁定而被撤销，已经执行的部分还要予以恢复。

3. 作为被执行人的公民死亡，无遗产可供执行，又无义务承担人的。

4. 追索抚恤金案件的权利人死亡的。

5. 法院认为应当终结执行的其他情形。

终结执行的，法院制作终结执行裁定书，载明终结之理由、法律根据，并送达当事人，当事人对于终结执行裁定不得上诉。

（三）执行和解

执行和解是在执行过程中，申请人与被申请人就赔偿内容，自愿协商达成协议，从而结束赔偿内容的执行。执行和解，是当事人双方的自行和解，而不是由法院主持进行的。而且，和解之对象不能是行政行为部分，只能是所涉及的赔偿部分。根据《行政诉讼法》的规定，行政诉讼中的赔偿部分是可以进行调解的，这也就决定了在执行中对赔偿部分的内容适用和解的可能性。当然，是否和解以及达成什么样的和解，须当事人双方自行协商，并达成一致。

和解不得违反法律规定，不得侵害第三人利益，也不能损害公共利益。须当事人双方在平等基础上进行。和解协议应当交执行机构，或记录在案，由双方和执行员签名、盖章后，协议即生效，该赔偿部分的执行即告结束。当然，如果还有行为义务执行部分，这部分执行依然进行。

六、执行完毕

执行完毕是指执行机关采取执行措施，实现根据执行确定的义务，从而完结执行程序。可见，执行完毕虽然与执行终结在结束执行程序这一点上相同，但所不同的是，执行完毕是内容执行完成，是完成了执行目的与任务的结束，而执行终结并未完成原执行任务。

执行完毕是执行案件在内容和程序上的终结。当事人权利得以实现，执行案件结束。应结清执行交付的各种手续、费用等，从而告知程序完毕。如果执行有错误，通过执行回转予以补救。

七、执行补救

执行补救是指在执行程序结束后，因法定事由出现而需对已执行事项采取措施，予以补救。它有两种：执行回转和再执行。

（一）执行回转

执行回转是指在执行结束后，因法定事由的出现而将已执行的对象恢复到执行前的状态，即回转。这实际上是在实事求是地纠正错误。执行回转的事由如下：

1. 已经执行完毕的法律文书被有权法院依审判监督程序予以撤销。

2. 第一审法院先行给付的裁定执行完毕后，该第一审判决被上诉法院撤销，从而使第一审的先行给付裁定失去合法的基础与效力。

3. 执行人员违法执行。

执行回转也适用于当事人自动履行的情形。只要属于上述事由的，法院应依职权完成执行回转，以恢复合法状态。

（二）再执行

再执行是指在执行程序结束后，对未执行的内容再次执行。在再执行情况下，原执行的内容尚未完成，但程序上被终结，由于新的事由出现，原来终结的执行须再予执行。再执行的事由如下：

1. 发现新的情况。如原认定被执行人死亡，又无遗产要供执行，从而终结执行。后来发现有遗产存在，这是原认定有误所致。

2. 因被执行人以违法手段威胁，使申请执行人撤销申请而终结执行的，事后申请人提出，如确属理由正当的，应予再执行。

3. 其他应当再执行的情形。

第五节　非诉行政行为的执行

非诉行政行为的执行是指人民法院根据行政机关的申请，对相对人既不起诉，又不履行的生效行政行为进行强制执行的法律制度。

一、申请法院强制执行的行政行为的范围

依据《行政强制法》的规定，公民、法人或其他组织对行政行为在法定期限内不提起诉讼又不履行的，没有行政强制执行权的行政机关可以申请法院强制执行；法律授予行政机关强制执行权的，行政机关不得申请法院强制执行。《行政强制法》规定，行政强制执行职能由法律设定，行政法规、地方性法规、行政规章等规定行政机关行使强制执行权的，是无效规定，人民法院不得据此拒绝受理行政机关的执行申请。

二、申请法院强制执行的条件

《行诉解释》第155条规定，行政机关根据《行政诉讼法》第97条的规定申请执行其行政行为，应当具备以下条件：

1. 行政行为依法可以由人民法院执行。

2. 行政行为已经生效并具有可执行内容。

3. 申请人是作出该行政行为的行政机关或者法律、法规、规章授权的组织。

4. 被申请人是该行政行为所确定的义务人。

5. 被申请人在行政行为确定的期限内或者行政机关催告期限内未履行义务。

6. 申请人在法定期限内提出申请。

7. 被申请执行的行政案件属于受理执行申请的人民法院管辖。

三、申请法院强制执行的程序

1. 催告。行政机关在申请人民法院强制执行前，应当催告当事人履行义务。催告以书面的方式进行，催告书送达 10 日后当事人仍未履行义务的，行政机关向有管辖权的人民法院申请执行。

2. 管辖。《行诉解释》第 157 条规定：行政机关申请人民法院强制执行其行政行为的，由申请人所在地的基层人民法院受理；执行对象为不动产的，由不动产所在地的基层人民法院受理。基层人民法院认为执行确有困难的，可以报请上级人民法院执行；上级人民法院可以决定由其执行，也可以决定由下级人民法院执行。

3. 申请。行政机关申请人民法院执行，应当提交《行政强制法》第 55 条规定的相关材料。即强制执行申请书；行政决定书及作出决定的事实、理由和依据；当事人的意见及行政机关催告情况；申请强制执行标的情况；法律、行政法规规定的其他材料。强制执行申请书应当由行政机关负责人签名，加盖行政机关的印章，并注明日期。

关于申请的期限，《行政强制法》第 53 条规定：当事人在法定期限内不申请行政复议或者提起行政诉讼，又不履行行政决定的，没有行政强制执行权的行政机关可以自期限届满之日起 3 个月内，申请人民法院强制执行。

4. 受理。人民法院接到行政机关强制执行的申请，应当在 5 日内受理。行政机关对人民法院不予受理的裁定有异议的，可以在 15 日内向上一级人民法院申请复议，上一级人民法院应当自收到复议申请之日起 15 日内作出是否受理的裁定。

5. 审查与裁定。人民法院对行政机关强制执行的申请进行书面审查，对符合条件的申请，且行政决定具备法定执行效力的，人民法院应当自受理之日起 7 日内作出执行裁定。被申请执行的行政行为有下列情形之一的，人民法院应当裁定不准予执行：实施主体不具有行政主体资格的；明显缺乏事实根据的；明显缺乏法律、法规依据的；其他明显违法并损害被执行人合法权益的情形。人民法院在作出裁定前发现行政行为明显违法并损害被执行人合法权益的，人民法院作出不准予执行的裁定，应当听取被执行人和行政机关的意见。

人民法院受理申请后，作出是否准予执行裁定的期限为：自受理之日起 30 日内。作出是否执行的裁定。裁定不予执行的，应当说明理由，并在 5 日内将不予执行的裁定送达行政机关。行政机关对人民法院不予执行的裁定有异议的，可以自收到裁定之日起 15 日内向上一级人民法院申请复议，上一级人民法院应当自收到复议申请之日起 30 日内作出是否执行的裁定。因情况紧急，为保障公共安全，行政机关可以申请人民法院立即执行。经人民法院院长批准，人民法院应当自作出执行裁定之日起 5 日内执行。

6. 财产保全。行政机关或者行政行为确定的权利人申请人民法院强制执行前，有充分理由认为被执行人可能逃避执行的，可以申请人民法院采取财产保全措施。后者申请强制执行的，应当提供相应的财产担保。

　　另外，《行诉解释》第 158 条还明确规定了一种较特殊的非讼强制执行情形：行政机关根据法律的授权对平等主体之间民事争议作出裁决后，当事人在法定期限内不起诉又不履行，作出裁决的行政机关在申请执行的期限内未申请人民法院强制执行的，生效行政裁决确定的权利人或者其继承人、权利承受人在 6 个月内可以申请人民法院强制执行。对于由这种公民、法人或者其他组织申请人民法院的强制执行，参照行政机关申请人民法院强制执行行政行为的规定办理。

■思考题

1. 简述行政诉讼强制执行的条件。
2. 试述人民法院对非讼行政行为强制执行的范围、条件和具体程序。

■推荐书目

1. 杨荣馨主编：《强制执行立法的探索与构建——中国强制执行法（试拟稿）条文与释义》，中国人民公安大学出版社 2005 年版。
2. 沈德咏、张根大：《中国强制执行制度改革理论研究与实践总结》，法律出版社 2003 年版。

第二十七章　行政公益诉讼

■学习目的和要求

　　通过本章学习，了解我国行政公益诉讼的发展历程；明确行政公益诉讼的概念和特征；掌握行政公益诉讼的受案范围、诉讼程序以及判决形式等。

第一节　行政公益诉讼概述

一、我国行政公益诉讼制度的建立

　　行政公益诉讼是我国《行政诉讼法》新设立的一项制度，其创立始于党的十八届四中全会。十八届四中全会《决定》提出要"探索建立检察机关提起公益诉讼制度"，包括民事公益诉讼与行政公益诉讼。2015年5月5日，原中央全面深化改革领导小组（现中央全面深化改革委员会）召开了第十二次会议，审议通过了《检察机关提起公益诉讼改革试点方案》，要求检察机关在特定领域内先行试点提起行政公益诉讼。2015年7月1日，第十二届全国人大常委会第十五次会议通过决定，授权最高人民检察院在北京、内蒙古、吉林、江苏、安徽、福建、山东、湖北、广东、贵州、云南、陕西、甘肃13个省、自治区、直辖市开展试点，就生态环境和资源保护、国有资产保护、国有土地使用权出让、食品药品安全等领域开展为期2年的提起公益诉讼试点。试点期间，有关省市积极开展创造性的工作，取得了较大成效。2017年5月23日，中央全面深化改革领导小组第三十五次会议通过的《关于检察机关提起公益诉讼试点情况和下一步工作建议的报告》指出，正式建立检察机关提起公益诉讼制度的时机已经成熟，要在总结试点工作的基础上，为检察机关提起公益诉讼提供法律保障。2017年6月27日，第十二届全国人大常委会第二十八次会议第二次修正《行政诉讼法》，在第25条中增加一款，作为第4款，明确规定了人民检察院提起行政公益诉讼的职责。为进一步细化行政公益诉讼制度，又出台了《最高人民法院、最高人民检察院关于检察公益诉讼案件适用法律若干问题的解释》，该司法解释共27条，自2018年3月2日起施行。由此，检察机关提起行政公益诉讼的制度得以全面建立和具体实施。

二、行政公益诉讼的概念和特征

我国的行政公益诉讼，是指检察机关在履行职责中发现生态环境和资源保护、食品药品安全、国有财产保护、国有土地使用权出让等领域负有监督管理职责的行政机关违法行使职权或者不作为，致使国家利益或者社会公共利益受到侵害时，向人民法院提起诉讼并由人民法院审理裁判的法律制度。

行政公益诉讼具有以下几项特征：

1. 提起诉讼的主体是检察机关而非公民、法人和其他组织。我国提起行政公益诉讼的主体仅限于检察机关。之所以由检察机关提起行政公益诉讼，原因在于：由于国家利益、社会公共利益是广泛而不特定对象所共享的利益，如果被行政机关的违法行政行为所侵害，与个体性的公民、法人和其他社会组织尚不能形成直接的利害关系，也难以由个体来提起诉讼，因而法律授权检察机关提起公益诉讼，其目的是监督行政机关依法行政，维护国家利益和社会公共利益。在行政诉讼中，检察机关扮演的是行政公益诉讼起诉人的角色，不同于一般行政诉讼的原告。

2. 起诉的行政案件有特定范围。《行政诉讼法》第 12 条列举的行政诉讼受案范围不适用于行政公益诉讼，行政公益诉讼针对的案件范围只限于《行政诉讼法》第 25 条第 4 款所规定的范围：包括生态环境和资源保护、食品药品安全、国有财产保护、国有土地使用权出让等领域的案件。今后随着时代的发展和现实需要会有扩展，但也不同于一般行政诉讼的受案范围。

3. 起诉针对的是行政机关违法行使职权或者不作为。前者是违反了法律法规规定而作出的职权行为，后者是具有法定职责却没有履行的行为。这两种都是检察机关提起行政公益诉讼所针对的对象。

4. 行政公益诉讼旨在保护国家利益和社会公共利益。行政公益诉讼所保护的对象是国家利益和社会公共利益，是全体社会成员共同享有的利益，利益内容具有普遍性而非个别性。显然这与一般行政诉讼所保护的利益有所不同，一般行政诉讼保护公民、法人或其他组织的个体利益，不具有普遍性和共享性的特点。

5. 在程序上具有一定的特殊性。行政公益诉讼有诉前程序和正式的诉讼程序，诉前程序是必经的程序，只有经过了诉前程序而行政机关没有纠正违法行为或没有履行法定职责的，检察机关才可以提起行政公益诉讼，进入正式的诉讼程序。在执行程序上，对于生效的裁判被告不履行的，由法院移送执行，无须检察机关申请执行。

第二节　行政公益诉讼的起诉范围

《行政诉讼法》第 25 条第 4 款规定："人民检察院在履行职责中发现生态环境和资源保护、食品药品安全、国有财产保护、国有土地使用权出让等领域负有监督管理职责的行政机关违法行使职权或者不作为，致使国家利益或者社会公共利益受到侵害的，应当向行政机关提出检察建议，督促其依法履行职责。行政机关不依法履行职责的，人民检察院依法向人民法院提起诉讼。"其明确了检察机关发现案件的方式以及起诉的具体范围。

一、检察机关在履行职责过程中发现行政案件

检察机关履行的职责主要包括：批准或者决定逮捕、审查起诉、控告检察、诉讼监督等。在此过程中，检察机关可以发现行政公益诉讼的案件线索：一是在履行批准或者决定逮捕、审查起诉的职责过程中，发现行政机关存在的违法行政行为。二是在履行控告检察的职责过程中，发现行政机关存在的违法行政行为。控告检察是检察机关受理公民的报案、举报和控告并作出处理，对检察机关管辖的性质不明、难以归口处理的举报案件线索也有权进行初查。三是在履行诉讼监督的职责过程中，发现行政机关存在的违法行政行为。检察机关对刑事案件立案、刑事案件的侦查活动、人民法院的审判活动都有权实施监督；对人民法院审理刑事、民事和行政案件作出的判决、裁定确有错误的，有权依法提出抗诉。在这些诉讼监督活动中，也可以发现牵连到有关行政机关管理上的漏洞及其违法行政行为的线索。四是在办理上级检察机关交办的案件中发现行政机关存在的违法行政行为。

二、行政公益诉讼针对四大领域的违法行政行为

《行政诉讼法》及司法解释对行政公益诉讼的起诉范围明确规定为以下四个领域：

1. 生态环境和资源保护领域中行政机关违法行使职权或不作为。生态环境是由生态与环境是两个既相对独立又紧密联系的概念构成，是指生物及其生存繁衍的各种自然因素、条件的总和，是一个大系统，由生态系统和环境系统中的各个"元素"共同组成。生态环境与人类密切相关并影响人类生活和生产活动。资源保护中的"资源"一般是指自然资源，是指客观存在于自然界可供人类利用的一切物质和能量的总称，它包括土地资源、矿藏资源、森林资源、草原资源、水资源、海洋资源和野生生物资源等。[1]对生态环境和资源保护问题，国家相关法律明确规定了有关行政机关有监督管理并采取措施保护的职责，如果未履行法定职责或违法行使职权，致使国家利益或者社会公共利益受到侵害的，检察机关就可提起行政公益诉讼。

2. 食品药品安全领域中行政机关违法行使职权或不作为。食品与药品安全直接关系到公众的身体健康和生命。关于食品安全的含义，世界卫生组织将之解释为：对食品按其原定用途进行制作和食用时不会使消费者身体受到伤害的一种担保。进一步可以理解为，食品的种植、养殖、加工、包装、贮藏、运输、销售、消费等活动要符合国家强制标准和要求，不存在可能损害或威胁人体健康的有毒有害物质致消费者病亡或者危及消费者及其后代的隐患。对于药品安全，一般认为，药品是预防、诊断、治疗人的疾病，有目的地调节人的生理机能并规定有适应症或者功能主

---

〔1〕 黄锡生主编：《环境与资源保护法学》，重庆大学出版社 2015 版，第 2 页。

治、用法和用量的物质作为一种特殊的商品，确保药品安全是最大的民生。对于食品药品安全问题，国家相关法律都规定了有关行政机关具有监督管理和保护的职责，必须采用有效措施加强保护，对相关违法行为进行依法查处，当其未履行法定职责或违法行使职权，致使国家利益或者社会公共利益受到侵害的，检察机关就可提起行政公益诉讼。

3. 国有财产保护领域中行政机关违法行使职权或不作为。根据《物权法》的规定，国有财产包括矿藏、水流、海域；城市的土地及属于国家所有的农村和城市郊区的土地；森林、山岭、草原、荒地、滩涂等自然资源（法律规定属于集体所有的除外）；法律规定属于国家所有的野生动植物资源；无线电频谱资源；法律规定属于国家所有的文物；国防资产；铁路、公路、电力设施、电信设施和油气管道等基础设施，依照法律规定为国家所有的。国有财产由国务院代表国家行使所有权。根据该法规定，履行国有财产管理、监督职责的机构及其工作人员，应当依法加强对国有财产的管理、监督，促进国有财产保值增值，防止国有财产损失。负有管理、监督职责的行政机关没有履行法定职责或违法行使权力，致使国有财产流失等国家利益受损害，检察机关应当提起行政公益诉讼。

4. 国有土地使用权出让领域中行政机关违法行使职权或不作为。国有土地使用权出让是指土地使用者向国家交付土地使用权出让费用，国家在一定的年限内将土地使用权让予土地使用者的行为。国有土地使用权的出让主体是国有土地所有者即国家（通常由法律授权的县以上人民政府予以具体实施），受让者是取得国有土地使用权的土地使用者。出让的方式通常有：协议、招标、拍卖。对国有土地使用权出让问题，国家相关法律规定了有关行政机关的依法办理的法律职责，行政机关如果有滥用职权出让等违法行政行为，造成国家利益损失的，检察机关应当提起行政公益诉讼。

三、行政公益诉讼在其他领域的拓展

《行政诉讼法》列举了四种由检察机关提起行政公益诉讼的领域，但所列举的范围并非完全封闭的，在列举之外，立法使用了"等领域"的表述方式留出了扩展案件范围的空间。这里的"等"是"等外等"，即随着实践的发展而不断拓展行政公益诉讼的范围。2018 年 5 月 1 日施行的《英雄烈士保护法》，已经将对侵害英雄烈士的姓名、肖像、名誉、荣誉的行为列入公益诉讼的范围，规定"检察机关依法对侵害英雄烈士的姓名、肖像、名誉、荣誉，损害社会公共利益的行为向人民法院提起诉讼。"[1] 再如，2017 年 9 月出台了《国务院关于完善进出口商品质量安全风险预警和快速反应监管体系切实保护消费者权益的意见》，在第 15 项工作任务中提出：要加强重点领域质量安全公益诉讼工作。决定由最高人民检察院牵头，最高人民法院、司法部、环境保护部、质检总局、食品药品监管总局按职责分工负责，开展检察机

---

[1] 参见《中华人民共和国英雄烈士保护法》第 25 条第 2 款。

关依法在食品药品安全、生态环境和资源保护等领域的民事公益诉讼和行政公益诉讼，共同惩治危害健康安全、财产安全、环境安全等损害国家利益和社会公共利益的进出口商品质量安全违法行为。[1]将行政公益诉讼的案件类型扩展到了进出口商品质量安全领域。从理论上讲，行政公益诉讼制度确立的根本目的是对行政机关侵害国家利益和社会公共利益的违法行政行为进行监督，因此，凡符合"行政机关违法行使职权或不履行职责""造成国家利益或社会公共利益损害""违法行使职权或不履行职责与国家利益或社会公共利益之间有因果关系"等基本要件的，将来都可拓展进入检察机关提起行政公益诉讼的范围。当然，这还需要通过相关立法或司法解释来作出明确规定。

第三节 行政公益诉讼的程序和判决

检察机关提起公益诉讼包括诉前程序和诉讼程序。

一、诉前程序

行政公益诉讼诉前程序是指检察机关向法院提起行政公益诉讼之前先向行政机关提出检察建议，督促其自我纠正违法行政行为的程序。[2]将"诉前程序"作为检察机关提起行政公益诉讼前的一个独立的、前置性法定程序，具有重要意义。行政公益诉讼的目的是"督促执法而非执意与主管机关竞赛"。[3]通过诉前程序，一方面是尊重行政机关的行政权行使，另一方面促使行政机关自己纠正违法行政行为，"增强了行政机关依法行政的主动性和积极性"；[4]同时还可以节省诉讼的司法成本，提高监督效率。

诉前程序的办理包括：①检察机关查明有行政机关违法行使职权或不作为的情形后，先行向相关行政机关指明问题，提出检察建议建议书，督促其采取相应措施进行整改。检察建议书必须做到事实证据清楚、观点清晰明确、建议合理可行。[5]②行政机关在收到检察建议书之日起2个月内依法履行职责，并书面回复人民检察院。出现国家利益或者社会公共利益损害继续扩大等紧急情形的，行政机关应当在15日内书面回复。如果行政机关纠正了违法行为或履行了法定职责，检察机关就无

〔1〕 参见《国务院关于完善进出口商品质量安全风险预警和快速反应监管体系切实保护消费者权益的意见》（国发〔2017〕43号）工作任务部分第15项。
〔2〕 王春业："行政公益诉讼'诉前程序'检视"，载《社会科学》2018年第6期。
〔3〕 叶俊荣：《环境政策与法律》，中国政法大学出版社2003年版，第249页。
〔4〕 曹建明："关于《中华人民共和国行政诉讼法修正案（草案）》和《中华人民共和国民事诉讼法修正案（草案）》的说明"，http://www.npc.gov.cn/npc/xinwen/2017-06/29/content_2024890.htm，访问时间：2017年6月24日。
〔5〕 韩耀元："准确把握诉前程序基本特征 科学构筑诉前程序工作机制"，载《人民检察》2015年第14期。

需提起行政公益诉讼。③检察机关实施前程序后行政机关仍不及时纠正违法行政行为的，检察机关应依法向人民法院提起诉讼。

二、诉讼程序

行政公益诉讼提起之后，诉讼程序与一般行政诉讼程序有共同之处，也有特殊规定。

共同之处是：①人民检察院依据行政诉讼法提起行政公益诉讼，符合行政诉讼法规定的起诉条件的，人民法院应当登记立案。②检察机关应提交行政公益诉讼起诉书，并按照被告人数提出副本。③人民法院的审理程序与一般行政诉讼的程序基本相同，包括检察机关宣读公益诉讼起诉书；对调查收集的证据予以出示和说明，对相关证据进行质证；开展法庭调查，双方进行辩论并发表意见；依法进行裁判等。④检察机关和被告不服人民法院第一审判决、裁定的，可以向上一级人民法院提起上诉。

检察院机关提起行政公益诉讼也有其特殊规定，主要表现为：①基层人民检察院提起的第一审行政公益诉讼案件，由被诉行政机关所在地基层人民法院管辖。需根据提起行政公益诉讼的检察机关的级别来决定级别管辖。②开庭前，法院给检察机关送达的是出庭通知书，而不是传票。即人民法院开庭审理人民检察院提起的行政公益诉讼案件，应当在开庭3日前向人民检察院送达出庭通知书。人民检察院应当派员出庭，并应当自收到人民法院出庭通知书之日起3日内向人民法院提交派员出庭通知书。派员出庭通知书应当写明出庭人员的姓名、法律职务以及出庭履行的具体职责。③检察机关以行政公益诉讼起诉人的身份提起行政公益诉讼，这与普通原告有区别。④检察机关应当向法院提交的材料中，除了行政公益诉讼起诉书外，还要提交被告违法行使职权或者不作为，致使国家利益或者社会公共利益受到侵害的证明材料；提交已经经过诉前程序行政机关仍不依法履行职责或者纠正违法行为的证明材料。⑤检察机关具有调查收集证据的权利。即检察机关办理行政公益诉讼案件，可以向有关行政机关以及其他组织、公民调查收集证据材料；有关行政机关以及其他组织、公民应当配合；需要采取证据保全措施的，依照《行政诉讼法》相关规定办理。

三、行政公益诉讼的判决

对于检察机关提起的行政公益诉讼，人民法院可以区分不同情形依法作出以下判决：

1. 判决确认违法或者确认无效，并可以同时判决责令行政机关采取补救措施。

2. 判决撤销或者部分撤销，并可以判决被诉行政机关重新作出行政行为。

3. 被诉行政机关不履行法定职责的，判决在一定期限内履行。

4. 被诉行政机关作出的行政处罚明显不当，或者其他行政行为涉及对款额的确定、认定确有错误的，判决予以变更。

5. 被诉行政行为证据确凿，适用法律、法规正确，符合法定程序，未超越职权，未滥用职权，无明显不当，或者人民检察院诉请被诉行政机关履行法定职责理由不成立的，判决驳回诉讼请求。

在执行方式上，行政公益诉讼案件判决、裁定发生法律效力后被告不履行的，人民法院应当移送执行。因而行政公益诉讼的裁判无须检察机关申请执行，而是由法院依职权直接移送执行。

■思考题

1. 简述行政公益诉讼的含义与特征。
2. 简述行政公益诉讼的受案范围。
3. 简述诉前程序在行政公益诉讼中的独特作用。
4. 试述检察机关在行政公益诉讼中的法律地位。
5. 试述检察机关提起行政公益诉讼程序与一般行政诉讼程序的异同。

■推荐书目

1. 李卓：《公益诉讼与社会公正》，法律出版社 2010 年版。
2. 林莉红：《亚洲六国公益诉讼考察报告》，中国社会科学出版社 2010 年版。
3. 黄学贤、王太高：《行政公益诉讼研究》，中国政法大学出版社 2008 年版。
4. 刘飞：《德国公法权利救济制度》，北京大学出版社 2009 年版。
5. 姜涛："检察机关提起行政公益诉讼制度：一个中国问题的思考"，载《政法论坛》2015 年第 6 期。
6. 黄忠顺："论公益诉讼与私益诉讼的融合——兼论中国特色团体诉讼制度的构建"，载《法学家》2015 年第 1 期。
7. 王春业："行政公益诉讼'诉前程序'检视"，载《社会科学》2018 年第 6 期。

第二十八章　涉外行政诉讼

■学习目的和要求

　　通过本章学习，掌握涉外行政诉讼的概念、特征与原则，了解涉外行政诉讼的管辖与参加人，熟悉涉外行政诉讼的法律适用及期间与送达。

第一节　涉外行政诉讼概述

一、涉外行政诉讼的概念与特征

　　涉外行政诉讼是指外国人、无国籍人、外国组织认为我国行政机关的行政行为侵犯了其合法权益，依照我国《行政诉讼法》向人民法院提起诉讼，或者因与我国行政机关作出的行政行为有法律上的利害关系，依法参加诉讼，并由我国人民法院进行审理并作出裁判的活动。它具有下列特征：

　　1. 涉外行政诉讼是人民法院解决发生在中华人民共和国领域内的涉外行政争议的活动。在这里，审判的主体只能是我国的人民法院，涉外行政争议只能发生在中华人民共和国领域内。对发生在我国领域内的行政案件包括涉外行政案件只能由我国人民法院行使管辖权，国外的法院无权对发生在我国领域内的行政案件行使管辖权。因为，任何一个国家的法院对行政案件都只拥有域内管辖权，而不具有对域外行政案件的管辖权。

　　2. 涉外行政诉讼的原告或者第三人必须是外国人、无国籍人、外国组织，否则就不构成涉外行政诉讼。这是涉外行政诉讼区别于一般行政诉讼的最基本的特征。

　　3. 涉外行政诉讼的被告只能是我国的行政机关，即涉外行政诉讼的被告具有恒定性。

　　4. 涉外行政诉讼争议的标的是我国行政机关作出的涉及外国人、无国籍人、外国组织权益的行政行为。

　　5. 涉外行政诉讼必须依据我国法律进行。①外国人、无国籍人、外国组织提起或参加行政诉讼，必须依据我国《行政诉讼法》的规定进行；②我国人民法院审理涉外行政案件必须依照我国《行政诉讼法》规定的程序进行，对被诉行政行为进行合法性审查也应适用我国的行政实体法规范和行政程序法规范，当然这并不排除在特别情况下适用我国缔结或参加的国际条约。

二、涉外行政诉讼的管辖

随着我国对外经济贸易和国际交往的不断扩大，涉外行政案件的数量逐渐增多，一般的涉外行政案件由基层人民法院进行一审管辖。但下列涉外行政案件由中级以上人民法院作为一审管辖法院：

1. 重大、复杂的涉外行政案件由中级以上人民法院一审管辖。重大、复杂的涉外行政案件包括：①被告为县级以上人民政府的涉外案件；②争议标的数额较大的涉外案件；③社会影响重大的涉外共同诉讼、集团诉讼案件；④其他重大、复杂案件。

2. 国际贸易行政案件由中级以上人民法院一审管辖。[1]在国际贸易行政案件中，被诉行政机关的级别高，国际影响比较大，根据 WTO 规则要求的"国民待遇"和"最惠国待遇"，每一起国际贸易案件几乎都涉及广泛和深刻的中外经贸关系和利益，可谓牵一发而动全身，因而国际贸易案件一般都属于重大的涉外案件，通常案情也较为复杂，涉及国际货物、服务贸易和国际知识产权领域内的纠纷，案件的专业性、技术性较强，因此，这类案件处理难度大，由中级人民法院管辖是比较合理的，而且我国中级人民法院一般都设在大中城市，规定由中级人民法院管辖，符合便于当事人诉讼和法院审理的原则。[2]国际贸易行政案件包括：①有关国际货物贸易的行政案件；②有关国际服务贸易的行政案件；③与国际贸易有关的知识产权行政案件；④其他国际贸易行政案件。

3. 反倾销、反补贴行政案件由被告所在地高级人民法院指定的中级人民法院，或者由被告所在地的高级人民法院一审管辖。反倾销与反补贴行政行为都是由国务院主管部门作出的，根据我国《行政诉讼法》第 15 条的规定，这些案件由中级人民法院管辖。但考虑到反倾销、反补贴行政案件专业性较强，为便于集中管辖和确保审判质量，《最高人民法院关于审理反倾销行政案件应用法律若干问题的规定》[3]第5 条和《最高人民法院关于审理反补贴行政案件应用法律若干问题的规定》[4]第5条规定，第一审反倾销、反补贴行政案件由被告所在地高级人民法院指定的中级人民法院或者被告所在地高级人民法院管辖。反倾销行政案件包括：①有关倾销及倾

---

[1]　最高人民法院发布的《关于审理国际贸易行政案件若干问题的规定》第 5 条规定：第一审国际贸易行政案件由具有管辖权的中级以上人民法院管辖。

[2]　参见马怀德主编：《司法改革与行政诉讼制度的完善——〈行政诉讼法〉修改建议稿及理由说明书》，中国政法大学出版社 2004 年版，第 489 页。

[3]　2002 年 9 月 11 日经最高人民法院审判委员会第 1242 次会议讨论通过，同年 11 月 21 日公布，自2003 年 1 月 1 日起施行。

[4]　2002 年 9 月 11 日经最高人民法院审判委员会第 1242 次会议讨论通过，同年 11 月 21 日公布，自2003 年 1 月 1 日起施行。

销幅度、损害及损害程度终裁决定的行政案件；②有关征收反倾销税决定以及追溯征收、退税、对新出口经营者征税决定的行政案件；③有关保留、修改或者取消反倾销税以及价格承诺复审决定的行政案件；④依照法律、行政法规规定可以起诉的其他反倾销行政案件。反补贴行政案件包括：①有关补贴及补贴金额、损害及损害程度终裁决定的行政案件；②有关征收反补贴税以及追溯征收决定的行政案件；③有关保留、修改或者取消反补贴税以及承诺复审决定的行政案件；④依照法律、行政法规规定可以起诉的其他反补贴行政案件。

三、涉外行政诉讼的参加人

（一）涉外行政诉讼的原告

涉外行政诉讼的原告是指认为我国行政机关及其工作人员的行政行为侵犯其合法权益，而向人民法院提起行政诉讼的外国人、无国籍人、外国组织。具体地说，与我国行政机关及其工作人员作出的行政行为具有法律上利害关系的外国人、无国籍人和外国组织可以成为涉外行政诉讼的原告。它包括两层意思：①涉外行政诉讼的原告必须是外国人、无国籍人、外国组织；②该外国人、无国籍人和外国组织必须与我国行政机关及其工作人员作出的行政行为具有法律上利害关系。

与非涉外行政诉讼的原告一样，当发生了某种法律事实后，原告的资格可能转移，即当有权提起诉讼的外国的自然人死亡，他的近亲属（配偶、父母、子女、兄弟姐妹、祖父母、外祖父母、孙子女、外孙子女以及其他有抚养和赡养关系的亲属）可以承受起诉权，向我国法院提起行政诉讼。当有权提起行政诉讼的外国法人或其他组织终止后，由承受该已终止的法人或其他组织权利的新的法人或其他组织向我国法院提起行政诉讼。

（二）涉外行政诉讼的被告

涉外行政诉讼的被告是指实施了作为原告的外国人、无国籍人、外国组织所认为的侵犯其合法权益的行政行为，人民法院受理了原告的诉讼请求后，接到法院的受案通知而参加到行政诉讼中来的中国行政机关或法律、法规授权的组织。如反倾销、反补贴行政案件的被告是作出相应被诉反倾销、反补贴行政行为的国务院主管部门。

（三）涉外行政诉讼第三人

涉外行政诉讼第三人是指同提起行政诉讼的行政行为有利害关系，为了维护自己合法权益而应我国法院的通知或自己请求参加到行政诉讼中来的人。涉外行政诉讼的第三人既可能是我国的行政机关或法律、法规授权的组织，也可能是外国人、无国籍人或者外国组织。如与被诉反倾销、反补贴行政行为具有法律上利害关系的其他国务院主管部门，可以作为第三人参加诉讼。

（四）涉外行政诉讼的代理人

涉外行政诉讼的代理人是指为维护当事人的合法权益，保证诉讼正常进行，以当事人的名义参加到涉外行政诉讼中来的人。根据我国《行政诉讼法》第100条的规定，外国人、无国籍人、外国组织在中华人民共和国进行行政诉讼，委托律师代理诉讼的，应当委托中华人民共和国律师机构的律师。这是我国《行政诉讼法》对涉外行政诉讼外籍当事人委托律师的特别规定。

外国人、无国籍人、外国组织委托中国律师担任诉讼代理人的具体程序与中国公民委托律师的程序相同。但是如果该外国人、无国籍人、外国组织在中华人民共和国领域内没有住所的，其委托书要通过域外寄交或托交的，应当经所在国公证机关证明，并且经我国驻外使领馆认证，或者履行我国与该国订立的有关条约中规定的证明手续后，才具有效力。如果我国在该国没有使领馆，授权委托书可以先经所在国公证机关公证，再经与我国、该国均有外交关系的第三国使领馆认证，再转由中国驻第三国的使领馆认证，方具有法律效力。

涉外行政诉讼中的外籍当事人在我国进行行政诉讼，我国法律并不限定其只能委托我国律师作为诉讼代理人。外籍当事人如要委托诉讼代理人，既可以委托我国律师，也可以委托其他人，包括社会团体、外国人的近亲属、所在单位推荐的人、以非律师身份担任诉讼代理人的本国律师、本国公民、以个人名义担任诉讼代理人的外国驻华使领馆官员以及经人民法院认可的中国公民等，这些人都可以成为外国人在中国进行行政诉讼的委托代理人。当然，外国人委托其本国驻华使领馆官员以个人名义担任诉讼代理人的，该官员在诉讼中不享有外交特权和豁免权。

四、涉外行政诉讼的法律适用

涉外行政诉讼的法律适用，是涉外行政诉讼中的核心问题。它主要包括两个方面的内容：①涉外行政诉讼适用的法律的范围；②在法律规范之间发生冲突时如何选择法律适用的问题。

（一）涉外行政诉讼适用的法律的范围

1. 适用我国国内有关的行政法律、法规，参照规章。凡在我国境内的外国人、无国籍人、外国组织都应受到我国法律的约束，履行我国法律所规定的义务，法律另有规定的除外。当外国人、无国籍人和外国组织与我国行政机关之间发生行政争议提起诉讼时，其行政争议就由我国人民法院依法审判。根据我国《行政诉讼法》的规定，人民法院审理行政案件，以法律、行政法规和地方性法规为依据，以规章为"参照"，人民法院审理涉外行政案件同样应以法律、行政法规和地方性法规为依据，以规章为"参照"。

2. 适用我国行政诉讼法和民事诉讼法。我国《行政诉讼法》第98条规定："外国人、无国籍人、外国组织在中华人民共和国进行行政诉讼，适用本法。法律另有规定的除外。"因此，人民法院在审理涉外行政案件时，在诉讼程序上，原则上应适用我国《行政诉讼法》关于涉外行政诉讼和一般诉讼程序的规定。同时，由于我国《行政诉讼法》关于涉外行政诉讼的规定较为原则，不甚具体。因此，人民法院在审理涉外行政案件时，除了依据行政诉讼法的规定外，还要参照适用民事诉讼法的有关规定。

3. 适用我国的司法解释。这里的司法解释主要是指最高人民法院关于适用行政诉讼法的司法解释和最高人民法院关于适用民事诉讼法的司法解释。

4. 适用有关的国际条约。国际条约是各缔约国之间有关政治、经济、文化等方面的约定，因而各缔约国有信守国际条约、并付诸实施的义务。我国在涉外行政诉讼活动中适用的国际条约必须是我国缔结或参加的国家条约，并且这些条约的内容涉及调整涉外行政诉讼关系，规范涉外行政诉讼行为。当然，我国在缔结或参加国际条约时，明确声明保留的条款，是我国未承认和未接受的条款，没有信守的义务，在处理涉外行政案件时不予适用。

（二）涉外行政诉讼选择法律适用的规则

1. 特别规定优于一般规定。我国《行政诉讼法》第98条规定："外国人、无国籍人、外国组织在中华人民共和国进行行政诉讼，适用本法。法律另有规定的除外。"这就涉及行政诉讼的一般规定和涉外行政诉讼的特别规定的关系。根据该条规定，当一般规定与特别规定不一致时，优先适用特别规定。这里的特别规定，既包括行政诉讼法中有关涉外行政诉讼的规定，也包括其他法律中有关涉外行政诉讼的特别规定。如《民事诉讼法》对涉外行政诉讼的期间、送达的特别规定。

2. 国际条约的转化适用。当我国《行政诉讼法》与我国缔结或参加的国际条约规定不一致时，应尊重国际条约的规定，但对国际条约需转化适用。我国1989年《行政诉讼法》第72条曾规定："中华人民共和国缔结或者参加的国际条约同本法有不同规定的，适用该国际条约的规定。中华人民共和国声明保留的条款除外。"2014年修正后《行政诉讼法》删除了该条规定。这意味着在行政诉讼中国际条约优先于国内法适用没有明确的法律依据。同时，2002年8月27日发布的《最高人民法院关于审理国际贸易行政案件若干问题的规定》，以及2002年11月21日发布的《最高人民法院关于审理反倾销行政案件应用法律若干问题的规定》《最高人民法院关于审理反补贴行政案件应用法律若干问题的规定》，这三个司法解释均排除了WTO协议文件在中国法院的直接适用性，倾向于采取"转化"的方式予以间接适用。据此，在涉外行政诉讼中，国际条约与国内法规定不一致时，一般不直接适用国际条约，而是将国际条约规定转化为国内法后加以适用。

第二节　涉外行政诉讼的原则

涉外行政诉讼的原则是指人民法院在审理涉外行政案件过程中应当遵循的基本行为准则，也是涉外行政诉讼当事人和有关诉讼参与人必须遵循的基本依据，它对涉外行政诉讼具有普遍的指导意义。涉外行政诉讼除了应适用我国《行政诉讼法》规定的一系列原则（如当事人诉讼地位平等原则、合法性审查原则、人民法院依法独立行使审判权原则、辩论原则等）外，还有自己独有的原则。

一、主权原则

主权是国家最重要的属性，它体现国家对内的最高权和对外的独立权。在国际社会中，各国的主权都是平等的，在法律上不存在隶属关系。审判权是国家主权的有机组成部分，在涉外行政诉讼中，人民法院必须维护国家主权，行使独立的司法管辖权。主权原则在涉外行政诉讼中具体表现如下：

1. 外国人、无国籍人、外国组织在我国境内发生行政争议，一律由我国人民法院管辖。外国人、无国籍人、外国组织认为我国行政机关的行政行为侵犯其合法权益起诉的，只能向我国人民法院起诉，不允许向其所属国或第三国提起行政诉讼，其所属国或第三国也不得受理这种起诉。即我国人民法院对发生在我国境内的涉外行政案件具有绝对管辖权，排除他国的司法管辖权或当事人的自由选择权。

2. 人民法院在审判涉外行政案件时，只能适用我国的法律、法规，以及我国缔结或参加的有关国际条约。外国人、外国组织所属国法律或任何第三国法律，都不能作为人民法院审判涉外行政案件的依据。

3. 外国人、无国籍人、外国组织参加涉外行政诉讼，必须使用我国通用的语言、文字。语言、文字是诉讼的工具和手段。一定的语言文字又与国家主权密切相关。根据主权原则，外国当事人提交诉状时须附具中文译本。诉讼中必须使用中国通用的语言、文字。当事人要求提供翻译的，可以提供，其费用由当事人承担。

4. 凡需要委托律师代理诉讼的，应当委托中华人民共和国律师机构的律师。律师制度是一国司法制度的重要组成部分。允许外国律师干预本国司法事务势必有损国家主权。我国是主权国家，根据《行政诉讼法》第100条的规定，外国人、无国籍人、外国组织在中华人民共和国进行行政诉讼，委托律师代理诉讼的，应当委托中华人民共和国律师机构的律师。

5. 我国人民法院审理涉外行政案件所作出的生效裁判，对作为当事人的外国人、无国籍人、外国组织具有法律约束力，其必须接受我国人民法院的裁判，并有义务履行。对拒不履行裁判所确定的义务的，我国人民法院可以依法强制执行。

二、同等原则

我国《行政诉讼法》第99条第1款规定："外国人、无国籍人、外国组织在中华人民共和国进行行政诉讼，同中华人民共和国公民、组织有同等的诉讼权利和义务。"这便确立了涉外行政诉讼的同等原则。它是指外国人、无国籍人、外国组织在中国进行行政诉讼时，享有和承担与我国公民、组织同样内容、范围与性质的诉讼权利和诉讼义务，不能因为其是外国人、无国籍人、外国组织而增设其诉讼义务或限制其某些诉讼权利。

同等原则具体包含着两层意思：①外国人、无国籍人、外国组织在我国进行行政诉讼，与我国公民、组织有同等的诉讼权利和义务，并不因为其是外国人而受到限制和歧视。这在国际法上被称为"国民待遇"原则，它是国家之间基于平等、互利、友好的关系，在国际交往中应遵循的一项重要原则。②外国人、无国籍人、外国组织在我国人民法院起诉和参加诉讼，必须依据我国的法律规定。诉讼权利与义务的同等，是指在我国诉讼法上与我国公民拥有同等的诉讼权利与义务。如依照某外国法律，该国某当事人是无诉讼行为能力人，而按照我国法律，该当事人为有诉讼行为能力人，则应认定其为有诉讼行为能力人。

三、对等原则

我国《行政诉讼法》第99条第2款规定："外国法院对中华人民共和国公民、组织的行政诉讼权利加以限制的，人民法院对该国公民、组织的行政诉讼权利，实行对等原则。"这便确立了涉外行政诉讼的对等原则。它是指外国法院对我国公民、组织的行政诉讼权利加以限制的，我国人民法院对该国公民、组织的行政诉讼权利也采取相应的限制措施，使该国公民、组织在我国的行政诉讼权利与我国公民、组织在该国的行政诉讼权利对等。对等原则中的对等，是指对诉讼权利限制上的对等。其前提是外国对我国公民、组织实行歧视待遇，采用不平等对待的方式，限制了我国公民、组织的诉讼权利。如果只是外国行政诉讼法的有关规定与我国行政诉讼法的规定不尽相同，但并没有采取歧视待遇、给予不平等对待的，则不宜适用对等原则。

主权国家之间，在处理相互之间的关系时，应以平等互利为基础。表现在司法上，一国应保障他国公民、组织的诉讼权利，不得加以歧视和限制。但是，国际交往十分复杂，国与国的关系各不相同，且又时常发生变化。当事人的诉讼权利是由各国自己的法律规定并由其法院保障的，这不能不影响到各国的法律和法院对待某些外国当事人的原则和政策。由于各国的对外政策不同，有可能出现一个国家对外国当事人的诉讼权利加以限制的现象，出现这种情况，国家间的对付办法，就是"以限制抵限制"的相应措施对待对方，从而达到彼此尊重、平等对待的目的。

我国人民法院在审判涉外行政案件时，一向是按照我国法律规定办事，依法保护外方当事人的诉讼权利。但如果出现外国法院对我国公民、组织的行政诉讼权利加以限制的情况，则我国人民法院为维护国家主权，保护我国公民、组织的合法权益，有权对该国公民、组织采取对等的限制措施。

对等原则与同等原则不同，其区别在于：同等原则是指两个国家基于平等、友好关系，互相给予对方公民、组织同等的诉讼权利，履行同等的诉讼义务，给予相同的法律保护；对等原则是指我国公民、组织的诉讼权利如在外国受到限制的，则我国人民法院就对该国公民、组织的诉讼权利给予同样的限制。因此，对等原则强调的是国家的主权权利，其目的是要达到司法保护上的平等。如果在审理某一涉外行政案件中，人民法院发现了有应适用对等原则的情况，并且适用了对等原则，那么在此案中，同等原则就不能适用，所以同等原则要受到对等原则的约束。

第三节 涉外行政诉讼的期间与送达

一、涉外行政诉讼的期间

期间是人民法院、当事人和其他诉讼参加人进行某种诉讼行为连续经过的时间。规定期间的目的是保证当事人及时行使诉讼权利和履行诉讼义务，保证人民法院及时、有效地审判案件，解决纠纷。对于涉外行政诉讼，由于原告或者第三人可能居住在国外，其通讯、交通等都不如在国内那样便利、迅速，如果一律按国内一般诉讼期间的规定办事，则可能使某些诉讼当事人丧失诉讼权利。因此，对居住在国外的诉讼当事人应适当延长诉讼期间。这里的当事人不仅包括居住在国外的外国人、无国籍人等，也包括居住在国外的中国公民。

在涉外行政诉讼中，延长诉讼期间的特别规定如下：

1. 上诉期间。居住在域外的当事人，不服一审人民法院判决、裁定的，其上诉的期间为30日。

2. 答辩期间。居住在域外的被上诉人，在收到上诉状副本以后，提出答辩状的期间为30日。

3. 送达期间。居住在域外的当事人，邮寄、公告送达诉讼文书的期间为3个月。

有关涉外行政诉讼的其他期间，原则上应适用《行政诉讼法》的一般期间的规定。但对于确有理由需要延长送达期间的，当事人可以向人民法院提出延长申请，由人民法院决定是否延长。

期间的计算，以时、日、月、年为单位。期间开始的时和日不计算在期间内。期间的最后一天是节假日的，以节假日后的第一天为期间届满日期。期间不包括在途时间，诉讼文书在期间届满前交邮的，不算过期。

二、涉外行政诉讼的送达

涉外行政诉讼的送达是指人民法院将有关的法律文书，依照法定程序和方式交付给涉外行政诉讼当事人和其他诉讼参与人的行为。它适用于在中华人民共和国领域内没有住所的当事人，具体包括两种情况：①在我国领域内没有住所的外国人、无国籍人、外国组织；②在我国领域内没有住所的中国公民。

人民法院对在中国领域内没有住所的当事人送达诉讼文书，可以采用下列方式：

1. 依条约规定的方式送达。即依照受送达人所在国与中华人民共和国缔结或者共同参加的国际条约中规定的方式送达。

2. 通过外交途径送达。外交途径送达，是指受送达人所在国已与我国建交但尚未签署司法协助协议，也未共同加入有关国际条约，按照互惠原则通过外交途径的送达。按照《最高人民法院、外交部、司法部关于我国法院和外国法院通过外交途径相互委托送达法律文书若干问题的通知》，我国人民法院通过外交途径向国外当事人送达诉讼文书时，应按下列程序办理：①送达的诉讼文书须经有关省、自治区、直辖市高级人民法院审查，交外交部领事司负责转递；②须注明受送达人姓名、性别、年龄、国籍及其在国外的详细外文地址，并将该案的基本情况函告外交部领事司；③附有送达委托书。

3. 委托使领馆送达。对具有中华人民共和国国籍而在国内无住所的受送达人，可以委托中华人民共和国驻受送达人所在国的使领馆代为送达。

4. 向委托代理人送达。即向受送达人委托的有权接受送达的诉讼代理人送达。

5. 向代表机构、分支机构或业务代办人送达。这种送达方式主要针对受送达人是外国企业或组织而言。外国企业或组织在我国境内无住所时，可通过其设立的代表机构送达。没有代表机构但在我国境内有分支机构或业务代办人时，只要他们有接受诉讼文书的授权，也可向分支机构或业务代办人送达。

6. 邮寄送达。受送达人所在国的法律允许邮寄送达法律文书的，可以邮寄送达，自邮寄之日起满 3 个月，送达回证没有退回，但根据各种情况足以认定已经送达的，期间届满之日视为送达。

7. 传真、电子邮件送达。采用传真、电子邮件等能够确认受送达人收悉的方式送达的，可采用传真、电子邮件等方式送达。

8. 公告送达。通过上述方式无法送达或难以送达的，可以公告送达。公告送达是将应送达的诉讼文书张贴于法院公告栏内，同时将公告送达事项公布在全国性报纸上，自公告之日起满 3 个月，即视为送达。

■思考题

1. 简述涉外行政诉讼的概念与特征。
2. 简述涉外行政诉讼的管辖。
3. 简述涉外行政诉讼的参加人。
4. 简述涉外行政诉讼的期间与送达。
5. 试述涉外行政诉讼的法律适用。
6. 试述涉外行政诉讼的原则。

■推荐书目

1. 薛刚凌主编：《外国及港澳台行政诉讼制度》，北京大学出版社 2006 年版。
2. 何其生：《域外送达制度研究》，北京大学出版社 2006 年版。
3. 袁曙宏、宋功德：《WTO 与行政法》，北京大学出版社 2002 年版。
4. 赵维田：《世贸组织（WTO）的法律制度》，吉林人民出版社 2000 年版。
5. 朱永梅、唐小波：《行政诉讼法比较研究》，福建人民出版社 1999 年版。

第二十九章　行政赔偿与诉讼

■学习目的和要求

　　通过本章学习，理解和掌握行政赔偿的概念、特征、归责原则、构成要件、赔偿范围、赔偿请求人和赔偿义务机关以及行政赔偿诉讼的概念、特征，熟悉提起行政赔偿诉讼的条件、审理行政赔偿诉讼案件的规则；了解建立包括行政赔偿、司法赔偿在内的国家赔偿制度在监督国家机关依法行使权力，切实保障人权，创造民主、平等、和谐的社会环境方面的重要意义。

第一节　行政赔偿

一、行政赔偿的概念

行政赔偿是国家行政机关和行政机关工作人员在行使职权过程中对公民、法人或其他组织的合法权益造成损害的，由国家向受害人承担赔偿责任的制度。可以从以下几个方面理解行政赔偿的概念：

1. 行政侵权赔偿责任是国家赔偿责任的组成部分。所谓国家赔偿责任，是指国家基于国家机关和国家机关工作人员行使职权侵犯公民、法人或者其他组织的合法权益造成损害所应承担的赔偿责任。国家赔偿责任在我国主要包括两大部分：①行政赔偿；②刑事赔偿，又称司法赔偿。

2. 行政赔偿的主体是国家，但国家是一个抽象的概念，具体履行行政赔偿义务的机关则为致害的行政机关或法律、法规、规章授权的组织。行政赔偿是行政机关及其工作人员的行为引起的。因此，法律规定原则上由实施该行为的机关承担具体赔偿义务。如果是法律、法规、规章授权的组织在行使授予的行政权力时造成公民、法人和其他组织的合法权益受到损害的，被授权的组织为赔偿义务机关；受行政机关委托的组织或个人在行使受委托的行政权力时侵犯他人合法权益造成损害的，委托的行政机关为赔偿义务机关。

3. 赔偿范围是特定的。根据《国家赔偿法》《行政诉讼法》《行诉解释》的规定，行政赔偿的范围分为三类：①行政行为造成的损害，如行政处罚行为、采取行政强制措施、行政不作为等造成的损害。②事实行为造成的损害，即行政机关工作人员行使行政职权时，以殴打等暴力行为或违法使用武器警械造成的损害。③行政机关不履行、拖延履行法定行政职责造成的损害，如公安机关不履行法定的行政职责造成行政相对人权益损害的。

4. 赔偿途径是多渠道的。受害人取得行政赔偿可以向行政赔偿义务机关提出，也可以通过行政复议、行政诉讼、行政赔偿诉讼等多渠道实现。《行政诉讼法》《行政复议法》《国家赔偿法》《最高人民法院关于人民法院执行〈中华人民共和国国家赔偿法〉几个问题的解释》《最高人民法院关于审理行政赔偿案件若干问题的规定》分别规定了受害人请求赔偿的具体步骤、方式、方法、顺序、期限和条件等。

行政赔偿属于国家赔偿的一种，它不同于民事赔偿，两者的主要区别在于：①行政赔偿发生在行政权力的运作过程中，由行政侵权行为引起；民事赔偿发生在民事活动中，由民事侵权行为引起，与公共权力的运作无关。②行政赔偿责任由执行职务的行为引起，结果如何是基本的归责原则；民事责任的构成须是行为人有过错。在特殊情况下，行为人无过错也同样构成民事责任。③受害人如果是单独提起行政赔偿的，应先通过行政程序直接向赔偿义务机关索赔，然后才能诉诸法院；而民事赔偿的受害人可直接向人民法院起诉。④承担责任的方式和计算标准不同。行政赔偿责任承担的方式是以金钱赔偿为主，在有条件的情况下也可返还财产或恢复原状；民事责任承担的方式包括支付赔偿金、返还财产、恢复原状、排除妨害、消除危险、修理、重作、更换、支付违约金、消除影响、恢复名誉、赔礼道歉等。

二、行政赔偿的原则

行政赔偿的原则是为了解决在什么情况下国家对损害后果承担赔偿责任的问题。因此，也将其称之为"归责原则"。迄今为止，关于侵权赔偿责任的归责原则大致有以下几种：①过错原则，即国家行政机关及公务员执行职务中造成的损害，只有在有故意或过失的情况下，国家才承担赔偿责任，如果无过错，国家不予赔偿。②无过错原则，即不以过错为责任的构成要件，无论国家行政机关及其工作人员有无过错，国家都要对其执行职务造成的损害负责赔偿。③违法原则，即只要国家行政机关及其公务员违法行使职权并造成损害，无论有无过错国家都必须负责赔偿。此外，理论界还提出了"违法与明显不当原则""公平原则""违法与过错原则"等。

我国《国家赔偿法》第2条第1款规定："国家机关和国家机关工作人员行使职权，有本法规定的侵犯公民、法人和其他组织合法权益的情形，造成损害的，受害人有依照本法取得国家赔偿的权利。"我们认为，这确立了国家赔偿制度在行政赔偿上的"违法归责与结果归责相结合"的归责原则（在刑事赔偿上，则应属于"违法归责与结果归责相补充"的归责原则，两者有所不同），尽管第2条未直接提"违法"二字，但《国家赔偿法》就行政赔偿针对的行政机关及其工作人员"侵犯公民、法人和其他组织合法权益的情形"，所列举的都是行政行为（包括与职权有关的事实行为）违法侵犯公民、法人和其他组织合法权益的情形，因此，修改后的《国家赔偿法》仍坚持了行政赔偿的违法归责的原则。同时，在侵害行为的主观状态上并不考虑是否有过错，只强调在客观结果上造成了损害结果，因而又突出了结果归责。这样，违法归责与有条件的结果归责相结合的归责原则更便于在实践中操作认定。

在行政赔偿上，违法归责与有条件的结果归责相结合的原则包含如下内容：

1. 国家行政机关及其工作人员有违法行使职权的行为并造成行政相对人合法权益的损害后果。

2. 无论国家行政机关及其工作人员在实施行为时主观上是否有过错，只要行为造成了他人合法权益的损害，就要承担赔偿责任。

3. 造成损害后果的行为不仅限于法律行为，也包括与行使职权有关的事实行为。行为既包括积极的作为，也应包括消极的不作为。

4. 非职权性的行为由其他法律调整，所产生的损害后果不产生国家赔偿责任。如有关国有公共设施的管理、使用以及设置中的损害由民法调整，包括个人行为。

三、行政赔偿责任的构成要件

行政赔偿责任是国家对行政机关及其工作人员违法行使职权造成的损害给予赔偿的一项法律责任。国家承担行政赔偿责任须符合下列条件：

1. 损害必须是由行政机关或行政机关工作人员的行为造成的。经国家法律、法规、规章授权的组织或行政机关委托的组织违法行使职权造成的损害，国家也必须承担赔偿责任。

2. 国家负责赔偿的损害必须是行政机关或行政机关工作人员行使职权时造成的。所谓"行使职权"，是指行政机关或其工作人员行使职务上的权力进行活动。凡从事与职权有关的活动违法造成相对方损害的，均应由国家负责赔偿。国家行政机关工作人员从事与职权无关的民事活动，或因个人行为造成的损害，国家不承担赔偿责任；因国有企业、事业单位对外的生产经营行为造成损害的，国家也不负责赔偿；因道路、桥梁等公有设施致害的，国家也不负行政赔偿责任。

3. 损害必须是已经产生或必定产生的，不是想象的；是直接的，不是间接的。

4. 相对人所受损害与侵权行为有直接的因果关系。如果相对人所受损害与侵权行为没有因果关系，那么行政机关及工作人员就没有义务对损害负责，国家也不承担行政赔偿责任。

国家行政赔偿责任是一种法定责任，只有当法律规定的各项条件满足后国家才予以赔偿。受害人的赔偿请求应当在法定范围内，依照法定程序提出，对于不符合法定条件或不属于赔偿范围的请求，国家不负责赔偿。

四、行政赔偿的范围

行政赔偿的范围是指国家对哪些行政行为造成的哪些损害予以赔偿，对哪些损害不予赔偿，即国家承担赔偿责任的领域。根据《国家赔偿法》第3、4条的规定，行政赔偿的范围如下：

（一）对侵犯人身权的行政赔偿

人身权包括人身自由权、人格权和身份权。人格权指生命健康权、姓名权、肖像权、名誉权等；身份权指荣誉权和婚姻自主权等。《国家赔偿法》规定行政机关侵犯公民人身自由权、身体健康权和生命权的，受害人有权要求赔偿，国家承担赔偿责任。

1. 违法拘留或违法采取限制人身自由的行政强制措施的行为。

（1）违法拘留。行政拘留是公安机关、安全机关对违反治安管理和安全管理的人，短期剥夺人身自由的处罚。依照《治安管理处罚法》和《国家安全法》的规定，行政拘留的期限为1日～15日。《治安管理处罚法》第16条规定："有两种以上违反治安管理行为的，分别决定，合并执行。行政拘留处罚合并执行的，最长不超过20日。"行政机关违反法律规定的权限、程序，或在证据不足、事实不清的情况下拘留公民的，属于违法拘留。因违法拘留造成公民损害的，国家应予以赔偿。

（2）违法采取限制人身自由的行政强制措施。行政机关限制公民人身自由的行政强制措施有：强制戒毒、强制治疗、强制约束、扣留等。行政机关及其工作人员在行使职权中违法采取扣留等强制措施造成损害的，国家应予以赔偿。

2. 非法拘禁或者以其他方式非法剥夺公民人身自由的行为。

（1）非法拘禁是指行政机关及其工作人员超越职权以拘禁或者其他强制方法非法剥夺公民人身自由的行为。如行政机关及其工作人员执行职务时，非法对被害人身体实行强制拘禁，如捆绑、隔离、监禁，使被害人失去行动自由的，构成非法拘禁，因此造成公民自由被剥夺的，国家应予赔偿。

（2）行政机关或工作人员以其他方法非法剥夺公民人身自由的，如有的乡政府工作人员私设公堂、私设牢房，用拘留或变相拘留的手段，非法剥夺经济纠纷、邻里纠纷的当事人的自由，或用办学习班不让回家等手段剥夺公民人身自由造成侵害后果的，国家应当承担赔偿责任。

3. 以殴打、虐待等行为或者唆使、放纵他人以殴打、虐待等行为造成公民身体伤害或者死亡的。行政机关的工作人员或法律、法规、规章授权的组织的工作人员，受行政机关委托行使职权的组织（如联防大队）人员在行使职权时，如有殴打公民致其遭受身体伤害的，或采用其他方式，如捆绑、示众、罚跪、罚站以及各种酷刑造成公民身体伤害或者死亡的，国家应当承担赔偿责任。行政机关工作人员唆使、放纵他人相互殴打或施暴造成公民伤害或者死亡的，如"躲猫猫事件"，国家也应承担赔偿责任。

4. 违法使用武器、警械造成公民身体伤害或者死亡的。武器、警械是指枪支、警棍、警绳、手铐和其他警械。行政机关工作人员违反法律规定使用武器、警械造成他人身体伤害或残废、死亡的，国家应当承担赔偿责任。

5. 造成公民身体伤害或者死亡的其他违法行为。除上述四类行为外，行政机关及其工作人员行使职权时的其他违法行为造成公民身体伤害或者死亡的，国家也应当承担赔偿责任。

（二）对侵犯财产权的行政赔偿

财产权包括公民个人财产所有权、继承权、债权、土地使用权和承包经营权、采矿权、宅基地使用权、担保权、租赁权、专利权和著作权等。对法人而言，财产权包括不动产和动产所有权、土地使用权、采矿权、专利权、商标权、租赁权等。按照《国家赔偿法》第4条的规定，行政机关或其工作人员违法行使职权给公民、法人或其他组织的合法权益造成损失的，国家应当予以赔偿。

1. 违法实施罚款、吊销许可证和执照、责令停产停业、没收财物等行政处罚的。行政处罚是行政机关依据法律、法规和规章对违反行政管理秩序尚未构成犯罪的公民、法人或者其他组织实施的制裁。行政处罚中涉及公民、法人或其他组织财产权的处罚种类包括罚款、吊销许可证和执照、责令停产停业、没收财物等。如果行政机关违法采取上述措施造成公民、法人或其他组织损害的，国家应予以赔偿。

2. 违法对财产采取查封、扣押、冻结等行政强制措施的。行政强制措施是行政机关为了强迫相对人履行行政法义务，或为了达到某种行政法目的而采取的各类强制性措施。涉及财产权的行政强制措施有查封、扣押、冻结等。行政机关违法实施上述查封、扣押、冻结等强制措施，造成公民、法人或其他组织财产损害的，国家应当给予赔偿。

3. 违法征收、征用财产的。征收是国家行政机关根据公共利益的需要，依法以强制方式取得相对人财产所有权的一种具体行政行为，主要包括税收征收、征收财物和行政收费。由于征收财物、收取税费关系到公民、法人的财产权，一般均由法律、法规明确规定征用、征收的数额、标的、方式、期限、对象等。征用是不改变财产的所有权，只改变财产的使用权。行政机关违反法律、法规向公民、法人征收、征用财产，并由此造成损害的，国家应当承担赔偿责任。

4. 造成财产损害的其他违法行为。除行政处罚、行政强制措施及行政征收行为外，其他违法行使职权造成公民、法人或其他组织财产权损害的，国家也应当予以赔偿。其他违法行为主要包括：行政机关的不作为行为、行政许可行为、行政裁决行为、行政命令行为等。根据《行政诉讼法》的规定，法律规定的违法不作为行为有：行政机关对符合法定条件的申请人拒绝颁发许可证、执照或不予答复的；拒绝履行保护公民、法人财产权的法定职责或不予答复的；没有依法发给抚恤金的。

值得注意的是，最高人民法院曾于2001年7月17日作出了一个《最高人民法院关于公安机关不履行法定行政职责是否承担行政赔偿责任问题的批复》[1]，该批复明确认定，由于公安机关不履行法定行政职责，致使公民、法人和其他组织的合法权益受到损害的，应当承担行政赔偿责任。这明确规定了行政不作为行为造成行政相对人权益损害的，应当承担相应的赔偿责任。在确定赔偿的数额时，应当考虑该

---

[1] 该批复现已被《行诉解释》替代，相关内容详见《行诉解释》第98条。

不履行法定职责的行为在损害发生过程和结果中所起的作用等因素。

（三）对精神损害的赔偿

对精神损害的关注和恰当的赔偿是一个公民社会向更高层次发展的体现和要求，也是社会对人的更高层面的肯定和关注。随着人民权利和自我意识的提高，社会各界对行政执法中造成的精神损害进行赔偿的呼声也逐渐清晰和强烈。因为，现实中某些行政行为给行政相对人造成的侵害有时是精神上的侵害，并且这种侵害比对相对人的其他外在人身权、财产权的侵害后果更为严重。2001年陕西"麻旦旦处女卖淫"案让国家赔偿法给整个社会上了尴尬一课。19岁少女麻旦旦被陕西泾阳县公安局以"卖淫"为由拘留，被迫进行两次处女鉴定后方还清白。麻旦旦随后将公安局告上法庭，而最终仅获74元国家赔偿，此前她提出的是500万元的精神损害赔偿。"74元"从此成为外界对国家赔偿最直观的认知。从裂痕和落差中衍生的惊叹和义愤是公众不满的直接动因，甚至会因此全盘否定《国家赔偿法》在推动中国依法行政和人权保障的路上所起的不可替代的作用。精神损害赔偿很早便在民事法律中得到确立，而其能否纳入国家赔偿的范围则一直是很有争议的问题。实务界基本也是主张将精神损害赔偿纳入国家赔偿的范围的。但其中存在的障碍性问题主要是其赔偿标准和界限难以量化，担心在公民的法律意识不够强、公民素养还不够高的状况下，会产生"滥诉"而导致纳税人的财产损失和浪费的问题。同时，也可能由于标准不明确给司法和行政部门过大的自由裁量空间而降低司法和行政的尊严和社会认可度，产生权力不公。但受"麻旦旦"等一系列案件的推动，近年来国家司法和行政能力显著提高，社会法治理念深入人心，公民法律意识日益提高，国家经济发展水平等整体实力有所提高，这成为国家赔偿法中纳入精神损害赔偿的社会积淀，也提供了"势不可挡"的修订和改革要求。《国家赔偿法》2012年修正后第35条规定："有本法第3条或者第17条规定情形之一，致人精神损害的，应当在侵权行为影响的范围内，为受害人消除影响，恢复名誉，赔礼道歉；造成严重后果的，应当支付相应的精神损害抚慰金。"这次修正首次将精神损害赔偿正式纳入了《国家赔偿法》，这是对《国家赔偿法》的完善，更是对保障公民权利和我国法治发展水平的进一步肯定。虽然有"造成严重后果"的限制，可能成为行政机关不赔或少赔的借口，也可能存在着因对"严重后果"的判断不明确而不能尽可能地弥补相对人的损害。但是毕竟这也是其他立法采取的做法，从无到有已经是一个很大的历史进步。另外，这也是国家赔偿有限原则的体现，是对纳税人负责。所谓有限赔偿：①赔偿的范围有限，《国家赔偿法》中有明确规定的才给予赔偿，没有明确规定的就不赔偿；②赔偿的数额也有限，因为实施国家赔偿的经费都是从国家财政中列支的，是国库的钱，是纳税人的钱。实际操作中，精神赔偿数额可以综合考虑侵权机关的过错程度、侵害手段的恶劣程度以及受害人精神损害的严重程度等因素。

（四）国家不予赔偿的情形

《国家赔偿法》第5条规定国家不承担赔偿责任的情形主要有以下几种：

1. 行政机关工作人员实施的与行使职权无关的个人行为。行政机关工作人员的行为包括职务行为和个人行为。对职务行为造成的损害，国家应当承担赔偿责任；对与行使职权无关的个人行为造成的损害，国家不负责赔偿。所谓个人行为是指行政机关工作人员实施的与职权无关的、涉及个人感情、利益等因素的行为。区分职务行为与个人行为的主要标准是：行为的时间、地点、名义、公益、命令、标志、与职务的内在联系、与个人感情、利益的联系等。[1]对那些客观上具有行使职权特征的行为，一般均宜认定为职务行为，具体包括以下几类行为：行使职权的行为；与行使职权密不可分的行为；工作时间外行使职权的行为；管辖区域以外行使职权的行为；超越职权的行为；滥用职权的行为；等等。

2. 因公民、法人和其他组织自己的行为致使损害发生的。在行政管理中，公民、法人或其他组织受损害的原因很多，如果该损害是因受害人自己的行为造成的，国家不予赔偿。国家对受害人自己的行为造成的损害不予赔偿必须具备两个条件：①受害人有故意，其故意行为是导致行政机关实施侵权行为的主要或全部原因。因行政机关工作人员的刑讯逼供或诱供被迫作虚伪陈述致使损害发生的，不属受害人有故意，国家应当负责赔偿。②损害由受害人自己行为所致。

3. 法律规定的其他情形。这里的"法律"应该指全国人大及其常委会通过的法律，不包括法规、规章在内。如因不可抗力造成的损害，国家不承担赔偿责任。

五、行政赔偿请求人和赔偿义务机关

（一）行政赔偿请求人

行政赔偿请求人是指其合法权益因行政机关及其工作人员违法执行职务而遭受损害，有权请求国家予以赔偿的公民、法人或者其他组织。

根据《国家赔偿法》第6条的规定，行政赔偿中，有权提出赔偿请求的人有以下几种：

1. 合法权益受到损害的公民、法人和其他组织。未成年人及不能辨认或不能完全辨认自己行为的精神病人属于无行为能力人或限制行为能力人，当他们权益遭到行政机关或其工作人员侵害时，他们的监护人（包括祖父母、外祖父母、父母、兄弟姊妹、成年子女、配偶等）为法定代理人，但赔偿请求人仍为受到侵害的未成年人和精神病人。

2. 受害的公民死亡的，其继承人和其他有扶养关系的亲属可以成为赔偿请求人。赔偿请求人不是受害人本人的，应当说明与受害人的关系，并提供相应证明。

3. 受害的法人或者其他组织终止的，其权利承受人有权要求赔偿。法律赋予法人或者其他组织的权利承受人赔偿请求权，是因为他们在经济关系上有继承关系，

---

〔1〕 公安干警郭某某春节期间探亲，在火车上因让座位问题与旅客孙某发生争吵，并将孙某打伤。孙某花去医疗费1100元。事后，孙某向郭某某所在的某市某区公安分局提出行政赔偿请求。如果用职务行为与个人行为的标准来判断，干警郭某某殴打他人的行为就应当属于个人行为。

有利于保护他们的合法权益，但下列情形不发生赔偿请求权转移：

（1）法人或其他组织被行政机关吊销许可证或执照，但该法人或组织仍有权以自己的名义提出赔偿请求，不发生请求权转移。

（2）法人或其他组织破产，也不发生赔偿请求权转移。破产程序尚未终结时，破产企业仍有权就此前的行政侵权损害取得国家赔偿。

（3）法人或其他组织被主管行政机关决定撤销，也不发生赔偿请求权转移。

与行政赔偿案件处理结果有法律上的利害关系的其他公民、法人或者其他组织有权作为第三人参加行政赔偿诉讼。

（二）行政赔偿义务机关

行政赔偿义务机关是指代表国家具体履行赔偿义务的组织。根据《国家赔偿法》第7、8条的规定，行政赔偿义务机关有以下几种：

1. 行政机关为赔偿义务机关。行政机关和行政机关工作人员在行使职权时侵犯公民、法人或其他组织的合法权益造成损害的，该行政机关或工作人员所在的行政机关为赔偿义务机关。

2. 共同行政赔偿义务机关。两个以上行政机关共同实施违法行为侵犯公民、法人和其他组织合法权益造成损害的，应该由两个以上行政机关为共同赔偿义务机关，承担连带赔偿责任。共同赔偿义务机关之间的责任是连带责任，即受害人可以向共同赔偿义务机关中的任何一个提出赔偿请求，该机关必须单独或与其他赔偿义务机关共同支付赔偿费用，承担赔偿义务。一个机关履行了赔偿义务并不免除其他赔偿义务机关的义务。所谓共同行使职权，就是两个以上行政机关分别以各自名义就同一对象作出共同处理行为，或两个以上机关以共同名义作出某行为。分属于两个以上行政机关的工作人员共同行使职权侵犯他人权益的，受害人应以这些公务员所在的行政机关为共同赔偿义务机关，提出赔偿请求。

3. 法律、法规、规章授权的组织为赔偿义务机关。法律、法规、规章授权的组织在行使被授予的行政职权时，侵犯公民、法人和其他组织合法权益的，该法律、法规、规章授权的组织为赔偿义务机关。我国除各级人民政府及所属职能部门行使行政权力外，还有一部分由法律、法规、规章授权的、具有公共事务管理职能的企事业单位也行使行政职权。这些组织的职权行为侵犯公民、法人或其他组织合法权益的，国家应当负责赔偿。受害人请求赔偿，应当以这些法律、法规、规章授权的组织为赔偿义务机关。

4. 委托行政时的赔偿义务机关。行政机关出于工作需要，有时依照法律、法规将自己的行政权委托给其他行政机关或社会组织去行使，接受委托的组织行使行政职权时享有与行政机关同样的权力，其行为与行政行为有同样的法律后果。但受托组织行使职权的范围是由行政机关决定的，是以行政机关的名义行使，产生的法律责任也应由行政委托机关承担。因此，当行政机关委托其他组织行使职权引起赔偿责任的，应由委托的机关承担法律责任，充当赔偿义务机关。即使受委托组织超越了委托权限，违法滥用该委托权力，委托的机关仍然应当承担因此引起的各项法律责任。

5. 行政赔偿义务机关被撤销后的责任承担。行政机关实施侵权行为给他人造成损害后被撤销的，一般由继续行使职权的行政机关为赔偿义务机关。如果没有继续行使其职权的行政机关，撤销该赔偿义务机关的行政机关为赔偿义务机关。行政赔偿义务机关被撤销一般有两种情形：①受害人提出赔偿请求，赔偿义务机关尚未作出最终裁决时，该赔偿义务机关被撤销；②受害人已向法院提起行政赔偿诉讼后，赔偿义务机关被撤销。第一种情形下，由继续行使其职权的行政机关为赔偿义务机关；第二种情形，则涉及变更赔偿诉讼被告问题，受害人应以赔偿义务机关被撤销后继续行使职权的行政机关为赔偿诉讼被告，如果没有继续行使职权的行政机关，则应以撤销赔偿义务机关的行政机关为赔偿诉讼被告。

6. 经行政复议后的赔偿义务机关。经复议的案件，由最初造成侵权行为的行政机关为赔偿义务机关，但是复议机关的复议决定加重损害的，复议机关对加重的部分履行赔偿义务。

六、行政赔偿的程序

1.《国家赔偿法》第9条第2款规定："赔偿请求人要求赔偿，应当先向赔偿义务机关提出，也可以在申请行政复议或者提起行政诉讼时一并提出。"行政赔偿程序通常为两个阶段，第一阶段先由行政机关解决赔偿责任问题，即行政先行处理来解决行政赔偿问题；第二阶段由法院解决赔偿责任问题。先行处理原则的主要含义是：赔偿请求人向法院提起赔偿诉讼前，一般经过赔偿义务机关先行处理，或与赔偿义务机关先行协商，若不能达成协议或请求人对行政处理决定不服的，或赔偿义务机关逾期不处理，还可以向法院起诉。先行处理可将行政机关能够自行解决的赔偿限制在行政程序，而不必进入司法程序。

赔偿请求人根据受到的不同损害，可以同时提出数项赔偿要求。

从行政机关处理赔偿事务的方式看，行政机关先行处理分为"决定式"和"协议式"两种。它们在处理方式和结果上有一定差异。"决定式"的最突出特点是：行政赔偿义务机关对受害人的请求采用"决定"的处理形式，一般不与请求权人进行协商和讨论，受害人只能被动接受或拒绝此决定。"协议式"则以赔偿义务机关与受害人合意为基础，以"协议"为最终处理结果。许多国家和地区之所以采用"协议"方式，主要是考虑到赔偿争议复杂多变，故要求当事人间共同协商，对损害赔偿请求达成折中妥协方案。就赔偿效果而言，采用"协议式"先行程序似乎更能有效地解决赔偿责任及金额上的争议，达到满意的效果，如果协议不成，仍可最终求助于司法手段。而"决定式"略显僵硬，容易导致矛盾激化。因此，对"应当先由行政机关解决"应作广义理解，视作可以由行政机关与请求权人协议解决赔偿争议。《国家赔偿法》和《最高人民法院关于审理行政赔偿案件若干问题的规定》都进一步明确了先行处理的程序。

2. 一般应当递交赔偿申请书，特殊情况下也可口头申请。《国家赔偿法》第12条规定："要求赔偿应当递交申请书，申请书应当载明下列事项：①受害人的姓名、性别、年龄、工作单位和住所，法人或者其他组织的名称、住所和法定代表人或者主要负责人的姓名、职务；②具体的要求、事实根据和理由；③申请的年、月、日。赔偿请求人书写申请书确有困难的，可以委托他人代书；也可以口头申请，由赔偿义务机关记入笔录。赔偿请求人不是受害人本人的，应当说明与受害人的关系，并提供相应证明。赔偿请求人当面递交申请书的，赔偿义务机关应当当场出具加盖本行政机关专用印章并注明收讫日期的书面凭证。申请材料不齐全的，赔偿义务机关应当当场或者在5日内一次性告知赔偿请求人需要补正的全部内容。"

3. 对赔偿申请的处理。依据《国家赔偿法》第13、14条的规定，赔偿义务机关应当自收到申请之日起2个月内，作出是否赔偿的决定。赔偿义务机关作出赔偿决定，应当充分听取赔偿请求人的意见，并可以与赔偿请求人就赔偿方式、赔偿项目和赔偿数额依照《国家赔偿法》第四章的规定进行协商。赔偿义务机关决定赔偿的，应当制作赔偿决定书，并自作出决定之日起10日内送达赔偿请求人。赔偿义务机关决定不予赔偿的，应当自作出决定之日起10日内书面通知赔偿请求人，并说明不予赔偿的理由。

赔偿义务机关在规定期限内未作出是否赔偿的决定，赔偿请求人可以自期限届满之日起3个月内，向人民法院提起诉讼。赔偿请求人对赔偿的方式、项目、数额有异议的，或者赔偿义务机关作出不予赔偿决定的，赔偿请求人可以自赔偿义务机关作出赔偿或者不予赔偿决定之日起3个月内，向人民法院提起诉讼。

第二节 行政赔偿诉讼

一、行政赔偿诉讼的概念和特征

行政赔偿诉讼是人民法院根据赔偿请求权人的请求，依照行政诉讼程序和国家赔偿的基本制度和原则裁判赔偿争议的活动。但是，由于行政赔偿诉讼既不同于行政诉讼，也有别于民事责任，所以，在赔偿诉讼的起诉条件、管辖、审理形式、证据及判决执行诸方面，都有其自身特点如下：

1. 从起诉条件看：①要以行政赔偿义务机关先行处理赔偿争议为起诉的前提条件。②行政赔偿诉讼通常以行政侵权行为被确认为违法或撤销为前提。③提起赔偿诉讼还必须符合实体要件，如侵权损害是行政机关及公务员在执行职务中造成的；该行为侵犯了公民、法人的合法权益；侵权行为与损害结果之间有内在因果关系；等等。

2. 从确定诉讼当事人看，行政赔偿诉讼与民事诉讼有一定区别，许多国家采取了"国家责任，机关赔偿"的做法，因而充当赔偿诉讼的被告往往不是国家本身，而是代表国家行使职权的行政机关。实施加害行为的公务员一般不作为诉讼被告。

3. 从赔偿诉讼的审理形式看，与行政诉讼有一定区别。我国《行政诉讼法》第60条规定，人民法院审理行政案件，不适用调解，但赔偿诉讼是可以适用调解的。

4. 从行政赔偿诉讼的证据制度看，与民事诉讼相同，与行政诉讼相区别。民事诉讼贯彻"谁主张、谁举证"规则，而行政诉讼多要求被告负举证责任。行政赔偿诉讼也采用"谁主张、谁举证"的规则。

二、行政赔偿诉讼的前置程序

（一）行政赔偿前置程序的提起方式

向行政机关提起赔偿请求，一般有两种方式：①单独式请求赔偿。②一并式提起赔偿请求。单独式请求是指行政赔偿请求权人仅就赔偿问题向行政机关单独提出请求，而不涉及其他要求。行政赔偿义务机关接受这种请求无须确认行政行为的合法性，只需就侵权事实成立与否及赔偿数额等问题与受害人共同协商，达成共识。一并式请求是指行政赔偿请求权人在提出行政复议或其他审查行政行为合法性要求的同时请求对其遭受的损害予以赔偿。一并式请求以审查行政行为的合法性为主要内容，同时要求解决赔偿问题。一并式请求须经过两道不同的程序：①先确认行政行为违法。②就违法的行政行为所造成的损害予以处理。

（二）行政赔偿前置程序内容

受害人提出赔偿请求，赔偿义务机关受理请求都必须符合一定条件，履行法定手续。这些要件和手续大致可分为如下两类：

1. 实体要件。这包括：①请求权人是因行政机关及公务员执行职务行为而遭受损害的人。②被请求人为行政赔偿义务机关。③请求依据是能够证明的损害事实。

2. 程序内容。程序内容主要包括：①一般应当递交赔偿申请书，特殊情况下也可以口头申请。受害人等向赔偿义务机关提出赔偿请求，以书面形式或者口头表示后行政机关记录的方式进行。②在法定期限内提出请求。根据《国家赔偿法》第39条的规定，赔偿请求人请求国家赔偿的时效为2年，自其知道或者应当知道国家机关及其工作人员行使职权时的行为侵犯其人身权、财产权之日起计算，但被羁押等限制人身自由期间不计算在内。在申请行政复议或者提起行政诉讼时一并提出赔偿请求的，适用行政复议法、行政诉讼法有关时效的规定。赔偿请求人在赔偿请求时效的最后6个月内，因不可抗力或者其他障碍不能行使请求权的，时效中止。从中止时效的原因消除之日起，赔偿请求时效期间继续计算。③行政机关作出赔偿决定。为了保证请求权人及时获得赔偿，督促赔偿义务机关尽早履行义务，许多国家的法律均规定了赔偿义务机关作出决定或协议的期限。我国法律规定，赔偿义务机关对受害人的赔偿申请进行处理的期限为2个月，逾期不予赔偿或赔偿请求人对赔偿数额有异议的，赔偿请求人可以在期限届满之日起3个月内向人民法院提起诉讼。

（三）行政机关作出赔偿决定或协议的效力

赔偿请求权人与赔偿义务机关达成的协议或赔偿义务机关作出的裁决具有确定力和拘束力。在行政赔偿的先行程序中，赔偿义务机关与请求权人所达成的赔偿协议及赔偿决定，既是赔偿义务机关履行赔偿义务的根据，又是请求权人申请法院强制执行的依据。

三、提起行政赔偿诉讼的条件和方式

（一）提起行政赔偿诉讼的条件

1. 当事人适格。

（1）原告。行政赔偿诉讼的原告必须是认为行政行为或其他行政机关及公务员执行职务的行为侵犯其合法权益并造成损害的公民、法人或者其他组织。作为原告的公民如果死亡，其继承人和其他有抚养关系的亲属可以作为原告；作为原告的法人或组织已经终止，其权利承受人可以作为原告起诉。行政诉讼的原告不一定是行政赔偿诉讼的原告，如果起诉人只请求撤销某一行为或确认其行为违法，而不要求赔偿，则该行政诉讼原告不能成为赔偿诉讼原告。行政赔偿诉讼的原告不仅限于具体行政行为针对的公民、法人或其他组织，还包括受到具体行政行为或其他职务行为影响的利害关系人。

（2）被告。行政赔偿诉讼的被告是执行职务、侵犯公民、法人或其他组织权益造成损害的行政机关或行政工作人员。这里的行政机关主要包括：①作出致害行政行为的机关；②实施致害行为的法律、法规、规章授权组织；③委托他人或组织执行行政职务的行政机关或法定授权组织；④致害行政机关或组织被撤销后，继续行使其职权的机关或组织；⑤执行职务侵害他人权益的公务员所属的行政机关。行政诉讼的被告不一定是行政赔偿诉讼的被告，但行政赔偿诉讼的被告通常是行政诉讼的被告。

2. 有适当的起诉理由。提起赔偿诉讼，起诉人还必须有适当的起诉理由，如行政机关及公务员的侵权行为必须是执行职务的行为，而不是一般民事行为；原告的权益受到该执行职务行为的实际损害或必然的可得利益受到损害，该损害不是假想、预料或期待的非现实损害。当然，合适的起诉理由是指原告认为行政机关及工作人员执行职务行为给原告造成实际损害，至于该行为是否真的造成原告损害，须由法院最终确定。因此，只要起诉理由适合，就被视为符合一般的起诉条件。

3. 有明确、具体的诉讼请求和事实根据。原告提起赔偿诉讼，应当有明确、具体的诉讼请求，该请求是对被告的权利主张，也是对法院的裁判要求，包括确认具体行政行为违法并造成了损害后果，应恢复原状、赔偿损失、返还财产等。提起诉讼的事实根据是初步可信的材料，如被告的行为存在与否、受到损害的事实存在与否、二者是否有因果联系等。由于当事人提供的事实是否可靠有待于庭审确定，因此，法院不能以当事人提供的证据材料可能是虚伪的而拒绝受理案件。

4. 一般要书面请求。受害人无论向赔偿义务机关提出赔偿请求，还是向法院提起赔偿诉讼，一般应以书面形式进行。但书写确有困难的，可以委托他人代书；也可以口头请求，记录在卷。

5. 法定起诉期限内提出赔偿诉讼。赔偿请求人的起诉期限可分为两种情况：

①对赔偿义务机关作出的赔偿处理决定不服，直接向人民法院提起行政赔偿诉讼的，其起诉期限为 3 个月；②如果赔偿义务机关作出赔偿决定时，未告知赔偿请求人的诉权或者起诉期限，致使赔偿请求人逾期向人民法院起诉的，其起诉期限从赔偿请求人实际知道诉权或者起诉期限时计算，但逾期的期间自赔偿请求人收到赔偿决定之日起不得超过 1 年。

6. 属于法院的受案范围及受诉法院管辖。提起行政赔偿诉讼，必须在法院能够受理的案件范围内提起。对于法律规定法院不予受理的赔偿请求案件，法院可以裁定不予受理。例如，对于行政机关工作人员所作的与行使职权无关的个人行为，不得提起行政赔偿诉讼。此外，起诉还必须符合法律关于法院管辖的规定，即赔偿诉讼必须向有管辖权的人民法院提出。行政赔偿诉讼的管辖原则上适用《行政诉讼法》的规定。

7. 单独提起行政赔偿诉讼，须经过赔偿义务机关先行处理。

(二) 提起行政赔偿诉讼的方式

按照《行政诉讼法》《国家赔偿法》和最高人民法院的相关司法解释的规定，行政赔偿的请求可以单独提起也可以一并提起。

1. 单独式。所谓"单独式"赔偿诉讼，即指受害人的诉讼请求仅限于"赔偿"，对于行政行为合法与否等问题并无具体要求。赔偿请求人单独提起行政赔偿诉讼的，应当符合《最高人民法院关于审理行政赔偿案件若干问题的规定》第 21 条规定的 7 项条件。单独提出行政赔偿诉讼必须以行政机关先行处理赔偿争议为前提，具体适用于以下情形：

(1) 双方对具体行政行为的违法性没有争议，但对行政赔偿达不成协议。

(2) 具体行政行为已被复议机关撤销或变更，但复议机关未对行政赔偿问题作出裁决或受害人对复议机关的赔偿裁决不服。

(3) 具体行政行为已为法院的判决确认违法，判决生效后，当事人提出行政赔偿问题。

(4) 具体行政行为为终局裁决机关所为，行政行为的违法性已被确认，但受害人对行政赔偿仍有争议。

(5) 受害人仅对行政机关工作人员事实行为提出赔偿请求，而无意对该行为的合法性提出异议的。法院接受单独或赔偿请求无须确认行为的合法性，只需就侵权事实成立与否和赔偿数额作出裁判。

2. 一并式。所谓"一并式"赔偿诉讼，是指受害人在提起行政诉讼时一并提出赔偿请求的方式。如受害人提起行政诉讼要求法院审查某一具体行政行为合法性，判决撤销或变更该行为，同时又要求行政机关承担赔偿责任。法院对于两种属于同一诉讼系列但不同性质的诉讼请求，通常可以并案审理。这种连带式赔偿诉讼，可以简化程序，有关赔偿事项不必经过行政机关先行处理，而由人民法院在对行政行为的合法性进行审理时一并处理。

四、行政赔偿诉讼案件的审判

人民法院接到原告单独提起的行政赔偿起诉状，应当进行审查，并且在 7 日内立案或者作出不予受理的裁定。在 7 日内不能确定可否受理的，应当先予受理，审理中发现不符合受理条件的，裁定驳回起诉。当事人对不予受理或者驳回起诉的裁定不服的，可以在裁定书送达之日起 10 日内向上一级人民法院提起上诉。[1]

人民法院审理行政赔偿案件，原则上可以适用《行政诉讼法》的有关规定，但在某些方面，仍须根据赔偿诉讼的特点采用一些特殊的审理方式及程序：

1. 赔偿诉讼可以调解。根据我国《行政诉讼法》第 60 条的规定，赔偿诉讼可以适用调解。即人民法院在审理赔偿争议案件时，可以依法采用调解方式，在当事人双方互谅互让、平等协商的基础上，达成一致。受害人可以放弃、变更赔偿请求，行政机关可以根据受害人的请求，同受害人协商解决赔偿数额问题。人民法院可以在双方当事人之间做调解工作，促使他们相互谅解，达成赔偿协议。从许多国家的立法看，也允许法院在审理赔偿性质案件中从事调解活动，允许双方当事人在诉讼中达成和解。

法院采用调解方式处理赔偿争议，必须遵循自愿、合法原则，必须在查清是非、分清责任的基础上进行，不得强行调解，不得超出法定范围和幅度进行调解，既不能牺牲国家、集体利益，也不能损害个人利益。

2. 赔偿诉讼适用法律广泛。由于行政诉讼涉及行政法、民法、诉讼法等多种法律，因此，法院审理行政赔偿案件时，除适用《国家赔偿法》《行政诉讼法》外，还应适用《民事诉讼法》等特别法的规定。

3. 举证责任合理分配。人民法院审理行政赔偿案件，赔偿请求人和赔偿义务机关对自己提出的主张，应当提供证据。原告首先要证明损害事实的存在；其次还要证明自己所受损害与被告行为之间有初步联系或因果关系；最后，原告还须就被告反诉或举证责任转换后的必要事实加以证明。原告不承担证明致害行政行为违法的举证责任。

被告要证明的：①被指控行为合法或从未实施过该行为，自己是无辜的，因为国家对合法行为及特定行为不负赔偿责任，即使该行为违法，也必须由被告证明阻碍违法的事由，如不可抗力、自卫行为、因被害人过错导致的行为等；②被告对反诉、变更请求，提出特定事由，负举证责任；③遇有外国人请求赔偿时，被告须证明无相互保证的情形；④被告提出减免责任的，必须提供证据证明减免责任的理由；⑤被告还必须证明原告方面对损害发生或扩大存在过错的事实。

赔偿义务机关采取行政拘留或者限制人身自由的强制措施期间，被限制人身自由的人死亡或者丧失行为能力的，赔偿义务机关的行为与被限制人身自由的人的死亡或者丧失行为能力是否存在因果关系，赔偿义务机关应当提供证据。

---

[1]　参见《最高人民法院关于审理行政赔偿案件若干问题的规定》第 27 条的具体内容。

无须当事人证明的事项。有些事项是明显被认可的，无须当事人举证，它们包括：①当事人不争执的事实；②推定的事实，包括事实上的推定和法律上的推定；③法院已知悉的情况；④法律、法规文本。但规章以下规范性文件仍需当事人主张者提供。

4. 法院裁判不受行政行为的限制。行政赔偿案件不同于行政诉讼案件，法院对赔偿争议进行裁判的活动可以不受行政诉讼法关于裁判种类的约束，如果原告的赔偿请求成立，法院应当依法判决被告如数承担责任，如果原告赔偿请求不成立，法院判决驳回起诉。经过行政机关先行处理的赔偿诉讼案件，法院的判决不受该处理的限制，法院可以径行判决，不必撤销或维持原行政赔偿决定或协议。

单独受理的第一审行政赔偿案件的审理期限为 6 个月，第二审为 3 个月。

最后必须强调的是，发生法律效力的行政赔偿判决、裁定或者调解协议，当事人必须履行。一方拒绝履行的，对方当事人可以向第一审人民法院申请执行。申请执行的期限：申请人是公民的为 1 年，申请人是法人或者其他组织的为 6 个月。

赔偿请求人要求国家赔偿的，赔偿义务机关、复议机关和人民法院不得向赔偿请求人收取任何费用。

■思考题

1. 简述行政赔偿诉讼的概念及其特征。
2. 简述行政赔偿的归责原则。
3. 简述行政赔偿责任的构成要件。
4. 简述行政赔偿的范围，以及为何要把精神损害赔偿纳入国家赔偿的范围。
5. 简述国家不予赔偿的情形。
6. 如何确定行政赔偿请求人和赔偿义务机关？
7. 简述提起行政赔偿诉讼应符合的条件。
8. 简述人民法院审理行政赔偿诉讼案件应注意的问题。

■推荐书目

1. 马怀德主编：《国家赔偿问题研究》，法律出版社 2006 年版。
2. 杨小君：《国家赔偿法律问题研究》，北京大学出版社 2005 年版。
3. 刘嗣元、石佑启编著：《国家赔偿法要论》，北京大学出版社 2005 年版。
4. 石佑启、刘嗣元、朱最新、杨桦：《国家赔偿法新论》，武汉大学出版社 2010 年版。
5. 皮纯协、何寿生编著：《比较国家赔偿法》，中国法制出版社 1998 年版。

主要参考书目

1. 国务院法制办公室：《中华人民共和国行政法典·注释法典》，中国法制出版社 2018 年版。

2. 国务院法制办公室编：《中华人民共和国行政法律法规规章司法解释大全》，中国法制出版社 2018 年版。

3. 江必新：《最高人民法院行政诉讼法司法解释理解与适用（上、下）》，人民法院出版社 2018 年版。

4. 殷清利：《新行政诉讼法司法解释实务解析与裁判指引》，法律出版社 2016 年版。

5. 袁杰主编：《中华人民共和国行政诉讼法解读》，中国法制出版社 2014 年版。

6. 王珉灿主编：《行政法概要》，法律出版社 1983 年版。

7. 罗豪才主编：《现代行政法的平衡理论》，北京大学出版社 1997 年版。

8. 罗豪才等：《现代行政法的平衡理论（第二辑）》，北京大学出版社 2003 年版。

9. 罗豪才、应松年主编：《行政法学》，中国政法大学出版社 1996 年版。

10. 张尚鷟主编：《走出低谷的中国行政法学——中国行政法学综述与评价》，中国政法大学出版社 1991 年版。

11. 应松年：《行政法与行政诉讼法》，中国政法大学出版社 2017 年版。

12. 周佑勇：《行政法原论》，北京大学出版社 2018 年版。

13. 杨建顺：《行政法总论》，北京大学出版社 2016 年版。

14. 胡建淼、江利红：《行政法学》，中国人民大学出版社 2015 年版。

15. 章剑生主编：《行政法与行政诉讼法》，北京大学出版社 2014 年版。

16. 周佑勇主编：《行政法专论》，中国人民大学出版社 2010 年版。

17. 胡锦光、莫于川：《行政法与行政诉讼法概论》，中国人民大学出版社 2017 年版。

18. 姜明安主编：《行政法与行政诉讼法》，北京大学出版社、高等教育出版社 2011 年版。

19. 叶必丰主编：《行政法与行政诉讼法》，中国人民大学出版社 2003 年版。

20. 方世荣、石佑启主编：《行政法与行政诉讼法》，北京大学出版社 2015 年版。

21. 罗豪才、毕洪海编：《行政法的新视野》，商务印书馆 2011 年版。

22. 方世荣、谭冰霖等：《回应低碳时代：行政法的变革与发展》，中国社会科学出版社 2016 年版。

23. 章剑生：《现代行政法专题》，清华大学出版社 2014 年版。

24. 石佑启：《论公共行政与行政法学范式转换》，北京大学出版社 2005 年版。

25. 周佑勇：《行政法基本原则研究》，武汉大学出版社 2005 年版。

26. 袁曙宏、方世荣、黎军：《行政法律关系研究》，中国法制出版社 1999 年版。

27. 应松年、薛刚凌：《行政组织法研究》，法律出版社 2002 年版。

28. 方世荣、石佑启、徐银华、杨勇萍：《中国公务员法通论》，武汉大学出版社 2009 年版。

29. 方世荣：《论行政相对人》，中国政法大学出版社 2000 年版。

30. 应松年主编：《行政行为法：中国行政法制建设的理论与实践》，人民出版社 1993 年版。

31. 周伟：《行政行为成立研究》，北京大学出版社 2017 年版。

32. 方世荣：《论具体行政行为》，武汉大学出版社 1996 年版。

33. 胡建淼主编：《行政违法问题探究》，法律出版社 2000 年版。

34. 张峰振：《违法行政行为治愈论》，中国社会科学出版社 2015 年版。

35. 林莉红：《失当行政行为救济研究》，武汉大学出版社 2016 年版。

36. 刘莘主编：《行政立法原理与实务》，中国法制出版社 2014 年版。

37. 李向东：《行政立法前评估制度研究》，中国法制出版社 2016 年版。

38. 刘莘：《行政立法研究》，法律出版社 2003 年版。

39. 叶必丰、周佑勇：《行政规范研究》，法律出版社 2002 年版。

40. 崔卓兰、于立深：《行政规章研究》，吉林人民出版社 2002 年版。

41. 胡建淼：《行政强制法论：基于〈中华人民共和国行政强制法〉》，法律出版社 2014 年版。

42. 曾哲：《行政许可执法制度研究》，知识产权出版社 2016 年版。

43. 沈开举：《行政征收研究》，人民出版社 2001 年版。

44. 王太高：《行政补偿制度研究》，北京大学出版社 2004 年版。

45. 傅红伟：《行政奖励研究》，北京大学出版社 2003 年版。

46. 章剑生：《行政程序法基本理论》，法律出版社 2003 年版。

47. 王万华：《行政程序法研究》，中国法制出版社 2000 年版。

48. 杨海坤、黄学贤：《中国行政程序法典化——从比较法角度研究》，法律出版社 1999 年版。

49. 秦前红、叶海波等著：《国家监察制度改革研究》，法律出版社 2018 年版。

50. 石佑启、杨勇萍编著：《行政复议法新论》，北京大学出版社 2007 年版。

51. 应松年主编：《行政诉讼法学》，中国政法大学出版社 2015 年版。

52. 江必新、梁凤云：《行政诉讼法理论与实务》，法律出版社 2016 年版。

53. 方世荣、徐银华、丁丽红编著：《行政诉讼法学》，清华大学出版社 2006 年版。

54. 毕可志：《论行政救济》，北京大学出版社 2005 年版。

55. 王彦：《行政诉讼当事人》，人民法院出版社 2005 年版。

56. 马怀德主编：《国家赔偿问题研究》，法律出版社 2006 年版。

57. 石佑启、刘嗣元、朱最新、杨桦：《国家赔偿法新论》，武汉大学出版社 2010 年版。

58. 胡建淼：《十国行政法——比较研究》，中国政法大学出版社 1993 年版。

59. 陈新民：《德国公法学基础理论（上、下）》，法律出版社 2010 年版。

60. 于安编著：《德国行政法》，清华大学出版社 1999 年版。

61. 翁岳生主编：《行政法（上、下）》，中国法制出版社 2009 年版。

62. 王名扬：《美国行政法（上、下）》，北京大学出版社 2016 年版。

63. 王名扬：《英国行政法》，北京大学出版社 2016 年版。

64. 王名扬：《法国行政法》，北京大学出版社 2016 年版。

65. ［德］哈特穆特·毛雷尔：《行政法学总论》，高家伟译，法律出版社 2000 年版。

66. ［英］威廉·韦德：《行政法》，徐炳等译，中国大百科全书出版社 1997 年版。

67. ［日］盐野宏：《行政法》，杨建顺译，法律出版社 1999 年版。

68. ［日］南博方：《日本行政法》，杨建顺、周作彩译，中国人民大学出版社 1988 年版。

69. ［日］室井力主编：《日本现代行政法》，吴微译，中国政法大学出版社 1995 年版。

70. 王名扬主编：《外国行政诉讼制度》，人民法院出版社 1991 年版。

71. 章志远：《行政法案例分析教程》，北京大学出版社 2016 年版。

72. 马怀德编著：《行政法与行政诉讼法学案例教程》，知识产权出版社 2014 年版。

73. 莫于川主编：《行政法学原理与案例教程》，中国人民大学出版社 2017 年版。